나의 심장을 드리나이다

나의 심장을 드리나이다 칼빈의 생애와 신학

발행	2020년 11월 30일
지은이	김재성
발행인	윤상문
디자인	박진경, 이보람
발행처	킹덤북스
등록	제2009-29호(2009년 10월 19일)
주소	경기도 용인시 기흥구 동백동 622-2
문의	전화 031-275-0196 팩스 031-275-0296

ISBN 978-89-94157-50-4

Copyright ⓒ 2020 김재성
이 책은 저작권법에 따라 보호받는 저작물이므로 무단전재와 복제를 금지하며,
이 책의 내용의 전부 또는 일부를 이용하려면 반드시 저작권자와 킹덤북스의
서면 동의를 받아야 합니다.

※ 잘못된 책은 구입한 곳에서 교환하여 드립니다.
※ 책 가격은 표지 뒷면에 있습니다.

킹덤북스 Kingdom Books
킹덤북스(Kingdom Books)는 문서사역을 통해 하나님의 나라를 확장하고,
한국 교회와 세계 교회를 섬기고자 설립된 출판사입니다.

칼빈의 생애와 신학

나의 심장을 드리나이다
I offer my heart to the Lord

김재성 지음

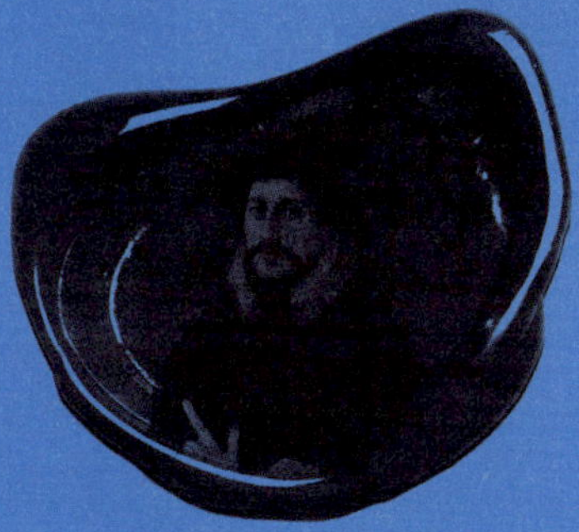

Calvin,
"I offer my heart to the Lord"

by
Rev., Prof., Jae Sung Kim (Th.M.Ph.D.)

Seoul: Kingdom Books, 2012

탄생 500년에 다시 보는 칼빈

역사의 방향과 진행 속에 하나님의 직접적인 간섭을 나는 믿는다. 경이롭고도 불가사의하며 신비로운 장면이 아니라 하더라도, 하나님은 진리로 영감을 불어넣으셔서 남달리 사용하시는 사람들을 보내셨다. 그리하여 칼빈은 특별하고도 중요한 신학자로 남아 있게 된 것이다. 비록 남들이 기억할 만한 휘황 찬란한 전설적인 기적들과는 전혀 관련이 없는 사람이지만, 종교 개혁의 시대를 살아가면서 불안하고 고통 속에서 진통을 겪어야 했던 사람이었지만, 나는 칼빈에게서 기독교 신앙인의 인품과 숨결을 느끼고 있다. 칼빈의 글과 신학을 대할 때마다, 그가 당한 고통과 시대의 이야기 속에서 나는 순수한 기독교 신앙을 터득하며 배우고 있다.

칼빈이 하나님으로부터 받은 소명은 분명히 특수하고 예외적인 것이었다. 강력한 신학자의 펜으로 성경적 진리를 남겨 놓으라는 지시였다. 위대한 신학자이면서도 평범한 성도의 고통을 가슴으로 감당하면서 살아가게 하신 하나님의 섭리를 느끼게 된다. 나는 칼빈에 대해 "동정심"을 넘어서 "경외심"으로 가득 차 있다. 이것이 다시 그의 탄생 오백 주년을 맞이하여 이 책을 다시 손질하여 세상에 내놓게 되는 나의 고백이다.

필자는 그의 탄생 오백 주년을 맞은 2009년 7월 10일, 제네바에서 열리는 칼빈 탄생 500주년 학술 대회에 아시아 학자로 참여하게 되는 특별한 인연을 갖게 되었다. 그리고 이 책으로 인해서 한국 신학계에 하나의 이정표가 되게 하심도 감사드린다. 2003년도 한국복음주의 신학회(회장 김영한 박사)로부터 제 5회 신학자 대상을 수상하는 기쁨을 맛보게 해주셨다. 이 책의 완성은 미국 유학을 마치고 모교에서 강의한지 10년 만에 얻어진 결실이었다.

한국 교회의 견고한 초석으로 삼아야 할 신앙의 기초는 오직 하나님의 계시인 성경에 근거하며 전적으로 하나님의 주권에만 의존하는 것이다. 이런 "진리의 기둥과 터"를 바르게 가르쳐주기 위해서 수고를 마다하지 아니하고 불멸의 신학적, 목회적 업적을 쌓은 종교 개혁자 칼빈으로부터 모든 좋은 것들을 다 물려받아 간직하고 싶다. 그리고 필자가 발견한 인간 칼빈의 "따뜻함"을 함께 나누게 되길 소원한다.

지금부터 백 년 전에도 그러했었다. 미국 프린스턴 신학대학원의 워필드 박사가 칼빈 탄생 4백 주년에 즈음하여 수많은 칼빈 관련 논문을 발표하여 미국 신학계에 큰 반향을 불러 일으켰었다. 박학다식한 워필드 박사의 탁월한 저술은 영어권 세계에 칼빈 연구의 시금석이 되었다. 칼빈 탄생 오백 주년에 즈음하여 한국 교회의 목회자들, 신학자, 신학도들이 건전한 성경적 신앙을 세우는 일에 이 책이 사용되었으면 더 이상 바랄 것이 없겠다.

2012년 10월, 재판에 즈음하여 김재성

머리말

이 책에서 필자는 칼빈에 관한 모든 것, 특히 그로부터 우리가 얻고 배우게 된 순수한 기독교를 열어서 보여주고자 노력했다. 이 책을 펼쳐 들고 있는 동안에 그저 한 종교 개혁자의 생애를 스쳐가는 것이 아니라 수많은 사람들의 희생과 고통과 헌신을 깊이 관찰하게 될 것이다. 개혁 신앙의 기초를 닦아놓은 칼빈이라는 사람을 총체적으로 이해하고, 우리 신앙의 첫 샘물이 어떻게 흘러나 왔는지를 알게 되면, 개신교 신앙의 진실함에 확신을 갖게 될 것이다. 16세기 성도들이 겪었던 고난의 자취는 우리의 귀감이 아닐 수 없다.

이 책을 통해서 우리는 칼빈이라는 사람을 중심으로 전개된 종교 개혁의 큰 흐름을 이해하고자 한다. 특히 '신학자'라는 정형화되고 딱딱한 기존 관념을 벗어나서 그의 사람 됨과 삶을 접하게 될 것이다. 또 칼빈은 과연 어떤 사람이며, 무슨 일을 했고, 어떤 삶을 살다가 갔는가를 정확하게 종합적으로 살펴보고자 한다. 세계적인 칼빈 연구가들의 업적을 참고하여 그에 관해서 아주 자세하게 이해 할 수 있도록 심혈을 기울였다. 그리고 칼빈 자신의 말로 이를 입증하고 들려주도록, 가능하면 원전을 정확히 소개하고자 했다.

칼빈은 기독교 역사에서 가장 위대한 사람 가운데 하나로 손꼽히는 사람이다. 또한 우리의 신앙을 바르게 정립하기 위해서는 반드시 공부하고 배워야 할 사람이기도 하다. 그러나 일부에서는 그의 면모를 자세히 살펴보지도 않은 채, 그에게 주어지는 엄청난 갈채와 찬사에 압도되어 흠모하는 말만 반복한다. 또 일부에서는 자신들이 속한 교단과 신학이 다르다고 해서 무조건 비판하려 든다. 칼빈에게서 좋은 인상을 받았든, 또는 부정적인 인상을 받았든, 남들로부터 들은 바에 따라서 선입견을 가지고 있다면 대단히 잘못된 편견에 사로 잡힐 가능성이 높다.

첫째로, 이 책은 무관심과 막연한 오해 속에 버려져 있는 칼빈을 다시 새롭게 발견하여 담아본 것이다. 필자가 미국 칼빈 신학대학원에서 수학하고 있던 시절에, 그 학교의 상징으로 사용하고 있는 휘장에 쓰여진 글과 그림에서 무척 깊은 인상을 받았다. 사람의 손바닥 위에 심장을 담아 하나님께 바치는 그림과 함께, 그 주위에 라틴어 문구가 새겨져 있었다.

Cor meum tibi offero Domine, prompte et sincere!
주님께 나의 심장을 드리나이다. 즉시, 그리고 신실하게!

솔직히 고백하건데, 이 유명한 구절의 배경과 의미를 모르면서 그냥 무심코 칼빈대학교와 신학대학원의 교문을 넘나들었다. 그저 유명한 종교 지도자가 내놓은 듣기 좋은 교훈이라고 간주하여 왔었다. 다시 말하면, 그저 칼빈이라는 사람이 언젠가 그런 말을 했었나 보다라고 지나쳐 온 것이다. 이제 우리는 짧은 문구에서 스스로를 채찍질하며 일생을 주님 앞에 헌신하고자 했던 한 신앙인의 의지와 헌신을 발견하게 될 것이다. 독자들은 이 책 10장에서 자세히 알게 될 것이다.

옛 사람의 생애와 사상과 업적을 되돌아보아야 할 이유는 매우 많다. 우리의 삶이란 예외 없는 시행착오의 연속이다. 인간이 무엇을 성취했다면 곧 그보다 앞선 세대의 사람들이 범했던 실수를 줄이려고 노력하는 고된 시간이 있었다는 말이다. 다른 사람의 생애를 들여다보면, 그 시대 속에서 이룬 것보다는 오히려 이루지 못한 것들이 더 많이 남아 있음을 발견하게 된다. 짧은 인생이므로 다른 사람으로부터 지혜를 얻어야만 하는 것이다. 잠깐 보이다가 사라지는 안개와 같은 인생길에서 크나큰 발자취를 남기고 떠난 사람은 남다른 교훈을 느끼게 한다.

둘째로, 이 책은 칼빈의 생애를 돌아보되, 특히 그의 경건한 삶을 조명하려는 일관된 안목으로 쓰고자 하였다. 그의 생애는 여러 부분으로 조명을 받아왔는데, 라틴어와 프랑스어를 가장 탁월하게 구사한 최고의 지성인이요, 제네바를 바꾸는 데 크게 기여한 목회자이자 당대 최고의 신학자요, 성경에 능통한 주석가이자 설교자요, 많은 사람들에게 크나큰 교훈을 던져 준 영혼의 목자라는 부분에 초점을 맞춘 것들이다. 이런 여러 가지 빛나는 그의 역할의 근저에는 하나님과 동행하는 그의 신앙과 경건이 기초하고 있음을 이 책에서는 주목하여 살펴보려는 것이다. 그의 경건한 생애는 처절한 박해 속에서 형성되었으며, 수없이 많은 고난과 고통 가운데 연마된 것임을 잊어서는 안 될 것이다.

필자는 지금까지 칼빈이 남긴 저술을 대할 때마다, 예외 없이 큰 유익을 얻고 있고 한 번도 실망하지 않았다. 그의 탁월한 설명을 읽고 나면, 어느덧 나의 마음은 하나님에 대한 확신과 위로를 얻게 된다. 그래서 그는 감동의 원천으로 자리 잡고 있다. 필자가 요한 칼빈의 시대와 생애에 대해 첫 관심을 갖게 된 것은 1975년 봄이었다. 그때부터 필자의 서가에서 가장 중요한 위치에는 『기독교강요』(Institutes of the Christian Religion)가 꽂혀 있게 되었다. 언제 어디를 펼쳐 보아도 순수한 기독교 신앙의 도리를 깨닫게 해주었고, 깊은 감동과 많은 도움을 주었다. 그 이유는 이 책이 그저 한 권의 조직 신학 교과서가 아니라 경건의 신학이 집결된 성경의 요약이었기 때문이다.

그러나 안타까운 것은 설령 칼빈에 대해서 알고 있는 사람들이라 하더라도 그가 견디어낸 다양한 삶의 정황에 대해서는 별로 관심을 기울이지 않는다는 것이다. 그의 탁월한 업적과 정연한 신학 사상은 천재의 영감으로 창작한 발명품이 아니라, 하나님의 말씀을 그대로 실천하려는 생활의 현장에서 나온 것임을 깨닫게 되면서, 이를 수집하여 제시하는 것이다. 이 책에서는 칼빈과 함께 활동했던 16세기 유럽 종교 개혁의 역사적인 인물과 사상을 아울러 함께 조명하고자 한다. 종교 개혁은 용기 있는 순교자들과 신실한 사람들의 희생이 이루어낸 헌신의 결정체였다.

셋째로, 칼빈에 대해서 필자가 경험하고 느낀 바를 제시하고자 한다. 칼빈이 살았던 제네바와 여러 도시들을 방문하고자 오랫동안 간직했던 꿈을 성취한 것은 동·서독의 통일 전야이던 1990년 8월 말경이었다. 그때 프랑스, 서독과 동독, 체코슬로바키아, 헝가리, 오스트리아, 그리고 스위스에 널리 분포 되어 있던 종교 개혁의 유적지를 돌아보면서 일관되게 나의 마음을 압도했던 것이 있었다. 위대한 종교 개혁의 성취는 '고난'과 '희생'의 자취 속에 있었다는 사실이다.

칼빈을 비롯하여 루터, 멜랑톤, 쯔빙글리, 마틴 부써 등 위대한 개혁자들이 살다 간 공간들을 잠시 둘러보는 동안, 나는 그들이 견디어 낸 그 시대의 핍박에 대해 몸서리치는 전율을 느꼈다. 그리고 '봉사'와 '헌신'으로 일관한 그들의 삶에 고개를 들 수 없었다. 보헤미아의 순교자 후쓰는 여전히 프라하 광장에 우뚝 서서 마치 용기 없는 개혁자들을 향해 질책하는 시선으로 내려다 보고 있는 듯이 보였다.

그대들은 지금 너무나 세속화되고 있지 않은가? 그대들은 지금 성경을 너무나 무시하고 있지 않은가!

넷째로, 독자들의 이해를 돕기 위하여 이 책에는 많은 그림과 자료를 담아 보았다. 모두 필자와 같이 충분한 시간을 내어서 유럽 종교 개혁의 현장을 방문해 볼 수 없고, 한국인으로서 16세기 유럽을 이해한다는 것은 매우 힘들고 어렵기 때문에 당시의 생생한 자료들을 많이 삽입하고자 노력하였다. 제네바 대학교의 고문서 도서관, 스트라스부르그 대학교의 도서관, 그리고 미국 칼빈대학교의 헨리 미터 기념 칼빈 연구소에는 한 사람에 관한 방대한 자료와 기록들이 지난 수백 년 동안 수집되어 왔고 보존 관리되고 있어서, 인용 자료의 신뢰성을 높여 주고 있다. 이 책은 바로 그 자료에 근거하여 유럽의 지리와 공간을 배경으로 위대한 종교 개혁을 성취한 하나님의 사람들에 대해서 입체적으로 조명해 본 노력의 산물이다.

아무쪼록 모든 독자들에게 칼빈과의 만남을 통해서 하나님께서 맡겨 주신 생애를 충실히 살아가려는 각오와 새로운 다짐이 있기를 소원한다.

2020년 11월 김재성

감사의 말씀

이 책은 필자가 미국에서 칼빈 연구를 시작하면서 제일 먼저 큰 꿈을 품고 시작한 작업의 결실이다. 또한 마무리할 때는 개인적으로 가장 어렵고 고통스러웠던 기간이었다. 이제야 그토록 오랫동안 필자의 가슴에 담겨져 있던 숙제 한 가지를 마친 기분이다. 솔직히 고백하지만, 이 책에 제시된 한 인물에 대한 연구와 한 시대에 대한 해석은 단순히 필자 자신의 것만으로 될 수 없는 것이다. 여러 곳에 흩어진 연구 자료들을 수집하고, 수많은 분들의 도움과 조언 속에서 형성된 것이다. 마땅히 필자의 안목에 도움을 준 분들에게 작은 성취의 보람을 되돌려 드리고 싶다. 칼빈에 대한 종합적인 연구의 자문을 맡아 주신 분은 리차드 갬블(Dr. Richard C. Gamble) 교수이시다. 미국 미시간주 칼빈 신학대학원에서 "종교 개혁 시대의 신앙과 문화"라는 과목을 시작으로 하여, 세계적으로 유수한 헨리 미터 칼빈 연구 센터(H. Meeter Center for Calvin Studies)에서 1991년 한 해 동안 객원 연구원(Student Research Fellow)으로 자료를 마음껏 열람할 수 있는 특별한 사랑을 주셨다. 지금은 펜실바니아 핏츠버그에 있는 개혁장로교 신학대학원의 조직 신학 교수로 봉직하고 계신다. 필자의 석사 학위 논문의 지도 교수였고, 박사 학위 논문의 외래 평가 교수로서 깊은 연관을 갖게 하심은 하나님의 섭리라고 믿는다.

또한 제네바를 방문하는 동안, 제네바 대학의 종교 개혁 연구소(the Institute d'Histoire de la Reformation)의 후의와 연구소의 소장 히그만

(Dr. Francis Higman) 교수의 도움에 사의를 표하고 싶다.

미국 칼빈 신학대학원에서 수학하는 동안 클루스터(Dr. Fred H. Klooster) 교수의 조직 신학 수업에서 칼빈주의 신학의 유산을 섭렵할 수 있었고, 그는 많은 깨우침과 개혁 신학에 대한 확신을 심어 주셨으며, 석사 학위 논문의 테마를 발견케 해 주셨다. 학장 드 영(James De Young) 박사를 비롯하여, 역사 신학 과장이신 즈 완스트라 교수(Dr. Henary Zwaanstra), 철학 신학의 쿠퍼 교수(Dr. John Cooper), 개혁 신학을 전통적으로 연구하는 존 볼트(Dr. John Bolt) 교수께 감사드린다.

칼빈에 대한 또 다른 안목을 열어준 곳은 미국 펜실베니아주 필라델피아에 있는 웨스트민스터 신학대학원이다. 박사 과정 첫 과목 "요한 칼빈의 성령론" 세미나에서부터 이끌어 주신 퍼거슨(Dr. Sinclair B. Ferguson) 교수는 철저한 칼빈 연구를 요구하였고, 필자는 박사 학위 논문을 끝내기까지 황량한 벌판에서 보석을 채취하는 듯한 험난한 싸움을 견뎌내야만 했었다. 종교 개혁사와 청교도 신학을 가르쳐 주신 바커(Dr. William Barker) 교수는 빈틈 없는 비판과 따뜻한 격려를 주셨다. 학장 로건(Dr. Samuel T. Logan)의 "조나단 에드워즈의 신학 사상"과 누센(Dr. Robert D. Knudsen) 교수의 "종교 개혁자들의 신학 방법론", 그리고 "미국 장로교 발전사"를 칼빈주의와 연결하여 지도해 주신 데이비스(Dr. Daniel C. Davis) 교수의 박학다식한 강의와 세미나를 통해서 폭넓은 안목을 갖출 수 있었다. 또한 "역사 신학" 강좌를 통해 개혁 신학의 어떤 주제를 전개할 때라도 철저하게 성경 중심의 사고에 젖도록 훈련해 주신 개핀(Dr. Richrd B. Gaffin) 교수와 장로 교회의 전통에 서서 한국 교회에 대한 비판적 안목을 일깨워 주시던 하비 칸(Dr. Harvie Conn) 교수께도 깊은 감사를 드리지 않을 수 없다.

해외에서의 힘겨운 학문적 성숙을 도와 주신 분들에게 감사하면서,

동시에 사랑과 격려를 주신 많은 은사님과 목사님들, 성도들께 진심으로 감사를 드린다. 대학 시절부터 목회 현장까지 비전을 갖게 해주신 고 김의환 목사님과 나성한인교회의 성도님들의 성원에 감사드린다. 특히 김인환 집사님께서 박사 과정을 마칠 때까지 학업에 크나큰 밑거름이 되어 주셨음을 잊을 수 없다. 합동신학대학원대학교의 설립과 함께 많은 스승들과 인격적으로 만남을 이루었고, 함께 고뇌하며 한국 교회의 문제에 대해 직면하였다. 고 정암 박윤선 목사님은 가끔 편지를 보내주셔서 용기를 북돋워 주셨다. 신복윤 총장님은 칼빈 사상 연구소를 세우시고 필자에게 소장을 맡겨 주셨으며, 큰 격려를 주심에 감사드린다. 은사이신 김명혁 교수님, 윤영탁 교수님, 박형용 교수님께 감사드린다. 또한 함께 개혁 신학을 세우기 위해 동고동락하고 계신 여러 교수님들에게도 감사드린다. 합동신학대학원대학교에서 필자에게 허락한 1999년 가을 학기부터 2000년 여름까지 1년 동안의 안식년이 없었다면 이 원고는 아직도 완결되지 못했을 것이다. 이 귀한 특권에 대해 이사회와 교수진에게 감사를 드린다.

그 밖에도 총신대학교의 고 홍치모 교수님, 정성구 교수님, 김의원 교수님, 개혁신학원 고 이진태 교수님, 아세아연합신학 대학교 고 한철하 명예 총장님과 임택권 총장님, 서울대학교 손봉호 교수님, 숙명여자대학교 이만열 교수님, 중앙대학교 부총장을 역임하신 임혁재 교수님, 한국외국어대학교 문리대 학장을 역임하신 최종수 교수님, 경희대학교 이석우 교수님, 전북대학교 문과대학 김용성 학장님 등 여러분들에게 그동안의 지도와 사랑에 깊은 감사를 드린다. 교회를 통한 사랑과 은혜를 생각하지 않을 수 없다. 청년기에 처음으로 교회 사역을 시작하며 고난 속에서 많은 것을 체험했던 서울 봉천동에 소재한 성약교회 김달수 목사님으로부터 큰 사랑을 입었다. 서울 잠실의 새한교회는 필자의 성장기에 어머니처럼 사랑을 주셨으며, 강승재 목사님과 임익곤 목사님과 오랜 교분을 통해 잊지 못할 추억들을 가꾸게 되었다. 칼빈 신학대학원에 수학하면서 예배당을 함께 세운 미국 미시간 칼라마주 한인교회의 여러 장로님들과 교우들의 사랑은 지금도 계속되고 있다. 그리고 필라델피아 연합교회에서 임택권 목사님과 에녹회 회원들, 교우들에게 입은 은혜도 여전히 나의 체온 속에 남아 있다.

이 책의 마지막 손질은 과천에서 함께 섬기는 연합교회 성도들의 격려와 기도의 도움 속에서 이루어진 것이다. 그 큰 사랑은 앞으로의 학문 연구에 큰 밑거름이 될 것으로 확신한다.

자료 확인과 내용의 명료한 풀이를 위해서 함께 고생을 나눈 아내와 선혜, 선민, 선아, 그리고 항상 곁에서 기도로 지원해 주시는 모친의 기도와 사랑에 감사드린다. 그리고 이 책을 칼빈의 기념작으로 만들어 주신 킹덤북스(Kingdom Books) 대표 윤상문 목사님에게 감사를 드린다.

목차

나의 심장을
드리나이다

탄생 500년에 다시 보는 칼빈 · 6
머리말 · 8
감사의 말씀 · 13
그림 및 도표 목록 · 19

**제1부
인격과
학문의
형성**

제1장 16세기 유럽 순례: 종교 개혁은 왜 일어났는가? · 23
제2장 비범한 귀족의 풍모 · 53
제3장 프랑스 종교 개혁의 서장 · 89
제4장 법학 수업과 신학문의 호흡 · 127
제5장 휴머니스트의 꿈 · 153
제6장 정처없는 도망자 생활과 예상치 못한 회심 · 181
제7장 성경의 메시지 『기독교강요』 · 219

**제2부
사역의
현장에 선
개혁자**

제8장 제네바에서 첫 번째 사역 · 259
제9장 개혁자의 성숙과 발전 · 335

제3부 투쟁과 희생이 남긴 업적들

제10장 주님께 나의 심장을 드리나이다 · 397

제11장 대적자들이 준 고통과 시련들 · 425

제12장 인간적인 면모 · 475

제13장 이단자들의 몰락 · 501

제14장 교육과 문화의 요람 · 539

제4부 경건의 열매

제15장 기독교적 지성이 번득이는 저작물들 · 555

제16장 한 방울의 피도 헛되지 않으리 · 605

제17장 비판자들이 붙인 불명예 · 643

제18장 위대한 경건 · 675

끝맺는 말 : 따뜻한 칼빈 · 691

참고 문헌 · 706

그림 및 도표 목록

01. 젊은 날의 칼빈(제네바의 종교 개혁 역사 박물관 소장)
02. 인쇄 기술의 발달(Jost Amman의 판화)
03. 에라스무스의 초상화(한스 홀바인 2세의 1523년 작품)
04. 요한 텟젤의 면죄부 판매 모습
05. 에라스무스의 『우신 예찬』에 그려 넣은 삽화(한스 홀바인 2세의 판화)
06. 성직자를 풍자한 만화
07. 레오 10세(본명은 지오반니 메디치, Lorenzo의 둘째 아들)
08. Johann Lichtenberger의 책에 나오는 교회의 모습(1497년)
09. 찰스 5세의 초상화(Jan Cornelisz Vermeyen의 작품, 1526년)
10. 찰스 5세의 왕국(중세 말 유럽의 지리적 상황)
11. 칼빈이 태어난 누와용의 집
12. 칼빈이 어린 시절 다닌 교회당
13. 1611년의 누와용(Joachim Duviert의 스케치)
14. 오늘날의 라마르슈 대학 건물
15. 몽떼귀 대학 건물
16. 윌리엄 옥캄의 원고 속의 그림
17. 루터의 설교하는 모습(루카스 크라낙 1세의 작품)
18. 프랑수와 1세(1492-1549)의 초상화
19. 프랑스 왕의 가계를 보여 주는 도표
20. 57세 때의 에라스무스의 초상화(한스 홀바인 2세의 작품)
21. 에라스무스의 방
22. 쟈크 르페브르 데타플
23. 멜키오르 볼마르
24. 『세네카의 관용론에 대한 주석』 표지
25. 꼽의 연설문 일부
26. 르네(페라라의 공작 부인)
27. 앙굴렘의 마르그리뜨
28. 『기독교강요』를 펴낸 바젤시(마띠아스 메리앙의 작품)
29. 루터와 그의 아내 카타리나 폰 보라
30. 라틴어 판 『기독교강요』의 표지(1536년)
31. 제네바와 주변 국경 지대에 관한 지도
32. 제네바 신앙 고백의 표지(1537년)
33. 마틴 부써의 초상화
34. 스트라스부르그(마띠아스 메리앙의 작품)
35. 이들레뜨 드 뷔르로 추정되는 초상화

36. 필립 멜랑톤(루카스 크라낙의 작품)
37. 울리히 쯔빙글리
38. 야꼽 싸돌레 추기경
39. 싸돌레의 서신 표지
40. 칼빈을 초청하는 제네바 시의회의 편지(1540년 10월 22일)
41. 칼빈이 살았던 제네바 지역과 사누완 거리
42. 1541년의 회의가 열렸던 제네바 시청(마띠아스 메리앙의 작품)
43. 쌩 삐에르 성당(가르델의 작품)
44. 쌩 삐에르에서 설교하는 목사
45. 카스텔리오의 초상화
46. 33세의 요한 칼빈
47. 제네바식 의상
48. 칼빈의 초상을 담은 목판화
49. 48세 때의 칼빈
50. 로랑 드 노르망디
51. 미카엘 세르베투스
52. 제네바 대학
53. 떼오도르 드 베자(위)와 칼빈(아래)의 스케치
54. 칼빈의 별자리표(플로리몽 드 래몽의 작품)
55. 칼빈의 논문 "스캔들에 대하여"의 표지
56. 하인리히 불링거
57. 서머셋 공작
58. 헨리 8세의 죽음
59. 토마스 크랜머 대주교의 모습
60. 위그노를 체포하는 장면
61. 리용의 위그노들을 비난하는 풍자 목판화
62. 나바르 왕 앙뚜완 드 부르봉
63. 루이 드 부르봉(꽁데의 영주), 잔느 달브레(나바르의 여왕, 앙리 4세의 모친) 프랑수와 2세와 그의 아내 스코틀랜드의 메리
64. 1560년 3월 15일의 처형(또르또렐과 뻬리쌩의 작품)
65. 1561년 12월 9일 뿌와씨 종교 회의(프란쯔 호겐베르크의 판화)
66. 사를 9세
67. 바시의 대학살(1562년 3월 1일)
68. 드뢰의 전쟁(1562년 12월 19일)
69. 53세 때의 칼빈
70. 떼오도르 드 베자

1부

인격과 학문의 형성

칼빈은 16세기라는 시대가 낳은 사람이고,
어린 시절 성장한 피카르디 지방의 문화와
신앙 정서에서 꽃을 핀 사람이다.
구체적으로 그는 스페인 점령군들이 고향 마을을 파괴한 1552년 11월,
"내가 살았던 마을이 모두 불에 타 없어졌다"고 안타까워하였다.
그는 국제적으로 영향을 끼쳤고,
우주적으로 널리 알려진 사상을 남겼지만,
적나라하게 프랑스 사람의 체취와 전통 속에서 형성되어진
그의 사람됨을 바탕으로 한 것이다.

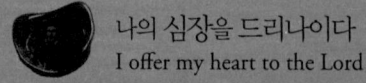

나의 심장을 드리나이다
I offer my heart to the Lord

| CHAPTER 01 |

16세기 유럽 순례:
종교 개혁은 왜 일어났는가?

과거에 살았던 사람들과 그들의 신앙, 그리고 중요한 의미들을 돌아보는 것은 오늘을 사는 우리가 바른 길을 찾기 위하여 지혜와 교훈을 얻으려는 것이다. 역사의 연구는 새로운 세상을 열고 들어가는 것이다. 과거는 전혀 다른 세계에 들어가 보는 것이요, 마치 다른 나라에 들어가는 것과 같다. 우리가 박물관에 걸린 그

1. 젊은 날의 칼빈(제네바의 종교 개혁 역사 박물관 소장)

림이나, 고문서 자료실에 놓인 지도책이나, 도서관에서 보는 오래된 편지에서 느끼는 감각을 총동원하더라도 지나간 역사와 사건들을 정확히 추적하기에는 역부족이다. 그만큼 과거의 사건을 엄밀하게 복원하기는 어려운 일이며, 역사는 기록자로 하여금 세밀한 주의를 요구한다. 역사는 허구나 상상의 산물이 아니라, 사실의 분석이요 진실의 교훈이라야 살아 있는 의미를 지닌다.

교회 개혁의 체계화 작업을 시도했던 칼빈의 생애와 종교 개혁자들의 주요 사상들, 신앙적이요 종교적인 요인들을 분야별로 검토해 들어

가기 전에 16세기의 유럽 사회에 대해 전체적인 전망을 하는 것이 유익하리라고 본다. 그 당시의 유럽은 외적으로나 내적으로나 오늘날과는 매우 달랐다. 지금처럼 도로가 잘 정비되고 지역별로 국경이 분명하게 세분화된 국가 체제를 갖춘 시대가 아니었다. 크게 볼 때에, 교황의 권위에 누수 현상이 심화되고 또 다른 한쪽에서는 합스부르크 왕가의 지배가 절정을 향해 치닫던 시대였다.

역사의 변화를 가져온 종교 개혁의 요인들을 분석하면서 오로지 신앙의 변화, 지성적인 생각의 전환 혹은 종교적인 요인만이 가장 의미심장한 종교 개혁의 핵심이라고 주장하려는 것은 아니다. 패권을 다투던 각 나라 간의 정치적인 요인들, 상공인들의 등장을 초래하고 인구의 도시 집중화 현상을 가져온 경제적인 변화 혹은 사회적인 요인들이 함께 상승 작용하였다는 점을 부인하지 않으려 한다. 그러므로 신앙적인 요소들을 검토하면서 당시의 사회상을 간략히 점검해 보고자 한다.

성경에 기초한 신앙

새로운 시대를 여는 불굴의 의지는 신앙과 신념에서부터 나온다. 기독교인의 강인한 정신적인 변화는 갑자기 주어진 것이라기보다는 성경을 오래 연구하고 생각하고 공부하는 가운데 주어진다. 그러한 불굴의 힘과 강인한 정신은 믿음의 확신에서부터 주어지는 것이다. 이런 것은 특히 성경을 읽고 확실히 느낀 바를 기초로 한다. 신념을 형성시켜 주는 가장 중요한 요인은 중세 후기의 교회에 대한 불만이 고조되는 가운데 16세기 초엽에 이르러서는 거의 절정에 도달하여 신학자들의 지도하에 도처에서 개혁의 목소리들을 직접 듣고 또한 읽고 확신하는 가운데 울려 퍼졌다. 개혁의 소식들이 유인물에 의해서 살포되고 벽보가 나붙고 좀 더 과감하게 도전하는 흐름이 자연스럽게 형성되었다.[1]

중세 초기의 문서 활동은 오직 성직자들만의 독점적인 덕목으로 간주되었다. 그때는 대중 교육의 시대가 아니었으므로 문서에 매력적인 지식 계급은 이들뿐이었다. 두툼한 문서의 형태로 만들어진 모든 필사본들은 모두 직접 그들의 손을 거쳐 고통스러운 인내를 통해서 하나하나 베껴진 것들이었다. 희소가치를 지닌 이 문서들은 수도원의 도서관에 소중히 간직되었다. 값비싼 종이들을 절약하기 위해 약자(略字)가 개발되었고, 판독이 어려운 암호 문자도 쓰여졌다.[2]

그러나 기독교 인문주의 운동을 통해서 대학에서 공부한 지성인들의 문서 활동이 늘어났고, 책을 읽고 문서를 보급하는 일이 사회의 진보와 품위를 갖추게 하는 수단으로 인식되면서 모든 사람들에게 개방되었다. 문예 부흥기의 필사체는 정교하면서도 읽을 수가 있다. 중세 스콜라 학자들이 좋아하던 고딕체의 난삽하게 휘갈겨 쓴 것과는 확연히 대조적이다. 인쇄 기술의 발명과 종이를 생산하는 산업의 발달로 말미암아, 성직자들만이 독점적으로 누려오던 작품의 이해와 소유가 이제부터는 일반 교육을 받은 평민들에게도 가능하게 된 것이다. 문자에 대한 성직자들의 독점 시대는 완전히 끝났다. 새로 등장한 전문 직업인 계층들이 도시 내의 실권을 장악하게 되었고, 기독교 신앙에 대해서도 그

---

1) Jaroslav Pelican, *Reformation of Church and Dogma(1300-1700)* (Chicago: The University of Chicago Press, 1984), 3-9.
2) 문서를 주로 다루는 학문이 부흥하게 된 것은 '카롤링가의 문예 부흥'으로 일컬어지던 9세기부터 유럽 전역에서 라틴어 문법, 펜글씨체의 개발, 고전 문학의 연구 활동 등이 근저에 뒷받침되었기 때문이다. Robert S. Lopez, *The Birth of Europe* (N.Y.: M. Evans and Company Inc., 1967), 82-106.

들 나름의 해석과 실행 방안을 제시하게 되었다.[3] 이러한 발전은 성직자의 능력에 대한 평신도들의 비판적 평가를 증가시켰을 뿐만 아니라, 종교적인 문제들에 관해서도 평신도들 나름대로의 확신을 더 갖게 만들어 주는 활로를 열어 주었다.

인쇄된 성경이 보급되면서 신념과 확신을 가진 지성인들이 급증하였다. 지성인들을 위한 책자들이 활자의 발명으로 인하여 급증하였고, 인쇄 기술의 발전은 기독교 신앙의 형성에 심대한 영향을 끼쳤다. 사실 활자를 처음 발명한 곳은 동양이었고 한국과 중국에서 이미 사용하였다. 1454년 구텐베르그가 독일 마인쯔에서 인쇄를 시작함으로써 마치 활자 문명의 진원지가 유럽인 것으로 오인하게 되었다.[4] 중국의 활자 기술은 어렵고 복잡한 한문을 찍어내는 데 실용적이지 못했지만, 구텐베르그는 1456년에 라틴어 성경을 발간하였다. 그 다음해에는 "마인즈 시편"을 표지와 함께 출판 연도, 장소, 출판자를 명기하여 출간하였다. 이 기술은 독일에서 유럽 전역으로 삽시간에 번져 나갔다. 이탈리아에서는 수비아코에 출판사가 세워졌고(1464년), 이어서 베니스에(1469년), 프랑스에(1470년) 설립되었다. 부르쥬(Bourges)를 포함한 북유럽 여러 나라에 이어 영국 런던에는 1476년 웨스트민스터 대성당 근교에 캭스톤(William Caxton)이 출판사를 개업했다. 이렇게 해서 인쇄술은 종교 개혁을

---

3) P. Saenger, "Silent Reading: Its Impact on Late Medieval Script," *Viator* 13(1982), 367-414.

4) 인쇄술에 관한 연구는 다음을 참고할 것.
P. Butler, *The Origin of Printing in Europe* (Chicago, 1940). H. J. Chaytor, *From Script to Print: An Introduction to Medieval Literature* (Cambridge, 1945). E.P. Goldschmidt, *Medieval Texts and Their First Appearance in Print* (London, 1943). Idem, *The Printed Book of the Renaisssance* (Cambridge, 1950). Denys Hay, "Literature: The Printed Book," in *The New Cambridge Modern History*, ed. G. R. Elton, vol. 2, 359-386. Rudolph Hirsh, *Printing, Selling and Reading, 1450-1550* (Wiesbaden, 1958). Marshall McLuhan, *The Gutenberg Galaxy: the Making of Typographical Man* (Toronto, 1962).

2. 인쇄 기술의 발달로 절찬리에 팔려 나간 서적들(Jost Amman의 판화)

이룰 수 있도록 이끈 가장 중요한 요소가 되었다. 즉, 인쇄물은 인간의 의식 과정을 바꾸어 놓았고, 대중 전달 수단을 급격하게 변모시켰다.

16세기의 프랑스 귀족의 개인 도서실을 조사해 보면 새로운 평신도들에게 종교적인 문제에 대한 깊은 각성이 있었음을 입증하고 있으며, 문학에 대한 깊은 조예도 있었음을 알게 된다. 그런데 흥미로운 것은 일반 문학에 대한 지식이 늘어남에 따라 이를 근거로 해서 신앙적인 문제에 대한 깨달음이 있었다는 사실이다. 15세기 이탈리아 프로렌스 지방의 귀족들의 집에는 거의 다 신약 성경의 사본이 갖추어 있었다. 1523년 르페브르의 프랑스어 신약 성경이 시편과 함께 출판되어 널리 보급되어 읽혀졌으며, 모(Meaux) 교구 내에서는 무료로 나누어 주었다. 성경의 보급과 함께 에라스무스, 멜랑톤, 르페브르의 신약 성경 주석들도 이들 귀족들의 서가에 꽂혀 있는 모습이 자주 발견되고 있다.

커다란 공공 도서관에 지식을 보관하게 된 것 또한 중요한 문화적 발전이었다. 베스파시오(Vespasio)는 첫 번째의 문예 부흥기 교황이었던 니콜라스 5세가 바티칸 도서관에 약 5천 권의 장서를 만들었다고 적고 있는데, 이 가운데는 성경, 헬라어와 라틴어로 된 교부들의 저작들, 중

3. 에라스무스의 초상화
(한스 홀바인 2세의 1523년 작품)

요한 중세의 저술들, 스콜라 신학자들과 고전 라틴어 저자들의 것들이 포함되어 있었다. 베니스에 있는 성 마가의 도서관은 페트라르카의 도서를 소장하고 있었다. 추기경 베사리온은 5백 개의 헬라어 사본들을 갖고 있었고, 코시모(Cosimo)는 플로렌스에서 유명한 도서관을 설립하고 45명을 고용하여 2년 내에 약 200권을 복사하도록 하였다. 대부분의 도서관들이 경건 서적과 그 밖의 종교적인 책들을 소장하고 있었다.

문예 부흥기에 손꼽히는 지도자는 에라스무스였다. 그는 이 운동의 정신적 지주였다. 당대 최정상의 석학이요 고전에 대한 정열적인 애호가였던 그는 학문적 연구를 통해서만 기독교를 구출해 낼 수 있음을 인식하고 점점 야망으로 품게 되었다.[5] 1503년에 펴낸 『전투하는 크리스천의 교본』(Enchiridion)은 평신도들에게 가장 많은 영향을 미친 책으로 6년 이내에 23판을 거듭하였다. 이 책을 펴냄으로써 일약 유럽의 지성사회에 기독교 휴머니즘의 철학자로서 주목을 받게되었다. 이 책은 성직자보다는 평신도에 의해 교회가 개혁되어야 함을 역설하고 있다.[6] 즉,

---

5) Johan Huizinga, *Erasmus and the Age of Reformation* (Princeton: Princeton University Press, 1984), 53-54.

6) E. Harris Harbison, *The Age of Reformation* (Ithaca: Cornell University Press, 1955), 45.

"성직자는 마땅히 평신도의 신앙 이해를 도와야 하는데, 성직자가 평신도보다 우위를 차지하는 신분은 아니다. 종교는 내적 영혼의 문제이다. 신자들 스스로가 성경 읽기를 통한 하나님의 지식이 풍성해지도록 추구해야 한다"는 것이다. 이 책에서 각 신자들의 중요성을 역설하기 위해 제도적 교회의 역할을 명시하고 있는 점이 두드러진다.

15세기 후반과 16세기 초, 교회에 대해 비판적인 문서들이 대거 출판된 것은 기존 종교의 영향력이 쇠퇴해 가고 있었음을 의미했다. 심지어 평신도들에 의한 교회의 개혁을 피력하며 교회를 비판할 정도에 이르게 되어 신뢰심은 현저히 떨어졌으나, 대중들의 종교에 대한 목마름은 성장하였다. 그 대표적인 예로, 1450년에서 1520년까지 독일에서는 대중들이 종교 활동에 참여하는 비율이 놀라울 정도로 성장하였다. 형제단과 같은 신앙 공동체의 결성을 흠모 하였으며, 종교적인 자선 사업에 재산을 기증하거나. 새 교회당 건축에 많은 기부를 하고, 여러 차례의 성지 순례를 다니거나. 대중 종교 문학이 급증하는 등, 일반 사람들의 종교에 대한 관심은 놀라울 만큼 향상되어 있었음을 보여준다.

보다 지성적인 사람들은 중세의 로마 가톨릭교회가 생동하는 새로운 힘을 얻으려면, 개혁과 갱신이 필요함을 느끼게 되었다. 이탈리아의 휴머니스트들을 중심으로 그동안 라틴어로만 읽어오던 성경을 헬라어로 읽는 일이 가능하게 되었다. 그리고 어거스틴의 고전적인 저술들에 대한 새로운 관심이 일어났다. 학문 전반에서, 그리고 기독교 신앙에서 근본이 되는 고전으로 되돌아가라는 뜻의 '아드 폰테스'(ad fontes: 영어로 직역하면 'back to the sources'인데, '고전으로 돌아가자'는 뜻이다)라는 구호가 보편화되었다.

오랜 세월 동안 이룩된 기독교 전통을 넘어서서 본래의 샘에서 새로운 생수를 마시려면 신약 성경으로 돌아가면 되는 것이다. 중세 주석가들의 모호한 여과 장치를 거칠 필요가 전혀 없음을 발견하게 된 것이다. 16세기 초엽 지성인들은 기독교 인문주의, 즉, 휴머니즘 운동을 통해서 터득한 원어 해독 능력을 가지고 원어를 직접 읽을 수 있었다는 점이 중세 말기와는 전혀 다른 상황을 초래하였다. '아드 폰테스'(Ad fontes!), 이것은 구호 이상의 의미가 담겨 있었다. 중세 말기의 교회가 처한 상황에 실망한 사람들의 생명선이었다. 기독교 신앙의 황금기였던 사도 시대로 돌아가서 초기에 생생하게 살아 숨쉬던 모습이라야만 참된 기독교의 실체가 될 수 있음을 자각하게 해주는 구호였다.

종교의 개인주의 현상

16세기의 여명기에 이탈리아의 휴머니즘이 서구 유럽에 끼친 놀라운 공헌 가운데서도 개인적인 자각을 맨 먼저 손꼽아야 한다. 종교 생활을 외적인 의식 위주로 해오던 중세 시대의 천편일률적인 방식들, 즉, 교회에 정규적으로 출석하고, 교회의 가르침에 철저히 지지를 표하며, 제도적인 체제에 순응하는 단순한 참여에서 벗어나서, 개인의 내적인 필요를 깊이 생각하게 되고, 내적인 의식에 먼저 눈을 돌리게 되었다.[7] 르네상스 시대의 기독교 저술가들은 복음을 개인들의 내적인 세계로 이식시켜야 할 필요성을 깨달았다. 그들은 사도 바울이나 어거스틴의 고대 기독교 시대로 자기를 관찰해 볼 수 있는 자의식을 새롭게 제시하여 관

---

7) B. Moller, "Piety in Germany around 1500," in *The Reformation in Medieval Perspective*, State Onement, ed. (Chicago, 1971), 50-75.

심을 끌었다.[8]

프랑스 파리에서는 르페브르 데타플스(Lefevre d'Etaples)가 사도 바울의 신앙 이해가 개인들에게 적절함을 밝혀냈다. 영국 옥스포드에서는 존 콜렛(John Colet)이 크리스천의 생활 가운데서 부활하신 그리스도와의 개인적인 만남이야말로 제일 중요하다고 역설하였다. 저지대의 국가들에서는 에라스무스가 종교 개혁의 개략적인 진행 과정을 담은 저술들을 통해서 지성인들의 마음을 사로잡았다. 그는 내적인 신앙과 개인적으로 소화된 신앙을 강도 높게 주장하였는데, 제도적인 교회의 외적인 치장에 대해서는 전혀 인정하려고 들지 않았다.[9] 이탈리아에서는 '가톨릭 복음 운동' 혹은 '복음화 운동'으로 일컬어지는 일련의 움직임이 개인 구원의 여부에 관심을 기울이는 사람들을 중심으로 일어났다. 중세 교회가 드높은 교회의 고딕 철탑과 웅장한 대리석 건물을 치장하는 데 몰입해 왔으나, 그 결과는 아무것도 없었다. 하나님은 외모를 보시지 않고 개개인의 내면과 인격의 중심을 살피시는 분이시기 때문이다.

이렇게 외적인 종교의 모습에서 내부적인 신앙심으로 되돌아가는 과도기에서는 루터가 끼친 공헌은 나타나지 않는다. 훗날 그가 종교 개혁을 공개적으로 대담하게 시작하여 이단으로 정죄되면서도 놀라운 영향력을 발휘한 점은 전적으로 그의 공헌임에 틀림없지만, 적어도 16세기 초기 20년 동안에는 기독교 휴머니즘의 작가들이 대중의 안목을 사도 바울과 어거스틴에게로 돌려놓았다.

---

8) K. Stendahl, "The Apostle Paul and the Introspective Conscience of the West," in *Paul among Jesus and Gentile* (Philadelphia, 1976), 78-96.

9) John P. Dolan, ed., *The Essential Erasmus* (N.Y.: Meridian, 1964), 24-98. 에라스무스는 당대 최고의 지성인으로 찰스 5세의 왕궁에 영향을 끼쳤는데, 자신의 고향 네덜란드를 1507-1530년까지 통치했던 마가렛 공주(찰스 5세의 이모)가 죽을 때까지 그녀의 자문 역할을 맡았다.

4. 1517년 루터가 95개조를 내걸고 논쟁하게 된 요한 텟젤의 면죄부 판매 모습. 그가 내민 면죄부의 마지막 구절에, "금화가 떨어져서 소리를 내는 순간, 영혼이 하늘로 뛰어오른다"고 쓰여 있다.

    대중적이며 지적인 종교의 갱신은 교회 제도에서 나온 것이 아니었다. 평신도들이 종교의 현상을 밝혀내는 가운데 자연스럽게 나타난 것이다. 대중 종교는 시골 사회의 일들에 관심을 가지며, 그들의 생활 흐름과 계절 등도 고려한다. 건초를 만들거나 추수 등과 같은 농촌 사회의 필요를 반영하고 있었다. 이단들은 성자들을 만들어서 동물과 영아들의 질병을 막으며, 흑사병과 눈병에서 보호받고, 젊은 여자들이 적합한 남편감들을 만나게 된다고 부채질했다.

    중세 말기 대중들이 종교 생활의 제일 중요한 요소로 생각하던 것은 죽음에 관한 믿음의 역할과 구체적인 생활과의 연결이었다. 그래서 가톨릭교회 신부들이 집례하는 종부 성사에 필수적으로 참여하여야만 한다고 세뇌되어 있었다. 그런데 경제적으로 어려웠던 시절에는 이들 성직자들에 대해 적의를 품는 감정이 불가피했다. 왜냐하면 성직자들이란 교회 주변의 가난한 자들이 자기 가족들이나 친척들의 죽음에 대한 불안과 걱정 때문에 바친 재물로 말미암아 치부한 자들로 비쳐졌기 때문이다.

루터의 격분을 일으킨 면죄부는 교황 율리우스 2세가 시작한 대사면 증서로서, 지옥 형벌을 면제한다는 면벌부였다. 베드로 대성당의 회랑(Basilica) 재건축 자금을 위해 발급되었던 것인데, 후임자 레오 10세가 다시 시작한 것이었다. 물론 여기에는 교황과 독일 북부 영주들과의 특별한 묵계에 의해서 브란덴부르그를 비롯, 마인쯔, 마그데부르그, 할버쉬타트에서 판매되었는데, 돈을 미끼로 한 성직 매매의 술책이 숨어 있었다.

당시 독일에서는 죽은 자들에 대한 일반 시민들의 자연적인 관심이 증가되었고, 드디어 면죄부라는 형태로 나타나자 마틴 루터가 이를 도덕적 타락으로 규정하고, 신학적으로 의문점을 제기한 것이다. 그는 1517년 10월 31일, 95개조의 반박문을 통해 적절한 액수를 교회의 대표적인 중개인들에게 지불함으로써 죽은 친척들이 연옥에서 즉시 자유로운 영이 된다고 주장하던 자들을 비판하였다. 일반인들이 낸 면죄부 대금은 은밀히 이탈리아로 옮겨졌는데, 결국은 르네상스 교황들의 사치와 지출을 충당키 위함이었다.

루터는 유능한 면죄부 판매자였던 요한 텟젤의 선전을 통렬히 비판하였다.

동전이 돈궤 속에 떨어지는 순간,
연옥에 있던 영혼이 뛰어오른다![10]

　오직 믿음으로만 의롭게 되며 구원을 받는다는 루터의 교리는 면죄부와 연옥의 필요성을 무용하게 만들었다. 죽은 자들은 그들의 믿음에 의해서 평안을 얻으며 안식하는 것이지, 교회에 바치는 담보물을 근거로 해서 되는 것은 아니다. 아직도 일부 로마 가톨릭에서는 루터가 종교 개혁자가 아니고 종교 분열가라고 조롱하고 있으나, 이것은 16세기 초반의 유럽을 역사적으로 바로 이해하지 못한데서 오는 무지의 소치요 로마 가톨릭교에 대한 맹종일 뿐이다. 루터의 개혁은 분열이 아니라 원형인 성경대로 믿음에 근거하자는 신학자의 원리 제기였고, 그를 이단으로 정죄한 것은 감히 교황 무오설에 도전했다 하여 내린 형벌로서 가톨릭 교황의 권위주의 그 자체였다.

　프랑스에서도 1515년에 교황 레오 10세와 국왕 프랑수와 1세에 의해서 십자군의 재정 조달이라는 명목으로 면죄부가 판매된 적이 있었다. 1518년 파리의 한 신학 교수가 이를 미신적인 행위라고 반대하였다. 이 양심적인 가르침은 '거짓과 중상모략'으로 정죄되고 말았다. 감히 공개적으로 면죄부의 타락성과 비성경적인 미신임을 지적할 수 없었다. 대신에 누구든지 십자군을 위해서 모금함에 헌금하는 자는 그와 관련된 연옥에 있는 영혼이 즉시 자유롭게 될 것이며, 천국에 들어가는 일

---

10) J.H. Merle d'Aubigneaé, *History of the Reformation of the Sixteenth Century* (1846, 2nd printing; Grand Rapids: Baker, 1987), 96-101. 이 유명한 예화는 대부분의 루터의 전기에서 상세히 다루어진 부분이다. 다빈예는 제네바 신학대학원의 학장이자 스위스 학술원 회장으로 많은 활약을 했으며, 칼빈의 생애와 종교 개혁사를 다룬 방대한 저서를 남긴 19세기의 대표적인 역사 신학자였다.

에 절대로 실패가 없다고 가르쳤다.

반성직주의의 증가

종교 개혁의 배경을 이해하는 데 있어서 가장 확연히 드러나는 요인 가운데 하나는 성직자들에 대한 새로운 경멸로서, 성직자들을 멸시하는 문서들이 당시에 급증하였고, 똑똑한 평신도들이 이를 지적하였다는 사실이다.

중세 말기에 이르면 왕과 주변의 영주들처럼 로마 가톨릭의 성직자들도 귀족 그룹에 속하였다. 물론 성직자들은 독신 생활을 해야만 되었으나, 마음대로 사냥 다닐 수 있었고 여전히 군대도 거느리고 심지어 전쟁도 할 수 있었다. 셍(Sens) 지방의 대주교는 갑옷과 투구로 완전 무장을 하고 손에는 창을 잡고, 루이 12세와 함께 전 이탈리아를 말을 타고 돌아다녔다. 소위 부르주아 계층에 해당하는 신부들은 언제든지 행정 관서의 일을 마음대로 관여할 수 있었고, 전답을 계속해서 매입하거나 바꾸기도 하며, 사치하는 데 몰두하여 남용하기를 주저하지 않았다. 비교적 상세한 필치로 쓰여진 다음의 문장에서 당시 성직자들의 모습이 어떠했는지 조금이나마 상상해 볼 수 있을 것이다.

> 잔뜩 거드름을 피우며 우리를 향해 오고 있는 고위 성직자들을 바라본다. 그들은 영국산 고급 천으로 된 옷을 입고 있고 손가락마다 값비싼 반지들이 끼워져 있으며 비싼 말을 타고 멋을 부리고 있다. 번쩍거리는 제복을 입은 지방의 유지들이 줄이어 따르고 있다. 그들은 스스로 멋진 저택과 궁전을 짓고, 거기서 사치스런 오락을 즐기는

가운데, 진탕 마시고 떠들며 유흥에 젖어 있다.

- 독일 역사가 부츠바흐(Butzbach) -[11]

5. 한스 홀바인 2세의 판화
에라스무스의 『우신 예찬』에 그려 넣은 삽화로 '살이 찐 수도사,' '어리석은 사람의 몸으로 들어가는 수도사의 영혼', 그리고 '벽화를 숭배하는 사람의 모습'이다.

이러한 상황은 이탈리아, 스페인, 프랑스, 독일, 영국 등 거의 대부분의 유럽에서 비슷하였고, 어디서나 고위 성직자들의 생활상은 부츠바흐의 표현대로 교만과 사치의 상징이었다.

중세 말기의 서구 유럽에서 교회에 관한 문헌 연구를 거듭하면 할 수록, 세대를 이어가면서 발견되는 바, 특히 16세기의 성직자들에게로 내려가면서 더욱 깊은 타락의 상태로 빠져들고 있음을 확인하게 된다.[12] 이런저런 풍문들이 꼬리를 물고 퍼져 나갔고, 일반 대중들은 성직자들이 자기의 담당 교구 안에 거주하지도 않음을 알게 되자 불만을 토로하게 되었다. 우선 주교나 신부들의 도덕 생활을 의심하게 되었으며, 성직자들의 낮은 교육 수준과 당시의 사회, 경제 상황

---

11) Ibid., 224.

12) Harold J. Grimm, *The Reformation Era, 1500-1615* (N.Y.: Macmilan Publishing Co., 1973), 29-41.

6. 음험한 성직자가 가난한 과부 및 어린아이와 서로 다른 세상에 사는 것처럼 대조를 이루고 있는 모습. 양을 잡아먹는 늑대가 모든 재화를 쥐고 있음.

에 대한 교회의 철저한 무관심을 알게 되었다. 그런가 하면, 교회 내부에서마저도 뚜렷한 영적인 지침이 없었다. 지나치게 세속적인 일에 관여하고 있었기 때문에 교회의 중추신경에 동맥경화증이 심각하였던 것이다. 교회가 하나님의 도성의 고귀한 일들을 맡아서 주관하는 청지기로서 자처하고는 있었으나 세속 정권의 헛된 야망과 욕망과 즐거움에 빠져 있었다.[13]

르네상스 시대의 교황들로부터 시작해서 몇 사람을 살펴보자. 무자격자들이 교황이나 고위 성직에 올랐다. 가문과 금권에 의해서 그 지위를 차지하였을 뿐, 종교 지도자로서는 신임과 존경을 받을 수 없는 사람들이 많았다. 종교 개혁의 시기에 재위했던 세 교황을 보라. 알렉산더 VI(재위 기간 1492-1503), 율리우스 II(1503-1513), 레오 X(1513-1521)

---

13) E. R. Chamberlin, *Everyday in Renaissance Times* (N.Y.: Capricorn, 1965), 163-164.

등의 교황들은 그들의 선출 과정에서부터 잘못 되었음이 입증된다.

알렉산더의 피선은 교황 선거 기간 동안 제공된 뇌물의 결과로 이루어졌고, 공정한 선거가 아니었다. 그는 스페인 사람으로 전혀 인기가 없었으며 그의 자녀들에 관해 숨길 수 없는 추문의 근거들이 꼬리를 물고 퍼져 있었다. 1501년에 나온 이름을 알 수 없는 팸플렛은 "교황의 궁전에서 공개적으로 실시되지 않은 악이나 폭력은 없다. … 로드리고 보르기아(Rodrigo Borgia)는 악의 수렁이요, 모든 정의와 인간과 하나님의 파괴자이다"고 선언하였다.[14] 그는 문란한 사생활로 종교 개혁자들이 로마 가톨릭을 저주하게 만든 전형적인 교황이었다.

그 다음 교황이 된 율리우스 2세도 당시 사람들이 결사 반대하던 인물이었다. 에라스무스가 쓴 뛰어난 문장, "율리우스의 추방"(Julius Exclusus)에서 대화식으로 아주 잘 나타난다. 율리우스 교황의 영혼은 베드로에 의해서 천국 입장이 제지되는 것으로 묘사된다.

> 무소불위의 교황 율리우스는 거지 신세의 이 고기잡이 베드로에게 대꾸하지 않아야만 되었다. 그러나 너는 내가 누구며 무엇을 한 사람인지 아느냐. 첫째로 나는 너처럼 유대인이 아니고 리구리아 사람(Ligurian)이다. 내 어머니는 위대하신 교황 식스투스 4세의 누이였다. 교황께서 나를 교회의 재산으로 부유하게 만들어 주셨다. 나는 추기경이 되었다. 나는 불운했다. 나는 프랑스 매독에 걸려 내 나라 밖으로 추방되었다. 그러나 내가 마지막에는 교황이 되어야 한다는 것을 항상 염두에 두고

---

14) J.R. Hale, *Renaissance Europe*, 225. 교황 알렉산더 6세의 본명은 로드리고 보르기아였다. 그는 Pius 2세로부터 사생활에 대한 심한 견책을 젊은 시절부터 받아왔다. 그가 시저라 불리는 아들을 배후에서 정치적으로 지원한 일과 Lucrezia Borgia의 아버지로 알려지면서 밀라노의 주교, 사보나롤라가 타락상을 성토했다.

지내왔다.

나는 최정상에 올랐고, 내 앞서간 어떤 교황들보다 교회와 그리스도를 위해 일했다. 나는 볼로냐를 교황청에 흡수시켰다. 나는 베니스 사람들을 무찌르고 페라라의 공작을 조종했다. 나는 분열을 일삼는 총회를 내가 만든 아첨

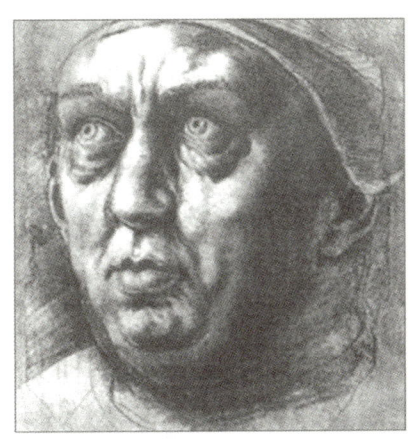

7. 레오 10세(본명은 지오반니 메니치)

꾼들의 총회로 무너뜨렸다. 나는 이탈리아에서 프랑스를 몰아냈고, 만일 운명이 나를 이곳으로 데려오지 않았더라면, 스페인마저도 평정해 버렸을 것이다. 나는 유럽의 모든 왕들을 귀로 들음으로써 선정했다. 내 뜰 안에는 강한 군대가 있고 로마의 궁전으로 뒤덮였다. … 그리고 내 자신을 위해서도 일했다. 나는 내 출생에 대해 빚진 것이 없다. 나는 아버지가 누구인지 모르기 때문이다. 공부에 대해서도 그렇다. 왜냐하면 나는 배운적이 없기 때문이다. 젊음에 대해 빚진 것도 없다. 왜냐하면 나는 출발부터 나이가 들었기 때문이다. 인기에 대해서도 그러하다. 내 주위에 있는 사람들은 모두 나를 싫어했기 때문이다. 운명과 신들과 인간들에도 불구하고, 내가 너에게 말한 이 모든 일들을 불과 수년 내에 이룩했으며, 지난 10여 년에 걸쳐서 해 오던 일을 후임자들을 위해서 중단하고 충분히 남겨 놓았다. 이것은 온당한 진실들이다. 로마에 있는 나의 친구들은 나를 사람이라기보다는 신으로 즐겨 부른다.[15]

---

15) J.A. Froud, *Life and Letters of Erasmus* (London, 1894), 142-143. J.R. Hale, *Renaissance of Europe*, 226에서 재인용.

마지막으로 레오 10세의 경우를 살펴보자. 그는 13세 때에 이미 이탈리아 귀족 가문에서 추기경으로 점을 찍어 놓았을 정도로 집안에서 확고한 지위를 보장받았다. 그리고 38세 되던 해에 마침내 교황에 피선됐다. 그는 사냥과 성직 임명권을 즐기는 타락과 낭비에 빠져 버렸고, 그의 자리에 조카 로렌조드 메디치를 대치시키려는 우르비노의 공작(The Duke of Urbino)을 무찌르는 데 마음이 불탔다.

위의 세 사람의 교황에게서 나타나는 바와 같이 비도덕적인 생활만 하고 있었을 뿐만 아니라 극도로 지나친 사치와 정치적인 권세, 추기경들에 대한 조종과 관직 매매, 친인척 위주의 관직 등용 등이 뒤따랐다. 이러한 성직자들에 반대하는 갖가지 현상들은 어떤 특정한 지역에 국한된 것이 아니라 유럽 도처에 널리 퍼져 있었다.

당시 일반 하급 성직자들의 사회적 지위는 도저히 상상할 수 없을 정도로 형편없이 낮은 수준이었다. 이탈리아에서 문예 부흥기의 교구 신부들은 거의 훈련을 받지 않음을 당연시하고 있었다. 얼마나 그들이 아는 것이 적었는가 하면, 다른 신부들이 하는 것을 가서 지켜보고 도와주면서 교구 사역을 모방하였다. 교구 내의 사람들을 방문할 때 신부들이 글을 읽을 줄도 모른다는 사실이 드러났는데, 일과 기도서가 항상 다른 사람들의 눈에 드러나는데도 제대로 놓을 줄도 몰랐던 것이다. 교구 신부들의 형편없는 교육 수준은 그들로 하여금 사회적인 무시와 미움을 받는 지위로 만들어 버리고 말았다.

밀라노에서 16세기 초기에 군대에 배속된 성직자들의 수입은 미숙련 노동자들의 것보다도 적었다. 따라서 많은 하급 성직자들은 말과 가축의 매매에 의존해서 식생활을 유지했다.[16] 프랑스 시골에서 하위 성직자

---

16) D. Hay, *The Italian Renaissance* (Cambridge: Cambridge University Press, 1977), 49-57.

들은 대체로 방랑자들과 똑같은 사회적 지위에 만족해야만 하였다. 성직자들에게는 세상 일에서 면제되는 특권이 주어진다. 그들은 모든 세금이 면제되었고, 의무제였던 군복무로부터 완전히 제외되었고, 법정에서는 현행범이 아닌 한 기소 중지의 혜택을 누렸다. 그러나 재판정에서 모욕을 당하는 것을 피할 수 없었으니, 당시 성직자들은 성지 순례나 탁발 수행이라는 그럴듯한 종교적 수행의 명분을 제해 버린다면, 그 시대의 떠돌이 거지들과 사실상 별로 차이가 날 것이 없었다.[17]

프랑스 모 지방에서는 좀 나았다. 이곳은 나중에 요한 칼빈이 한동안 거주했던 곳으로 1521년부터 1546년까지 가장 왕성한 종교 개혁의 중심지였기 때문이다. 하지만 이 지역에서도 신부들이 누리던 세금 면제, 지방 주둔군의 보급과 유지에 부역이나 물자 조달에서의 특혜 등은 지방 주민들의 강한 불만과 분노를 일으켰다. 특히, 경제적으로 어려움이 몰아닥치면 신부들이 누리고 있는 특혜가 눈에 가시처럼 보여서 많은 사람들을 자극하곤 했다.

한걸음 더 나아가서, 루앙(Rouen) 지방에서는 교회가 장사를 했는데, 물자가 극히 부족할 때 곡물을 팔아서 횡재를 한 사건으로 일반 시민들의 원성을 샀다.[18] 성직자들은 일반 법정에 기소가 되지 않고 면제되었다. 이로 인해서 대중들로부터 성직자들이 더욱 격리되어 버렸다. 프랑스가 100년 전쟁을 치르고 난 후, 두 세대를 지나면서 1520년대에 이르러서는 사회 전반에 성직자들에 대해 혐오하고 반대하는 감정들이 확

---

17) M. Vernard, "Pour une sociologie du clergeaé du XVIe siecle: reoherches sur le recrutement sacerdoctal dans la province d'Avignon," *Annales économies, societés et civilisations* 23(1968), 987-1016.

18) H. Heller, *The Conquest of Poverty: The Calvinist Revolt in Sixteenth-Century France* (Leiden: E. J. Brill, 1986), 11-12, 53-54.

고히 자리를 잡아가고 있었다. 페스트와 기근, 그리고 먹을 것과 일자리를 찾기 위한 가난한 시골 농부들의 도시 이주 등 사회의 위기 상황은 성직자 혐오감을 더욱 부채질하였다.[19]

르네상스 말기 대부분의 프랑스 주교들은 날이 갈수록 귀족 집안의 자식들에 의해 채워졌고, 귀족 가문에서 지방 재정과 인사를 좌우하였다. 요한 칼빈의 고향인 누와용은 드 앙제(De Hangest) 집안이 독점하고 있으면서, 성직 추천권을 행사하여 4반세기 가량 주교들을 그 집안의 자식들 중에서 마음대로 정해 버렸고, 교회의 일들을 좌지우지하였다. 랑그독(Languedoc) 지방에서는 고위 성직자들도 권한이 없었다. 종종 추천 권한을 핑계 삼아 귀족들이 담당 교구를 지정하였다. 자기의 교구에 거주하는 경우는 거의 드물었던 이들 성직자들은 자신들의 영적, 세속적 책무라는 것은 일하지 않고 벌어들이는 자기들의 수입의 근거로 밖에는 여기지 않았고, 다른 곳으로의 정치적 야망을 위해 유익할 뿐이

8. Johann Licht enberger의 책에 나오는 교회의 모습(1497년)

었다. 귀족의 배경과 신분을 가진 감독들과 고위 성직자들은 농부들과 기능공들로부터는 멀리 떨어진 곳에서 살고 있었다. 1520년대의 경제적인 위기로 인해서 성직자들과 일반 서민들과의 관계는 점점 격리되어 버리고 말았다. 주로 도시나 큰

---

19) H. Heller, "Famine, Revolt and Heresy at Meaux, 1521-25," *Archiv Für Reformationsgeschichte* 68 (1977), 133-157.

읍에 살고 있는 고위 성직자들과 시골의 노동자들과의 긴장은 1520년 대에는 굉장히 심각하였으며, 이것이 프랑스 종교 개혁의 배경을 이루고 있음을 간과 할 수 없다.

권위의 위기

성직자라는 직분이 품격이 갖추어져 있는 사람이 맡아 수행하면서 고상한 권위를 가진다면 반대하는 사람은 별로 없을 것이다. 마땅히 존경할 만한 분을 높이고 따르는 것이 인간 사회의 질서 유지에 필수 불가결한 요소이다. 더구나 중세 말 유럽 사회는 아직 모든 사람들이 동등하다는 평등 의식이 없던 시대였다. 사회 통념상으로 권위는 왕과 귀족과 상류층이 모든 세상의 일들을 장악하여도 그 누구 한 사람 반기를 들수 없었다. 그러나 점차 권력층들이 서민들을 실망시키는 행동을 반복하면서, 그들의 지위와 권세는 사람들의 마음에서 멀어져갔다. 권위의 위기는 중세 말 거대한 로마 가톨릭교회의 가장 단적인 모습이었다. 결국 기성의 종교를 해체하고 개혁적인 방향으로 발전되어 나가야만 한다는 외침이 여기저기서 싹트게 된 것이다.

첫째는, 교회를 대표하여 권위를 갖고 말하는 사람이 과연 누구냐가 불분명하였다. 둘째는, 신학적인 몰이해, 정치적인 혼란, 그리고 군사력의 중요성 등이 혼합물이 되어, '이것이 정통이다'라고 주장할 수 없게 되었다.

서구 유럽 전역에서 14세기 후반과 15세기는 대학의 급속한 신장 속에 대학에서 가르치는 신학자들과 그들이 연구해서 펴내는 신학 논문들이 급증하게 된다. 그런가 하면, 이들은 자신들의 체험을 정당화하려는 일을 해야만 되었다. 이런 작업들이 새로운 생각과 개념을 제시하게 만들었다. 마틴 루터는 교회의 가르침과 신학적인 자신의 견해와의 사이에 갈등을 일으켰다. 그는 신학자들의 토론을 목표로 해서 95개조 반박문을 내걸었다. 그러나 누가 그의 견해와 교회의 교리 사이의 차이점을 명백하게 구별하여 줄 것인가? 교황이 할 수도 없었고, 종교 회의나 지역 교회의 모임에서나, 어떤 신학 교수도 할 수도 없었다. 유럽 전체적으로 권위의 공백 상태, 무정부 상태가 상당한 기간 동안 지속되어 왔기 때문이다.

"모든 사람이 제 나름대로의 의견을 갖고 있다"는 보니페이스 아머바하(Boniface Amerbach)의 말은 1520년대의 혼돈 상황을 웅변적으로 대변해 주는 말이다. 가톨릭교회가 종전까지 주장해 오던 정통을 강요할 수 없게 된 것도 이러한 개인적인 주장들을 설득해 낼 만한 능력이 없었기 때문이다. 더구나 신학자로서 아주 뛰어난 마틴 루터의 생각이 널리 퍼지기 시작함으로써 독일에서는 지역 교회나 교구의 지방 조직이 교황의 권위에 의존하지 않고 자기들 나름대로 결정을 하게 된다. 1497년 봄, 왈도파를 진압하려던 프랑스 가톨릭 권세가들의 시도는 성공하지 못했다. 오히려 완전히 몰아내기보다는 이단으로 정죄된 이 무리들의 신앙이 무엇인가를 널리 홍보하는 결과를 초래하고 말았다.[20]

인쇄된 책들이야말로 로마 가톨릭교회의 권위에 대한 가장 큰 도전이었다. 중세 말기에 이르게 되면 판매 금지된 서적들은 등록하도록 되어 있었다. 그러나 은밀히 숨기고 읽혀졌으니, 해외에서 들어오는 책들을 막으려고 각 나라마다 온갖 노력을 다했다. 금서 목록에 오른 많은

---

20) Kenneth Scott Latourette, *A History of Christianity*, vol. II (N.Y.: Harper & Row, 1953, 1975), 451-453.

책들은 젊은이들의 관심을 끌었다. 다만 교회가 불쾌하다고 해서 볼 수 없다는 것일 뿐이었다. 출판업자들은 실제로 책은 스위스 제네바에서 발간하고 발행자의 주소를 완전히 다른 곳으로 속이거나 프랑스 출판업자의 책처럼 보이도록 조판을 모방하였다.[21]

정치적으로 교회 지도자들의 권위가 실추되는 과정은 아주 명백하였다. 1515년 9월 마리그나노(Marignano)에서 프랑수와 1세는 교황청과 스위스 연합군을 격파하고 극적인 승리를 하게 되었다. 그는 이 전쟁을 빌미로 해서 국경 넘어 이탈리아의 문제에 간섭할 수 있게 되었고, 프랑스 교회에 대한 독자적인 권위도 갖게 되었다. 이듬해에는 이를 확정짓는 "볼로냐 협약"을 체결하여 프랑스 교회의 모든 고위직 임명권이 프랑수와 1세에게 주어졌다. 이로 인해서 교황의 직접 지시를 받던 체제는 완전히 약화되었다. 1525년 파비아 전투에서의 패배와 마드리드에서의 억류로 인해 한때 약화되기도 했으나 프랑수와1세는 점점 전제 정치를 구가하는 방향으로 나아갔다. 결과는 프랑수와 1세가 교회와 정부의 모든 일을 장악함으로써, 프랑스에서는 개혁 운동이 교황보다는 국왕과의 싸움이라는 양상으로 전개되고 말았다.

프랑스와 로마 가톨릭 사이에 맺어진 "볼로냐 협약"은 종교 개혁 전야의 프랑스 교계의 상황이 이웃나라 독일과는 근본적으로 달랐음을 잘 보여준다. 독일의 경우는 교황에 대항하여 강력한 반발을 일으켰고, 특히 이탈리아 사람들이 모든 것을 결정해 버리는 데에 따른 게르만 민족주의의 반발을 반영하는 것이기도 했다. 독일의 지배 계급들은, 지방 봉건 영주들이 교회의 일이나 정부의 일이나 자신들의 의지는 배제한

---

21) E. Droz, "Fausses addresses typographiques," *Bibliothéhque d'hisoire de la Renaissance* 23(1961), 380-386, 572-574.

채, 주로 로마 교황의 간섭과 입김에 의해서 타협하는 상황이 벌어지자 이에 대해 분통이 터졌었다. 여러 가지 면에서 볼 때, 루터의 종교 개혁은 독일 국민들의 가슴에 깊이 흐르고 있던 반교황주의의 분위기와 게르만 민족주의에 호소하도록 만들어졌음을 부인할 수 없다. 하지만 프랑스에서는 볼로냐 협약으로 인해서 반교황주의의 분위기가 많이 누그러져 있었던 것이다. 독일에서는 루터의 종교 개혁이 반교황주의로 인한 것이었다고 한다면, 프랑스에서는 국왕 프랑수와 1세의 독재 정권이 교회와 국가의 권력을 장악하도록 진행되었음을 주목해야만 한다. 어쨌던 이 두 나라 모두 교황의 권위가 현저히 실추되었던 것만은 부인할 수 없는 사실이다.

합스부르크 왕가의 야욕

유럽의 대부분 땅을 다스리던 거대한 왕국은 합스부르크 왕가였다. 찰스 5세(Charles, 1515-1558. '카를'이라고 부르기도 함)는 오스트리아의 비엔나를 중심으로 해서 할아버지가 품은 거대한 야심을 이루게 되었으니, 귀족들의 정략 결혼으로 점점 유럽 대통합의 꿈을 실현하고 광활한 왕국을 소유하게 되었다. 벌건디 공국의 막시밀리언 1세(1519년 사망)에게는 아들 필립(1482-1506)과 딸 마가렛(1530년 사망)이 있었는데, 필립은 스페인의 왕가 페르디난드의 딸 요안나(1555년 사망)와 결혼하여 6남매를 낳았다. 필립의 큰 딸 엘레아노는 프랑스 국왕 프랑수와 1세와 결혼하였고, 둘째가 바로 찰스 5세인데, 필립은 어린 나이에 요절하여 마가렛이 대리 통치하다가 찰스에게 거대한 왕국을 물려주었다. 영국 왕 헨리 8세의 첫 부인으로 나중에 이혼 당하게 된 캐터린 왕비가 찰스

5세의 막내 이모였다.

오스트리아 주변 국가들과 티롤, 스페인, 네덜란드, 이탈리아 북부 지방을 영지로 흡수한 찰스 5세는, 제후들이 분할 통치하는 독일 전 지역의 지배자로 1519년 6월 28일 선제후(elector)에 의해서 황제로 선출되었다. 남은 것은 프랑스와 영국, 로마 교황청 정도였다. 그가 오늘날처럼 완전히 행정적으로 통합된 나라를 이룩한 것은 결코 아니었

9. 찰스 5세, 1526년에 Jan Cornelisz Vermeyen이 그린 초상화

다. 유럽은 험준한 산과 많은 강줄기에 따라서 언어와 풍습이 다른 민족들로 구성되었기에 그렇게 강력한 통일 제국을 단시일 내에 이룩할 수 없었다. 자기가 내놓은 의견이 아니면 도무지 신뢰하지 않으려 하는 기질이 강했던 이 새로운 황제는 매사에 의구심이 많은 사람이었고, 자신의 영토를 확고한 로마 가톨릭 신앙의 기초 위에 건설하고자 했으며, 모슬렘과 종교 개혁자들을 가장 위험한 대적들로 간주하였다. 따라서 황제를 보좌하던 신학자들이 아우그스부르그와 레겐스부르그에서 종교 개혁자들과 이룩한 타협안을 도무지 수용할 수 없었다. 종교 개혁자들의 앞날에는 정치적 박해라는 험로가 가로막고 있었던 것이다.[22]

---

22) H.G. Koenigsberger, *The Habsburgs and Europe, 1516-1660* (Ithaca, N.Y.: Cornell University Press, 1971), 4-16, 25-27.

단 한 사람의 황제가 통치하는 유럽은 전혀 상상치 못할 일들이 발생하게 되었다. 영국이나 프랑스에서 보여 주듯이, 종교 개혁의 흐름이 만들어 내는 다양한 반응과 역사를 한 제국에서처럼 통일할 수 없었다. 더구나 독일의 선제후들은 마음속 깊은 곳으로부터 찰스 5세를 숭배하고 지지한 것이 아니다. 찰스 5세는 오직 한 사람의 황제가 다스린다는 명분하에, 각 지방의 귀족들이 제국의 문제에 대해서 자문하는 정도였고, 스페인이나 덴마크, 헝가리 등의 일들도 멀리서나마 황제가 자문하는 형식이었다. 물론 그가 머물던 오스트리아의 벌건디 공국을 근간으로 해서 권한을 행사하던 시대였다.

중세 말기의 유럽은 오늘의 시대적 정황이나 독자가 살아가고 있는 나라의 문화적인 척도로 속단해서도 안 되며, 현대의 가치 기준을 무모하게 적용하려는 혼동을 해서는 안 된다. 근대 유럽의 출현은 18세기 이후로서, 점차 독립된 국가들이 형성되고 보다 분명한 국경이 설정되며, 서로 다른 정치 형태와 국가 체제를 갖추고 상호 배타적으로 자리를 잡게 되었다. 그래서 국가들마다 기본이 되는 공통 이념을 확고히 하고 국민들에게 충성을 요구하며 완전히 독립적인 체제를 구축하게 되었다.

로마 가톨릭의 절대 권위에 녹이 슬게 될 무렵의 유럽은 각 나라 간의 경계가 불분명하였다. 또 각 계층이나 신분, 문화, 언어에 의해서 다소 유동적인 경계와 한계가 설정되어져 있던 시대였다. 일반적으로 통일된 국가 개념이 존재하지 않았다.[23] 개인들은 한 마을이나 지역에 소

---

23) A.G. Dickens, *Reformation and Society in the Sixteenth-Century Europe* (London: Harcourt Brace Jovanovich, 1966), 9. H.G. Koenigsberger, George L. Mosse, G. Q. Bowler, *Europe in the Sixteenth Century* (London, Longman, 1989), 91-94. J. de Vries, *European Urbanization 1500-1800* (London: 1984). H.G. Koenigsberger, *Medieval Europe 400-1500* (London: Longman, 1987).

속된 정도로 자신들을 생각하고 있었으며, 보다 큰 규모의 국가를 생각하기까지는 미처 생각이 발전되지 않은 상태였다. 도시나 마을들은 주로 땅의 소유주나 소수의 부유한 상인들로 구성된 부유한 사람들이 주도권을 행사하는 몇 사람의 집단 독재 정치 체제하에 있었다. 아직 엄격하게 규정되지 않은 경계선을 넘어서 다니는 것은 자유롭고 빈번했으며 복잡한 절차가 필요치 않았다. 학생들이 한 대학에서 타 대학으로 전학하려 할 때 비자나 여권을 소지할 필요성이 전혀 없었다. 상인들은 간단한 절차만으로 대단위 운송이 용이한 길을 따라서 다녔다. 중세 시대에 전 유럽을 망라하는 가장 중요했던 기관은 로마 가톨릭교회였다. 교회 조직은 지역을 초월해서 유럽의 전 지역을 장악하고 영향력을 행사하였다. 이 기관이 16세기에 변화를 겪기 시작한 것이다.

유럽에서 변화의 징후가 드러나기 시작한 것은 아마도 의도적이라기보다는 민심이 반영된 사건이 연속적으로 발생하면서 일어난 것이라

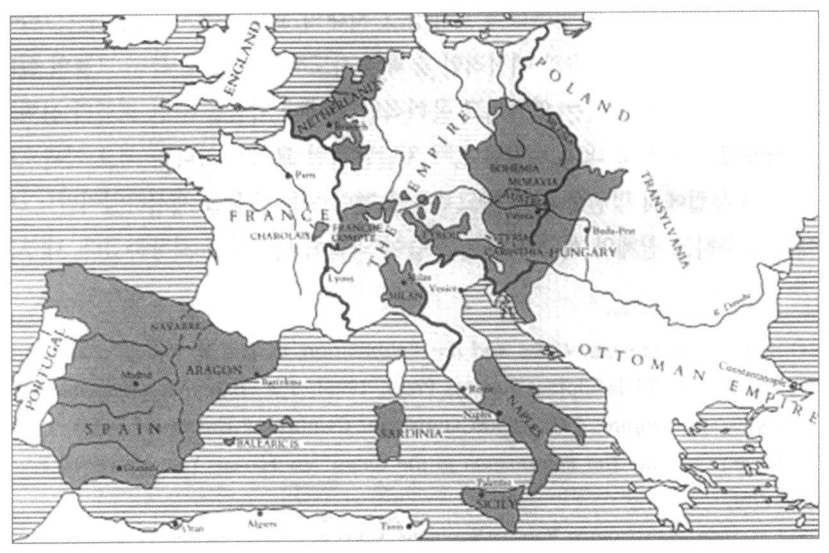

10. 중세 말 유럽의 지리적 상황: 찰스 5세의 왕국

고 보는 것이 무리가 없다. 영국이 프랑스 일부 지역을 지배했던 시대는 100년 전쟁으로 인해 서막을 내리고, 1309년부터 1376년까지 교황이 프랑스 아비뇽에 유수된 사건(The Avignon Papacy)으로 인해서 로마 교회 교황권에 대한 신뢰가 점차 실종되었다. 후에 극도로 기진맥진한 상태에서 중세 후기 유럽을 지탱해 온 권력의 핵심이었던 교회와 함께 각 군주들 사이의 힘의 평형 상태가 점차로 자리를 잡기 시작했다. 그러나 아직은 불안정한 평형 상태였다. 막대한 재정권을 갖고있던 로마 교회의 고위 성직자들이 군주들의 연대와 내정을 교묘하게 와해시키는 공작을 했다.

그러나 역사가들에 의해 불안정의 시대로 묘사되는 16세기는 신앙적인 면에서 볼 때 하나의 통일된 기독교 왕국으로 유럽을 지배하던 절대권력이 서서히 종말을 초래하게 되었다는 점이다. 로마 교회는 군사적으로나 경제적인 면에서나 봉건 제도에 있어서나 귀족들과 영주들과 분권 국왕들과 결혼 등으로 상호 관계를 긴밀히 맺어오고 있었는데, 이런 모든 연결 고리들이 풀어져 버리고, 견고한 안정감이 현저하게 줄어들어 버린 것이다. 반면에 개신교의 종교 개혁을 가능하게 만든 결정적으로 중요한 요소이자, 두드러진 변화는 사회 생활과 정치에 있어서 독립된 자치 도시들의 등장하였다.[24] 그리하여 서구 유럽의 교회를 개혁한다는 것은 단지 깨어 있는 신앙생활을 한다라는 교회 내 차원의 문제가 아니라, 사회 전반에 걸쳐서 궁극적으로는 서구 유럽의 재조직을 의미하였다. 물론, 동시대를 살던 당대의 사람들 중에 이런 변화를 확고하게

---

24) B. Moeller, *Imperial Cities and the Reformation*, tr. H.C.E. Midelfort and M.U. Edwards, Jr. (Philadelphia: Fortress Press, 1975). T.A. Brady, Jr., *Turning Swiss: Cities and Empire, 1450-1550* (Cambridge: Cambridge University Press, 1985). Steven Ozment, *The Reformation in the Cities* (New Haven: Yale University Press, 1975).

인식하던 사람들이 그렇게 많지 않았을 것이다.

  15세기에서 16세기로 넘어왔을 때는 서로 강국을 건설하려는 전쟁의 상태였으나, 내적으로는 새로운 시대의 교회 갱신과 개혁의 요구가 도처에서 현저히 나타나기 시작했다. 그러나 하늘 높은 줄 모르고 치솟던 교황권과 교회의 정치적 권세는 중세기 동안에 개혁의 필요성을 역설하는 자들이 거의 탈진 상태에 이르도록 만들어 버렸다. 교회의 관리 행정에서나 법적, 경제적, 외교적 기관들은 잘 기름칠한 기계와 같이 매끄럽게 돌아가고 있었고, 그 나름대로 잘 운영되어 온 상태였기 때문이다.

  그러나 중세 말기에 접어들어 르네상스 시대의 교황들에 이르러서는 그들이 앞장을 서서 도덕적 타락과 재정적인 술책을 지도하고 있었고, 특히 그들의 실패작인 정치 권력의 행사는 영적이고 윤리적인 문제에 지침을 주던 교회의 신뢰도를 극도로 저하시켜 버리고 말았다.[25] 과거에 로마 교황청은 유일한 최고 결정 기관으로서 서구 유럽에서 영원한 것과 확고부동한 것의 모든 내용을 제시하였지만, 침체와 쇠약해 가는 모습이 역력히 나타나기 시작하였다. 대부분의 사람들은 교회가 방향 감각을 상실하였다고 확신하기에 이르렀으니, 르네상스 시대의 교황들이 누린 호사스러움은 나사렛 예수 그리스도의 낮아지신 모습과는 너무나도 동떨어진 상태였기 때문이다.

  인간이 스스로를 탐닉하는 학문과 예술의 세계에서 빠져 나오게 만든 16세기 유럽의 종교 개혁은 세계 역사와 인간의 지성사의 흐름에서 새로운 혁명을 일으킨다. 새로운 개신교회의 등장은 종교만이 아니라

---

25) I. R. Hale, *Renaissance Europe* (Berkeley: University of California Press, 1971), 223-232.

일반인들의 생활에 놀라운 충격을 안겨 주었다. 인간 역사 가운데 이보다도 더 결정적이고 본질적인 의식의 개편은 없었다. 종교 개혁은 단지 신학과 교리의 차원에 머무른 게 아니라, 그 영적인 차원에서 인식된 모든 것들이 정치와 사회 전반에 걸쳐 서구 유럽의 가장 중요한 역사의 전환점을 만들어 낸 것이다.

| CHAPTER 02 |

비범한 귀족의 풍모

평범한 출생(1509)

한 인간을 이해하려면 먼저 그 사람의 배경을 살펴보고 의미 있는 것들, 평범한 것들, 흥미로운 것들을 잘 알아야만 한다. 칼빈의 제자였던 테오도르 베자가 당대의 증언과 체험을 모아서 이 위대한 종교 개혁자의 업적과 생애를 종합적으로 기록하여 놓음으로써 후대의 독자들이 갖고 있는 궁금증을 풀어 주었다.[1] 그가 프랑스에서 태어났지만, 스위스 종교 개혁자로 널리 알려진 이유는 무엇이며, 과연 어떻게 그러한 업적을 성취했을까? 칼빈의 생애에는 흥미진진한 여러 측면들이 내재해 있어서 탐구자로 하여금 긴장감을 느끼게 한다.

칼빈은 자신에 대해 평민으로 태어난 평범한 인간이라고 회상하곤 했으나, 사실은 일생 동안 귀족적인 풍모를 지니고 있었다. 그는 귀족들에게 설교하는 영적인 지도자였고, 귀족들처럼 고상한 학문을 맛보

---

1) Theodore Beza, *Vie De J. Calvin* (1564).

앉던 사람이다. 그러나 왕실 주변에서 세도를 갖고 풍요한 오락을 즐기는 귀족은 아니었다. 다시 말하자면, 당대 최고위층들의 이름을 자유롭게 부를 수 있는 처지였고, 그들의 제자들과 교제하고 대화하면서 함께 어울렸다. 당대 유럽 어느 나라 귀족들과도 어울릴 수 있는 지식과 인품과 인맥을 갖고 살아갔다는 말이다. 16세기 초엽, 유럽 대다수의 사람들은 글을 읽고 쓸 수 없었으며, 왕과 귀족들과 봉건 영주들의 통치하에서 어려운 생활을 하고 있었다. 그 가운데서 일부 고위 성직자들은 왕실에 영향을 미치는 색다른 귀족들이었다. 평범한 사람의 아들이었던 칼빈이 귀족들과 서신을 교환하고, 방문하여 대화하고, 의논의 대상으로 귀족들에게 알려졌으나, 그의 생애는 가난하고 검소한 나날이었다.

먼저 칼빈의 생애에 누가 가장 큰 영향을 미쳤을까를 추적해 보자. 어떻게 그가 수세기에 걸쳐서 전통이 형성되고, 21세기에 이르기까지 로마 가톨릭이 국교처럼 절대적인 우위를 차지하고 있던 나라에서 종교개혁을 받아들이게 되었을까? 프랑스는 국왕이 통치 수단의 일환으로 로마 가톨릭을 활용하고 있었기에, 이탈리아 못지않게 가톨릭이 지배

11. 칼빈이 태어난 누와용의 집

하는 나라가 되어 있었다.

16세기에 비하면 엄청나게 인구가 팽창한 21세기의 기준에 비춰볼 때에도, 프랑스 북부 도시 누와용은 그리 큰 도시가 아니었다. 칼빈의 출생지인 프랑스 누와용은 세느 강으로 흘러들어 가는 우아즈 강을 중심으로 형성된 무역 도시로, 강을 따라서 파리와 프랑스 북부 도시들을 연결시켜주는 역할을 하고 있었다. 누와용은 파리의 북동쪽 약 90킬로미터 지점에 위치한 전통적인 교회 중심의 소도시였다.

당시 누와용에는 597년 세워진 노트르담 성당과 두 개의 수도원이 있었고 성직자들이 지배하던 도시였다. 이 건물은 1918년 말 전쟁으로 인해서 일부 종탑과 벽만을 남기고 다 무너지고 말았다. 사람들은 상당히 오랜 세월동안 신부들과 수도사들에 대한 경외심과 존경심을 가지고 있었다.

칼빈이 태어난 집은 1918년에 대대적인 전투로 인해서 완전히 무너지고 말았다. 현재 그의 터 위에 1927년 7월 10일 다시 주춧돌을 놓고 3년 공사 후에 기념관으로 봉헌하였으나, 1939년부터 1945년 사이에 벌어진 전투로 또 다시 파손되었다. 1955년 7월 17일에 다시 복구되어서 개신교 역사 박물관으로 사용되고 있다.

칼빈의 집안은 누와용에서 약 3Km 떨어진 퐁 레베크에서 대대로 살아왔으며, 칼빈의 할아버지는 세느강으로 흘러가는 라 페르까지 오고 가는 수송선의 뱃사공이었고, 이것을 집안에서 대물림해 운영해 오다가 세 아들이 모두 다 물에서 일하지 않고도 시에서 더 나은 직업을 갖게 되자, 할아버지가 마지막으로 곡식, 포도

12. 칼빈이 어린 시절 다닌 교회당

제2장 비범한 귀족의 풍모

주와 생필품을 싣고 나르는 사업을 마감하게 된다. 요한 칼빈의 삼촌들, 리차드와 자크는 파리에서 열쇠 제조업을 차렸던 것으로 추정된다.

요한 칼빈의 아버지 제라르 꼬뱅(Gerard Cauvin)은 평민 출신으로는 큰 야심을 가지고 살았고, 마침내 그 지역에서 눈부시게 성공한 사람이었다. 1481년 누와용으로 이사한 꼬뱅은 법률 공부에 진력하여 공증인의 지위를 얻었고, 주교의 비서로서 각종 사무를 도맡아 봉사했고, 마침내 대성당의 사무장의 지위에 올랐다. 그는 이 도시에서 중산 계급에 속하는 교회의 서기로서 주교와 성직자들의 인정을 받아 사회적으로 전문 분야의 직업인이라는 대우를 받고 있었다.

더구나 꼬뱅은 결혼을 통해서 자신의 지위를 더욱 확고히 굳히게 되었다. 칼빈의 어머니인 잔느 르 프랑(Jeanne Le Franc)은 역시 중산 계급의 출신으로 여관을 갖고 있던 꽁브레(Cambrai)의 딸이었다. 칼빈의 아버지는 1497년에 부르주아라는 신분을 획득하여서 지방 유지로 인정을 받게 되었고, 다음해에는 시의원으로 선발되었다. 그 결과 점차 자신의 신분이 상승되었고, 거처하는 집도 대성당(the Place au Blé) 바로 옆에 마련할 수 있었다.

요한 칼빈은 1509년 7월 10일, 제라르 꼬뱅의 둘째 아들로 태어났다. 태어난 지 며칠 안에 그를 쌩뜨 고드베르뜨 교회에서 세례를 받게 하였는데, 세례명이 프랑스 발음으로 "쟝"(Jean)이었다. 그래서 프랑스어로는 "쟝 칼뱅"이 된다. 하지만 우리는 편의상 영어를 사용하는 나라들이 대부분 불러오고 있는 발음 표기를 따라서, 그리고 라틴어로 표기된 그의 이름 요한네스 칼비누스(Johannes Calvinus)에서 음역된 "요한 칼빈"(John Calvin)이라는 익숙한 이름을 불러 오고 있다. 물론 독일어권에서도 요한네스 칼빈이라고 부르고 있다.

제라르 꼬뱅은 그의 나이 약 40세 전후로 결혼하여 아내 르 프랑과의 사이에 네 명의 아들을 두었다.[2] 큰 아들은 샤를르(Charles), 둘째가 요한, 셋째는 앙뚜안(Antoine), 그리고 넷째가 프랑소와(Francois)였다. 프랑소와는 당시의 일반적인 가정의 많은 자녀들이 그러했듯이 어려서 죽었다. 큰아들 샤를르는 신부가 되었으나 종교 개혁을 지지하다가 1537년 출교를 당해서 죽었다. 동생 앙뚜완과 훗날 아버지가 재혼하여 낳은 딸 마리는 제네바로 따라가서 요한 칼빈을 도와 저술 편찬을 거들며 함께 개혁의 동역자로 활약하였다.[3] 뿐만 아니라, 어머니 프랑도 1515년 경에 죽었다고 알려져 있다. 그녀에 대해 기록된 것은 거의 없다. 단지 경건하게 살았다는 사실뿐이다. 아버지 제라르는 곧 재혼을 했는데, 두 번째 결혼으로 두 딸을 낳았다. 큰 딸은 마리(Marie)이고 작은 딸의 이름은 알려져 있지 않다.

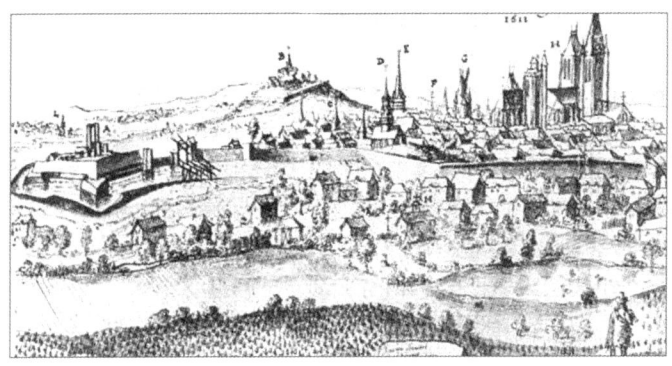

13. 1611년이 누와용. 조아킴 뒤비에 (Joachim Dueiert)의 스케치

2) Bernard Cottret, *Calvin: A Biography*, tr. M. Wallace McDonald (Grand Rapids: Eerdmans, 2000), 11.

3) E. Doumergue, *Jean Calvin*, vol. 1, 13-25.

유복했던 유년기 (1523년경까지)

칼빈의 아버지는 훌륭한 가문 출신이 아니요 학문이 출중한 사람도 아니지만, 자녀 교육을 위해서 혼신의 힘을 기울였다. 매사에 적극적이고 매우 노력하는 사람이었으니, 오늘날로 표현하자면 다소 야심에 찬 사람이었다. 우리는 아쉽게도 칼빈의 어린 시절에 관한 정확한 기록을 많이 갖고 있지 않다. 몸이 약한 칼빈은 누와용을 휩쓴 전염병과 화재의 위험 속에서 살아남아 점차 소년으로 성장해서, 중세 말기의 전통적인 남자의 과정을 밟아 나갔다. 그의 아버지의 직업이 교회의 서기관이었고, 어려서부터 교회와 가깝게 살아왔기에, 아들 셋이 모두 다 성직자가 되는 것을 매우 귀중하게 생각했다.

아버지의 강한 집념과 분명한 신앙의 영향하에서 어린 요한 칼빈은 자신의 신분과는 격이 다른 귀족의 자제들과 어울리며 교육을 받았다. 특히 신부가 되기 위해 지원서를 제출함으로써 일반인들이 누릴 수 없었던 장학금의 혜택을 누리게 되었다. 이들은 앙제 주교(de Hangest)로부터 학교 교육에 필요한 장학금을 받았는데, 샤를르, 장, 앙뚜완 순서로 수여되었다. 따라서 아버지의 노력으로 세 아들은 모두 다 교육을 받을 수 있었다.

제라르 꼬뱅은 당시에 프랑스 북부 지방에서 가장 영향력이 큰 앙제 주교의 집안과 깊은 관련을 갖고 있었는데, 앙제 주교의 어머니는 루이 12세 궁전에서 영향력을 행사하던 조르주 당브와즈(George d'Amboise)의 누이였다.

요한의 형제 세 사람은 모두 퐁 레베크 가에 있는 까페테의 부속 학교(the Collège des Capettes)에 다녔는데 이 학교는 비교적 가난한 소년들을 위해서 1294년에 세워진 학교였다. 어린 소년들은 중세의 사회 변천을 체험하면서 학교, 수도원, 그리고 교회를 중심으로 축제와 관습 속에서 양육되었다. 소년 요한은 어려서부터 학자로서의 장래를 예견해 줄 만큼 영리하고 명석하였다. '영리한 소년, 장 꼬뱅'이라는 기록은 모든 것을 함축해 주는 역사적인 고증이라고 본다. 이 학교에서 소년 요한은 인문 과목을 소화해내는 뛰어난 지성, 자연스런 신속함을 보여 주었다.[4] 역시 빠삐 르 마송도 다음과 같이 전해주고 있어서 소년기의 칼빈은 매우 우수한 지적 능력을 갖추고 있음을 알게 한다.

> 그의 어린 시절은 훌륭한 선생님과 학자들의 지도하에서 같은 나이 또래의 사내 아이들과 함께 그 지역에서 성장했다. 그러나 그는 탁월한 지성과 뛰어난 기억력으로 다른 아이들을 앞질렀다.[5]

누와용에서 받은 요한 칼빈의 교육 가운데 잊혀질 수 없는 것은 몽모르(Montmors) 가정에서의 개인적인 수업이다. 요한 칼빈은 몽모르 가문에 보내져서 그 집안의 아들들과 함께 생활하면서 가정 교사에게 배웠다. 물론 모든 비용은 아버지 제라르가 부담한 것이지만, 이로 말미암아 상류층의 자녀들과 함께 사귀며 훈련을 받을 수 있었다. 몽모르는 누와용의 주교 몽제뉴와 샤를르드 앙제의 형제로 그 지방 영주였다. 몽모르 가의 아들들은 므와이엥꾸르의 영주가 된 조아킴(Joachim)과 이브리

---

[4] 누와용에서 칼빈이 보낸 어린 시절에 관한 문서는 거의 존재하지 않는다. 물론 칼빈 자신도 거의 언급한 부분이 없다. 루앙 지방의 대주교였던 자뀌스 데메(Jaques Desmay)가 1586년 처음 출판한 책, *Remarques considérables sur la vie et moeurs de Jean Calvin*에서 약간의 언급을 볼 수 있다.

[5] 두 사람의 역사가들이 17세기 초반에 누와용의 문서들을 낱낱이 조사하여 희미한 기억 속에 있던 이야기들을 수집하였다. Papire Masson, *Elogia Varia* (1638). Le Vasseur, *Annales* (1633).

의 영주인 이브(Yves), 그리고 이름이 알려지지 않은 셋째가 있었다. 훗날 이 셋째는 1547년에 제네바로 피신을 가게 된다. 여기에 아드리앙 드 앙제의 아들 끌로드 앙제도 몽모르 가의 아이들과 사촌간이어서 함께 공부하고자 동행하였다. 훗날 끌로드(Claude)는 누와용에 있는 두 개의 수도원 중에 하나인 쌩 뗄로와 수도원장이 되었고, 장(Jean)은 1532년에 누와용의 백작이자 주교가 된다.

귀족 자제들이 함께 파리로 떠나게 된 이유는 이 지역에 몰아닥친 흑사병 때문이었다. 몽모르 가와 앙제 집안의 자녀들과 함께 수학함에 따라 그들의 유학 코스인 파리로 떠나는 기회가 제공된 것이다.[6] 그러나 칼빈의 유년기를 포함해서 역시 많은 부분이 수수께끼로 남아 있다. 우리가 좀 더 확실히 알고 싶은 그의 유년기의 자료는 거의 없는 편이다. 항상 아쉬움을 느끼는 것이지만 요한 칼빈은 그의 수많은 저술과 설교와 대화를 통해서 서구 유럽에 심대한 영향을 주었다. 그러나 그 많은 저술들에도 불구하고 정작 자기 자신의 성장 과정이라든가 자신의 가정, 감정 등에 관해서는 거의 언급을 하지 않았다. 그는 성경의 정신에 투철하게 살았던 것이다. 성경 저자들도 꼭 필요한 것 외에는 아무런 언급을 하지 않았듯이 요한 칼빈도 그렇게 침묵한 것으로 보여진다.

칼빈의 어린 시절을 짐작하게 하는 간단한 언급이 있다. 칼빈 자신이 직접 펜으로 쓴 것은 1532년 4월 발행된 첫 번째의 저서 『세네카의 관용론에 대한 주석』(Commentary on Seneca's De Clementia)에서다. 칼빈이 1533년 후반이나 1534년 초기에 종교 개혁자로서 개종하여 종교 개혁에 가담하고 새로운 신앙적 출발을 하게 된다고 본다면, 이 첫 번째 저

---

6) Bruce Gordon, *Calvin* (New Haven: Yale University Press, 2009), 5.

술에서는 여전히 인문주의 학도로서의 패기가 넘치는 야망과 박식함을 드러내고 있다. 그가 여전히 로마 가톨릭의 성직자가 되기 위해서 공부하던 시절에 쓴 책이라고 보여지는데, 아주 간략하게 어린 시절에 대한 회고가 들어 있다. 그는 이 책에서 어린 시절부터 많은 혜택을 제공해준 귀족 앙제에게 헌사를 바친 것이다.

> 지금의 내가 가진 모든 지식은 귀하로부터 배운 것입니다. 내가 소년이었을 적에 나는 귀하의 집에서 자랐으며, 귀하와 같이 나의 학문 연구를 시작했습니다. 그러므로 나의 첫 번째의 인생 수업과 지적 훈련에 대해 고매한 귀하의 집안에 감사드립니다.[7]

칼빈은 1521년 5월 19일, 신부가 되는 과정을 선택하게 되었고, 열두 살 소년에게는 대성당의 합창단 입단 자격이 주어졌으며, 약간의 보리와 밀을 제공받게 되었다. 1527년 9월 27일, 교구 목사의 부속 소년으로 확실하게 등재되었고, 25세가 될 때까지 모든 교육의 혜택을 공급받을 수 있는 장학금을 얻을 수 있게 되었다. 당시에 이런 혜택을 받은 소년들은 특별한 의무 조항에 구속되는 것은 아니고 단지, 훗날 신부가 되어서 미사를 집례하거나 다른 것을 선택할 수도 있었다. 이때 소년의 장래는 주교단에서 결정하게 되었다. 만일 어떤 사람이 신부 수학을 하는 동안 부모가 교육비를 제공하였으면 근무지 선택이나 장래 진로에 있어서 자유를 누릴 수 있었다.

---

7) *Opera Calvini*, V:8, F. L. Battles and A. M. Hugo, *Commentary on De Clementia* (Leiden: E. J. Brill, 1969): 12-13.

파리에서 만난 스승들

교육은 사람됨의 기초이다. 사람은 좋은 스승을 만나 진실된 인격을 배움으로부터 발전의 토대를 마련한다. 훌륭한 스승을 만나게 되기까지는 가족의 후원과 전폭적인 성원이 뒷받침되어야 한다. 동서고금을 막론하고, 고등 교육을 마치기 위해서는 본인들은 물론이요 부모님이나 후원자들의 엄청난 노력과 희생이 있어야 했다. 칼빈이 최고의 혜택을 누리면서 앞길을 열어갈 수 있는 실력자로 성장하게 된 것은 가정을 통해서 주어진 남다른 축복이 있었기에 가능했다.

칼빈은 1523년 8월 8일 파리에 도착하였다. 안타깝게도 파리에서는 비극이 벌어지고 있던 날이었다. 바로 이날 어거스틴 수도사 장 발리에르(Jean Vallière)가 이단으로 몰려서 파리의 한 거리에서(the Marche éaux Pourceaux) 화형을 당하였다. 이 사람은 로마 가톨릭을 거부한 프랑스 종교 개혁의 첫 번째 희생자였고, 이런 분위기는 친구들과 함께 이 도시에 도착한 어린 소년의 마음에 어떤 영향을 주었는지 아무도 모를 일이다. 우리는 역사를 공부하면서, 한 사람이 희생자로 죽임을 당하는 가운데 있더라도, 무고한 피를 흘리고 죽어가는 순교자를 대신하여 또 다른 사람을 준비시키는 하나님의 은밀한 섭리를 발견하게 될 뿐이다.

칼빈은 14세 때에 파리의 교육 기관에서 수업을 시작했으며, 처음에는 라마르슈 대학(the College de La Marche)에서 교양학과 과정을 준비하였다. 칼빈이 14세에 파리의 대학으로 갔다는 것은 누와용 지방의 역사가인 데매(Jaques Desmay)가 1621년에 출판한 짧은 문서에 의해 최초로 언급되었다. 데매는 1523년 8월 5일, 제라르 꼬뱅이 아들을 위해서 동년 10월 1일까지 누와용을 떠나 있도록 허락받았다고 적고 있다. 그의 아버지는 페스트가 발생하여 이 도시를 휩쓸자 잠시 아들들을 피신시키고자 이렇게 한 것인데, 이때가 마침 아들이 파리에서 공부를 시작하기에 좋은 나이였다고 해석까지 덧붙였다.[8]

1520년대의 파리 대학은 보통 10세에서 12세의 소년들이 라틴어 문법과 고전을 배우는 예비 단계를 시작했다. 라틴어의 기본을 배우고 나면 두 번째 단계로 구문론과 작시법을 배우고, 불규칙 변형을 공부하게 된다. 세 번째 단계는 상급 문법과 아리스토텔레스의 논리학의 개요를 공부한다.[9]

14. 오늘날의 라마르슈 대학 건물

---

8) Desmay, *Remarques*, 388. A. Ganozxy, *The Young Calvin*, tr. David Foxgrover and Wade Provo (Philadelphia: Westminster Press, 1987), 49.

9) T. H. L. Parker, *Calvin*, 5. 파커 교수는 칼빈이 11세 때, 1520년에 파리에 도착하여 라틴어 공부를 시작한 것으로 본다. 이 새로운 가설이 전혀 근거 없는 것은 아니라고 본다. 누와용의 주교 밑에서 기록을 맡고 있던 자뀌 레나르(Jacques Regnard)에 의하면, 요한 칼빈은 12살되던 해에 1521년 5월 19일자로 미셸 꾸루뗑(Michel Courtin)의 뒤를 이어서 라 제신느(La Gesine) 교회에서 부속 요원의 직책(Chaplaincy)을 부여받았다고 기록해 놓았다. 칼빈은 고향 교회의 소속 성직자라는 신분을 1529년까지 가지고 있다가 물러났고, 다시 1531년 취득하였다가 완전히 삭제된 것은 1534년 5월경이었다. 이처럼 한 교회에 소속된 성직자의 특혜는 대학 교육에 필수적으로 있어야 하는 장학금을 받을 수 있으며, 교육의 수혜자로써 보장을 받는다. 따라서 11세 때 혹은 12세 때에 칼빈은 이런 혜택을 받아서 파리로 올라갔으리라는 주장이 나올 수도 있다. 그러한 여러 가설들이 가능하지만, 요한 칼빈의 초기 시절을 분명히 설명해주는 정확한 문서나 명백한 자료는 아직 나타나지 않고 있다.

칼빈이 파리에서 맨 처음 다닌 것으로 알려진 라마르슈 대학에서의 수학 내용과 1년도 채 못되어 몽떼귀 대학으로 옮긴 이유에 대해서도 역시 확실치가 않다.[10] 몽떼귀 대학 이전에 칼빈이 어디서 수학했든지-라마르슈 대학에서건 쌩뜨 바르브에서건 간에-우리는 칼빈 자신이 직접 말하는 학교의 이름을 확인할 방법은 없다.

라마르슈 대학은 그리 유명한 예비 학교는 아니었다. 선생들의 엄격한 통제와 열악한 환경을 이겨내느라고 어린 청소년들은 인내를 배워야만 되었다.

칼빈 자신의 손으로 적고 있는 바에 따르면, 그의 파리에서의 학문적 성장과 지적인 성숙은 훌륭한 라틴어 선생님 마뛰랭 꼬르디에(Maturin Cordier)로부터 라틴어를 수학하면서부터이다. 그로부터 약 30년이 지난 후 칼빈은 『데살로니가전서 주석』을 꼬르디에에게 헌정하였는데, 지난날의 선생님에 대한 감상을 다음과 같이 쓰고 있다.

> 내가 소년이었을때에 겨우 라틴어에 관해서는 초보 정도 알고 있을 무렵, 나의 아버지는 나를 파리로 보냈습니다. 거기서 하나님의 은혜로 말미암아 당신께서 한동안 제 선생님이 되어 주셨고 공부하는 바른 길로 가르쳐 주셔서 계속해서 큰 유익을 얻었습니다. 선생님께서 상급반을 맡으셨을 때는 아주 성공적으로 잘 하셨습니다. 그러나

---

10) 1564년 칼빈의 전기를 최초로 집필한 베자의 저서, 『칼빈의 생애』(Vie de Calvin)에 의하면, 라마르슈 대학에서 공부했다는 주장이 초판에는 없었다. 10년이 지난 후, 최종판에서 수정했다. 베자도 처음에는 확신할 수 없다가 다른 사람의 증언을 통해서 다시 수정한 것이 아닌가 한다. 역사상 두 번째로 나온 칼빈의 전기는 당시 변호사였던 니콜라스 콜라동(Nicolas Colladon)이 1565년에 출판한 것으로, 칼빈의 파리 시절을 보다 자세하게 소개하고 있다. 이 책에서 라마르슈에서의 수학이 기정 사실로 적혀 있고, 훗날 거의 모든 작가들이 이 책에 근거하고 있음을 알 수 있다. OC XXI: 54. Gordon, *Calvin*, 11.

선생님은 다른 교사들이 너무 야심적이었고, 확실한 기초가 없는 소년들에게 자신들의 지식을 과시하도록 지도하고 있음을 발견하셨습니다. 이로 인해서 점점 속상해서서 선생님은 한 해 동안 제일 저급반에서 가르치셨습니다. 이것은 분명히 선생님의 계획이었으며, 제게는 하나님의 특별하신 축복 속에 선생님으로부터 라틴어 수업을 시작하는 행운이었습니다. 저는 짧은 기간이었지만 선생님의 가르침을 좋아했습니다. 그러나 우리는 우리들의 학업을 자기의 생각에만 의지해서 지도했던, 아니 그보다도, 자신의 개인적인 변덕에 따라서 지도했던 그 바보 같은 사람에 의해서 학급을 옮겨야만 했습니다. 그러나 나는 선생님에 의해서 무척 많은 도움을 입었으며, 제가 그 후로 진보를 하게 된 모든 것은 모두 선생님께로부터 입은 배움의 덕이기에 그 공을 기꺼이 돌려드리겠습니다. 만일 나의 저술로부터 어떤 유익이라도 찾아낸다면, 그것은 상당 부분이 선생님에게서 얻어진 것임을 분명히 밝혀 두려는 것이 나의 바람입니다.[11]

1564년 2월 6일 출판된 꼬르디에의 파리 시절의 저작물을 보면 그는 적어도 6개 학교에서 동시에 교편을 잡고 있었다.[12] 이렇게 여러 학교에 소속되어 가르치는 것은 16세기 초반의 파리에서는 보통이었다. 꼬르디에는 어린 학생들로 하여금 라틴어 공부를 잘 하도록 가르쳐 주는데 열정을 가진 훌륭한 선생이었다. 그가 마지막에 심혈을 기울여 저술한

---

11) Calvin, 『데살로니가 전서 주석』 서문. 1550년 2월 17일 제네바에서.
12) J. Le Coultre, *Mathurin Cordier*, 1926. 코디에르가 가르친 학교들은 Reims, Lisiex, Navarre, La Marche, Sainte-Barbe 등이었다. C. E. Delormeau, *Un maitre de Calvin: Marthurin Cordier, l'um des créateurs de l'enseignement secondaire moderne* (Neuchâtel, 1976): 24-29, 122-6.

『라틴어 문법』(Grammatica Latina)은 거의 백 년 동안 절찬리에 출판을 거듭한 성공적인 문법책이었다. 그는 어린 시절에 좋은 기초를 닦은 다음 그 토대 위에 계속해서 교육을 받아야 한다고 확신하는 사람이었다. 그는 어린 소년들이 자신의 학습을 잘 이해하도록 최선을 다해서 교육 방법을 갱신하는 노력을 경주하였다.

이처럼 칼빈에게 극찬을 받은 꼬르디에는 과연 어떤 선생이었던가? 1479년에 태어난 꼬르디에는 1513년부터 파리에서 교편을 잡았으며, 칼빈이 그에게 라틴어를 수학한 기간은 길어야 4개월 정도로 알려져 있다. 이 짧은 기간에 칼빈은 라틴어 문장의 진수를 결정적으로 배웠고 훗날 이에 기초하여 많은 글을 썼던 것이다. 꼬르디에는 나중에 그의 절친한 친구이자 출판업자인 로베르 에스틴느(Robert Estinne)에 의해서 개신교로 개종하였다. 그는 1534년에서 1536년까지 네베르(Nevers)에서 대학 평의원(오늘날의 대학 이사 정도로 간주됨)으로 봉사했고, 보르도(Bordeaux)에서도 역시 평의원으로 봉사했는데 1536년 5월에 종교 개혁을 정식으로 채택한 제네바로 와서 앙뚜완 쏘니에(Antoine Saunier)와 함께 학교에서 가르쳤다. 이 둘은 모두 1538년 피난을 가게 된다. 이때 칼빈과 파렐이 스트라스부르그로 피난을 가는 내용은 나중에 살펴보려고 한다.

1545년부터 꼬르디에는 칼빈의 친구였던 비레(Viret)가 종교 개혁을 주도하던 스위스 로잔에서 가르쳤다. 1559년, 그의 나이 80세에 이르러 칼빈은 존경하던 이 선생님을 제네바로 초청하여 학생들에게 차근차근 라틴어 문법을 가르치도록 하여, 종교 개혁의 후계자들을 배출하는 데 일익을 담당케 하였다. 사실 칼빈은 1541년과 1545년 꼬르디에를 다시 제네바에 모시려고 두 번이나 노력하였으나 실패하였는데, 마침내 1559년 제네바 개혁을 위해 칼빈의 이념을 구체화하는 학교 교육

15. 몽떼귀 대학 건물: 13번째 기둥 위의 작은 방에 칼빈이 머물렀던 것으로 추정됨.

의 기틀을 놓을 무렵에 그가 합류하여 결정적인 공헌을 남기게 된다.

꼬르디에로부터 라틴어를 배우면서 시작된 파리에서의 첫 수학은 지금까지 알려진 후대의 기록들이 일치하지 않고 있어서 단정 지을 수 없다. 하지만 칼빈이 꼬르디에의 지도를 받으면서 라마르슈나 쌩뜨 바르브에서 공부했을 수 있다.[13]

---

13) McGrath, *John Calvin*, 27.

몽떼귀 대학에서 수학 시절(1523년 말-1527년)

파리에 온지 얼마 못되어 칼빈은 학교를 옮겨 몽떼귀 대학의 재학생이 된다.

1523년부터 1527년까지 그는 이 학교에서 신학 예비 과목을 공부하는 학생들의 기숙사에서 머물게 된다. 그 당시 파리에서 학교를 옮기는 것은 일반적인 현상이었다. 대체로 두 가지 이유로 전학을 하였다. 하나는 장학금을 받게 되어 다른 학교로 가게 된 경우다. 약 20여 개의 대학들이 신학을 공부하는 학생들에게 장학금을 수여했던 것으로 알려져 있다. 소르본느 대학은 첫 해에는 가입학으로 받아서 학업에 진전을 보이면 정식 학생으로서의 특권을 제공하였다. 라마르슈나 쌩뜨 바르브 같이 작은 학교에서 공부하던 학생들은 이런 조건으로 좀 더 큰 대학으로(소르본느, 나바르, 아르꾸르 등) 장학금을 받고 전학하게 되었다.

두 번째 전학하는 이유는 교양 과정을 마친 학생들이 전문부로 진급을 위한 것이었다. 교양 과정이란 보통 철학을 공부하는 것으로 생각하면 이해가 될 것이다. 당시의 전문부는 신학, 의학, 법학이었다. 학생들이 4년 내지 5년의 기초 교양을 마치고 나면(오늘날 한국의 중·고등학교 과정이라고 보면 좋겠다) 이 세 분야 중에 하나로 진학하게 된다. 16세기 초기의 기록들을 살펴보면 학생들이 교양 학부에서 전문 분야로 옮기는 때가 학교를 바꾸는 가장 적절한 시기였다.

몽떼귀 대학은 루앙(Rouen)의 대주교 질 애쓸랭(Giles Aicelin)에 의해 1314년에 세워진 학교이다. 그래서 처음 이 대학의 이름이 애쓸랭 대학(the College des Aicelin)으로 불렸다. 그러다가 1388년 네베르, 라용, 까디날 지방의 주교인 삐에르 아이셀린 드 몽테(Pierre Aicelin de Montaigu)에 의해 증축 공사를 하고 난 후부터 학교 이름을 바꾸어서 몽떼귀 대학으로 불리게 되었다. 마린스 출신의 장 스탕 동크(Jean Standonck)는 파리에서 공부도 했지만, 구다(Gouda)에서 북구 유럽 전역에 널리 영향을 끼친 공동 생활의 형제단에서 수학하였다. 공동 생활의 형제단은 북구 저지대 국가들에서 한 개의 특별한 직업을 갖고 수도원적인 생활의 개혁을 궁극적 목표로 하며, 건전한 교육 방법들을 채택하던 수도원 운동 가운데 하나였다. 몽떼귀 대학의 엄격한 훈련들은 모두 스탕동크가 소개한 것으로 이 운동의 영향에서 기인된 것들이다. 1480년을 전후해서 벨기에 출신인 스탕동크는 긴 역사를 가진 이 대학을 개혁하려는 부단한 노력을 기울였다. 새 건물을 짓고 개조할 뿐만 아니라 도서관을 건축하였다. 1483년 가난한 학생들을 위한 기숙사를 건축하였다. 그래서 학생들이 기숙사 생활을 하게 되었다. 1503년경에는 든든한 위치를 확보한 학교로 발전케 되었다. 그는 스승 흐룻(Gerard Groote)의 사상과 목표를 본받아서 개혁된 사제로 자라나도록 매일 예배 의식을 엄숙히 거행할 뿐만 아니라, 때에 맞춰서 성자들의 축제를 열었고 도덕적 생활을 실행케 하였다.

칼빈이 여기에 도착했을 때는 스탕동크가 죽은 지 오랜 후였고, 그의 제자 노엘 베디에(Noel Vedier)에 의해서 명성이 높아지고 있던 시절이었다.[14] 엄격한 가톨릭 보수주의자였던 베디에는 생활은 매우 가난하게 하고, 높은 생각을 가지라는 규칙을 엄격히 적용하였다.

과연 칼빈은 하루에 몇 시간이나 공부하면서 보냈을까? 그 당시의 학생들에게 하루 24시간은 너무나 짧았다. 무엇보다도 활발하게 토론과

---

14) Albert Hyma, *World Civilization*, part III. *A Survey of Early Modern Civilization* (Ann Arbor: University of Michigan, 1960): 36. A Renaudet, "Jean Standonck un réformateur catholique avant la Réforma," *Humanisme et Renaissance*, Travaux 30 (1958): 114-161.

논쟁을 하도록 장려되었기에 식사를 전후한 시간을 비롯하여 언제 어디서든지 논리적이고 철학적인 토론에 참여하도록 만들었다. 대학에서는 특히 이런 데에 시간을 보내도록 학생들을 권장하였다. 주일날이나 축제의 절기에는 항상 논쟁과 정열적인 반론을 주고 받았고, 일주일에 세 번의 복습을 하였으며, 토요일에는 다시 한 번 복습하고 토론을 했다.

모든 학생들은 오전 4시에 일어나서 5시부터 6시까지 공부를 했다. 그리고 미사에 참석하고, 그 후에 몇 조각의 빵으로 아침 식사를 들게 했다. 학생들은 8시부터 다시 모여서 11시까지 수업을 받는다. 침묵 속에서 점심을 먹은 후에, 오후 6시까지 다시 열심히 공부한다. 중간에 한 시간의 휴식을 취한다. 저녁은 30분간 허용되며, 다시 두 시간 동안의 시험으로 하루 배운 것을 최종 정리한다.

이런 고된 생활 속에서도 칼빈은 매우 소심하고 내성적이며 조용한 성격이었지만 친구를 사귀는데 있어서는 그렇지 않았던 것 같다. 훗날 제네바에서 그에게 가담한 사람들 중에는 청소년 시절의 친구들이 많았다는 점이 이를 입증해 주고 있다. 그리고 그 친구들은 칼빈에 대해 나쁜 기억이란 거의 없었다.[15]

15세기 말에 이르면, 공동 생활의 형제단과 신파(via moderna)의 강력한 결속이 시작되는데, 예를 들면, 독일의 선도적인 주창자들인 가브리엘 비엘(Gabriel Biel)과 벤델린 슈타인바흐(Wendelin Steinbach) 등 튀빙겐 조직의 회원들이었다. 몽떼귀 대학의 경우, 근대화의 길에서 새로운 학문 운동이 일어난 것은 노엘 베디에의 지도하에서였다. 1520년대까지 파리에서 가장 근대화의 길을 강하게 표방한 대학으로 형성되어 갔

---

15) W. Walker, *John Calvin* (N.Y.: Schocken Book, 1906): 41-3.

던 것이다.

1490년대 에라스무스가 몽떼귀 대학에서 한동안 공부할 때에는 경제적으로 어려운 가운데 있었다. 장 스탕동크의 지도하에 발전을 거듭하던 학교 당국은 학업에 필요한 돈을 충분히 내지 못하는 학생들에게도 문호를 개방하였다. 그래서 에라스무스는 학교의 허드렛일을 도와주면서 공부할 수 있었다. 소위 아르바이트생이었다. 그는 자기의 대화집에 몽떼귀 대학의 첫 인상을 아래와 같이 적어 놓았다. 이가 득실거려서 고통을 받으며, 낡고 허름한 건물들과 공중변소의 코를 찌를 듯한 냄새, 폭군들이 운집해 있노라! 에라스무스의 기억력은 가히 천재적이다. 대화집에는 다음과 같은 부분도 남아 있다.

> **처음 사람** : 어느 새장에서 왔는가?
> **두 번째 사람** : 몽떼귀 대학 출신입니다.
> **처음 사람** : 그래 당신은 지식이 풍부하겠구려.
> **두 번째 사람** : 아니올시다. 다만 득실거리는 이(lice)뿐이지요.

역사에 대한 예민한 감수성을 지닌 독자들이라면, 훗날 유럽 당대의 석학으로 알려지게 될 에라스무스가 소년 시절에 공중변소 옆에 있는 칸막이 방에서 득실 거리는 이 때문에 온몸이 가려워 떨면서 고통 당하는 모습을 상상할 수 있을 것이다. 몽떼귀 대학의 시설은 칼빈이 다닐 무렵에는 그전보다는 훨씬 나았던 것으로 꼴라동의 전기에 적혀 있다.

당시 학생들은 다섯 가지의 그룹으로 분류되었다.[16] 첫째는 부유층과

---

16) C. Thurot, *De l'organisation de l'enseignement dans l'Université de Paris an Moyen Age* (Paris: 1850, reprinted 1967): Appendixes 3-5. C. E. Du Boulay, *Historia Universitaties*

상류 계급(boursiers)의 자녀들로 숙식을 제공받았다. 그 다음 그룹은 상속을 받는 학생들(portionniste)로 기숙사비와 음식값을 냈다. 셋째 그룹은 교회의 시종들(cameristes)로 방을 빌려서 생활하면서 모든 비용을 자비로 부담해야 되는 학생들이다. 넷째는 자기 집에서 다니면서 수업료만 내는 학생들이었다. 마지막으로 가난한 학생들(les pauvres) 그룹으로 스스로 일을 해서 학비를 조달해야 하고, 수업도 그들이 할 수 있는 정도만 출석했다. 에라스무스가 이 가난한 학생의 그룹에서 고생한 반면에 칼빈은 부유층에 속해 있었다. 정확히 말하면 셋째 그룹인 교회의 시종들의 일원으로서 학교 밖에서 살면서 공부할 수 있었다. 가난한 학생들은 집안일을 해야 했고, 강의실에는 먼저 들어가서 부유층과는 따로 떨어진 좌석에 앉았다. 교회의 시종 그룹까지는 벼룩이나 이를 처리하는 데 있어서 자율적으로 대처하도록 제재가 없었으나, 가난한 학생들은 정기 검사를 받아야만 되었다. 그러나 이 정도의 교육을 받을 수 있는 학생들은 매우 선택된 소수였음을 주목해야 한다. 유럽의 학교 교육은 보편화되지 않았고, 이는 매우 가난할지라도 소수에게 한정되어 있었다.

몽떼귀 대학은 파리의 도시 구역상 라틴 구역에 위치해 있었다. 대학들과 교회당, 수도원들과 예배당, 여관, 그 밖에 학생들이 필요한 일상용품을 구입하기 위해 드나드는 가게나 책방, 술집 등이 마주치는 네거리는 좁고 더럽기 그지 없었다. 그래서 신학생들의 지성과 육체의 오염

Parisiensis, 6 vols, (Paris: 1665-73: reprinted Frankfurt, 1966), vol. 6, 334-5. 16세기 프랑스 파리의 대학들을 연구 서적들은 다음과 같다; A. B. Cobban, *The Medieval Universities: Their Development and Organization* (N.Y.: 1975). M Crevier, *Historie de l'Université de Paris* (Paris: 1761). E. Dubarle, *Historie de l'Université de Paris* (Paris: 1844). J. K. Farge, *Biographical Register of Paris Doctors of Theology, 1500-1536* (Toronto: 1980).

을 방지하기 위해 두 사람 이상 함께 돌아다니도록 의무화된 규정을 지켜야 했다. 약 4,000명 내지 5,000명의 학생들이 있었을 것으로 추산되는데, 당시 파리 인구는 약 30만명 정도라고 본다. 모든 학생들은 검은색으로 된 일종의 성의를 입도록 되었는데 이는 교회에 부속된 신분임을 경솔히 여기지 못하도록 하기 위해서였다. 몽떼귀 대학생들은 카펫이라 불리는 회색빛 대학 가운을 입고 다녔다.

칼빈의 아버지가 왜 그토록 열렬하게 대학에 보내고자 했는지 짐작하기란 어렵지 않다. 오늘날과 같이 대학 교육이 대중화된 시대가 아니었던 당시 16세기 초기의 상황에서 대학 교육은 신분 상승과 권력, 풍요로움에 접근할 수 있는 첩경이었기 때문이다. 예를 들면, 아비뇽 대학에 재학생을 조사해 보면, 학생들의 대다수가 귀족 집안 자제이거나 신흥 부르주아 가문의 출신들이었다. 대학 교육을 시키고자 했던 동기는 여러 가지였다. 법학의 경우 전문적인 교육을 마침으로써 확고부동한 직업을 가지려 했다. 일부에서는 사회적인 기대를 충족시키며, 사회의 진출을 위해서 대학 교육을 그 수단으로 삼기도 했다. 교육이 개인적인 성취의 수단이 될 수는 없었지만, 직업 전망을 확신케 해주는 중요한 물리적 증거가 되었다. 16세기 초반의 파리 대학교의 전체 학생 명단을 작성할 수 없어서 이 당시의 학생들이 주로 어떤 출신 배경을 가졌는가에 대한 정확한 분석을 할 수 없음이 유감스럽다. 역시 부르주아 출신들이 대부분이라고 보면 거의 확실할 것이다. 중세 후기에 들어서서 프랑스 대학들이 전문 직업 교육에 있어서 쇠퇴 일로를 겪어야 했지만 (이탈리아 지방의 대학이 번성했다) 칼빈의 아버지는 대학 교육을 자기 자식의 사회 진출을 위해서 가장 확실한 수단이자 유일한 방편이라고 여겼다. 가족에 의해 만들어진 출세의 가장 확실한 보장이라고 생각했던 것이다.

칼빈 자신의 고백에 의하면, 그의 아버지는 맨처음 그를 파리로 보낼 때 신학을 공부하도록 의도하였다. 이렇게 계획한 데는 분명한 목적이 있었다. 아버지 제라르 꼬뱅은 주교와 누와용의 성직자단과 좋은 관계를 유지하고 있었다. 자기 아들을 위해 가톨릭교회 내에서의 신속한 승진과 출세를 위해 전망이 밝게 열려 있는 발판을 구축해 놓고 있다고 생각했다. 제라르는 자기 아버지보다는 훨씬 출세를 한 사람이었다. 원래 요한 칼빈의 할아버지는 그 지방의 보통 사람들처럼 선원이었거나 술통 제조업자 중 한 사람으로 살았으나, 이제 요한 때에 와서는 할아버지와 아버지의 성취보다 더욱 출세하기를 학수고대하였던 것이다. 다행히도 당시 누와용에서 가장 권세를 떨치고 있던 몽모르 가문과 개인적인 관계를 맺고 있던 제라르로서는 아들 요한 칼빈의 장래가 확실히 보장되도록 최선을 다했던 것이다.

칼빈 주위에는 어려서부터 함께 자란 요아킴(Joachim), 이브(Ives), 끌로드 드 앙제(Claude de Hangest)를 비롯해서, 파리에서 만난 니꼴라 꼽(Nicolas Cop), 그리고 사촌 삐에르 로베르트(Pierre Robert)가 있었는데, 그는 훗날 신약 성경을 번역할 때 사용한 올리베땅(Olivetanus)이라는 이름으로 널리 유명해졌으며, 종교 개혁의 신봉자가 되었다. 그러나 이 당시에는 이들 모두가 '부유층' 학생들이었고, 주변에서 같이 공부하는 가난한 학생들에 비하면 부족감을 덜 느꼈을 것이다. 이들은 장차 종교적인 봉사를 희망하고 있었기에 신학에 대해 민감하였으리라고 짐작된다. 하지만 학칙에 따라서 공동 생활의 형제단에서 나온 엄격한 경건주의를 철저히 훈련받았을 것이다.

칼빈이 이 학교에서 학업을 마칠 무렵에 스위스 로잔의 개혁자가 된 삐에르 비레가 입학하였는데, 그의 아버지는 오르베에서 직물상을 하다가 훗날 개신교로 개종하였다. 물론 칼빈이 몽떼귀 대학 시절에 비레를 만난 것은 아니었지만, 이들 두 사람 사이의 우정은 매우 돈독하였다. 칼빈의 재학 시절에 스페인 출신 이그나시우스 로욜라가 신입생으로 입학하였는데, 종교 개혁 운동을 몰살하기 위해서 조직한 '예수회'의 창시자로서 칼빈과는 정반대의 길을 걸어간 사람이었다.

아리스토텔레스의 철학과 논리학

파리에서 칼빈이 무엇을 공부하였는지에 대하여 자세한 추적이 가능하도록 많은 연구들이 나와 있다. 당시 파리 대학교는 몇 개의 독립 단과 대학들이 연합체를 형성하고 있었다. 마치 오늘날의 옥스포드나 캠브리지와 같이, 전체적인 학사 행정을 제외하고는 모든 단과 대학의 교육은 각 대학별로 교수들을 중심으로 실시되었다.

16세기 초반에 약 50여 개의 단과 대학들이 소속되어 있었다. 교수들은 신학, 법학, 의학, 문학 등 4개 중 하나에 소속되어 있었다. 학생들은 먼저 문학 과정을 '우수한 성적'으로 졸업해야만 전문 과정 세 가지 중 하나에 들어갈 수 있었다. 칼빈의 경우, 먼저 라틴어의 읽기와 쓰기를 할 수 있음을 시험으로 통과한 뒤에 문학 과정(오늘날 철학 과목들을 공부함)을 시작하게 되었다. 특정한 종파나 교단에 소속된 학생들은 대학과 교단 사이의 수세기에 걸친 적대감 때문에 오직 교단 내에서만 공부했다. 베자는 그의 칼빈 전기 두 번째 판에서(1575) 라틴어를 탁월하게 잘하여 문학 과정에 들어갈 수 있었다고 썼다.

문학 과정을 시작하는 학생들이 어떤 과목들을 먼저 시작해야 한다는 구체적이고 조직화된 교과 과정은 없었다. 그저 학생들은 하나의 대학에 등록하는 의무만을 가지고 있었다. 그 당시의 파리에는 소위 '조국, 국가'라고 불리던 프랑스, 피 카르디, 노르만디, 독일 4개 국가 연합체에 소속된 40여 개의 대학들이 세워져 있었다. 이들 국가들은 파리의 중심지에 세워진 자기들의 지방 연합에 소속된 학교들을 지원하고, 학생들을 후원하며 학교를 유지해 나가도록 성원하고 있었다.

그중에 몽떼귀 대학은 앞으로 신학을 공부하려는 학생들에게 특히 관심을 갖게 하는 몇 가지 조건을 구비하고 있었다. 1500년부터 1524년까지 이 대학의 재학생들의 25.4%가 문학 과정을 마치고 신학부에 진학하였다. 물론 이 숫자는 어느 특정한 교단에 소속되어 있지 않던 학생들을 대상으로 한 통계이다. 몽떼귀 대학과 경쟁하던 근처의 쌩뜨 바르브 대학은 14.6%의 신학생들을 배출하였고 나바르 대학이 9.1%이었다. 그 밖에 학교들은 7%을 넘지 못하였다.[17]

더욱이 몽떼귀 대학은 누와용 지방을 포함하는 랭(Reims) 지방의 학생들을 유치하고 있었기 때문에 1490년부터 1512년까지의 기간 동안 35%의 학생들이 그 지방에서 올라왔다. 물론 신학을 궁극적으로 공부하려는 학생들이 대부분이었기에 파리 유학의 목적이 신학 수업과 신부가 되려고 했던 요한 칼빈도 당연히 몽떼귀 대학에서 공부하게 되었던 것이다.

문학 과정의 학생들은 오늘날의 학년별이라고 부를 수 있는 세 그룹으로 나뉘어서 수업을 받았다. 첫해 입학하면 개론서 연구자들로서 (Summulists), 그 당시에 약 일백칠십 판이 나와 있던 스페인의 피터가 지은 『논리학 대계』(Summulae logicales)를 공부하였다. 다소 지루하고 실증나는 책이지만, 처음 두 해 동안에는 주로 논리학에 집중하되 해설집

---

17) K. Farge, *Orthodoxy and Reform in Early Reformation France: The Faculty of Theology of Paris, 1500-1543* (Leiden: 1985): 72-5.

을 참고하면서 공부해야 하는 시대였다.[18] 당시에 높이 평가되던 해설집은 브러셀의 조지(George of Brussels), 르페브르, 존 메이어(John Mair) 등이 쓴 것이었다. 일단 기초 과정인 논리학을 마치고 나면, 아리스토텔레스의 논리학(Logic)을 전체적으로 다루어 나간다. 존 메이어가 쓴 아리스토 텔레스의 해설집이 가장 인기 있었고 최고의 정설로 알려졌다. 마지막으로 아리스토텔레스의 물리학(Physic)을 공부했다. 당시에 신지식으로 알려진 다일리(d'Ailly)의 우주공간론(de sphaera) 등과 같은 자연 과학을 탐구하게 되었다. 칼빈도 이런 단계를 거쳐서 신학 예비 과정인 인문학부를 마쳤다.

당시의 파리 대학 교수들이 아리스토텔레스에 대해 가지고 있던 생각은 긍정적이고 보수적이었음은 의심할 여지가 없다. 심지어 자연 과학의 분야에 이르기까지도 그러했다. 하지만 유럽 전역에 걸쳐서 아리스토텔레스는 점차 비판의 표적이 되고 있었고, 그의 논리학과 자연 과학 이론들에 회의를 갖는 사람들이 늘어갔다. 르네상스 시대에 탁월한 아리스토텔레스 연구가로 손꼽히던 피에트로 폼포나찌(Pietro Pomponazzi)마저도 아리스토텔레스의 이론들을 아무런 주저 없이 공박하였다. 1522년경 그의 볼로냐 대학 연설에는 적도 남쪽에는 사람이 살 가능성이 없다는 아리스토텔레스의 견해를 도전하는 내용이 다음과 같이 나와 있다.

> 나는 여러분에게 내 친구로부터 온 몇 장의 편지에 대해 말하려고 합니다. 그 친구는 스페인 왕이 세 척의 탐험대를 25도 남단으로 보

---

18) J. Quicherat, *Historie de Sainte-Barbe: college, communaté, institution*, 3 vols. (Paris: 1860-4), vol. I, 325-31.

냈음을 밝히고 있습니다. 그들은 적도를 통과해서 사람이 살 수 있는 많은 섬들을 발견하였다고 합니다. 허큘레스의 기준점(지부랄타)을 지나서 3개월 동안 순풍 속에 항해하였던 것입니다. 따라서 아리스토텔레스의 이론에 따르는 모든 것은 거짓입니다.[19]

이러한 진보된 이론들이 아직 파리에는 알려지지 않고 있었고, 여전히 아리스토텔레스의 이론이 지배적이었다. 그러므로 요한 칼빈의 파리 유학 시절은 개혁자가 지니는 진보적이고 급진적인 생각들을 가슴에 품고 지낸 세월이 아니었다.

파리에서 칼빈이 배우고 얻은 것은 아리스토텔레스의 자연 철학이었다. 훗날 그가 아리스토텔레스에 기초한 중세 스콜라 신학을 싫어하게 되었지만 그는 파리에서 아리스토텔레스를 공부하였음을 알 수 있다.[20] 칼빈의 첫 저술인 『세네카의 관용론에 대한 주석』(Commentary on Seneca's De Clementia, 1532)과 『기독교강요』(Institutes, 1536) 초판에는 아리스토텔레스의 우주론에 대해 참고하고 있다.[21] 물론 칼빈은 1550년대 이후로는 여러 번 이런 사상에 대해 분명히 반대하고 배척한다.[22] 그

---

19) McGrath, *A Life of John Calvin*, 35.

20) 칼빈과 아리스토텔레스와의 관계를 잘 밝혀준 논문들을 참고할 것. C. B. Kaiser, "Calvin's Understanding of Aristotelian Natural Philosophy," in *Calviniana: Ideas and Influence of Jean Calvin* (Kirksville: Sixteenth Century Journal, 1988): 77-92. Josheph C. McLelland, "Calvin and Philosophy," *Canadian Journal of Theology* 11 (1965): 42-53.

21) Calvin, *Institutes* (1536), IV:8. (1559) IV.xiv.18. *Calvin's Commentary on Seneca's De Clementia*, 92: "Therefore, if any philosopher, to mock the our simplicity of our faith, contends that such a variety of colors naturally arises from rays reflected upon a cloud opposite, let us indeed admit it, but laugh at his stupidity in failing to recognize God as the lord of nature…."

22) 칼빈, "창세기 주석"(1554); 칼빈, "시편 119편 설교 중에서 12번째" (1553년 4월 9일) 설교, *Institutes*, I.xiv.1; xvi.3-5. "예레미야 10:12-3절에 대한 주석."

러나 대체로 어린 칼빈이 학교 교육을 받던 초기 시절에는 아리스토텔레스의 천문학, 논리학, 자연 철학의 기본 원리를 따르며 받아들일 수밖에 없었다. 다시 말하면, 1532년의 첫 저술에 나타나는 참고 자료와 인용을 보면 칼빈이 분명히 파리 유학 시절에 이런 지식을 습득하였음을 반영하고 있다. 더욱이 칼빈의 왕립 대학 시절(1531-1532)의 히브리어 교수였던 프랑수와 바따블은 아리스토텔레스의 자연 과학 서적들을 번역한 만큼, 자신의 제자들이 휴머니스트로서 성숙할 동안에 아리스토텔레스의 자연 과학과 철학은 많은 영향을 미쳤던 것이다.

16. 당대에 그려진 윌리엄 옥캄의 원고에 나오는 그림 ('유명론'은 스콜라주의가 분파되는 촉매제가 되었다)

스콜라주의에 빠진 학문

스콜라주의(scholasticism)는 인류의 지성사, 철학사, 신학사 모두와 연관을 맺고 있지만, 오늘날에는 그 어느 쪽에서도 환영을 받지 못하는 구시대적인 학문 방법으로 경멸을 받고 있다. 1250년부터 1500년까지 기독교 신앙의 이성적 이해를 체계화하고 그러한 방법을 강조함으로써 각광을 받던 신학 체계였다. 기독교 신학의 주제들을 입증하고 정당화하는 방법으로 세상의 철학과 이성, 특히 아리스토텔레스의 논리학을 채

택하여 명료화하려는 혼합주의였던 것이다.[23]

1270년경 프랑스 파리에서 아리스토텔레스는 '유일한 철학자'(the Philosopher)로 불리면서 최고의 권위로 군림하였고, 신학의 연구에 엄청난 영향을 미치게 되었다. 아리스토텔레스와 기독교의 혼합물인 스콜라주의를 체계화한 토마스 아퀴나스가 파리 대학에서 교수로 있었기 때문이다. 그 후로 파리 대학은 중세 스콜라 신학의 중심지로 자리매김하게 되었다. 피터 롬바르드의 성경에 관한 강좌(the Sentences)를 의무적으로 들어야만 되었다. 이들은 학교의 선생들이므로 진지한 논쟁을 좋아하도록 유도되어, 자신의 논지를 정리하고 발표하도록 훈련을 받았는데 이런 교육은 오늘날에도 흔치 않은 매우 돋보이는 교육 방식이었다. 토론에 참여하도록 준비시키고, 간결한 문장의 힘으로 논리를 전개시키도록 만들어서 자신의 전제를 입증하게 만들고 자신이 주장한 바를 관철시키는 것은 수사학과 논리학을 실천적으로 응용하는 좋은 방법이었다.

하지만 그 논쟁과 토론을 주도하려고만 할뿐, 인간의 지적 한계를 모르는 것이 문제였다. 스콜라주의의 방법론은 의심과 회의를 먼저 전제하고 논쟁이 진행되면, 끝도 없고 시작도 없는 논쟁이 지속될 뿐이었다. 바늘 위에 천사가 몇 명이나 춤을 출 수 있는가를 토론했다. 에라스무스의 기억에 의할 것 같으면, 하나님이 사람으로 성육하시지 않고(cur

---

23) A. McGrath, *The Intellectual Origins of the European Reformation* (Oxford: Basil Blackwell, 1987), 69-92. C. B. Schmidt, Aristotle and the Renaissance (Cambridge, Mass.: 1983). C. G. Nauert, "The Clash of Humanists and Scholastics: An Approach to Pre-Reformation Controversies," *Sixteenth Century Journal* 4 (1973):1-18. J. Overfield, "Scholastic Opposition to Humanism in Pre-Reformation Germany," *Viator* 7 (1976): 391-420. A. H. T. Levi, "The Breakdown of Scholasticism and the Significance of Evangelical Humanism," in G. R. Hughes, ed., *The Philosophical Assessment of Theology* (Georgetown: 1987): 101-28.

Deus homo? 안셈이 쓴 책으로 『왜 하나님은 인간이 되셨는가?』를 많이 읽었는데, 여기서 더 나아가서) 오이(cucumber)로 올 수는 없었던가? 하나님은 과거로 돌아가서 창녀로 하여금 숫처녀로 다시 회복되게 할 수는 없는가? 원형은 사각형으로 될 수 있는가? 이런 주제들을 몽떼귀 대학에서 토론하고 가르쳤다. 중세 시대에 철학 방법이 얼마나 많은 영향을 신학에 미쳤는지를 한 번에 알게 해주는 반증이 아닐 수 없다.

이런 학문 경향을 구파(via antiqua)라고 부르고 있다. 토마스 아퀴나스와 둔스 스코투스의 주도하에 14세기 중반까지는 '실재론'이라고 불리는 학문이 대세를 이루고 있어서, 전통과 상상을 금지하는 엄격성에 매여 있었다. 그러나 점차 스콜라주의 안에서도 신파(via moderna)의 학문 방법론이 제기되었으니, 윌리엄 옥캄, 장 부리댕(Jean Buridan), 리미니의 그레고리(Gregory of Rimini), 마르실리우스(Marsilius of Inghen), 삐에르 다일리(Pierre d'Ailly), 가브리엘 비엘(Gabriel Biel) 등에 의해서다.[24] 여러 대학에서 가르치던 이들은 우주의 규명에 있어서 '실재론'에 맞서서 '유명론'(nominalism)을 주장하였다. 1460년경 바젤 대학에서는 반드시 신파의 학문 방법을 따라야만 되었다. 하이델베르그와 에르푸르트 등 독일에서도 이런 흐름에 영향을 받게 되었다. 루터가 교수로 있었던 비텐베르그 대학은 1508년까지 구파의 학문에 사로잡혀 있었다는 것은 참으로 흥미로운 일이다.

실재론과 유명론의 차이를 간단히 설명하면 다음과 같다. 스콜라주의 구파들은 어떤 개념이든지 그것에 상응하는 실재가 있다고 믿었

---

24) A. L. Gabriel, "'Via Moderna' and 'Via Antiqua' and the Migration of Paris Students and Masters to the German Universities in the Fifteenth Century," in *Antiqui und Moderni: Traditionsbewusstsein und Fortschrittsbewusstsein in späten Mittelalter* (Berlin/N.Y.: 1974), 439-83.

다. '말'(horse)이라는 단어를 우리가 사용하고 있는 데, 전 세계 어느 나라 사람이든지 공통으로 이해하는 기본 개념으로서 공통으로 인정하는 '말'이 존재한다는 것이다. 그러나 스콜라주의 신파인 유명론자들에 의하면, 공통으로 인정하는 '말'은 추상적일 뿐이요, 세상에는 특정한 말, 예를 들면, 제주도의 조랑말, 미국 남부의 총잡이들이 타던 말, 중국의 무인들이 타고 다니던 적토마(赤兎馬) 등등 각기 서로 다른 구체적인 말이 존재할 뿐이라고 주장했다.

실재론을 주장하는 구파에서는 모든 개념을 현재 존재하는 것으로 본다. 다시 하나의 예를 들면, 구파에서는 '하얀 돌'이라는 개념을 우리가 모두 다 공유할 수 있는 것이기에 실재한다고 주장하는 반면에, 유명론자들은 여기저기 모양과 크기가 조금씩 다른 각각의 하얀 돌이 있을 뿐이라는 주장으로 맞선 것이다.

그러나 예수님이 과연 성전에서 율법 선생들과 이런 주제로 토론한 적이 있었던가? 예수님이 가르치신 복음의 내용에 이런 사변적이요 공허한 논쟁을 장려하신 적이 있던가? 참으로 스콜라주의는 맹랑한 개념 논쟁에 빠져 있었다.

그러나 상대적으로 최신 이론에 속하는 유명론은 오래된 실재론보다는 점차 널리 환영을 받게 되었고, 독일 전 지역으로까지 확산되었다. 파리 가톨릭 교수진에서는 상당히 오랜 기간 동안 유명론을 물리치고, 실재론을 정통으로 고수하려는 전략을 구사하였다. 1389년 삐에르 다일리가 나바르 대학의 학장이 되면서 프랑스 남부 지역에서 유명론이 널리 번져 나갔다. 1425년에는 콜론 대학에서 이를 주요한 과목으로 가르쳤고 파리에도 그러한 영향이 밀려왔다.

1481년 몽떼귀 대학이 새로운 발전을 모색하면서 유명론을 받아들일 수밖에 없었고, 칼빈은 신파의 영향력이 증대일로에 있던 때에 이 학교에서 메이어에게 공부하게 되었다. 몽떼귀 대학에서 칼빈이 어떤 과목을 어떤 선생으로부터 받았는지는 상세히 파악되지 않는다. 그러나 1525년부터 1531년까지 이 대학의 중심적인 위치에 있던 학자는 존 메이어(John Mair 혹은 Major)였다. 그는 쌩뜨 바르브에서 인문학 과정을 공부했고, 나바르에서 신학을 마친 후에 몽떼귀에서 교편을 잡았다. 칼빈은 스코틀랜드 출신의 존 메이어에게서 직접 교육을 받았으며, 그의 지적인 성숙에 많은 영향을 받을 수밖에 없었다.[25]

신파, 즉, 옥캄의 유명론에 많은 영향을 입고 성장한 메이어가 스콜라 신학의 실재론과 타협을 시도하면서 1526년에서 1528년 사이에 "칼빈의 사상과 설교의 형성에 있어서, 자신의 방법론적 기본 틀을 제공해 주었고, 신학적인 지식의 새로운 형성과 가능성을 알게 해 주었다."[26] 칼

---

25) Karl Reuter, *Das Grundverständnis der Theologie Calvins* (Neukirchen: 1963).

26) 칼빈이 과연 얼마만큼 로마 스콜라주의의 영향에 있었던가를 밝히려는 논란이 계속되어 왔다. T. F. Torrance, "Knowledge of God and Speech about Him according to John Calvin," *Revue D'Historie et de Philosophie Religieuses* 44 (1964): 407. 이 논문에서 토렌스 박사는 칼빈의 『기독교강요』에 등장하는 하나님을 아는 지식의 구성 체계가 중세 말 신파의 구조와 유사함을 강조한다. 좀 더 정교화 되는 신지식론은 하나님을 우리가 인식하는 대상으로 설정하고, 그 객관적 대상(object itself)과 우리의 인식(the mental conception of an object)과의 상관성을 분명하게 다루는 것은 신파의 학문 방법과 유사하다는 것이다. 우리 인간이 하나님에 대해서 가진 지식과 하나님 자신이 가진 것과는 어떤 연관성이 있는가? 하는 문제를 칼빈은 매우 깊이 있게 다루고 있다. 좀 더 나아가서 칼빈은 인간이 하나님을 아는 개념을 어떻게 구성하게 되며, 어떻게 구조화하는가를 명백히 설명한다.
그러나 로마 가톨릭 신부 가녹지는 존 메이어를 통해서 옥캄의 유명론을 따르는 신파의 영향이란 칼빈에게 나타나지 않는다고 주장하고 있다. 이때까지만 해도 중세 스콜라 신학을 공부하다가 그에 대해 반감을 갖기보다는 친척들과 부유한 친구들 사이에서 순수하게 학문적인 열심히 갖고 어학과 철학을 공부하는 인문학도에 불과했다는 것이다. Ganoczy, *The Young Calvin*, 61-2. 심지어 칼빈에 정통한 신학자 배틀즈 교수마저도 "확신컨대, 1535년 쓰여진 『기독교강요』 초판에는 이런 교사들[John Major]의 영향이라고 보여지는 증거가 없다"고 동감을 표하고 있다. F. L. Battles, "Calvin's Humanistic Education: Three Universities, Six Teachers," unpublished paper, Pittsburgh Seminary.
그러나 맥그라트 교수는, 토렌스의 견해를 다시 지지하면서, 1990년에 새롭게 쓴 전기에서, 비록 칼빈이 가르침을 받은 메이어, 윌리암 옥캄, 그레고리 로미니(Gregory of Romini)의 인용이나 이름이 직접 거론되지 않았다 해도 그들의 사상에서 영향을 전혀 받지 않았다고 주장할 수 없다고 반박한다. 어떤 형태로든지, 어떤 내용이든지 몽떼귀 대학을 감싸고 있던 당시의 사조와 깊은 연관성이 있다는 것이다. 그는 요한 칼빈의 논쟁에 있어서 전략을 한 예로 들고 있다. 칼빈이 『기독교강요』를 쓸 때에는 이미 스콜라 신학은 형평을 잃은 것으로

빈이 15세를 전후한 나이에 종교적인 반항심을 갖게 되었다거나 자기 가족이나 선생님들이 갖고 있던 신앙에 배치되는 신학적 입장을 약화시키려했을 것이라고 볼 수 있는 근거는 매우 적다.

앞으로 칼빈의 몽떼귀 대학 시절에 관한 연구가 더 진척되면 분명한 윤곽이 나타나리라고 본다. 적어도 한 가지 분명한 사실은 당시의 학문을 소개하던 메이어로부터 새로운 방법론(via moderna, 옥캄의 유명론)과 지난날의 모순점들을 분석하는 시간을 가졌으리라는 것이다. 메이어의 영향뿐만이 아니라 당시 신파에서도 특히, 그레고리 로미니에게서 직접 혹은 간접적으로 논쟁의 전술과 변증술의 영향을 입었을 것이라는 가설을 세워볼 수 있는 것이다.[27] 소년 칼빈에게 영향을 준 신학 사조를 정리하여 볼 때, 유명론과 구별되는 새로운 신어거스틴파 스콜라주의(schola Augustiniana moderna)를 주목해야만 한다. 논리적인 체계나 인식론, 지식론에서 볼 때에는 두 파가 모두 실재론에 반대하지만, 엄밀하게 따지면, 유명론은 종합적인 신학의 체계를 갖추지 못하였다. 단지 신학적인 변증 방법론을 개발한 것이다. 신파가 좀 더 현대적인 논증을 유도했지만, 아직 신학의 핵심 내용에서는 로마 가톨릭의 신학을 고수하고 있었다. 인간이 어떻게 구원을 얻느냐에 대한 설명에는 신파나

널리 공격을 받고 있었다. 그러므로 칼빈이 스콜라주의를 예리하게 공격할 것으로 기대되는데도, 초판을 살펴보면 우리가 기대하는 것보다 훨씬 가톨릭 신학을 공격하는 부분이 적다. 당시 로마 가톨릭 대학의 교과 과정에 문제가 있음을 누구보다도 더 잘 알고 있었지만, 이를 고치겠다는 어떤 제안을 구체화 한 것도 아니었다. 즉, 칼빈은 교훈적인 전략에서 스콜라 신학과의 비판적인 대화에 말려들지 않고, 도리어 완전히 무시해버리려는 방법을 구사한 것이다. 아예 칼빈은 옥캄이나 둔스 스코투스(Scotus)나 메이어의 중세 신학을 거론하여 잘잘못을 따지며 문제삼는 것조차 불쾌하다는 태도였다. 그의 최고의 적수는 종교 개혁의 체계적인 사상의 제시를 요청하고 있던 당시의 무지와 무관심이었다.

27) K. Reuter, *Das Grundverständnis der Theologie Calvins* (Neukirchen: 1963). idem, *Vom Scholaren bis zum jungen Reformator: Studien zum Werdeang Johannes Calvins* (Neukirchen: 1981).

구파나 아무런 차이가 없었다. 한쪽이 인간에 대해서 포괄적으로 낙관적인 입장이었다면, 다른 쪽은 훨씬 비관적이었다는 차이가 있을 정도다.

그러나 루터의 신학은 스콜라주의에 비해서 근본적으로 다른 문제에서 출발하였다. 하나님이 죄인인 인간을 받아 주시는 근거란 무엇일까, 인간이 먼저 어떤 행동을 해야만 하는 것인가? 아니면, 인간의 선한 행동들, 예를 들면, 고행이나 수도나 선행을 하지 않았더라도 용납하여 주시는 것인가? 따라서 단순히 하나님에 대한 개념의 차이만이 아니라, 인간의 본성에 대한 이해의 차이가 뒤따르게 된다. 인간은 하나님이 용납할 수 있는 일을 할 수 있는가? 아니면, 무엇을 하더라도 절대로 하나님이 받아들이기에는 불가능하며 죄의 본성을 결코 떠나지 못하는 존재인가? 이것을 '펠라기우스 논쟁'이라고 부르는데, 중세 시대에 이 논쟁은 계속되었다. 스콜라주의 신파는 여전히 펠라기우스의 입장에 서 있었다. 그러나 신파 어거스틴 스콜라주의는 전체적으로 어거스틴을 따르는 쪽이었다.

어거스틴은 인간 본성의 부패를 누구보다도 심각하게 보았다. 인간이 지니고 있는 상태를 보면, 아무도 자기 스스로 하나님과의 관계를 맺으려는 생각을 할 수 없으며, 죄와 결별하고 하나님이 받아 주실 만큼 충분한 선행을 할 수 있는 사람이란 아무도 없다. "의인은 없나니 하나도 없다"는 사도 바울의 선포를 깨달은 것이다. 따라서 하나님과의 관계를 복원하고, 인간을 구원할 수 있는 길은 인간이 아닌 외부로부터 주어질 때 가능하다고 보았다. 하나님은 인간을 위해서 예수 그리스도를 보내셔서 인간의 무능력과 부패와 타락한 본성을 구원해 주셨다.

어거스틴은 '은총의 신학자'라고 불린다. 인간에게 주신 은총은 값없이 거저 주시는 것이며, 아무런 공로 없이 은혜로 주시는 것이다. 인간은 바로 이 은총에 의해서 죄와 결별하는 능력을 얻으며, 구원은 하나님의 선물인 것이다. 그러나 펠라기우스는 인간이 가진 능력은 스스로 구원을 이룰 만한 것이 전혀 없다는 어거스틴에 정면으로 대립하였다. 인간은 죄로 더럽혀지지 않았으며, 선을 행할 수 있는 능력을 갖고 있으며, 구원받기에 필요한 조건들을 충분히 만족시킬 수 있다는 것이다. 그 조건을 충족시킴으로 구원을 받게 된다고 주장했다. 펠라기우스가 인간의 자기 성취를 통해서 도달하는 구원을 주장하는 반면에, 어거스틴은 하나님의 은총에 의한 구원을 가르쳤다. 이 두 가지 대립되는 신학은 마침내 418년 카르타고 종교 회의에서 펠라기우스를 이단으로 정죄함으로써, 정통 신학의 토대를 어거스틴의 신학 위에 세우게 된다. 다시 529년에 오렌지 제2차 종교 회의에서도 펠라기우스주의자들은 인간에 대해 지나친 신뢰를 두며, 하나님의 은총에 대한 확신이 불충분한 사상으로 재차 확인하였다.

그럼에도 불구하고 중세 시대를 내려오면서, 또다시 펠라기우스의 사상으로 기울어진 유사한 경향이 널리 유포되었고, 인간 스스로가 충분한 능력을 갖추고 선행을 닦아나가야 한다는 업적주의의 모습이 드러나게 된 것이다. 마틴 루터가 거부했던 면죄부와 공로 사상은 중세 말기의 신학을 대변하는 것이다. 이렇게 인간의 자발적인 열심주의(voluntarism)를 중시하는 경향을 반펠라기우스주의(semi-pelagianism)라고 부른다. 따라서 학문 방법에서 신파이지만, 여전히 중세 스콜라 주의에 속하여 있었기에 구원의 근본 원천이 인간 내부에 잠재해 있다는 것을 받아들였다.

신파 어거스틴주의(schola Augustiniana moderna)는 인간의 구원은 절대적으로 하나님의 은총이라는 어거스틴의 신학과 신파의 학문 전개 방법론과의 절충형의 신학이라고 볼 수 있다. 하나님이 의인으로 인정해 주시는 것은 그의 절대적인 선택에 근거한 결정에 따라서 이루어진 것으로, 인간의 죄악성과 타락성을 고려해 볼 때, 오직 은혜만을 강조하는 경향이다. 구원은 처음 시작부터 마지막까지 전적으로 하나님의 행동이요, 인간이 자발적으로나 주도적으로 성취하여 이루는 그 무엇이라고 볼 수 없다.

리미니의 그레고리(Gregory of Rimini, 1300-1358)는 이탈리아 리미니에서 출생하였으나, 신파 어거스틴 스콜라주의 대표자로 주목되는 인물이다. 어거스틴파 수도원에 가입하여 1322년에서 1329까지 파리에서 공부하였고, 볼로냐, 파우다, 페루기야 등지에서 가르쳤다. 1341년부터 1351년까지 다시 파리 소르본느에 돌아가서 교황 클레멘트 4세로부터 교수직을 부여받아 교육과 학문 연구에 힘썼다. 그리고 다시 고향으로 돌아와서 어린 시절에 머물던 어거스틴파 수도원을 위해서 1357년 총감독으로 일련의 개혁 정책을 추진하였으나, 다음해에 사망함으로써 아쉬움을 남기고 말았다. 그의 사상은 철저히 어거스틴을 따랐다. 은총에 의존하지 않는 인간의 업적이란 죄에 지나지 않는 것이기에 어린아이도 은총의 대상이므로 유아 세례를 줄 수 있다(tortor infantium)는 어거스틴의 입장을 받아들였다. 따라서 그의 영향으로 말미암아 루터의 개혁 운동이 가능하였다는 분석도 있다.[28]

리미니의 그레고리는 신앙과 이성의 분리를 인정하지만, 이성의 한계를 인정하고 하나님이 하시는 무한한 방법들을 강조하였다. 따라서 윌리엄 옥캄의 유명론을 더 발전시킨 인물이기에, '권위 있는 박사'(doctor authenticus)라고 불렸다. 그와 동시대를 살았던 캔터베리의 토

---

28) G. Leff, *Gregory of Rimini* (Manchester, 1961).

마스 브레드워딘과 함께 어거스틴의 신학을 다시금 강조하였으며, 타락한 인간에게는 하나님의 은총을 떠난 선행이란 불가능하다고 보았다.

초기 칼빈의 신학이 그대로 담겨 있는 『기독교강요』 초판에서, 이들 중세 말기 여러 학자들의 영향보다는 오히려 어거스틴의 저술에서 받은 영향이 두드러진다. 따라서 칼빈은 신파 스콜라주의나 신파 중에서도 어거스틴파 스콜라주의보다는 오히려 본격적으로 초대 교회의 신학에 영향을 입었음을 알 수 있고, 본질적으로는 성경에 충실하려 했다는 입장이 그 무엇보다도 뚜렷하였음을 보게 된다. 칼빈은 중세 신학과의 단절을 매우 과감하게 시도하였다. 일부 중세적인 방법론이나 철학적인 논의 중에서 건전한 것을 받아들였다 하더라도 그가 받아들인 부분적인 것들 때문에 중세 신학의 후예라고 말할 수 없다. 본질적이고 핵심적인 구원론의 전체 구조가 중세 신학과는 현저히 다르다. 구원을 값없이 주시는 은혜로 말미암아 의롭다 하심을 얻은 자 되었다고 고백하기 때문이다.

| CHAPTER 03 |

프랑스 종교 개혁의 서장

 종교 개혁의 완성자인 칼빈을 배출한 프랑스에서는 종교 개혁 운동이 성공하지 못했다. 거의 대부분의 프랑스 출신 종교 개혁자들은 고국을 떠나서야 비로소 목숨을 건질 수 있었다. 따라서 프랑스에서 일어난 종교 개혁은 그저 간단히 몇 줄 설명하는 것으로 그치는 경우가 허다하다.[1] 그러나 보통 사람들이 그저 가볍게 취급하는 프랑스 역사에서 이 시대의 내면을 면밀히 들여다보면, 기독교 역사에 길이 남을 업적이 적은 것이 결코 아니다. 로마 가톨릭 측에서 정권을 장악하고 군대를 동원하여 엄청난 박해를 가해 개신교인들을 제압하는 가운데서도 250만 명의 프랑스 인구 가운데 약 10%에 달하는 개신교 성도들이 이뤄낸 순교와 희생의 이야기는 숭고하기 이를 데 없는 것들이다. 가톨릭 중심의 전

---

1) 가장 최근에 쓴 손꼽히는 종교 개혁 연구서 Diarmaid MacCulloch, *The Reformation* (N.Y.: Pengun Books, 2003) 792쪽에서 프랑스 관련 부분은 단지 여섯 쪽에 그치고 있다. Euan Cameron, *The Europe Reformation* (Oxford: Oxford University Press, 1991))에 보면 총 560쪽에서 프랑스 종교 개혁사는 단지 세 쪽(286-289)에 불과하다. Louis Spitz, *The Protestant Reformation*, 1517-1559 (1985; St. Louis: Concordia Publishing House, 2001)에도 열 쪽(192-203)에만 나온다.

통을 고수하려는 국왕과 귀족들에게 개신교 성도들은 한낱 짐승처럼 하찮은 존재였으나, 그들은 성경적인 신앙과 교회의 체제에 대한 열망을 안고 고난을 견디어 냈다.

박해로부터 혁명까지

유럽 경쟁 국가인 독일과 영국이 새로운 개신교를 받아들이고 근대 국가로 변화를 성공리에 추진했는데, 프랑스는 스페인과 함께 이탈리아 로마 교회 체제를 그대로 고수하면서 전통 종교만을 고집하다가, 18세기에 이르러 엄청난 혼란에 빠지고 말았다. 프랑스는 그토록 잔인하게 종교 개혁을 억압하였으나, 결국 시민들의 불만과 불평을 견디지 못하고, 변화와 새로운 사회를 꿈꾸는 사람들이 봉기하여 체제를 완전히 뒤바꾸면서 또다시 피를 흘리고 1789년의 대혁명으로 폭발하게 된다.

로마 가톨릭에서는 프랑스 사회의 지배 세력으로서 저지른 만행과 실정을 인정하기보다는 오히려 종교 개혁 운동에 그 책임을 전가시키려는 경향이 있다. 로마 가톨릭 측에서는 종교 개혁 운동이란 죄악에 물든 개인주의자들의 탐욕으로 교회와 하나님 나라에 대한 반역이며, 경제적 욕심으로 인해서 더욱 타락하였다고 주장한다. 사탄이 반역과 혁명을 시작할 때에 종교적인 요인을 이용하였고, 불경건함과 개인주의와 반항심을 불러일으켜서 전통적인 단일 군주에 대한 정치적 반감과 전통적인 종교에 대해 거부하도록 이용한 것이라고 정죄한다. 종교가 개인화되는 것이 바로 세속화의 시작을 알리는 첫 신호탄이었고, 모든 분야에서 종교적인 것들을 제거시키는 불행한 역사였다는 것이다. 프랑스 가톨릭교회의 거룩한 분야를 세속화시킨 그 주된 원인이 칼빈에게 있으며, 다행스럽게 예수회(Jesuits)가 반종교 개혁 운동을 일으켜서 하나님의 나라를 지켜주었다는 것이다. 칼빈주의자들은 세상의 환상으로 사람들을 미혹하였고, 이것이 바로 우상 숭배가 되어서 세상 권력에 집착했다는 것이다. 칼빈주의가 점차 퍼져 나가면서 왕에게 충성하는 종교에의 저항이 퍼져 나갔고, 따라서 개신교 종교 개혁은 1789년 프랑스 대혁명의 궁극적인 원인이요, 볼세비키의 승리와 러시아 혁명의 원인이 된다고 억지를 부리고 있다. 종교 개혁은 절대자에 대한 반항 운동으로 결국 이 세상에서 하나님을 없애버리려는 공산 혁명에 도움을 주었다는 논리다.[2]

그러나 종교 개혁자들이나 개신교의 후예들이 하나님을 거부하고, 하나님에 대한 신앙을 저버렸던가? '자유, 평등, 박애'의 정신을 내세운 혁명군들이 바스티유 감옥을 습격하고, 국왕과 귀족들, 성직자들을 단두대에서 처형하는 대혁명을 통해서 급진적으로 체제 전복을 이루려 했던 사람들은 과연 누구였던가? 그들은 오히려 프랑스의 가톨릭 신자들의 후예였다. 결코 나라를 어지럽게 만든 사람들은 개신교 신자들이 아니었다. 반 클래이(Van Klay)는 프랑스 대혁명은, 흔히 주장하듯이 계몽주의 사상의 영향으로 발생한 지성 운동의 결산이라기보다는, 칼빈과 위그노들의 종교 개혁을 거부했던 프랑스 전제 군주들이 그 원인에 자리잡고 있다고 지적한다.[3] 프랑스 대혁명은 1750년대 귀족들이 장악하

---

2) 개신교회의 개혁 운동 때문에 프랑스 사회가 어지럽게 되었다고 주장하는 가톨릭 역사학자 가운데 한 사 람이 노만 라비치(Norman Ravitch, the University of California, Riverside) 교수이다. Norman Ravitch, *The Catholic Church and the French Nation, 1589-1989* (London: Routledge, 1990).

3) 이미 잔세이즘과 프랑스 대혁명에 관한 두 권의 저술, *The Jansenists and the Expulsion of the Jesuits from France, 1757-1765*(1975), *The Damiens Affair and the Unraveling of the Ancien Regime, 1750-1770*(1984)을 펴낸 바 있는 반 클레이(Dale K. Van Kley)는 다시 최근에 펴낸 책, *The Religious Origins of the French Revolution: From Calvin to the Civil*

고 있던 국회와 법원이 일반인들이라도 알 수 있던 정의를 무시한데 대한 반격이었다. 프랑스 종교 개혁의 세력이 아니라 로마 가톨릭 내부에서 일어난 저항 운동이라는 것이다.

또한 로마 가톨릭에 속해 있으면서도 칼빈주의 신학 사상을 그대로 수용한 잔센이즘이 반봉건주의 세력의 핵심이었다. 철저한 로마 가톨릭 신봉자들로서 단일 전제 군주파를 지지하는 예수회와 계약적인 정치 제도를 옹호하는 잔세니스트들 사이에 벌어진 싸움의 결과이기도 했다. 이는 이미 1560년대부터 프랑스 대혁명 사이에 지속되어 온 싸움이었다. 1750년대에 다미앙이 루이 15세를 암살하려한 것은 이미 단일 군주제에 대한 존경심이 완전히 사라진 것을 보여 주는 극적인 사건이었다.

적어도 프랑스 대혁명의 기저에는 예수회와 정면으로 대립해 있던 잔센이즘의 신앙이 자리하고 있다. 잔센이즘은, 귀족이자 철학자였던 파스칼이 바로 이 운동의 열렬한 지지자였는데, 칼빈주의와 매우 유사한 교리를 주장하여, 어거스틴의 선택론과 예정론을 재발견하여 강조하고 시행하다가 로마 교황청으로부터 이단으로 정죄를 받았다. 프랑스 대혁명은 결국 신앙으로 개혁되지 않은 나라가 폭력으로 한꺼번에 뒤집히는 대혼란을 맛보고 말았던 것이다.

Constitution, 1560-1791 (New Haven: Yale University Press, 1997)에서 프랑스에서 단일 군주제의 성장은 그 핵심에 종교적인 교리와 신앙이 깊이 뿌리를 내리고 있다고 보았다.

추락하는 교황권

13세기 이후로 좋은 뜻을 가진 사람들은 로마 가톨릭교회의 수뇌부들과 성직자들, 그리고 신학 사상 모두 다 근본적으로 개혁을 해야 한다는 공감대를 형성하고 있었다. 여러 방식으로 이런 의견들이 표출되던 중에 루터가 1517년에 불을 던진 것이다. 외적인 교회 행정이나 조직의 부패는 결국 그 내적인 신학의 타락에서 초래되었으나, 이런 것은 즉각적으로 드러나지 않는 법이다.

성직자들이 무심하고 종교적인 단체들이 퇴보하고 있을 때에, 도미니크 수도원이나 프랜시스 종단 같은 새로운 수도단이 생겨나서 일시적으로나마 학문과 경건을 교회에다 수혈하였다. 따라서 이런 종단들이 지탱해 주었기 때문에 교회는 자신의 가련한 모습과 전반적인 타락을 재발견하는 데 오랜 시간이 더 소요되고 말았다.

간단히 요약하면 16세기 초엽에 교황권은 심각하게 그 권위를 실추하였고, 사람들로부터 존경심을 상실했으며, 이것은 상위 성직자들에게만 해당하는 것이 아니라 모든 하급 성직자들에게도 그러하였다. 교황은 자신의 선출과 관련하여 조직을 의존하고 있었으나, 사람들은 영적인 관심이 전혀 없는 교회에 대해서 실망을 금치 못했다. 만일 교황의 잘못을 발견하였다면, 즉각 지도자들의 모임을 통해서 추문을 조사하고 흘러 다니는 소문의 진상을 규명하면 되었을 터이다. 콘스탄스와 바젤에서 이런 모임이 있었지만, 이미 권력의 정점에서 모든 수단을 동원할 능력이 있는 교황이 자신들에게 제기된 문제점들에 대해 완전히 동의하지 않음으로써 실패로 돌아가고 말았다. 교황은 자신이 교회의 머리라고 생각하였다. 이 직책은 이 세상에서 가장 높은 자리이며, 자신들이 가진 사면권은 신성하여 침범할 수 없는 것이라고 확신했다. 절대

신성의 권위라는 원칙이 가톨릭교회에 내적으로 흐르고 있었을 뿐, 그 시행에 대해서 심각하게 반성하지 않았다.

'교황의 바빌론 유수' 사건과 교단의 분열은 교황에 속한 모든 특권을 의심하게 만들었고, 한 교황 아래 모든 교회가 하나라는 사상도 점차 국가적인 의식과 민족의식이 고취되면서 손상을 입기 시작하였다. 아비뇽 유수 사건은 당시 프랑스 왕 필립 4세와 교황 보니페이스 8세 사이에 벌어진 헤게모니 쟁탈전으로 인해서 교회의 지배권을 약화시키고자 로마에서 프랑스 남부 아비뇽으로 교황을 감금시키고, 프랑스를 중심지로 만들고자 시도한 사건이었다. 보니페이스는 곧 죽었고, 필립 왕은 프랑스 사람으로 클레멘트 5세를 선출하도록 조정하였다. 그래서 1305년부터 1377년까지 약 70년 동안 교황을 지배하는 우월한 왕권의 지배 하에 놓였다가, 그레고리 11세 때에 다시 로마로 돌아갔다. 그러나 중세의 교황들이 즐겨왔던 영적인 권위를 다시 회복하는 길은 자신들이 행사할 수 있는 권위 행사를 넘어서는 중대한 과제가 아닐 수 없었다.

갈리카니즘

프랑스 사람들은 매우 독특한 민족 정서를 가지고 있다. 물론 유럽 전역의 모든 국가가 거의 대부분 공유하던 정신을 당시에 품고 있었음은 사실이다. 어디를 가든지 성직자들의 무관심과 영적·도덕적 타락, 그리고 무지함으로 반(反)성직주의 분위기가 팽배하여 개혁은 도저히 불가피한 상황이었다. 그런데 이 문제를 해결하고 대처하는 방식은 프랑스 사람들의 민족 정서와 국가 이익에 의해서 대처하게 됨을 알 수 있다. 다시 말하면, 프랑스에서는 종교 개혁의 열풍이 결집되지 못하고 엄청난 박해 속에서 전혀 개혁의 기회를 갖지 못하였는 데, 이는 프랑스의 독특한 정치적, 지리적 상황에서만 이해될 수 있다. 즉, 프랑스는 독일과는 달리 약간의 자주권을 행사하고 있던 관계로 로마 교황에 대해서 불만이 다소 완화되어 있었고, 야심에 찬 왕권의 엄격한 통제하에서 개혁 세력은 결집할 수 없었기 때문이다.

'프랑스 민족주의'라는 정서가 듬뿍 담겨 있는 갈리카니즘(Gallicanism)은 로마 교황권에 반발했던 프랑스의 저항 운동을 압축한 단어이다. 갈리카니즘의 한계에 부딪혀서 개신교 종교 개혁 운동은 큰 성공을 거두지 못하고 좌절되어 버렸던 것이다. 아직 민족주의가 충분히 형성되지 못했던 시대에, 그저 자국의 교회가 타국의 지배하에서 벗어나는 정도의 타협에 만족함으로 보다 근본적인 가톨릭교회의 개혁이 응집력을 발휘하지 못하게 된 것이다.

갈리카니즘이라는 정서 혹은 분위기는 아비뇽 유수 사건으로 인해서 로마 교회가 분열되고, 프랑스 왕과 교황 사이에 세력 다툼을 벌이던 시대에 제르쏭(J. Gerson)과 삐에르 다일리(P. D'Ailly)가 처음 제시하였다. 이들의 주도로 1257년 '갈리칸의 자유'라는 문서를 발표하였는데, 프랑스 가톨릭교회가 로마 교황권과의 관계에서 독자적인 지위를 누리고 있음을 미약하게나마 밝힌 데서 비롯되었다. 그 후로 프랑수와파 수도사였던 윌리엄 옥캄, 존(John of Jandum), 마르실리우스(Marsilius of Pauda) 등이 주도했는데, 로마에 중심을 둔 교황권으로부터 프랑스 교회의 완전한 자유와 독립성을 주장하는 입장을 말한다. 루터가 파리 소르본느에 신학적인 평가를 의뢰한 이유도, 프랑스는 비교적 로마 교황청으로부터 자유로웠고, 이탈리아 출신 교황의 권위를 약화시키려고 노력해 오고 있는 분위기임을 알았기 때문이었다. 파리의 가톨릭교회들과 신학자들은 로마 교회에서 이단적이라고 판정을 받은 바 있지만 왕이 지배하는 정권이 교회보다 우위라는 경향이 대두된 지 오래였다.

1559년 프랑스 개신교들이 최초로 전국 총회를 갖고, 파리에서 발표한 "갈리칸 신앙고백서"(Gallican Confession)와 혼돈해서는 안 된다. 이 고백서는 원래 칼빈이 기초한 신앙고백서를 초안으로 하여 개정 증보한 것이다.[4] 그러나 갈리칸이라는 말을 여전히 사용하는 것을 보면, 이 단어는 지극히 프랑스 민족의 대명사로 신·구교 내에서 공히 사용되고 있음을 알 수 있다.

프랑스 가톨릭교회는 계속해서 민족주의적인 색채를 더욱더 심화시키게 된다. 예를 들면, 1594년 삐에르 삐뚜(Pierre Pithou)는 "갈리칸 교회의 자유"(the Liberties of the Gallican Church)를 발표하였다.[5] 변호사였던 저자는 신학적인 관심에서가 아니라, 프랑스 정권이 로마 교황청으로부터 완전히 자유로워야 함을 주장하는 민족적 감정에서 이 글을 썼다. 프랑스 주교들은 교황보다도 프랑스의 통치자에게 먼저 복종해야 한다는 것이다. 프랑스가 로마 바티칸보다 우선적이기 때문이라는 논리다. 그래서 프랑스 주교들의 로마 방문을 금지하였고, 동시에 교황청의 사자들이 프랑스를 방문하는 것도 금지하였다. 프랑스에서 출판되는 교황의 교서도 먼저 프랑스 정부의 동의를 받아야만 가능하도록 하였다. 따라서 프랑스 가톨릭교회는 영국이나 스위스나 독일의 교회와는 달리, 로마 교황청으로부터 상당한 자율권을 보장받았으므로 굴욕감

---

4) 프랑스어로 작성된 "갈리칸 신앙고백서"는 칼빈의 제자 앙뚜완 드 라 로쉬 샹디(Antoine de la Roche Chandie, 1534-1591)가 35개 조항으로 칼빈의 핵심 교리를 요약한 것이다. 1571년 라 로셸(La Rochelle)의 총회에서 다시금 인준하였고 40개 조항으로 확대시켰다. 프랑스 성경에 부록으로 게재되어 있다. Phillip Schaff, *Creeds of Christendom* (1877), vol. I, 490-498; iii, 356-382.

5) A. Barry, "Bossuet and the Gallican Declaration of 1682" *Catholic Historical Review* 9, 143-153.

이 상당히 적었다. 특히 극렬하게 교황을 반대할 명분이 별로 없었다.

프랑스 사람들만이 아니라 중세 시대의 교회 역사와 신학을 연구하거나 중세 가톨릭 교리를 생각할 때에, 왜 전 세계 모든 교회가 이탈리아 출신의 교황만을 섬겨야 하고 언제나 로마 교회의 발표문에 귀를 기울여야만 하는지, 그리고 교회의 중심지는 왜 이탈리아 로마에만 있어야 하며 로마 교황의 지상 대권을 신봉해야만 구원을 얻는가에 대해 심각한 회의를 느끼곤 한다. 신앙의 중심지가 어떠한 나라에만 고정되어 있을 필요가 무엇인가? 그렇게 되면 다른 민족과 국가들은 영원히 종속적이며 부수적일 수밖에 없다. 이것은 신약 성경이 가르치는 교회의 모습이라기보다는 고대 로마 제국의 염원을 아직도 버리지 못하고, 전 세계 지배의 이상을 교묘하게 종교적인 수법으로 실현하려는 이탈리아 민족주의 혹은 이탈리아 가톨릭교회의 횡포요 월권이다. 로마 교회는 그저 이 세계의 수많은 교회 중 하나일 뿐이다. 더이상 세계 교회의 중심지도아니요 성지도 아니다. 아무리 전통이 중요하고 거대한 건물이 있다 하더라도 그 안에서 모든 성도가 기쁨과 감격으로 하나님을 섬기는 데 방해되는 선입견과 우월 의식이 있다면 거룩한 공동체를 가로막는 치명적인 교만 죄에 해당한다. 아직까지도 로마를 세계 교회의 어머니 교회라고 착각하는 한, 성경의 가르침은 무너지고 만다.

파리에 등장한 루터

파리에서 모든 사람들의 입에서 삭소니의 종교 개혁자 루터의 이름이 구체적으로 거론되며 문제화된 시기는 언제였을까? 아니 가톨릭 당국 몰래 비밀리에 루터의 새로운 사상과 신학 사상을 접하게 된 것은 언제였을까? 지금까지 발표된 많은 연구 논문에 의하면, 종교 개혁의 기치를 든 95개조 반박문이 나온 2년 후인 1519년부터 파리에서도 똑똑한 지성인들이 바젤에서 인쇄되어 유포된 수백 권의 마틴 루터의 저작들을 읽고 토론하면서 높이 평가하고 있었다. 심지어 소르본느 대학의 신학자들의 일부가 이것을 흥미진진하게 읽고 환영했다는 것이 확실하게 입증되었다.[6] 이들은 기독교 인문주의자들로서 비록 방법 면에서는 선택의 여지가 없어서 주저하고 있었지만, 교회의 개혁이 시급하다는 사실을 인식하고 있던 사람들이었다.

1519년 6월 라이프찌히 논쟁에서 존 에크와 마틴 루터 사이에 대토론이 벌어졌는데 루터는 가톨릭 교리의 핵심 부분에 대해 날카로운 질문을 던졌다. 루터는 교황의 지상 최고권을 신성시하는 것과 교황에 의해 조종되는 종교 회의의 무오성을 인정할 수 없다고 맞섰다. 교황이 로마 교회의 주교로서 그처럼 높아진 것은 인간의 법에 따라서 만들어진 것이며, 역사 속에 뿌리를 박은 제도로부터 나온 것이다. 순종의 기준은 오직 복음뿐이요, 상하 성직 제도나 교황도 아니며 종교 회의도 아니다. 종교 회의도 초대 교회 시대에 네 차례의 중요한 회의가 있었다. 니케아 회의(325년)부터 칼세돈 회의(451년)에 이르기까지 성경의 정경을 인준하며, 이단과 싸워서 그릇된 교리를 가려내 복음을 분명히 정립하고 기독교 신학의 토대를 구축하였다. 그러나 이러한 종교 회의들은 교황의 권위라든가 고위 성직자들의 이권에 연연하는 회의가 아니었다. 아직 교회는 동서로 분열되지도 않았고 모든 결정은 아주 자유로운 가운데 진행되었다.

---

6) W. G. Moore, *La reforme allemande et la litterature fançaise: Recherches sur la natorieétéde Luther en France* (Strasbourg, 1930), 146ff.

하지만 중세에 접어들면서 로마 교회가 교권을 잡고 힘을 행사한 뒤로는 더이상 순수한 종교 회의를 구성할 수 없었다. 19세기 루터 연구의 대가였던 테오도시우스 하르낙(Theodosius Harnack)은 루터 신학의 핵심을 간단히 요약하면서 "구원과 화해의 교리에 특별한 강조점이 있다"고 간파한 적이 있다.[7] 그러나 루터가 교회를 소홀히 취급한 적은 없었다. 단지 교황의 권위를 내세우는 제도적 교회는 성경을 제일의 표준으로 삼으려는 그 앞에서 설 땅이 없었다. 루터는 라이프찌히 논쟁에서 (The Leipzig Debate, 1519) 연옥의 존재, 면죄부 판매, 고해 성사의 필요성과 방법, 교황의 권위에 대해서 에크와 격돌했다.

> 오직 그리스도의 십자가를 통해서만 하나님의 말씀이 계시되었다. 이 십자가가 참된 신학을 구성한다(Crux Christi unica est eruditio verborum dei, theologia sincerissima).[8]

라이프찌히 논쟁 후에 양측에서는 모두 에르푸르트 대학과 파리 대학에 평가를 의뢰하는 의미에서 신학적 논지를 제출키로 합의하였다. 에크는 루터를 이단으로 몰아세우려고 적절한 무기를 집어 들었다. 즉, 루터는 교회에 위험한 존재이며 보헤미아 출신의 분파주의자 후쓰를 따르는 이단이라고 주장하면서 독일 내에서 반응을 일으키고자 했다. 에르푸르트 대학은 그것을 받을 수 없다고 회답하였다. 그러나 파리에서는 아무런 회답이 오지 않았다. 결국은 프랑스 소르본느 신학자들이 평

---

7) T. Harnack, *Luthers Theologie mit bosonderer Beziehung auf seine Versöhnung und Erlösungslehre*, 2 vols. (Erlangen: 1862), 1886.

8) Luther's Exegesis of Psalm 6:11.

가해 달라는 제의를 끝내 기각하리라고 의심을 하고 있었다.

프랑수와의 정치적 계산

프랑스 왕 프랑수와 1세(1515-1547 재위, 1494-1549)는 이탈리아 전쟁에서 승리하자 교황 레오 10세와 볼로냐 협약(Concordat of Bologna, 1516)을 맺고, 적어도 문서상 프랑스 교회는 로마 교황의 간섭을 벗어나서 국가에 의해 통제되도록 길을 열어 놓았다. 군사적으로 막강했던 프랑스가 이탈리아와 교황청의 연합군을 마리그나노에서 무찔러 얻어 낸 결과였다. 이 협정에 의해서 세속적인 권력은 영적인 지배력을 찬탈했고, 영적인 지배 권력은 세속적인 이익을 얻었다. 교회 회의의 권위는 더이상 프랑스에서는 인정을 받지 못하게 되었다. 교회법에 따라서 감독들을 선출하는 제도가 폐지되고, 왕이 감독을 임명하게 되었다. 프랑스에는 10명의 대주교(이들은 추기경으로 부르기도 함), 83명의 감독, 527명의 주임 신부가 있었는데, 모두 다 왕이 임명권을 갖게 되었다. 교회에서 봉사하고 출세하려는 사람들은 왕권을 지지해야 했고, 왕과 밀착된 사람들을 찾아야만 했다. 교회 안에서 행사하는 모든 징벌에 대한 결정도 왕권의 지배하에 놓여졌다. 교회에 속한 재산과 헌금도 역시 왕의 수중으로 들어왔다. 더이상 왕은 이런 교회를 자신의 지배하에서 벗어나서 이탈리아 교황에게 넘어가지 못하도록 장악하고 싶었다.

이런 이유로 해서 파리 대학과 교회에는 1518년경 교황의 권위에 대한 의구심이 점차 심각해져 가고 있었다. 앞서도 지적했지만 라이프찌히의 논쟁의 핵심은 교황의 권위 근본이 어디에 있느냐에 있었다. 파리의 대학교는 난처한 입장에 처하게 되었다. 핵심을 찌르는 날카로운 질

문이 담긴 문서들이 파리에 도착한 것은 1520년 1월이었는데, 소르본
느 대학의 판결이 나온 것은 그로부터 15개월이 지난 1521년 4월 15일
이었다.

왜 이토록 늑장을 부렸을까? 어째서 그토록 오랜 기간 동안 잠잠하
였을까? 만일 대학 당국이 루터를 교황의 권위에 감히 도전했다고 비
판했다면, 그들 자신들이 지난 백여 년간 주장해 온 갈리칸주의 전통
을 변조시킨 것이 되고 말기 때문이다. 당시의 기록들은 1520년의 교
수 회의가 얼마나 난처했는가를 보여 주고 있다. 대학이 내부적으로 직
면했던 문제점들은 부지불식간에 루터에 의해서 나타나기 시작하였
다. 1520년대에 개혁을 부르짖는 세 편의 논문을 출판함으로써 부각되
었는데 사실 대학 교수들이 이런 주장을 받아들이지 못할 이유가 하나
도 없는 내용이었다.[9] 1521년 4월 15일, 최종적으로 파리의 교수 회의
는 루터를 이단으로 판정하는 문
서(Determinatio)를 채택함으로써,
루터는 초대 교회의 마르시온파
(Marcion)로 취급을 받게 되었다.

그러나 파리 대학의 신학 교수
들은 라이프찌히 논쟁에서 격론의
대상이 된 교황 지상권에 관한 질
문에 아무런 답변을 제시하지 못했
다. 결국 근본 문제는 거론하지 않
고 당시의 종교적 전통만을 고집했

17. 루카스 크라낙 1세가 그린 루터의 설교하는 모습

---

9) W. G. Moore, *La réforme allemandae et la littérature francaise: Recherches sur la notoriete de Luther en France* (Strasbourg, 1930), 51.

을 뿐이었다.

칼빈이 몽떼귀 대학에 수학하고 있을 동안에 루터에 관한 토론이야말로 신학 교수들 사이에서 가장 압도적으로 거론되던 주제였다. 어떤 때는 확대 교수 회의를 가질 정도였는데, 당시 파리에서 활약하던 신학 교수 80여 명 가운데 15명은 공개적으로 이단이 아니라고 주장하였다. 그러나 교수진의 대다수는 루터의 공격 앞에서 교회의 일체성과 단일성을 깨고 싶지 않았던 것이다. 이 판정서는 루터가 의문을 제기한 교황의 절대 권위설에 대하여는 아무런 언급도 하지 않고 있다는 사실은 그들이 무엇을 의도했는가를 분명히 알게 한다. 1524년까지 무려 9판을 거듭하며 발간된 라틴어로 쓰여진 이 판정서는 독일어와 화란어로 번역되기에 이르렀다. 또한 이단 판정서로 말미암아 파리에서는 도리어 루터에 대한 관심을 고조시키고 말았다.

알프스를 건너서 독일 지역으로 넘어가면, 로마 가톨릭교회가 견지해 온 라틴어 문화권의 영향이 다른 요소들과 뒤섞여 있었다. 특히 왕래가 용이치 않은 산간 지방을 중심으로 지역적으로 신비주의 운동이 기독교에 깊이 침투해 있었다. 지방에서 자생적으로 발전한 신비주의 운동은 에크하르트와 타울러의 저술에서 발견되는 '게르만 민족의 신학'(*Theologia Germanica*)으로까지 확산되었다. 루터는 신비주의자들의 영향을 많이 받았다. 영적인 목마름에 젖어 있던 대중들은 교회가 돌보지 않으므로 이 영향에 더욱 깊이 빠져들었다. 정통 신학이 성경의 가르침을 왜곡함으로써 빚어낸 진리의 혼돈 속에서 면죄부 발행은 교회가 지닌 권세이자 무기였다. 1517년 어거스틴 수도원 출신으로 비텐베르그에서 신학 교수를 하던 루터가 95개조를 학생들이 출입하는 문에다 광고 형식으로 내걸자 그 어느 누구도 권력으로는 진압할 수 없는 반향을 일으켰고 불길처럼 번져 나갔다.

칼빈이 라마르슈를 거쳐서 몽떼귀 대학에서 인문학부 수학을 시작하던 무렵, 프랑스는 보수적인 신학 교수들이 루터의 영향을 입은 개혁 사상을 차단하느라 고심하고 있었다. 심심치 않게 여기저기서 플래카드가 걸리고 유인물이 살포되었기 때문이다. 1523년 파리는 신학 교수들 사이에 101회의 회합을 가져야만 했을 정도로 긴박한 상황이었다. 보통 한 해에 30여 회 모이던 신학 교수 회의가 이처럼 자주 열려야만 했던 이유는 폭풍처럼 이 도시의 교회와 대학을 강타한 마틴 루터 때문이었다. 멀리 떨어진 독일의 소도시에 있는 루터를 어떻게 전해 듣고 그의 사상이 사람들에게 알려졌을까? 점차 파리에는 루터의 서적과 그에 대한 흥미가 증가되면서 새로운 사상에 대한 관심이 높아지자 이단으로 지목하려는 경향이 나타났다. 드디어 쟁쟁한 당대의 신학자들이 운집한 1523년 7월 14일의 회의에서 피에르 리유(Pierre Lieut)가 왕의 권위를 근거로 해서 루터파는 마귀들이라고 선포하였다.

그로부터 3주 후 1523년 8월 8일, 어거스틴파 수도사 장 발리에르(Jean Valliere)가 쌩 호노르 정문에서 화형에 처해졌다. 죄목은 '이단적인 루터파의 일당이다'는 것인데, 루터의 책을 갖고 있었으며 읽었다는 것이 단서의 전부였다. 그를 사형에 처벌한다는 결정은 파리의 의회가 내렸다. 화형이 집행되던 날 그는 노틀담 대성당에 끌려갔다. 성당에 들어가면서 십자성호를 긋지 않고 버티는 그를 강제로 미사에 참여시켰다. 그리고 파리의 외곽, 돼지들을 파는 시장으로 끌고가서 그의 혀를 잘라 버렸다. 마침내 나무에 묶여서 산 채로 화형에 처해졌다. 동시에 국회는 모든 루터의 책들을 공개적으로 불태우라고 명령하였다.

1526년 12월 4일, 마귀처럼 분장을 하고 망토를 걸쳐 입은 일곱 명의 남자들이 여자 한 명이 타고 가는 말을 뒤따라가면서 파리 시내를 행진하고 다녔는데, 그들 주위에는 신학 박사의 가운을 걸치고 앞뒤로는

제3장 프랑스 종교 개혁의 서장

18. 1515-1547년까지 재위한 프랑수와 1세 (1492-1549)의 초상화

크게 눈에 띄는 글씨로 '루터파'라 새긴 사람들이 빙 둘러싸고 있었다. 루터파에 대한 신랄한 풍자로서 그들은 마귀적이라고 생각하던 분위기를 반영하는 것이었다.

우리는 이 비극적인 일련의 사태와 분위기가 칼빈에게 어떤 영향을 끼쳤는지 정확히 알 수 없다. 다만 파리의 지성인들이 그러하듯이, 이제 막 대학에 진학하여 신학을 공부하기 위해 준비하던 한 청년 학생으로서는 자신이 그때까지 믿어왔던 종교적인 신념이 일시에 흔들리면서 너무 잔인하다는 생각을 했을 것이다. 일대 커다란 충격을 받았을 것이라 짐작할 뿐이다. 아무튼 장 발리에르의 화형은 한창 감수성이 예민하면서 성숙하고 있는 요한 칼빈이 공부하며 살고 있던 파리의 시내 한복판에서 벌어진 일로서, 번져 나가고 있던 종교적 긴장감을 극명하게 드러낸 사건이었다.

루터의 교회 개혁 소식이 전해질 무렵, 프랑스는 다음 세 가지의 요인들이 상호 작용을 하면서 개혁 운동의 기운과 맞서게 된다. 첫째는 국왕의 교회에 대한 간섭과 영향력 증대, 둘째는 프랑스의 사회 상황, 셋째는 기독교 휴머니즘의 확대 등이다.

프랑스 교회의 개혁 운동은 거대한 국사를 다스리는 국왕의 판단과 이익에 따라서 좌우되었다. 프랑스는 국왕 중심으로 된 단일 구조의 사회였다. 따라서 왕의 정치적 영향력과 지도력, 특히 개인적인 신앙이 미친 영향은 절대적이었다. 1438년 교황과 맺은 협약에 따라서 부르쥬의 실제적인 지배권은 국왕에게 넘어갔고, 주요 교회의 성직 임명권과 교황청에 대한 세금의 수급 및 관리권이 왕에게 넘어가 있었다. 1516년 볼로냐 협약은 교황청의 세금 징수를 허용하는 한편, 모든 대주교, 주교, 신부들의 임명 동의권이 국왕에게 주어지도록 했다. 물론 여기에 교황의 최종 재가를 요한다고 되어 있지만, 누구를 추천하든지 교황이 거절할 입장이 아니었다.

따라서 프랑스 성직자들은 국민들에게서 나타나는 잘못들을 시정하는 데 있어서는 국왕의 눈치를 살펴가면서 협조적으로 시정해 나갔다. 그러나 왕궁의 점증하는 비리나 고위층의 잘못에 대해서는 거의 아무 말도 하지 않았다. 상류층과 결부된 고위 성직자들은 대중들의 비판이나 불평에 아랑곳하지 않았다. 하급 성직자들은 보통 사람들보다도 하층 계급으로 취급되었다. 그들은 가난하며 보잘 것 없었다. 특별히 상층에 있는 성직자들의 타락에 대해서 강한 불만을 갖고 있었으니, 결국 교회의 세속화에 대항하는 여론을 형성하여, 당시 사회에 대한 비판 그룹과 상통하고 있었다.

프랑스의 사회 상황을 살펴보자. 사회적인 불만족이 각계각층에 골고루 퍼져 있었다.[10] 노예 제도처럼 완전히 농장 주인에게 예속되어 있는 것은 아니지만, 절대 다수의 일반 농부들은 자신들의 생계를 이어가기가 불가능할 정도로 극히 일부의 땅을 소유하고 있었다.

모든 귀족의 자녀들은 귀족의 신분을 물려받았다. 그러나 사회의 가부장적 전통에 따라서 장남에게 땅을 모두 상속시켜 주었다. 차남 이하

---

10) Harrold J. Grimm, *The Reformation Era, 1500-1650*, 231. 해롤드 그림은 종교 개혁사를 사회적 요인의 상층 작용으로 보아야 한다는 이론을 주장하고 있다. 필자가 역사 분석 방법으로 사회적 제요인의 고찰이 가장 우선적이라는 그림의 시각에 전적으로 동의하는 것은 아니지만, 유의해 볼 필요가 있다고 본다.

로 태어난 아들들은 이에 대해 대단히 불만족했다. 대다수 귀족들은 점점 자신들의 봉건 영주로서의 각종 특혜가 국왕에게 잠식 당하는 게 싫었다. 오직 신나는 사람들은 100년 전쟁 이후에 많은 재산을 축적한 신흥 상인들이었다. 이들은 상류 부르주아의 위치로 신분이 상승되면서 국왕의 환심을 사려고 귀족들과 충성 경쟁을 벌이고 있었다. 자기의 땅이 없이 노동으로 생존하는 사람들과 기능공들의 생활은 어렵기 그지없었다. 거기에다가 박해의 피해마저 입음으로써 사회적인, 종교적인 불만이 도처에 팽배하였다.

국왕 프랑수와는 대단히 복잡한 성향을 가진 사람이었다. 그는 정치적인 목적이 분명하지 않는 한, 거의 종교적인 문제에 흥미를 가지지 않았다. 그는 원칙을 분명히 정하고 나라를 질서있게 통치했던 왕이 아니었다. 더구나 신앙이 깊은 사람도 아니어서, 설교자들의 말에 국왕을 반역하는 말이 들어 있지 않는 한, 전혀 흥미를 느끼지 못하던 사람이다. 그저 한 나라의 왕의 신분으로서 무엇보다도 자신이 다스리는 나라가 평화로우며 질서가 있기를 원하였다. 이를 위하여, 왕은 가톨릭 전통의 권위 있는 수호자들로 자처하는 사람들에게 의존하였다.

교회는 국왕에게 있어서 거대한 재산이었다. 따라서 성직자들과 필요 없는 마찰을 일으킨다거나 적대적이 되면, 자신의 수입이 줄어들게 되어 있었다. 그는 전쟁이나 정치를 위해서 많은 돈이 필요했기 때문이다. 프랑수와는 절대 군주제의 전통을 물려받았으므로, 자신의 권위에 도전하는 어떤 세력도 용납할 수 없었다. 소르본느나 다른 대학에서 강력하게 왕의 명령을 거부한다면 그것은 곧바로 그에 상응하는 대가를 지불해야만 하였을 정도로 왕권 강화에 골몰하였다.

이와 동시에 국왕은 휴머니스트에게도 매우 우호적이었는데, 르페브르와 같은 사람을 아주 호의적으로 대하려 했다. 이들이 모두 다 학문에 열정이 있었기 때문이다. 프랑수와 1세의 마음속에는 로마 가톨릭교회가 깊게 자리잡고 있어서 교회 개혁에 대한 진취적인 생각을 전혀 받아들일 수 없었다. 이런 특성으로 인해서 '가장 기독교 신자다운 국왕'이었던 그는 운명적인 종말을 맞이해야만 되었다. 왜냐하면 소르본느의 교수진들은 마틴 루터를 공개적으로 비난하면서, 점점 더 그 세력을 더해서 급기야 국왕으로부터 독립적으로 무시할 수 없는 세력을 형성해 나갔기 때문이다. 소르본느 신학자들은 아주 엄격하게 정통을 고수하려 했기에, 한마디로 그들의 특성을 지적하자면 '매사에 미리부터 비판적 교정'을 하려고 했었다. 전통에 대한 충성심에서 긍정적이라기보다는 부정적이며, 어떤 교리적 오류도 있을 수 없다는 태도였다. 가톨릭 신학자 가녹지는 "이런 부정적인 시각은 신학적인 오류를 만들지 않았을지 모르지만, 계시된 말씀의 살아 있는 해석이나, 그리스도 중심적인 설명을 제시할 수 없었다"고 지적하였다.[11] 이런 신학은 무엇이 본질이고 무엇이 부수적인 문제인지를 어떻게 분간하는지 그 방법조차 알지 못하였다. 시행 세칙에 해당하는 것을 신앙의 근본 진리와 동일시하여 이것을 방어하느라 온갖 노력을 기울였다. 한 가지 예를 들면, 프랑스어로 성경을 번역해서 모든 사람들이 읽을 수 있게 하려는 것을 금지하고, 말씀을 널리 선포하기보다는 말씀을 방어하는 것이 더 중요하였다. 사실 교수들은 하나님의 말씀을 선교적으로 증거하는 것보다 전통적인 라틴어 성경의 유지에 급급하였다. 이런 식의 부정적인 정통파들은 항상 경찰들이 사용하는 억압적인 방법에 의지한다.

1523년과 1526년 두 차례 프랑수와 국왕은 루터의 저술을 프랑스 말

---

11) A. Ganoczy, *The Young Calvin*, 52.

로 번역한 루이 베르깽(Louis Berquin)을 두둔해 준 적이 있다. 적어도, 1525년 국왕이 파비아의 전투에서 패배하기 전까지는 모(Meaux)에 모여 있던 개혁자들은 보호를 받을 수 있었다. 1526년 3월 마드리드로부터 국왕이 돌아오자 그는 의회에 대해서 명령하기를, 모의 개혁자들에게 더이상 박해를 가하지 말것을 주문하였다. 그리고 개혁자들을 초청하였다. 르페브르는 왕자의 교사로 선택받았고 왕실 도서관의 책임자가 되었다. 훗날 르페브르는 나바르의 국왕과 결혼한 마르그리뜨 앙굴렘에게 도움을 받게 된다.

프랑수와 1세는 1527년 말 귀족 회의를 소집하고 마드리드 협정서의 합의 사항에 따라서 찰스 5세에 의해 볼모로 잡힌 아들을 구하기 위해 보석금을 모아줄 것을 요청하였다. 귀족들은 돈을 모으는데 합의해 주었으나, 교회의 지도자들은 한 가지 조건을 첨가하였다. 프랑스에서 모든 루터파들을 추방하라는 전통적인 교황 보수주의자들의 요청이었다.

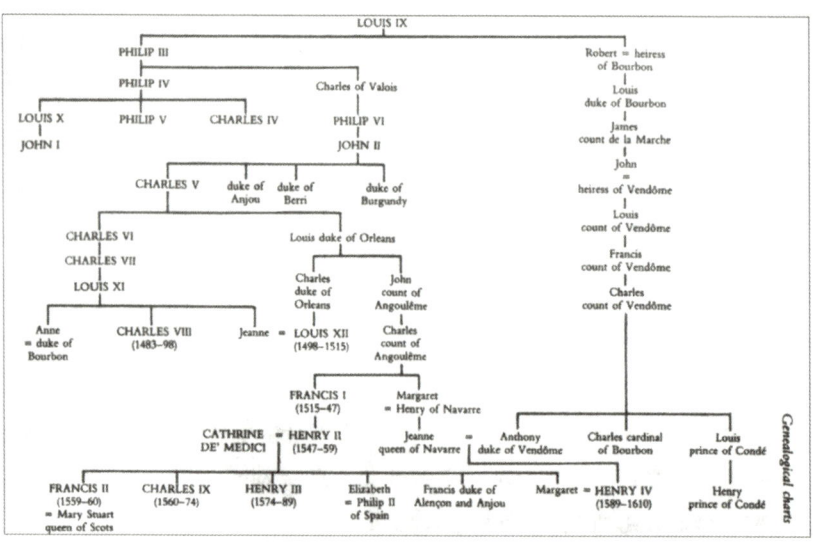

19. 프랑스 왕의 가계

이때까지만 해도 보호를 받아 오던 개혁 사상가들은 이제 후견인을 잃어버리게 되었다.

1528년 4월에, 파리에서 마리아 성상이 훼손되는 일이 발생하자, 이를 기회로 하여 소르본느와 의회에서는 개신교에게 엄청난 박해를 가하기 시작하였다. 베르깽을 다시 구속하고 한 시간 만에 화형에 처해 버렸다. 그 뒤로 2년 반 동안 개혁자들은 왕의 호의를 받지 못했다. 그러나 왕은 독일과의 친선을 통해서 자신의 정치적 입지를 굳히고자, 다시 독일의 개신교 선제후들과 교분을 쌓으면서 박해를 중단하였다. 제라르 루셀이 루브르 궁전에서 설교를 하게 되었고, 이를 소르본느가 공격하자, 왕은 참을성을 잃고 베다를 파리에서 떠나라고 명령했던 것이다. 특히 소르본느 신학자들이 자신의 여동생을 자꾸만 비난하려 하자, 격분하여 나바르 대학 학생들이 자신의 누이와 루셀을 모독하는 희극을 만든 죄를 묵과하지 않고, 학장과 연극에 참여한 모든 사람들을 감옥에 집어 넣었다.

1533년 10월, 그는 교황을 마르세이유(Marseilles)에서 접견한 후에 이단을 처형하겠다고 다짐하였다. 바로 그 달에 헨리(혹은 앙리) 왕자가 캐터린 드 메디치라는 프로렌스 공주와 결혼하였다. 이것은 별로 잘 어울리는 결혼은 아니었다. 그의 아들은 매우 어렸고, 그 당시로 볼 때에는 나중에라도 왕위를 물려 받을 것으로 생각조차 할 수 없었다.

개신교에 대해서 프랑수와 1세가 좋은 감정으로 대할 수밖에 없었던 이유 중에 하나는 개신교로 기울어진 독일 군주들의 도움을 필요로 하고 있었기 때문이다. 개신교 진영에서는 결국 자신들의 신조를 널리 알리고자 벽보를 내걸기로 결심한다. 1534년 10월 17일, 미사와 당시의 종교의 타락을 규탄하는 문구가 내 걸렸다("Articles véritables sur les horribles, grands et importables abus de la messes papale"). 원래 이 제목은 뇌사뗄의 앙뚜완 마르꾸르(Antoine Mar-court)의 책에서 나온 것이었다. 국왕이 머물던 궁전 출입문에도 나붙게 되었다. 왕은 모욕을 당했다고 생각하고 앙갚음을 명령하였다. 이단 처형(auto-da-fé)이 시작되었고, 개신교에 속한 사람들은 한시바삐 나라를 떠나야만 했다. 플래카드 사건으로 말미암아 휴머니즘에 속하여 구체제에 그대로 남을 사람들과 좀 더 확고한 소신을 갖고 종교 개혁을 추진해 나아갈 것인지 양자 사이에 확실한 태도가 결정 되어야만 했다. 새로운 종교가 단순한 생활의 규칙만을 고수하고자 했었다면, 휴머니스트들도 충분히 호의를 갖고 동의를 표했을 것이다. 그러나 로마 가톨릭의 조직이 반드시 무너져야만 한다는 열성으로 가득 차 있는 복음주의자들의 주장은 간단한 문제가 아니었고, 성경을 공부하는 정도의 자유를 허용하려던 휴머니스트들에게는 허용할 수 없는 범위를 요청하는 것으로 인식되고 말았다. 따라서 이제 종교 개혁 운동의 지도력은 온건한 르페브르나 루셀이 성취할 수 없는 것이요, 1536년 그 전면적인 개혁을 부르짖는 칼빈의 『기독교강요』가 출판되자 주도권이 넘어가게 된 것이다. 이때부터는 휴머니스트들과 종교 개혁자들 사이의 분리가 완전히 결정되고 말았다. 그럼에도 불구하고 프랑수와 왕의 휴머니스트들에 대한 호의는 여전히 계속되어서 그의 재위 기간 동안 유지되었다. 그러나 종종 잠잠해지곤 하던 박해는 계속되었다. 이단으로 규정된 사람들은 당시 국가의 단일 체제를 일단 수긍하던 사람들이었지만, 내심으로는 독일처럼 분할되기를 바라던 사람들이었다. 프랑수와 왕의 기질을 볼 때에, 그 자신은 관용(toleration)과 학문적 자유를 좋아하는 사람이었음에 틀림없다. 그러나 일단 의회에서 법이 통과되고 개신교 진영에서 스스로 문제를 제기하여, 더이상 그 방향을 돌이킬 수 없게 된 것이다.

에라스무스

프랑스 종교 개혁 운동의 선구자들은 휴머니즘의 학문을 받아들인 학자들로부터 나왔다. 르네상스 운동이 이탈리아에 새로운 기운을 불러일으켰지만, 교회의 개혁을 위해 시민들과 기독교 지도자들을 일깨운 것은 아니었다. 더구나 르네상스는 사람들로 하여금 순전히 이교도의 정신을 호흡하도록 만들었다고 속단한다면 오해하고 있는 것이다. 초기 지도자들은 학문의 우아함을 지닌 사람들이었고, 시세로나 버질의 고전 연구에 몰두한 사람들이다. 그리스와 로마의 옛 성현들을 공부함으로써 기독교에 더 잘 봉사할 수 있다는 연관성을 강조하였다. 학문은 교회 안에서도 발전을 이루는 첩경으로 숭배되었다.

기독교 휴머니즘은 상당 기간 동안 국왕의 지원을 받았는데, 특히 르

20. 57세 때의 에라스무스
(한스 홀바인 2세의 초상화)

21. 안더레흐트에 남아 있는 에라스무스의 방

네상스에 영향을 입은 프랑수와 1세의 치하에서 활발한 활동을 전개하였다. 프랑스 신부들도 당시에 널리 전파된 휴머니즘이나 개혁 정신에 입각해서 갱신을 지원하는 측과 전통적인 입장에서 이단으로 배척하는 정통 보수파들 사이의 갈등이 일어났다.[12] 기독교 휴머니즘의 두 거장은 에라스무스와 르페브르 데타플스였다.

에라스무스는 르네상스가 낳은 최고의 기독교 지성인이었다. 곳곳에 새로운 대학이 생겨나고 모든 분야에서 중세 스콜라주의에 대한 비판적 지식이 왕성하게 움트고 있을 때였다. 유럽 북부 저지대 지방에 널리 퍼져 있던 "공동 생활의 형제단"(the Brethren of the Common Life)에서 교육을 받았고 엄격한 경건 훈련을 통해서 자신을 수련하였다. 처음 에라스무스가 파리에 온 것은 1495-1499년까지인데, 칼빈이 공부했던 몽떼귀 대학에서 이미 충분한 어학 실력을 인정받고 신학 박사 학위를 받기 위해서 수학하고 있었다.[13] 당시 그의 나이 서른에 이르러 파리에 찾아왔었는데, 지독한 훈련과 체벌이 가해지던 이 대학의 규칙이 하도 엄해서 도저히 육체적으로 견디지 못하여 다음해인 1496년 봄에 떠나버렸다. 다시 이 대학에 왔을 때에는 심지어 가르치는 특권을 누렸다.

그러나 박사 학위를 받으려는 뜻을 이루지는 못했다. 우선 그는 스콜라주의가 사람을 현명하게 만드는 지식의 방법이라는 것을 용납할 수가 없었다. 스콜라 주의의 무미건조한 방법론과 교리의 쟁점에 대해 연속적인 회의와 논쟁을 일삼는 것에 진력이 난 에라스무스는 초대 교회

---

12) F.M. Higman, *Censorship and the Sorbonne: A bibliographical study of Books in French Censured by the Faculty of Theology of the University of Paris, 1520-1551* (Geneva, 1979). J.K. Farge, *Biographical Register of Paris Doctore of Theology, 1500-1536* (Toronto, 1980), 169-208.

13) Johan Huizinga, *Erasmus and the Age of Reformation* (Princeton, N.J.: princeton University Press, 1984), 20-22.

의 제롬에 흥미를 느꼈다. 그리고 인문주의 방법론을 통해서 문학과 고전 연구를 하는 것이 가장 확고한 학문의 길임을 확신하기에 이른다. 훗날 칼빈을 비롯한 많은 인문주의 학자들이 에라스무스의 영향으로 성경 본문의 뜻과 의미를 중시하는 해석학의 기본적인 자세를 배웠다고도 말할 수 있다. 그러나 에라스무스의 해석은 오늘날의 낭만주의와 자유주의와 일맥상통하는 부분도 많다.[14]

인쇄술의 발달로 인해서 에라스무스의 저술들이 유럽의 거의 모든 대학에 전파되었다. 에라스무스는 신약 성경 라틴어 번역판을 원어 헬라어에 기초하여 해설과 편집을 겸해 출판함으로써 지식층들에게 절대적인 영향을 끼쳤다. 그는 라틴어의 황제로 통했다. 인문주의 학자로 성장했던 대부분의 종교 개혁자들은 전통주의를 공격하는 그의 저술에서 큰 각성을 하게 되었다. 판에 박힌 스콜라주의의 답답함을 벗어나서 기독교 인문주의를 호흡하였다.

에라스무스의 행적에서 다소 이해하기 어려운 부분이 남아 있다. 그가 교회의 개혁에 찬동하여 미신적인 신앙을 공박하면서 쓴 『우신 예찬』(Praise of Folly)은 스콜라 신학을 비난하는 내용이 주류를 이루고 있다. 하지만 종교 개혁 진영에 참여한 수많은 사람들이 죽음을 당하거나 이단으로 취급되는 문제에 있어서는 침묵하거나 관심을 표명하지 않았다. 참으로 이중적이요, 역설적인 태도가 아닐 수 없다. 그는 교리나 중세 말기의 스콜라주의에는 거의 관심을 기울이지 않았다. 학자의 임무란 오점을 해결하기 위한 교육의 힘에 있는 것이라고 확신하였다.

---

14) Thomas F. Torrance, "The Hermeneutics of Erasmus," in *Probing the Reformed Tradition: Historical Studies in Honor of Edward A. Dowey, Jr.*, ed. E. A. McKee & B. G. Armstrong (Louisville: Westminster/ John Knox Press, 1989), 48-76.

파리의 지식인들 사이에서 에라스무스가 차지하는 학문적 권위는 대단하였다. 소르본느 신학 교수진의 최고 지도자였던 노엘 베다 같은 사람은 에라스무스가 꺾어야 할 난적이었다. 스콜라 정통 신학의 논리나 교리를 지지하지 않고 그리스도의 철학(philosophia Christi)을 역설하였는데, 그 핵심은 복음서에 나타난 예수님의 긍휼하심과 헌신의 삶이다. 신비주의자도 아니요 철학자도 아닌 그는 평이한 글로 인기를 모았고, 그의 가슴속에는 오직 바른 행동을 가르쳐주는 실제적인 지도 방안을 제시하는 기독교가 되기를 바라는 일편단심으로 가득 찬 사람이었다.

위대한 휴머니스트인 에라스무스는 교회의 반항을 거부하여 열렬한 복음주의 운동에 반대하였으나, 철저한 로마 가톨릭 베다의 맹렬한 공격을 받아서 논쟁해야만 하였다. 그러나 모든 사람이 우러러보던 최고의 지성 에라스무스는 어떻게 이 양쪽 모두를 비판하면서 자신을 방어해야 하는지 잘 알고 있었다. 처음에 에라스무스는 루터를 옹호하고 나섰다. 점차 교회를 공개적으로 맹렬히 공격하는 루터의 개혁이 지닌 위험성을 인식하고는 슬그머니 태도를 바꾸어서 '이 사람은 충고가 먹혀 들어가지 않는 사람'이라고 공격하기 시작하였다. 이래서 그는 우유부단하고 모호하다는 비난을 듣게 되었고, 결국 자신이 동의하지 않은 신념을 위해서 목숨을 내거는 어리석음은 피하고 싶어서 종교 개혁의 대열에 동참하지 않았다. 그는 당대 그 어느 신학자보다도 뛰어난 학자였으나 사제직을 거부하고, 하나님의 은총에 자신을 맡기고 살다가 1536년 스위스 바젤에서 일생을 마감하였다.

자크 르페브르 데타플

교회의 개혁을 가장 절감하면서 프랑스 휴머니즘 운동에 가장 위대한 공헌을 남긴 사람이 르페브르 데타플(Jacques Lefèvre d'Étaples, 1455/1460-1536)이다.[15] 그의 영향을 입은 일단의 학자들 중에는 기욤 부데(Guillaume Bude), 기욤 브리쏘네(Guil-laume Briconnet), 그리고 제라르 루셀(Gerard Roussel) 등을 들 수 있다. 이들에게선 휴머니즘은 참된 기독교와 조화를 이룰 수 있다고 생각되었다.

르페브르 데타플은 로마 가톨릭 교인으로 충성했다기보다는 개혁 정신으로 호흡하는 기독교적인 휴머니스트였다. 그는 매우 겸손한 사람이었고 신비적 경향이 있었으며 교회의 양떼들을 생각하는 목회적인 사람이었다. 그의 성경 주석과 성경 번역들은 지식층을 위한 것만은 아니었고, 일선에서 목회하는 성직자들을 위해 출판된 것이었다. 그는 교회에 충성을 다한 사람이었고, 교회의 내적인 개혁에 마음을 두고 있었다. 그래서 마틴 루터와

22. 자크 르페브르 데타플
신약 성경을 프랑스어로 번역한 기독교 휴머니즘의 대부

---

15) Philip Edgcube Hughes, *Leféuere, pioneer of Ecclesiastical Renewal in France* (Grand Rapids: Eerdmans, 1984). 프랑스 종교 개혁 초기 활동은 신학의 근본적인 개혁보다는 교회의 각성을 촉구하는 수준이었다. Hans J. Hillerbrand, "Protestant Reformation of the Sixteenth Century. A Historical Case Study in the Transfer of Ideas," *The South Atlantic Quarterly* 62, no. 2(1968), 265-286.

멜랑톤의 글을 읽었다. 그가 루터와 멜랑톤을 정죄하고 이단으로 몰아치는 글들을 읽었음에도 그들을 이단으로 생각하지 않았던 것도 교회를 생각하는 정신이 투철했기 때문이다.

1517년 루터는 르페브르야말로 그리스도의 복음을 높이는 면에서 에라스무스를 능가하는 뛰어난 신학자라고 극찬한 바 있다. 로마 가톨릭 신부로 서품을 받아서 일생동안 수도원 내에서 머물면서 프랑스어 성경 번역자로 명성을 남겼다.

에라스무스와 르페브르가 루터의 신앙에 대해서 긍정적인 반응을 보임으로써 파리 대학가의 많은 사람들이 더욱더 알게 되었고, 일단의 신학 교수들로부터는 강력한 반감을 불러일으키게 되었다. 그러므로 요한 칼빈이 이런 분위기에서 루터에 대한 소문을 들었을 것은 거의 확실하다. 보수적인 파리 대학 사회의 반감과 동시에 일고 있는 일반 대중들의 호감이 교차하는 가운데 어떤 강한 인상을 받았을 것이며, 이 낯선 개혁자의 체계적인 이념으로부터 상당한 부분을 새롭게 듣게 되었으리라고 상상할 수 있다. 그러나 우리는 칼빈이 언제, 어떤 내용으로 루터의 이념을 교육받았는지 장담할 근거가 없다. 훗날 그가 평생 루터를 '개혁의 아버지'로 존경하며 높이 평가하였다는 점을 고려할 때에, 루터 사상과의 만남은 적잖은 감동을 주었을 것이라고 짐작할 수 있을 뿐이다.

르페브르는 프랑스 휴머니즘의 가장 높은 경지이자 최고의 가치란 복음 안에 들어 있는 최상의 것을 재발견하는데 있다고 보고 최선을 다하였다. 그리하여 그와 주변의 학자들은 성경을 철저히 연구하는 일을 매우 중요하게 생각하였다. 물론, 다른 고전들도 연구하였다. 이들은 자신들의 연구로부터 얻어진 성과에 대해서 매우 고무되어 있었다. 자신들의 연구가 천편일률적인 로마 가톨릭 학자들과는 전혀 달랐기 때문이다. 이들은 복음이야말로 그들이 살고 있는 당대의 새로운 개화 시대에 가장 적합한 기독교 철학이라 여겼다. 따라서 성경을 번역하고, 스스로 성경을 연구하고 읽으라고 권면하였다. 이들은 교회의 당시 구조 안에서 서서히 교회를 개혁하기를 원하였다. 휴머니스트들은 당시 프랑스 교회의 지도자들이 루터를 공격하는 일이 잘못되었다는 점을 확신하였고, 교회의 생명력과 구조를 왜곡하고 있던 당시의 프랑스 가톨릭 교회 지도자들이 복음을 잘못 이해하고 있음도 깨닫게 되었다. 이들은 아직 로마 가톨릭교회로부터 구별되는 교회를 세운 것은 아니지만, 매우 대담한 주장을 펴 나가게 되었다. 이들의 영향은 점차 확산되었다.

1521년 11월 9일 소르본느 교수진은 파리 학자들 중에서 가장 독창적이요, 진보적인 색채를 띠고 있던 성경 학자 르페브르의 모든 저술들을 이단적이라고 정죄하였다. 그들은 이미 4월 15일 루터의 글도 이단적이라고 선언했었다. 『사도 바울의 서신에 대한 주석』에서 르페브르는 루터의 칭의론에 동조하는 견해를 피력하였고, 교회의 새로운 시대를 위한 징조로 환영하였다.

프랑수아 1세는 브리쏘네와 함께하던 모 지방의 학자들에 대한 보호를 1525년에는 철회하였다. 이때 찰스 5세가 파비아 전투에서 승리하여 프랑수아 1세를 감금하고 있었는데, 이런 때를 이용해서 소르본느 학자들은 르페브르의 신학적 견해를 정죄하였다. 신학자들은 나바르의 마가렛 공주와 함께 네락 지방에 머물고 있는 사람들이 많았다. 요한 칼빈도 르페브르의 마지막 시절에 만날 기회를 가졌었다. 마침내 르페브르는 스트라스부르그로 피신을 가야만 했었다.

기욤 브리쏘네

프랑스 종교계의 갱신 움직임은 크리스천 휴머니스트에서 비롯되었고, 초기 휴머니스트들은 종교 개혁자들이었다. 초기에는 무엇이 문예 부흥인지, 어떤 것이 종교 개혁인지 구분이 명쾌하지 않았다. 두 가지 모두 다 권위에 강력히 도전한다는 점이 공통분모였다.

에라스무스와 르페브르의 공헌에 절대적인 영향을 받았지만, 그 실질적인 지도자는 르페브르의 제자 중 한 사람인 기욤 브리쏘네(Guillaume Briçonnet, 1472-1534)였다. 르페브르의 영향을 받은 많은 사람들이 브리쏘네의 지도하에 모 (Meaux) 지방에 모여들었다. 이곳은 프랑스 종교 개혁 사상이 발아하는 중요한 진원지가 되었다.[16] 파리에서 동쪽으로 약 50km 지점에 위치하고 있다. 1516년부터 브리쏘네의 교구에 모인 일단의 복음적인 인문주의자들과 바울 신학을 추종하는 신학자들로 인해서 개혁의 바람이 불어왔다. 따라서 루터 이전에 프랑스에서도 개혁 운동은 시작된 것이다. 역사 학자들이나 개혁 신학자들은 프랑스 종교 개혁 운동이 매우 토착화된 형태이며, 적어도 독일과는 별개의 흐름을 지니고 있음과 독립적인 양상으로 전개된 것이라는 주장을 펼 때에 매우 곤혹스러움을 느낀다. 이때 일어난 개혁 운동은 매우 평범한 학술 운동으로 그치고 말았기 때문에, 개혁이라는 요소가 별로 없었

---

16) 과연 프랑스 초기 크리스천 인문주의자들이 모 지방에 모여 논의한 복음의 내용이 루터의 종교 개혁 사상과 유사한 것이냐에 대해서는 대체로 긍정하는 것이 정설로 되어 있다. 그러나 아직도 자세히 연구할 분야는 많다. René-Jacques Lovy, *Les Origines de la réforme française. Meaux, 1518-1546* (Paris, 1959). Renaudet, *Préréforme et Humanisme à Paris pendant les premiéres guerres d'Italie* (Paris, 1916). Henri Hauser, *Etudes sur la Réforme Française: Humanisme et Réforme en France* (Paris, 1909), 17-19. 특히 모 그룹에 대한 루터의 영향에 대해 면밀히 검토한 연구도 있다. Will Moore, *La Réforme allenmande et la littéature française: recherches sur la notoriété de Luther en France* (Strasbourg, 1930). H. Bower, The Fourteen of Meaux (London, 1894).

고 훗날에 끼친 영향도 별로 크지 않기 때문이다. 하지만 필자는 이런 주장이 전혀 근거 없는 것이라고 생각하지 않는다. 어느 나라든지 그 나름대로의 시행착오와 여과 과정을 거치게 되어 있기 때문에 독일이나 스위스에서와는 양상이 전혀 다른 개혁 운동이 프랑스에서 전개된 것이다.

그의 아버지는 고위 성직자로서 궁정 성직자이기도 했으며, 아내가 죽은 다음에는 높은 직위에 올라 추기경 직책으로 대주교가 되었던 사람이다. 이 추기경과 그의 두 아들은 세 개의 수도원과 다섯 개의 주교 교구와 두 개의 대주교 교구를 관할했다. 기욤 브리쏘네는 출생 배경부터 성직자 귀족이었고, 다른 사람을 향해서 이것이 옳다고 권위를 주장할 수 있을 만한 재력과 인간 관계를 겸비한 사람이었다.[17]

어린 나이에 그는 로데브(Rodeve)의 주교로서 그의 아버지의 뒤를 이어 쌩 제르멩 데 프레(Saint-Germain-des-Pres)의 승정원장으로 피선되어 매우 오래된 파리의 성직자 집안의 개혁에 영향을 주게 되었다. 그가 가까이 지내고 있던 사람 중에 하나가 르페브르였다. 1518년 교황 율리우스 2세와 레오 10세에게 사절로 다녀온 뒤로부터 브리쏘네는 모 교구에 살게 되었다. 1516년에 이미 그 지역의 주교로 임명을 받은 바 있었다. 이제 브리쏘네는 르페브르에게 배운 바를 실천으로 옮길 작업에 착수케 된 것이다. 즉, 성경이 모든 사람들에게 공개 되어서 아무나 읽을 수 있게 하는 일이다. 따라서 예수 그리스도, 신앙의 핵심이 되는 분이 그들 가운데 구원 사역을 완성하시게 되었다. 왜냐하면 중세 시대에는 예수 그리스도에 대한 헌신이라는 명목하에 도무지 명쾌한 이유와

---

17) M. Mousseaux, *Briçonnet et le mouvement de Meaux* (Paris, 1923).

근거도 없는 예수의 행적, 의문으로 둘러쌓인 예수를 가르쳤기 때문이다. 예수님의 구속 사역은 영혼의 신비적인 정화를 이루는 것이라고 생각하였다. 따라서 주교는 '그리스도의 천사'로서 영혼을 깨끗하게 만들고 깨우쳐 주며 완전하게 하는 천사와 같은 직분을 수행한다고 확신했다. 모의 주교는 그의 탁월한 조직력을 발휘하여 성경 학자로서, 신비적이며 보수적인 교회 행정가로서의 면모를 나타내며 교구를 새롭게 개혁하였다.[18]

그는 교구를 스물여섯 개의 소교구로 나누고, 각 소교구마다 한 명의 설교자를 보내어 크리스마스와 사순절 설교를 하게 함으로써 개혁에 착수했다. 1521년부터는 개혁에 열정을 품은 많은 학자들과 설교가들을 초청하였는데 이들이 그의 개혁 운동을 돕게 되었다. 이때부터 모는 활동적이며 역량있는 인재들의 활동 무대가 되었다. 1521년 4월을 전후해서 르페브르가 은퇴를 한 후에 이곳에 왔다. 당대에 손꼽히는 히브리어의 권위자였던 바따블(Vatable)도 역시 쌩 제르멩 드 프레의 주교의 한 사람으로 후에 파리에서 궁정의 성경 낭독자가 되었다. 올레롱의 주교가 되어 있던 신학자요 헬라 철학자이며 설교가였던 제라르 루쎌(Gerard Roussel), 센 지방의 고위 성직자였던 삐에르 까롤리, 역시 르페브르의 제자이자 훗날 제네바의 첫 번째 개혁자가 된 기욤 파렐(Guil-laume Farel), 어거스틴파 수도사였던 미셀 다랑드(Michel d'Arande), 파리 성 미셀 대학의 교장이었던 마쥐리에(Martial Mazurier), 뛰어난 철학자요 병리학자인 끌리 또프(Josse Cli-chtov) 등이다. 이들은 모두 다 교회의 개

---

18) Heather M. Vose, "A Sixteenth-Century Assessment of the French Church in the years 1521-24 by Bishop Guillaume Briconnet of Meaux," *Journal of Ecclesiastical History* 39 (1988): 509-19.

혁에 남다른 열망을 갖고 있던 사람들이었다.[19]

　1520년대에 이 그룹의 중심적인 활동은 설교와 강의, 그리고 프랑스어로 많은 책을 번역함으로써 성경을 읽을 수 있게 하여 전체적으로 참된 기독교를 이해하게 만드는 것이었다. 교구 안에 중심지가 되는 네 지역에 성경 강습소가 생겨났다. 이런 활동에 적개심을 품고 있던 수도사들은 루터파와 같이 성경에 중심을 두는 이들에게 공격을 했음은 두말할 필요도 없다.

　르페브르와 브리쏘네는 그들의 개혁적인 열정의 결과를 분명하게 확신한 것은 아니었다. 그들의 계획은 각기 성도 한 사람 한 사람의 갱신을 통해서 교회의 정화 작업을 목표로 했다. 1523년 이 교구에는 소란스러운 소용돌이가 몰아쳤다. 한편에서는 브리쏘네에게 불만을 품은 소수의 수도사들이 공개적으로 반항하기에 이르렀고, 다른 편으로는 설교와 강의를 받아들였다. 하층 계급의 사람들 중에서 상당수가 로마 교회에 반항적이며 모든 의식에 반대하는 방식으로 그들의 신앙을 표현하고 나섰다. 설교자들을 조롱하거나, 우상 파괴자들의 폭동, 교회로부터 떨어져 나가는 분파 그룹 등의 현상이 자연히 발생했다. 개혁지상주의(Reform-ism)라는 흐름이 이젠 모 내에서 어쩔 도리가 없는 대세였다. 하지만 이 소식에 접한 파리의 소르본느 신학 교수들과 모 지방의 많은 보수 성향의 성직자들이 이에 대해 반발하였다.

　소르본느는 프랑스에서 종교적인 정통성을 지키는 보루로서, 신학 교수진이 이곳의 심장부를 이루고 있었으며, 오직 교황에게만 책임을 지는 권위를 보장받고 있었다. 니꼴라스 베다가 당시 최고 우두머리였

---

19) H. Bower, *The Fourteen of Meaux* (London, 1894).

고, 칼빈은 이미 몽떼귀 대학에서 이 사람에게 공부한 바 있었다. 베다는 일찍이 르페브르가 파멸의 대상이라고 적시하여 놓았다. 왜냐하면 1517년 르페브르가 한 논문을 출판했는데, 그 가운데서 막달라 마리아와 나사로의 누이 마리아와 죄를 지은 창녀 마리아는 모두 같은 한 사람이 아니라, 서로 분명히 구별되는 세 사람을 가리킨다고 풀이하였기 때문이다. 1521년 소르본느는 이런 결론을 정죄하였으나 국왕은 다소 모호한 입장을 견지하였다. 적어도 당시 국왕으로서는 학문을 증진시키는 문예 부흥의 치적에 집착해 있었기에 이런 책으로 인해서 로마 교회가 주장해 온 신앙이 혼란에 빠질리 없다고 변호하여 주었던 것이다. 예수님의 어머니 마리아를 숭배해 온 가톨릭교회에서는 성모 마리아 외에도 여러 사람의 마리아가 있었고, 그중에서는 부도덕한 여성도 있다는 것이 알려지면 자신들의 교리가 주장하는 성스러운 이미지가 손상을 입는다는 우려 때문이었다. 그 후, 1525년에 베다는 또다시 르페브르가 쓴 복음서 주석에 무려 54가지의 이단적인 요소들이 들어 있다고 비난하였다. 그러나 프랑수와 왕은 아무런 조처를 취하지 않았다. 따라서 프랑수와 왕이 한동안 연금되어 있을 동안, 르페브르는 스트라스부르그에 피신해 있어야만 했다.

소르본느의 잔인함이란 상당히 오랜 기간 동안 별로 변함이 없었고, 교활하기조차 하였다. 신학부 교수진의 수장 베다는 루터파나 에라스무스 지지자들이나 모두 다 권위에 도전하는 자들이라고 공격하였다. 그에게 있어서 라틴어 성경(the Vulgate)은 최고의 권위로 인정되어야만 하고, 그것을 다시 고치고자 하는 사람은 오로지 혼돈에 빠질 뿐이이라고 생각했다. 자기 나라의 일상적인 용어로 성경을 번역하는 일은 번역자가 감정에 빠져서 개인적인 열망에 따라 문장을 제멋대로 만들어 낼 염려가 있다고 판단되어 금지되고 있었다. 파리 의회에서는 성경 번역이란 교회의 상하 계급과 모든 성례들을 무력화시키는 의도라고 판단하여 단호히 대처하기로 결의하였다. 소르본느의 박사들의 주장에 따라서 루터가 퍼트린 오직 믿음(sola fides)이란 교리는 명백히 위험천만한 교리로 간주되었다.

1523년 12월 2일, 소르본느 교수진은 점점 자신들의 입장과는 다른 방향으로 진행하여 나가는 모 지방의 설교자들과 브리쏘네를 향해 맹공을 퍼부었다. 브리쏘네는 자기가 관할하고 있던 지역 내에서조차도 자신이 생각한 개혁을 이룬다는 것이 쉽지 않음을 알게 되었다. 심지어 브리쏘네는 자신의 지역 내에 있던 설교자마저도 통제하기가 어렵다는 사실을 발견하였다.

모 지방의 개혁 진영에 가담해 있던 기욤 파렐은 더이상 프랑스 가톨릭교회의 교리와는 타협할 수 없다고 판단하고 바젤로 떠나버렸다. 거기서 그는 소르본느에서 나온 "판결문"(Determination)을 반박하는 "파리 신학 교수진 판결문" (Determinatio Facultatis Theologie Parisiensis)을 출판하였는데, 에라스무스는 1524년 10월 바젤의 당회에 보낸 편지에서 파렐이 너무나 선동적이라고 비난하였다.

모 지방에서 일어난 구체적인 변화라는 것들은 사실 오늘날의 입장에서 비교해 본다면 별로 변변한 것도 안되는 것들이었다. 미사의 매매, 성자 숭배, 유물 숭상이나 경배 등 가톨릭교회의 전통적인 잘못이 고발되는 정도였다. 삼위일체 하나님의 표현을 담은 유물은 어떤 것이라도 배격하였고, 예수 그리스도의 지상 생활을 나타내는 형상물들을 치워버렸다. 약간의 예배 순서도 변경되었다. 미사의 상당한 부분이 프랑스어로 드려졌고, 마리아 찬미가는 생략되었다. 물론 한 두 사람의 개혁자들은 주교가 바라는 것보다 한걸음 더 나아갈 것을 바랐다. 예를 들면, 마쥐리에(Mazurier)는 장례 예배에서 여러 사람의 기도자들을 빼

버렸다. 까롤리는 미사의 제도에 반대하여 공격했고, 파렐도 역시 그의 반대자들을 맞서서 공개 토론을 할 때에 정력적인 논객으로 변신하여 종교 개혁의 반대자자들에게 맞섰다.

　브리쏘네는 본래 자신이 의도하지 않았던 이런 복잡한 사건들을 조절하려 했다. 1523년 4월 파렐을 위시하여 몇 사람의 극단의 개혁 사상을 표출한 설교자들의 자격을 취소시켜서 말썽의 소지를 약화시키고자 했다. 같은 해 10월에는 교구 총회를 열고 루터의 성경 해석과 결혼관을 정죄하고, 루터의 책을 읽거나 소지하는 것을 금지했다. 그는 또 교구 신부들에게 보낸 서한에서 자신의 복음적인 의도가 무엇인가를 재천명하고, 연옥의 존재를 인정치 않는 자들, 죽은 사람들을 위한 기도의 유효성과 마리아 숭배 및 성자들에게 비는 기도의 합법성을 부인하는 자들을 정죄하였다. 1524년 3월 다시 한 번 루터파에 대한 정죄를 발표하였다. 그러나 이제 그는 가톨릭 정통파 진영으로서는 다시 인정을 받기가 어려운 처지에 놓이고 말았다. 완고하게 전통을 고집하는 반종교 개혁자들에게 강한 의심을 받게 되었다. 이런 상황에 진행되던 1525년, 브리쏘네는 자신의 교구 내에서 일어나고 있던 일련의 종교 개혁 운동을 중지하라는 정권 실력자들의 압력을 이겨내지 못하고 도중하차하고 말았다. 브리쏘네는 일생 가톨릭의 추기경으로, 모 지방의 대주교로서 삶을 마쳤다. 그가 많은 개혁 사상가들을 후원했지만 자신이 직접 나서서 국민들의 대변자가 되어서 싸우지는 않았다. 그가 만일 좀 더 확고한 신념에 따랐더라면 독일의 루터와 같이 프랑스의 신학과 교회를 완전히 개혁하는 인물이 될 수 있었다. 그러나 브리쏘네의 연약한 개혁 운동이 실패로 돌아간 이후로 수년 동안 프랑스에는 대중적인 개신교의 지도자가 나타나지 않았다.

마르그리뜨 앙굴렘

모 지방에 모인 개혁 진영의 성직자들은 국왕 프랑수와 1세의 유일한 혈육이요 두 살 위의 누나로서, 나바르의 앙리 2세의 부인이 된 마르그리뜨 앙굴렘(Marguerite of d'Ang-ouleme, 1492-1549)의 보호를 받게 되었다.[20] 이 지체 높은 왕비는 매우 신앙적일 뿐만 아니라 우아한 교양도 겸비하였다. 훌륭한 학자로 이름이 높은 르페브르와 그의 친구들이 책을 출판할 때에 비용을 제공하였고, 그들을 위해 금서들을 소장해 두기도 했다. 1521년까지는 브리쏘네와 계속해서 교류하고 있었다. 뿐만 아니라 훗날 보수적인 전통주의자들이 점점 더 심각하게 핍박을 가해 오자, 그녀의 집을 개방하여 핍박받던 개혁자들을 구해 주었다. 개혁적인 휴머니스트들은 그녀의 왕궁 안에서 도피처를 찾았던 것이다.

지금 우리가 전체적으로 살펴보고 있는 프랑스와 파리의 상황을 종합해 볼 때에, 요한 칼빈의 파리 유학 시절은 '불확실성'이라는 말이 가장 적절한 표현이라고 본다. 모든 사람의 일생이라는 것 지나가는 나그네이기에 그 누구에게나 불확실성은 피하기는 어려운 것이다. 내일을 모르고 살아가는 인간에게 이 단어보다 더 가슴에 와닿는 말은 없다. 칼빈이 훗날 성경에서 그토록 심취하고 좋아했던 시편 속에 나타나는 다윗의 청년기는 환난과 핍박을 피해서 광야로 피신을 다니는 불확실한 시대였다. 불확실한 나날의 시련들로부터 얻게 된 신앙의 표현들이 주옥같은 시편들은 칼빈의 마음을 사로 잡았던 것이다.

---

20) Nancy Roelker, *Queen of Navarre: Jeanne d'Albret, 1528-1572* (Cambridge: Harvard University Press, 1968). Pierre Jourda, *Marguerite d'Angouleme; duchess d'Alençon, reine de Navarre, 1492-1549* (Turin: Bottega d'Erasmo, 1966). Cf. F. Whitfield Barton, *Calvin and the Duchess* (Louisville, K.Y.: Westeminster, 1989), 3.

여러 차례에 걸쳐서 칼빈 연구가들은 그가 파리에서 성장하던 시기에 종교 개혁 사상과 접촉되지는 않았는지 혹시 칼빈의 회심의 흔적을 찾을 수 없는지 궁금해하면서 흥미로운 연구를 발표한 바 있었다. 하지만 역사적 증거도 없이 일반적인 틀에 맞추는 것은 위험한 시도이다. 칼빈에게 있어서 파리 시절은 라틴어를 충분히 익히고, 논리적, 철학적 이념들의 기초를 터득한 장소 이상의 큰 의미를 부여해서는 안 될 것이다. 이성적이며 분석적인 능력은 결정적인 선생님들을 만나서 영향을 입은 엄격한 훈련과 교육에 기인한다고 가정을 할 수 있을 것이다. 그가 상당한 학문적 능력을 파리에서 키운 것도 사실이다. 그러나 이것은 당시의 일반적인 학문의 지혜였을 뿐, 훗날의 칼빈이 갖고 있던 개혁적인 특질들을 배우고 익힌 것은 아니었음이 확실하다.

그러므로 이제 칼빈이 오를레앙과 부르쥬에서 새로운 지적 세계를 경험하게 되는 시절로 나가려 한다. 많은 칼빈 연구자들이 공감하는 바와 같이, 이 시기에 요한 칼빈은 마침내 개혁의 이념으로 방향을 선회하도록 그의 마음을 결정시킨 사람들을 만나고, 좀 더 근대적인 방법들과 이상들을 접하게 된다.

| CHAPTER 04 |

법학 수업과 신학문의 호흡

아버지가 원래 의도하던 로마 가톨릭교회의 신부가 되는 길을 걸어오던 칼빈은 역시 아버지의 뜻에 따라서 인생의 진로를 바꾸게 된다. 법률가, 변호사, 학자가 되는 길을 찾아 나선 것이다. 르페브르나 에라스무스처럼 기독교 휴머니스트로 사는 길을 추구하게 된 것은 프랑스에서 일어나는 변화의 바람을 호흡한 까닭이었을까? 칼빈의 파리 유학 시절은 프랑스 곳곳에 루터의 종교 개혁 사상이 퍼지기 시작하던 초기에 해당한다. 이런 성장기의 청소년에게 있어서는 기독교 내부의 신학적인 논쟁이 별로 의미가 없어 보일 듯도 하다. 하지만 프랑스 곳곳에서 일어나는 몇 가지 중요한 변화는 그로 하여금 혼돈과 두려움을 안겨주었을 것이다. 자아 형성기에 접어든 청년 칼빈은 이런 신앙적인 격동의 사건들로부터 무엇을 느끼게 되었을까? 왕궁을 둘러싸고 흘러나오는 개신교 진영에 대한 박해의 소문을 접하면서, 혼란스럽기도 하고 깊은 회의에 빠져 들었을 법도 하다.

사람은 누구나 자기 자신의 일을 각성하고 스스로 추슬러 나갈 수 있는 나이로 접어들면서 당대의 흐름을 인식하고 눈을 뜨게 된다. 칼빈이 본격적으로 자신의 학문 세계에 깊이 몰입하게 되는 시기인 20세 전후의 청년기에 접어들면서 그는 학문의 길을 선택했다. 다른 사람에게서 받는 감화력을 스스로 취사 선택할 수 있는 안목도 생겨나게 되었다. 이때부터 대학 생활은 법학 수업과 이어지는 인문학에 진입하게 되었고, 그 과정에서 새로운 학문을 호흡하게 되어 싱싱하게 푸른 나무처럼 성장을 거듭하게 된 것이다.

오를레앙에서의 법학 공부(1528)

1528년경, 청년 칼빈은 문학사(licencie en arts)의 자격을 갖고, 민법을 공부하기 위해 오를레앙 대학으로 옮겨가게 되었다.[1] 어릴 때부터 신부가 되고자 했던 칼빈이었다. 그의 어린 시절의 친구들은 대부분 소르본느 신학부에 진학해서 신학 수업을 받고 있었다. 그러나 그가 갑자기 법학으로 방향을 바꾸게 되었다. 좀처럼 자신의 얘기를 늘어놓지 않은 칼빈이지만, 이때의 돌연한 방향 전환에 대해서는 소상히 밝혀 놓았다. 일생동안 그의 마음에 잊을 수 없는 체험으로 아로새겨 있었음을 알게 한다. 너무나 중요한 변화였기에 그의 마음의 자취에 깊이 남아 있었던 것이다. 『시편 주석』(1555)의 서문은 결정적인 단서를 제공하고 있다:

---

1) 칼빈 자신이 법학 수업을 언제 시작했는지에 대해서 정확하게 언급하지 않았다. 베자는 칼빈이 아버지를 존경하는 마음에서 진로를 바꿨다고 했고, 꼴라동의 전기에는 칼빈이 신학의 부패함을 인식하고 법학으로 진로를 바꿨다고 했다. 오를레앙으로 떠나는 시기를 밝혀 주는 자료는 아직까지 찾을 수 없다. G.R. Potter나 T.H.L. Parker 등은 1526년으로 보고 있으며, F.L. Battles나 John T. McNeill 등은 1528년에서 1529년으로 추정한다.

내가 어렸을 때에, 나의 아버지께서는 신학을 공부하도록 정해 놓으셨다. 그러나 얼마 후에, 일반적으로 법학의 지식을 가진 사람들이 부유하다는 점을 염두에 두시고, 이런 희망에서 갑자기 그의 마음을 바꾸셨다. 내가 철학 공부로부터 학업을 중단하고 법학을 공부하도록 보내진 이유가 바로 여기에 있었다. 비록 내 아버지께 순종하기 위해 내 자신이 이 목표를 향해 신실하게 노력하였으나 그럼에도 불구하고 하나님은 그의 은밀하신 섭리로 인도하사, 마침내 나를 다른 방향으로 돌아서게 만드셨다.[2]

이제 아버지에 의해서 가장 촉망을 받던 아들의 장래 계획은 완전히 바뀌어졌다. 칼빈의 아버지는 명예와 경제적인 면에서 보다 생활이 안정되고 장래 직업이 확실히 보장되는 길이란 변호사가 되는 것이라고 생각한 것이다. 그가 몽떼귀 대학에서 오를레앙으로 옮겨야만 되었던 가장 큰 이유는 아버지의 상황 변화에 순종하기 위함이었다. 이 무렵 그의 아버지는 누와용의 성직자단과 싸움을 했었다. 교회 내에서 자신의 입지가 불분명해지자 신부가 되고자 신학을 공부하는 아들의 장래 전망이 불투명해진 것이다. 더구나 아버지는 점차 종교 개혁의 바람이 확고히 불어오고 있으니, 뒤숭숭한 교회의 앞날에 일생을 의지하는 것이 걱정스러웠을 것이다.

칼빈이 파리를 떠나게 된 또 다른 이유는, 베자의 전기에 보면, 칼빈 자신이 신학을 계속하는데 대해서 불만이 있었기 때문이었다. 이 무렵, 칼빈의 친척으로 훗날 프랑스어로 된 구약 성경을 번역해 낸 삐에르 로

---

2) *Calvin's Commentary*, *Psalm*, preface.

베르 올리베땅은 한걸음 먼저 종교 개혁 진영에 가담하고 있었다. 그는 성경 연구에 깊이 심취하고 있었는데, 당시 가톨릭교회가 온갖 종류의 미신에 빠져 있음에 혐오감을 느껴서 성당의 미사에 출석하지 않을 정도로 확신에 찬 사람이었다. 삐에르 로베르는 칼빈과 만나서 개혁 신앙이 무엇인지, 왜 자신이 새로 헌신하게 되었는지, 성경적인 신앙이 무엇인지? 등등 많은 대화를 나누었을 것이다. 신학자들 사이의 대립과 논쟁이 있음을 알게 되면서 굳이 신학교에 가야만 하는지 회의가 일어났을 수도 있을 것이다.

법학을 공부한다고 해서 반드시 파리를 떠나야 할 이유는 무엇이었을까? 바로 그 시점에서 파리 대학에는 법학 교수가 한 사람도 없었기 때문이었다. 파리는 신학을 공부하는 사람에게는 알맞은 학교들이 많았다. 또 저명한 신학자들도 많았다. 중세기 동안 신학이 최고의 학문이었고, 모든 학문은 신학의 시녀에 불과했다. 거의 모든 도시에 세워진 신학 대학의 교수직은 가장 높은 권위를 상징했다. 이런 영향으로 신학에 비교해 볼 때에, 법학은 소홀히 취급되었다.

아버지의 중대한 결정이 통고되었을 때, 어린 시절부터 순종적이며 매우 소심한 성격의 아들은 따라가는 수밖에 없었다. 아버지의 결정은 거부하기 힘든 커다란 권위로 다가왔던 것이다. 법학으로 전공을 바꾸게 되더라도 역시 칼빈은 아버지를 실망시키지 않으려고 열심히 노력하려는 소박한 생각뿐이었다. 그가 기쁜 마음으로 아버지의 결정을 따랐는지는 잘 알 수 없다. 파리 몽떼귀에서 오를레앙으로의 변화는 단지 신학에서 법학으로 전공을 바꾸게 되었다거나, 빠리에서 주변 도시로의 이전만이 아니라, 거기에는 정작 새로운 휴머니즘의 세계가 열리게 되는 것을 의미한다. 이제 오를레앙과 부르쥬에서는 단지 법학만을 공부하는 것이 아니라, 상상력을 사로잡은 새로운 학문을 만나게 되었다.

그리하여 후에 자신의 특별한 목적을 위해 채택하게 되는 휴머니즘의 한 부류와 조우하게 된다.

오를레앙은 여러 가지 중요한 면에서 파리의 대학과 달랐다. 파리에서 남쪽으로 약 140km에 위치한 이 대학 도시는 우선 월등하게 자유로웠다. 엄격한 제한이나 규칙에 따라서 학생들을 통제하지 않았다. 오를레앙은 학생들을 어떤 단체의 조직원처럼 취급하지 않았다. 비록 교수들이 기숙사에서 학생들을 지도하며 함께 지냈지만, 질서를 유지하는 정도였다. 이 학교는 여러 전공학과가 개설되어 있는 종합적으로 구성된 대학이 아니었다. 법학을 공부하는 학생들뿐이었다. 물론 중세의 다른 대학과 마찬가지로 로마 가톨릭의 지배 체제하에 존재하는 학교였기에 인문학과 법학 교수진이 대부분 신부들이었다.

휴머니즘과의 만남

1528년경 오를레앙은 매우 널리 알려진 좋은 교수진을 갖추고 있었다. 1512년에 과감히 개혁을 실시하여 오직 법학 교수로만 구성된 단일 대학으로 바꾸었다. 법학 교수들도 교회법보다는 민법 교수들이 압도적으로 많았다. 모두 다섯 명의 교수 가운데 세 명이 민법 교수들이었다. 에라스무스가 라틴어를 가르쳤던 적도 있었다. 흥미로운 점은 1500년에 에라스무스가 약 6개월 동안 이 학교에서 공부한 적이 있었는데, 학생으로 있던 당시에는 이 학교를 전혀 좋아하지 않았다는 것이다. 에라스무스가 이 학교에서 체험한 바를 불평한 내용이 널리 알려져있다. 고대 로마법의 고전으로 알려진 유스티니안의 법학(Justinian' Institutes)을 공부했는데 실은 중세 후기의 해석서들을 공부하느라(예를 들면, 아쿠

르시우스[Accursius]나 바르톨루스[Bartholus] 같은 사람들) 쓸데없는 시간을 낭비해야만 되었다. 알레안더(Aleander)가 헬라어 교수로 있었고, 로이힐린(Reuchlin)이 히브리어를 맡고 있었다. 탐구력이 왕성하던 젊은 인재들이 이곳에 옮겨 와서 좋은 분위기와 교수들 밑에서 열심히 공부하였다.

여기서 칼빈은 휴머니즘이라는 당대의 새로운 사조와 마주치게 되었다는 점이 가장 주목할 대목이다. 20세기 우리 시대의 '휴머니즘'(인문주의)이라는 용어는 하나님과는 전혀 상관없이 인간의 존엄성을 주장하며, 인생의 본질과 세계관을 규명하려는 철학을 의미하고 있다. 휴머니즘은 매우 세속적인 개념이요, 좀 심하게 말하면 무신론자들이라고 볼 수 있다. 그래서 휴머니즘이라는 말은 무신론적이며 종교에의 반항하는 사상이라는 인상을 자연스럽게 갖게 된다. 그러나 중세 말기의 휴머니즘은 달랐다. 그런 인간 중심주의에 서서 하나님 중심주의에 반항하려는 의심이 설령 있었다 하더라도, 당시에는 이런 마음을 결코 문서화할 수 없었다. 15세기의 문예 부흥은 18세기 유럽의 계몽주의와는 전혀 다른 운동이었다. 15세기와 16세기의 휴머니스트 가운데 오늘날 우리가 이해하고 있는 '휴머니즘'이라는 개념을 가지고 있던 사람은 거의 없었다. 오히려, 그 시대의 휴머니스트들은 모두 다 열렬한 기독교 신자들이었고, 기독교 신앙과 교회의 폐지가 아니라 갱신에 관한 열성을 표출한 사람들이었다.

르네상스 휴머니즘의 중요한 원리는 라틴어로 된 표어, '아드 폰테스'(ad fontes)라는 말로 요약할 수 있다. 즉, '원본으로 돌아가라'(back to the sources)는 것이 그 당시 인문주의자들의 슬로건이었다. 이탈리아의 지식인들은 거의 대부분 라틴어를 능숙하게 구사하고 있었다. 그러나 아드리아 해협 건너편 그리스에서는 거의 모든 자료들이 헬라어로 쓰였다. 문예 부흥은 라틴어 세계에 전혀 알려지지 않았던 헬라어로 기록된 철학 서적들과 문학서들이 새롭게 소개되는 것을 말한다. 신약 성경과 고대의 철학자들의 뛰어난 사상들이며, 교부들의 글과 유명한 법학 관련 저술들과 문학 작품들이 그대로 신기하게 여겨졌다. 이탈리아 로마의 영향하에서 오직 라틴어만을 공부해 오던 지식인들은 이제 새로운 맛을 느끼게 되었다. 모든 자료의 원본으로 돌아감으로써 중세 시대의 지적인 침체와 불결함에서 벗어날 수 있었으며, 고대의 문화적 찬란한 영광과 직접 마주 대할 수 있었다.

르네상스는 신학자들에게 큰 변화를 가져왔다. 성경에 대한 중세 스콜라주의자들의 무미 건조한 해석과 추상적인 개념, 그리고 논쟁이 낳은 혼란과 문학적 조잡성과 씨름하지 않아도 되는 시대가 온 것이다. 이제 르네상스 학자들은 헬라어와 히브리어 원문으로 직접 호흡하면서 생동감이 넘치며 참신한 발견을 하게 된다. 르네상스 후기의 학자들은 휴머니스트로서 이런 꿈을 키웠으며, 그 대표적인 예가 에라스무스의 『전투적인 크리스천의 교본』(Enchiridion)이다. 중세에는 간략한 성경 해석이란 찾아볼 수 없었다. 성경 본문보다는 신학자들의 해석과 설명을 계속 첨가했다. 다른 학문에게는 암흑시대라고 말할 만큼 유일한 학문이던 신학은 성경보다는 체계화되고 첨가된 해석과 지엽적으로 흘러버린 주장들이 주된 내용이었다. 그런데도 세대를 거듭하면서 이런 내용들이 권위를 자랑하게 되었다. 그 결과로 원래 성경 본문은 어디로 사라져 버리고 이와는 동떨어진 신학자들의 강조만 남게 되었다.[3]

마치 화선지에 물감을 입히고 또 입히듯이 본문의 해석 위에다가 주

---

3) McGrath, *Intellectual Origins of the European Reformation* (Oxford: Basil Blackwell, 1987), 125-127.

해가 덧붙여졌다. 성경적 해석이라는 것도 전통적인 견강부회의 재탕에 불과할 때가 많았다. 이제 휴머니즘 운동이 일어나면서 이런 모든 것이 변화를 맞이하게 되었다. 휴머니즘은 전통적인 사고방식에 거대한 용해제이자 유일한 해결책이었다. 이런 학문은 16세기에 들어와서야 로마 가톨릭의 세계에서 널리 용납되었다.

신학도가 아니라 법학도가 된 칼빈에게 있어서는 전혀 새로운 방향 전환을 가져오게 되었다. 오를레앙 대학에서 더 전문화된 학위를 위해 받은 학과목들은 모두 휴머니즘의 영향을 입은 내용이었다. 칼빈은 또 다른 고전어 헬라어(Greek)를 공부하게 되었던 것이다. 칼빈은 원본 문서를 비교해 보는 최신의 문헌학을 배웠고, 그 적용 방법을 터득했다. 또한 그의 남은 생애동안 계속 마음에 남아 있었던 정의와 평등, 법률의 근본 성격에 흥미를 갖게 된다.

학문의 눈부신 진보

오를레앙 대학에는 당대에 '가장 위대한 법학자'라고 손꼽히는 삐에르 드 레스뚜왈(Pierre de l'Estoile)이 학생들 사이에 인기를 끌고 있었다. 그는 경건하며 성실한 사람으로서 존경을 한몸에 받고 있었다. 그는 1480년경, 오를레앙에서 출생하였다. 그리고 1512년부터 이 대학에서 법학을 가르치기 시작하였다. 그는 법학 교육에 있어서나 종교적인 문제에 대해서나 매우 보수적이었다. 아내가 죽게 되자 신부로 안수를 받았다. 칼빈이 이 학교에 갔을 때에 그는 오를레앙 교구의 담당 신부였다. 그는 전통적인 교회의 일원으로서 정통 신학을 강하게 추종하고 있었다. 1528년 2월 3일, 파리에서 열린 성직자 회의에서 프랑스어 성경을 읽는 자들, 번역자들, 출판업자들, 편집자들을 이단으로 정죄하였을 때 그 자리에 참석하였다. 이 회의는 신부들이 담당 교구를 떠나지 못하도록 한 점이라든가, 정죄를 너무 함부로 하지 못하도록 한다는 등 약간의 개혁 의식도 포함되어 있었지만, 전체적으로 볼 때 전통적인 가톨릭을 벗어나지 못하였다. 여기에 레스뚜왈은 신실한 마음으로 추종하고 있었다.

칼빈이 첫 번째로 출판을 의식하고 쓴 글은 그의 친구 니꼴라 뒤슈맹(Nicholas Duchemin)의 책 『반박 변증서』(Antapologia)의 서문인데, 레스뚜왈에 대해 자신의 법학 교수로서의 자질을 다음과 같이 기록하고 있다.

> 그는 날카로운 유머라든가, 근면함이라든가, 법학에 관한 해박한 지식을 소유하고 있는 분이다. 그가 이 분야에서 최고의 지위에 있음을 의심하는 사람은 한 사람도 없다. 그 외에 한두 사람 정도 있을까 말까하다.[4]

칼빈은 그의 도덕적인 자질에 대해서도 언급하고 있는데, "레스뚜왈은 매우 신중하게 매사를 처리하는 사람이며, 진리에 대한 자기의 확신을 분명히 세우고 있고, 전적으로 중요하지 않은 문제에 대해서는 쓸데없는 노력을 결코 낭비하지 않으려 했다"고 지적하였다. 또한 자신을 비방하는 공격을 당할 때에 그의 신실함, 인내심, 침착성이 높이 평가되었다. 우리는 레스뚜왈과 함께 지내는 약 1년반 동안에 어떤 영향을

---

[4] F.L. Battles, "Calvin's Humanistic Education," 12.

입었는지 특히 훗날 개혁 사상으로 돌아서게 되는 계기를 만들었는지의 여부를 명백히 가려낼 수 없다. 그러나 칼빈의 법률에 대한 견해나 교육에 대한 생각이 더욱 보수적인 쪽으로 형성되는 데 끼친 영향은 부인할 수 없다. 그의 꼼꼼하고 세밀한 관찰과 지성은 젊은 법학도에게 많은 흔적을 남겼음이 틀림없다.

칼빈이 어떤 내용의 법학을 공부했을까? 휴머니즘의 영향으로 모든 교재는 중세 시대의 해석에서 벗어나 본래 쓰여진 원문을 직접 연구하게 되었다. 법학의 경우에도 르네상스의 영향은 마찬가지였다. A.D. 529년과 534년 사이에 "로마 대법전"(Corpus iuris civilis)이 유스티아누스 황제 통치하에 완성되었다. 이 법률 대전은 세 부분으로 구성되어 있었다(Codes, digests, institutes). 이 책들은 각기 유명한 법학자들의 해석이 곁들여져서 학생들은 실제로 이론적인 로마법보다는 중세의 주석을 공부하는 과정에 머무르고 말았던 것이다. 학생들은 거기에다가 강의하는 교수의 의견을 듣게 됨으로써, 원전으로부터 최소한 세 사람의 해석을 거쳐야만 원문을 파악할 수 있었다.

14세기의 바르톨로우스가 편찬한 "법 이해의 방법론과 해설집"은 중세의 대표적인 첨가와 각 시대마다 추가한 증보의 산물이었다. 이 해설서들은 16세기 이전까지는 압도적으로 인정을 받아왔다. 앞선 세기의 해석들에다가 당시의 법률과 어떤 상관 관계가 있느냐에 관심을 두고 신학에서 쓰던 변증법을 법학에 적용하여 재구성한 것이었다. 로마법을 당시의 상황에 실제적으로 적용시키려는 해석 작업이었다. 그러나 16세기에 들어와서 이런 방법론은 완전히 변모하게 되었다.

칼빈이 공부한 법률은 세속적이고 비기독교적인 내용이라고 보아서는 안 된다. 중세 시대는 세속적인 것과 종교적인 것 사이에 명확한 구분이 없었다. 민법은 하나님의 통치하에 사는 모든 것을 총괄했다. 자연만이 아니라, 제한적이긴 하지만 신학과 교회법을 다루고 있었다. 로마의 교회법, 교회 건물, 교회 제도, 세례, 이단, 성상들이 포함되었다. 그러므로 학생들은 초대 교회의 기독교 신학에 익숙한 지식을 습득해야 되었다. 물론 신학과 법철학은 이 대법전의 부록에 약간 나오는 정도였다. 따라서 오를레앙 대학에서의 대부분의 시간은 사람이 이웃과의 관계에서 재물로 말미암아 야기되는 수많은 문제들–재산의 취득과 분배, 상속, 임대, 결혼과 이혼, 통행하는 길의 권리 주장, 비와 물의 처리 문제 등–과 이들을 다룬 과거 로마의 여러 세대의 판결과 중세 법률가들의 논쟁에서 나타난 재판에 대해서 공부하는 데 소비했던 것이다. 이 모든 공부들은 훗날 생애에 걸쳐서 유익하게 사용되었다. 사실, 칼빈의 친구들이 종종 자기들의 개인적인 문제나 가족 관계에서 발생하는 일들에 대해 법적인 자문을 얻었다는 점은 이 젊은 법학도가 빈틈없고 실제적인 성품을 지닌 사람임을 알게 한다.

칼빈이 오를레앙 대학 시절에 어떻게 공부하였는가에 대해서 가장 가까이서 지켜본 베자는, 훗날 건강 악화로 고통을 당한 이유가 바로 학창 시절에 너무나 공부에 몰두한 까닭이라고 지적하고 있다.

> 그와 아주 절친했던 친구들이 아직 많이 살아 있는데, 그의 습관은 저녁을 적게 먹고 깊은 밤까지 공부하였다고 증언한다. 그 다음날 아침에 일어나면 오랫동안 침대에서 전날 밤에 읽은 것을 요약하고 명상하였다. 이 명상이 방해받는 것을 결코 허락한 적이 없다. 이렇게 계속해서 밤늦게까지 깨어 있었던 까닭에, 그가 지속적인 탐구와 뛰어난 암기력을 유지할 수 있었다. 하지만 그가 짧은 생애를 마치고 일찍 죽음을 맞게 된 이유는, 또한 온갖 종류의 질병을 앓게 된 근

본 원인은 바로 이런 습관이 위장의 약화를 가져왔기 때문이다.[5]

칼빈이 건강을 해칠 정도로 열심히 법률 공부에 매달렸던 오를레앙 대학은 학생들로 하여금 오직 법학의 달인이 되도록 강요한 학교는 아니었다. 이 대학은 모든 학생들에게 오늘날의 테니스와 비슷한 운동을 가르쳤는데, 칼빈이 이런 운동의 즐거움을 지속적으로 유지한 사람은 아니었을 것으로 생각된다. 그는 항상 속이 거북하고 내장의 괴로움을 갖고 있었다.

오를레앙 대학에서 칼빈은 단순한 학생 이상의 위치에 있었다. 그는 놀라운 학문의 진보를 나타내었다. 베자에 의하면, 칼빈은 강의를 듣기보다도 가르치는 시간이 더 많았으며 선생들과 동등하게 서 있었다고 한다. 그가 아직 박사 학위를 갖지 못했지만 교수들에 의해 대리 강사로서 당당하게 뽑혀서 강의를 맡은 우수한 학생이었다. 석사 과정은 3년간 계속 공부하는 것인데 사실상 학생 신분의 마지막이었다. 그 후 박사 과정이 있었지만 시간과 공부의 조건에 따라서 주는 학위라기보다는 석사 다음에 주는 학위에 불과했다. 칼빈은 석사 학위를 오를레앙에 오기 전에 이미 받았고, 이 학위의 기록은 1532년 공문서에 나와 있다. 그리고 1531년 초에 오를레앙 대학을 졸업하였는데, 이는 1536년 공문서에 법학 석사(licencie-es-loix)를 받은 사실이 나타나 있다.

---

5) Beza, *Life of Calvin*, in Tracts, I:xxiii. OC 21:122.

기독교 휴머니즘을 함께 나눈 친구들

칼빈은 많은 친구들과 함께 어울려서 점점 더 휴머니즘으로 기울어져 갔다는 사실을 간과할 수 없다. 그와 친분을 나눈 대부분의 동료들은 기독교 휴머니스트라는 이유에서 교제를 지속했던 것이다. 칼빈의 많은 친구들의 이름은 너무나 잘 알려져 있다. 칼빈이 남긴 개인적인 편지 중에서 1530년 이후의 것에서는 오를레앙 시절의 친구들이 압도적으로 많다. 그러나 안타까운 것은 칼빈의 초기 편지들이 거의 대부분 남아 있지 않다는 점이다. 이 친구들에게 보낸 편지들이 지금 남아 있었다면 칼빈의 젊은 날의 지적인 성장 과정을 들여다볼 수 있는 좋은 도구였을 것이다.

칼빈의 친구들 중에서 프랑수와 다니엘(Francois Daniel), 프랑수와 드 꼬낭(Frn-cois de Connan), 니꼴라 뒤슈맹(Nicolas Duchemin)은 전통적인 로마 가톨릭교회에 남아 있었으나 열렬한 휴머니스트들이었다. 그들은 에라스무스와 르페브르를 그들의 정신적인 기준으로 생각했다. 이들과 함께 교제하면서 칼빈은 휴머니즘에 자연스러운 동조를 하게 되었던 것이다.

칼빈이 소중한 친구라고 항상 생각하던 니꼴라 뒤슈맹은 원래 훌륭한 학자였는데, 하숙집을 운영하면서 함께 머물던 학생들과 우정을 나누었다. 이 친구 집에 칼빈도 머물러 있었고, 나이는 훨씬 더 많았다. 훗날 법학자로서 명성을 얻었다. 지금 남아 있는 칼빈의 편지 가운데 가장 오래된 것은 1528년 5월 14일자로 누와용에서 뒤슈맹에게 보낸 것이다. 그는 이 편지에서 아버지의 병환이 차도가 있을 것이라는 의사들의 희망에 따라서 곧 돌아가고자 했으나, "내가 빨리 네게로 되돌아가고 싶은 소망이 조바심치는 가운데, 회복의 가능성이 희박하며 죽음이 확실하게 다가왔다는 결론을 얻기까지 상당한 날들을 더 머물러 있어야 했다"고 설명하였다. 그리고 "어떤 일이 발생하더라도 곧 너를 만나리라"는 희망을 천명하였다.

프랑수와 다니엘은 오를레앙에서 어머니, 아내, 친척들, 형제들, 누이들과 함께 살았다. 다니엘의 가족들은 칼빈을 식구처럼 대했으며, 서로 스스럼없이 지냈다. 칼빈의 편지 중에서 오래된 것들은 모두 다니엘에게 보내진 것들이다. 프랑수와 드꼬냥은 그의 부친이 파리의 재무부의 관리였다. 그는 훗날 법률 해석서를 저술하여 명성을 얻은바 있다. 그러나 이들은 모두 용기가 부족했든지, 충성심의 발로로 그랬든지 간에 여전히 기독교 휴머니스트로 남아 있었다.

그 밖에 친구들 중에는 도시에 책을 공급하며, 친구들에게도 다른 중요 도시에서 나온 책들을 구할 수 있도록 도와 준 필립 로레(Philip Lore)가 있고, 파리 출신의 니꼴라 꼽(Nicholas Cop), 에라스무스의 추종자인 쒸케(Sucquet)가 있었다.

23. 멜키오르 볼마르(Melchior Volmar)

한 번은 쒸케에게서 호머의 오딧세이를 빌려다 보았는데 다시 좀 빌려 달라고 부탁하였다. 그 밖에 그의 편지에 보면 오를레앙 시절의 친구로 피네(Pig-ney), 르 루와(Le Roy), 브로스(Brosse), 프람베르그(Framberg) 등의 친구들에게 자주 안부를 전하고 있다.

우리가 주목해야 할 칼빈의 친구는 볼마르(Melchior Wolmar)이다. 1496년 부르템베르그의 로트베일(Rothweil)에서 태어난 그는 독일 사람으로서 베른에서 학업을 마쳤다. 파리에서 아주 우수한 성적으로 공부를 더한 후에 헬라어 선생이 되었다. 휴머니스트로서 그의 면모는 고전 호머의 일리아드에 대한 해설서를 출판한데서 나타난다. 마틴 루터의 개혁 사상에 영향을 받아 형성된 그의 입장을 자유롭게 발표하자 더이상 파리에 남아 있기가 위험스럽게 되었다. 그래서 1527년 파리를 떠나 오를레앙으로 이사를 오게 되었고, 여기에 학생 기숙사를 열었다. 열세 살이나 손위인 이 친구로부터 칼빈이 헬라어를 배웠다.[6] 칼빈은 두 번이나 헬라어를 배우려고 시도했다. 그 첫 기간은 1530년 말부터 1531년 2월까지 불과 3개월의 짧은 기간이었지만, 볼마르의 지도하에 시도되었다. 그는 매우 경건한 사람이었다. 그러나 휴머니즘을 넘어서서 종교 개혁 사상을 칼빈에게 소개하고 이에 대한 확신을 주었는지에 대해서는 많은 논란이 있다.[7] 훗날 이 두 사람은 부르쥬 대학에서 1529년 가을부터 1530년 말까지 약 1년반 동안 함께 지내게 된다. 이 기간에 칼빈은 긴밀한 교제를 나누었다. 아마 볼마르가 부르쥬 대학에 없었다면 그냥 되돌아 가버렸을 것이다.

　칼빈의 전기를 쓰던 베자는 이 볼마르를 언급하면서 매우 즐겁다고 말하였다. 왜냐하면 볼마르는 베자의 유년기부터 청소년이 될 때까지 유일한 스승이었기 때문이다. "그의 학식, 경건함, 그리고 그밖의 덕망 등은 어린 학생들의 교사로서 놀라운 능력과 함께 아무리 칭찬해도 지나침이 없다. 그의 제의에 따라서, 그의 도움으로 칼빈은 헬라어를 배웠다. 그로부터 받은 도움은 칼빈이 1546년 8월 1일, 『고린도후서 주석

---

6) 칼빈과 볼마르와의 관계에 대해서는 Doumergue, I, 181쪽을 참고할 것.
7) 볼마르가 칼빈에게 개혁 사상을 심어 주었다고 생각하는 학자들은 A. Le Franc, de Raemond 등으로 주로 로마 가톨릭 역사가들이다. Ganoczy, *The Young Calvin*, 68쪽을 참고할 것. 그러나 개신교에 속한 칼빈 연구자들은(A. Lang, F. Wendel, T.H.L. Parker 등) 이런 가설에 반대하고 있다.

」책을 볼마르에게 헌정함으로써 공개적으로 확증되었다."[8] 칼빈은 자신에게 심대한 영향을 끼친 볼마르에게 약 5년 동안에 걸친 교제의 중단이 있었음을 사죄하면서, 이 주석을 헌정함으로써 지난날 소홀함의 빚을 갚는다고 했다. 사실 볼마르가 거처하는 쪽으로 가는 인편이 없어서 그랬다고 설명하면서, 과거에 배운 바에 대해서 감사하였다.

> 맨 먼저, 나는 얼마나 당신께서 신실하게 우리의 우정을 가꾸어 오시며, 강하게 결속시키도록 오랫동안 노력해 오셨는지에 대해 기억하고 있습니다. 당신께서는 제게 대한 친분을 입증할 기회가 주어질 때마다, 저의 결정에 따라, 당신 자신과 당신의 봉사를 기꺼이 제공해 주시면서도 얼마나 관대하셨는지도 기억하고 있습니다.
> 비록 그때에 저에 대한 부르심이 그것을 받아들일 수 없도록 방해하였지만, 얼마나 주도면밀하게 저의 학문의 진보를 위해서 당신의 도움을 제공해 주셨던가를 결코 잊을 수 없습니다. 그러나 제가 회상하는 가장 중요한 이유는, 제 부친께서 법학 공부를 하라고 저를 그리로 보내셨을 초기에, 당신의 경비와 당신의 부추김에 의해서, 그 당시 가장 뛰어난 선생이셨던 당신으로부터 헬라어를 공부하게 된 것입니다.
> 제가 획기적인 진보를 나타내지 못한 것은 당신의 잘못이 아닙니다. 당신의 친절로 말하자면, 제가 시작하자마자, 아버지의 운명을 맞아 그곳을 떠나지만 않았더라면, 당신은 제가 그 과정을 끝마칠 때까지 도움을 주시려고 했을 것입니다. 그럼에도 불구하고, 이 일로 인해서

---

8) Beza, *Life of Calvin*, in *Tracts*, I:xxiii.

제가 당신께 진 은혜는 여전히 큽니다.

왜냐하면 당신은 제게 이 언어의 초보에 있어서 좋은 기초를 주셨으며, 바로 그것이 훗날에도 커다란 도움을 주었기 때문입니다. 그리고 저와 함께하신 당신의 노고가 약간의 열매로 맺어졌음을 당신께 보여드리는 동시에, 저 역시도 당신에 대한 저의 감사의 일단을 후세에 남기지 않고는 만족할 수 없습니다. 평안을 빕니다.[9]

여기에서 칼빈이 만일 볼마르의 영향으로 신앙적인 도움을 입었다면, 분명히 언급하지 않을 수 없었을 것이다. 그러나 전혀 그런 종교적인 문제에 대해서 서로 나눈 대화를 말하지 않는 것으로 보아서 볼마르에게 입은 도움은 단순히 헬라어였을 것으로 제한하는 것이 타당할 것이다. 볼마르는 독일 부르템베르그(Wurtemberg)의 공작의 초청에 의해, 튀빙겐 대학교의 헬라어와 법학 교수가 되어 은퇴할 때까지 머물렀다. 칼빈이 프랑스를 떠난지 오래지 않아 그도 핍박이 가해지던 이국 땅을 떠나게 된 것이다. 그리고 아이젠나흐에서 은퇴 후의 여생을 보내다가 1561년 죽었다. 칼빈은 죽는 날까지 서로 교제를 나누었는데 1558년 노년에 접어든 볼마르가 제네바를 방문하여 하나님께서 자신의 옛 제자를 통해서 이룩한 업적을 두 눈으로 확인하는 축복을 누렸다. 더구나 볼마르의 집에 머물러 있던 동안에 소년 테오도르 베자를 만나게 되었던 것이다. 칼빈은 당시 베자를 기억하지 못했지만, 베자는 열살 때에 볼마르집에서 만난 칼빈을 위해서 전기를 쓰고, 후계자까지 되어서 오랜 세월을 함께 보내게 되었던 것이다.

---

9) *Calvin's Commentary on 2 Corinthians*, 100-101.

당시의 사정으로 볼 때에, 헬라어를 공부하는 것은 이단으로 취급되었다. 왜냐하면 헬라어를 배우면 성경을 찾게 되므로 로마 가톨릭에서 볼 때는 헬라어야말로 이단 배출의 요람이었기 때문이다. 한 번 헬라어를 습득하여 성경 원문을 연구하고 나면 가톨릭교회를 비판하게 되므로 헬라어는 1530년까지도 여전히 두 세계의 경계선이었다. 즉, 개신교로 돌아서는 길목이자 돌아올 수 없는 다리와 같았다. 그러므로 어떤 희생을 치르더라도 학생들이 헬라어를 배우지 못하게 했는데, 헬라어로 된 신약 성경을 가리켜서 "그 책은 가시와 덤불로 가득 차 있다"고 악평을 했다. 칼빈의 전기에서 파커 교수는 헬라어를 배운 사람은 콜롬버스가 신대륙을 발견한 것보다도 더 놀랍고 새로운 발견을 하게 되기 때문에 금지시켰다는 표현을 쓰고 있다.[10] 그만큼 당시의 가톨릭교회는 성경에서 멀리 떠나 있었다. 성경으로 말미암아 영생을 얻는다면, 칼빈도 성경으로 돌아가서 개종의 체험을 확고히 했을 것이다.

칼빈의 친구 중에서 가장 먼저 종교 개혁자로의 길에 확고히 전환한 인물은 삐에르 로베르 올리베땅(Pierre Robert Olivetan)였다. 그는 칼빈의 친척이기도 했는데, 삐에르의 아버지 장 로베르(Jean Robert)도 역시 칼빈의 아버지처럼, 누와용의 교회에서 법정 변호사의 직무를 보고 있었다. 삐에르는 칼빈이 몽떼귀 대학에 있을 때 파리에 있었고, 나중에는 둘이 함께 오를레앙으로 왔다. 그리고 한동안 같이 이 대학에서 공부하였다. 그는 초기부터 성경을 원어에서 번역하려는 포부를 가지고 헬라어와 히브리어를 포함하여 고전어를 공부하는 데 집중했음을 알 수 있다. 그의 프랑스어 성경은 1535년에 출판되었는데, 칼빈은 저자

---

10) Parker, *Calvin*, 25.

가 '친척'이며 오랫동안 절친한 친구라고 소개하였다. 이 서문에는 칼빈의 초기 개혁 사상이 담겨 있어서 매우 중요한 문서로 손꼽히고 있다. 1534년에 쓴 이 글은 예수 그리스도의 구속 사역을 요약하고 있다.[11] 칼빈은 그를 잘 알고 있었기 때문에 그의 겸손함을 높이 칭찬하였다. 삐에르도 역시 칼빈처럼 밤늦게까지 공부하는 버릇이 있어서, 친구들이 그를 '한밤중의 기름'(Midnight Oil) 혹은 올리베타누스(Olive-tanus)라고 별명을 붙였다. 그는 점점 루터의 사상을 신봉하게 되어서 더이상 오를레앙에 머무는 것이 위험하게 되었다. 1528년 5월 1일 부쩌가 파렐에게 보낸 편지에 의하면, 개혁화된 도시 스트라스부르그에 피신하고 있다고 적혀 있다.

앞에서 살펴본 대로, 베자는 삐에르 로베르 올리베땅으로부터 칼빈이 올바른 신앙에 대해 영향을 받고, 성경을 읽은 후에 미신을 증오하게 되어, 아버지가 법학을 공부하라고 할 때 그대로 따랐다고 증언하였다. 로베르가 친한 친척일 뿐만 아니라, 학창 시절을 함께하면서 자연스럽게 칼빈에게 개혁 신앙을 소개하며 영향을 주었을 것으로 생각한다. 이 올리베땅은 1538년 페라라에서 예기치 않은 죽음을 맞이하는데, 그때 서가에는 쯔빙글리와 루터파의 도서 목록이 남아 있었다. 그는 1535년 초부터 더욱 급진적인 개혁에 몰두하였고, 많은 증거들이 그의 편지 가운데 남아 있다.

만일 칼빈이 몽떼귀 대학에 계속 머물러서 신학을 공부하였더라면 전형적인 로마 가톨릭의 사상에 젖어서 옛날의 학문과 신학을 답습하였

---

11) 영어로 번역된 분량은 약 15쪽에 이르고 있다. *Calvin: Commentaries*, The Library of Christian Classics, ed. Josheph Haroutunian (Philadelphia: Westminster Press, 1958), 58-73. 필자의 석사 학위 논문에서 분석한 부분을 참고할 것. Jae Sung Kim, "Calvin's Doctrine of the Kingdom of God" (Calvin Theological Seminary, Th.M. Theses, 1990), 37-42.

을지도 모른다. 그러나 오를레앙 대학에서 비교적 자유스러운 분위기와 파리에서 접하지 못한 개혁 사상의 단초들을 새로이 호흡함으로써, 개혁에 대한 반감이 없어지게 된 것이다. 특히 오를레앙에서 만난 친구들은 이런 새로운 운동에 일찍 눈을 뜨고 있던 그룹들이었기에 칼빈은 자연스레 학생으로서 기성 세대의 전통이 지닌 모순들을 자유롭게 토론할 수 있었다. 그의 친구들은 휴머니스트들로서 단순한 법학도의 위치에 있었지만, 당시의 새로운 신앙과 신학의 흐름을 접하여 자주 토론을 하였고, 흥미롭게 이를 탐구하고 있었다. 아직은 틀에 박혀서 도무지 새로운 사상을 받아들이지 않던 당시 가톨릭의 세계에서 완전히 벗어난 것은 아니지만, 비밀리에 헬라어를 익히고 성경의 원문들을 접하게 됨으로써 이들 친구들은 종교 개혁에 서서히 동조해 가고 있었다. 먼저 볼마르와 니꼴 라꼽, 쒸케 등이 앞장서서 개혁 사상으로 개종하여 갔고, 이들 친구들 그룹은 비록 시간은 차이가 나지만, 거의 대부분 개혁자로 나서게 된다. 그러나 아직 오를레앙 시절에는 휴머니스트의 사상에 젖어서 친구들이나 칼빈이나 모두 고전 연구와 원어 연구에 몰두하고 있었다. 칼빈도 오를레앙에서 비로소 휴머니스트로서의 이상이었던 고전 헬라어를 그 방편으로 습득했고, 점점 이를 열심히 공부하려고 노력했던 것이다.

부르쥬 대학 시절

칼빈과 그의 친구들은 오를레앙에 오래 머물러 있지 않았다. 그들이 접한 교수들 중에서 가장 자유롭고도 흥미로운 새 교수가 부임했다는 소식을 접하여 1529년, 부르쥬 대학으로 옮겨가게 된다. 그곳은 오를레앙에서 남쪽으로 124km 지점에 있다. 새로운 교수는 항상 자신에게 배우고자 하는 학생들을 받아서 가르칠 수 있었다. 오늘날에는 반드시 한 대학에 머물러 있어야 할 기간이 의무적으로 부과되고 있지만, 16세기 대학에서는 전혀 그런 의무 조항이 없어서 다른 도시의 대학으로 이동해 가는 것은 아주 자연스러운 일이었다. 자신에게 부과된 학과목을 이수하고 자신이 좋아하는 교수에게 인정을 받으면 학위를 받게 되는 것이다. 이점은 오늘날에도 여전히 그 전통이 남아서, 한꺼번에 모든 사람이 졸업식을 하는 미국과는 달리, 유럽에서는 자신의 학위 논문을 방어하는 날이 곧바로 자신의 졸업식 날이 되는 것이다.

새로 부임한 교수는 안드레 알시아티(Andreas Alciati)였다. 알시아티는 이탈리아 출신의 법학자인데, 에라스무스가 1521년부터 1531년 사이에 쓴 글에서 여러 차례 칭찬하면서, "새로운 개척자로서 사회 생활의 법률과 역사적 법률들을 해설함이 돋보인다"고 했다.[12] 1529년 5월과 여름 방학에는 칼빈이 새로운 교수에게 수업을 받고 있었다. 1530년 말에는 볼마르가 이 대학으로 왔다. 프랑수와 다니엘도 역시 새 교수의 강의를 받으러 이곳으로 옮겨왔다. 그리고 뒤 슈맹도 이들 친구들에게 가세하였다.

알시아티가 이 대학에 오게 된 배경은 프랑스 종교 개혁사의 중요한 부분을 차지하는 마르그리뜨 앙굴렘(Marguerite d'Angouleme)의 이상과 희망에 의해서다. 이 공작 부인은 1527년에 나바르의 여왕이 되었다. 당시 프랑스 국왕 프랑수와 1세의 누이로서 그녀로 인해서 부르쥬 대학은 새로운 발전의 계기를 맞이 하게 된다. 유명한 교수들을 초빙하여 이

---

12) P.E. Viard, *André Alciat, 1492-1550* (Paris, 1926). Ganoczy, *The Young Calvin*, 69.

대학을 파리의 소르본느와 견줄 정도로 육성시키고자 시도했다. 1463년 루이 11세에 의해 설립된 이 대학은 로마법을 전문으로 교수하는 이외에도, 프랑스 전제 정부의 옹호를 위해 법적인 기초를 제공하고 있었다. 우리가 가진 전기들을 종합해 보면, 헬라어 학자인 볼 마르를 이곳으로 초청한 것도 마르그리프였다. 그녀는 이 대학을 학문의 중심 지로 만들려는 희망에서 유럽에서 최고로 손꼽히는 법학자 알시아티를 파격적인 대우를 조건으로 해서 아비뇽 대학으로부터 데려왔다.

알시아티는 이곳에 약 5년간 머물면서 마치 미개한 지방에 파송된 이탈리아 휴머니즘의 대사처럼 학문 증진에 진력하였다. 그 후에 밀라노, 볼로냐, 그리고 페라라 대학들에서 강의하다가 1550년에 죽었다. 그는 오랫동안 법학 교육의 성격을 결정지어 온 전통적인 학파의 지루한 해석을 채택하는 한편, 로마법 해석에 있어서, 그 법조문의 라틴어 배경을 설명하고 문학적이며 역사적인 범위 안에서 새로운 휴머니스트적인 방법론으로 불분명한 내용들을 해설해 나갔다. 그러므로 구식 교수법과 신학문의 중간 위치에 있다고 볼 수 있었다. 부데처럼 실제적으로 광범위한 문화적 배경에 근거하여 고전 법조문을 해석하는 방법론이 일관성 있게 드러나지도 않았다. 그래서 처음에 그의 명성을 듣고 찾아온 학생들은 새로운 것이 없다고 불평을 하다가 얼마 후 떠나가 버렸다.

이 자만심이 강한 이탈리아의 법학자는 칼빈에게 일면 좋은 인상을 심어 주었으리라 짐작한다. 긍정적인 면에서 삐에르 다니엘이나 에라스무스의 평가에 동의하였다. 비록 학문의 방법론은 거의 배울게 없는 전통적인 로마 가톨릭의 틀에 박힌 인물이었지만, 그의 학문성만은 의심할 수 없었다. 오를레앙의 법학 교수들과 충돌을 빚은 사건으로 인해 알시아티는 더욱 칼빈에게서 멀어지게 된다. 오를레앙의 지도자였던 레스뚜왈 교수가 알시아티를 반박하는 글(Repetiones)을 발표하였다.

즉, 부데의 글을 표절하였다는 것이다. 그러자 알시아티도 자기의 제자 알부지오(Albuzio)의 이름으로 변증서를 출판함으로써 자신의 입장을 변명하려 했다. 이런 공방전은 묘한 분위기를 만들어 냈는데, 한 편에 해당하는 레스뚜왈의 옛 제자들은 선생님에 대한 호의를 표출하기 시작했고, 다른 쪽에서는 프랑스 국민 감정에 기인하여 레스뚜왈을 지지하였다.

1529년에 칼빈의 절친한 친구이자 레스뚜왈에게서 함께 법학을 공부했고, 이때쯤에는 알시아티에게 강의를 같이 듣고 있던 뒤슈맹이 옛 스승을 옹호하는 반박 변증서(Antapologia)를 발표하였다. 뒤슈맹은 어떤 점에서는 알시아티의 현명한 해석을 칭찬하면서도 대체로 신랄하게 비판하였다. 1531년 3월, 칼빈은 뒤슈맹이 쓴 이 글을 출판하기 위해서 서문을 썼는데, 이것이 출판물에 나오는 최초의 작품이다. 이 팜플렛의 서문에서 칼빈은 레스뚜왈에 대한 존경심을 표명하면서 알시아티에 대한 그의 평가가 인쇄됨을 기뻐하였다. "처음에는 이탈리아 학자가 정당한가를 공격받았다. 그러나 한걸음 더 나아가서 열매가 있느냐, 그리고 겸손한지의 여부가, 그가 갖고 있는 차이점과 함께 공격을 받았다."[13] 칼빈도 결국에는 레스뚜왈의 편을 들었던 것이다.

칼빈이 얼마나 많은 영향을 알시아티로부터 받았을까? 베틀즈 교수는 젊은 시절의 칼빈이 부르쥬에 있을 때에(1530년 무렵) 최초의 저술 『세네카의 관용론에 대한 주석』(1532년 봄 출판)을 쓰기 시작했을 것으로 보며, 여기에 알시아티의 영향이 분명히 드러난다고 주장한다. 즉, 고대와 고전적인 시대의 법률, 도덕, 관습, 그리고 로마 역사에 대해서 알

---

13) *Antapologia adversus A. Albucii defensionem pro And. Alciato contra Petrum Stellam nuper edita*, 1531. 칼빈의 서문은 3월 6일로 되어 있다.

시아티의 연구 방법으로부터 광범위한 영향을 받았다는 것이다. 물론 이 처음 저술에는 부데의 영향이 두드러진다. 널리 알려진 바와 같이, 칼빈의 첫 번째 저술에는 부데의 영향이 두드러진다. 하지만 한 구절에서는 알시아티가 레스뚜왈에 대해 공격한 것을 불쾌하게 생각한다고 분명히 했다. 그러나 전체적으로 볼 때 칼빈은 고전의 법률 연구에 있어서나 다른 고대의 문서들을 다루는 데 있어서 알시아티로부터 들은 바를 많이 적용하고 있음이 분명하다.[14]

이 무렵 파리에서는 주목할 만한 사건이 벌어졌다. 1530년 4월 30일 소르본느의 신학 교수진들이 교수 결정서(Determinatio Facultatis)를 발표하여 새로 세워진 왕립 대학(College Royal)의 교수진을 공개적으로 공격하였다. 왕립 대학의 지도자들은 유명한 휴머니스트인 기욤 부데(Guillaume Bude), 에라스무스 친구의 아들인 니꼴라 꼽(Nicholas Cop), 헬라어 학자 삐에르 단(Pierre Danes), 르페브르의 제자로 히브리어 학자인 바따블(Francois Batable) 등이었다. 이들 모두는 성경의 이해를 바르게 하기 위해서 원어로 읽고 본문에 대한 학문적인 주석이 필요하다는 확신을 가진 사람들이었다. 공개적인 도전을 받은 내용은 다음과 같은 기독교 휴머니즘의 이념 때문이었다.

첫 번째 전제 : 성경을 바르게 이해하려면 헬라어, 히브리어, 그 밖에 고대어들을 이해하지 않고서는 불가능하다.
비 판 : 이런 전제는 건방진 생각이며 중상모략이다
두 번째 전제 : 앞에 전제한 언어들을 공부하지 않고서는 복음서나

---

14) F.L. Battles, "Calvin's Humanistic Education," 15.

단 한편의 서신서에 담긴 진리들에 대해서 설명할 수 있는 설교자는 없다.

비 판: 이 전제는 거짓말이며 불경건하고 그리스도인들이 하나님의 말씀을 듣는 것으로부터 악독한 방법으로 방해하는 말이다.[15]

더욱이 이 두 가지 기본 전제를 제창한 학자들은 루터파의 신학을 따르는 자들이 아니냐는 강한 의심을 받게 되었다. 비록 왕립 대학 교수들이 루터파로 몰려서 이단으로 처단되지는 않았지만, 그들이 루터파가 아닌가 하는 의심을 받았다는 사실은 흥미로운 관심거리가 아닐 수 없다. 이때의 소르본느 교수진의 위세는 대단하여서 감히 누가 도전할 수 없었다. 1530년 이들 교수진의 지도자 가운데 노엘 베다가 '드러나지 않은 루터파들'에 대항하여 저서 한 권을 출판하였다. 당대 지성의 최고봉이던 에라스무스는 자신이 공격의 목표로 겨냥되었음을 의식하자 대단히 격노하였다. 소르본느의 교수가 생각하던 자만심이 극도에 달해 있었다.

부르쥬 시절에 칼빈은 이런 일련의 시대 상황을 좀 더 성숙한 눈으로 이해하며 듣게 되었을 것이다. 자기의 파리 친구들이 위험에 빠지고 있었으며, 그런 사태들은 기독교 휴머니즘의 이념이 목표하는 바와는 정반대의 방향으로 나가는 것들이었다. 칼빈은 학문을 깨우치는 동안 자신도 모르게 휴머니스트로서 처신하고 있어 왔다. 부르쥬 대학은 마르그리뜨의 절대적인 후원하에 있었을 뿐만 아니라, 많은 사건들을 처리하는 과정에서 남동생인 국왕 프랑수와에게 효과적으로 영향을 미치고

---

15) A. LeFranc, *Historie de Collége de France*, 122.

있었기에, 이 대학 내에서는 비난이나 정죄를 당할 분위기는 아니었다.

칼빈이 부르쥬를 떠나기 전에 베리(Berry)의 한 교구인 리니에르(Lignieres)에서 몇 차례 설교를 했다. 설교를 준비하기 위해 자신이 성경을 읽었으며 (이때까지는 히브리어가 부족하였다), 이를 은근히 권유하였다. 대부분의 칼빈 전기 작가들은 아직 칼빈이 휴머니스트로서, 교회에서 연금을 받고 있었기에 설교할 수 있지 않았느냐고 짐작한다. 왜냐하면 이때에는 주교나 교구 신부들이 사제 서품식을 거행하지 않고서도 그들의 지위를 차지하였기 때문에 시골 교회에서 칼빈이 설교할 수 있었으리라고 본다. 단지 이때 과연 칼빈은 어떤 태도로 설교했을까의 문제가 남는다. 파커 교수는 이때쯤에 칼빈은 종교 개혁의 선봉장들에게서 깊은 감명을 받았다고 한다. 예를 들면, 루터의 유명한 논문 "교회의 바빌론 유수"(1520년)라든가, 쯔빙글리 측과 루터파가 성찬에 관한 신학 논쟁을 벌인 1529년의 말부르그 대학의 토론 내용들을 접하여 복음주의자로서 개종하였다고 주장한다. 그러나 저명한 칼빈의 전기 작가 두메르그는 이때까지의 칼빈은 프로테스탄트로서 자신의 모습을 드러내지 않았고 그저 평범한 가톨릭 사제처럼 보였다고 주장한다.

| CHAPTER 05 |

휴머니스트의 꿈

1531년 초, 스물두 살의 청년 칼빈은 오를레앙 법과 대학으로부터 법학 석사(licencie es lois) 학위를 받고 졸업한다. 그러나 앞서 언급한 바와 같이, 칼빈 자신이 변호사(legiste)가 되려는 생각은 없었다. 그에게는 훌륭한 학자로서의 꿈이 커가고 있었던 것으로 보인다. 그러나 청년 칼빈이 법학 공부에 전념한 이유는 아버지를 만족시켜 드리기 위함이었다. 법학 수업을 통해서 그의 마음은 오히려 수사학과 어학 실력을 갖추는 방향으로 나아가고 있었고, 고전들을 탐독하며 당시로서는 최신 학문의 경향이던 기독교 휴머니즘에 지지를 보내게 되었다. 그러므로 법학 공부를 해서 어떤 명예나 풍요로운 생활을 하려는 계산은 전적으로 아버지의 계획이요 희망이었다. 예나 지금이나 성실한 아들에 대해 큰 기대를 가진 아버지에 대해서 비판할 사람은 아무도 없을 것이다.

아버지의 죽음과 형의 파문

나쁜 일은 한꺼번에 겹쳐서 오는 경우가 종종 있다. 한 해에 아버지를 잃고, 형마저 교회에서 이단 죄목으로 처벌을 받는 일을 경험한다는 것은 아직도 학창 시절에 있던 스물두 살의 청년이 겪어야 할 고통치고는 너무나 가혹한 시련이었다. 사랑하는 가족을 여읜 슬픔 속에서 이제 그가 돌아가야 할 고향도 옛 모습처럼 따뜻하지 않게 되었고, 그가 섬겨야 할 교회도 더이상 들어가고 싶지 않게 되었을 것이다.

1531년 5월 칼빈은 파리에 있었다. 아마 그가 한창 집필 중에 있던 책의 출판을 위해 후원해 줄 사람을 찾아보려 했던 것 같다. 그런 동안에 친구 뒤슈맹의 알시아티를 비판한 반박 변증서의 서문을 써 주었고 출판 과정을 지켜보았다. 거기서 그는 아버지의 건강이 위독하다는 놀라운 소식을 듣게 된다.

친구 뒤슈맹에게 알릴 사이도 없이 급히 고향 누와용으로 돌아갔다. 나중에 이때의 상황을 설명하며 양해를 구하는 편지를 보냈다. 이 편지가 뒤슈맹에게 보내진 날은 5월 14일인데, 모든 일이 속히 마무리 지어져서 오를레앙으로 돌아가고 싶다는 마음을 피력하였다.[1] 아버지는 칼빈에게 있어서 다시없어서는 안 될 중요한 영향을 미쳤다. 초기 유년기와 청소년기에 귀족들의 자녀들과 같이 공부할 수 있도록 환경을 조성해 주었으며, 청소년기에는 신학과 법학을 공부하도록 유도하면서, 파리와 명문 대학에 유학까지 보내 주었다.

칼빈의 아버지 제라르 꼬벵은 두 번째 부인과 두 명의 딸들과 함께

---

1) *Selected Works of John Calvin*, vol. 4, 25.

중년 이후 노년에 이르기까지 누와용에 살고 있었다. 물론 장남 샤를르도 누와용을 떠나지 않았다. 노년에, 특히 죽을 무렵에는 누와용의 사제단과 사이가 아주 나빴다. 아버지의 죽음 직전에 시작된 이런 관계는 아버지의 사망 시까지 점점 악화 일로로 내달았다.[2] 그 원인은 물론 초반에는 종교적인 의견 차이였다. 그러나 아버지와 주교단과의 싸움이 점점 격해짐에 따라서, 교구 법정의 하급 관리인 앙뚜완 뚜르뇌르(Antonie Tourneur)와 개인적으로 대립하게 되었다. 1531년 2월 11일, 주교단이 자기 아버지의 일을 조사하도록 결정한 일 때문에 샤를르는 하급 관리를 맹렬히 비난했다. 이틀 후에 막시밀리앙(Maximillian)이라고 불리는 서기에게 심한 폭력을 가함으로써 이런 긴장 관계가 계속되어 갔다. 이로 인해서 성직자 단에서는 샤를르를 파면하기로 결정했다. 막후에서 서로 타협을 이룬 양쪽은 샤를르의 파문을 철회하는 요청을 사제단에 제출하면 그에 따라서 파면을 철회하기로 합의하였다. 그러나 그들은 약속하여 놓고도 아무런 조치를 취해 주지 않았다. 결국 이미 주교단과 관계가 악화되어 있던 아버지가 돌아가실 무렵에 이르러서는 아버지와 장남 둘 다 파면을 당하고 말았다. 그의 아버지가 죽기 직전, 노년기에 처리해야 했던 상황은 매우 불유쾌하고 불만스러운 상태였다. 당시 칼빈의 아버지는 70세 정도 혹은 77세로 짐작되는데, 극심한 질병으로 고생하다가 1531년 5월 26일 하늘나라로 부름을 받았다.

장남 샤를르는 사후의 면제와 성도들의 묘역 안에 장지를 허락받기 위해 주교단과 협상을 해야만 하였다. 당시에 사람이 죽으면 모두 다 교

---

2) Williston Walker, John Calvin , 56. 보다 자세한 설명은 E. Doumergue, *Jean Calvin, les hommes et les choses de son temps*. vol. I: La jeunesse de Calvin(Lausanne, 1899), 22-25. 이에 관한 연대는 Karl Müller, *Calvins Bekehrung in Nachrichten von der königl. Gesellschaft der Wissenschaften zu Göttingen*(1905), 220-223.

회의 예식으로 마무리되어야만 했다. 그런데 교회 측에서는 매장지를 제공하는 것도 거부하고, 종부 성사 예식도 할 수 없다고 결정하였다. 이런 통보가 오자 가족 전체가 모욕을 당하였을 뿐만 아니라, 아버지를 여읜 슬픔에 겹쳐서 가족들 모두는 더욱 큰 고통을 겪어야만 했다. 미래의 종교 개혁자가 될 청년 칼빈도 이런 파문의 일격에 깊은 상처를 받았다. 종교가 성도들의 가장 큰 슬픔에 아무런 위안을 주지 못하는 모순된 현실을 뼈저리게 체험하였으며, 교회의 잔인함에 치를 떨었다. 장차 언제든지 기회가 주어지면 공개적으로 이런 잘못을 널리 고발하겠다는 각오를 다지게 했을지도 모른다. 칼빈은 자기가 사랑하며 존경해 온 아버지의 비통함을 목격하면서 슬픔에 잠겨 있을 수밖에 없었다. 이제부터 칼빈은 자신의 문제를 스스로 결정해야 할 처지에 다다른 것이다.

1529년 샤를르는 교회당에서 무기를 소지한 일로 큰 문제를 일으켰고, 1530년에는 신부 한 명을 살해한 것으로 알려졌으나 확실치 않다. 앞서 언급한대로 교회의 관리와 싸웠다는 것이 문제가 된 것 같다. 이 두 번째 사건으로 그는 파면을 당했으나, 어떤 사죄문도 제출하기를 거부하였다. 그리하여 감금 상태에 놓이게 되고 말았다.

아버지를 여읜 칼빈은 홀로 서기를 시도하면서 더욱 열심히 학문에 진력하고자 했다. 그러나 1531년 9월 15일, 칼빈이 파리에서 몇 개월 동안 어학 공부에 열중하고 있을 때, 형 샤를르도 역시 주교단에 의해서 성당에 출입하지 못하도록 금지를 당하고 있었기에 이런 소식은 칼빈의 마음을 어둡게 만들었다. 아버지의 일로 악화된 감정을 추스르지 못하고, 계속적으로 그의 형은 주교단과 싸움을 하고 있었다. 1534년 5월 샤를르는 이단적인 견해를 가진 자라는 죄목으로 고소당하였다. 그가 로마 가톨릭의 오류에 대해서 얼마만큼 반항하였는지는 알 수 없다. 그러나 자신의 속죄를 탄원하기보다는 사제단에 맞선 상태로 있기를 고집하면서 성찬을 거부하고 있었기에, 그 결말은 너무나도 비참하였다. 1537년 10월 31일 샤를르는 누와용에서 비참한 죽음을 맞이하게 되었다. 샤를르 꼬뱅에게 부과된 이단 죄목이 과연 무엇이었는지에 관한 단서는 아무것도 없다. 감정 싸움이 점점 가속화되다가 그의 거친 성품으로 화를 당한 것인지도 모른다. 형 샤를르가 과연 제네바의 개혁자가 된 동생처럼 누와용 지역에서 지도력을 발휘해서 개신교 사상을 퍼트리거나 다른 사람들을 설득하고 다녔다고 볼 수는 없다. 이 두 형제들 사이에 누가 어떻게 영향을 끼쳤는지에 관해서도 속단하기 어렵다.

학자의 꿈

오를레앙을 거쳐 다시 파리로 돌아간 법학도는 고전 연구와 언어 학습에 몰두하였다. 1531년 6월 27일 친구 다니엘에게 보낸 편지에는 파리 생활에 열중하고 있는 칼빈의 모습이 담겨져 있다.[3] 이때 칼빈은 자신과 매우 절친하였고 거의 가족처럼 많은 날을 함께 보냈던 친구 다니엘의 여동생이 수녀로서 헌신코자 했기 때문에, 직접 수녀원장과 만나 헌신 서약을 하도록 도와 달라는 부탁을 들어주기도 했다. 역시 같은 친구인 니꼴라꼽과 함께 방문하여, 정말 그녀가 이 어려운 임무를 감당하려고 하는 굳은 결심이 있는지를 조사하였다.

"나는 너의 누이가 서약을 진정으로 하고자 하는지(voti se damnaret)

---

3) 칼빈이 다니엘에게 보낸 1531년 6월 27일자 편지에 보면 파리에 머무는 동안 여러 사람들이 친절을 베풀고 있음을 언급하고 있다. *Selected Works of John Calvin*, vol. 4, 30.

확인하였다."⁴ 여기서 우리는 수도원 제도나 수녀 등의 문제에 대하여 아무런 언급이 없기 때문에, 이때까지만 해도 칼빈이 로마 가톨릭에 대해서 별다른 공격이나 반대 의사를 공개적으로 표명하지 않았음을 알 수 있다. 단지 이 편지에서 칼빈은 매우 솔직하게 누이가 앞으로 당할 어려움을 상기시키고 있을 뿐이다. 그리고 하나님의 자녀들이 자신의 자유로운 결정에 따르도록 존중하는 태도를 나타낸다. 그래서 그녀가 확신과 기쁨에서 이 직분에 서약하려고 함을 발견한 후에는, "나는 이 일에 대한 관심이 그녀의 생각에서 떠나가기를 원치 않았다. 그러나 나는 그녀에게 너무나 자신의 힘에 의지하지 말며, 그녀 속에 있는 과장된 자신감에 기대지 말도록 권고하였다. 단지 무엇보다도 하나님의 능력 안에서-그분 안에서 우리가 지금 살아가며 또한 우리가 우리의 존재를 가지게 되었으니-머무르도록 부탁했다." 이 편지는 친구 꽈파르(Coiffart) 집안의 친절함을 고마워하며, 헬라어 선생인 삐에르 단의 집이 가르침을 받기에 너무 거리가 멀리 떨어져 있다고 거처를 첨가함으로 그친다.

이제 칼빈의 주변은 너무나 달라졌다. 자신의 기초가 되어 준 가족들의 수난으로 인해서 더이상 자신의 직업과 장래의 생활을 도와 줄 사람들이 없어지게 되었으므로, 스스로 심각하게 고려해야 할 때에 접어들었다. 이제는 학위 과정을 위해서 의무적으로 이수해야 할 과목은 없어졌다.

칼빈의 방향은 다시 완전히 달라지게 되었다. 아버지의 꿈을 이루어 주기 위해서 법률을 전공하여 변호사가 되는 쪽으로 가던 발걸음이 바

---

4) 파커의 『칼빈 전기』 29쪽에는 다니엘의 딸을 만난 것으로 되어 있는데, 칼빈의 서간문에 보면, 다니엘의 여동생 일이 언급되어 있다. *Selected Works of John Calvin*, vol. 4, 27.

뀌게 된 것이다. 이제야 비로소 자신이 선택한 길을 찾은 것이다. 아버지의 죽음을 계기로 해서 칼빈의 꿈은 에라스무스와 같이 휴머니즘을 받아들인 학자가 되는 것이었고, 특히 문학을 깊이 공부하는 쪽으로 변경하게 되었다.

1531년 후반에서 1532년 초반까지의 파리 시절 동안 칼빈은 헬라어와 히브리어 공부에 열중한다. 처음에 친구 꽈파르의 집에 여장을 풀었다가 후에 변방인 사일롯으로 갔다가, 나중에는 라틴 구역의 중앙에 있던 뽀르트 대학(College de Fortet)에 거주하였다. 여기에는 당시 왕립 학자들이 종종 강의를 개설하였는데, 칼빈은 특히 명성을 날리고 있던 삐에르 데인즈(Pierre Danes) 교수의 유명한 헬라어 강좌를 들었던 것으로 추측된다. 당시 왕립 학자들(Royal Readers)은 모두 휴머니즘을 대표하는 최고의 학자들로서, 국왕 프랑수와 1세에 의해 임명되었다. 이 그룹의 지도자는 기욤 부데(Guillaume Bude)였다. 당시 에라스무스와 휴머니즘의 양대 산맥을 이루는 거봉이었다. 그러므로 교황청과 전통적인 스콜라 신학을 가르치는 소르본느의 스콜라 신학에 비하여 학문적으로 자유로웠고, 강의도 훨씬 융통성이 많았다. 데인스 교수는 1530년 왕립 대학의 설립 시부터 헬라어 담당 교수로 임명을 받은 학자였다. 그는 1497년 파리에서 태어나 부데(Bude)와 라스까리스(Lascaris) 밑에서 공부하였다. 탁월한 헬라어 실력을 인정 받아 국왕 프랑수와 1세가 트렌트 종교 회의(1546)에 프랑스 대표로 파견하기도 하였다. 그는 많은 학자들을 길러 내었으며, 그의 생애 후반에는 앙리 1세에 의해 라보르(LaVaur)의 주교로 임명되기도 했다(1557). 그 후 감독직에서 물러나 파리에서 1557년에 운명하였다. 역사가 헤밍야르드에 의하면, 왕실의 지도자로서 살다가 간 단의 생애는 사실 1530년 아리스토텔레스의 윤리학을 강의할 때부터 명성을 떨치기 시작했다고 한다.

우리는 칼빈이 친구 프랑수와 다니엘에게 보낸 편지에서 데인스의 강의에 참석하려고 한다는 의도를 엿볼 수 있다.[5] 그러나 1531년 가을 파리에서는 흑사병이 발병하였기 때문에 데인스의 수업을 받는다거나 왕립 대학의 어느 교수에게서 강의를 듣는 일은 용이하지 않았을 것이다. 그리하여 칼빈의 헬라어 공부는 두 번째 시도 중 하차해 버리고 만다. 데인스가 칼빈에게 얼마나 많은 영향을 미쳤는지에 대해서는 연구가 거의 없다. 칼빈의 글과 데인스의 글을 비교 문학적으로 검토하여 추출해 낼 수 있을 것이다. 그러나 데인스를 비롯한 다른 왕립 대학 교수들과의 접촉을 통해서 얻은 교훈들이 훗날 제네바 대학을 세우고, 교육적으로 체계를 정비할 때에 많은 영향을 미치지 않았나 싶다.

파리에서 왕립 학자들과 접촉하면서, 칼빈은 오를레앙과 부르쥬 대학까지 거쳐 오면서 꼬르디에, 볼마르, 에스뜨왈, 알시아티 등에게서 영향을 받았고, 그때까지 배운 지식들은 간접적으로 르페브르와 에라스무스의 휴머니즘을 폭넓게 확신하게 해주었으며, 이런 최신의 지식으로 마음이 가득 차 있었고, 새로운 학문의 비전을 충분히 소화하게 되었으리라 생각된다.

특히 1531년 파리에는 제라르 루셀(Gerard Roussel, 1550년 사망)이 훗날 나바르의 여왕(Queen of Navarre)이 된 공주의 파리 궁중 설교자로 취임하게 되었다. 칼빈은 루셀의 설교를 직접 들었거나 적어도 만났으리라고 본다. 루셀은 궁중 의사로서 재직하던 니꼴라 꼽의 아버지를 비롯하여 이 집안과 긴밀한 친분을 형성하고 있었다.

---

5) Calvin to Daniel, 1531년 12월 27일자 편지.

부데의 영향

칼빈이 공부한 법학에서나 후에 관심을 갖게 된 인문주의 문학에서나 여러 사람의 스승을 만났는데, 그중에 우리가 스쳐 지나갈 수 없는 인물이 기욤 부데(Guillaume Budé, 1468-1540)라는 학자다. 우선 부데의 학문적 위치를 가늠해 보고, 칼빈과의 연관성을 추론해 보기 위해서 16세기 초반의 프랑스 법학 연구 상황을 간략히 살펴보자.

휴머니즘의 영향이 프랑스에 점차 강하게 밀려 들어오자 새롭게 나타나기 시작한 현상이 있었으니, 중세의 해석을 무시하고 직접 원문을 읽도록 힘써 나갔다는 점이다. 이것은 법학의 분야에서도 새로운 변화를 초래하였다. 그리하여 이 고대 로마법이 당시와 어떤 상관 관계가 있느냐는 문제는 제쳐두고, 우선 그것들을 문학적이며 역사적인 기본 서적으로 취급했다. 왜냐하면 이들 16세기 초의 법률가들은 로마법 문서들을 언어 연구의 대상으로 보는가 하면, 고대 로마의 역사와 사회 풍습이라는 관심에서 보았기 때문이다. 칼빈이 법학을 공부하던 시대에는 전통적인 방법과 서로 대립되어 강의되었을 뿐만 아니라 당대 유명한 학자들이라고 손꼽히던 발라(Valla), 폴리티엔(Politien), 부데 같은 이들이 주창한 이 대법전에 대한 문서적, 언어적, 역사적 연구가 형성되어 있었다.

프랑스의 법학 연구는 지역의 특성을 따라서 급진적으로 변화하였다. 남부 지방은 로마법의 중요점을 계속 유지 계승시키고 있었으나, 북부 지방에서는 법률이란 불문법이나 관습 이상의 것이 아니었다. 프랑수와 1세 치하에서는 중앙 정부의 권력 집중과 통제를 강화시키고 있던 때였으므로 이런 법에 대한 다양한 생각들을 시대착오로 취급하기 시작하였다. 법률 개정의 박차를 가하기 위해서, 프랑스 남북부 전체를 망라해서 보편적으로 유효한 법률 체제의 골격을 세우는 방향으로 유도해 나갔는데, 보편 원리에 입각한 법조문의 이론인 측면에 관계하는 사람들을 지지하였다. 이 분야의 선구차로 손꼽히는 사람이 부데였다. 그는 설득력 있고, 효과적인 새 프랑스 법률의 요구를 만족시키려면 고대 로마법으로 직접 돌아가야 한다고 주장했다. 이탈리아에서 중세 법률가들의 해석에 의존해서 원문을 해석해 오던 전통을 버리고, 원본이 쓰여진 처음의 언어로 직접 읽어 내려가는 방식을 효과적으로 제시하였다.

오를레앙에서 공부하는 동안에 칼빈은 이런 휴머니스트 운동의 가장 핵심적인 내용과 처음으로 직면케 되었다. 새로운 학문의 조류와 만남이란 얼마나 중요한 것인지 모른다. 이것은 단순히 그가 법학의 이론적인 재치들을 배웠다거나, 법조문에 의존하는 실습을 받은 것에 비교할 수 없다. 칼빈이 제네바의 법률과 포고의 조문화 작업을 지원해 주도록 요청받았을 때, 그는 고전적인 로마 대법전에 관한 해박한 지식을 사용하여 계약서의 실례와 재산법, 그리고 판결의 진행에 관해 능력을 발휘할 수 있었던 것이다. 칼빈은 휴머니즘적인 사색가였고 동시에 실제적인 법률가로 훈련을 받았다. 특히 부데의 문학적인 연구 결과를 통해서 고전적인 유산은 단지 헌법이나 법조문만이 아니고, 16세기에 맞는 중요한 내용을 함축하고 있다는 확신을 가지게 되었다.[6]

부데는 1467년 파리에서 출생하였다. 그가 스물네 살이 되면서 헬라어 탐구에 열심을 기울이게 되어 장 라스크리(Jean Lascris)로부터 배웠다. 집중적인 헬라어 학습은 그로 하여금 뛰어난 문장가의 기법을 갖

---

6) J. Bohatec, *Budé und Calvin: Studien zur Gedankenwelt des französischen Frühumanismus* (Graz, 1950).

게 하였다. 그러나 대부분의 그의 저술이 쓰여진 라틴어는 매우 모호하고 난삽했다. 그는 대학의 정규 교수의 직책을 가지지 않았고, 오히려 일반 사회에서 주로 학식을 발휘하였다. 그는 국왕 프랑수와 1세의 비서관으로, 오늘날 국립 사서실의 전신인 궁정 도서관의 설립자요 책임자로, 청원국의 국장으로, 상인들의 대부로, 교황 레오 10세에게 보내진 대사로 활동했다. 1514년부터 그가 펴낸 저술은 "신약 성경 해설"을 비롯하여 광범위하다. 그는 또 최초의 위대한 고대 경제사 학자였다. 고대의 도량형과 화폐 주조를 연구하여(De Asse) 박식한 지식을 발휘하였다. "헬라어 해설서"(Commentaries on the Greek Language)를 비롯하여, "유스티안 법전에 대한 광범위한 역사적, 철학적, 문학적 해설집"(Annotations on the Pandects)을 냈고, 프랑스 법률을 썼으며, 고대의 법문서들을 편집하였다. 그의 "국왕 교훈서"(Institutiondu Prince)는 사후에 출판된 책으로 이 시대의 치국경륜에 있어서 가장 유명한 교과서였다. 고전과 역사에 담겨 있는 지혜로부터 나오는 그의 직관은 프랑스 전제 정권의 정치적 품위를 확고히 일으켜 세우는 데 진력하였고, 통치에 더불어서 학문적인 근거를 주창하였다.[7]

그는 정작 자신은 대학의 교수직을 갖지 않으면서, 프랑수와 1세를 설득해서 파리 대학교에 네 개의 교수직을 설치하도록 하였다. 이로 인해서 프랑스 대학에서 가장 권위 있는 대학으로 발전하게 되는데, 신학 교수들에 의해서 엄격하게 대학이 통제를 받게 되면서 인문학과 성경 연구가 무참히 짓밟히고 만다는 점을 역설하였다. 법학과 문학을 함께 전공한 학자로서 쓴 『헬레니즘에서 기독교로의 전환』(De transitu

---

7) Marie-Madeleine de La Garanderie, "Guillaume Bude, A Philosopher of Culture," *The Sixteenth Century Journal* Vol. 19, no. 3 (Autumn, 1988): 379-388.

hellenismi ad Christianismum, 1535)은 그의 기독교 휴머니즘 사상을 담고 있는 대표적인 수작이다. 이 책에서 그는 헬라 철학 속에 담긴 지혜들로부터 기독교 신앙에 이르기까지의 발전 과정을 역사적으로 추적하였다. 특히 기독교 휴머니즘의 근본 원리를 포괄적으로 제시하였다.

과연 언제부터 칼빈은 부데의 글을 읽게 되었을까? 칼빈의 『세네카의 관용론에 대한 주석』을 깊이 있게 연구한 휴고(A. M. Hugo) 교수에 의하면, 칼빈이 파리에 있을 때 이 저명한 학자와 사귈 수 있는 특권을 가졌다고 한다. 이때는 물론 칼빈이 파리에서 처음 공부하던 시기는 아니다. 그렇다면, 1531년 3월 짧은 기간 머물 때거나 아니면 1531년 6월부터 1532년 5월 중순까지의 기간이다. 우리는 여기에 대해서도 정확한 만남의 시기를 가려낼 수 없다. 하지만 칼빈은 파리의 친구 꼽 집안과 친하게 지냈는데, 이 집안이 부데와 긴밀한 친분 관계를 가지고 있었다. 칼빈의 친구인 니꼴라 꼽의 아버지는 국왕의 주치의로서 궁정에서 일할 때 역시 부데도 함께 있었던 것이다. 어쨌든, 부르쥬 대학에서 알시아티 밑에서 공부할 때에 부데의 책들을 다수 읽었을 것으로 확신을 하게 된다. 이탈리아 출신인 알시아티도 이 저명한 프랑스 지성인을 인용하며 추천했던 것이다.

1532년 4월 초에 나온 『세네카의 관용론에 대한 주석』에는 칼빈이 부데의 글을 광범위하게 읽었다는 사실이 입증되고도 남는다. 칼빈은 이 주석에서 부데를 가리켜서, '문학의 대들보요 최고의 장식'이라고 말하면서, 일곱 번이나 그 이름을 언급하였다. 이 책을 라틴어에서 영어로 최초로 번역한 배틀스(Ford Lewis Battles) 교수는 부데의 영향이 담긴 구절들을 아무리 적게 잡아도 90구절 이상 발견할 수 있다고 했다.[8] 청년 칼빈은 법률의 용어 해석이나, 로마법의 해석이나, 문학 및 정치 철학의 설명을 할 때에 주로 부데에 의존했던 것이다. 이런 양적인 증거들을 기준으로 생각하면, 부데가 칼빈에게 끼친 영향은 그에게 가르친 어떤 교수나 선생보다도 가장 심대하였다는 사실을 의심할 여지는 전혀 없다.

심지어 1559년 『기독교강요』 최종판에서 부데의 방법론을 채택하였을 가능성도 있다. 칼빈이 『기독교강요』 제1권 첫 다섯 장에서 시세로(Cicero)를 고대 자연 종교 시대의 고전을 통해서, 장차 예수 그리스도의 놀라운 복음으로 가는 길잡이 역할을 한 인물로 생각한 것은 부데의 영향이었다.[9] 칼빈이 당대에 가장 뛰어난 성경 주석가로서 그가 사용한 해석의 방법은 많은 장점을 갖고 있는데 그 원리들은 모두 법학 공부 시절에 배웠던 것이다. 그가 부데로부터 배운 것은 문서학에 능할 것과 직접 본문의 기초 자료에 접근하는 법과 그것을 문맥 내의 언어적, 역사적인 정황들에 대한 이해를 기초로 하여 해석하고, 당시의 시대에 주는 교훈을 찾아서 적용함으로 마치는 것이다. 칼빈은 법학 수업 기간 동안 어떤 저술을 남기지 않았지만 훗날 여기서 터득한 휴머니즘의 학문 방법론을 유익하게 활용한 것이다.

칼빈과 부데 집안과의 밀접한 유대 관계는 1540년 부데가 죽은 다음에도 계속되었다. 부데의 부인은 세 아들과 함께 개혁 신앙을 받아들이

---

8) F.L. Battles and A.M. Hugo, *Calvin's Commentary on Seneca's 'De Clementia'* (Leiden: E. J. Brill, 1969). 서문을 참고할 것. Battles, "Sources of Calvin's Seneca Commentary," in *John Calvin*, ed. G.E. Duffield (Grand Rapids: Eerdmans, 1966).

9) E. Grislie, "Calvin's Use of Cicero in the *Institutes* I:1-5, A Case Study in Theological Method," *Archive für Reformationsgeschichte* 62 (1971), 5-37.

고, 최후에는 제네바에 정착하게 된다. 큰아들 장 루이(Jean-Louis)는 제네바에서 동양 언어 교수가 되었고, 1551년 시편의 프랑스어 번역을 냈다. 둘째 아들 마띠외(Mathieu)는 히브리어 학자였고, 셋째인 장(Jean)은 제네바의 시의원으로 빠르게 출세하여 기욤 파렐, 베자 등과 함께 독일 황제에게 프랑스 칼빈주의자들의 변호를 위해서 대사로 가기도 했다. 그는 또 1552년 칼빈의 『다니엘서 주석』을 라틴어에서 프랑스어로 번역했다.

『세네카의 관용론에 대한 주석』(1532)

휴머니스트로서의 꿈을 실현하기 위해서 열심히 공부하던 칼빈이 그 소원을 성취하여 첫 번째 저술을 발표하게 된다. 당시 파리에 발생한 전염병으로 칼빈은 다른 사람들이 하던 대응책을 따라서 임시 거주지를 외곽 지대에 마련하였다. 그리고 약 3개월 여에 걸친 집중적인 저술의 결과로 1532년 4월, 『세네카의 관용론에 대한 주석』(Commentary on Seneca's De Clementia)을 발간하였다.[10] 로마의 저명한 철학자이자 수사학자였던 세네카는 네로 황제의 법률 고문으로 살면서, 권력을 가진 사람들에게 자비로운 통치를 호소한 지혜를 남겨 놓았다. 세네카가 이렇

---

10) Lecoultre, *Calvin d'après son commentaire sur le De Clementia*(1891). 칼빈의 최초의 저술이 영문으로 번역 및 본격적으로 연구되기는 437년 후의 일이었다는 사실이 놀랍기 그지없다. 대부분의 칼빈의 성경 주석이나 설교, 신학 논문들이 거의 동시에 영어로 번역·소개되었는데, 『세네카의 관용론에 대한 주석』만은 최근에 고전 문학에 정통한 학자들의 노력으로 널리 소개되었다. Ford Lewis Battles, A. M. Hugo, *Calvin's Commentary on Seneca's 'De Clementia'* (Leiden: E. J. Brill, 1969). 이 책의 원본은 지금 겨우 몇 부만 남아 있다. 그중에 한 부가 칼빈 신학대학원의 '헨리 미터 칼빈 센터'에 있다.

게 담대하게 책을 쓸 수 있었던 것은 네로 황제가 어렸을 때에 그의 가정 교사였기 때문이다. 로마의 왕실과 귀족들은 어린아이를 위해서 저명한 학자들에게 외국어 교육과 문법, 수사학을 교육시켰던 것이다.

그러나 칼빈이 이 책을 해설하여 출판하였다는 것은 몇 가지 시사하는 바가 크다. 첫째로, 법학 공부를 하는 동안에 칼빈은 점점 고전들을 사랑하게 되었으며, 특히 세네카의 세계관과 본성으로부터 우러나오는 예민한 동정심에 대단한 흥미를 가지게 되었다는 점이다. 둘째로, 그가 굉장한 학자로서의 자질을 가지고 있음을 보여 주고 있다는 점이다. 셋째로, 뛰어난 독창적인 판단력을 지닌 휴머니스트로서 당대 학문의 세계에서 인정을 받으며 명성을 얻으려는 포부를 가지고 칼빈 자신의 비용으로 출판하였다는 점이다. 당시 자비 출판은 젊은 작가들에게 흔히 있었던 일인데, 자신이 생각한 것보다는 훨씬 비용이 많이 들었다. 칼빈의 기대와는 달리 독자들의 반응은 냉담했다. 무명의 작가가 쓴 책이었기에 아무도 알아주지 않는 것은 당연한 결과였다. 출판 비용을 건지기 위해서라도 칼빈 자신이 여기저기에 판매를 부탁해야만 되었다. 출판 업자 필립 로레에게 백 권 이상을 만들도록 부탁했기 때문에, 오를레앙을 비롯하여, 그동안 학창 시절에 사귄 친한 친구들을 총동원하여 이 책을 교제로 써 줄 것을 부탁하였다. 그리고 다니엘에게 백 권을 보내면서 대학에서 나눠 주도록 부탁했고, 부르쥬의 한 교수가 이 책을 학생들에게 소개해 주겠다는 편지를 받고 무척이나

24. 「세네카의 관용론에 대한 주석」 표지

즐거워하였다.[11]

칼빈이 첫 저술의 대상으로 꼽힌 세네카의 관용론은 이미 로테르담의 에라스무스가 1515년에 첫 해설집을 출판한 바 있었다. 그때에 에라스무스는 신약 성경의 편찬과 제롬에 대한 연구에 집중하고 있었기에, 다른 책에는 충분히 시간을 할애할 형편이 아니었다. 그래서 그는 1529년 1월에 다시 증보판을 내어 미비하다고 생각한 부분을 보충하였다. 칼빈의 관심을 끈 것은 바로 이 증보판의 서문이었다. 에라스무스는 누구든지 능력이 있는 학자가 자신의 연구를 토대로 하여 진보된 책을 내달라고 공개적으로 초대하는 글을 덧붙여 놓았다. 마치 복수의 여신에게 벌을 달라고 하는 것처럼 말이다. 칼빈은 당대 저명한 학자 에라스무스의 둘째 판에 만족할 수 없었다. 그리하여 다른 사람들은 그냥 처녀림으로 방치해 두는 현명함을 택하고 있을 때, 감히 도전장을 받아들이기로 작정한 것이다.

칼빈은 에라스무스의 두 권을 기본 자료로 사용하면서, 역시 1475, 1478년, 그리고 1503년에 각각 출판된 다른 사람들의 해설집도 참고하였다. 여기서 칼빈은 휴머니스트의 선구자인 로렌조 발라(Lorenso Valla)와 에라스무스, 부데의 고전 연구 방법론에 따르고 있었다.

칼빈은 이 책을 통해서 자신이 앞으로 학문적인 직업을 갖는 쪽으로 나아가는 발판이 마련되기를 희망했던 것으로 보인다. 그러나 당시 휴

---

11) 1532년 4월 22일자 편지. 『세네카의 관용론에 대한 주석』은 국판 약 156쪽 분량으로 출판되었으나 저자의 염원만큼 성공적이지 못하였다. 칼빈이 1523년 5월 23일자로 친구 다니엘에게 보낸 편지에 의하면, 그는 파리 대학가 뿐만 아니라 오를레앙의 친구들을 통해서 할 수 있는 한 많이 소비시켜달라고 간청하였다. 그 후 일자 미상의 다니엘에게 보낸 편지에는 부르쥬 대학에 있는 친한 친구들 레로이, 피그니, 쑤케, 브로스, 바라티 등에게 보내달라고 부탁했다. 특히 쑤케에게는 이 책을 강의 시간에 사용하여 준다면 큰 도움이 되겠노라고 하였다. *Selected Work of John Calvin*, vol. 4. 31-32.

머니스트로서 전문가라면, 칼빈이 선택한 책은 오직 그 책 한 권의 주석을 저술하는 데 일평생을 바쳐야 할 만큼 지독한 독배라는 사실을 잘 알고 있었다. 만일 칼빈이 행운을 얻어서 이 책의 주석을 끝마쳤다 하더라도, 그의 명성이 빛날리는 만무하였다. 만일 그가 이 무모한 일에 일생을 투자해서 계속 집중한다 하더라도, 로마 시대의 고전 작가에 관한 각주 몇 개 정도를 추가하는 데 그쳤을 것이며, 그것마저도 어떤 것은 매우 애매모호한 채로 남겨 두어야 했을 것이다. 세네카의 관용론은 고대의 문화, 역사, 문학에 관한 정통한 지식을 근거로해서 쓰여진 책이다. 칼빈의 주석에는 약 55명의 라틴 저술가들과 22명의 헬라 저작자들이 인용되었고, 초대 교부들의 저술이 일곱 번 언급되었다. 그러나 성경 인용은 불과 세 번 뿐이어서, 이때까지는 칼빈은 라틴어 성경만(the Vulgate 역본) 참고했던 것을 알 수 있다. 그가 아직 헬라어와 히브리어로 된 신·구약 성경 원전을 읽기에는 부족했음을 보여 주고 있다.

물론 16세기 초반의 학문 연구의 수준은 상당히 발전되어 있어서, 칼빈이 인용한 고전들은 언제든지 손쉽게 고대 저작들의 원전을 직접 대하듯이 읽을 수 있었다. 오늘날 옥스포드 인용 대사전(Oxford Dictionary of Quotations)에서 직접 원전의 일부를 찾아보고 참고할 수 있듯이, 편집된 책들을 통해서 고전 연구가 가능하였다. 칼빈은 아울루스 겔리우스(Aulus Gellius)나 부데가 편찬한 책에서 대부분 그대로 인용하였다.

이러한 고전 편집물의 인용이라는 작업도 상당한 기교와 창의력을 잘 발휘해야만 가능한 일이요, 지식의 세계에 대한 눈이 열린 사람만이 가능한 일이었음은 물론이다. 전체적으로 볼 때, 이 책의 저자는 라틴어의 뜻풀이에 많은 지식이 있는 사람이요, 헬라어의 어원론(etymologies)에 굉장한 관심을 가진 사람이며, 단어들과 언어의 사용에 세밀한 집중을 기울이는 사람이라는 인상을 준다. 그러나 이 책에 흥미를 잃어버리게 만드는 요인이 있다면, 내용보다는 본문에 접근해 가는 방법론 때문이었을 것이다. 칼빈의 저작 동기와 관련된 우리의 의문점들을 풀어 보기 위해서 이 책의 특징에 관해 최근 학자들의 분석을 살펴보고자 한다.

첫째 동기는 칼빈의 지적인 의욕이었다.[12] 물론 여기에는 친구들의 격려와 칭찬이 긍정적으로 자극을 주었다고 밝히고 있다. 그들은 칼빈에게 이 책을 끝까지 주석해서 발간하라고 재촉하였던 것이다. 본래 칼빈 자신이 처음부터 의도적으로 출판을 계획한 것은 아니었다. 칼빈의 초기 저술들의 서문에서 이런 겸손한 표현을 자주 발견할 수 있다. 예를 들면, 변증서 반박의 서문이라든가, 훗날 『기독교강요』에서도 프랑수와 왕에게 보내는 헌사 가운데서 겸손한 자세로 저술 동기를 밝힌다든지, 올리베땅의 서문을 써준다든지 할 때에 왜 그런 책을 내는가에 대해서 언급한 부분들이 있다. 그렇다고 하더라도 그는 젊은 휴머니스트로서 그가 존경해 마지 않는 세네카의 글들이 많은 해석의 오류 속에 덮여 있음을 그냥 지나치고 넘어갈 수 없었다고 한다. 서문에는 학자의 꿈을 가진 청년의 마음이 담겨 있다.

> 나는 단지 최고의 저자가 많은 사람들에 의해서 무시되는 것을 참고 견딜수 없었다. 거의 아무런 존경심도 없다니! 따라서 나는 오랫동안 상당수의 표현력 있는 학자들이 이런 원인들을 밝혀내 주며, 반드시 첨가돼야 할 저자의 명예를 회복시켜 주기를 희망해 왔던 것이다.[13]

---

12) Q. Breen, *Calvin's French Humanism*, 67ff.
13) F.L. Battles and Hugo, *Calvin's Commentary on Seneca's De Clementia*, 21, 43, 65-73.

젊은 학도로서, 그는 자신을 학계에 드러내 놓았을 뿐만 아니라, 에라스무스처럼 학문적인 비판을 촉구하고 있는 것이다. 그래서 이 책을 출판한 다음에 에라스무스에게 보냈다.

칼빈은 예전에 아버지가 바라고 원하던 바와는 달리, 비평과 해석에 집중하는 휴머니스트가 되기를 확고히 결심하고 있었다.[14] 이 책을 해설할 무렵 그는 변호사가 되기를 원하지 않았고, 반대로 법학 연구에서 벗어나서 다른 전문가의 길을 원했는데, 고전들을 통해서 문학, 철학, 법학의 지식을 충분히 축적하고 이를 토대로 하여 프랑스 학계에 이 저술을 발표함으로써 자신의 위치를 확고히 하려고 했던 것이다.

이 해설집에 나오는 언어의 부드러운 기교, 특히 설득력을 발휘하는 해석이야말로 칼빈의 놀라운 면모라고 지적할 수 있다. 이 미래의 언어학자, 수사학자는 벌써 첫 작품에서부터 인간의 언어에 대해서 매우 통달하고 있다. 장차 성경 주석가로 쓰임을 받기 위해서, 하나님의 말씀이 사람의 언어를 통해 나타날 때 보다 정확하고 간명하게 계시를 드러내기 위하여, 노련한 실습을 하였다고 볼 수 있다. 점점 더 후반부로 갈수록 칼빈은 잘 연결된 문맥, 세련된 표현, 언어의 실례들을 보여주고 있다. 그가 정열을 쏟아서 노력한 것은 저자와 독자와의 사이, 연사와 청중과의 사이에 벌어져 있는 시간적, 공간적 간격을 좁히도록 가교를 놓아줌으로써, 의사 전달을 쉽게 하며 본문의 뜻을 명백히 밝히려는 것이었다. 이런 면에서 칼빈은 이미 대중 전달의 이론과 실기를 함께 터득하고 있었으며, 소위 수사학의 근본 원리를 잘 깨우치고 있었던 것이다. 장차 종교 개혁의 체계를 세우는 성경 주석가로서의 모습이 이러한

---

14) *Selected Works of John Calvin*, vol. 4, 31.

휴머니스트의 저작 속에 잘 함축되어 있다.

이 책은, 조그만 겨자씨가 큰 나무를 이루듯이, 거대한 종교 개혁이라는 역사적인 거목을 내적으로 간직하고 있는 씨앗과 같았다. 단어들과 문구들의 의미를 문헌학적인 해설을 조명시킴으로 분명한 의미를 드러내려 했다. 단어들이 연결된 방식을 설명함으로 문법과 수사학의 특징을 풀이하였고, 마지막으로 고대의 다른 원전들과 세네카의 다른 저술들에서 사용된 비슷한 구절이나 단어들을 제시하였다.

칼빈이 주로 관심을 가진 것은 내용보다도 표현 방법이었다.[15] 칼빈의 해석 방법은 크게 에라스무스가 사용하던 '역사-비평적 조사(historico-critical investment)와 문서의 신빙성에 대한 법률적인 탐구(legal treatment of documentary evidence)를 통해서 그 조사를 강화시키는 데' 총력을 다했다.[16] 그러므로 본문의 본질적인 진의를 왜곡하여 덧붙여진 것들로부터 구분하려 했다. 그리고 그는 그 참된 내용들을 다시 제시함으로써 그 본문의 이해를 재구성하였다. 휴고 교수의 분석에 의하면, 칼빈은 "앞서 출판된 해설집의 오류를 열네 번 찾아내고 있다. 그 결과 1529년에 나온 에라스무스의 개정판의 잘못된 점을 시정하였다. 스물세 곳에

---

15) *Selected Works of John Calvin*, vol. 4, 32.
16) 근래에 칼빈의 해석학에 관한 치밀한 연구가 T.F. Torrance에 의해 본격적으로 시도되었다. 칼빈의 저술에서는 에라스무스의 '역사-비평적 방법론'에서 영향을 받은 흔적들이 많이 나타난다. *The Hermeneutics of John Calvin* (Edinburgh: Scottish Academic Press, 1988), 132: "Calvin learned from Erasmus to respect the inter-connections between literature and the socio-historical structures of human life, and to see the need in the interpretation of classical documents to elucidate the meaning of words and concepts through philological and historical research into the cources and circumstances out of which they arouse … Calvin followed Erasmus closely in his method of historico-critical investigantion, and reinforced it through his legal treatment of documentary evidence, in which he sought to lay bare some notion by subjecting it to interragative scrutiny, tracing his steps taken in reaching it and distinguishing its essential truth from its distorting accretions, and then he reconstructed understanding of it by drawing out its material implications."

서 본문의 상황을 분석하였다. 대부분이 아주 훌륭하게 본문을 중심으로 하여 다루고 있다."[17] 물론 이런 본문 비평만을 처음부터 끝까지한 것은 아니고, 자기의 해석을 정당화할 필요가 있을 때에는 다른 문서들을 서로 대조하여 보다 확실한 핵심을 찾으려 했다. 본문의 진의에 우선적인 관심을 둠으로써 불명확하고 가변성이 있는 것들을 독창적이고도 창조적으로 돋보이게 만들어냈다.

이 작품의 가장 두드러진 특징은 칼빈이 관용론의 본래 의미를 그 책이 쓰여진 역사와 문화의 배경에서 이해하려고 애썼다는 사실이다. 고전 문학 작품들은 많은 정보가 부족하다. 세네카의 연설이나 사상에 대한 해석을 하려면, 그가 사용한 설명이나 예화들을 보다 자세하게 알고 있어야만 가능하다. 시, 역사, 문학, 드라마, 희극, 윤리, 교육, 정치, 법률 등을 다루고 있기 때문에, 이와 연관된 일상생활의 관습이나 사회적인, 법률적인 부분을 함께 참조해야만 하는 것이다. 그래서 역사적인 상황이 면밀하게 연구되고 난 다음에 칼빈은 그에 따라서 주후 일 세기의 본문에 대한 16세기의 해석과 이해를 재조명하려 했다. 동시에 세네카의 다른 작품들을 연구하며, 인용하여 본래 저자의 이념이 무엇이었는가를 밝혀 내었다. 이런 칼빈의 연구 자세는 훗날 제네바에서 신약 성경을 연구하며, 주석할 때에 그대로 지속되었음은 물론이다.

칼빈이 이 책에서 종교적인 문제에 대한 어떤 인식을 드러내고 있느냐에 대해서는 명백한 증거를 찾아내기가 매우 곤란하다. 세네카는 네로 황제의 폭정을 목격하였을 때, 필봉을 날려서 관용의 미덕을 발휘하라고 변호하였다. 칼빈도 이 책에서 당시 프랑스에서 일어나고 있는 개

---

17) A.M. Hugo, *Calvijn en Seneca. Een inleidende studie van Calvijns Commentar op Seneca, De Clementia, anno 1532*, 197ff.

제5장 휴머니스트의 꿈

혁 사상에 대한 핍박을 중지하라는 의미를 함축하고 있었을까? 당시 국왕 프랑수와가 개신교에 대해서 좀 더 너그러우며 유연하게 대해줄 것을 요청한 것이 아닐까? 이런 생각을 그가 하고 있었을 것으로 짐작할 수는 있다. 단지 이런 가설들을 충분히 뒷받침할 확증은 아직 없다. 왜냐하면 칼빈은 이 주석에서 당시 현실의 문제들에 대해서는 그다지 큰 관심을 표명하지 않고 있기 때문이다.[18]

그러나 칼빈 자신도 그 당시의 종교적인 문제들로 인해서 내적인 갈등을 가지고 있었음은 틀림없었다. 아버지와 형님의 파문을 경험한 그가 종교적인 문제와 전혀 무관했다고 볼 수는 없는 것이다. 르페브르가 주장한 바와 같이, 온건한 개혁을 지지하는 학문적인 일이란 얼마든지 쉬운 일이었다. 실제로 "대학에 몸담고 있던 사람들은 누구든지, 프랑스에서는 이런 문제들이 초기 단계에 있었지만, 모두 다 이런 복음주의(Evangelisme)에 호의적이었다"[19]고 한다. 칼빈의 최종적인 개신교 사상은 1533년에 가서야 드러나지만, 거기에 이르기 전에 이미 고민하고 있었으며 아직 미확정의 단계로 몇 년간을 보내고 있었던 것으로 보인다.[20]

이 작품에는 세네카가 신봉하던 스토아 철학이 주된 내용을 이루고 있다. 비록 칼빈의 관심은 당시 휴머니스트들의 비평 방법이었지만, 관

---

18) 가톨릭 신학자 가녹지 교수는 칼빈의 『세네카의 관용론 주석』에서 개신교에 대한 박해에 대한 언급이 없다고 주장한다. 이때까지만 해도 아직 칼빈이 개혁 사상에 물들지 않았고, 로마 가톨릭을 떠날 생각이 없었다는 것이다. 아직 개혁 사상에 물들지 않았고, 로마 가톨릭을 떠날 생각이 없었다고 주장한다. 가녹지는 관용론 주석에서는 "복음적인 요소란 전혀 들어 있지 않다"고 주장한다. 하지만 칼빈이 이 책을 쓸 당시에 심한 종교 탄압에 반대하고 있었고, 더구나 관용의 미덕을 옹호하였다는 사실로 볼 때에, 그가 개혁 사상을 공개적으로 말하지 않았을 뿐이지, 간접적으로 포용하려고 애썼다는 점은 부인할 수 없을 것이다.

19) Hugo & Battles, 16.

20) Wendel, *Calvin*, 37-45. Cf. Wendel, Calvin Sources et Evolution de sa Pensse Religieuse, 20f.

용론의 사상과 관련하여 과연 칼빈은 세네카의 입장을 옹호하고 있는가? 그는 과연 스토아 철학의 영향을 받은 것일까? 학창 시절부터 칼빈은 스토아 철학에서 많은 영향을 입었다.[21] 심지어 어떤 이들은 칼빈주의는 기독교 종교의 한 가지 생활 형태이기에, 스토아 철학을 세례 주어서 기독교로 개종시키고, 세례에 의해서 새롭게 갱신하며 격상시켰다고 말하고 있을 만큼, 서로 상호간에 일치하는 부분이 많다.[22]

16세기 휴머니스트들에게 있어서 스토아 철학은 하나의 유행처럼 널리 인기가 있었다. 고전 연구를 하면 할 수록, 가장 지고한 윤리이자 최선의 도덕으로 받아들였다. 이탈리아의 르네상스는 개인의 미덕과 행복을 최고의 가치로 숭상하였지만, 기독교 휴머니스트들은 감각에 호소하는 그들의 에피큐리안적인 사색을 이교적인 것으로 배척하였다. 스토아 철학에는 이 세상은 이미 결정된 대로 간다는 운명론, 숙명론이 기초를 이루고 있으며, 모든 것을 초월하여 감정과 분노를 이겨내라고 가르치는 효율적인 내용이 들어 있다. 또한 스토아 철학의 가르침에는 하나님과 인간 사이의 개인적인 관계에 있어서 하나님의 섭리와 통치가 강조되어 있다. 그러므로 세계의 지배자는 제왕들이나 우연이 아니고, 하나님의 섭리임을 받아들였다. 모든 인간의 동등한 가치를 주장하며, 조용한 명상과 기도를 겸한 개인적인 종교의 필요성을 인정하고, 죄, 성결, 봉사, 희생, 그리고 용서를 강조하는 것 등은 기독교 휴머니스트들이 강조하는 내용이었다. 에라스무스의 윤리주의적인 흔적 속에는 스토아 철학의 행동 양식이 들어 있었다.

---

21) C. Partee, *Calvin and Classical Philosophy* (Leiden: E. J. Brill, 1977).
22) 이런 표현을 맨 먼저 한 사람은 Dr. Fairbirn이다. Cf. *The Place of Christianity in Modern Theology* (1893). Hugo & Battles, 46.

이 해설집 안에서 칼빈이 스토아 철학과 기독교 사이에서 어떤 점을 공통분모로 생각하였는지, 지식의 기초로서 매우 자연스럽게 상호 일치하는 점들이 어떤 것인지에 대해서 분명히 설명해 주는 구절들은 없다. 그는 어거스틴을 인용하여, "우리는 그들의 약점을 탄핵하자. 그러나 그들이 우리와 같이 나누고 있는 공통적인 본성에 대해 긍휼히 여기자"고 결론지었다.[23] 이 인용문은 우연히 만들어진 것은 아니라고 본다. 왜냐하면 세네카가 '관용'의 정확한 뜻을 정리하려는 대목에서, 칼빈은 어거스틴을 인용하여 '긍휼'을 설명하고 있기 때문이다.[24]

> 관용이란 하나의 미덕임을 분명하게 하나의 사실로 받아들여야만 한다. 자비에 대한 감정이 없는 자는 좋은 사람이 될 수 없다. 이러한 게으른 현자들이 그늘진 구석에서 무엇을 말한다 하더라도. 플리니의 말을 빌리면 "나는 그들이 현자인지 어쩐지 모른다. 그러나 확실히 그들은 인간이 아니다. 위로에 의해서 영향을 입는 것이 인간의 본성이기 때문이다." 그러므로 고대의 아테네 사람들이 관용에게 제단을 바친 것은 올바른 일이었다. 시세로, Pro Ligario[12.37]: "친절함보다 사람에게 즐겁게 느껴지는 것은 없다. 너의 덕중에서 그것보다 찬양할 것은 없다. 너의 자비만큼 즐거운 것은 없다."[25]

여기서 칼빈의 의도가 무엇인가를 매우 간단하게 보여 주고 있다. 그는 독자들이 세네카가 의도했던 뜻이 무엇인가를 확실하게 제시하려 했

---

23) Hugo & Battles, 60.
24) Ibid., 61.
25) Ibid., Text, 148.

다. 간단히 말하면, 그는 세네카에 대해 아첨하는 파리 학자들의 좁은 해석에서 벗어나 있듯이, 스토아 철학에 집착하려는 어떤 편파적인 아집으로부터도 벗어나고 싶었음을 보여 준다.

이제 일반 독자를 위해서 이 작품의 한 부분을 소개하여 본다. 첫 장에서 세네카는 네로에게 황제이지만 아무리 통치자라 하더라도 법률의 지배를 받아야 함을 상기시키고 있다.

세네카의 본문 : 나는 엄격함을 지키면서도 관용을 베풀 태도를 갖추었다. 마치 내가 암흑과 무지로부터 광명으로 불림을 받은 것처럼 그런 법률들에 대해 해명들을 준비하듯이, 나는 스스로 이 원칙을 유지해 나왔다.

칼빈의 주석 : 그는 '마치'라는 단어를 아주 잘 첨가하였다. 왜냐하면 왕은 법률에 복종하는 것으로부터 제외되어 왔기 때문이다. 국왕을 위해 그도 '법률의 한계' 내에 있음을 고백하게 한 것은 통치권자에게는 아주 값진 말이다. [유스티안 대법전 Codex 1.xiv.4] 국왕이 법률에 복종한다는 규칙보다도 더 위대한 것이 없다.

그 다음 장에서 세네카는 관용을 베풂으로 해서 사람들이 더욱 악해졌다는 일부의 주장을 받아들이면서도, 관용의 시행이 항상 유익한 것만은 아니라는 견해를 피력한다.

세네카의 본문 : [관용을 베풂으로] 수많은 사람들이 선한 행실로 돌아올 수 있을 것이다. 그럼에도 불구하고, 용서를 자주 베푸는 것은 적절하지 못하다. 왜냐하면 선한 사람과 악한 사람 사이의 구별이 없어지면, 오히려 그 결과는 혼란이요 악의 절정에 이르기 때문이

다. 그러므로 관용은 고칠수 있는 성질의 것인가, 고치지 못할 것인가 사이의 구별이 가능할 때에만 시행되어야 마땅하다.

칼빈의 주석 : 1. 이것은 관용의 시행이 어떠해야 함을 말하는 것이다. 퀸틸리안(Quintillian)은 말하기를 '만일 한 사람이 미래에 순박하게 살 수 있을 것 같고, 자기 자신을 다른 사람을 위해서 쓸 수 있을 희망이 있으면' 관용을 청원할 때라고 말하면서, 그 시기의 중요성을 언급하였다(7.iv.8). 그리고 시세로는 '회개는 난파된 후 가장 좋은 피난처'다'고 말했다.

2. 현인들은 덕을 정의할 때 시세로를 인용하여 함축된 의미를 풀이한다.

덕은 '너무 많은 것도 아니고 너무 적은 것도 아닌 것'이다. 사람은 반드시 덕을 지키고, 악에 빠지지 않도록 해야 할 것이다. '사람은 반드시 용서해야 한다. 그러나 모든 사람을 용서해서는 안 된다. 왜냐하면 어떤 사람은 용서를 받고 향상되지만, 어떤 사람은 더욱 타락해 버리기 때문이다.'

3. 이제 저자는 무슨 일이든지 용서해서는 안 된다는 이유를 설명한다. 형벌을 받지 않는 한, 많은 사람들이 타락하고 부패해 버린다. 그들은 곧장 어떤 부끄러움이나 예의범절이라는 굴레를 부숴버릴 것이다. 여기서 재판관들이 기억할 것은, '관대함과 오래된 부정은 새로운 것을 만들어 낸다'는 말이다. 시세로의 명언을 상기할 것, '죄를 지으면 처벌을 받지 않을 수 없도록 강력히 다스리면, 범죄에 대한 유혹이 없어진다.'[26]

---

26) Ibid. Text, 21, 43, 65-73.

1532년 4월 4일에 쓴 헌사에, '가장 고귀하며, 가장 학식이 높은 누와용의 성 엘로이 교구의 끌로드 드 앙제(Claude de Hangest)에게' 헌정한다는 문구가 있다. 휴머니스트의 전통에 따라서 상당히 기술적으로 겸손한 인상을 갖도록 잘 표현되어 있다. 이 책에는 어거스틴의 『신의 도성』(City of God)이 정확하게 인용되어 있고, 오를레앙과 부르쥬에서 배운 고전 작가들과 당대 휴머니스트들의 글이 수없이 사용되어 있는 뛰어난 분석력이 돋보이는 책이다. 칼빈의 예민하고도 날카로운 도덕 관념과 세네카의 올바른 윤리적 판단 원리가 함께 드러나 있는 책이다. 자비와 정의가 함께 소개되어 있고, 어떤 대목에선 칼빈이 스토아 철학으로부터도 떨어져서 독자적으로 서 있기도 하다. 그는 스토아 철학의 개인주의적인 분리에 대해 불만스러웠던 것이다.

1532년 5월 끝 무렵에 칼빈은 성경 번역본—아마 르페브르의 번역으로 1530년 후반 안트워프(Antwerp)에서 인쇄된—한 권을 갖고 오를레앙으로 돌아간 것으로 보인다. 그리고 약 1년여 동안, 1533년 10월 27일까지 그곳에 머물렀던 것으로 짐작된다.[27] 1533년 5월 10일과 6월 11일 자로 된 법률 문서에 보면, 그는 삐까르디 공화국의 대표 장학생의 신분(substitut Annuel de Procureur)을 갖고 있었다.[28] 오를레앙 대학은 모두 10개의 주변 지역에서 학생을 보내 학교 조직과 체제를 구성한 전문 대학이었고, 칼빈의 고향인 누와용에서도 그 일부에 참여하고 있었다. 삐까르디 출신 학생의 대표, 혹은 변호사로서 일 년간 대표자의 신분으로 머물렀던 것으로 짐작된다. 그는 다시 1년 동안 법학도로서 휴머니스트

---

27) J. Doniel, "Jean Calvin à Orléans," *Bulletin de la société d'histoire du protestantisme française* 26(1877), 174-185.

28) Doinel, *Le bulletin de la Soc. de l'histoire du Prof. francais*(1877), 174-185. Lefranc, Jeunesse, 105, 203-204.

들의 방향을 따라서 공부해 나가기에는 파리보다 훨씬 좋은 오를레앙에서 상당한 진보를 이루었다. 법학과 고전 연구라는 외길을 향해서 정진하고 있었기에 아직은 종교 개혁 사상에 접촉점이 없었던 것으로 보인다. 이때까지만 해도 그의 일생을 걸게 될 개혁주의의 건설에는 아직 그의 마음을 확고히 정하지 못하고 있었다.

| CHAPTER 06 |

정처없는 도망자 생활과 예상치 못한 회심

젊은이들은 대부분 자신의 직업과 장래를 결정하기 위해서 한동안 전환기 혹은 방황기에 접어들게 된다. 청년기의 절정에서 불안한 장래에 대해 고민하던 칼빈도 역시, 1532년에서 1534년까지 어디에서 무엇을 하면서 보냈는지에 대해서 정확히 알 수가 없다. 그 당시에 남아 있는 기록들은 매우 적어서 그가 힘든 방황자의 한 사람으로 여러 곳을 다녔으리라고 추정할 뿐이다. 1533년 1월에는 고향 교회의 장학생 명단에 이름이 올라 있었다. 1533년 5월 25일 친구 다니엘이 오를레앙에서 결혼을 하였으므로 틀림없이 그곳에 갔으리라고 본다. 다시 파리에 돌아와서 니꼴라 꼽을 만나고 앞서 언급한 다니엘의 누이가 수녀가 되려 하자 확실한 소명이 있어야 한다고 강조하면서 절대로 가볍게 생각하지 말도록 권고하였다. 그러나 절대로 수녀가 되어서는 안 된다고 주장하지는 않았다. 그리고 여름에는 고향을 방문하여 신부들과 교회의 일도 왔다.

1533년 9월 4일, 칼빈은 스트라스부르그의 개혁자 마틴 부써에게 편지를 보내서, 자신의 사촌 올리베땅에게 일자리를 주도록 부탁하였다.

올리베땅은 재세례파로 의심을 받고 있어서 이를 칼빈이 해명해 주고자 한 것으로 보인다. 부써는 1528년 5월 파렐에게 보낸 편지에서 누와용 출신 젊은이 한 사람이 자신에게 찾아왔음을 언급한 적이 있는데, 그가 바로 칼빈의 사촌 올리베땅이었던 것이다. 칼빈은 훗날 1537년 스위스 베른에서 열린 개혁자들의 모임에서 처음으로 부써와 만나게 된다.

칼빈은 1533년 가을, 파리로 돌아와서 대학 교정(the Collèe Fortet)에 머물렀던 것으로 보이는데, 10월 27일에는 다니엘에게 당시 근황을 적어서 보냈다. 이 편지에는 당시 파리의 개혁자 제라르 루쎌이 언급되어 있는데, 이때에 칼빈은 이 새로운 종교에 관심을 갖고 있음을 분명히 표명한 것이다. 이 시기는 앞서 언급한 바와 같이 국왕이 휴머니스트들을 극진히 우대하면서 나바르의 대학에서 일어난 여동생에 대한 모함에 격분하여 반대파의 거두 베다를 추방하였던 시기였다. 개혁 진영의 희망이 한층 부풀어 올랐다. 루쎌은 루브르 궁전에서 복음적인 설교를 토해 내고 있었으니, 가톨릭 진영의 요새였던 파리에 태풍이 몰아닥친 것과 같았다.

고향 교회와의 결별

이제 칼빈의 나이도 25세로 접어들고 있었다. 보통 사제들이 안수를 받는 나이였다. 따라서 이제 그 나이에 이른 칼빈이 반드시 선택해야 할 일이 남아 있었다. 교회법에 의하면, 이 나이에서는 반드시 교회의 혜택을 받던 신분에서 일단 정리가 필요했다. 다시 말하면, 이제 신부의 서품을 받아서 자신의 교구에서 부양을 받든지, 아니면 다른 직업을 갖고 교회의 후원금을 받지 않아야 한다. 따라서 그는 1534년 5월, 고향 교회를 방문하였다. 이 당시 누와용에는 종교 개혁의 새로운 바람이 불고 있었는데, 그 배후에는 칼빈의 형 샤를르가 연루되어 있을 것이라고 의심을 받고 있었다. 이런 마당에 칼빈이 고향에 돌아와서 자신이 받던 성직의 특권을 철회한다고 공식으로 보고했다. 그로부터 이틀 후, 샤를르는 이단 죄목으로 조사를 받았다. 그의 자백도 없었을 뿐만 아니라 아무런 혐의점도 찾지 못했다. 1537년 10월 1일까지 교회의 감금 상태하에 있다가 결국 죽고 말았다. 더이상 추문이 퍼져 나가지 못하도록 하기 위해 밤에 아무도 모르는 장소에 매장해 버렸다.

일부 칼빈 전기 작가들은 얼마 동안 칼빈이 누와용에서 감옥에 갇혀 있었던 것으로 추정하는데, 이는 전혀 다른 사람이다. 5월 25일자, 교회의 인사록에는 수수께끼 같은 이름이 기록되어 있는데, "성 삼위일체 주일 저녁에 교회 안에서 소란을 피운 엠 장 칼빈(M. Jean Calvin)을 뽀르트 꼬르보 감옥(the Porte Corbault)에 집어넣었다"는 것이 그 내용의 전부다. 그러나 1534년 성 삼위일체 주일은 5월 31일이었으므로, 여기에 나오는 날짜는 아마 서기의 실수였던 것으로 보인다. 그런데 여기에 나오는 칼빈이라는 사람을 설명하는 수식어가 있어서 독자들을 혼란스럽게 만든다. 그 어디에도 분명하게 개혁파에 가담한 요한 칼빈이라는 말은 없고, 'un Jean Cauvin dit Mudi'라는 사람으로 되어 있다. 이 사람의 이름에 '소위 뮈다라고 불려지고 있는(dit Mudi)'이라는 문구가 추가되어 있는 것은 기록자가 이름이 비슷한 종교 개혁자 칼빈과 구분하기 위해서 그렇게 한 것으로 보이며, 이 뮈다라고 알려진 사람은 자신의 잘못된 행동에 대해서 설명해야 할 중범자였던 것 같다.

이 문서와 관련된 또 다른 얘기는 더욱 신빙성이 있다. 이 사건이 있은 지 몇 년 후에 칼빈은 제네바에서 제롬 볼섹이라는 사람과 예정론 문제로 맞서게 되어, 그를 시의회에 고발한다. 그리고 볼섹은 제네바에서 추방된다. 이로 인해서 칼빈에게 증오심을 품은 볼섹은 1577년, 즉, 칼빈 사후 13년이 되던 해에, 자신의 모든 실력을 동원하여 칼빈에 대한 평가를 나쁘게 만들고자 험담으로 일관한 『칼빈의 생애』(Vie de Calvin)를 리용에서 출판하였다. 이 책을 쓸 때에, 볼섹은 칼빈이 처음 프랑스를 떠나서 개혁 운동에 가담할 때부터 잘못되어 있었다는 근거를 찾고자 혈안이 되어 있었다. 그래서 칼빈의 어린 시절을 철저히 조사하여 보라고 제네바 시의회에 탄원하였던 바, 이에 공식 대표로 필리베르 베르뜰리에(Philibert Berthelier)가 누와용으로 가게 되었고, 신실한 보고서를 작성토록 하였다는 것이다. 그리고 그 보고서에 나오는 문장이라고 하면서, 칼빈이라고 이름하는 사람이 감옥에 갔었다고 혹평을 하는 것이다.[1] 그러나 이 문서의 내용은 제네바 사람들에게조차 정확히 밝혀진 바가 없다. 다시 말하면, 이 문서는 조작된 문서이거나, 악의에 찬 창작물임에 틀림없다는 것이다.

1550년과 1552년에도 칼빈에 대한 불명예스러운 얘기들이 다시 한 번 널리 퍼졌다. 칼빈의 집에서 일하던 아주 평판이 나쁜 여자로 인해서 나온 얘기였다. "하나님이 주신 은혜로 인해서 아주 착한 가톨릭 신자가, 전혀 자신의 종교를 바꾸지도 않고 자신의 길에서 돌이키지도 않고서 악한 생활에 빠져 있으니, 이단적인 칼빈의 모습도 그 사람의 악한 행동과 이름을 꼭 닮은 것이다." 더 악질적인 소문도 돌아다녔으니, 칼빈은 얼굴에 뜨거운 다리미로 낙인을 찍어 놓아서 그 외모가 흉측하고 끔찍스러운 사람이라는 것이다. 개신교를 박해하는 자들 사이에서 수

---

1) Vie de Calvin, 12. Hunt, Calvin, 43: "le dit Calvin, pourveu d'une cure et d'une chapelle, fut surprins ou convaincu du péché de Sodomie, pour lequel il fut en danger de mort par feu, comment est la commune peine de tel péché; mais que l'evesque de laditte ville, par compassion, feit modérer laditte peine en une marque de fleur de lys chaude sur l'espaule."

년 동안 널리 애용되었다.[2] 이런 말에 대해서 로마 가톨릭 역사학자들은 침묵하고 있는 것이 더욱 한심스러운 일이다. 신앙적인 논쟁의 본질을 떠나서 이런 형편없는 소문으로 명예를 더럽히는 일은 시간이 지나면 백일하에 드러나는 법이기 때문이다.

칼빈이 고향 교회의 혜택을 철회하고 명단에서 자신의 이름을 삭제하게 된 일은 교회가 주는 어떤 직책도 받지 않겠다는 자신의 확고한 결정이 있었기에 일어난 사건이다. 아직까지는 교회 밖에서는 생계 수단이 전혀 없던 사람으로서 이런 일을 한다는 것은 신중한 판단에서 나온 결과이다. 그가 로마 가톨릭교회에 대해 가졌던 충성심은 현저히 흔들리고 있었음을 보여 주는 가장 공적인 자료이다. 그러나 이것이 바로 칼빈의 회심을 단적으로 증명하는 유일한 단서는 아니다.

니꼴라 꼽의 취임 연설[3]

신학 교수들의 추방으로 공백이 생기자, 한동안 파리에서 개혁자들이 승리한 것처럼 보였다. 더구나 소르본느의 새 학장으로 쌩뜨 바르브(the Collège Sante-Barbe)의 의학 교수이던 젊은 의사 니꼴라 꼽(Nicholas Cop)이 임명되었다. 그의 아버지는 한때 궁정 의사를 지냈다. 이를 기회로 해서 개혁 진영은 공적으로 자신들의 의견을 표출할 기회로 삼은

---

2) Doumergue, *Jean Calvin*, I. 424-440.
3) 이미 필자가 펴낸 책에서 연설문 전문을 번역하였고, 이와 관계된 문제들을 충분히 살펴본 바 있다. 칼빈의 생애에서 아주 중요한 문서이므로 일독을 권한다. 김재성, 『칼빈과 개혁 신학의 기초』(수원: 합동신학대학원 출판부, 1997), 제1장, "칼빈의 초기 신학 사상 형성: 꼽의 연설문을 통해서 본 청년 칼빈의 신앙."

것 같다. 그 당시 대학 사회에 일격을 가하려는 기회가 온 것이다.

    1533년 11월 1일, 만성절 날에 새 학장은 관례에 따라서 마뛰랭(the Mathurins)의 교회에서 새 학기를 시작하는 개학식에 즈음하여 연설을 하였다. 연설문은 "심령이 가난한 자는 복이 있다"는 산상 수훈이었다. 그것은 차라리 설교였다. 꼽은 신학자는 아니었다. 그러나 그는 에라스무스와 루터의 글들을 인용하였다. 이날 연설의 주제는 사람이 감당할 수 없는 율법의 멍에를 정해놓고 그것이 바로 예수님이 남기신 구원에 이르는 선행이라고 강조하는 교훈을 비판한 것이다. 소르본느 교수들이 주장하는 선행론을 정면으로 공격하고, 그들이 조금도 관용을 베풀지 않고 있음을 비판한 것이다.

    이날은 마틴 루터가 1517년 95개조의 반박문을 내걸고 종교 개혁의 봉화를 높이 불지른 역사적인 날이었다. 만성절(All Saints Day)은 매년 11월 1일 성자의 유품이 신통력을 발휘한다고 믿던 로마 가톨릭의 성일로서 미신적인 신앙에서 깨어나지 못했던 당시에는 여간 중요한 날이 아니었다. 로마 가톨릭의 성자 숭배의 전통에 의해 생겨난 이 절기는 아픈 병자들을 위해 죽은 성자들의 유품이 있는 성당들을 찾았던 것이다. 이로 인해서 수입이 생기는 측은 성당의 주교와 그 지방의 영주들이었다. 질병의 치유와 소원의 성취를 위해 거액을 기증하면, 성자의 유품을 가까이에서 만지거나 마주 대하고 돌아오는 것이다. 루터는 바로 그 전날 10월 31일 사람들이 많이 모여드는 비텐부르그 대학 교회의 게시판에 라틴어로 된 반박문을 게재하였던 것이다.

    이날 꼽의 연설은 놀라운 충격이었다. 그 전반적인 내용은 루셀의 설교를 약간 부드럽게 표현하고 있고, 마틴 루터의 만성절 설교문과 1534년에 줄판된 에라스무스의 신약 성경 제3판 서문에 나온 것들을 변형시킨 것이었다. 물론 여전히 마리아 숭배의 가톨릭 전통을 담고 있었지만, 이 연설은 듣는 사람으로 하여금 종교 개혁의 원리를 추종하는 어떤 사람이 만들었다는 단서가 충분하게 느껴지는 강렬함을 내포하고 있었다. 예수 그리스도의 구원하시는 공로에 대한 믿음이 개신교 신학의 주춧돌과 같은 핵심 사항이 아닌가! 물론 일반 시민들은 간파하기가 어려웠을 것이다. 이것은 언뜻 보면 로마 교회에서도 핵심이요 비록 잃어버리기는 했지만 중요한 진리로 간주되었기 때문이다.

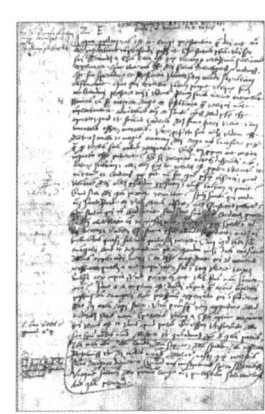

25. 꼽의 연설문 일부(칼빈의 손으로 쓰여짐)

이 돌연한 사건으로 인해 파리 사회의 권력층과 고위성 직자들이 문제를 삼고자 들고 일어났다. 나바르의 마르그리뜨는 꼽의 편을 들고자 하였으나 헛수고였다. 11월 19일 후임자로 포르투갈 출신의 교수 구베이아(Andreas de Gouveia)가 임명되었고, 다음날, 재대로 취임식도 갖지 못한 채 전임 학장으로 물러난 꼽은 의회에 출석하도록 소환장을 받았다. 의학부와 문학부의 교수진은 그를 지지하고 있었으나, 법학부와 신학부의 교수진은 반대하고 있었다. 그러므로 대학이 반반으로 대립적이므로 그를 전적으로 지지할 수 없는 형편이 되고 말았다.

꼽은 운명의 날이 될지도 모르는 사태를 직감하고, 소환장에 명시된 모임에 모습을 나타내지 않고 그 길로 스위스 바젤로 도망가 버렸다. 12월 13일 프랑수와 왕은 리용에서 격노하여, 파리에서 꼽을 도망하도록 허용한 무능력한 행정 당국 간부를 체포하라고 공한을 보냈다. 의회는 그를 산 채로 든지 죽은 채로 든지 체포하면 3백 크라운의 현상금을 준다고 발표하였다.

사태는 더욱 악화일로로 치달아, 신학부 교수진들의 시비와 비난으로 인해서 마침내 루셀과 다른 설교자 한명이 경찰에 체포되고 말았다. 보수 세력들은 국왕이 수도에 없는 기회를 타서 마음대로 개혁주의자들을 색출하며 신랄하게 공격을 퍼부었다. 그 조사의 대상에는 칼빈의 이름도 들어 있었으니, 이 문제에 관련된 사람으로 거명되었다. 평소에 니꼴라 꼽과 자주 어울려 다니면서 생활했으므로 당연히 같은 사상의 소유자로 분류되었다. 경찰들이 들이닥쳐서, 그의 책이며 방과 모든 소지품도 샅샅이 조사하였다. 그도 하마터면 붙잡힐 뻔하였다. 마쏭(Papire Masson)에 의하면, 경찰이 그의 집 앞에 도달했을 때에 그는 창문 밖으로 줄을 매달아서 간신히 목숨을 건졌다고 한다. 칼빈이 박해로 인한 피해를 직접 당한 것은 이번이 처음이었다. 평소 섬세하고 조용한 성품이던 칼빈이 이 일로 인해서 얼마나 큰 충격을 받았을 것인가는 충분히 짐작할 수 있을 것이다. 이 광분한 소르본느 신학자들의 증오심과 적대감은 행정 당국으로 하여금 무차별 체포령을 수행토록 조종했다. 칼빈은 극도의 불안과 걱정 속에서 그가 1531년 이래로 머물고 있던 포르테 대학의 기숙사를 몰래 빠져 나갔다.

이날 칼빈은 황급히 포도원의 농부집에 잠시 몸을 숨겼고, 그집 주인이 입던 농부 옷을 빌려입고 머리와 어깨를 덮는 모자를 눌러쓰고 파리를 빠져 나갔다. 이때 그는 멀지 않은 장래에 속히 돌아올 수 있으리라, 곧 돌아올 것이라 기대를 가지고 떠났다. 이처럼 급히 떠날 수밖에 없었던 것은 앞에서도 설명하였듯이, 당시 파리의 긴박한 상황 때문이었다. 당국은 루터파의 사상에 동조한다고 생각되는 사람들의 검거에 나서서 약 50여 명을 체포하였다. 만일 칼빈이 그대로 남아 있었다면, 물어보

---

4) *Papirii Massonis Elogiorum pars secunda* (1638), 414.

나 마나 루터의 동조자로 몰려 이 숫자의 한 사람에 포함 되었을 것이다. 이와 같은 상황적인 증거를 종합해 볼 때, 칼빈이 이 연설문과 관계가 있었으리라는 가정을 강력하게 뒷받침하게 된다.

'갑작스런 회심' (Subita Conversio)

대부분의 개신교 역사학자들과 신학자들은 꼽의 연설문 사건을 계기로 칼빈은 돌이킬 수 없이 개혁 진영으로 밀려가게 되었다는 데 의견을 같이 한다. 로마 가톨릭을 떠나서 종교 개혁으로의 회심은 시대적 정황을 배경으로 해서 진행된 것이다. 특히 칼빈의 표현을 살펴볼 때 그 내용과 성격이 잘 드러난다. 하지만 앞서도 언급한 바와 같이, 자세한 설명을 그 어느 곳에도 남겨 놓지 않고 있어 궁금증이 완전히 해소되는 것은 아니다.

칼빈 자신의 회심에 대한 회상은 오랜 세월이 지난 후에, 『시편 주석』(1557)에서 언급하였다. 여기서 그는 가장 자서전적인 기록을 남기고 있는데, '갑작스런 회심'(Subita conversio)이라고 말하였다. 그러나 더 이상의 설명이 없다.

> 나의 아버지께서는 어린 시절부터 내가 신학을 공부하도록 계획하셨다. 그러나 그가 법학을 전공한 직업이 실제에 있어서 어디서나 매우 부유하다는 생각을 하시고 갑자기 마음을 바꾸었다. 그리하여 나는 철학 공부를 그만두고 법학을 공부하기 시작한 것이다. 비록 내 아버지께 순종하려는 소망에서였지만, 내 모든 노력을 경주하여 공부하였다. 그러나 하나님께서는 그의 은밀하신 섭리로 나를 제어

하사, 마침내 내 진로를 다른 방향으로 돌리셨다.

첫째로 일어난 일은, 갑작스런 회심으로 인해 여러 해 동안 너무나 고집스러웠던 마음을, 가르침을 받아들일 수 있는 상태로 만드셨다. 왜냐하면 내가 너무나 철저하게 교황의 미신에 헌신하고 있었기 때문에 수렁 같은 구렁텅이로부터 쉽게 구출될 수 없었다. 유년기의 나는 사람들이 기대하고 있었던 것보다도 그런 문제들에 있어서는 훨씬 완고하였기 때문이다. 그리하여 참된 경건의 지식에 대해 약간의 맛을 본 후에, 나는 즉시 그 안으로 진보하려는 매우 강한 열망에 사로 잡히게 되었다. 비록 내가 다른 학문들로부터 모두 떠난 것은 아니었지만, 그러나 그것들을 추구하는 열성은 아주 적었다. 일년이 채 지나지 않아서 참된 교리를 추구하는 사람들이 끊임없이 내게 와서, 나도 아직 신참자요 초보자인데, 나에게 배우려 하는 사실을 발견하고 상당히 놀랐다. 내 입장에서는, 사람들로부터 떨어져 있기 위해 나는 아무도 모르는 숨을 곳을 찾고 있었다. 왜냐하면 나는 본성적으로 다소 수줍어하고 겁이 많아서 항상 조용한 것과 평온함을 좋아하였기 때문이다. 그러나 지금까지 나의 이 염원을 달성하지 못하고, 그와는 정반대로, 내게 있어서 모든 휴식과 휴양의 장소는 공적인 학교들이었다. 간단히 말하면, 다른 사람들에게 알려지지 않고 개인적으로 조용히 사는 것이 항상 나의 목표였는데, 나의 그런 자연적인 성향이 있음에도 불구하고, 하나님께서는 다양한 변화로 나를 인도하시고 지도하사, 그런 곳에서 조용히 휴식하도록 허락하지 않으셨다.

하나님께서는 나를 조명받는 곳으로 끌어내셨고, 대중들의 이목이 집중하는 무대 위에 밀어 넣으셨다. 사실 내가 프랑스를 떠나서 독일로 갔을 때, 내가 항상 간절히 바랐던 것처럼, 그 목표를 세우고 거

기서 다른 사람들에게 두드러지지 않은 구석진 곳에서 살려고 했던 것이다.[5]

그런데 이 시기가 과연 언제였는가에 대해서 분명히 밝히고 있지 않다. 과연 올리베땅이 서문을 부탁할 무렵에 영향을 받기 시작했는지, 아니면 그보다 먼저 몽테귀 시절에 지독한 '교황의 미신'에 대해 회의하게 되었는지 결정적인 단서를 제공하지 않고 있어서 그가 체험한 회심은 어떤 결정적인 순간이라기보다는 자신의 성향이 조금씩 변화된 과정에 있다가 최종적으로 일어난 결정이라고 해석하기도 한다. 그러나 일찍부터 이런 회심이 분명치 못했음을 알 수 있으니, 그가 가톨릭교회의 장학 혜택을 받으면서 개혁자들의 복음을 간직하는 이중적인 사람은 아니었을 것이기 때문이다. 따라서 초기 회심은 가능성이 별로 없다.[6]

칼빈은 오를레앙에 도착한 이후로 상당히 자유스러운 휴머니즘의 영향을 입었고, 에라스무스, 르페브르, 루쎌 등의 주장을 잘 이해하게 되었다. 무엇보다 그 주변의 친구들 중에 이미 루터파의 복음주의를 열렬히 따르는 사람들이 있음을 알게 되었다. 하지만 파리에 다시 돌아온 이후에는 열심히 공부에만 진력하고자 했다. 이런 과정에서 칼빈의 마음 속에는 훗날 그 실체를 드러내게 될 개혁 신앙이 서서히 자리잡아 가고 있었고, 1533년 가을, 그의 친구 니꼴라 꼽의 연설문 사건으로 처음으로 행동화 하게 되었던 것이다.

훗날 그는 진리에 속해 있는 것처럼 보이면서도 공개적으로 이를 고

---

[5] *Commentary on the Book of Psalms*, tr. James Anderson, xl-xli.
[6] 김재성, 『칼빈과 개혁 신학의 기초』, 제2장 "갑작스런 회심: 가톨릭 휴머니스트에서 프로테스탄트로"를 볼 것.

백하기를 거부하는 사람들을 니고데모파라고 공격하였으므로, 자신이 음흉하게 마음속에서 두 종교를 가지고 있었다고 볼 수는 없다. 그는 자신의 회심이 모든 사람으로 하여금 본받도록 해야 할 모델이라고 할 수 없음을 매우 진지하게 피력한 바 있다.[7] 따라서 오늘날 칼빈의 회심 기간으로 일반적인 해석은 그가 여러 정황 속에서 차츰 복음에 눈을 뜨게 되고, 황급히 파리에서 도피하여 앙굴렘에 머물면서, 고향을 다녀오고, 여기저기 방문하면서 점차 완전히 마음을 확정하였을 것이라는 것이다. 특히『기독교강요』를 저술하면서 성경의 가르침으로 최종적으로 분명하게 굳어졌을 것으로 짐작된다. 그는 비로소 진지하게 성경을 읽고 깊은 감동을 받았으며, 자신의 신앙을 점검하는 기간을 가졌을 것이다. 칼빈의 회심은 성경으로 인해서 결정적으로 체득된 것으로 볼 수 있다. 성경의 사람으로 일생을 살아가게 되는 계기가 회심을 통해서 마련된 것이다. "갑작스러운 회심"은 결국 하나님의 말씀과 권능으로 인해서 "예상치 못한 회심"을 했다는 의미이다.

1540년, 제네바 시민들에게 추기경 싸돌레가 설득하는 질문서를 보내오자, 이에 대한 답변서에서 왜 자신이 로마 가톨릭으로 되돌아가지 않는지를 밝히는 가운데도 회심의 단초가 들어 있다.[8] 어린 시절부터 열심히 교회 생활을 했지만 교회의 모든 행사나 가르침들 가운데서는 자신의 양심에 주는 감동을 전혀 느낄수 없었고 아무런 위로를 받을수 없었다. 그러나 그 근본이 되는 성경으로 돌아간 사람들이 증거하는 설교에서 새로운 진리의 빛을 발견하였다. 로마 교회에 대해 느껴온 것은 일

---

7) 1563년 7월 31일자, 칼빈이 Crussol에게 보낸 편지.

8) "Reply by John Calvin to Letter by Cardinal Sadolet to the senate and people of Geneva," in *Calvin's Selected Works*, 23-68.

반 서민들의 생활과는 괴리되어 너무나 고상한 듯하고, 제약이 많다는 것뿐이었다. 그러나 빛을 가진 사람으로 돌아볼 때, 로마 교회의 가르침은 교리적인 면에서나 윤리적인 면에서나 모두 다 복음의 단순함과는 거리가 먼 각종 '신개발품들'(innovations)로 가득 차 있음을 알게 되었다. 제단에 그리스도의 임재를 물체화한 것이라든지, 고해 성사, 성자들에게 비는 축문, 금식과 금욕에 대해 높은 평가를 하는 공로 사상 등, 이런 모든 '인간의 개발품들'이 하나님의 영광을 흐려 놓는 데 협조하고 있을 뿐이었다. 이런 생각들은 칼빈이 당시 자신의 논리를 받아들이기를 주저하던 친구들과 나눈 편지들 속에 분명히 밝혀져 있는 것들이다.

앙굴렘에서의 피신 생활

파리를 떠나 도피 생활을 하면서부터 칼빈은 샤를르 데스뻬빌(Charles d'Es-peville)이라는 가명으로 생활하게 된다. 이런 이름으로 1534년 전반기를 조용히 묻혀서 지내게 되었다. 1533년 11월부터 피신 생활에 들어간 칼빈의 거처를 파악하기란 매우 어렵다. 마르그리뜨의 도움으로 잠시 박해가 중단될 때는 파리에, 어떤 때는 누와용에, 그 밖에도 오를레앙, 앙굴렘(Angouleme), 뿌와 띠에(Poitiers), 끌래락(Clairac) 등 여러 곳에 있었다. 그는 두려움 속에서 안전한 곳을 찾아야만 하였다. 어디를 가나 이젠 루터파로 낙인이 찍혀 알려졌다. 그는 어느 날 제네바에서 행한 설교 가운데 이때를 회고하면서 몸부림치도록 무서운 지난날의 고뇌를 털어놓은 적이 있다.

나는 약 20년, 거의 약 30여 년 전부터 종교적인 억압 속에서 지냈다.

나는 더이상 이 무서운 광경을 보지 않기 위해서 죽기를 바랐다.
아니 적어도 나는 내가 말하지 못하도록 내 혀를 잘라버리고 싶었다.[9]

이토록 불안했던 칼빈의 생활은 아마 파리 시절에 함께 공부하면서 만나게 된 그의 친구 루이 뒤 띠에(Louis du Tillet)의 도움으로 약간의 안도감을 가지게 된다. 뒤 띠에의 집안은 꼽의 집안처럼 국왕의 호의에 의지해서 귀족에 속해 있었고, 에라스무스, 르페브르, 루쎌 등의 신학문에도 매우 호의적인 편이었다. 이런 점에서 칼빈과 뒤 띠에는 학문적인 공통점이 있었고, 종교적인 문제에 있어서도 공감을 갖고 있었다. 그러나 뒤 띠에는 아마도 집안을 의식한 나머지 용기와 확신이 부족했던 사람이었다고 보여진다. 한동안 새로운 종교와 학문에 젖어서 개혁 사상을 받아들였지만, 결국 집안 어른들의 설득과 이해관계로 인해서 로마 가톨릭교회로 되돌아가 버렸다.

칼빈은 1534년 1월경에는 뒤 띠에의 고향인 앙굴렘에 정착하게 된다. 여기서 약 4, 5개월 머문 것 같다. 뒤 띠에의 아버지는 파리 왕실의 고위 관리로서 재무위원회 부의장이었다. 파리의 남서쪽 약 250마일(400km) 지점에 위치한 앙굴렘은 칼빈의 은신처가 되기에 안성맞춤이었다. 뒤 띠에는 4형제 중 막내였는데, 매우 부유한 집안일 뿐만 아니라, 국왕을 위해 요직에서 활동하는 동안, 프랑스 남부 앙굴렘에서 명문가로 부상하였다. 큰형은 파리 국회의 수석 서기관이었고(오늘날의 국회 부의장으로 짐작할 수 있다), 둘째는 국왕의 비서였으며, 셋째는 브리워의 주교로 후에 1562년에 모(Meaux)의 주교가 되었다. 루이도 그때

---

9) Sermon 14, 사무엘하 5:13에 대한 설교문. Supplementa Calviniana 122.

까지는 끌레 지역(Claix)의 교구 신부이자 앙굴렘의 지방 성당의 신부가 되어 있었다. 이 집안은 학식으로 뛰어났을 뿐만 아니라 아주 좋은 개인 서가를 갖추고 있었다. 약 3천 권 내지 4천 권에 이르는 자료와 인쇄된 책들을 갖고 있었다.

앙굴렘에서 칼빈이 절친했던 친구 다니엘에게 보낸 편지를 보면, 그가 무엇을 하고 있었으며, 어떤 종류의 일을 하고 있었는지를 의도적으로 밝히고 있음을 알게 된다. 단지 뒤 띠에의 '호의' 속에서 지낸 것만이 아니라, 연구할 기회를 가졌다는 사실이다.

> 현재 나의 일상 중에서 너의 흥미가 되기에 충분한 가장 중요한 일은 체질적으로 약하고 약질인 내 건강이 매우 좋아졌다는 것과 공부에 있어서 상당한 진보를 가졌다는 사실이다. 물론, 후원자의 친절함으로 인하여 가장 게으른 사람의 느린 행동이 빨라지게 되었음이 확실하다. 이런 호의는 학문 때문에 주어진 것이라고 확신한다.[10]

편지의 내용을 살펴보면 자신의 장래를 하나님의 섭리에 맡기기로 하였으며, 하나님께서 이런 조용한 곳에서 공부할 수 있는 기회를 주신 것을 감사하고 있다. 이제 칼빈의 신앙심이 매우 철저해진 것이다. 칼빈 사후 70년 후에 전기를 쓴 드 래몽에 의하면, 이때 칼빈의 별명이 '끌레의 헬라인'(The Greek of Claix)이었으며, 여기서 『기독교강요』의 초안이 작성되었다고 한다.[11]

뒤 띠에의 집안에 드나들던 클라 지방의 많은 지식인들과 성직자들

---

10) *Calvin's Selected Works*, vol. 4, Letters Part 1, 41. 1543년 3월경에 보낸 것으로 추정됨.
11) De Raemond, *Histoire*, 883-885, Doumergue, I., 370-373.

을 만나 사귀면서 자신의 지식을 그들과 교류할 기회도 가졌다. 그중에는 훗날 바돌로매 대학살에 희생된 변호사이자 위그노 운동의 지도자였던 피에르 들 라 쁠라쓰(Piere de la Place)도 그들 가운데 들어 있었다. 또한 여기서 라블레(Rabelais)를 만났을 가능성이 높다.

칼빈의 미래를 위하여 매우 의미심장한 일들이 일어나기 시작한 시기가 앙굴렘에서의 기간이다. 이곳에서의 학문적인 연구는 모두 『기독교강요』의 초판 속으로 용해된다. 이 책은 '이단자들의 탈무드'라고 불려지는데, 여기서 초고를 쓰고, 나머지 부분은 뒤에 구체적으로 계획하며 발전시켜 나아갔을 것이다. 우리는 이미 루쎌에 동조하던 칼빈의 편지와 회심 시의 파리 상황을 검토한 바 있고, 점차 칼빈의 마음속에 개혁사상이 자리 잡아가는 변화의 추이를 읽을 수 있는 것이다.

1534년 4월 초순경, 칼빈은 당시 프랑스 휴머니스트의 대가로서 높이 추대받던 르페브르를 나바르 지방의 중심지인 네학(Nérac)에서 만나게 된다.[12] 이때 르페브르는 앙굴렘의 마르그리뜨의 보호 속에 여생을 보내고 있었다. 르페브르가 프랑스어 성경을 수정하여 출판하던 때도 이 무렵이었다. 그 후로 2년 뒤, 일백일 세의 일기로 휴머니즘의 대가는 삶을 마감하게 된다. 훗날 파렐이 전하는 바에 의하면, 르페브르는 지난날 자신의 우유부단함에 대해서 비통하게 후회하였다고 한다.[13] 그는 진리를 분명히 알고서도 그것을 증거하지 못했던 것이다. 마지막 순

---

12) Beza, *Life of Calvin*, xxv. Doumergue, *La jeunesse de Calvin*, 380-415. Walker, *John Calvin*, 112. OC 21:57: "While he was in Saintonge, he traveled to Nerac to see the esteemed Jacques Lefevre d'Etaples. Lefevre, who had taught the children of King Francis, was quite old, but he had been persecuted by the Sorbonne and therefore retired to that country. The elderly gentleman was pleased to welcome Calvin and to confer with him."

13) 1536년 3월에 미셸 다랑드(Michel d'Arande)에게서 받은 편지의 뒤쪽에 파렐이 써 놓은 문장에 들어 있다. Hunt, *Calvin*, 42. n. 1.

간에 그와 함께 있던 루쎌이 그토록 자신을 설득했건만 그의 몸은 땅으로 가고, 그의 영혼은 하늘로 가며, 그의 선행은 가난한 사람들에게 남겨 두라고 말한 것은 그저 평안하게 지나쳐 버린 것에 대한 회한이었다. 그를 개신교의 지도자로 옹립하기 위해서 많은 사람들이 엄청난 노력을 기울였다. 르페브르는 끝까지 로마 가톨릭의 교리와 미사를 성실히 숭배한 사람이었으며 결코 개혁자로 돌이키지 않았다. 그는 칼빈을 매우 따뜻하게 대했다고 알려졌는데, 이 두 사람 사이에 어떤 대화를 나누었는지는 알려진 바가 없다. 드 래몽(De Raemond)의 전기에 의하면, 그는 이 젊은 개혁자에게 멜랑톤의 타협을 본받도록 충고했다고 한다. 베자의 전기에 의하면, 오히려 르페브르는 이 젊은이(칼빈)가 프랑스를 하나님의 나라로 회복시킬 것이라고 예언했다고 한다.

누와용에서 자신의 신변을 정리하고 파리를 잠시 방문하였을 때에, 처음으로 한 스페인 청년 세르베투스(Michel Servetus)와 대화를 나누게 된다. 칼빈은 이 젊은이에게 자신의 입장을 열심히 설명하였으나, 세르베투스는 결코 따르려 하지 않았다. 수년 후에 그가 제네바에서 체포되었을 때, 칼빈은 전에 만났던 일화를 생각해 냈고, 그를 회심시키려고 자신의 생명이 손상될 위험을 무릅쓴 바 있다고 회상하였다. 파리는 칼빈에게 있어서 너무나 위험스러운 도시였고, 거기서 자신을 드러낼 경우 어떤 일이 닥쳐올 것인가는 물어볼 필요가 없었다. 잠시 머문 후에 칼빈은 뒤 띠에와 함께 앙굴렘으로 향하게 된다. 이 두 사람은 매우 신중하게 행동하기로 마음을 먹고, 칼빈은 데스뻬빌(D'Espeville)이라는 가명으로 행동하게 된다.

"영혼의 깨어 있음에 관하여"

　1534년 칼빈은 최초의 신학적인 글을 작성하게 되는데, 이 책은 다른 책들처럼 저자의 이름을 높이는데 기여하지 못했다. 꼽의 사건 이후에 작성한 것으로 추정되는 이 신학 논문은 앙굴렘에서 혹은 띠에의 집에서 쓴 것이 분명하다. 이 책에서 칼빈은 영혼의 불멸 교리를 옹호하였다. 서문에서 재세례파(Anabaptists)의 잘못된 해석을 일깨워 주기 위해, "영혼의 깨어 있음에 대하여"(Psychopannychia)를 설명하고자 한다고 밝혔다. 죽은 다음에 영혼은 하나님의 심판 날까지 무의식 상태로 머물러 있다고 가르치는 재세례파의 설명을 바르게 밝혀주기 위함이었다. 여러 사람들이 칼빈에게 이 주제를 분명히 밝혀 주기를 간청했기 때문에 이 질문을 다루었다고 말하고 있다. 사실 이 논문의 주 목적은 제세례파에 대한 반박이 아니라, 그동안 칼빈이 성장하면서 배워온 세네카를 비롯한 스토아 철학의 유혹이 무엇인가를 분명히 하므로써 개신교 진영이 헛된 사상에 빠지지 말도록 하려는 자체 점검의 성격을 가지고 있는 것이다.

　칼빈은 일생동안 유아 세례를 반대하는 제세례파를 급진주의자들이며 분파주의자들이라고 규정하였고 싫어했다. 그렇다고 해서 이 글을 통해서 칼빈이 로마 가톨릭을 정통 교리라고 옹호한 것은 아니다. 오히려 개혁 진영을 생각하고 우선적으로 제세례파의 혼돈에서 벗어날 것을 호소한 것이다.

　사람이 죽으면 영혼의 존재가 어떻게 되느냐에 대해서 세 가지로 집약되어 질 수 있다. 첫째는 영혼은 마지막 심판 때까지 잠을 잔다는 것이요, 둘째는 영혼은 육체와 함께 죽었다가 육체의 부활과 함께 다시 살아난다는 것이요, 셋째는 사람이 죽으면 영혼은 육체와 분리되어서 살아있다는 것이다. 칼빈은 모든 사람의 영혼이 살아있다는 세 번째 견해를 좋아했다. 하지만 칼빈은 이런 내용을 성경의 근거를 가지고 입증하기란 매우 어려웠음을 잘 인식하고 있었다. 영혼의 불멸성에 대한 칼빈의 간결한 논지는 "태초"라는 개념을 가지고 입증해 보려는 것이었다. 예수님의 모습을 생각해 보자. 만물보다 먼저나신 분이시라는데, 우리가 가진 시간과 공간의 개념을 가지고 판단하려고만 한다면 주님의 인성을 어떻게 말할 수 있을 것인가?

이제 스물 다섯 살의 나이에 이른 칼빈이 연구하여 신학적으로 완성된 해답을 내놓기에는 다소 혼란과 모호한 내용이 많이 있었다. 특히 영혼과 육체, 영원한 생명, 부활의 연관성은 오직 예수 그리스도의 역할과 깊이 관계되어 있다. 고대로부터 내려오는 영혼불멸설은 그리스도인들의 부활과는 아무런 관련이 없다. 초대 교회의 성도들은 임박한 종말 의식을 너무나 선명하게 가지고 살았었다. 그러나 천 오백 여 년이라는 기독교 교회사의 시간이 경과하면서 다소 지연되어지는 사이에 종말에의 기대감이 옅어지고 말았다. 마지막 시간이 늦춰지고 있다는 생각이 들자, 사람이 죽으면 그 영혼은 빛과 어둠으로 나눠지는 중간 상태가 있을 것이라는 막연한 짐작이 퍼지게 되었다. 이 시기는 기다림의 시간이요, 교회의 시대이며, 이미 앞서서 사망한 자들을 위하여 도고의 기도를 드리는 시간이라고 해석되어졌다. 드디어 마틴 루터가 먼저 죽은 자들을 위한 면죄부를 거부하자 연옥설, 죽은 자들을 위한 미사도 역시 폐지되었다.

꼴라동의 칼빈 전기에 따르면 당시에 이 논문을 쓰지 않으면 안 될 매우 심각한 일이 있었다고 한다. 오를레앙 대학의 학장 부인이 교회의 종부 성사 없이 매장하라는 지침을 남기고 죽었던 것으로 보인다. 이 부인의 유지대로 처리되어서, 그녀는 프랜시스파 수녀원의 묘지에 매장되었다. 학장은 이와 관련해서 수사들에게 금화 열 크라운을 주었다. 그런데 이 수사들은 좀 더 많은 돈을 받을 수 있을 것으로 기대하였다가 매우 인색한 대우를 받았다고 불평하였다. 얼마후에, 학장은 수녀원 바로 옆 한 지역에 있는 나무를 베어달라고 수사들에게 부탁하였다. 수사들은 하루 동안 마차를 사용할 수 있도록 요구했다. 학장은 그들이 길을 연결해주면 서른 번이라도 마차를 쓸 수 있다고 했다. 그러나 물론 값을 내야만 했다. 수사들은 이 학장을 다른 사람의 교훈으로 삼도록 응징하고자 작정하였다. 그들은 자신들이 다니는 교회의 지붕 위에 수사 중 초년병을 올려 보냈는데, 그곳은 판자가 아주 낡아빠진 곳이었다. 바로 그 시간에 그들 수사들 중에 한 명은 예배당 안에서 연옥에서 저주받은 상태에 대해서 설교하고 있었다. 신호에 따라서 수사들은 판자를 이용해서 시끄러운 소리를 만들어내기 시작했는데, 서까래에서 공명되어 나오는 소리가 이상야릇하여 예배당 안에서 설교를 듣던 청중들로 하여금 그들 중에 유령이 떠돌아다니고 있다고 믿게끔 되었다. 평소에 귀신을 잘 쫓는다는 명성이 자자하던 두 번째 수사가 나타나서, 그 유령의 정체를 밝혀내려 했지만 아무리 해도 헛수고였다. 그러자 사람들은 공포에 질려서 교회를 떠나 버렸다. 다음날, 더 많은 회중이 모인 가운데 역시 똑같은 일이 반복되었다. 다시 그 수사가 나타나서 여러 차례 왜 이런 일이 일어나는가에 대해 의문을 제기한 뒤에, 그 학장의 부인이 땅에 매몰된 후에, 루터파로서 괴로워하고 있기 때문이라는 해답을 유출해 냈다. 따라서 그녀의 육체가 햇빛을 보기 원하고 있기 때문이라는 것이다. 일이 이렇게 확대되자 주교의 대표가 이 일에 관여하게 되었다. 조사가 착수되어서 교회당을 샅샅이 검색했으나 그 현상에 대한 해답은 찾을 길이 없었다. 그러나 격분한 학장이 자신에게 가해진 음모였음을 확신하고 파리의 법원에 고소하였다. 수사들이 자신들의 은밀함이 발각되지 않음을 즐기고 있을 무렵, 추기경 뒤프라(Duprat)가 사법권을 발동하여 그 수사들을 조사키로 결정하였다. 그들은 파리에 소환되어 상호 심문을 당한 뒤에, 한 수사가 진실을 실토하였다. 왕은 매우 격분하여 그 수녀원을 헐어버리고자 할 정도였고, 주동자들은 대성당에서 공개적으로 고해 성사를 하도록 처벌을 받았다. 하지만 문제는 거기서 끝나지 않았다. 국왕 프랑수와 1세는 수도사들과 수사들을 전부 싫어하였다. 그들은 위험스러운 대적들이었다. 비록 학장이 불평의 빌미를 제공했다 하더라도, 이것은 루터파에게 지나친 호의를 베풀어 준 정치적인 배려라고 생각되는 일은 아니었다.

학장 부인의 사건은 사람이 죽은 후에 상태에 대한 의구심을 불러일으켰다. 칼빈은 1534년에 이에 대해 논문을 쓰기는 했지만, 출판은 훨씬 훗날의 일이다. 칼빈이 원고를 까뻬또에게 보내 조언을 구하자, 매우 혹독히 비판하는 답변을 듣게 되었다. 칼빈은 다음해 동안 원고를 전면적으로 수정하였다. 1538년 칼빈은 원고를 부써에게 보내 조언을 구했는데 이번에도 역시 출판을 연기하고 그냥 조용히 덮어두라는 답변을 듣게 된다. 일년 뒤, 1539년 10월 4일에도 역시 아직은 때가 아니므로 인쇄하지 말라는 소리를 듣게 된다. 그래서 1542년에 가서야 비로소 초판이 인쇄되었고, 7월 28일 한 부를 파렐에게 보냈다.

"영혼의 깨어 있음에 관하여" 초판을 쓸 때, 칼빈은 오를레앙에 있으면서 당시 전개된 사건을 자세히 알았던 것으로 보인다. 따라서 1534년 말경에는 오를레앙에 머물렀을 가능성이 크다. 그러나 10월 18일 플래카드 사건이 발생하여 개신교도들에게 박해가 가해지자 완전히 프랑스를 떠나기로 결심하게 된다. 이것은 칼빈이 완전히 로마 교회와 단절할 것을 결심하는 것을 의미한다. 자신의 본명을 감추고 가명으로 살아가고 있다는 것 자체가 안전에 위협을 느끼고 있다는 사실을 말해 주는 것이다.

뒤 띠에와 함께 로렌강을 따라 동쪽으로 이동하였는데, 멧츠에서 두 명의 하인 중 한 사람이 돈이든 가죽 가방을 가지고 몰래 도망을 쳤다. 다행히도 한 사람이 가지고 있던 열 크라운이 있어서, 스트라스부르그에 도착할 수 있었다. 그곳에 잠시 머문 다음에, 바젤에 도착한 것은 1535년 2월 경이었다. 여기서 칼빈은 유명한 바젤 대학의 해석학자 시몬 그리네우스와 바젤 및 취리히의 대표 목사로 활동하던 불링거와, 다른 목사들을 만나서 훗날까지 좋은 교제를 나누게 된다. 칼빈은 세바스티안 뮌스터의 지도하에 히브리어 공부를 다시 시작했다. 언젠가 파리에서 바따블의 지도하에 히브리어를 공부했던 적이 있었다. 그리고 6월, 올리베땅이 뇌사뗄에서 성경을 출판하는 일도 도와 주었다.

몽 쌩 삐에르(Mont-Saint-Pierre) 지역에서 소규모 인쇄업을 하던 프래트너에게 『기독교강요』 원고를 넘긴 것은 그해 8월이었다. 처음에는 매우 작은 소책자에 불과했다. 물론 다섯 번의 수정을 거듭하여 나중에는 큰 책으로 발전하였다. 이 책에는 칼빈이 갖고 있던 신학과 교회에 대한 핵심적인 원리들이 집약되어 있다. 국왕 프랑수와 1세에게 보내는 헌사가 담긴 이 책과 『세네카의 관용론에 대한 주석』서와 비교해 보면, 같은 저자이지만 엄청난 변화가 일어났음을 충분히 짐작케 해준다. 드디어 그는 국왕에게 간절히 복음을 받아들이도록 열정을 다해 호소하게 될 만큼, 그 자신의 몸과 영혼을 새로이 만들어 준 그 무엇을 발견한 것이다. 그는 신실한 자들을 박해하는 왕에게 처음으로 확고한 증거를 제시하면서 박해를 중단하라고 호소했으니, 이제는 진정한 회심을 경험한 것이다.

이탈리아 여행

1536년 봄, 칼빈은 알프스 산을 넘어 남쪽을 향해 여행을 떠났다. 이탈리아와 프랑스 경계 지방 페라라를 방문하기 위해서였다. 아마도 칼빈은 자신의 고향 누와용을 방문하던 추억에 휩싸였을 것이다. 이때 이탈리아 여행의 시기와 상황에 대해서는 다소 불분명한 부분도 있고, 꾸며낸 이야기와 추측이 난무하고 있다. 도처에서 가톨릭의 집요한 탄압과 박해가 계속되는 위험스런 상황 속에서도, 종교 개혁의 사상과 신앙이 여기서는 환영을 받고 있었다는 부인할 수 없는 사실 때문에 칼빈은 알프스를 넘어서 이곳을 향해 방문하기를 진심으로 학수고대했을 것이다.

프랑수와 국왕의 사촌 누이인 공작 부인 르네(the Duchess Renée, 1510-1575)에 대한 동정심에서 이 여행을 계획한 것인지도 모른다. 아니면, 그가 피신할 곳을 찾아 어딘가로 가야만 했을지도 모른다. 대부분의 낭만주의 역사가들은 이 두 사람 간의 관계에 대해서 풍부한 상상력을 발휘하여 아름답게 꾸미고자 시도한다. 그러나 칼빈은 그저 이탈리아를 갔다가 온 것으로만 말하고 있고, 베자의 전기에는 칼빈의 생애에서 백지로 남겨진 부분이라고 했다. 이 당시에 칼빈은 위험을 느끼고 있었으므로 자신의 이름을 가명(Alias Charles d'Espeville)으로 사용하였고 이 여행은 공개적으로 진행된 것이 아니기 때문이다.

여기서 우리는 칼빈이 과연 여자들을 어떻게 대했으며, 구체적으로 어떤 사례들이 있는지를 생각해 볼 수 있을 것이다. 흔히 칼빈의 엄숙성과 경건에 대해 선입견을 가지고 있는 사람들은 그가 여자를 혐오하거나 멸시하지 않았다는 사실에 대해서 거부감을 느낄지 모른다. 칼빈은 매우 섬세한 사람이었고, 특히 개혁 신앙에 대한 박해 속에서 흔들리는 여인들을 보호하고 보살피는 데 있어서 남다른 자상함을 보여 준 목회자였다. 그는 중세의 가톨릭 신부들이 가지고 있던 양극성, 신학적으로는 여인을 절대 금기시하고 실제적으로는 교황들이 많은 자녀를 낳아 기르는 이중성을 오히려 혐오하였다.

칼빈이 자신의 개혁 신앙을 집대성한 새로운 책을 공작 부인에게 전달하였던 것으로 보인다.[14] 정략적으로 맺어진 이탈리아 에르꼴 2세 (Ercole II d'Este, 1508-1559)의 부인이자 공작 부인의 칭호를 듣던 이 프랑스 공주와의 교분은 오랫동안 지속되었다. 칼빈은 가명으로 페라라에 사는 공작 부인과 개혁 신앙에 관한 의견을 나누는 편지를 주고 받았는데, 많은 경우 그의 남편이 가로챘던 것으로 보인다.

르네 공작 부인(1510-1575)은 프랑스 왕 루이 12세의 친딸로 블로이스에서 1510년 10월 10일 태어났다. 나이로 볼 때 칼빈보다 한 살 아래였다. 르네 공주에 관해서 다소 전설적인 한 가지 이야기가 구전으로 전해 오고 있다. 그녀가 개신교 신앙을 가졌다는 것을 알게 된 사람들이 그녀의 흠집을 내기 위해서 널리 퍼트린 헛소문이었다. 그 내용인즉, 철저한 가톨릭 신봉자였던 아버지 루이 12세가 이단적인 개신교 신앙을 가진 이 딸을 체포하여 감옥에 가두어 두었다는 것이다. 그러나 이는 전혀 사실무근으로 밝혀졌다. 르네 공주가 불과 네 살 되었을 때에 아버지가 돌아가셨기 때문

25. 르네(페라라의 공작 부인)

---

14) 이 여행의 정확한 시기에 대해서는 많은 이견이 있다. 베자와 꼴라동의 견해와 후기 칼빈 전기 작가들의 견해가 다소 차이가 있다. Doumergue, II. 3-94; C. A. Cornelius, *Historische Arbeiten* (Leipzig, 1899), 105-123.

이다.[15] 아무리 영특한 공주라 하더라도 어떻게 어린아이가 신앙을 선별할 수 있었겠으며, 어떤 아버지가 이처럼 나이 어린 공주를 신앙으로 인해서 감옥에 던질 수 있었겠는가? 루이 12세의 후손으로 생존한 것은 오직 딸들뿐이었다. 르네 공주는 언니 클로드 공주(Claude of France, 1499-1524)와 함께 어머니의 죽음 이후 혹독한 시련을 겪어야만 했다. 어머니의 경쟁자였던 사부와의 루이제(Louise of Savoy)는 자신의 아들이 왕위에 오르자 경쟁 상대가 될지도 모르는 공주들을 철저히 배척하고 권력을 장악했던 것이다.

국왕이던 아버지 루이 12세(1462-1515)가 어머니 안느(Anne of Brittany, 1477-1514)의 서거 바로 다음해에 사망하자, 어린 유아의 시절부터 르네 공주 자매는 슬픔과 불안, 공포와 두려움 속에서 성장하였다. 아버지의 유일한 혈육으로 남은 어린 자매들은 자신들의 유년기를 매우 우울하고 어둡게 보내야만 했다. 겉으로 보기에는 화려한 옷을 입고 수많은 하인들이 수종드는 궁전에서 남부러울 것이 없는 것처럼 살아가고 있었으나, 실상은 정반대였다. 훗날 언니 클로드는 6촌 오빠인 사부와의 루이제의 아들, 앙굴렘의 프랑수와와 결혼하게 되었으니, 그가 아버지 샤를르(Charles of Orléns, 1496년 사망)를 이어서 왕위에 오른 프랑수와 1세(Francis of Angouleme, 1494-1547)였다. 당시에는 왕실 자녀들끼리 근친결혼이 성행하였다.

---

15) F. Whitfield Barton, *Calvin and the Duchess* (Louisville: Westminster/John Knox Press, 1989), 10-12. 이 책은 칼빈과 공작 부인 르네와의 교분에 대해서 두 사람 사이의 편지를 근거로 하여 가장 사실적으로 조사한 보고서이다. 그 밖에도, I. M. B. *Memorials of Renee of France, Consort of Hercules II, Duke of Ferrara* (London, 1859). Pierre Jourda, *Marguerite d'Angouleme, duchess d'Alencon, reine de Navarre* (Turin: Bottega d'Erasmo, 1966). Ella Noyes, *The Story of Ferrara* (London: J.M. Dent & Co., 1904). Emmanuel Rodocanachi, *Rene de France, Duchesse de Ferrara, une protectrice de la Reforme en Italie et en France* (Paris, paul Allendorff, 1896) 등 대부분이 르네에 대한 연구서들은 19세기에 이루어진 것들이다.

아들 승계의 원칙에 따라서 두 공주들은 제외되었고, 왕의 사위로 받아들 여진 프랑수와 1세가 새 왕이 되었다. 왕의 친어머니 사부와의 루이제(Louise of Savoy)는 왕궁 내의 어떤 권위도 넘볼 수 없는 독보적인 지위에 군림하게 되었다. 더구나 루이제는 클로드와 르네 두 공주의 어머니였던 안느를 마음으로 질투해 왔으므로 궁전 전체에 스며 있던 안느의 체취를 지워버리고 자신의 취향대로 바꿀 것을 고집하였다. 따라서 자신의 경쟁자였던 안느의 두 딸과 시종들은 유폐된 사람들과 다름이 없었다.

다행히도 프랑수와 1세는 가끔씩 호의를 베푼다는 차원에서 약간 어리숙하고 수줍어하며, 아무런 실권도 없는 왕비 끌로드에게 나타나곤 했다. 이 둘의 결혼 생활 10년 동안 모두 7명의 자녀를 낳게 되지만, 이 불행한 왕비는 25세의 한창 꽃다운 나이에 동생 르네의 품안에서 하나님의 나라로 돌아갔다. 그 후로 프랑수와 왕은 자신의 왕권 보전을 위해서 르네 공주를 동맹국에 보내는 결정을 내렸던 것이다. 영국 왕 헨리 8세가 궁녀 안볼린에게 매료되지 않았더라면 울시 추기경의 추천으로 르네가 영국으로 갈 뻔하였다.

언니의 죽음이 있은 뒤로, 유일하게 르네 공주가 의지할 사람은 프랑수와 왕의 누이 마르그리뜨(Margaret of Angouleme, 1492-1549)뿐이었다. 이미 앞서 언급한 대로 마르그리뜨는 앙굴렘에서 르페브르와 같은 크리스천 휴머니즘을 높이 존경해 온 인정과 학문을 겸비한 매우 드문 왕족이었다. 마르그리뜨는 왕위에 있는 자기 남동생 때문에 공개적으로 개신교 신앙을 발표하거나 찬양하지는 않았으나, 개혁 신앙에 철저히 기울어져 있었다. 그녀의 딸 장 달브레(Jeanne d'Albret, 1528-1572)만은 로마 기톨릭과 결별하도록 지도하였고, 장의 아들로 태어난 헨리 4세(1553-1610)가 훗날 개신교를 위해 놀라운 관용 정책을 발표하게 되는 것이다. 마르그리뜨는 파비아의 전투에서 패한 프랑수와 1세가 스페인에 끌려 가서 체포되어 있을 때에 마드리드로 달려가서 난국을 돌파할 대책들을 전달한 바 있었고, 왕 대신에 프랑수와 왕자와 헨리가 옥고를 치르는 치욕적인 시간을 함께 보내기도 했다.

훗날 프랑수와는 누나의 도움을 감사하며 보답하려는 의미에서 해외로 추방된 개혁 신앙의 지도자들을 사면하였으니, 스위스에서 망명하여 돌아오기를 거부하던 기욤 파렐

27. 복음주의자들의 보호자인 앙굴렘의 마르그리뜨

(1489-1565)이라든가, 소르본느 신학부 교수들이 가장 증오하던 르페브르를 파리로 영입하여 자기 자녀들과 르네의 선생으로 삼은 조치들을 시행했다. 궁전에서 르네는 르페브르의 모든 저술들을 통독하였고, 개혁 사상을 흠뻑 받아들였다. 그녀는 새로운 기독교의 복음과 온건한 교회 개혁의 논리에 동화되고 말았다. 이런 스승과 제자와의 관계는 르네가 결혼하던 해까지 계속되었다.

특히 1527년 마르그리뜨가 나바르의 왕이던 앙리 달브레(Henri d'Albret, 또는 Henry II of Navarre)와 결혼하게 되자, 파리의 분위기와는 사뭇 다른 곳에서 더욱 개신교 신앙을 호흡할 수 있었다. 왜냐하면 마르그리뜨가 새 영주의 땅으로 시집가면서, 르페브르와 르네 공주도 함께 데리고 갔기 때문이다. 르네는 이곳에서 결혼할 때까지 머물러 있으면서 비교적 자유로운 시간을 보내면서 복음주의 진영의 사상을 충분히 섭취할 수 있었다.

16세기 유럽의 어떤 왕자나 공주도 자신의 의지에 따라서 결혼하지 못했다. 따라서 일반인들이 경험하는 사랑의 감정이나 애정을 나누는

기간이란 없었다. 앞서 언급한 대로, 르네가 페라라 지방으로 시집간 이유는 국왕 프랑수와가 이탈리아 귀족과의 정략 결혼을 통해서 프랑스 남부와 이탈리아 국경 지대를 지키려는데 있었다. 당시 유럽의 왕가 사이에 흔하게 행해지던 정략 결혼의 희생양이었던 것이다. 이 지역은 스페인과 독일이 마주 대하고 있는 지역이며 동시에, 프랑스가 이탈리아로 진격하려면 교두보로 삼아야 하는 전략적인 요충지였다.

르네에게 장가를 오게 된 에르꼴도 역시 결혼에 흔쾌히 나선 편은 아니었다. 더구나 결혼식 날 에르꼴은 대경실색하고 말았다. 1528년 5월 28일의 결혼 식장에서 아리따운 프랑스 공주의 모습을 상상하며 나온 에르꼴의 앞에는 전혀 상상을 초월한 한 공주가 면사포를 쓰고 걸어나오고 있었다. 한쪽 발의 길이가 다른 한쪽 발보다 현저히 짧아서 한쪽 어깨가 불쑥튀어 나와 있고 걸을 때마다 현저하게 몸이 흔들거리는 모습이었던 것이다.

이 정략 결혼의 최대 피해자는 물론 르네였다. 그녀는 아버지와 어머니가 물려준 영지마저 포기하게 되고, 자신의 자녀 가운데 프랑스 왕이 될 아들을 낳을 수 있는 객관적 가능성마저 박탈당하고, 오직 프랑수와 왕의 이탈리아 교두보를 확보해 주는 이용물이 되고 말았던 것이다. 이것은 일종의 추방이나 다름없었다. 더욱이 그 당시 페라라 지방에는 흑사병마저 유행하고 있었다.

페라라 지역에 남아 있는 현존하는 모든 성들은 대부분 관광객들에게 공개되고 있다. 이중에서 상당히 여러 개의 성들 속에는 르네의 흔적과 체취가 남아 있다. 1543년 교황 바오로 3세가 그녀를 맞아들이던 방이며, 그녀의 침실, 오렌지 나무로 장식된 정원과 예배실이 그대로 보존되어 있다. 이 아름다운 대리석 궁전에서 르네와 그의 친구들이 베르나르디노 오치노(Bernardino Ochino)의 설교를 들었던 당시의 모습을 상상하는 것은 어렵지 않을 것이다. 복음적인 오치노가 신학 사상을 의심받아서 심문을 당하게 되고 화형에 처해질 위기에 놓이자, 르네가 구해주었던 것이다. 이 성에서 과격하고 정치적 계산에 몰두해 있던 에콜 공작이 그의 아내를 포함한 일단의 학자들과 신도들이 가진 이단적 신앙을 허용한다는 선언을 듣고 감격했을 것이다.

페라라는 16세기 유럽의 여러 중소 도시 중에서도 상업이 번창하였고, 이탈리아로부터 불어오는 르네상스의 신학문과 각종 신기술의 북방 통로였다. 부호들이 많았고 일찍부터 대학교가 세워졌다. 공작은 유명한 화가들과 시인들, 음악가들과 학자들을 초청하였고 융숭히 대접하였다.

르네의 남편 에콜 2세는 알퐁소 1세와 루크레지아 보르지오 사이에서 태어났다. 르네의 시아버지가 되는 알퐁소 1세도 역시 자신의 결혼을 정략적으로 이용한 사람이었다. 그의 아내가 된 루크레지아의 아버지는 교황 알렉산더 6세(1431-1503)로서, 이탈리아 북부 국경 지역에서 영향력을 지속시키려는 교황의 강권에 의해 혼인을 맺은 것이다. 볼로냐 협약 이후에 프랑스의 이탈리아에 대한 우위권이 대단한 것이어서 알퐁소 1세는 전략적인 계산으로 자신의 아들을 프랑스 공주와 결혼시켰던 것이다.

르네는 프랑스 왕궁의 전통에 대해서 남다른 자부심을 가지고 있었고, 나름대로의 문화 민족다운 자존심을 강하게 내세우는 편이어서 이탈리아의 왕족이던 남편과 오랫동안의 언쟁을 지속했다. 자신의 출신 가문과 국가에 대한 자부심이 남달랐던 이 영특한 공주는 프랑스 사람들 중에서 신앙적인 이유로 피신해 올 때에 기꺼이 도움을 베풀기를 주저하지 않았다. 따라서 에르꼴의 누이들 마저도 이를 곱게 여기지 않았으나 르네는 당당하게 행동하였다. "이들은 나의 나라 사람들이요 백성들이다. 만일 하나님께서 내 뺨에 수염을 나게 하시고 나를 남자로 나게 하셨다면, 이들 모두는 나의 신하가 되었을 것이다…. 만일 이 여자의 왕권 상속을 금지하는 살리법이 나를 단단히 속박하지만 않았더라면…."

처음에는 외모 때문에 다소 낙심하였으나, 르네의 우아하고 품위 있는 인격, 그녀의 풍부한 학문과 순수한 신앙심, 고상한 정신에 대해 점차 이해하게 되면서 에르꼴은 점차 왕비의 품격을 매우 높이 평가하게 되었다. 사고방식에 있어서 그녀는 사돈이자 6촌 언니인 앙굴렘의 마르그리뜨와 매우 흡사하였다. 앙굴렘의 마르그리뜨도 역시 학문을 몹시 사랑하고 있었고 학문을 좀 더 증진시키려는 이들을 돕고 싶어했으며, 신앙의 관점도 매우 유사하여 미망인이 되어서 프랑스로 돌아온 뒤로는 공공연히 새로운 견해를 가진 사람들의 지지자가 되어 있었다. 그러나 르네는 마르그리뜨와 똑같이 이탈리아에 머무는 동안에는 형식상으로는 로마 가톨릭에 속해 있었다. 따라서 개혁 진영과 전통적인 교회 진영, 양쪽에서 모두 자기편이라고 우기게 되었다. 어느 시대에나 이런 갈등은 일어나기 쉬운 것이다. 궁전 주변의 귀족들은 정치적인 출세를 목표로 해서 왕자나 공주들을 자기편으로 끌어들이고자 했다. 특히 종교 개혁을 전혀 경험해 보지 못했던 세대가 상하 구조로 단일화된 전통과는 전혀 다른 교회 체제를 허용해야만 하는 역사 변혁기에 처해 있었으니, 그 초기에는 대혼란이 있을 수밖에 없었다. 르네의 모습은 이런 프랑스 개신교가 피어오르는 서막의 한 단면이었다.

르네의 결혼 생활은 겉으로는 매우 정상적으로 보였으나, 내부적으로는 서로 상반되는 문화와 신앙의 거센 물결이 마주치는 소용돌이가 일어나고 있었다. 르네는 이탈리아어 배우기를 거부하고, 프랑스 왕궁의 풍습을 따라서 스페인식의 의상을 고집하였으며, 신앙적으로는 개신교에 기울어 있으니, 알퐁소 부자의 불만은 가히 짐작할 만하였다.

에르꼴은 아버지의 명에 따라서 이탈리아 로마 교황의 이익을 위하여 결혼하였으나 불만을 도저히 참을 수 없게 되었다. 더구나 그는 성격마저 조급하였다. 무엇보다 아내의 신앙을 의심한 나머지 모든 편지를 도중에 검열하고 가로챘다.

칼빈이 이곳을 방문하기 직전까지도 르네와 에르꼴 사이에는 극도의 험악한 파경이 몰려오고 있었다. 에르꼴은 르네를 프랑스 왕의 첩보원이라고 의심하고 있었고, 국왕의 어머니가 배후에 있는 것으로 지목되는 프랑스 상품들을 한 푼의 세금도 없이 국경 지대에서 대량으로 판매하여 이득을 취해 가는 것에 대해서도 격노하고 있었다. 만일 르네가 자녀를 낳지 못했다면 이 둘 사이의 결혼 생활은 당장 파탄하고 말았을 것이다. 1534년 9월 8일 에르꼴은 르네에게 프랑스로 돌아가라고 선포하였고, 새로 즉위하는 교황 바오로 3세도 알현한 후, 돌아오는 길에 찰스 5세에게 탄원하기 위해서 나폴리로 떠나버렸다. 이렇게 험악한 파경에 이르렀을 바로 그때, 르네는 임신 중이었다. 아무리 성미가 급한 왕이라도 할 수 없이 모든 결정을 해산 후로 미뤘다. 그러나 첫 아이는 유산되고 말았다. 부모 없이 남의 나라에 시집 온 그녀가 이런 형편에서 쏟아야만 했던 눈물과 분노와 한숨이 얼마나 많았는가는 상상하고도 남는다. 평민들이나 천민의 처지에서 겉으로 볼 때는 이탈리아 왕궁의 모습도 역시 최상의 풍요를 누리고 있었다. 귀족들의 의상은 매우 사치스럽기 그지 없었으며, 항상 행렬의 중심에서 많은 하인들의 섬김을 받는 특별한 신분이 부럽기 그지 없었을 것이다. 그러나 인생은 경험해 보지 않으면 아무도 그 내면의 고통을 이해할 수 없다. 다른 사람의 인생에 대해서, 특히 그 사람만이 겪어온 고충을 충분히 이해할 수 있는 사람은 아무도 없다.

1536년 봄에 이르러서는, 마르그리뜨의 궁전처럼, 르네의 궁전도 프랑수와 1세의 추방 정책에 따라서 박해를 받던 수많은 망명객들의 피난처가 되었다. 예를 들면, 그 수많은 망명객들 가운데는 개신교 시인이던 끌레망 마로(Clement Marot)가 들어 있었으니, 이 시인은 1534년 10월에 벌어진 플래카드 사건에 연루된 죄목으로 체포 리스트에 일곱 번째로 들어 있던 인물이었다. 역시 같은 사건으로 의심을 받던 젊은 성악가 예하넷(Jehannet)으로 알려진 사람도 마로의 친구로 함께 페라라에 머물고 있었다. 그는 페라라에서 1536년 4월 14일 성금요일 십자가를 애도하는 시간에 성당 밖으로 걸어나오다가 미사를 거부하는 죄목으로 체포되어 고문을 받았다. 그는 르네의 궁전에 있는 망명객들이 대부분 새로운 종교 개혁에 동조하는 사람들이라고 진술하였다. 이 일로 인해서 개신교 신앙을 가진 것으로 의심을 받던 사람들은 즉시 페라라를 떠나야만 되었다.

같은 해 5월 4일에는 공작 부인의 성내에서 은신처를 찾고 있던 뚜르네 교구의 성직자 장 드 부슈포르(Jean de Bouchefort)가 루터파의 일당이라는 죄목으로 체포되었다. 이처럼 혼돈의 시대에 갈곳이 마땅치 않았던 사람들은 페라라 궁전을 찾았다. 이곳은 종교 개혁자들이 자신의 이념을 심을 만한 이상적인 곳으로 흠모 받고 있었고 프랑스 망명객들의 신앙 자유를 지켜주는 곳으로 많은 사람들이 은밀히 반겨 주었던 것이다. 젊은 칼빈도 역시 이러한 소문을 듣고 있었고, 신앙의 자유가 있는 곳을 찾아 헤매는 같은 동기에서, 이곳을 방문하여 직접 보기를 원했던 것이다. 이것이 칼빈의 주된 방문 목적이었다고 베자가 쓴 칼빈 전기는 지적한 바 있다.

칼빈이 페라라 지방을 방문하면서 원래 목적을 어느 정도 달성되었는가는 알 수 없지만, 방문 기간은 그리 길지 못했다. 아마도 그는 페라라에 들어가자마자 얼마 후에 곧 되돌아서 나온 것이 아닌가 보여진다.

다른 말로하면, 나오기 위해서 들어갔다고 할 수 있을 정도로 잠시 머물렀다는 말이다. 1536년 3월 중순에서 4월 말 사이에 칼빈이나 친구 뒤 띠에에게나 개신교 신앙인으로서 이 지역을 활보한다는 것은 매우 조심해야 할 때였다. 그 무렵 갑자기 위험스럽게 여겨지는 박해 사건들이 여러 차례 발생되고 있었기 때문이다.

칼빈이 르네를 방문하던 때는 상당수의 개혁주의 지도자들이 이곳에 모여 있었다. 그러나 에르꼴은 확실히 그 숫자와 인적 사항을 다 파악하고 있지 못했던 것 같다. 칼빈은 르네의 궁정에 있던 많은 개혁 사상가들을 만났는데, 특히 두 형제는 주목할 만한 사람들이었다. 독일에서 온 의사 요한 시나피우스(Johann Sinapius)와 르네의 딸 안네 공주의 헬라어 선생이었던 칠리언 시나피우스(Chilian Sinapius) 형제인데, 그들을 만나서 서로 깊이 사귀게 되었다. 이 두 형제는 개혁 신앙의 소유자들로 하이델베르그 출신이었으며, 에라스무스가 페라라로 가도록 설득하여 여기에 정착하게 된 사람들이다. 귀족의 집안의 아들 장 드 빠르뜨네(Jean de Parthenay)도 여기서 만났다. 그는 훗날 종교 전쟁 때에 개신교의 지도자가 되었다. 그 밖에도 프랑수와 부씨롱(Francois Boussiron), 프랑스의 시인이자 많은 찬송가의 작사가였던 클레망 마로(Clement Marot)를 만났다. 그리고 이곳 페라라 대학교에서 가르치던 박식한 교수들, 프랑스의 가톨릭 신부들보다 훨씬 자유로운 이탈리아 교회의 지도자들, 방황하고 있던 학자들과 대화하면서 칼빈은 잠시나마 고향을 그리워하는 나그네로서 파리에서의 추억에 젖어들었을 것이다.

학자들과의 토론이나 공작 부인과의 나눈 속 깊은 대화로 더욱 개혁 신앙을 심화시킬 기회를 맞이하였으나, 1536년 5월에 발생한 예하넷(Jehannet)의 체포와 발언으로 인해서 칼빈과 뒤 띠에 일행은 서둘러서 이 성을 떠나야만 했다. 비록 짧은 방문이었지만, 페라라의 궁전에서 머물던 사람들과 칼빈이 죽을 때까지 지속적인 우의와 신앙을 편지로 나누게 된다는 점에서 주목해 볼만한 여행이었다. 그가 이 영특한 프랑스 공주로 하여금 지속적으로 복음적인 개혁 신앙에 대해서 관심을 갖도록 획기적으로 어떤 계기를 마련했다거나, 혹은 공개적으로 지지를 표명하도록 바꾸어 놓을 만큼 결정적인 성과를 만들어 내진 못했지만, 적어도 이 작은 궁전의 사람들과 자발적인 친교를 맺어놓는 방문 성과를 얻었다고 볼 수 있다. 특히 칼빈이 페라라의 궁전에서 르네와의 대화가운데 주요 테마로 삼았던 주제는 초대 교회의 예배에 대한 것이었다. 미사를 잘못된 예배로 판단한 종교 개혁자들은 예배의 원형을 초대 교회로부터 배우고자 했다. 이것은 1537년에 쓰여진 칼빈의 편지 속에 들어 있다.

베자의 기록에 의하면, "페라라의 공작 부인이 처음 칼빈을 만나 칼빈의 말을 들었을 때에 그녀는 칼빈의 정신이 무엇인가를 알게 되었고, 그 후로 칼빈의 일생 동안 그녀는 하나님이 사용하시는 도구로써 칼빈의 마음속에 인상깊이 남아 있었고, 깊은 신뢰와 헌신을 유지하였다"고 적고 있다.[16] 칼빈은 항상 르네 부인에게 하나님이 사용하시는 도구임을 상기시켜 주고자 노력했고, 자신과 같이 그 시대를 위해서 하나님이 원하시는 일을 감당하기를 소원하였다.

르네에게 보낸 칼빈의 편지는 모두 9편이 남아 있다. 처음 편지는 페라라를 방문한 뒤에 칼빈이 먼저 쓴 것으로, 발신자가 누구인가를 르네가 알아볼 수 있을 만큼의 인사와 서론이 들어 있지만 사를 데스뻬빌(Charles d'Espeville)이라는 가명을 사용했다. 그 뒤에 보낸 편지들도 모

---

16) Beza, *The Life of Calvin*, 15.

두 가명으로 보내졌다. 그만큼 페라라 궁전의 내부 사정에 대해 사려 깊은 처신을 할 수밖에 없었던 것이다. 마지막 편지는 1564년 1월자인데, 칼빈은 서두에 자신이 너무 아파서 제대로 일어설 수 없어서 동생에게 대필하게 하였음을 양해해 달라는 근간의 형편을 알리고 있다. 칼빈은 페라라 궁전의 공작 부인에게 있어서 절대적인 조언자요 영적인 스승이 되어 주었고, 그녀의 남편과도 편지를 나누는 등 지속적인 우정을 유지하였다.

노년에 고향 땅 독일로 돌아갔던 요한 시나피우스는 1557년, 공작 부인의 서거 2년이 지난 후에 칼빈에게 편지를 보내서 칼빈과의 관계를 다음과 같이 간명하게 극찬하였다.

> **그녀는 살아 있는 동안 항상 귀하를 높이 존경했고 사랑했습니다. 물론 귀하께서도 그녀를 마치 친누이처럼 대하였습니다.**[17]

당시 교황 바오로 3세는 공작에게 보낸 서신 속에서 매우 분노한 감정을 표출하였다. 공작 부인 르네가 소위 루터주의자들로 의심되는 사람들이라면 누구든지 받아들여서 도피처를 제공하고 있다는 사실에 대해서 더이상 묵과할 수 없다는 통보였다. 다시 말하면 프랑스에서 로마 가톨릭에 반대하여 도망쳐 오는 사람들이라면 누구든지 환영하던 이 공작 부인의 태도는 널리 소문이 났다는 반증이기도 하다.

칼빈이 르네 부인을 방문하던 때는 앞서 언급한 것처럼, 그녀의 남편과의 사이가 극도로 험악해져 있던 때였다. 따라서 르네는 좀 더 많은

---

17) Opera, xvi:375.

대화가 필요했고 자신의 문제를 상담할 대상이 있어야만 했다. 특히 남편은 르네가 사랑하던 친구 수비즈 부인(Madame de Soubise)을 추방시켜 버렸다. 칼빈이 그곳에 머물렀던 1536년 4월 14일, 마침내 공개적으로 이들 공작 부부 사이의 신앙적인 충돌이 골치 아픈 현안으로 대두되고 말았다. 그때가 예수님의 고난 주간이었는데, 공작 부인의 찬양대원 중 자네토(Jeanetto)가 십자가의 고난을 경모해야 할 시간에 대성당을 걸어 나간 것이 비화되어서 신성 모독으로 고발되었기 때문이다. 만일 이 찬양대원의 행동이 폭동과 반란을 의도한 것이라면, 정치적 탄압으로 이어지며 개혁 신앙의 소유자들은 여지없이 무너지고 마는 것이다. 미사는 조용히 계속되었고 그 밤에 이 청년이 체포되는 것으로 일단락되었다.

이 사건 이외에도 프랑스와 이탈리아의 로마 교황청이 의문시하던 사건들이 연달아 발생하였다. 이로 인해서 극도로 신경이 날카로워진 공작 부부는 서로 양측에 응원을 요청하고 해명하고 동조자들을 구하고자 하였다.

지금까지 남아 있는 칼빈의 편지와 르네가 칼빈에게 보낸 편지들을 보면, 결국 프랑스 귀족들과의 사귐이 있었고 많은 교분을 나누었으며 적지 않은 영향력을 끼쳤다는 것을 알 수 있다. 특히 프랑스 개혁 신앙의 지도자들, 즉, 위그노들의 구심점을 형성해 가는 과정에서 엄청난 고뇌와 소문과 의심들이 난무해 갈 때에 칼빈은 그때마다 격려를 보냈고 의연한 신앙 노선을 제시하였다. 이와 같은 광범위한 교류의 결과로 공작 부인 르네의 신앙을 지도해 준 상담자로서도 훌륭한 역할을 감당하였다. 칼빈의 편지들은 정중하면서도 단호한 개혁 신앙으로 일관하고 있고 그녀가 흔들리지 않고 대처하도록 조언하고 있으며, 르네는 대체로 긍정적으로 받아들였다.

페라라에 머무는 동안 칼빈은 두 통의 편지를 보냈다. 하나는 뒤슈맹에게 쓴 것으로 그 당시 칼빈의 마음을 보여주는 것이다. 그 제목은 "기독교 종교의 참된 준수에 관하여, 그리고 왜 교황의 미신에서 벗어나야만 하는가의 필요성에 대하여"였다. 칼빈은 로마 교회의 잘못된 문제점들을 공격하였고, 특히 미사의 문제점을 가장 신랄하게 비판하였다. 뒤슈맹은 로마 교회의 신부가 아니었다. 그는 여전히 칼빈의 가장 가까운 친구였다.

두 번째 편지는 룻셀에게 보내진 것인데, 한때 개혁 신앙에 심취해 있었으나 올로롱(Oloron)의 주교 자리를 수락하고 더이상 문제를 만들어 내지 않으려 하고 있었다. 칼빈은 이 점을 염두에 두고 격렬한 비판을 퍼부었다. 로마가 공격의 초점이 아니라 이제는 룻셀에게 초점을 맞추어서, 그가 하는 일은 날마다 하나님의 아들이신 예수 그리스도를 십자가에 못 박는 행동이라고 정곡을 찌르는 비판을 서슴지 않았다. 그러나 그는 더이상 칼빈의 편지에 답변을 하지 않고, 한적하고 조용한 시골 교구에서 자신의 소명을 더욱 확신하면서 모범적인 로마 가톨릭 주교로서 여생을 마쳤다.

페라라를 떠나서 바젤로 오는 동안, 칼빈은 몇 군데에서 복음을 증거하였다. 7월에는 고향에 남아 있던 동생 앙뚜완이 남은 가산을 정돈해야만 되었기에, 단기간 파리에 숨어 들어가 있던 것으로 보인다. 이때에 "꾸르씨 칙령"(The Edict of Courcy)이 발표되었는데, 자신의 신앙 때문에 조국을 떠난 사람들은 6개월 이내에 복종 서약을 제출하면 고향으로 돌아올 수 있다는 내용이었다. 칼빈은 이제 더이상 프랑스에 남아 있을 수 없음을 인식하고 남동생 앙뚜완으로 하여금 재산을 처분하게 한 다음, 이복 여동생 마리와 함께 셋이서 안전한 도시 스트라스부르그로 떠나고자 결심했다.

그러나 찰스 5세의 황제군과 프랑스 군대 사이에 벌써 세 번째의 충돌이 국경 지대에서 벌어지고 있었다. 북쪽을 향해서 여행하던 칼빈 일행은 가로막은 군대의 진영을 피해서 제네바를 거쳐서 돌아가는 수밖에 없었다. 7월 하순경, 하룻밤을 묵고 다음날 아침 떠나려는 계획으로 제네바에 들렀다.

| CHAPTER 07 |

성경의 메시지 『기독교강요』

　개혁주의 신앙은 성경 한 권에서 출발하여 각기 나름대로의 강조점을 가지고 발전해 오고 있지만 항상 성경으로 되돌아가고자 노력한다. 개혁 사상을 담고 있는 수많은 신학 서적 중에서 가장 순수한 기독교 신앙, 가장 순결한 성경적 진리를 집약한 책을 한 권만 추천하라고 한다

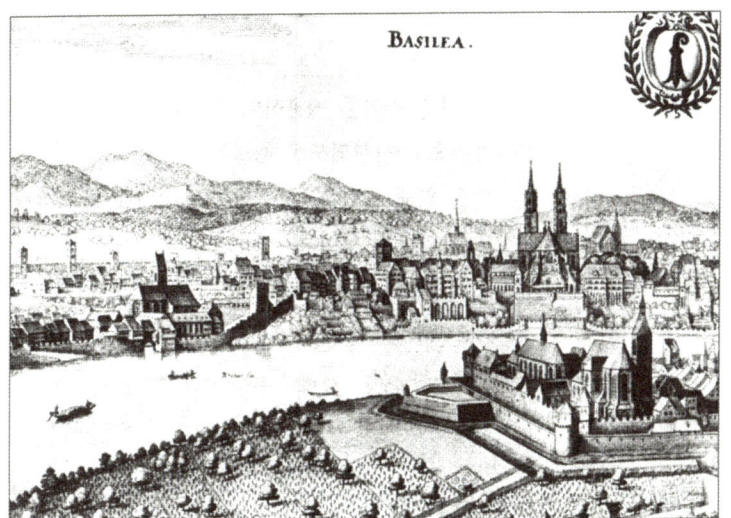

28. 기독교강요를 펴낸 바젤시(마띠아스 메리앙스의 작품)

면, 주저 없이 칼빈의 『기독교강요』를 꼽는다. 이 책에 담긴 개혁 신학의 진수는 세계 기독교인들의 신앙 형성에 크나큰 기여를 하였다. 마치 16세기 로마 가톨릭을 다시금 바르게 회복하려는 사람들의 가슴에 담겨 있던 신앙이 무엇인가를 집대성하여 보여 주는 대헌장의 역할을 하고 있다. 앙굴렘에 피신하여 머물러 있던 몇 달 동안, 특히 1534년 초반에, 칼빈은 회심의 심정에서 자신의 신앙을 체계적으로 가다듬어 집대성하여 불후의 명작 『기독교강요』를 저술하였다. 그리고 바젤에 머무는 1535년에 최종 마무리가 되어서 출판되었다. 이 책에는 성경의 진리가 응축되어 있는데, 인용된 신·구약 본문의 숫자는 신약이 4,330번, 구약이 2,474번이나 된다.

저술 목적

그 저작 배경에 담긴 청년 칼빈의 의도와 내용상의 특징은 간단히 두 가지로 요약되는데, 성경에 대한 입문서로서 개신교가 믿는 교리를 요약한 것이며(confessio), 혹독하게 박해를 받고 있는 개혁 신앙의 변증을 위한 것이다(apologie).[1] 적어도 칼빈은 당시 군주들에 대해서 저항하고 있던 과격한 재세례파(radical anabaptist)가 아니라는 점을 프랑수와 1세에 대한 헌사에서 강력히 주문하고 있다. 그리고 이 책의 최초 저술 동

---

1) 김재성, 『칼빈과 개혁 신학의 기초』, 제3장 "27세에 쓴 프로테스탄트의 대헌장: 기독교강요의 두 지평"을 참고할 것. Harmannus Obendiek, "Die Institutio Calvins als 'Confessio' und 'Apologie,' in *Theologische Aufsätze: Karl Barth zum 50. Geburtstag*, ed. Erst Wolf (Munich, 1936), 417-431. 또한 초판의 영문 번역과 해설은 많은 유익을 준다. John Calvin, *Institutes of the Christian Religion, 1536 Edition*, tr. F.L. Battles (Grand Rapids: Meeter Center and Eerdmans, 1986), xxxvi-xlv.

기와 함께 밝히고 있다.

나의 목적은 단지 약간의 기초 원리를 제공하여 종교에 대해 작은 열정이라도 가진 사람들이 참된 경건을 이루도록 하려는 것뿐입니다. 그리고 이 책은 나의 조국 프랑스 사람을 위해 노력을 바친 것인데, 그리스도를 향한 목마름과 굶주림에 놓여 있는 많은 사람들을 보았습니다. 그러나 그에 대한 조그만 지식마저도 불어넣어 주는 것은 거의 없었습니다. 이것이 나의 의도임을 이 책 스스로 증거하게 될 것입니다만, 이 책은 아주 단순하게 교훈의 초보적인 형태를 채택하게 된 것입니다.[2]

국왕에게 보낸 이 헌사에서 한 가지 칼빈이 분명히 밝힌 것은 분파주의자 내지는 이단(sectarianism)은 아니라는 것이다. 재세례파와는 다르다는 점을 강조한다. 도리어 하나의 참된 교회, 거룩하고 보편적 교회가 지닌 공통적인 신앙을 개진하려는 것이다. 성경 다음으로 오늘날까지 가장 널리 애용되는 교과서가 된 이 책은 그 방대한 내용을 체계적으로 분석한 저술들이 큰 도움을 주고 있다.[3]

프랑스에서 나온 개신교 저술 가운데 이와 비슷한 책이 전혀 없었

---

2) John Calvin, *Institutes of the Christian Religion, 1536 Edition* (Grand Rapids: Eerdmans, 1975), 1.
3) F.L. Battles, *Analysis of the Institutes of the Christian Religion of John Calvin* (Grand Rapids: Baker, 1980); 이 책은 내용의 핵심만을 간추려 놓은 책으로 번역자가 만든 일종의 소책자이다. F. Wendel, *Calvin, The Origins and Development of His Religious Thought*, 김재성 역, 『칼빈, 그의 신학 사상의 근원과 발전』(크리스챤 다이제스트, 1999); 칼빈의 저술을 요약하되, 당대의 학문적 관계에서 고찰한 가장 충실한 고전으로 손꼽히는 책이다. Philip C. Holtrop, 박희석, 이길상 역, 『기독교강요 연구 핸드북』(크리스챤 다이제스트, 1995); 저자가 대학 강좌에서 제시한 내용을 모아 놓은 것으로 탁월한 분석력이 돋보인다.

던 것은 아니다. 파렐이 쓴 『개요』(*Summaire et briefve délaration d'aucuns lieux fort néessaires à ung chascun chrestien pour mettre sa confiance en Diew et ayder son prochain*)서가 1525년 바젤에서 출판되어 있었고, 1529년에는 역시 프랑수와 1세에게 헌정한 『기독교 개론』(*Somme chrestienne*)이 아비뇽의 프랑스와 램버트에 의해서 출간되어 있었다. 램버트는 이 책을 독일 말부르그 대학 교수로 있으면서 저술하였다. 필립 헷세에 의해서 이 책은 찰스 5세에게 전달되어서 개신교에서 가르치는 교훈이 진리임을 설득하고자 했다. 칼빈도 역시 프랑스에서 박해하는 개신교회의 신앙이 무엇인가를 설명해 주려 했던 것이다.

저술에 영향을 준 신학자들

이 책은 1536년 2월 혹은 3월에 바젤에서 출간된 직후, 프랑크푸르트 책 전시장에 출품되었다. 초판에서 출판업자(Thoms Platter와 Balthasar Lasius)는 이 책의 장점을 설명하는 장황한 문구를 넣었다(Christianae religionis institutio, totem fere pietatis summam, et quidquid est in doctrina salutis cognit necessarium, complectens; omnibus pietatis studiosis lectu dignissimum opus, ac recens aditum ; 이 책은 거의 경건의 전체 요약이 전부 담겨 있고, 구원의 교리에 대해 반드시 필수적으로 알아야 할 것들이다. 이 최신판은 경건을 이루고자 열망하는 모든 사람들이 읽을 만한 아주 가치 있는 책이다). 이런 긴 제목을 첨가하는 것이 당시에는 유행하였으니, 책의 제목이 다루려는 내용을 명쾌히 소개하고 이 책을 추천하기 위함이었다. 칼빈은 원래 이런 소제목을 전혀 넣지 않았고, 출판업자가 프랑수와 국왕에게 바치는 헌사를 초판에서 생략하려 했으나 이를 누락시키지 않도록 만들었다.

저술의 배경을 이루는 학자들이 과연 누구일까? 과연 칼빈은 어느 누구에게서 가장 많은 영향을 받았으며, 어떤 책을 주로 참고하였을까? '기독교 종교의 교훈집'이라 불린 이 책은 루터의 소요리 문답(Der kleine Catechismus, 1529)의 체제를 따르고 있다. 칼빈의 초기 개혁 신앙은 루터의 영향을 많이 받았고 상당 부분은 일생 동안 간직하였다. 초판의 처음 네 장은 거의 구조가 흡사하다. 구조만이 아니라 내용면에서도 루터의 신학을 거의 대부분 채택하고 있음을 부인할 수 없다.[5]

중세 신학의 구조에서 중요하게 다루어진 주제들인 율법의 설명, 사도신경의 해설, 주기도문, 그리고 세례와 성찬이 다루어졌다. 여기서 주목할 것은 개신교회가 성찬을 매주 거행할 것을 주문하고, 예배의 의식을 제안하고 있다는 점이다. 초판의 마지막 두 장은 다섯 가지 로마

29. 루터와 그의 아내 카타리나 폰 보라

4) August Lang, "The Sources of Calvin's Institutes of 1536," *Evangelical Quarterly* 8 (1936): 130-141. A. Gnoczy, *The Young Calvin*, 133-181. B.B. Warfield, "On the Literary History of Calvin's 'Institutes,'" *Presbyterian and Reformed Review* 10 (1989): 193-219. Jean-Daniel Benoit, "The History and Development of the *Institutio*; How Calvin Worked," in *John Calvin*, 102-117. ed. Gervase E. Guffiled (Grand Rapids: Eerdmans, 1966). Wendel, *Calvin*, 111-149.

5) Willem van't Spijker, *Luther en Calvijn: De invloed van Luther op Calvijn blijkens de Institutes* (Kampen, 1985), 16-21. idem, "The Influence of Luther on Calvin according to the *Institutes*," in *John Calvin's Institutes: His Opus Magnum* (Potchefstroom, 1986), 83-105. Wendel, *Calvin*, 131-134. Ganoczy, *The Young Calvin*, 137-145.

가톨릭의 성례에 대한 비판과 기독교의 자유에 대한 변호를 함으로써, 다소 변증적인 성격을 띠고 있다.

그 밖에 필립 멜랑톤과 마틴 부써, 쯔빙글리의 영향을 입었음도 부인할 수 없다. 지금까지 연구로 볼 때에, 멜랑톤의 『신학 총론』(Loci communes, 1521)과 칼빈의 『기독교강요』와의 연관성이 매우 밀접하다는 점이 강조되어 왔다. 칼빈은 부써를 만나기 이전에 이미 1530년에 출판된 그의 복음서 주석을 통해서 영향을 받았으며, 특히 회개의 교리와 주기도문 해설에서 많은 참고를 하였음이 밝혀졌다. 또한 쯔빙글리의 『참된 종교와 거짓 종교에 대한 주석』(1525)에서도 많은 유사점이 발견된다.[6]

이 책은 점차 발전되면서 어거스틴, 크리소스톰, 아다나시우스 등 많은 초대 교회 교부들의 저술을 통해서 보충되고 보강된다. 학창 시절부터 고전에 익숙했던 칼빈은 논쟁이 많은 주제들을 설명할 때마다 초대 교회의 교부들에게서 기독교의 순수한 전통을 되살리고자 노력하였다.[7]

---

6) Randall C. Zachman, "Restoring Access to the Fountain: Melanchthon and Calvin on the Task of Evangelical Theology," in *Calvin Studies Society Papers, 1995, 1997* (Grand Rapids, 1998), 205-228. Philip Schaff, *History of the Christian Church* (Grand Rapids: Eerdmans, 1910), 385-398. A. Lang, "Melanchthon und Calvin," in *Reformierte Kirchen-Zeitung* 21(1897). Idem, *Reformation und Gegenwart* (Detmold, 1918), 88-135. B. Hagglund, *History of Theology*, tr. Gene J. Lund (St. Louis: Concordia, 1968), 260. Wendel, *Calvin*, 134-35. Ganoczy, *The Young Calvin*, 146-151. 부써의 영향에 대해서는 뒤에 다시 스트라스부르그 시절에서 언급된 부분을 참고할 것. Wendel, *Calvin*, 137-44. Ganoczy, *The Young Calvin*, 158-68. Willem van't Spijker, "The Influence of Bucer on Calvin as Becomes Evident from the Institutes," in *John Calvin's Institutes: His Opus Magnum*, 106-132.
쯔빙글리와의 관계에 대해서는 비교적 연구가 적은 편이다. Gannoczy, *The Young Calvin*, 151-58. Fritz Blanke, "Calvins Urteile über Zwingli," *Zwingliana* 11 (1959), 66-92.

7) B.B. Warfield, *Calvin and Augustine* (Philadelphia: Presbyterian and Reformed, 1956). Charles Partee, *Calvin and Classical Philosophy* (Leiden: E. J. Brill, 1977). Anthony N.S. Lane, "Calvin's Use of the Fathers and the Medievals," *Calvin Theological Journal* 16(1981), 149-205.

이처럼 풍성한 정통 기독교의 유산을 요약하였기에 순수한 기독교 교훈집이라는 명성을 얻게 된 것이다.

종교 개혁자들이 펴낸 수많은 책 가운데서 가장 학문적이요, 종합적이며, 성경적인 책으로 손꼽히게 된 것은 칼빈의 해박한 지식과 성경에 대한 충실성 때문이다. 칼빈은 이 책 한 권으로 인해서, 일약 주목받는 종교 개혁 진영의 지도자로 널리 알려지게 된다. 단순한 문학자로서 꿈을 간직했던 그가 신학을 체계화함으로써 이 꿈을 이룬 것이다. 불과 스물여섯 살의 청년이 이런 책을 저술할 수 있었던 것은 그가 역사의 무대에 등장하던 시대가 종교 개혁이 진행되던 초기였기 때문이요, 대부분이 아직 루터의 종교 개혁 사상에서 영향을 입고 있을 뿐 체계적인 신앙 교리서를 갖고 있지 못했기 때문이다. 그래서 오늘날까지 순수한 종교 개혁자들의 정신과 신앙을 찾는 대부분 신학도들이 이 책을 교과서로 읽으면서 자신들의 문제를 해결하는 데 큰 지침을 얻고 있으며, 자신들의 고뇌하는 문제에 대한 성경적 해답을 발견하고 있는 것이다.

1536년 초판

초판에서 칼빈이 취급한 주제들은 개신교에서 주장하는 복음의 전체적인 개요였다. 신학자들은 이 책에서 단 하나의 핵심 교리, 아주 돋보이는 중심 진리가 무엇인가 저마다 찾아내려고 노력해 왔다. 예를 들면, 하나님의 주권적 통치, 예정론, 기독론, 하나님을 아는 지식, 섭리, 신앙, 칭의 등을 꼽을 수 있을 것이다. 그러나 아직도 이런 핵심 교리에 대해서 서로 의견이 일치하는 것은 없다. 따라서 보다 솔직히 이 책을 접근한다면 성경의 진리들을 종합적으로 제시하되 여러 주제들을 중점

적으로 거론하고 있다고 보아야 한다.[8]

이 책의 내용은 기독교인이라면 필수적으로 알아야 할 구원의 교훈 집이자 경건의 총체적 요약이다. 제1장은 십계명에 대한 해석이 포함된 율법에 관한 장이다. 칼빈은 "참되고 거룩한 지혜의 총체는 하나님을 아는 지식과 우리 자신을 아는 지식, 이 두 가지로 구성되어 있다"는 말로 시작한다. 이중적으로 서로 연결되어진 하나님에 대한 지식과 인간에 대한 지식은 매우 중요한 문제 제기로서 첫 문장에 나온다. 이것은 칼빈의 신학을 특징짓는 선언과도 같다. 그러나 이런 지식의 부분을 언급한 사람은 마틴 루터, 쯔빙글리, 마틴 부써도 이미 언급한 바 있었다. 이 지식의 기초는 십계명에서 간단한 형태로 알려 주셨다. 인간은 죄인이며 하나님의 진노를 불러일으킨다. 로마 교회의 선행에 관한 교리를 배척하고, 칭의와 성화에 대한 개신교의 입장을 강조하고, 율법의 세 가지 용도를 설명하는 것으로 계속된다. 여기서 특이한 것은 루터가 고민하던 율법과 복음 사이의 대립이 사라지고, 복음에 포함된 율법의 기능을 설명함으로써 기독교 신앙의 본질을 잘 드러냈다는 점이다.[9]

제2장은 믿음이 주제인데, 사도신경을 네 가지로 나누어서 충실하게 설명하였다. 제3장에서는 주기도문을 여섯 부분으로 나누어서 설명하고 기도에 힘쓸 것을 강조하였다. 제4장은 성례에 관한 것으로 세례와 성찬만을 개신교에서 시행하는 입장을 확고히 했다. 다음 장에서는 가톨릭에서 7성례라고 주장하는 나머지 다섯 가지 의식들을 비판하였으

---

8) Brian G. Armstrong, "The Nature and Structure of Calvin's Thought according to the Institutes: Another Look," in *John Calvin's Institutes: His Opus Manum* (Potchefstroom: Potchefstroom University for Christian Higher Education, 1986), 55.

9) W. H. Neuser, "The Development of the Institutes 1536 to 1559," in *John Calvin's Institutes: His Opus Manum* (Potchefstroom: Potchefstroom University for Christian Higher Education, 1986), 50.

니, 견신례, 고해 성사, 종부 성사와 기름을 바르는 것, 교회의 직분 임명에 관한 규례들, 결혼 예식(혼배 성사) 등 잘못된 성례의 시행에 대해서 논박하였다. 칼빈은 로마 교회 안에서 기독 신자들의 신앙 생활을 규정짓는 거의 모든 것들을 거부하면서도, 성경에 나오는 사도 바울의 성화론을 매우 강조하여 성도들이 신앙생활의 진보를 나타내야 함을 강조한다. 그러나 로마 교회의 규칙에 따라서 이룩될 수 없음을 분명히 밝히고 있다.

마지막 6장에서 칼빈은 기독 신자의 자유, 교회의 권한, 정부의 통치에 대해서 논하였다. 기독 신자들이 자유를 함부로 남용하지 말고 합법적으로 사용할 것을 촉구하되, 로마 가톨릭교회의 잘못을 구체적으로 지적하였다. 여기서 칼빈의 구체적인 의도가 드러나는데, 그는 교회와 국가 간의 정당한 관계를 설정하여야 한다는 확고한 입장을 표명하였다.

초기 칼빈의 신학은 예수 그리스도의 신성과 인성의 양면성을 동시에 강조하는 특징을 드러내고 있다. 그러나 아직 충분하게 모든 교리를 다 취급한 것은 아니다. 훗날 이 책은 계속해서 다섯 번 더 개정되면서 처음보다는 엄청나게 큰 책으로 증보되었다. 최종 1559년 판에서는 초판보다 15배가 많은 항목이 추가되어서, 모두 다룬 주제가 80장으로 확대되었다.

30. 라틴어 판 『기독교강요』의 표지(1536년)

제7장 성경의 메시지 『기독교강요』 227

1539년 개정판

1539년에 나온 두 번째 판은 좀 더 정교하게 처음의 주제들을 설명하면서, 여전히 교리를 간단히 가르쳐 주는 형태를 띠고 있도록 개정하였다. 그 분량은 이제 모두 17장으로 구성되었고, 처음 판의 약 세 배가 되어서 470쪽에 이른다. 스트라스부르그에서 출판되었기에 상당수는 저자명을 알쿠이누스(Alcuinus)라는 가명을 붙였다. 그리고 제목은 간단히 『기독교강요』라고 붙였다.

두 번째 판에서는 서문에 이 책을 '거룩한 신학의 후보자들'에게 유익하도록 저술한다는 동기가 첨가되었다. '하나님의 말씀에 관한 것들을 읽기 위한 준비'라는 강조도 새롭게 집어넣었다. 하나님의 말씀에 대한 '열쇠' 혹은 '입문'으로서 기능을 다하도록 노력하였다고 강조하였다. 두 번째 판에서는 신약과 구약의 연속성, 유아 세례, 교회론이 첨가되었는데, 이는 스트라스부르그에서 재세례파를 접촉할 기회가 있었기 때문이다. 처음에는 하나님을 아는 지식과 사람을 아는 지식을 한 장에서 다루었지만, 이제는 이를 둘로 나누어서 보다 자세히 설명하였다. 특히 부써의 영향으로 칼빈은 이 두 번째 판에서 예정과 섭리를 한 장에서 다루면서, 왜 어떤 사람은 복음을 듣고 하나님의 은혜에 감사하는데, 어떤 사람은 그의 은총에 대해 전혀 무관심하고 기도하려고 하지도 않는가를 다루었다.[10] 이후로 칼빈의 예정론은 반대하는 사람들이 거세게 일어나자 더욱 정교하게 발전시키게 된다.

---

10) Willem van't Spijker, "Prädestination bei Bucer und Calvin: Ihre gegenseitige Beeinflussung und Abhängigkeit," in *Calvinus theologus*, ed. Wilhem H. Neuser (Neukirchen, 1976), 85-111.

1543년 개정판

세 번째 개정판은 1543년에 나왔고, 다시 1545년에 재인쇄되었는데, 칼빈은 그 사이에 스트라스부르그에서 3년을 보내고 다시 제네바로 돌아왔을 때였다. 그 사이에 칼빈은 보름스와 레겐스부르그에서 로마 가톨릭 신학자들과 토론한 경험도 하고, 수많은 개신교 지도자들과의 회합에 참여하였다. 1540년 11월 8일부터 시작하여 1541년 초반까지 황제의 주도하에 시도된 교황청과 독일 루터파의 지원 영주들이 규합한 스말칼트 동맹 측과의 대담에도 참여하곤 했다. 이때의 주제는 칭의와 미사, 독신 서약과 교황권에 대한 것이었다. 1541년 5월 8일 개신교 지도자들은 레겐스부르그에 모여서 로마 가톨릭의 화채설에 대한 개신교 진영의 합의된 성찬론을 도출하고자 노력했는데 여기에 칼빈도 참여하였다.

사도신경이 총 네 장으로 늘어났고, 그 사이에 경험이 반영되어서 총 주제는 21장으로 확대되었다. 제4장 "수도사의 직책과 서약"과 제13장 "인간의 전통"에 대한 것이 첨가되었다. 미사와 독신 서약에 대한 상세한 반론이 첨가되었고, 교황권의 오류에 대해서도 통렬하게 비판하였다. 특히 교회론이 강화되었음이 눈에 띄는 발전이다. 교회의 독립권과 질서, 교회의 직책과 직분에 대한 강조가 전부 새롭게 추가되었다. 칼빈은 교회의 독립권 쟁취를 위해서 '당회'를 구성하여 이를 인정받게 하고자 노력했다.

1550년 개정판과 프랑스어 번역판

제네바에서 네 번째 개정판이 1550년 나왔는데, 이는 다시 1553년과 1554년에 재판을 거듭하였다. 이 개정판에서는 양심에 관한 부분이 첨가되었음이 눈에 띈다(제3권 19장 15-16절). 그리고 내용들을 각 장별로 묶고, 다시 몇 개의 구절로 묶어서 체계적으로 편집하였다. 일부는 독립된 별책으로 인쇄되었는데, '예정과 섭리'가 그 대표적인 예이다.

프랑스어로 번역하여 라틴어에 익숙하지 못한 조국의 성도들을 돕게 되었다. 그는 프랑스어 번역본을 라틴어 판과 조금도 다르게 만들지 않았다. 처음 판의 프랑스어 번역본이 나온 일정은 다소 불분명하지만, 그 다음 라틴어 수정판들은 곧바로 프랑스어 판으로도 출간되었다. 오를레앙에 있던 프랑수아 다니엘에게 1536년 10월 13일자에 보낸 편지에서 칼빈은 프랑스어 번역판을 내고 싶다는 의사를 표명했으나, 그러한 언급만 있을 뿐이지 실재 현존하는 것으로는 라틴어로 쓰인 초판이 프랑스어로 번역된 것은 발견되지 않는다.[11] 라틴어판이나 프랑스어 번역판이나 모두 다 인기리에 출간 즉시 팔려 나갔다. 특히, 제2판에서부터 분명히 프랑스 번역본이 존재하고 널리 읽혀졌음이 확인된다. 1539년 판은 1541년에, 1543년 판은 1545년에, 1550년 판은 1551년에, 그리고 1559년 판은 1650년에 프랑스어로 각각 번역되었다. 다만 문장의 수려함과 정교한 문맥에 있어서는 프랑스어 판이 다소 라틴어 판에 비해서 떨어진다. 단지 칼빈의 네 번째 수정판인 1550년 판을 프랑스어로

---

11) Wendel, *Calvin*, 118-119. Wilhelm Niesel and Peter Barth, "Eine französische Ausgabe der ersten Institutio Calvin," *Theologische Blätter* 7(1928), 2-10. Jacques Pannier, "Une Premiére 《Institution》 francaise dès 1537," *Revue de théologie et de philosophie* 8(1928), 513-534.

낼 때에만, 육신의 부활에 관한 세 장을 추가하였다.

1559년 최종판

최종판이자 다섯 번째 개정본을 위해서 칼빈은 1559년 8월 1일 서문을 작성했고, 그 해에 책이 나왔다. 그가 독자들에게 밝히 바와 같이 1558년부터 1559년으로 넘어오는 겨울에 거의 죽음에 이를 정도의 열병을 견디면서도 이 책의 개정 작업에 힘을 기울여 경건한 사람들의 요청에 보답하였다. 이 마지막 판에서 칼빈은 그동안 품어온 바를 집약하여 내용과 체제를 완전히 새롭게 만들었다. 그리하여 개혁 교회의 가장 뛰어난 경건의 교과서이자 충실한 성경의 입문서로 활용되기를 바랐고, 많은 교리적인 문제들을 이 책을 통해서 이해할 수 있도록 심혈을 기울였다.

최종판의 구성은 그 이전과는 차이가 날 만큼 매우 달라졌다. 처음으로 4권 체제로 구분되었고 총 80장에 이르게 되었는데, 모든 장마다 분명한 주제를 명시하였다. 그 내용에서도 마치 새로운 책처럼 느껴질 만큼 충분하게 내용을 보강하였다. 다른 여러 학자들과의 교리 논쟁에서 나온 내용들이 첨가 되었다. 특히 루터파 요아킴 베스트팔과의 성만찬 논쟁, 안드레아 오시안더와의 하나님의 형상, 그리스도의 사역, 칭의론, 그리고 렐리오 소시니(Lelio Sozzini)와 그리스도의 공로 및 죽은 자의 육체적 부활 등에 대해 논쟁한 것이 첨가 되었다.

칼빈이 전하는 메시지

칼빈을 잘 이해하는 지름길은 그의 책을 읽는 것이 필수적이다. 그가 하나님, 인간, 교회, 성경, 삶과 죽음 등에 대해서 어떤 지혜를 지니고 있었으며, 어떤 분석 방법을 사용했는지, 어떤 생각을 가졌는지는 시간을 충분히 마련하여 그의 『기독교강요』를 처음부터 끝까지 읽기를 소원한다. 지난 오백 년 가까이 연구되어 오고 있는 『기독교강요』는 지금도 여러 학자들에 의해서 간추린 단행본으로, 요약본으로 중요하게 다루어지고 있다. 모두 네 권으로 구성된 이 방대한 책을 한 눈에 쉽게 이해할 수 있도록 지도책과 같이 간단히 핵심 구도를 집어주는 노력들이 계속되고 있다. 그러나 이런 간단한 요약에만 맞들이지 말고, 저작 원문 전체를 읽기를 촉구한다. 그럴 때 비로소 신선한 사상과 만나는 기쁨이 있고, 자극도 느끼게 될 것이다.

가장 간단하고도 손쉬운 방법은 그가 다루고 있는 주제들을 일별해 보는 일이다. 그는 자신의 설교에서나 성경 주석에서 어떤 주제를 언급할 때에 이를 『기독교강요』에서 충분히 설명했다고 말하곤 했다. 그는 방대한 성경 주석에서 나온 지식을 토대로 하여 더욱 정교한 교리적 진술을 확보할 수 있었다. 주제를 다룸에 있어서 철저하고 냉철한 집중력이 돋보인다. 중세 최고의 신학서로 꼽히는 토마스 아퀴나스의 『신학대전』에 비하면 훨씬 독자들의 이해를 돕고자 하는 교육적인 배려가 들어 있다. 방법론적으로 스콜라주의적인 이론보다는 성경적인 설명에 치중했기 때문이다. 기독교 신앙의 주요 주제들을 잘 이해하도록 주제를 명확하게 설명하려고 노력하였다. 그러나 한 가지 주제만을 집중한 책은 아니다. 이렇게 중심 주제만을 다루는 방법은 계몽주의 시대의 귀납적인 사고에서 나온 것이다. 칼빈의 사상을 이해하려면 중심 주제나 핵심 교리 만을 찾으려는 일반적인 생각에 집착해서는 안 된다.

칼빈이 채택한 방법이나 신학의 특징에 대해서 간단히 정리하는 것이 도움이 되리라 본다. 칼빈의 책에 나타나는 신학적인 전개의 방법론은 르네상스 이후에 변화된 학문 방법론을 충분히 소화하지 못한 루터 파의 신학과는 달랐다. 칼빈이 공부하고 자라난 르네상스 휴머니즘의 시대가 채택한 방법론은 어떤 책이든지 원저자의 본문을 비평하고 주요한 문학적 기술 방법을 논하고 철학 분석을 하는 것이다. 이것은 아리스토텔레스의 삼단 논법에 따라서 사유와 논증을 위주로 하는 스콜라 신학과는 달랐다. 그러나 이 두 가지 방법론으로부터 좀 더 나아가서, 칼빈은 성경을 그의 신학 사상의 최고의 근거로 삼았다. 이런 태도는 칼빈으로 하여금 지적인 논증보다는 성경의 충실한 해석자로 만족하게 하였고, 결론을 도출할 때에도 언제나 겸손히 순종하는 자세를 견지하게 했다. 성경의 충실한 해석자가 되는 길을 최고의 방법으로 채택하였다. 칼빈의 주요 관심은 성경의 해석이었고, 그가 본문을 읽고 연구하면서 더욱 깊어 갔다. 종교 개혁자들의 방법론처럼 초대 교회의 순수한 사상을 더욱 재발견하여 제시하고자 했다.

창조주 하나님을 아는 지식과 인간 자신을 아는 지식을 다루고 있는데, 이것은 한번 다루고 지나가는 것이 아니라 거룩한 교리를 다루면서 지속해서 하나님과 인간과의 관계를 창조주 대 피조물이라는 대립구조를 강조하는 일관된 규칙이다. 더구나 이 두 가지 지식은 서로 구별은 될 수 있으나 서로 분리시킬 수 없는 것이다(distinctio sed non separatio). 이 술어는 거듭해서 여러 주제를 설명할 때마다 강조된다. 예수님의 신성과 인성을 설명하면서도 그렇게 설명했고, 칭의와 성화를 강조하면서도 그러하다. 믿음과 회심을 강조하면서도 역시 각각 따로 떨어져서는 이해되지 않는다. 역시 성례에서 표상하는 것과 실재 사 이에도 구분은 하지만 분리시켜서는 안 된다. 결국 신학이란 창조주이신 하나님과 피조된 인간과의 관계성을 설명하려는 것이다. 그러나 또한 하나님의 영역과 인간의 한계를 철저히 나누고 본질적으로 구분하려는 것이 일관된 흐름에 드러나 있다. 훗날 칼빈주의자들은 성만찬 신학을 정리하여 화체설이나 공재설처럼 영원한 신성이 포도주나 빵에 들어올 수 없음을 주장하였다:"유한은 무한을 품을 수 없다"(finitum non capax infinitum)고 강조하였다.

제1권

여기에 오늘의 조직 신학 서론으로 취급하는 인식론, 지식론, 성경론, 영감론과 신론의 대부분이 취급되어 있다. 어떻게 우리가 하나님에 대한 지식을 가질 수 있는가? 이 질문에 대답하면서, 철학자들이 가진 하나님에 대한 개념을 비판하고, 인간이 지닌 자연적 지식의 한계를 분명히 지적한다. '하나님을 아는 지식'과 '인간에 대한 지식'은 서로 뗄래야 뗄수 없이 연결되어 있다. 하나님을 아는 지식이 없으면 인간은 자신에 대해서 바르게 알 수 없다. 역시 인간에 대한 바른 지식이 없다면 하나님에 대한 지식도 가질 수 없다. 하나님과 인간과의 연관성, 하나님과 피조물과의 연관성을 설정하여 밀접하게, 그리고 미묘하게 연관시켜 놓음으로써 하나의 통합적인 세계관을 제시하는 것이다.

창조주 되시며 세상의 주권자이신 하나님을 아는 지식은 피조된 인간과 세상 속에 드러나 있다. 인간 본성과 자연 만물의 법칙들은 역사적 발전 과정에서 찾아볼 수 있다. 하나는 인간의 내부에 있는 주관적인 것이요 다른 하나는 객관적인 것이다. 전자의 근거는 하나님에 의해서 모든 인간의 내부에 심겨져 있는 '하나님을 아는 느낌'(sensus divinitatis) 혹은 '종교의 씨앗'(semen religionis)이다(I.iii.1, I.v.1). 이렇게 인간에게 넣어 주신 감각 때문에 인간은 하나님의 존재에 대한 예감을 가지게 된 것이다. 여기서 로마서 1:18-25이 가장 중요한 근거이다. 모든 인간의 마음속에는 하나님이 새겨져 있다(I.x.3). 신적인 감각이 있다는 것을 증명하는 세 가지 근거들이 있다. 첫째는 종교가 보편화되어 있다는 점이다. 비록 인간의 이성적 능력이나 본성적인 사유가 뒤틀려져서 우상을 숭배하더라도 종교심은 보편적이다(I.iii.1). 둘째는 양심의 고통을 느끼는 것이다(I.iii.2). 그리고 셋째는 하나님을 두려워하는 마음이다(I.iv.4).

이 세 가지는 기독교 복음을 선포하는 접촉점으로 삼을 수 있다.

세상의 질서를 들여다 보고 깊이 명상해 보며 경험한 사람들은 하나님이 창조주 되심을 부인할 길이 없다. 그의 지혜와 의로우심은 피조된 세상의 질서를 볼 때에 경험하는 것이며, 인간을 들여다볼 때에 절정에 달한다(I.v.1-15). "하나님은 자신을 하늘과 땅으로 된 아름답고 우아한 구성을 통해서 계시하셨고, 거기에서 자신을 날마다 드러내고 계시며, 인간이 그분을 주목하지 않는다면 자신들의 눈을 뜰 수 없다"(I.v.1).

피조물의 질서를 통해서 오직 기독교 신자들만 하나님을 알 수 있다고 하는 것이 아님을 강조하고 있다는 점에 주목해야 한다. 누구나 이런 지식을 갖고 있다. 누구라도 피조된 만물의 질서를 지성적으로, 이성적으로 검토하여 보면 하나님을 아는 지식에 도달할 수 있다. 피조된 질서는 하나님을 보여주는 '극장'이요(I.v.5), 하나님의 존재하심과 본성과 속성들을 보여주고 있는 '거울'(I.v.11)이다. 비록 하나님은 볼 수 없는 분이시요 이해가 불가한 분이지만, 그분은 피조물과 그 질서 속에서 자신을 알 수 있도록 드러내 보이셨다. 보이지 않는 하나님께서는 자연의 옷을 입으시고 드러내셨다(I.v.1).

따라서 자연 과학 특히 점성학은 이것을 지적하고 있는 하나님의 지혜와 놀라운 피조 세계의 질서를 밝혀 주는 유용한 수단이다(I.v.2). 그러나 이처럼 경험적이요 관찰 가능한 측면이 있음을 강조하면서도 어떤 특정한 계시를 주장하지는 않는다. 그냥 지식을 논증하는 것이 아니라, 기독 신자든지 비신자든지 누구나 일반적으로 가지고 있는 하나님을 분별하는 방법을 집중하여 다룬다(I.v.6).

하나님을 아는 지식을 일반적으로 다루면서 주요 대화 상대는 시세로의 자연신론(de natura deorum)으로 고대에서부터 가장 탁월한 하나님을 아는 지식으로 꼽혀온 이론이다. 하나님과 인간 사이의 인식의 차이가 현저하다는 점을 시세로는 간과하고 있다. 우리가 가진 하나님을 아는 지식은 불완전하고 혼동이 많다. 때로는 인간이 가진 이론들은 서로 충돌하기도 한다. 하나님을 본성에서부터 잘 고찰하여 발견하여 알 수 있다고 하기보다는 단지 이런 지식이 있음으로써 하나님을 몰랐다고 핑계할 수 없도록 하여 주는데 기여하는 것이다. 자연적 지식으로 하나님을 알 수 있는 것이 아니라 핑계할 수 없다는 점을 가르쳐 줄 뿐이다. 인간의 이성은 인간에 의해서 지속적으로 왜곡되고 뒤틀려지고 있을 뿐이어서 하나님의 존재와 본질과 목적들을 전해주는 데 충분히 신뢰할 만한 근거가 되기에는 부적합하다.

인간이 자신을 검토하면서 타고난 재능들을 생각할 때에 하나님이 내려 주신 것에 감사하는 마음을 갖지 않을 수 없다. 인간이 자신의 부패를 깨달을 때에, 그는 겸손히 하나님의 구속의 은혜를 간구하지 않을 수 없다. 인간은 스스로 낮아져서 하나님을 찾아야 한다. 무엇보다 인간이 자신의 진면목을 알려면 하나님의 위엄을 인식해야 한다. 하나님에 대한 지식은 단순히 지적인 이해가 아니라 그 이상이다. 머리 속을 스쳐가는 그런 지식이 아니다. 마음에 뿌리를 내리는 경외심이다. 이것은 경건이라는 윤리적 태도와 연관되어 있다. '그의 은혜에 대한 지식에서 생기는 하나님에 대한 사랑과 결합된 경외심'을 가져야만 한다. 하나님을 아는 것은 그에게 순종하고 예배하기 위해서이다.

"하나님을 아는 지식이 세상의 질서 속에서, 그리고 피조물들 속에서 분명하게 드러나지만, 말씀 안에서 가장 친숙하게, 그리고 보다 분명하게 설명되었다"(I.x.1). 오직 성경에 의해서만 성도들은 예수 그리스도의 생애와 죽음과 부활을 통해서 이 역사 속에서 성취하신 하나님의 구원에 대해 이해할 수 있다(I.vi.1-4). 칼빈에게 있어서 계시는 예수 그리스도의 인격에 기초하고 있다. 우리가 하나님을 아는 지식을 갖는 것은 그를 통해서 전달된 것이다(I.vi.1).

성경의 신실성 여부에 대한 논쟁이나 토론에서도 이런 원칙은 여전히 유효하다. 하나님에 대한 경외심이 그의 모든 신학에 살아 숨쉬고 있다. 위엄과 측량할 수 없는 지혜로 사람에게 보여주신 하나님의 계시는 사람의 논증에 의해 좌우되어 성경이 하나님의 말씀이라고 인정을 받는 것이 아니다. 이제 새롭게 제시되는 증거는 이성의 합리성에 의한 판단이나 결정이 아니라 성령의 내적 증거이다. 본성의 빛에 의해서가 아니라 말씀의 계시를 통해서 우리는 하나님에 대한 진정한 지식을 얻으며, 구원에 이르는 교훈을 발견한다. 성경의 계시는 점진적이다. 구약에서 희미하던 진리들이 신약에서 확실히 드러났고, 태초에 아담에게 비친 약한 불빛이 신약에서 의의 태양이 되어 전 세계를 비추었다. 이 계시는 인간의 수용 능력에 따라서 조정된 것이기 때문이다. 하나님은 인간이 이해할 수 있는 언어로 수준을 낮추셔서 내려오셨다.

바른 성경의 이해와 깨달음은 오직 성령의 영감을 통해서만 주어진다(I.vii.1). 성경은 그 전달자들에게 성령께서 직접적으로 받아쓰게 하셨으며, 성경의 기록자들은 서기 또는 필사하는 사람에 불과하다. 그러나 그들은 기계와 같이 아무런 감정이나 인격이 없는 전달자들은 아니었다. 그들의 환경과 실력과 언어를 통해서 주어졌다. 따라서 하나님의 영감과 사람의 작품이 서로 유기적으로 연결되어 있고 상호 분리할 수 없다. 성경은 하나님의 말씀을 사람의 언어라는 형식으로 전달해 준 것으로, 그 기원에서부터 신적인 권위를 갖는다.

하나님에 대한 논의에서도 삼위일체 이해를 이성으로 해결하는 이단들을 단호히 배격하고, 우리를 압도하는 신비한 면을 그대로 강조한다. 추상적으로 하나님이 누구인가를 그저 호기심에서 캐내려는 자세는 잘못된 것이다. 인간이 하나님의 신적인 본질을 꿰뚫어야 하는 것이 아니라, 하나님이 우리에게 어떤 분이신가를 알아야 한다. 이런 의미에서 하나님이 인생을 주관하시는 지식보다는, 인간이 하나님을 이해하려고 시도하는 세르베투스나 오시안더의 오류가 드러나는 것이다. 하나님의 섭리는 역사의 사건들이 우연이라는 생각을 버리고 모든 것을 주관하심에 대해 인정하는 것이다.

하나님은 오직 예수 그리스도를 통해서만 충분히 자신을 드러내셨다. 삼위일체의 이해는 예수 그리스도를 통해서 가능하며, 그리스도는 오직 성경을 통해서만 알려진다. 창조 질서가 이 계시의 일부분을 증명하고 있고 중요한 접촉점이기도 하지만, 하나님을 아는 방법은 자연 속에서는 불가능하다. 하나님을 이해하는 가장 중요한 핵심은 삼위일체의 교리를 설명하는 것인데, 이는 자연이나 일반 계시로서는 얻을 수 없는 진리다. "하나님을 찾는 연구를 하려면 말씀을 떠나 다른 어느 곳에서도 찾을 수 없으며, 성경을 우리의 안내자로 삼지 아니하고는 그분에 대해서 생각하거나 말하는 것은 불가능하다"(I,xiii,21). "하나님은 자신의 통일성을 충분히 선포하시면서, 세 인격으로 존재하고 계심을 우리 앞에 분명히 제시하셨다"(I,xiii,2). 세 인격은 서로 분리되어 나타나지 않고 한 하나님 안에서 구분되는 것으로 이해된다(I,xiii,17).

정통 신학은 삼위일체 논쟁에서 그리스도의 신성을 변호하는 데 초점을 맞춘다(I,xiii,22-28). 그리스도가 하나님과 인간 사이의 중보자로서 역할을 수행하려면 그분의 신성이 확립되지 않으면 불가능하기 때문이다. 하나님을 아는 지식과 우리 자신을 아는 지식, 그리고 구원에 대한 지식은 모두 다 이 중간 전달자를 통해서 알려지는 것이다.

하나님에 대한 지식을 다룬 다음에 이어서, 인간 본성에 대한 지식을 다룬다. 인간의 본성은 '가장 고상하고 뛰어난 하나님의 지혜와 의로움과 선하심을 지닌 존재'였다(I,xv,1). 인간들은 하나님의 모양과 형상으로 창조되었으며 자유로운 의지를 부여받았으나, 타락으로 인해서 찌그러지고 말았다. 인간들은 다른 동물들과는 차별성을 띠는 어떤 위엄을 갖추게 하는 옷이 입혀졌다. 하나님의 모양과 형상 안에서 창조된 존재의 장점들을 갖고 있어서 인간들은 '신적인 영광의 거울들'이라고 볼 수도 있다(I.xv.4). 그럼에도 불구하고, 인간 본성은 불완전한 방법으로 영광을 반사하고 있다. 오직 그리스도 안에서만 하나님의 영광이 충분히 드러난다. 예수 그리스도에게서는 참된 인간 본성의 영광스러움이 밝히 드러난다. 여기에서도 예수 그리스도의 인간 본성과 우리들의 인간 본성과의 사이에는 공통적인 부분이 있고, 차별성이 동시에 존재하고 있다. 우리 인간들이 하나님과 충분히 교통하게 되려면, 우리 본성의 갱신이 필연적이며 그 가능성도 있다.

창조주 하나님의 교리는 하나님의 섭리에 대한 개념을 알아야만 한다. 왜냐하면 섭리는 창조의 연장선상에 있기 때문이다. 이 세상을 창조하실 때에, 하나님은 그것을 지속적으로 관여하시고 돌보시며 인도하시고 유지시키고자 하셨다(I.xvii.1). 창조 안에 있는 모든 것들은 그 창조주의 현명하심과 자애로우심의 대상이다.

제2권

하나님을 아는 지식은 우리의 구속주이신 예수 그리스도 안에서 나타났다. 창조주 하나님은 그가 만드신 피조물의 질서를 통해서는 일부분만을 알 수 있는 반면에, 구속주로서의 하나님을 아는 지식은 예수 그리스도를 통해서만 나타나는 것이며, 오직 성경에 의해서만 얻을 수 있다. 기독론을 다루기 위한 기본 전제는 아담의 타락 이후로 자연적인 인간의 기구들과 은사들이 본질적으로 불구가 되었다는 점이다. 모든 인류는 이제 아담의 타락을 나누어 가지고 있다는 점이다(II.i.7). 인간의 자유 의지는 아직 파괴되지 않았다 하더라도, 죄를 저항할 수 없는 무기력한 상태에 놓여 있다(II.i.9). 우리는 건강한 의지를 가지고 있지 못하다(II.iii.5). 따라서 인간의 이성이나 의지 두 가지 모두 다 죄로 인해서 오염되고 말았다. 불신앙은 의지의 행동으로서 보여지는 이성의 행동이다. 이성은 창조 질서 내에서 하나님의 손길을 구별하는 데 실패할 뿐만 아니라, 의도적으로 그것을 구별하고자 하지 않으며, 하나님께 순종하려고 하지도 않는다.

창조 질서 내에서 충분히 하나님을 구분하는 이성적이며 의지적인 자질이 인간에게는 결여되어 있다(II.ii.5). 또한 인간은 구원을 얻기에 필요한 것이 결여되어 있다. 죄로 인해서 마음과 의지가 왜곡되어 있는 까닭에 구원받으려 하지도 않는다. 구원은 하나님께 대한 순종이 전제되는 것인데, 죄 때문에 스스로 구원 얻을 수 있는 능력도 없다(II.ii.12). 하나님을 아는 참된 지식과 구원의 지식 두 가지 모두 인간이 처한 상황 밖에 있는 것이다. 그리하여 예수 그리스도의 중보자에 대한 교리가 필연적으로 대두되는 것이다.

율법은 언약의 필수적인 부분이며, 하나님께서 인간을 외면하지 않았다는 것을 증거하는 증표이자 보증이다(II.vii.1). 중보자가 오시기까지 역사적인 준비에 대해 거슬러 올라간다. 아브라함과 그 후손들에게 주신 율법은 인간을 구원하시려는 하나님께서 섭리적으로 준비하신 첫 단계이다. "'율법'은 의롭고 거룩한 삶의 규칙을 우리에게 보여 준 십계명뿐만 아니라, 모세의 손에 의해서 선포하신 신앙의 형식이다"(II.vii.1). 율법은 유대인들에게 주신 은혜의 선물이며, 장차 율법에 암시된 바와 약속된 것이 성취됨으로써 예수 그리스도의 오심을 미리 지적해 주는 것이다.

율법은 도덕적이며 의식적이며 사법적인 세 가지 측면을 가지는데, 도덕적인 기능을 제외하고는 제물을 깨끗이 씻는다든가, 죽인다든가, 정결 의식이라든가, 다양한 음식의 금지 목록 등은 이제 소용이 없는 것으로 간주된다. 후대에 그 용어를 사용할 때에는 역사적으로든지, 문화적으로든지 그들에게 한정 되었던 것으로 인식해야만 한다. 구약 성경의 시대에 가졌던 종교의 원시성을 인정하되, 다만 그러한 문화적 의식들이나 규정들 밑에는 오늘의 성도들과 연관되는 행동 양식이나 행위 규범들이 들어 있음을 알 수 있다. 십계명에 남아 있는 이런 도덕적인 규칙들이 그리스도인들에게도 해당되는 것이다. "영적인 인간이 아직 육신의 짐에서 해방되지 않았기에, 율법은 잠과 태만에서 그를 지키는 끊임없는 자극이 될 것이다"(II.vii.12).

종교 개혁 신학에서 가장 중요한 신학적인 변화가 나타나는데, 율법이란 "그리스도에게로 인도하는 몽학선생"(갈 3:24)일 뿐만 아니라, 믿음 안에서 기독교 신자가 지켜 나가야 할 세 가지 기능을 수행하고 있다. 첫째는, 교훈적 지침(tertius usus legis)으로 죄의 실상을 깨닫게 하고 있다. 둘째는, 악인이 두려움 때문에 악행을 그만두도록 저지하는 것이다. 악으로 지배받는 인간이 혼란과 소용돌이를 일으키지 못하도록 강제적인 역할을 수행한다. 셋째는, 성도들이 하나님의 뜻에 완전히 순종하도록 격려하기 위한 기능이다(II.vii.10).

특히 루터나 멜랑톤과는 달리, 죄에 대해 상세한 설명을 덧붙이면서, 복음에 의해서 더욱 밝혀진다는 새로이 주목되는 변화를 보여 준다. 하나의 일관된 원칙은 그 율법이 기록된 책에 담겨 있는 이념들과 실제들은 구약 성경의 독자들에게 독특하게 적용된 것이라는 점이다. 그러므로 그리스도인들은 율법에 복종하되 유대인들이 하던 것과 같이 행동하는 것은 아니다. 구약과 신약 사이의 유사점과 차이점이 바르게 설명되어야 한다. 신약과 구약의 비교는 사실상 그 내용보다는 구원의 계획에 있어서 연대적인 위치에 의한 구별이었다. 구약 성경은 신약 성경이 현재 실체로서 우리에게 제시하는 것을 약속의 형태로 보증하고 있다. 율법 아래서 그리스도가 어떻게 알려지셨는가를 깨달아야만 하는데 약속의 참된 의미 속에서 찾아야 한다(II.ix.1).

구약과 신약의 첫 번째 차이점은 보이지 않던 차원에 있던 것들이 신약 성경에서 한층 분명하게 보여진다는 점이다. 구약은 현재의 삶과 축복에다 최고의 가치를 두었으나 신약은 천국의 소망과 은혜로 이끌어 준다. 성도들은 이제 미래에 주어지는 새로운 천국을 소망하게 되었다. 두 번째 차이점은 구약은 이미지, 그림자 혹은 상징으로 제시했으나, 신약은 본질을 드러내 준다(II.xi.4). 새 언약 아래에서는 그리스도의 피에 의해서 정화되고 인정을 받는 새로운 방법이 도입된 것이다. 그래서 직접적으로 체험하고 먹고 마시고 만지고 경험하였다. 세 번째 차이점은 율법과 복음의 대조 속에서 찾아볼 수 있다. 또는 글자와 영의 대조에서 드러난다(II.xi.7). 구약에서는 하나님의 영이 놀라운 능력을 발휘하실 것으로 예상하셨는데, 이제 신약은 그 권능을 전하게 되었다. 신약에서는 "은혜의 풍성함을 극대화하기 위해서 율법을 세우신 그 동일하신 분이 그리스도의 왕국에 영광을 돌리기 위해서 복음의 선포를 찬양하도록 하였다"(II.xi.8). 복음은 모든 인간들 속에 자연스럽게 내재되어 있는 부패와 왜곡을 교정하고 변화시킨다. 네 번째 차이점은 속박과 자유가 대조되는 것과 같이, 구약 성경은 양심에 경고하기 위해서 주어졌으나 신약 성경은 기쁨과 즐거움이 주어진다. 그러므로 구약은 그들의 양심을 복종의 속박으로 지배하고 구속하는 반면, 신약은 그들을 자유롭게 해방시킨다(II.xi.9). 다섯 번째 차이점은 "하나님께서는 그리스도의 강림 때까지 은혜의 약속을 주실 단 하나의 백성을 선택하셨다"는 사실이다(II.xi.11). 때가 차매 하나님과 인간 사이의 중보자가 오셨고, 그분이 하나님과 화목케 하시며 한몸으로 연합시키셨다.

구약 성경과 신약 성경을 구분 짓는 차이점에도 불구하고 그것은 동일한 하나님의 계시 혹은 하나님께서 인간과 맺으시고자 하셨던 언약의 본질 자체에 영향을 미치지 않는다. 단지 구약과 신약을 나누는 이유는 유대인들이 깨뜨린 언약을 모든 민족에게 전파하시려고 새로운 다른 언약을 가져오시는 것이 아니라 그리스도께서 오셔서 새롭게 하시고 확립하셨기 때문이다.

구약 성경과 신약 성경의 근본적이고도 본질적인 통일성으로부터 그리스도의 인격과 사역이 구원의 계획에 있어서 가장 중요한 핵심이라는 점이 증명된다. 성경의 전체적인 증거는 예수 그리스도에게 집중되는데, 이는 인간이 자신의 힘으로 하나님께 올라갈 수 없기 때문이다. 하나님을 아는 지식과 인간의 죄에 대한 분석이 기독론의 기초가 된다. 그러한 중보자의 직분을 감당하기 위해서, 예수 그리스도는 하나님이시며 인간이 되셔야만 했다(II.xii.1). 죄는 이중의 결과를 낳았는데, 하나는 인간이 하나님의 분노의 대상이 되었다는 점이다. 그리하여 하나님을 부인하고 기피하며 하나님으로부터 도망할 수밖에 없었다. 즉, 죄에 사로잡힌 인간은 하나님을 부인함으로써 하나님께로부터 도망할 수밖에 없었다. 그것은 자신을 숨기는 방법이기도 했다. 그래서 예수 그리스도는 완전한 인간이 되셔서 죄를 제외하고는 모든 인간적인 면을 아시고 경험하였다. 그가 자발적으로 낮아지신 목적은 우리가 그에게 더 가까이 나아가서 "그의 은혜를 우리가 교통할 수 있도록 하시고자 함"이었다. "하나님의 아들이 우리와 같은 육신을 취하였으며 우리와 같은 살과 뼈를 취하셨다는 확실성을 가질 때에, 우리는 그리스도의 아버지이신 하나님의 자녀임을 확신할 수 있게 된다. 그때 그리스도는 인간의 것을 취하시고, 우리와 하나가 되시고, 그의 안에서 그의 동반자가 되게 하시고, 결코 이와 같이 하나님의 아들인 동시에 우리와 같은 사람의 아들이 되는 것을 부끄러워하지 않으셨다"(II.xii.2).

죄의 근원인 불순종은 하나님의 심판을 만족시켜야만 한다. 그리스도는 우리가 반드시 갚아야 할 죄를 대신해서 구속을 받도록 최후의 심판에서 자신의 육신을 바치기 위해서 인간이 되셨다. 신성만으로는 죽음을 느낄 수 없고, 인성만으로는 스스로 그것을 극복할 수 없으므로, 그리스도께서는 인간의 본성과 연합하여 인간의 연약함을 죽음에 복종시키셔서, 우리의 죄에서 우리를 깨끗이 씻어 내어 해방시키고 또 신성의 힘으로 우리를 대신해서 사망과의 투쟁을 하심으로써 우리에게 승리를 주셨다(II.xii.3).

그리스도의 인격에 대해서 논할 때에는 언제나 하나님이자 사람이신 분의 통일성과 두 본질 간의 구별에 대해서 동시에 역점을 두어야 한다. 두 본질 간의 통일성을 보여 주는 성경이 누가복음 1:43의 '주의 모친'이다. 그리스도께서 자신의 신성과 함께 인간에게 취한 인성으로 결합되어서, 그 두 본질이 결국 하나의 인격을 이루었다는 것을 보여 준다. 그리스도의 인격 안에서 신성과 인성이 서로 영향을 미치지 않으면서 각각 특성을 유지하는 것은 이 단일한 연합의 존재를 위해서, 그리고 그것을 소유하고 있는 자의 중재를 위해서 필요한 것이다. 그 실례로 그리스도는 수난과 죽음에 있어서, 인성으로서의 그리스도는 최후의 날을 알지 못하셨지만, 영원히 죽지 아니하는 그의 신성을 결코 손상시키지 않았다. 신성은 모든 만물에 충만하고 편재하며 그 안에 인성이 관련되어 있지 않다. 신성은 인성에 좌우되지 않는다(II.xiii.4).

그리스도의 사역에 있어서, 세 가지 기능과 의미를 이해해야만 한다. 선지자로서 그리스도는 모든 완전한 지혜가 포함된 가르침을 주신다.

왕으로서 그리스도가 통치하는 나라는 지상에 속해 있거나 세속적인 것이 아니라 오직 영적인 것이다. 성도들을 영생으로 인도하시고, 그들로 하여금 현세의 모든 고난을 인내케 하시며, 소망 가운데 살아가도록 성령의 역사하심으로 돌아보신다. 그리스도의 통치는 의인에게만이 아니라, 악인에게도 미치며 그들의 완벽한 모반을 파괴하는 것도 포함된다. 그리스도는 제사장으로서 은혜로 나아가는 길을 열고, 하나님의 분노를 가라앉히기 위해서 희생제물이 되었다(II.xv.6). 그리스도의 수난과 죽음의 희생은 죄를 범한 인간을 대신하여 순종의 영 가운데서 받아들인 자발적인 일이었다.

그리스도의 구속 사역은 하나님의 선택의 결과요 영원한 작정의 결과이다. 예수 그리스도는 하나님께서 그가 택하신 자들을 인도하시기 위해서 사용하신 필수적인 수단이셨다. 중보자로서 그리스도의 직분은 하나님의 사랑을 보여 주는 현현이었다. 그리스도의 사역은 하나님의 사랑이 인간에게 베풀어지지 못하게 하는 장애물을 제거하는 것이다.

제3권

성령의 감춰진 역사에 의해서 여러 은혜를 주시는 바, 그리스도와의 연합이 가장 중요한 성령의 사역이다. 이 연합은 마치 음식물이 뒤섞이는 것과 같은 연합은 아니다. "예수 그리스도께서는 우리 안에 거하고 계시며, 분리할 수 없는 띠로서 우리와 묶여져 있을 뿐만 아니라 우리의 이해를 초월하는 놀라운 연합을 통하여 하나의 똑같은 실체 속에서 우리와 그분 자신을 매일 더욱더 강하게 연합하신다"(III.ii.24). 그리스도와의 연합은 영적인 생활로 나아가는 데 있어서 필수적인 조건이다. 성령이 믿음을 통하여 효력을 발휘하여서 그리스도 안으로 들어가지 않고서는 칭의, 성화, 견인이나 최후의 완전은 불가능하다. 이 연합이 믿음으로 얻어진다는 말은 인간이 주도적으로 할 수 있는 일은 아무것도 없다는 것이다. 성령의 역사만이 그리스도와의 연합이 무엇인지를 이해할 수 있게 한다. "성령은 띠와 같은 것인데, 이것을 가지고 하나님의 아들은 우리와 그분 자신을 효과적으로 연합하신다"(III.i.1).

성령이 사용하시는 첫 번째 도구이자 열매는 믿음이다(III.i.1). 믿음은 예수 그리스도 안에서 자유롭게 주어진 약속에 근거한 것으로, 성령에 의해서 우리가 이해할 수 있도록 계시되고, 우리의 마음에 인을 쳐서 우리를 향한 하나님의 선하신 뜻을 확실하고 분명히 알게 하는 지식이다(III.ii.7). 로마 교회의 미비된 믿음(fides implicita)에 대해서 거부하면서, 믿음과 성령과의 관계, 말씀과 믿음과의 관계를 강조한다. 다만 믿음에 대한 지식은 주지주의적이며 이성적인 이해를 말하는 것이 아니라, 그분에 대하여 완전하고도 총체적인 확신을 지니는 것을 말한다(III.ii.14). 그러나 우리와 그리스도와의 연합을 가능케 하는 믿음은 그 자체로서는 아무 것도 아니고 단지 수단이다. 믿음의 가치와 중요성은 그 대상이나 내용인 예수 그리스도께 달려 있다.

회개(3-5장)도 하나님 자신의 자비로우심이 비취지 않았으면 불가능하며, 신앙의 체험 속으로 하나님이 이끌어 주신 결과이므로 성령의 역사에 해당한다. 아무리 훌륭한 행위를 하는 사람이라도 고해 성사를 통해서는 충분히 죄의 항목을 열거할 수 없으므로 이런 의식으로는 진정한 하나님의 용서를 얻을 수 없다. 하나님의 형상을 회복하는 중생은 회개와 함께 주어진다. 옛 사람을 죽이고 새 사람을 입는 중생은 그리스도가 이룩한 부활의 실재에 참여하는 것이다. "만일 우리가 진실로 그분의 죽음에 참여하는 자가 되면, 능력으로 인하여 우리의 옛 사람이 십자가에 못 박히고, 우리에게 남아 있는 죄의 덩어리는 우리 옛 성품의 부패가 더이상 활기를 띠지 못하게 될 때까지 죽어 간다. 우리가 그분의 부활에 참여할 때, 우리는 하나님의 의로움에 합당한 새로운 생명으로 소생하게 된다"(III.iii.9).

두 번째 열매는 회개에서부터 자라 나오는 기독 신자의 생활인데, 이는 하루 아침에 이루어지지 않는다. 한순간에 성취되는 것이 아니라 조금씩 제거된다. 조금씩 그 더러움이 씻겨지게 하시고, 자신들의 감각을 참된 경건으로 변화시킨다. 죽을 때까지 이런 싸움은 계속되는 것이다. 성화론(9-10장)이 칭의론(11-18 장)보다 먼저 나온다. 신자가 회개와 자기 부인에 이르게 되는 것은 오직 믿음에 의해서만 가능하다. 믿음에서 모든 선한 행실이 샘솟아 나온다. 그리스도인의 삶은 믿음과 하나님에 대한 지식으로 기쁨을 가지며, 동시에 책임이 부여되어 있다. 이책임에는 모든 일과 시간이 다 포함되며 적용된다. 우리의 모든 삶에서 성도는 하나님과 관계를 맺고 있다(negotium cum Deo).

그리스도인의 두 가지 생활의 좌우명은 자기 부인과 십자가를 지는 것이다. 우리는 모든 생활의 영역에서 겸손할 것과 우월감을 버려야 하며, 자기를 부인해야 한다. 하나님의 사랑에 대한 감사로서 모든 사람을 향해서 원수까지도 사랑하고 섬겨야만 한다. 동시에 우리는 자기 자신만을 위한 물질적 번영을 추구하려는 모든 생각을 버려야만 한다. 우리가 가진 모든 것에 대해서 청지기 정신을 가져야 한다. 물질은 내가 쌓은 것이 아니라 하나님이 맡겨 놓으신 것이다. 세상적으로 어떤 좋은 것을 갖고 있든지 간에 우리의 소유는 다 하나님의 것이다. 따라서 맡은 직분을 성실하게 수행하는 청지기 정신으로 살아가야 한다. "우리도 모든 악의 시련을 통과하여 천국의 영광을 얻을 수 있다…. 우리가 더 많은 고난을 당하고 더 큰 불행을 견뎌내면 낼수록, 우리와 그리스도의 결속은 더욱더 확고해진다"(III.viii.1).

그리스도를 본받아 십자가를 지는 삶은 내세의 삶과 연결되어서 영광을 바라본다. 미래에 대한 묵상이 성도의 생활의 세 번째 요소이다. 우리는 현재의 삶에 집착하지 않기 위하여 항상 이 목표를 바라보아야만 한다(III.ix.1). 이 세상에 대한 경멸은 오직 미래의 삶과 대조가 될 때에만 분명하게 인식된다. 이 현재의 삶은 미래의 삶에 비하면 경멸의 대상에 불과하다. 다만 우리는 현세를 증오하거나 저버리지 말고 하나님의 축복을 경험하여야 한다.

칼빈이 단일 주제로 가장 많은 지면을 할애하여 무려 112쪽에 걸쳐서 논의한 칭의론은 역시 종교 개혁 시대 구원론의 핵심에 해당한다. 칭의란 "구원에 관한 모든 교리와 모든 신앙의 기초에 근본이 되는 원리"이다. 칭의의 은혜는 중생과 별개의 사항이지만, 이 둘을 서로 따로 떼어 놓을 수 없다. 또한 칭의와 성화도 역시 동등한 가치를 지닌 은혜이다. 칭의란 죄 사함이 기초를 이루고 있고, 그리스도와의 연합에서 주어지는 의의 전가로 완성된다. 의로움은 오직 그리스도의 의로움이요, 이는 그리스도 안에 있는 것이지 우리 안에 있는 것이 아니다. 믿음으로 그리스도의 의를 소유하는 한, 우리는 전가에 의해서 의롭게 될 수 있다. 그리스도의 의의 전가가 오직 믿음으로 신자들에게 주어진다는 말은 죄 사함을 받은 후라도 결코 우리는 실제로 의롭지 못하다는 것이다. 이런 자들의 행동은 후에 다시 의로움을 얻어야 한다. 그래서 이중 칭의라는 표현이 사용된다.

기독 신자의 자유(19장)는 율법으로부터의 자유를 확신케 하는 것이지만, 하나님의 계명에 대해서 묶여 있는 존재임을 잊어서는 안 될 것이다. 성령의 세 번째 열매는 기도이다(20장). 기도는 우리가 겪는 고통과 회개를 위해서 의도된 결과물이다. 기도는 하나님의 약속들에 대한 신뢰이며, 그리스도께서 자신의 보혈로 인을 친 언약 속에 그 보장이 들어 있다(III.xx.8). 기도는 오직 예수 그리스도를 근거하는 것이지, 어떤 성자나 위인의 지원을 받을 수 없다. 우리 자신을 하나님께 드리려고 소원을 가질 때에 인도해 주시는 분은 성령이시다(III.xx.17).

좋은 기도를 위한 첫 번째 조건은 마음에서 '모든 세속적인 근심이나 잡념들'을 버리고, 전적인 관심을 기도에만 집중해야 한다. 자신이 간구하고 있는 것이 실제로 분명히 요청되는 일이라는 생각으로 시종일관 가득 차야만 하고, '간절한 감정'을 자신의 간구 속에 집어넣어야만 한다. 두 번째 조건은 '쉬지 말고 기도해야 한다'는 것이다. 번영과 행복, 우리를 위협하는 위험과 우리의 영적 궁핍 또는 '하나님 나라의 도래와 그 이름이 영화롭게 되기를 사모하는 마음'이 우리가 계속적인 기도를 드려야 하는 충분한 이유가 된다. 세 번째 규칙은 "기도로 하나님께 자신을 보이는 모든 사람은 자신의 영광에 대한 모든 환상을 버려야 한다"는 것이다. 기도하기 전에 '자신의 잘못을 겸손하고 솔직하게 고백함으로써 하나님의 자비를 구하고, 그의 자비를 확신하는 것'은 바람직한 것이다. 마지막으로 기도는 하나님에 대한 완전한 신뢰와 하나님께서 하신 약속의 성취를 완전히 신뢰하는 심령으로 해야만 한다.

성령의 네 번째 열매가 구원의 확신인 바, 이는 예정의 교리를 통해서 설명되고 있다(21-24장). 쯔빙글리나 베자나 다른 종교 개혁 신학자들과는 달리, 칼빈은 예정론을 하나님에 대한 교리에서 취급하지 않고, 믿음으로 신자의 구원을 확신하는 부분에서 취급하고 있다. 다시 말하면 종말론에 해당하는 마지막 장으로 전환하는 연결 고리에서 예정론을 다루고 있음을 주목해야 한다. 그리고 승천과 미래의 삶에 대한 묵상을 충분히 서술하였다. 이처럼 제3권의 구성도 매우 훌륭하게 서로 연결되어 있다.

예정은 성경에 의해서 가르치고 있는 한, 받아들여야만 하고 전파되어야만 한다. 하나님의 의로우심과 인간의 부패를 대조시켜 볼 때에, 아담의 타락 이후로 인간은 하나님의 심판 앞에서 아무런 주장을 할 수 없는 죄의 상태에 놓였다. 여기서 만일 어떤 사람이 구원을 얻는다면 그것은 전적으로 하나님의 자비 때문이다. 이 자비는 그가 측량할 수 없는 자비로, 영원히 선택된 자들에게 주어진다. 값없는 구원에서 제외된 자들은 자신들의 죄로 인해서 고통을 당하게 된다. "그러므로 모든 사람이 어느 한쪽의 목적을 위해서 만들어졌기 때문에 우리는 그가 생명 혹은 사망으로 예정되었다고 말한다"(III.xxi.5). 선택된 자들은 하나님께 대해서 한없는 감사와 완전한 순종을 빚지고 있다. 버림받은 자들은 자신의 정당성이나 이유를 제기할 수 없다. "하나님은 긍휼히 여기고자 하시는 이들을 긍휼히 여기시고 강퍅케 하고자 하시는 이들을 강퍅케 하신다"(롬 9:18). 여기서 인간의 처지에서 도덕적인 차이가 별로 없다는 이의 제기를 허용치 않는다. 우리는 하나님의 통치와 그의 지배하시는 뜻이 모든 기준의 정당성을 결정한다는 것을 알아야 한다. 이에 대해서 이의를 제기하거나 염려하는 것은 사탄의 유혹이다. 이 심오한 신비를 취급할 때에는 지극히 겸손해야 한다. 인간의 교만을 꺾고 모든 두려움과 겸손으로 하나님의 위엄을 경외하여야 한다.

하나님은 자비로우시며 은혜로우시다(시 146편). 그는 노하기를 더디 하시며 인자가 풍부하시다(시 103:8). 이러한 하나님이 인간을 버리시는 것은 그의 공의로우심 때문이다. 변덕스러운 인간은 자신의 의지와 능력을 믿고 하나님의 공의에 대해서 교묘하게 속이고 반항하고 방종한다. 인간은 하나님의 의와 공의를 짓밟으려 해서는 안 된다. 하나님에게는 모든 것이 적절하며 적법하고 순리가 아닌 것이 없다.

제3권은 '마지막의 부활'에 관한 장으로 결론을 맺는다. "나는 이제까지 부활에 관한 설명을 미루어 왔는데, 이것은 독자들이 예수 그리스도를 그들의 완전한 구원의 창시자로 받아들이고 난 후에, 자신들이 높이 들려진다는 사실을 배우도록 하고 또한 그분이 불멸과 천국의 영광으로 옷 입고 계신 분이며, 따라서 모든 육신의 머리가 되시는 분이라는 사실을 알도록 하게 하기 위함이었다"(III.xxv. 3). 믿음으로 미래를 바라보는 성도가 가진 두 가지 소망은 영혼의 불멸과 육신의 부활이다. 심판 날에 우리는 주님의 재림 및 신자들과 버림받은 자들의 분리를 보게 될 것이다.

제4권

사도신경에서 고백하는 '거룩한 교회'이자 '성도의 교통'이란 모든 시대와 장소를 초월하여 구속받은 자들의 전체를 가리킨다. "우리가 너무나 연약하기 때문에 우리가 교회의 학생으로 우리 인생길을 다 달려가기까지 우리는 교회라는 학교를 떠나지 말아야 하는 것이다"(IV.i.4). 진정으로 보편적인 교회는 눈에 보이지 않는다. 그 구성원들은 택함받은 백성들로서 오직 하나님만이 아신다. 누가 그 회원인지 인간은 확실히 알 수 없다. 눈에 보이는 교회는 신앙을 고백하는 자들로 이루어지는데 이것도 역시 보편적이다. 땅 위의 여러 나라에 전파되고 역사를 통해서 존속되어 오고 있다. 성도의 교제라는 말이 교회의 실제적인 모습이다. 교회 안에서 성도들은 하나님이 주신 모든 유익들을 서로 나누기 때문이다. 영적인 것들을 서로 나누는 교회는 하나님의 구원 계획에 있어서 절대 불가결한 기관이다. 그러나 위선적으로 신앙을 고백하는 자들도 포함하고 있다. 교회가 비본질적인 면에서 결함이 있다 할지라도 진정한 유형 교회의 교제로부터 떠나는 것은 심각한 죄이다. 본질적인 교훈은 하나님이 계신다는 것, 그리스도는 참 하나님이시며 참 사람이라는 것, 우리의 구원은 오로지 하나님의 자비에 달려 있다는 것 등이다. 비본질적인 것은 연합을 유지하면서 분열을 피해야 한다. 고린도 교회의 윤리와 교리가 많이 부패했지만 사도 바울은 여전히 교제하였다. 인간은 무지에서 자유로울 수 없기에 그리스도의 교통으로부터 자신을 소외시키는 것은 종교를 저버리는 것이요 하나님을 부인하는 것이다(IV. i.10-12).

교회의 참된 표지는 참된 말씀을 선포하고, 그리스도께서 세우신 규례에 따라서 성례를 정당하게 실시하는 것이다. 교회가 권징을 철저히 실시할 것이니, 이것은 교회의 본질에 해당한다. 교회의 사역으로 성도들 사이의 교제에서 완전을 추구하도록 촉구받는다. 교회는 하나요 보편적이며 거룩하다. 그것은 그리스도께서 성화시키시고 정결케 하시고 아직도 완전을 향해서 매일 나아가도록 하시기 때문이다(엡 5:25-7). 그러나 완전을 획득했다는 생각은 마귀의 고안이다(IV.i.20). 성도들은 아직 죄없는 자들이 아니다. 용서가 주어지는 것은 설교와 성례를 통한 교회의 교제 안에서이다.

교회는 모든 경건한 사람들의 공통된 어머니이다. 교회는 왕들이나 농부들 할 것 없이 자녀들을 낳고 양육하고 하나님께 인도한다. 이 일은 목회 사역에서 이루어진다. 목사 직분의 중요성을 서술하고(1, 5-6), 성직자의 권위가 존경을 받고 교회가 마땅히 존경을 표하도록 하였다. 목사들은 사도들의 직책을 대신하고 있다(IV.iii.5). 그러나 한 목사가 다른 목사를 지배하는 것은 반대한다. 신약 성경에 감독과 장로의 직분이 발전되었으니, 말씀과 성례를 맡은 종들이 바로 그들이었고 오늘에는 목사에 의해서 건전하게 유지되고 있다. 604년 그레고리 대제의 죽음과 함께 교황권이 확립되면서, 군주적인 요소가 로마 가톨릭교회에 들어왔고, 이로 인해서 부패가 초래되고 있으며, 감독들은 이런 부패에 참여하고 있다. 사도들의 직책을 특별한 감독이 계승하여 대행했다는 견해는 성경과 거리가 멀다. 목사들은 온유함과 부드러움으로 성도를 대하는 반면, '사탄과의 휴전'을 절대 기대하지 말아야 한다. '다스리는 것'에서 장로들이 권징과 지도를 도울 수 있으나 보조자로서 하는 것이며 사역의 중심은 목사에게 있다.

교회에서 세례를 시행할 때에는 믿음의 증거가 보여야만 한다. 유아 세례에 있어서 의식적인 믿음은 부모의 것이다. 세례를 받았다고 하는 의식이 있으며 후에 어른이 된 다음에 믿음으로 인도되기 쉽다. 유아 세례는 할례의 연장이자 대체물이다. 그리스도께서는 아이들을 축복하였고, 신약 성경과 초대 교회의 관습도 이를 지지한다. 어린아이가 교회의 일원이라는 상징이요, 교회와의 교제 관계를 시작하는 예식이다. 그러나 구원에 직접적으로 관계되는 것은 아니지만, 훗날에 충분히 즐거워하게 될 은혜의 일부가 세례식 중에 유아들에게 주어진다(IV.xxvi.19). 어린아이들에게 세례를 거부하는 것은 그들의 권리를 사취하는 것이다. 세례를 받지 않고 죽은 유아들이 모두 다 저주를 받는다는 것은 아니다. 극히 예외적인 경우가 아니라면, 일반적인 교회에서 여자가 세례를 주는 일을 해서는 안 된다(15, 21장).

성찬의 교리를 이해함에 있어서 가장 핵심은 그리스도의 승천하신 상태와 무소부재하심에 의한 영적 임재이다. 성찬 때에 그리스도는 특별하게 우리와 생생한 교제를 나누어 주신다. 지상으로부터 아주 멀리 떨어져 계시지만 성령의 신비하고도 이해할 수 없는 개입에 의해서 성도는 그의 영광스러운 몸에 참여한다. 성령의 역사를 통해서 하늘의 영광 중에 계신 그리스도와 교제하는 것이다. 그리고 마음속에 생명의 능력을 부어 주시는 것이다. 성례는 말씀의 약속 위에 기초하고 있다. 약속이 없는 성례는 의미가 없다. 말씀이 없이 베풀어서는 결코 안 된다.

교회를 하나님의 기관으로 가장 중요시하는 이유는 교회라는 환경 때문에, 성도의 양심이 마비되지 않고, 상호 형제로서 시정해 주는 것이 가능해지기 때문이다. 모든 사람은 서로서로 영적 상태와 필요에 대해서 진지하게 충고하고 위로를 줄 수 있는 유일한 곳이다. 성도들은 교회에서 훈계받고 책망을 받고 격려를 받으며 권면을 받아야만 한다.

『기독교강요』는 단순히 많은 신학 교과서 중의 하나에 지나지 않는다고 생각할지 모른다. 또 자꾸만 그 존재 의의를 축소하려고 할지 모른다. 그러나 인류 지성의 역사에서 이 책이 남긴 영향은 놀랍다. 마치 셰익스피어의 문학 작품처럼 영원히 기념비적으로 남을 영향을 미쳤다. 칼빈이 일생에 걸쳐서 갈고 닦아 제시한 '거룩한 가르침'은 오늘까지도 수많은 신앙인들과 신학자들과 목사들의 가슴속에 개혁 신학의 금자탑으로 아로새겨진 것이다.

2부

사역의 현장에 선 개혁자

| CHAPTER 08 |

제네바에서 첫 번째 사역

제네바는 1530년 무렵에 이르면서 조금씩 발전하고 있었다. 아직 세계 무역의 중심도시가 아니었고, 지역 경제의 활성화에 기여하는 인구 일만 명의 중소 도시였다. 새 시대의 도래를 염원하며 보다 자유롭고 평화로운 삶을 꿈꾸고 있었다.

조용히 공부하면서 지낼 만한 곳이라고 판단된 스트라스부르그로 가기 위해서 칼빈은 동생 앙뚜완과 마리와 함께 잠시 머물고자 제네바에 들렀다. 1536년 여름은 참으로 혼란한 계절이었다. 프랑수와 1세와 카를 5세 사이에 벌어진 전쟁으로 인해서 프랑스 북부 지방으로 도저히 다가갈 수 없었기 때문에 우회로를 택해서 제네바에 오게 된 것이다. 칼빈은 훗날 이 당시의 정황을 1557년에 기록한 『시편 주석』의 서문에 상세하게 술회한 바 있다.

내가 이제 조용히 은거하고자 스트라스부르그로 가고자 했던 지름길이 전쟁으로 말미암아 폐쇄되었기 때문에 나는 이 제네바에서 하룻밤 이상은 머무르지 않고 조용히 지나가려고 했었다. 이 일이 있기 바로 얼마 전에 파렐과 삐에르 비레의 노력으로 그 도시에서는 교황의 추종자들이 축출되었다. 그러나 모든 것이 아직 안정된 상태는 아니었으며, 제네바시는 위험하고도 고약한 분열의 위기를 맞게 되었다. 그런데 지금은 비열하게 교황주의자로 전향해 버린 어떤 사람(뒤 띠에)이 나를 발견하고 다른 사람들에게 알려 주고 말았다. 이 사실을 알고 복음을 드러내기 위해 열정에 불타고 있었던 파렐이 순간적으로 나를 머물게 하려고 온갖 애를 썼다. 그러나 내가 몇 가지 특별한 연구를 위해서 자유를 얻기 원한다는 사실을 듣고 나서 그의 간청이 내게는 아무 소용이 없다는 사실을 깨닫게 되자, 그는 나에게 이렇게 큰 도움이 절실히 필요할 때에 내가 돕기를 거절한다면, 하나님께서는 나의 휴양과 평안을 저주하실 것이라는 저주의 말까지 서슴지 않았다. 이 말에 너무나 놀라고 두려움에 사로잡힌 나는 계속하던 여행을 포기하고 말았다. 하지만 나로 하여금 나의 수줍음과 소심함을 느끼도록 하는 그 방법을 통해서, 나는 어떤 특정한 직무를 내던지지 않도록 스스로 결심하기에 이른 것이다.

파렐의 강권

뒤 띠에를 통해서 칼빈이 도착했다는 소식을 접한 파렐은 서둘러 그가 머물고 있는 여관에 한밤중에 찾아왔다. 그리고 여기서 머물러 같이 일을 하자고 설득하였다. 파렐은 칼빈의 저술들을 이미 알고 있었고, 『기독교강요』의 저자라면 능히 제네바를 이끌어갈 만한 실력이 있다고 확신했다. 그러나 칼빈은 자신이 그런 능력도 없고, 그런 의향도 없다면서 완강히 사양하였다. 그렇다고 칼빈에게 어떤 다른 목적이 있던 것도 아니었다. 파렐은 칼빈이 품고 있던 학자의 꿈과 문학적인 소망은 안중에도 없었다. 그보다 더욱 중요한 일이 목전에서 흔들리고 있었기 때문이다. 제네바라는 현장은 한가한 학자들이 책장을 넘기면서 공부할 수 있는 도시는 아니지만, 격동기에 처해 있는 도시를 바르게 이끌 수 있는 길은 학식이 풍부한 사람이어야 한다는 것은 뻔한 이치였다. 종교 개혁의 신학을 책으로 정리할 만큼 실력을 쌓은 인재라고 한다면 이제는 현장에서, 여러 계파가 뒤섞여 있는 시민들 속에서, 능력을 발휘할 수 있으리라 파렐은 확신하였다. 제네바시를 인도하고 새 역사를 민중들과 함께 만들어 나가야 할 새 시대의 조타수가 필요하였다. 자신의 모든 말을 동원해도 전혀 설득이 되지 않자, 파렐은 다음과 같이 소리 질렀다.

전능하신 하나님의 이름으로 내가 명하노니, 너는 너의 학문으로 핑계 대고 있는 것이다. 그러나 만일 네가 우리와 같이 하나님의 일을 하기를 거절한다면 하나님이 너를 저주하실 것이니, 이는 네가 그리스도를 위하지 않고 오직 너 자신만을 위해서 추구하고 있는 것이기 때문이다.[1]

이 두려운 호령 앞에서 칼빈은 떨지 않을 수 없었다. 가까스로 그가 얻어낸 것은 며칠 간 바젤로 돌아가서 자신의 일들을 마무리 짓고 다시 돌아온다는 허락이었다. 그리하여 그는 제네바에 정착하게 되었으니, 이것이야말로 하나님의 뜻이라고 여기고 칼빈은 받아들였다. 그러나 이것은 수줍음이 많고 예민하고 자신의 능력에 대해서 아직 확신을 하

---

1) CO xxxi:26, 『시편 주석』 서문.

지 못하고 있던 젊은 청년에게는 두렵기 그지 없는 일이었다. 만일 칼빈으로 하여금 제네바에 머물도록 강권한 기롬 파렐이 없었다면, 개신교 역사는 달라지고 말았을 것이다.

이처럼 담대하게 젊은 칼빈 앞에서 큰소리를 외칠 수 있었던 사람, 파렐은 과연 어떤 사람이었던가? 하나님께서 칼빈의 앞길을 위해서만 아니라 스위스 종교 개혁의 불타는 나팔수로 초기에 준비하였다가 선구자로 쓰신 사람이 기롬 파렐(Guillaume Farel, 1489-1565)이다. 제네바를 포함하여 스위스 서남부 프랑스어권 종교 개혁의 일선에 섰던 선구자는 기롬 파렐이다. 그가 처음부터 제네바를 종교 개혁의 도시로 바꾸어 놓은 것은 아니었다. 1529년과 1532년에 각각 방문하여 열심히 설교하였지만, 제네바 시민들은 새로운 신앙에 대해서 전혀 반응을 하지 않았다.

파렐은 원래 프랑스 사람으로 알프스 지방 가프(Gap)에서 귀족 집안에서 출생하였다.[2] 부모님은 군대에서 기여하기를 바랬으나, 학문을 좋아한 그는 파리 대학교에 진학하여 파버(Jacobus Faber) 교수의 영향을 받았다. 1521년 브릿쏘네의 초청을 받아 모 지방에 참여하였고, 르페브르와 함께 기독교 인문주의를 학습하면서 로마 가톨릭의 거짓된 예배에 대해서 강한 반감을 가지고 성경적 개혁을 염원하다가 1523년 박해를 피해서 바젤로 피신하게 된다. 그곳에서 종교 개혁자 외콜람파디우스와 얼마동안 함께 지내면서 로마 가톨릭의 오류 13가지에 대해서 조직적인 글을 발표하였다. 스트라스부르그에서 마틴 부써와 볼프강 까피토의 환영을 받았고, 강한 개인적 확신을 가지고 스위스와 로레인 지

---

2) Donald MacVicar, "William Farel, Reformer of the Swiss Romand, His Life, His Writings and His Theology", *Church History*, 24 (1955): 175.

방 여러 곳에서 열정적으로 복음을 설교하고 다녔다. 1526년부터 1529년 까지 스위스 내에 프랑스어를 사용하는 최초의 개신교 교회를 작은 마을(Aigle) 에서 용감하게 시작하였다. 그리고 그 후로 약 7년여 동안 베른, 로잔, 제네바 등 주변 여러 지역을 방문하여 스위스 안에 프랑스어를 사용하는 사람들에게 주목을 받는 설교자로 활약하였다. 마침내 1530년에는 이틀간 뇌샤뗄에서 집중적이며 체계적인 강론을 하여 미사 금지와 성상 파괴의 쾌거를 이루었다.

아무리 복음 전파의 열정에 사로잡힌 이 놀라운 개혁자 파렐이라 하더라도 1529년의 첫 설교는 아무런 반향을 불러일으키지 못했다. 그가 왈덴시스 지방에서 설교하고 돌아오는 길에 제네바에 들려서 두 번째 설교한 것이 1532년인데, 정치적, 신앙적 갈등을 겪고 있는 제네바의 대표자들인 '이백인 의회'에서 상당한 반응이 일어났다. 밖에서는 "죽여라!, 죽여라!, 이 루터파를 죽여라!"고 외쳐대는 군중들의 외침이 들려왔다. 파렐은 세 시간 안에 떠나라는 시 당국의 명령을 받고, 황급히 배를 타고 도주해야 했었다.

1532년 6월 30일, 로마 가톨릭 주교의 가르침에 따르던 제네바 의회는 '순수한 복음'만을 설교해야 한다고 가결하였다. 하지만 주교 측과 보수주의자들의 격렬한 반대에 부딪혀서 갈등이 심화되고 말았다. 1533년 부활절 절기에 파렐과 접촉하던 일부 성도들이 공개적으로 예배와 모임을 갖고 교회를 조직하였다. 이런 혼돈에 속에 베른시 당국이 개입하여 1533년 3월 28일 종교 개혁파의 개신교인들에게도 예배의 자유를 허락하였다. 그 후로 2년 동안 종교 생활의 고수를 주장하는 주교 지지자들과 쮜리히와 같은 방식으로 개혁하자는 진영 사이에 대립이 격화되었으나, 시 당국은 어느 쪽에도 편들지 않고 관망하기만 했다. 파렐은 지속적으로 지지자들을 격려하였다. 1534년 새해 첫날, 제네바 주교는 자신의 허락없이는 누구도 설교할 수 없다고 하면서 모든 개신교인들이 읽는 성경을 불태우도록 명령하였다. 이것은 파렐과 그의 지지자들에게 크나큰 위기의식을 가져오고 말았지만, 마침내 1535년 8월 27일 미사가 금지되고 종교 개혁자들의 예배가 채택되는 쾌거를 이루는 기폭제가 되었다.

격동기의 제네바

이제 막 시작된 교회 개혁은 어느 누구도 역사상 체험해 보거나 해결을 제시할 수 없던 문제와 같아서, 그들 자신들이 몸으로 체험하면서 해답을 찾아가야만 되었다. 신·구교 간의 갈등이 증폭되던 수년 동안에 법과 질서가 심각하게 훼손되어 버렸고, 그 권위가 땅에 떨어지고 말았다.

제네바 개혁 운동은 다양한 요인이 함께 뒤섞여 있었으니, 기적과 같이 일어난 새로운 개혁 운동은 많은 부분에는 정치적인 요인도 복합적으로 작용하였다. 이웃한 도시와의 연대가 어느 쪽으로 기울어지느냐가 제네바의 미래를 결정짓는 중요한 작용을 하였다는 점에서 정치가 개입하고 있었다. 개신교 도시가 된 베른의 도움으로 말미암아 방향 전환을 하게 된 제네바는 아직도 무엇하나 내부적으로는 정돈되어 있지 못했다. 아직 많은 시민들은 하나님 말씀의 지배를 원했다기보다는 그저 로마 가톨릭의 오래된 체제에 염증을 느낀 나머지, 그들의 지배에서 벗어나 좀 더 많은 자유를 갈망하였던 것이다.

1536년 7월 칼빈이 제네바에 도착하던 무렵의 정확한 상황은 이 도시의 모든 것이 파렐의 손에서마저 빠져나가는 듯한 분위기였을 때였다. 칼빈은 다음과 같이 혼돈된 시민들의 상태에 대해 증언하고 있다. 제네바 교회는 교황권과 미사를 금지시켰지만, 구체제와 권위를 대신할 새로운 체제의 구도가 전혀 마련되어 있지 않았다. 새로운 제네바 교회에는 아무런 조직이 없었고, 그저 개혁 신앙에 대한 심정적 호응만으로 시를 지배하던 시기였다. 파렐이 아무런 사심이나 이기심을 부리지 않았고 그의 탁월한 설득이 가져온 공헌을 높이 인정하더라도 이 도시 전체의 방향을 견고히 세우고 있는 체계적인 지도자 그룹은 아직도 보이지 않았다. 수년 후 칼빈이 제네바를 떠나면서 남긴 말 속에서 그 혼돈의 실상을 짐작할 수 있다.

> 내가 이 교회에 처음 당도하였을 때 그곳에는 아무것도 없었다. 그들이 설교는 하였으나 그것이 전부였다. 그들이 우상을 찾아내어서 불태우는 것은 좋은 일이었으나 거기엔 다른 개혁 운동이란 없었다. 모든 것이 혼돈 상태에 놓여 있었다.[3]

더구나 칼빈이 제네바에서 임종을 맞이하게 될 때에는 위와 같은 혼돈의 상황과는 너무나 달랐다. 하나님의 말씀을 경외하고 견고히 신앙에 선 도시로 바뀌었던 것이다. 이런 업적이 칼빈의 개혁자로서의 역할을 웅변적으로 대변하고 있는 것이다. 종교 개혁자들이 추구했던 교회 개혁은 단순히 로마 가톨릭에서 이탈하여 나온 것으로 그친 것이 아니요, 본래 초대 교회의 모습대로 회복하려는 데 있었다. 그리고 한걸음 더 나아가 사회 개혁과 변혁으로 유도하였다. 흔히 우리 주변에서 제2,

---

3) Opera IX:891-892.

제3의 종교 개혁이 필요하다고 부르짖는 오늘날에도 칼빈의 신학과 목회에 담겨 있는 교회 개혁의 원리와 그 적용은 많은 교훈을 주고 있다.[4]

제네바는 거의 3000년 동안 자신들의 방향을 스스로 결정해 온 자치적인 도시였다. 율리우스 시저가 갈릭 전투에 대해 언급할 때에는 제누아(Genua)로 불렸으나, 그 후에 라틴어 이름인 제네바라는 이름이 널리 보편화되었다.

1387년 제네바의 주교 파브리(Adhemar Fabri)는 자치구 내에서의 문제를 결정하는 자유권을 시민들에게 허용하였다. 그리고 교회 당국에서는 엄격히 금지하던 일을 허용하였으니, 적정한 이윤을 받고 상업 자금을 융통하도록 했으며, 무역을 적극 격려하였다. 점차 제네바는 중세 말기 유럽의 최고 인기 지역으로 좋은 상품이 집결되기 시작하였다.

제네바의 종교 개혁은 지리적으로 국경을 맞대고 있던 이탈리아 서북부, 사부와 공국과의 대립을 빼놓고는 생각할 수 없다. 1401년 사부와의 백작 아마데우스 8세(Amdeus VIII)가 제네바 지역을 손에 넣었다. 아마데우스는 매우 분별력이 있고 조심스러운 사람이었으며, 이웃 지역의 갈등을 이용해서 자신의 부를 축적한 용의주도한 인물이었다. 그는 당시 교황청의 대분열 시기를 종식시키기 위해서 황제 시기스문트를 지원하였고, 콘스탄스 회의에 이를 지지하는 대표를 파견했으며, 부유해지자 많은 돈으로 군주를 지원하였다. 황제는 이런 성원을 잊지 아니하고, 1417년 사부와 지역을 백작의 영지로 만들어 주었다. 아마데우스는 곧바로 이웃에 있는 제네바를 손에 넣기로 결심하고, 주교의 지배하에서 독립된 자유를 누리고 있던 제네바를 집요하게 간섭한다. 그러나

---

4) Robert M. Kingdon, "Calvin and the Government of Geneva," in *Calvinus ecclesiae Genevensis custos*, ed. Wilhelm H. Neuser (Frankfurt am Main, 1984): 49-67.

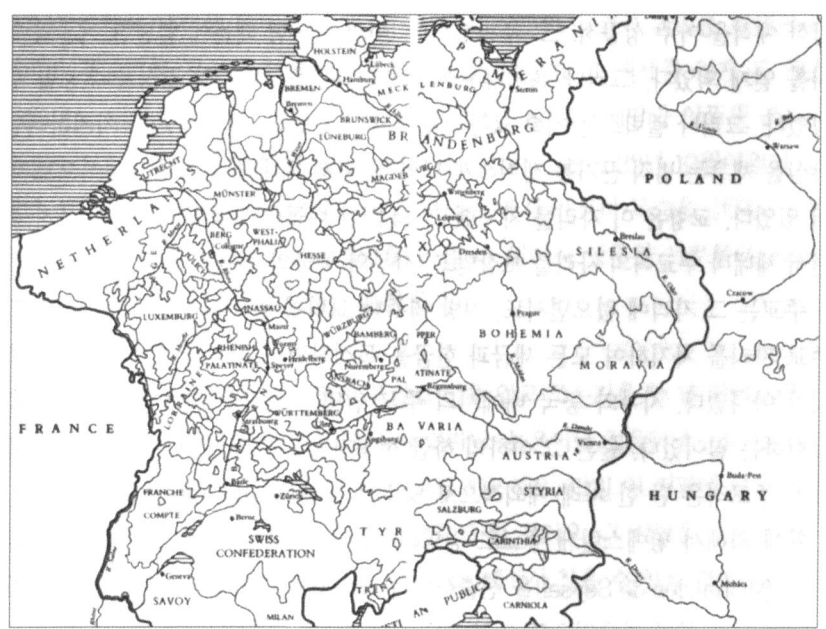

31. 제네바와 사부아 공국(왼쪽 맨 아래, savoy)

주교의 입장에서는 만일 공작이 제네바를 장악한다면 자신의 모든 지배권을 잃어버리는 일이요, 제네바 시민들은 1387년 획득한 자유권을 다시 반납하는 사태이므로 결코 이를 좌시할 수 없었다.

백작의 야망은 그칠 줄 몰랐으니, 대대로 자신의 집안에서 시의 최고 행정 수반을 맡아 오고 있다는 점을 내세우고 영향력을 확대해 나갔다. 1434년, 백작은 제네바 호수 근처의 한적한 별장에서 머물고 있었는데, 널리 영토를 확장하였음은 두말할 필요도 없다. 남쪽으로는 지중해와 밀라노에까지 미쳤고, 그의 주변에는 항상 성 마우리스의 기사단(the Knights of St. Maurice)이라고 불리는 측근들이 포진해 있었다. 그는 금욕주의의 위험을 매우 조심스럽게 경계해서 항상 풍성한 식탁을 즐겼고, 매일 정치 판세를 연구·분석하는 총명한 눈을 가진 사람이었다. 1439년 바젤 교회 회의에서 유게니우스 2세(Eugenius II)를 추기경에서 면직시키고, 사부와 공국의 이해관계에 따라서 그들의 영주였던 아마데우스를 추기경으로 선출하였다. 그는 사제가 아니었음은 누구도 부인할 수 없는 역사적 사실이지만, 그런 것이 별로 문제가 되지 않았다. 그가 너무나 많은 재산을 소유하고 있다는 것이 더 큰 문제였으니, 이 돈으로 유럽 전체에 영향을 미치고 있었던 것이다. 1440년, 펠릭스 5세로 명명되어 교황에 취임했고, 교황청 미사의 복잡한 예식을 아주 성공적으로 주관했으며, 이런 신속함 때문에 열렬한 여론의 지지를 얻게 되었다. 그러나 유게니우스 2세 만큼은 종교 회의의 결정을 수용할 수 없었다. 그러나 펠릭스는 계속 교황직에 머물러 있었고, 제네바시를 차지하려던 야심을 채우는 법적 근거를 쟁취하게 되었다. 이제 제네바 주교직은 공석으로 비어 있었다. 교황은 이 자리를 차지했고, 1449년 니꼴라 5세에게 자리를 물려 주면서 제네바 주교직의 자리를 보장받고, 사부와 공국을 장악했다.[5]

주교는 그 자리에 없으면서도, 지방 영주나 교황청에 의해서 어린 사람이라도 주교 자리를 차지하여 모든 세금과 헌금을 독식하였던 폐습이 제네바에서도 예외가 아니었다. 사부와 공국 내에서의 주교 임명은 공작의 중요한 정치 수단을 발휘하는 일이었다. 물론 그 이하의 하급 성직자들도 그의 손에 달려 있었다. 제네바 주교직은 단 한 차례 예외적으로 앙뚜완 샹삐옹(Antoine Champion)만이 교황에 의해서 명예스럽게 주교로 임명되었는데, 이때도 지역 성직자들은 샤를 드 세젤(Chalrles de Seysel)을 선출하였다. 1494년, 샹삐옹이 죽자 지역 성직자 회의에서는, 물론 자율적으로 모인것 같으나 사부와 백작의 영향력하에서 투표하는

---

5) Michael W. Bruening, *Calvin's First Battleground: Conflict and Reform in the Pays de Vaud, 1528-1559* (Heidelberg: Springer Verlag, 2005).

것이었는데, 여러 말할 필요도 없이 일곱살 된 사부와의 필립을 주교로 선출하여 15년을 재직케 하다가, 전체 사부와 공국의 주교로 영 전하였다. 그리고 다시 세실을 주교로 선택하였으나 그 해(1513) 사망하고 말았다. 사부와 지역 성직자단은 에몽 드 젼잔(Aymon de Gingins)을 택했으나, 교황은 이 자리에 사부와의 공국 지배자 프랑수와의 사생아 장(Jean)을 지명하였다. 이런 대립 속에서 장은 이미 어린 시절이던 1484년부터 1490까지 주교 자리를 차지한 적이 있었는데, 다시 그 자리에 복귀하였다. 장은 제네바 시민들에게 아주 난폭하게 굴었다. 마치 자신의 의무를 수행함에 있어서는 그 어느 누구도 경쟁할 수 없는 높은 지위에 있음을 과시하려는 듯이 강경책으로 일관하였다.

1523년 그가 죽자, 보좌 신부로서 3년 전부터 봉직해 오던 삐에르 드 라봄(Pierre de la Baume)이 승계했다. 제네바 시민들은 사부아 공국의 권리 침해와 지배를 벗어나서 자유롭게 되기를 소망하고 있었다. 1525년 파비아에서 황제군이 대파하자, 이들은 제네바를 떠나서 안전 지대로 대피하였다. 이를 계기로 이미 종교 개혁의 물결 속에서 독립을 성취한 베른시는 1525년 2월 7일 종교 개혁을 선포하기로 시의회가 가결하였다. 다음해 바젤이 개혁에 동참했다. 베른에서는 자신들의 영향력 확대를 위해서 제네바가 종교 개혁 진영에 합류하기를 시도했고, 주교가 그 권세를 잃게 된 것은 1530년이 되어서였다.[6] 그리고 베른 당국의 추천으로 올리베땅과 앙뚜완 쏘니에(Antoine Saunier)와 함께 파렐이 제네바에 도착한 것은 1532년 10월이었다. 그러나 이 처음 방문에서는 반대파의 암살 모의 속에서 간신히 목숨을 건지고 도망쳐 나올 수밖에 없었

---

6) E. William Monter, *Calvin's Geneva* (N.Y.: John Wiley & Sons, 1967), 64. 제네바는 베른시의 간섭을 받는 위성 도시였다.

다. 그는 제네바를 잊을 수 없어서 앙뚜완 프로몽(Antoine Fromont)을 파송하여 플래카드를 내걸었다.

> 모든 사람이 원하는 바, 어떻게 프랑스 말을 읽고 쓰는 지를 한 달 안에 가르쳐 줄 사람이 이 도시에 왔으니, 남자나 여자나, 늙은이나 젊은이나, 심지어 한 번도 공부를 해본 일이 없는 사람들이라도 가능하오. 만일 이 기회에 그 사람들이 배우지 못하면 그 사람은 고통을 당하게 될 것이오. 그 사람은 금십자가 표시가 있는 몰라드 근처 그랜드 살레드 보이테에서 찾을 수 있을 것이오.

짧은 기간에 글을 가르쳐 주는 '가게' 혹은 '상점'에서 단지 문자를 터득하는 것만이 아니었다. 프로몽은 찾아오는 사람들에게 조심스럽게 하루에 한두 차례 복음을 함께 전했다. 순식간에 지지자들을 모은 그는 지속적으로 "거짓 선지자들을 조심하라"는 설교를 하고 아미 **뻬랭**과 함께 숨어 버렸다.

차츰 제네바는 개혁의 물결로 옮겨가게 된다. 하지만 여전히 이 도시에는 주교가 있었고, 공식적으로는 로마 가톨릭에 속해 있었다. 1533년 5월 개신교 세력의 확장에 반대하는 강력한 폭동이 일어나서 시의회원 한 사람이 살해 당하였다. 주교는 주모자를 체포했지만, 시 행정 당국자들은 주교의 법정 권한에 의문을 제기하고 나섰다. 자신의 권한이 더 이상 마음대로 먹혀 들어가지 않음을 알게 된 주교는 제네바를 떠났고 피의자들은 처형되었다.

그러나 주교를 지지하는 사부와 공국 찰스 3세가 다시 지배권을 장악하기 위해서 1533년 12월 용병 5백 인을 몰고 와서 제네바를 포위해 버렸다. 당황한 제네바 시의회는 프랑스에 도움을 요청하였으나, 프랑수와 1세는 먼저 프랑스의 통치를 받겠다는 결의를 요청하였다. 이 제의는 투표에서 기각되고 말았다. 파렐이 다시 제네바에 돌아온 것은 1534년 초였고, 제네바시는 격동기에 처해 있었다. 그러는 중에, 그의 설교를 듣고 200인 의회가 미사의 종결을 결정한 것은 같은 해 11월 29일이었다. 파렐의 열렬한 지지자였던 아미 뻬랭과 개혁 진영의 인물들이 1535년 2월 선거에서 시의 대표자들로 선출되었다. 파렐의 주도하에 의회는 도박과 카드놀이를 금지하였다. 주일날 설교 시간과 밤 9시 이후에는 어떤 종류의 술도 팔수 없게 규정하였다. 빵은 합리적인 가격에만 팔도록 규정했다. 6월 13일에는, 모든 사업장은 일요일에 문을 닫아야 한다고 결정했다. 이것은 훗날 청교도 운동의 핵심으로 칼빈 이전에 이미 제네바에서 시행중이었다.

1535년 여름, 파렐과 삐에르 비레가 전면에 나서서 로마 가톨릭에 반대하는 4주간의 논쟁을 승리로 이끌었고, 신앙적인 문제에 대해서 다소 주저하던 시 당국이 잠정적으로 미사를 폐지한다는 결정을 내린다.

파렐의 설교와 노력으로 개혁 진영에 서게 되었다는 소식이 주변에 널리 전해졌다. 만일 프랑스가 제네바를 소유하면, 곧바로 인근에 있는 다른 도시에도 공격이 번질 것을 염려한 베른에서 1536년 2월, 6천 명의 군대를 파송하는 결단을 내렸다. 그리하여 제네바를 해방시켜 주었다. 자유를 얻은 시민들은 그해 5월 복음과 하나님의 말씀을 좇아 살아가기로 투표를 통해 결정하였다. 모든 미사와 의식들을 폐지하고, 교황청의 오류를 거부하며, 형상이나 우상을 부쉈다. 극도로 단순화된 예배가 자리를 잡았고, 모든 휴일과 축일들이 폐지되었다. 교회 재산으로 되어있던 장소들은 모두 공립 학교로 개편되었고, 공립 병원을 체계화했다.

독립 도시로 자리를 잡아가면서, 공화국답게 직접 민주주의 제도와 간접 민주주의가 혼합된 형태로 시행되었다. 제네바는 1409년에 매년 지역 내의 대표들을 선임하는 권한을 주교단으로부터 허락받아서 시행해 오고 있었고, 이들은 소의회와 함께 시를 대표하였다. 소의회는 25명으로 된 행정 집행부로서, 이름 있는 지도자들의 집합체였으며, '쁘띠 꽁쎄이'라고 불렸다. 그 안에는 시의 대표자들인 네 명의 최고 위원을 포함하여, 두 명의 서기관, 한 명의 재무관이 들어 있었다. 매주 3회 이상 중요한 시의 업무를 결정하기 위해서 소집되었다. 소위원회는 외교 문제와 민사나 형사 재판 사건의 사형 선고 및 추방의 결정, 화폐를 발행하는 조폐국 관리 등 거의 모든 중요한 결정을 다루었다. 소의회는 시민들의 안전을 책임지고 있어서, 전쟁이나 기근, 심지어 흑사병으로부터 보호하는 업무를 맡고 있었다.

200인 의회는 소의회의 하부 구조로서 한 달에 한 번 소집되었다. 죄를 용서하는 사면 결정권을 갖는 것 이외에, 매년 2월 소위원회 위원들을 선출하고, 1월에는 총회로 모여서 4명의 시 최고 위원을 선출하였고, 11월에는 포도주의 값을 결정하며 동시에 시 법정의 재판관을 선출했다. 따라서 총회는 일 년에 두 번씩 개최되었다. 200인 의회는 행정 집행부라기보다는 입법부의 기능을 수행하고 있었다. 다소 간접적인 방법이지만, 민주적인 방식으로 운영되던 중세식 총회 제도였다.[7] 1457년에는 50인 의회, 1502년부터는 60인 의회가 중간 단계로 소집되어서 외교적인 문제를 결정하였다.

---

7) E. William Monter, *Calvin's Geneva* (New York: Robert E. Krieger, 1967), 145.

국경의 요충지 제네바

전 세계 수많은 사람들이 하얀 눈과 파란 하늘 사이로 높이 솟은 알프스 산장을 바라보면서 하룻밤만이라도 머물면서 오페라나 연극을 보고, 호수의 낭만에 젖어들고 싶어하는 도시가 제네바이다. 자연 그대로를 보여주는 맑고 깨끗한 만년설과 함께, 영원히 세계 지성인들의 마음속에, 그리고 신앙인들의 마음속에 기억되는 도시다.

제네바의 전체 면적은 282 km²이다. 주로 프랑스와 마주 닿은 스위스 국경 지대에 위치하고 있는데, 제네바는 인접한 107.5km의 국경선 중에서 103km가 프랑스와의 경계선을 이루고 있다. 동편으로는 거대한 레만 호수가 펼쳐져서 보 지방(Vaud Canton)에 연결되어 있다. 이 호수 주변 38km²는 제네바 지역의 관할하에 있어서, 작은 호수 도시라고 불리기도 한다. 제네바는 알프스 산과 주라 산맥 사이에 위치하여 있어서 비교적 높은 지대로 고도 373m에 위치하여 있고, 그 아래 지역은 론강과 아르브(the Arve)강이 흘러가고 있다.

유럽의 중심지에 위치하여, 지리적으로 볼 때에 교통이 용이하여, 지금도 국제적인 모임의 장소가 되고 있다. 프랑스 파리에서나 이탈리아 밀라노에서 비행기로 한 시간 거리에 있다. 런던이나 로마, 스페인 마드리드에서도 두 시간 안에 도착할 수 있다. 로잔이나 안네키에서는 고속도로로 30분 거리이고 베를린이나 리옹에서 간다면 한 시간 조금 넘으면 된다.

칼빈이 살던 제네바는 오늘의 번영과 축복을 마련하던 초기 시절이라고 볼 수 있다. 제네바는 1537년 인구가 10,300명에 달하고 있었다. 이 숫자는 주변의 다른 도시들과 비교해 볼 때, 예외적으로 많은 숫자였다. 이탈리아 북부 지방과 프랑스 동부나 독일 남부 지방에서 이 정도의 큰 도시는 오직 하나 리용밖에 없었다.[8] 16세기에 베른이 4천 명에서 5천 명 정도의 거주자를 갖고서 7만 명에 이르는 주변 지역을 통치하던 것을 생각하면, 제네바는 매우 예외적으로 큰 도시였다. 1536년 사부와의 공작을 물리치고 넓은 지방을 차지한 베른 공화국에 비해 볼 때, 조금도 뒤지지 않는 도시였다. 지금도 그렇지만, 당시에도 스위스 전 지역에서 바젤이나 취리히를 제외하고는 이처럼 큰 도시는 그 어디에서도 찾아볼 수 없었다.

2000년대에 접어든 제네바의 총인구는 175,000명이다. 주변의 일곱 도시를 포함한 제네바 캔톤의 전체 인구는 약 40만을 넘는다. 1870년까지는 스위스에서 제네바가 가장 인구 밀도가 높은 도시였다. 최근에는 취리히가 좀 더 큰 도시가 되었다. 그러나 여전히 바젤보다는 몇천 명이 더 많고, 베른이나 로잔보다도 제네바의 인구가 훨씬 많다.

스위스는 나라 전체가 국제적인 성격을 띠고 있지만, 제네바야말로 가장 외국 사람들이 많이 살고 있어서 이방인들에게는 매우 친절한 도시라고 할 수 있다. 80여 개 국에서 온 사람들이 전체 인구의 약 40%를 차지하고 있다. 이렇게 인구가 많은 이유는 17개의 국제 기구가 입주해 있고, 유엔 산하의 140개 단체가 운영되고 있으며, 150여 개의 비영리 법인(NGO's: non-governmental organi-za-tions) 사무실과 400여 개의 국제적인 회사들이 입주하여 있기 때문이다.

이처럼 제네바가 인구 밀집 도시로 변모했던 것은 칼빈과 같이 신앙 문제로 밀려들어 온 프랑스 개신교 피난민들 때문이었다. 프랑스에서

---

8) 16세기 중반 리용은 5만 명의 거주자가 있었는데, 이는 프랑스에서 두 번째에 해당하는 인구였다. A. Kleinelausz, *Histoire de Lyon* (Lyon, 1939), I, 486-87. R. Mols, *Introduction á la demographie historique des villes d'Europe de XIV au XVIII siècle* (Louvain, 1954), II, 525-17. Monter, *Calvin's Geneva*, 23에서 재인용.

박해를 피해 고향을 떠나야 했던 사람들 중에 북부 지방 사람들은 국경 지대에서 가까운 스트라스부르그로 이주했고, 남부 사람들은 영국으로 많이 건너갔다. 동부에 살던 사람들은 제네바로 몰려갔던 것이다.

제네바는 성당과 시장이 가장 중요한 역할을 수행하여 왔다. 신앙과 경제적 번영의 상징인 이 두 장소는 많은 이민자들을 불러들였다. 1560년대에는 심각한 흑사병이 지나갔어도 13,000명이 거주하였다. 이 숫자는 정확한 통계에 근거한 것이다. 1537년에 조사된 바에 의하면 1,000개의 건물, 100개의 창고, 12개의 곡식 창고가 새로 지은 시의 성곽 안에 있었다. 그 밖에도 외부에서 사업차 오는 사람들을 위해서 스물네 개의 여관이 있었다.

칼빈이 죽기 2년 전인 1562년, 이 도시의 총명하고도 명석한 지도자 미셀 로제(Michel Roset)는 다음과 같이 당시 상황을 기술하여 놓았다. 시의 최고 행정부 지도자의 마음속에 교회와 시장이 가장 중요하게 인식되어 있음을 엿볼 수 있다.

> 레만 호수에서 론강으로 빠져 나가는 길목이 동쪽과 서쪽 양편으로 제네바를 나누는 곳이요, 이곳에는 시장이 서던 곳이기도 하다. 칼빈의 시대와 그 이후에도 동쪽이 훨씬 큰 중심지였으나 지금은 고대 건물 보호 지역으로 지정되었고, 신도시는 서쪽에 형성되어 있다. 모두 네 개의 교회가 있었는데, 동편의 윗 도시 중앙 높은 언덕에 칼빈이 주로 설교하던 쌩 삐에르 대교회당이 있고, 쌩 제르멩 교회가 있으며, 아래 도시에 쌩 제베와 라 마들렌 교회가 있었다. 시청은 위쪽에 자리잡고 주변을 굽어보고 있으며, 리브에 있던 프린시스파 수도원은 학교가 되었고, 중요한 광장들이 교회당 근처에 있었다. 세 개의 고깃간이 있었고, 두 개의 곡식 시장이 있었으며, 샘물은 없지

만 우물물이 충분하다. 두 개의 병원이 있었는데, 하나는 도시 안에 사람들을 위해서요, 다른 하나는 흑사병 희생자들을 위해서 성곽 밖에 있었다.[9]

지금도 호수에 고인 물이 강으로 빠져 나가는 길목은 제네바 상업의 중심지로 세계 도처에서 관광객이 몰려들고 있다. 여기에는 은행과 시계 점포들이 즐비하게 늘어서 있다. 위쪽 동편 고대 도시 지역이 성곽, 예배당, 관공서의 중심지이고, 서민들의 삶은 바로 이 시장을 중심으로 움직였다.

원래 제네바에 거주하던 10,000명에다가 수천 명에 달하는 피난민들이 신앙 문제로 밀려들어 오게 되자 비교적 제한된 도시는 매우 복잡하고 불편하게 되어버렸다. 그러나 외부와의 전쟁을 생각하여 함부로 도시 성곽을 늘리지 못 하고 18세기 말까지 밀폐된 공간에서만 건물을 증축하였다. 심지어 칼빈이 1558년에 건축을 시작한 '제네바 아카데미'마저도 빈 공간에 매우 좁게 지었으며, 창고가 있던 곳을 헐고 집을 짓거나 본래 있던 건물에 연이어서 계속 증축해 나가는 형편이었다.

칼빈이 살던 시대의 제네바는 한정된 공간에 많은 사람이 살아야만 했기에, 새로운 건축 양식에 따른 거대한 시청사나 교회당을 지을 수 없었다. 그래서 한번 지어진 고딕 양식의 중세 교회당의 모습은 거의 바뀌지 않았다. 칼빈이 설교했던 삐에르 대성당은 1160년에 건축 공사를 시작한 건물로서 지금도 계속 보수 공사를 하면서 그대로 사용하고 있다.

이 도시의 건물 외양이 크게 바뀐 것은 1618년에서 1620년경 지어진

---

9) 대부분의 제네바 역사 자료들은 16세기에 기록된 것을 19세기에 출판하여 보관되어 오고 있다. H. Fazy, ed., *Les Chroniques de Genèue* (Geveve, 1894).

튜레틴의 집에서 보게 된다. 대부분의 집들은 3층으로 되어 있는데, 아래층은 가게나 창고로 사용하고, 안으로 길게 들어가면 계단으로 올라가서 침실과 거실과 식당으로 사용하는 공간으로 연결된다. 그리고 조금 넉넉한 집은 3층을 올려서 아이들과 하인들의 방을 꾸몄다. 물론 귀족들이나 부유한 상인들은 넓은 정원을 소유하고 있었고, 신선한 채소를 충당할 수 있을 정도였고, 대리석으로 꾸민 발코니와 외부의 침입을 감시하는 망대를 세워두기도 했다. 지하에는 곡식과 포도주를 저장하는 창고를 따로 갖고 있었는데, 이는 이탈리아의 부유층이 지닌 집들과 매우 유사한 형태로 보여진다.

오늘날 제네바는 칼빈이 살던 때의 건물은 예배당을 제외하고는 하나도 없다. 지금의 건물들은 모두 다 루쏘나 볼테르 시대의 낭만과 부유함을 보여주는 것들이다. 그러나 외곽 경계선만은 지금도 칼빈의 시대와 거의 변함 없이 같은 구도로 나눠지고 있다. 오랫동안 강한 성곽 도시로 남아 있었기 때문이다.

제네바는 외국에서 온 사람들 때문에 더 유명하였다. 1501년부터 1536년까지 모두 1,112명의 남자에게 시민권을 부여하였다. 주로 주변 지방에서 온 사람들이었고, 프랑스, 벌건디, 이탈리아, 독일 등지에서 온 사람들이다. 이 중에 90% 이상은 출생지와 직업을 기록하여 보관하고 있는데, 예술가와 목수, 옷감 제조와 판매, 이발사와 고기 파는 자들, 구두공과 인쇄, 출판업자, 서점 등 다양하였다.

종교 개혁 시대에 금융과 산업, 상업의 발전이 계속되다가, 세계 주요 은행의 중심지로 더욱 발전하는 계기를 마련한 것은 종교의 자유를 바라보면서 많은 사람들이 계속해서 밀려들어 왔기 때문이었다. 프랑스에서 낭트 칙령이 있기까지 계속해서 많은 사람이 이곳으로 이주해 왔다. 1600년경에는 실크 무역의 세계 중심지로 부상하였고, 상업과 경영학이 이런 도시 환경에서 발전되기 시작하였다. 그리고 많은 종교 개혁 학자들이 집결하면서 새로운 사상과 이념을 전파하는 책들이 출판되기 시작하였다. 18세기에는 시계와 금 가공 산업이 발전하기 시작했다. 이런 전통 때문에 19세기와 20세기에도 정치적 피난민들을 받아들이는 일을 멈추지 않고 있다.

그러나 칼빈 사후에 신앙적인 이 도시에서 가장 심하게 교회를 거부하는 사람들이 나왔으니, 루쏘(J. Rousseau) 같은 사람이 바로 그런 부류의 대표자였다. 그는 제네바 대학을 졸업한 18세기 계몽주의의 대표적인 지성인으로, 젊은이들에게 교회를 떠나서 자연으로 돌아가라고 부르짖었다. 루쏘의 『제네바 시민들』이라는 책은 프랑스 혁명을 자극한 기폭제가 되었다고 알려져 있다. 볼테르 (Voltaire) 역시 당대의 철학자였지만 교회를 가장 반대한 사람이 되고 말았다.

칼빈 이외에 제네바에서 국제적인 업적을 남긴 사람이 있다면 앙리 뒤낭(Henry Dunant)을 첫 번째로 꼽을 수 있을 것이다. 그는 제네바에서 1828년에 태어나 나폴레옹 3세와 만나는 등 국제적인 사업으로 성공하였다. 그러던 중 이탈리아 북부 지방의 전쟁을 돌아보고, 『솔페리노의 회상』을 써서 전쟁의 참혹상을 널리 알렸다. 1863년에 몇 사람의 제네바 귀족들과 함께 "전쟁 기간 중에 부상당한 사람들에게 구호를 지원하는 국제적인 위원회"를 결성하였다. 1864년 유럽 12개국의 대표 모임을 갖고 '국제 적십자사'(The International Committee of the Red Cross)로 확대하였다. 그는 1867년 개인 사업의 실패로 귀족 사회로부터 떨어져서 한동안 거지나 다를 바 없이 살다가, 1890년부터 하이드라는 작은 마을의 노인 복지 병원에서 18년 동안 지내게 된다. 그러던중 한 기자에 의해서 그의 생애가 신문에 발표되었고, 잊혀진 그의 업적이 다시 인정을 받아, 1901년 세계 노벨 평화상을 첫 번째로 수상하였다. 그는

1910년 10월 30일 사망하였다. 그 후로도 제네바는 세계적인 연합회의 사무실을 유치하는 중심 도시로 자리 잡게 되었다. 제2차 세계 대전의 종식 후에 국제 연합의 유럽 사무실이 들어서게 되었다. 지금은 무려 150여 개의 세계 기구가 밀집해 있다.

로잔 논쟁의 중심에 우뚝 서다

종교 개혁자들은 토론과 논쟁을 통해서 그들의 입장을 설명할 기회를 가졌다. 마틴 루터는 1519년 6월과 7월 라이프찌히에서 요한 에크(Johann Eck)와 토론을 통해서 교회 개혁의 필요성을 역설하였다. 물론 여전히 중세 스타일을 벗어나지는 못했다. 라틴어로 진행되어서 학생들 이외에는 알아들을 수 없었고, 신학 박사들만 질문하도록 제한되어 있었다.

스위스 연방 국가 쮜리히에서는 쯔빙글리와 콘스탄스의 주교 지지자들 사이에 토론이 1523년에 1월에 벌어졌다. 무려 600명이 참여하였는데, 이때는 독일어를 사용하였고, 대학 중심이 아니라 일반인들도 참여하도록 허용되었고, 특히 시청의 고위 관료들과 시의회에서 대거 참여하였다는 점에서 매우 달랐다. 이러한 쯔빙글리의 종교 개혁 캠페인은 1528년에 베른에서 열렸다.

프랑스어를 사용하는 신학 논쟁이 로잔에서 개최된 것은 1536년 10월 1일에서 8일까지였다.[10] 이 무렵 칼빈의 명성은 미미했고, 그의 처지

10) Erik Alexander de Boer, "Calvin's step into public at the Disputation of Lausanne (October 1536)," *Tydskrift vir Geesteswetenskappe*, 49 (2009): 453-466.

는 제네바에서마저도 확실한 것이 아니었다. 파렐의 간청을 받아들인 칼빈은 제네바를 제 2의 고향으로 정하고, 바젤에서의 모든 일을 마무리한 후, 1536년 8월 제네바에 안착하였다. 이때 칼빈은 몸이 매우 아파서 한동안 아무 일도 할 수 없었다. 낯선 땅에 불시착한 사람들의 불안감을 간직한 채, 그의 몸처럼 마음도 무척이나 복잡하였다.

칼빈이 맨 먼저 착수한 일은 정확한 어떤 임무가 부과된 자리라기보다는 파렐의 지도하에서 제네바 교회에서 단순히 설교하는 일이었다. "이 교회 안에서 나는 먼저 박사라는 직분을 가지게 되었다. 첫째는 교사요, 그리고 다음으로 목사의 임무를 지고 있었다"[11]고 자신을 소개한 바 있다. 여기서 '박사' 또는 '교사'라는 칭호는 오늘날의 신학 대학의 교수 직분을 의미한다. 단순히 교회 주일 학교에서 한 학급을 가르치는 성경 선생이라기보다는 좀 더 전문가로서 신학을 가르치는 선생임을 의미한다. 박사 또는 교사는 신자들에게 건전한 교리를 가르치고 젊은이들을 양육하고 준비시키는 임무를 지고 있었다. 따라서 교사이자 신학자였지만, 칼빈은 매우 실제적이고 효과를 먼저 생각하고 목회 현장을 바라볼 줄 아는 안목을 가졌다.

처음부터 칼빈이 제네바에서 이목을 집중시킨 지도자가 된 것은 아니다. 파렐은 자신이 세운 동료 목회자 칼빈이 시의회로부터 정당한 시민권을 인정받아야만 하고 생활비도 지급받아야 한다고 주장했다. 하지만 시의회의 서기가 칼빈의 이름을 무시해 버린 채 그냥, '고을 지방

---

11) "Calvin's Reply to Sadoleto," in *Tracts*, I:26. 1539년에 사돌레토 추기경에게 보낸 답변서에서나, 1537년 1월 바젤에서 출판된 간단한 신학 논쟁에서도 자신의 직책을 '제네바 교회의 거룩한 말씀의 교수'라고 칭하고 있다. 1537년 8월 13일에 베른 시의회가 부른 칭호에도 파렐은 '제네바의 설교자'로, 칼빈은 '성경의 낭독자'로 구별하고 있다. C.A. Cornelius, *Historische Arbeiten* (Lipzig, 1899), 129.

출신, 그 프랑스인'이라고 써 놓을 만큼 아무도 관심을 가지지 않았다. 파렐은 한편으로는 조바심이 일어났고, 한편으로는 화가 치밀기도 하였다. 쌩 삐에르 교회에서 칼빈이 행한 성경 강해가 얼마나 중요한가를 역설하면서 그의 급료 문제를 거론하고 1536년 9월 5일 시의회에 탄원했으나, 다음해 2월 13일에서야 이 조심스러운 제안이 투표로 통과되었다. 5개월 동안 아무런 생활비도 받지 못한 칼빈의 형편은 너무나 열악했다. 그러나 워낙 성격이 내성적인 칼빈은 이런 일에 대해서 아무 불평이나 내색을 하지 않았다. 참고 인내하면서 열심히 설교에 전념하자, 차츰 그로 인해서 깊은 감동을 받은 사람들이 늘어나게 되었고, 영향력을 발휘하기 시작하였다.

칼빈은 제네바의 신앙적인 당면 과제 전반에 대해서 무게 있는 제안들과 해결책을 제시하기 시작하였다. 특히 제네바시와 그 주변 지역의 목사들이 모인 회의와 토론 석상에서 그가 제시한 적절한 견해는 단연 두각을 나타내게 되었다. 1536년 11월 칼빈은 목사회의 정식 회원으로 받아들여졌다.

다시 언급하지만, 점차 주변의 사람들에게 영향을 미치던 칼빈은 1536년 10월 1일 로잔에서 개최된 신학 논쟁에 참석하여 일약 전 유럽에 널리 알려지게 된다. 당시 유럽 제국의 황제 찰스 5세가 금지한 개신교의 예배가 보(Vaud) 지방에서 더욱 확산되어 나가자 이를 제지시키기 위해서 로마 가톨릭 측과 8일 동안 노트르담 대성당에서 회합을 가지자고 제안하였다. 제네바에서는 기롬 파렐이 신예 학자요 성경 강해자인 칼빈을 대동하고 참석하였다. 베른 지방에서 온 목회자들만도 100여 명이 넘는 모임이었다. 이곳에서 뜻하지 않게 칼빈은 당대 최고의 개혁자의 반열에 오르게 된다. 삐에르 비레 등 유력한 개혁자들 사이에서 탁월한 학문과 치밀한 논리로 초대 교부들을 자유자재로 풍부히 인용하면

서, 로마 가톨릭의 화체설과 미사의 허구성을 여지없이 공격하였던 것이다.[12]

특히 이날의 토론은 1536년 3월에 비레가 개혁 신앙을 선포한 이래로 줄곧 개신교 도시 측에 가입한 것으로 생각되던 보 지역, 특히 이 지역의 중심 도시 로잔(Lausanne)과 그 주변 지역이 개신교로 귀속하느냐, 로마 가톨릭에 남아 있느냐가 초미의 관심사였다. 양측으로 갈라져 논쟁이 지속되자 시민들 사이에 혼란이 일고 있어서 이를 해결하기 위해 모인 것이었으므로 매우 긴장되어 있었다. 칼빈은 처음 삼일 동안은 아무 말 없이 듣고 있었다. 삐에르 비레와 파렐이 대표로 나서서 열심히 개혁 신앙을 변호하고 있었고 자신은 수줍은 성격에다 아직 나이도 젊어서 앞에 드러나기를 꺼려했기 때문이다.

삐에르 까롤리(Pierre Caroli)가 칼빈을 삼위일체 신앙을 거부하는 아리우스파라고 공격하자 더이상 침묵할 수 없게 되었다. 칼빈은 일어나서 큰 소리로 자신의 입장을 분명하게 외쳤다. 451년 칼세돈 종교 회의에서 결정된 예수님의 양성에 관한 설명을 정확하게 설명하면서, 사벨리우스, 아리우스, 네스토리우스의 오류를 지적하였다. 종교 개혁자들은 니케야 신경과 아타나시우스 신앙 고백을 매우 중요하게 취급하였고 칼빈도 역시 이러한 신앙고백서들을 받아들였다.

넷째 날은 성만찬에 관한 토론이 있었다. 174명의 가톨릭 사제들, 양측의 지도자들, 그리고 황제 찰스 5세를 비롯한 수많은 귀족들과 참관자들이 앉아 있는 석상에서 칼빈은 도저히 평범한 구경꾼 노릇을 하면서 그저 회의가 어서 끝나기만을 기다리는 처지에 머물러 있을 수 없었

---

12) Eric Junod, ed., *La Disput de Lausanne (1536): la theologie reformee apres Zwingli et avant Calvin* (Lausanne: Bibliotheque Historique Vaudoise, 1988).

다. 가톨릭의 한 토론자가 엉터리로 교부들의 글을 인용하면서 종래의 화체설을 옹호하였기 때문이다. 칼빈이 자리를 박차고 일어나서 열변을 토하게 된 것은 교부들에 대한 엉터리 인용 때문이었다. 그는 이미 충분히 읽어본 교부들의 글을, 아무런 메모나 노트도 없이, 자유자재로 인용하면서 확신 있는 어조로 로마 가톨릭의 금과옥조인 성만찬론, 화체설의 오류를 통박하였다.

> 거룩한 교부들에게 영광을 돌려드립니다. 우리 가운데서 당신보다 교부들에 대해서 모르는 사람이 있다면 그분들의 이름을 부를 때에 조심하시기 바랍니다. 당신이 그분들의 책들을 전부 다 읽지 않았음은 너무나 안타까운 일입니다. 그렇지 않았다면 확실한 참고 서적들을 통해서 당신이 유익을 얻었을 것입니다.
> 우리가 교부들을 거부하고 있다는 당신의 주장이 무례한 것임을 당신 스스로 판단해보기 바랍니다. 그리고 당신이 그들의 책을 거의 읽지 않았다는 점도 시인하기 바랍니다. 만일 당신과 당신 앞에서 말한 사람들이 그 책들을 끝까지 깊이 읽지 않았다면, 당신은 잠잠히 입다물고 앉아 있어야 할 것입니다.

칼빈은 터툴리안의 견해를 정확히 인용하고 설명하였다. 크리소스톰의 책 '제11장 중간 부분에서'라고 인용한 곳을 정확히 제시하였다. 칼빈의 날카로운 기억력은 어거스틴이 마니교도 마디만 투스를 반박한 곳을, '요한복음 설교의 서론에서, 여덟 번째와 아홉 번째에서'라고 지적하였다. 그는 단지 교부들의 성경 해석들만을 제시하였을 뿐만 아니라, 그 자리에 참석한 사람들이 이전에는 전혀 들어보지 못한 이름들을 줄줄이 인용하였다. 세밀한 부분까지도 정확한 근거를 제시하면서 공박하는 칼빈의 학문적 깊이에 대해 멜랑톤 같은 고전의 천재도 감탄하지 않을 수 없었다. 칼빈의 마지막 일격은 화체설에 대한 치명타였다.

> 우리들의 구세주에게 우리를 묶어 주는 그분의 보혈과 몸으로부터 오는 은혜로 인해서 우리가 받을 수 있는 진리와 실재 안에서 이 영적인 교제가 우리들을 연결해 주고 있습니다. … 영적인 끈을 통해서, 성령의 묶어 주심으로 인해서, 이 영적인 교제가 이룩되는 것입니다. 그것이 바로 주님의 성찬입니다.[13]

이 반론으로 인해서 개혁자들에 반대하던 프란시스 교단의 탁발 수도승이자 설교자였던 장 땅디(Jean Tandy)가 돌아섰고, 수개월 내에 80명의 사제들과 120명의 수도사들이 개혁파로 돌아섰다. 로잔 시와 주변 도시들은 완전히 개신교의 도시가 되었다. 뿐만 아니라, 여기에 참석한 사람들을 통해서 칼빈은 라인 골짜기에 인접한 북쪽 지역의 지도자들에게 널리 알려지고 사귐을 갖게 되는 계기를 마련한 것이다.

로잔으로부터 베른으로 옮긴 일행은 10월 16일부터 18일까지 스위스 중부와 남부의 개신교 지도자들의 회합에 참여하였다. 이 모임에서는 마틴 부써가 보내온 개신교 연합을 위한 제안이 검토되었다. 루터가 독일에서 작성한 "비텐베르그 화의신조"(Wittenberg Form of Concord)에 동의할 것인가에 대한 토론이 활발하게 전개되었다. 여기서 부써의 의도대로 스위스 개신교 지도자들이 합의에 이른 것은 아니다.

칼빈은 하나님의 사람들을 직접 이끌고 나가는 행동력과 실천력을

---

13) Doumergue, II, 215. Emanuel Stickelberger, *Calvin: A Life*, tr. David Georg Gelzer (Richmond: John Knox Press, 1954), 52.

발휘하였고, 이는 많은 사람들과의 친교와 교제를 통해서 이룩해 냈으며, 하나님의 말씀에 대한 자신의 신실한 신앙을 이런 관계와 교제 속에서 설득력 있게 전달하고자 노력하였다. 제네바 전체 사회가 기독교 신앙의 덕을 유지하고, 기독 신자의 생활을 증진시키고 종교 개혁이 가져온 중요한 교훈들을 적용시키는 데 남다른 힘을 경주한 사람이다.

칼빈은 자기 속에 갇혀서 학문적이고 현학적인 지식만을 자랑하지만 생명력을 잃어버린 밀폐된 학자는 아니었다. 새로운 이론만을 번잡하게 늘어놓거나 어려운 말로 덧붙여서 진리를 가르친다고 말하면서도 도리어 혼돈을 초래하는 현란한 이론가가 아니었다. 이 점은 20세기 이후의 현대 신학자들에게 더욱 두드러지게 나타나고 있다. 항상 남보다 다른 안목의 저술을 남겨야 하고, 남다른 견해를 제시해야만 하는 학문적 독창성에 갇혀 현대 유럽의 신학은 어렵기만 하고 회중과 거리가 먼 장벽을 세우고 있다. 칼빈은 언제나 높은 자리에 앉아서 단지 귀족처럼 말만 많이 하는 직업적인 변호사가 아니었다. 실천적이고 구체적으로 제네바의 문제를 해결하고 회중들이 지닌 당면한 문제들을 해결하려고 뛰어들어 혜안을 찾아 노력하는 자세가 몸에 배어 있던 목회자요 설교자였다.

제네바 시민들은 얼마가지 않아서 설교자라고 모두 다 같은 것이 아니다는 사실을 인식하게 되었다. 칼빈은 제네바시 교회의 담임 목사 또는 감독이라고 불릴 만한 위치에 오르도록 확고한 지위를 보장받게 되었다. 이 직책은 교회 내에서 어떤 사람에게라도 영향을 미칠 수 있는 최상의 직분이며, 가장 광범위하게 관여할 수 있는 자리였다. 담임 목사직은 회중을 보살피는 일과 징계하는 일을 동시에 책임지는 자리이며, 성도들 상호 간의 연합을 도모해야 함은 물론이고, 설교와 강의도 맡아야만 하였다. 칼빈은 정규적으로 일정한 회중에게 설교하는 사람이 아니라면 이 목회자의 직분을 가질 수 없다는 확신을 항상 가지고 있었다. 이런 칼빈의 확신은 로마 가톨릭 교황이 성도들을 돌보는 일은 하지 않고 교회의 행정에 관여하는 일만 한다면 자신을 감독이라고 부르는 것은 옳지 않다는 소신과 일맥상통하는 것이다.

지난 2천년간의 기독교 교회 역사에 있어서 설교를 통해서 사회를 바꾸고 시대를 새롭게 변혁시키고 정치적으로 새로운 결단을 가져오게 만드는 일은 흔한 일은 아니었다. 사람을 변화시키는 강력한 설교의 감화력은 사회를 개혁시키는 원천이 된다. 위대한 설교가들 몇 사람을 손꼽을 수 있다. 어거스틴은 마우리타니아에 있는 가이사랴에서 설교를 통해서 거친 사회를 순화시키고, 종족 살해가 연례화 되어 있던 풍습을 영원히 버리도록 무지를 일깨워 준바 있다. 루터는 1522년 비텐베르그에서 행한 설교를 통해서 뒤숭숭한 분위기를 일소시켰으며, 요한 낙스 역시 스코틀랜드 종교 개혁의 대업을 퍼트(Perth)에서 청천벽력과 같은 강한 설교를 함으로써 이룩할 수 있었다.

종교 개혁 시대는 설교가 되살아난 시대이다. 성경이 교회에서 그 권위를 되찾고, 왕관을 쓴 교황이 무너지게 되는 것은 이 설교의 위력 때문이었다. 중세는 복음적인 설교가 죽어버린 시대였다. 사람들은 영혼의 양식을 어디서고 맛볼 수 없었고, 영생하도록 흘러 넘치는 참된 생수를 마실 수 없었다. 가톨릭 성당에는 온갖 미신과 성상 숭배로 가득하였을 뿐, 강단에서 선포되어야 할 하나님의 말씀을 들을 수 없었다. 라틴어로 진행되는 미사는 그저 종교적인 의식이었고, 사람들의 영적 갈급함을 채워주기보다는 불만을 부추겨 주었다.

루터는 오직 말씀만을 가지고 성난 귀족들과 잔인한 영주들을 무찌를 수 있었고, 그들의 우상이던 교황을 거부할 수 있었다. "기독교인들의 사랑은 반드시 잔인하거나 물리적 힘을 사용하지 않도록 해야 합니다. 그러나 혀를 가지고 말하거나 펜을 사용할 때에도 그런 방법을 사용한다면 그것은 죄를 짓는 것입니다. 그 어느 누구도 조금이라도 성경으로부터 벗어나서 질질 끌지 않도록 해야만 할 것입니다."[14] 요한 낙스 역시 1559년 5월 4일 스코틀랜드로 귀국하여 지칠 줄 모르는 열심으로 설교에 치중하였다. 이는 칼빈의 설교와 제네바에서의 체험이 크게 영향을 미친 결과였고, 곧이어 에딘버러의 목사가 되어서 목마른 군중의 욕구를 채워 주었다.[15]

중세 유럽이 무너진 것은 사람의 능력이나 연설의 재능 때문이 아니다. 특히 도시인들의 머리가 트이고 눈이 열려서 계몽됨으로써 이룩된 진화의 결과도 결코 아니다. 만일 제네바나 바젤, 베른, 멀리 독일의 비텐베르그나 스트라스부르그, 하이델베르그, 뉘렌베르그에, 그리고 스코틀랜드나 잉글랜드의 여러 도시 등 곳곳에 하나님의 말씀을 전하는 설교가 없었다면 단순히 정치적인 혁명이나 사회 개량 운동으로 그쳤을 것이다. 이런 관점에서 칼빈의 공헌과 성공이 어디서 왔는가를 제대로 평가해야 하며 이것은 하나님이 사용하신 말씀의 권능이 가장 핵심적인 요인이었음을 겸손히 인정해야만 한다. 제네바의 종교 개혁과 칼빈의 승리가 정치적인 데 편승한 것이 아니었고, 인구 증가라거나 상업 세력의 압력 등의 요인이 작용된 역사 발전의 단계적 이동이라거나 사회 변혁의 요구가 진행되었다는 식의 분석은 과대 평가되어서는 안 된다.[16]

---

14) *Luther's Work*, 45, 84-85.
15) J.H.S. Burleich, *A Church History of Scotland* (London: Oxford University Press, 1960), 144. A.G. Dickens, *The English Reformation* (University Park, Pennsyl-vania State University Press, 1989), 347.
16) 맥그라스 교수가 제네바에서의 개혁 운동이 성공한 이유를 사회학적으로 접근하여, 정치·경제 등의 사회 현상의 제요인들 때문이라는 분석을 내놓고 있는데 이는 매우 주의해야 한다. 이런 분석은 종교 개혁 운동이 근본적으로 신앙적 요인에 의해 주도되었다는 기존의 해

순수한 교회를 위한 노력

칼빈이 종교 개혁 진영의 현장에 나서면서 가진 근본적인 생각 속에는 '신앙적인 해결책'이 자리를 잡고 있었다. 다시 말하면 그는 시의회를 향해서 먼저 교회 내의 질서를 세우고 하나님의 말씀에 순종할 것을 요구한 것이다. 그래야만 제네바라는 도시가 안정을 찾고 혼돈에서 탈피할 수 있을 것이라고 보았다. 사회 개혁의 시작은 우선 교회의 온전한 회복에 있다는 것이다. 칼빈은 무작정 현장에서 문제 해결을 위해 정치적으로 타협하거나 시의회의 눈치를 보면서 적당히 결탁한 외교적 인물이 아니었다. 가장 정연한 신앙의 체계를 굳건히 세우고 있던 논리적인 신학자였다. 그의 실천적 행동은 모두 깊은 이론적 체계에 근거한 것들이었다. 행동하되 무모하거나 방종에 빠질 수 없던 것은 그의 깊은 학문적 뿌리가 근거하고 있었기 때문이다.

그러나 이런 지나친 확신이 그로 하여금 제일차 제네바 사역의 실패를 가져다 주고 말았다. 왜 그런 일이 발생하였던가? 그리고 무엇이 부족한 부분이었던가? 칼빈이 제네바에서 첫 번째 3년간의 고생이 쓰라린 추방이라는 아픔을 가져다 주었던가를 살펴보고자 한다. 이것은 칼빈이나 파렐의 실수라기보다는, 아직도 제네바 시민들의 혼란과 혼돈이 젊은 개혁자로 하여금 고난을 맛보게 하였다.

석을 크게 훼손시키고 있기 때문이다. A. McGrath, *A Life of John Calvin*, 83-86. 사회사적 해석들(social historical approach)은 근래에 종교 개혁사 연구에서 새로운 연구 방법으로 영향을 미치고 있으며 주목을 받고 있으나, 너무나 사회학적 제요인 분석만으로 과도하게 치우치지 아니하도록 경계해야 할 분석 방법이라고 본다. 제네바 개혁 운동에 대한 사회사적 연구의 대표적인 또 다른 예는, Harold J. Grimm, *The Reformation Era*, 1500-1650 (New York: Macmillan Publishing Co. Inc., 1973), 265-267을 보라.

제네바 신앙고백서

칼빈은 파렐과 함께, 시의회에 질서가 잡힌 교회의 구성을 제안하였다. 그가 제일 먼저 착수한 교회의 온전한 회복은 1536년 11월 구체적으로 발표한 "제네바 신앙고백서"에 나타나 있다.[17] 이 간단한 문서에서 "하나님의 말씀", "유일신이신 하나님", "인간의 본성", "예수 안에서의 구원", "성령에 의한 중생", "성찬과 세례", "교회와 세속 정권" 등 모두 21개의 주제에 관한 간단명료한 개념이 정리되어 있다. 마치 루터의 소요리 문답을 연상케 하는 것이다. 그런데 그 내용이 문제가 된 것이 아니라 개혁 방법에서 반대가 일어났다. 이 조항은 모든 사람이 반드시 서명해야 한다는 강력한 집행을 전제한 것이었으므로 아직 충분한 지지자들을 갖지 못한 칼빈의 제안은 간단히 부결되어 버렸다. 첫 단계에서 칼빈은 거센 저항과 반대에 직면해야만 했다. 아무리 좋은 일이라도 이제 갓 스물일곱 살의 낯선 이민자가 내놓는 새로운 제안에 선뜻 동의하려 하지 않았다.

이 "제네바 신앙고백서"는 같은 해 출판된 『기독교강요』에 담겨 있던 종교 개혁의 체계적인 진리와 신학 사상이 개괄적으로 함축되어 담겨 있다. 조직적이고 논리적인 칼빈의 신학이 빛을 발하기 시작한 것이다. 특히 놀라운 것은 모든 것보다도 성경을 가장 먼저 제시하고, 앞으로 전개해 나갈 주제들의 근거로 강조하고 있다는 점이다. '오직 성경으로만'(Sola Scriptura! 'Scripture alone!')를 강조하면서, "성경은 신앙과 종교

---

[17] "The Genevan Confession," in *Calvin: Theological Treatises*, 26-33. 이 문서의 진정한 저자가 누구인가 약간의 논란이 있으나, 두메르그는 몇 가지 증거를 제시하면서, 요리 문답서(catechism)의 내용이 일맥 상통하므로 분명히 칼빈이라고 보고 있다. Doumergue, II, 236.

의 유일한 규칙이다"고 선언하여 개혁 신앙의 기본 골격을 제시하였다. 신앙고백서야말로 회심 이후 얼마 지나지 않은 청년 칼빈의 개혁 사상에 담겨 있던 가장 두드러지고 중요한 특징을 명쾌하게 드러내 보인 것이다.

신앙의 고백

제네바의 모든 시민들과 거주자들과 이 지방의 모든 권속들이 반드시 지키며 준행하기로 서약해야만 한다(1536).

(1) 하나님의 말씀

첫째, 우리는 신앙과 종교의 규칙으로 오직 성경만을 따르며, 하나님의 말씀에서 이탈한 사람들의 견해에 의해서 고안된 그 어떤 다른 것들과도 혼합시키지 아니하고, 우리 주님의 명령을 따라서 덧보태거나 삭제하지 아니하고 그 말씀에 의해서 우리에게 전해진 것 이외에 우리의 영적인 관리를 위해서 다른 어떤 교리를 받아들이기를 원하지 아니하기를 소망함을 선포한다.

(2) 오직 한 분이신 하나님

다음으로, 성경에 기록된 구절들을 따라 우리는 오직 한 분 하나님이 존재하심을 인식한다. 그분을 우리가 섬기고 예배하며, 그분 안에 우리의 모든 확신과 소망을 두고, 그분 안에만 모든 지혜, 권능, 정의, 선함과 동정심이 있음을 확신한다. 그리고 그분이 영이신 까닭에, 그분으로, 그리고 진리 가운데 예배드려야만 한다. 따라서 우리는 자기 자신의 자만심이나 어떤 피조물이라 하더라도 그것에 대해 소망을 두려는 생각을 혐오해야만 하고, 천사들이나 어떤 피조물에게 하나님보다 더 경배하지 않도록 해야만 한다. 그분을 제외하고는 우리 영혼의 구세주란 없으며, 그 어떤 성자들이나 이 땅 위에 살아 있는 인간들에게 경배해서는 안 된다. 예배를 드릴 때에도 이와 마찬가지로 그분에게만 존경을 드려야 한다. 어떤 외부적으로 드러난 의식이나 육체적인 규정들을 준수할 때에도 어떤 형상이나 그분의 신성을 드러내는 어떤 모양이라도 만들거나 경배해서는 안 된다.

(3) 모든 사람에게 동일한 하나님의 율법

우리들의 의식을 지배하고 계신 주인이며, 통치자는 단 한 분이기 때문에, 그리고 그분의 의지는 모든 정의의 유일한 원리이기 때문에, 우리는 모두 다 우리의 생명을 그분의 거룩하신 율법의 명령에 따라서 복종시켜야만 하는 것이다. 이 율법에는 완전한 정의가 포함되어 있다. 그리하여 우리가 다른 무슨 선하고 바른 삶을 위한 규칙을 필요로 하지 않으며, 그것에 충분히 들어 있지 않기 때문에 보충적으로 필요한 선한 행실을 더 만들어낼 필요도 없는 것이다. "나는 너희를 … 인도하여 낸 너의 하나님 여호와로라"(출 20:2).

(4) 자연인

우리는 본성적으로 인간이란 그 이해력에 있어서 눈멀고 어둡게 되어 버렸고, 가슴은 타락과 추악함으로 가득 차 있어서 인간 스스로는 하나님을 아는 참된 지식을 완전히 이해할 능력이 전혀 없으며, 스스로는 그것을 적용할 능력도 없음을 잘 알고 있다. 그러나 만일 인간이 하나님을 버리고 본성에 따라서 산다면, 무지 속에서 살아갈 뿐이요, 모든 사악함에 방치될 것이다. 따라서 인간은 하나님에 의해서 조명을 받아야만 하며, 그럼으로써 자신의 구원을 아는 바른 지식을 갖게 된다. 그리하여 자신의 감각 속에 새로운 방향으로 나아가게 되고, 하나님의 의로우심에 순종하도록 재형성된다.

(5) 자아에 의해서는 방향을 잃어버린 인간

인간이 본성적으로 자신 속에서 하나님의 빛과 모든 의로움을 잃어버리고 곤고하게 되어 있으므로, 우리 인간 스스로는 오직 하나님의 진노와 저주만을 기대할 뿐임을 인식한다. 따라서 인간은 반드시 구원의 수단을 구함에 있어서 자아 밖에서 찾아야만 한다.

(6) 예수 안에 있는 구원

우리 속에서 우리가 상실해버린 모든 것은 그리스도 안에서 회복될 수 있도록 하기 위해서 아버지에 의해서 우리에게 보내진 분이 바로 예수 그리스도임을 우리는 고백한다. 이제 그리스도가 우리를 위해서 성취하시고, 당하신 모든 것은 아무런 의심 없이 우리가 확실히 갖게 되었으니, [사도]신경에 포함된 바와 같이, 우리는 교회에서 암송하는 것이다: "전능하사 천지를 만드신 하나님 아버지를 믿사옵나이다."

(7) 예수 안에 있는 의로움

따라서 우리는 예수 그리스도 안에서 하나님에 의해서 우리에게 주어진 결과를 우리는 인식한다. 첫째로, 본성에 따라서 하나님의 대적이요 진노와 심판의 대상이던 우리가 그분과 화목하였고, 예수 그리스도의 중보를 통해서 은혜 안에서 다시 받아들여졌으며, 그리스도의 의로우심과 죄 없으심에 의해서 우리의 죄악이 사함을 얻고, 그분이 보혈을 흘리심으로 말미암아 우리들의 모든 더러움에서 정결함을 받고 깨끗하게 되었다.

(8) 예수 안에서 중생

둘째로, 우리는 그분의 영에 의해서 우리가 새로운 영적 본성으로 중생됨을 인식한다. 우리 육체의 악한 욕망들은 은혜에 의해서 죽임을 당하고, 그리하여 그것들은 더이상 우리를 지배할 수 없다. 도리어 우리의 의지는 하나님의 의지를 향해서 평안을 느끼며, 그분을 기쁘시게 해드릴 것이 무엇인가를 추구하고 그분의 길을 따라가고자 한다. 따라서 우리는 그분에 의해서 우리 자신이 그 힘에 의해서 억눌려 있던 죄의 노예 상태로부터 풀려나며, 이 구원으로 인해서 우리가 선행을 할 수 있는 능력과 힘을 얻게 되었다.

(9) 신자들을 위하여 항상 필수적인 죄의 제거

마지막으로 우리는 이 중생이 우리 안에서 매우 효과적이지만, 우리가 육신의 장막을 벗을 때까지 항상 우리 안에 불완전함과 연약함이 남아 있어서, 우리는 하나님 앞에서 항상 가련하고 뒤틀려진 죄인들이다. 하지만 우리는 날마다 하나님의 의로움을 키우고 발전시켜 나가야만 하는데, 우리가 여기서 사는 동안에는 결코 충만하거나 완전할 수 없다. 따라서 우리는 항상 우리의 허물과 죄과를 제거하기 위해서 하나님의 은총을 항상 필요로 한다. 그리하여 우리는 예수 그리스도 안에서 우리의 의로움을 바라보아야만 하며, 우리 안에서는 결코 찾지 말아야 하고, 그분 안에서만 신뢰를 가져야만 한다. 우리 자신들의 행위 속에서는 아무런 신뢰를 해서는 안 된다.

(10) 하나님의 은총 안에 모든 우리의 선

모든 영광과 찬양을 하나님께 돌리기 위해서, 그리고 양심의 참된 평화와 휴식을 얻기 위해서 우리는 하나님으로부터, 우리가 앞에서 언급한 바와 같이, 그분의 자비와 긍휼하심에 의해서, 영원한 혼돈 외에는 그 어떤 보상도 가져다 주지 않는 우리들의 행위의 공로나 가치에 대해서 전혀 고려하지 않은 채, 모든 혜택을 얻게 됨을 고백하고 인식한다. 그럼에도 불구하고 그의 선하심 가운데 우리의 구세주는 그 아들 예수 그리스도와의 교통 가운데서 우리를 받아주셨기 때문에, 믿음 안에서 우리가 취한 행동들을 기뻐하실 만하고 인정하실 만한 것으로 여겨주신다: 그것들이 전혀 공로가 될만 한 것이 없으나, 거기에 있는 불완전함을 전가시키지 않으시기 때문에 그분은 자신의 영으로부터 나온 것만을 그 가운데서 인정하신다.

(11) 믿음
우리는 하나님의 선하심의 풍성함과 엄청난 보화들을 갖게 되는 그 시작이 우리에게 친절하게 주어지는 것은 믿음에 의해서임을 고백한다. 가슴에 분명한 확신과 확증을 가지고, 우리가 복음의 약속들을 믿으며, 하나님의 말씀에 의해서 우리에게 기록하여 주시고, 아버지에 의해서 우리에게 그분을 주신 바 그대로 예수 그리스도를 받아들이는 것이다.

(12) 그리스도의 도고와 하나님 자신의 기도
예수 그리스도를 통해서 오직 하나님 안에 있는 모든 선함과 구원을 향한 소망과 확신을 우리가 가진다고 선언한 바와 같이, 우리는 우리의 중보자이실 뿐만 아니라 대변자이시며 하나님께 나아갈 특권을 갖고 계신 예수 그리스도의 이름으로 모든 필요한 것들을 하나님께 기도해야만 한다. 또한 우리는 모든 선한 것들이 오직 그분으로부터만 주어진다는 것을 인식하고, 그것들에 대해서 그분께 감사를 드려야만 한다. 한편으로, 우리는 성경과는 정반대로 인간들에 의해서 고안된 한 가지 미신, 즉, 성자들의 중보 기도를 배격한다. 왜냐하면 이는 예수 그리스도의 도고의 충분성을 불신함으로써 나온 것이기 때문이다.

(13) 현명한 기도
더욱이 기도란 만일 가슴의 내적 감동으로부터 우러나오지 않는 것이라면, 이것은 가증한 것이요 환각에 지나지 않는 것이므로, 우리는 모든 기도를 분명히 이해하고 드려야만 한다. 그리고 이런 이유로 해서, 우리는 주님의 기도를 우리가 무엇을 구해야만 하는가에 대해서 가장 잘 보여주신 것으로 인정한다: "하늘에 계신 우리 아버지 … 다만 악에서 구하옵소서. 아멘."

(14) 성례

우리는 주님께서 교회 안에 제정하신 성례들은 우리를 위한 믿음의 연습으로 여기고, 하나님의 약속 가운데서 그것을 확정하고 강화시켜 주기 위한 것이며, 동시에 사람들 앞에 증거하기 위한 것으로 믿는다. 기독교 교회 안에서 우리 구세주의 권위로 제정된 예식은 오직 두 가지 뿐이다. 즉, 세례와 주님의 만찬이다. 교황의 통치하에서 주장되고 있는 7성례는 꾸며낸 것이며 거짓된 것으로 정죄한다.

(15) 세례

세례는 우리 주님께서 제정하신 외적인 증표이니, 하나님의 아들 예수의 회원된 자로서, 하나님의 자녀들을 위해서 우리가 받도록 주님께서 원하신 것이다. 세례는 예수 그리스도의 보혈 가운데서 우리가 죄로부터의 씻음을 예표하는 것이니, 그의 죽으심으로 우리 육체가 죽임을 당하고, 그의 영으로 주님 안에서 살아났음을 의미한다. 이제 우리 자녀들이 우리 주님과 함께 공동체에 결합되었으므로 우리는 외적인 증표가 합당하게 그 자녀들에게 적용되어야 함을 확신한다.

(16) 거룩한 만찬

우리 주님의 만찬은 빵과 포도주라는 상징을 가지고 그분이 자신의 몸과 피 안에서 우리가 나누게 되는 참된 영적인 교제를 나타낸다. 우리는 그분이 제정하신 규정에 따라서 자신들의 인생을 위해서 예수를 소유하기를 바라는 모든 사람들이 그것에 참여하도록 믿는 자들의 모임에서만 시행되어야 함을 인식한다. 교황의 미사가 성찬의 신비로움을 제거시키는 버림받고 악마적인 예식이었던 것과 같이, 우리에게도 저주스러운, 하나님에 의해서 정죄를 받은 우상 숭배임을 천명한다. 그것 자체가 영혼들의 구속을 위한 예식으로서 간주되어서, 빵이 마치 하나님처럼 그 안에 무엇이 있는 것으로 취급되고 경배하기 때문이다. 그 밖에도 여기에 다른 저주스러운 신성 모독과 우상 숭배가 포함되어 있으며, 하나님의 말씀의 오용으로 인해서 아무런 유익도 없고 교훈도 주지 못하면서 공허하게 취급되고 있다.

(17) 인간의 전통

규칙들은 교회의 내적인 권징을 위해서 필수적인데, 이는 성도들의 회중에서 오직 평화와 정직과 선한 질서를 유지하는 일에만 해당되는 것이므로, 우리는 인간의 전통을 전혀 주장하지 않는다. 그것들은 바울의 일반적인 명령하에 제정된 것들로 그들 가운데 모든 일을 적당히 하고 질서대로 할 것을 그는 소원하였던 것이다. 그러나 모든 법과 규칙들은 하나님에 의해서 명령되지 않은 일들까지도 의무화되어서 양심을 속박하도록 제정되었다. 또는 하나님이 요구했던 것 이상으로 그분에 대한 봉사를 요구함으로써, 그리스도인의 자유를 파멸시켜 버리고자 하여, 인간들의 계명들에 불과한 교리들을 가지고 그분을 헛되이 경배하는데, 이는 우리 주님의 관점에서 볼 때에 사탄의 타락한 교리들이므로 우리는 저주한다. 이런 평가에 들어가는 것들로 성지 순례, 수도원 제도, 음식의 차별, 결혼의 금지, 고해 성사, 그리고 그 밖에 다른 것을 우리는 포함시키고자 한다.

(18) 교회

오직 예수 그리스도의 교회는 단 하나이지만, 우리는 항상 여러 장소에 흩어져 있게 된 성도들의 모임이 필수적이라는 사실을 인식한다. 이런 각각의 모임 하나하나를 우리는 교회라고 부른다. 하지만 모든 모임들이 우리 주님의 이름으로 모이는 것이 아니라, 도리어 신성 모독의 행동을 하는 자들에 의해서 주님을 모욕하고 더럽히는 경우가 있기 때문에, 우리가 예수 그리스도의 교회를 바르게 구별하는 적합한 표지는 거룩한 복음이 순수하고 신실하게 선포되고 들려지고 지켜지는 것과 성례가 합당하게 시행되는 곳임을 믿는다. 비록 그곳에 약간의 불완전함과 오류가 있다 하더라도 이는 항상 인간들 가운데 있는 것들이다. 반면에, 복음이 선포되고 들려지고 받아들여지지 않는 곳이라면, 교회의 형태만 있을 뿐임을 우리는 인식한다. 따라서 교황의 규칙들에 의해서 지배되는 교회들은 그리스도인의 교회라기보다는 악마의 회당인 것이다.

(19) 출교

하나님과 그의 말씀을 경멸하는 자들이 항상 있기 때문에, 명령이나 충고나 항의를 전혀 받아들이지 않는 자들은 중대한 형벌이 요구되는 것이니, 우리는 출교의 권징은 신실한 자들 가운데서 거룩하고 유익한 일임을 천명하는 바이다. 이는 우리 주님에 의해서 선한 이유로 제정된 것이다. 이것은 사악한 자들이 우리 주님의 선하심과 명예를 더럽히는 저주 받을 행동을 하지 못하게 하기 위함이며, 자만심에 빠질지라도 그들이 회개하도록 돌아서게 할 것이다. 따라서 우상 숭배자, 신성 모독자, 살인자, 도둑질한 사람, 추잡한 사람, 거짓 증인, 선동하는 상인, 싸우는 자, 암살이나 중상모략의 죄를 범한자, 술취한 자, 방탕한 생활을 하는 사람으로 드러나는 이 모든 사람들이 충분히 경고를 받았음에도 만일 그들이 개선하지 않으면, 그들이 회개한 사실이 입증될 때까지 신실한 자들의 회중으로부터 격리시키는 것이 하나님의 규정에 따라서 유익한 것임을 믿는다.

(20) 말씀의 사역자들

우리는 하나님의 교회에서 예수 그리스도의 양떼를 먹이는, 하나님의 말씀의 신실한 목회자들 이외에 다른 어떤 목회자들도 있을 수 없음을 인식하는 바, 목회자들은 한편으로는 교훈과 책망과 견책과 위로와 비판으로 하고, 다른 한편으로는 모든 사탄의 속임수와 거짓 교리들을 거부하며, 자신들의 꿈이나 어리석은 환상을 가지고 성경의 순수한 교훈을 혼합하지 않도록 한다. 이런 일에 있어서 우리는 다른 권세나 권위를 의지하지 않으며, 하나님의 말씀에 의해서 자신들에게 부여된 하나님의 백성들을 지도하고 가르치고 다스리는 것이요, 바로 그 말씀 안에서 그들은 명령하고 방어하고 약속하고 경고하는 권한을 가지게 되며, 그외에는 어떤 것도 할 수도 없고 하고자 해서도 안 된다. 우리가 하나님의 말씀의 참된 목회자들을 하나님의 사자요 대사로 존중하는 바와 같이, 우리는 하나님 자신에게 하듯이 그분들에게 듣는 것이 필수적이며, 우리는 그들의 목회가 교회에서 필수적인 하나님으로부터 온 명령임을 천명한다. 반면에, 미혹하는 거짓 선지자들은 복음의 순수함을 버리고 자신들의 의도에 따라 이탈한 자들이니, 결코 고통을 참지도 말것이요 그냥 두지도 말아야 할 것이니, 저들은 목자인 체하나 도리어 굶주린 이리 떼와 같아서, 하나님의 백성들에 의해 제거되어야 하고 찾아내야만 하는 것이다.

(21) 권세자들

우리는 왕과 군주들의 통치와 우월한 지위를 인정하며, 또한 다른 권세자들과 관원들의 지위도 인정하는 것이 하나님의 거룩하신 일이요 선하신 규정임을 믿는다. 그들의 직분을 수행함에 있어서 그들이 하나님을 섬기고 한 사람의 그리스도인의 소명을 따라 하고 있는 한에 있어서는, 괴롭힘을 당하는 자들과 무고한 사람들을 보호하거나 완악한 자들의 악의를 고치고 벌 주는 일을 하거나 간에, 우리는 그들에게 존경과 공경을 해야만 하고 존중히 여기고 공헌을 인정하며 그들의 명령을 시행하고 우리가 하나님에게 범죄하는 일이 아닌 한에 있어서는, 그들이 우리에게 부과하는 의무를 담당해야 함을 마땅한 임무로 여긴다. 요약하면, 우리는 그들을 하나님의 직분자들이요 지휘관들로 인정해야만 하고, 우리는 하나님 자신을 거부하지 않는 한 그들을 거부할 수 없으며, 그들의 직분은 하나님으로부터 받은 거룩한 임무인 바, 그들에게 주어짐으로써 그들이 우리를 통치하고 다스리게 하신 것이다. 따라서 우리 모든 그리스도인들은 그들이 살고 있는 국가의 권세자들과 통치자들의 번영을 위해서 하나님께 기도드려야만 하고, 하나님의 계명들에 저촉되지 않는 국법과 규칙들에 복종해야 하고, 복지와 평화와 공적인 선을 증진시켜야 하며, 백성들의 평안과 그들을 다스리는 자들의 명예를 유지하는 일에 진력해야 하고, 갈등이나 분열을 획책하는 어떤 시도나 관여를 해서는 안 된다. 반면에, 우리는 자신들의 우월성을 위해서 신실하지 못하게 행동하는 자들과 그들이 살고 있는 국가의 공적인 선을 위해서 바른 관심을 가지지 않는 모든 사람들은 하나님을 향해서도 그들의 신실치 못함을 드러내고 있는 것이라고 선언한다.

사회 전체를 완전한 개혁 신앙의 도시로 만들기 위하여 모든 시민들에게 받아들이도록 촉구한 이 개혁주의 고백서의 시행은 유보되고 말았다. 제네바는 아직 로마 가톨릭의 종교적 습성에서 깨어나지 못하고 있었다. 구체적으로 모든 시민 사회에 이 신앙 규칙을 적용함에 있어서는 개인적인 학문과 근면만으로는 부족했고, 제네바 시민들의 나약함

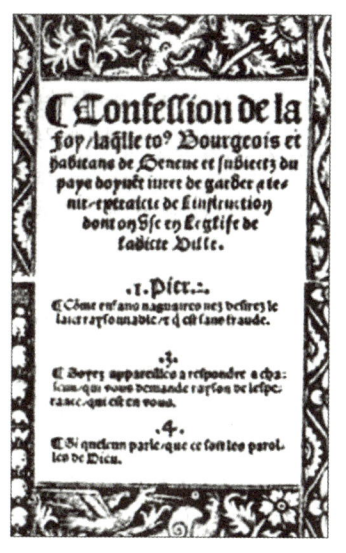

32. 제네바 신앙 고백의 표지(1537년)

제8장 제네바에서 첫 번째 사역   299

과 회의적인 태도, 그리고 과거에의 향수 등을 이해하고 이끌어가야 할 지혜가 요청되었다. 모든 시민이 이런 개혁 신앙의 문서에 서명하라는 규칙은 아직도 호시탐탐 기회를 엿보고 있던 로마 가톨릭 지지자들의 반발을 초래하였다. 아직 칼빈의 제안을 받아들일 만큼 당시 지도자들과의 사이에 교분이 두터운 것도 아니었고, 더구나 그 지도자들의 신앙이 확고하게 잘 정립되어 있지도 않았기에 도리어 감정 대립을 촉발하고 말았다.

성찬의 회복

제네바에 온지 두 번째 해가 되던 1537년 1월, "제네바 교회와 예배에 관한 규정집"을 다시 제안하였으나 또 다시 반대에 부딪혔다. 칼빈의 제안이 이번에도 그대로 통과되지 못한 이유는 역시 신앙적, 정치적 혼란에서 비롯된 것이다. 아직도 제네바의 다수파는 온전한 개혁에 낯선 사람들이었다. 할 수 없이 다소 수정하지 않으면 안 되었다. 칼빈은 매월 성찬을 거행할 것을 제안했으나, 시의회에서는 종전대로 일 년에 네 번만 실시하는 쪽에 찬성하고 있었다. 이미 칼빈은 『기독교강요』 초판에서 성찬의 시행은 매주 있어야 함을 역설하였다. 그러나 그도 역시 "만일 이처럼 너무 자주 시행된다면 가장 거룩하고 가장 신비로운 일이 성도들의 연약성 때문에 경멸을 당할 수 있기 때문이다"라고 하면서 현실적인 어려움을 인정한 바 있다. "이런 견해를 참고하여, 이 거룩한 성찬을 한 달에 한 번씩 설교가 시행되는 세 교회에서 순차적으로, 다시 말하면 한 달에 한 주는 생 삐에르에서, 또 다른 한 주는 생 제르베에서, 또 한 주는 라 마들레엔에서, 그리고 다시 이런 순서로 되돌아가게 실시하는 것이 우리에게 좋을 듯 싶습니다"라고 밝히고 있다.[18] 칼빈이 회복을 바라던 예배 시의 성찬은 로마 가톨릭의 미사가 훼손시킨 가장 치명적인 교회의 신성 모독이었다. 원상 회복을 바라는 칼빈이 타협안을 제안하기 전에 배경 설명을 한 부분을 들어보자.

> 예수 그리스도의 거룩한 만찬에서의 교제는 적어도 매주 일요일에 실시되는 것을 규칙으로 정해야 할 것입니다. 교회가 크나큰 위로를 사모하며 모일 때에 신실한 자들은 이 성찬으로부터 유익을 얻는 것입니다. 이는 우리의 믿음에 제시되어 있는 바, 모든 약속에 따라서 우리가 진정으로 예수 그리스도의 몸과 보혈에 참여하는 자가 되는 것이요, 그의 죽으심과 그의 생명과 그의 성령과 모든 그의 은혜에 참여하는 자가 되는 것입니다. 사실 일 년에 두서너 차례 기억을 하게 하시려는 것이 예수님께서 제정하신 성례의 원칙도 아니었습니다. 오히려 우리의 믿음과 자선이 자주 시행되기 위해 그리스도인들이 회집할 때에는 그들이 모인 그 횟수만큼 자주 성찬을 실시했습니다. 사도행전 2장의 기록에서 우리가 발견하는 바와 같이 우리 주님의 제자들은 떡을 떼는 일을 지속하였고, 이것은 성찬의 정례화를 의미하는 것입니다. 초대 교회의 시행도 역시 그와 같았습니다만, 지긋지긋한 미사가 들어오기 전까지만 해도 모든 믿는 자들의 교제가 있었는데, 한 사람이 모든 사람을 위해서 희생하심을 감히 모독하는 제도가 자리잡게 된 것입니다. 이로써 성찬이 완전히 폐지되고 파괴되었습니다.

---

18) Opera, xa:7-8.

교회의 권징 강화

그 밖에도 교회를 위하여 징계를 철저히 시행해야 한다는 복안을 비교적 상세히 제시했다. 이 당시 여러 루터 교회들과 스위스의 개신교 도시들, 취리히라든가 바젤 등지에서도 이와 같은 것들은 일반화되어 있었다. 세속의 권세자들이 교회의 징계권을 행사하여 출교를 결정하던 풍습이 남아 있었기 때문에, 칼빈은 이런 임무야말로 전적으로 교회의 책임하에 실행되어야 할 것임을 제시한 것이다.[19]

우리는 이를 시행하기 위해서, 구체적으로 선한 생활을 하고 있고 모든 신실한 사람들의 증거가 있으며, 쉽게 오염되지 않고 견고한 사람들을 선출하여 지정할 것을 여러분들께 제안합니다. 그들이 이 도시의 모든 지역마다 배치되어서 생활을 감독하고 그들의 각 관청들을 감독하고, 만일 어떤 사람의 죄악이 현저하게 사악하여 드러난다면 그들이 목사들과 함께 의견을 교환하여, 형제 사랑으로 그 죄악을 지적하고 훈계하여 권고하는 것입니다. 만일 그런 충고들이 아무런 결과가 없다고 판단되면, 그 사람은 그 완고함이 교회에 보고된다는 점을 충고받게 될 것입니다. 그리하여 만일 그가 자신의 실수를 발견하게 된다면 이 권징의 유익이 얼마나 큰 것이 되겠습니까!

칼빈이 교회의 권징을 통해서 교권 정치의 힘을 과시하려는 것은 결

---

19) "Articles Concerning the Organization of the Church and of Worship at Geneva, 1537" in *Calvin: Theological Treatises*, 48-55.

코 아니었다. 교회의 순결을 회복하는 것은 곧 각자의 양심이 하나님의 말씀에 순종하는 길이었다. 그의 입장에서 가장 시급한 과제는 바른 복음 신앙을 소유한 사람들이 바른 행동으로 나아가려면 각자가 소속된 교회에서 건전한 교리를 지키면서 그것을 생활 가운데 드러내고 나타내야만 하며, 그렇게 자라나야 한다는 것이었다.

권징의 시행에 있어서 그동안 주교가 전권을 행사해 왔고, 성도들은 그냥 따라가야만 했으나, 칼빈은 성도들 가운데서 바른 생활을 하고 있는 사람들을 시의회가 대표로 선정하도록 하여, 그들로 하여금 다른 성도들을 관찰하도록 만든 것이다. 어떤 사람이 범죄를 저지르면 대표가 목사에게 이를 알리고, 그들이 함께 관련된 자들을 권고한다. 이때에는 회중들에게 알려지지 않도록 매우 조심한다. 그럼에도 불구하고 아무런 발전이 없으면, 수찬 정지라는 단계로 접어든다. 교회의 예배에는 출석할 수 있지만, 성찬은 참여할 수 없다.

이런 상호 감시 체제는 대표자들에 의해서만 시작되는 것은 아니었다. 모든 성도들이 서로의 생활을 감독하고 돌아보는 책임이 있었다. 만일 성도들 사이에서 조용하게 권고해도 듣지 않을 때에는 교회의 대표자들이 관여하도록 했다. 어떤 사람을 심사함에 있어서도 성찬 금지 이상은 교회가 결정할 수 없었다. 만일 교회의 조치를 받고서도 아무런 양심의 반성을 느끼지 않는다면, 그 후에 시의회가 어떤 조치를 취할 수 있도록 했다. 권징의 제도 속에 담겨 있는 뜻은 누가 예수 그리스도의 교회에 속한 사람인지 혹은 아닌지를 확실하게 하려는 것이다. 모든 제네바 시민들이 교회의 신앙에 대해서 분명하게 연대감을 가지고 고백하도록 하려는 것이다. 그 첫 단계를 취하는 사람들은 교회의 지도자들인 시의회의 회원들이 맡도록 한 것은 아주 적절한 조치였다. 목사들과 함께 선출된 소수의 시의회원들이 개인적으로 모든 제네바 시민들을 권고하도록 한 훌륭한 조직이었다. 이런 체제가 제네바에서 처음으로 시행된 것은 아니다. 1534년에 이미 베른과 바젤에서도 진행된 바 있었다.

이러한 교회의 순결은 또한 자녀 교육에서 구체적으로 시행되어야 한다고 역설하였다.

> 기독교 신앙의 간단한 개요가 모든 자녀들에게 반드시 가르쳐져야만 할 것입니다. 그리고 일정한 나이에 이르면 자녀는 목사 앞에 나가서 질문을 받고 시험을 거쳐서, 각자의 정도에 따라서 그들이 만족할 만큼 교육을 받았다고 입증될 때까지는 충분한 설명을 들어야만 할 것입니다.
> 그들의 자녀들이 이런 개요를 배우고 지정된 시간에 목사에게 찾아가서 교육을 받아야 하는 일을 근면하게 실행하도록 부모에게 명령하는 일이 여러분들의 즐거움이 되기를 바라는 바입니다.[20]

시의회는 이 조례를 1월 16일 별다른 이의 제기 없이 통과시켰다. 시의회는 성찬을 적어도 한 해에 네 번 이상 시행토록 한다는 것과 결혼에 대해서 목사들이 의견을 제시할 수 있지만, 시의회의 판결하에 둔다는 약간의 수정이 있었을 뿐이다.

그리고 한 달 뒤에 "교육과 신앙 고백"(Instruction et confession)이라는 문서가 제네바에서 사용되었다. 모든 자녀들과 제네바 시민들이 반드시 목사들에게 교리를 배워야만 하고, 시험을 치러야만 한다는 조례는 오늘의 기준에서 볼 때에는 다소 지나치게 생각되고, 극단의 종교주의

---

20) Ibid.

자들의 집단 거주지 같은 인상을 줄지도 모른다. 그러나 16세기의 유럽은 종교 다원주의 사회가 아니었다. 오래된 기독교 신앙의 안목에서만 이해가 될 수 있는 상황에 처해 있었다. 그때에는 로마 가톨릭을 신봉하든지, 개신교를 택하든지 양자택일이 있을 뿐, 다른 종교를 택한다거나 이것도 아니고 저것도 아닌 중간자적 위치에서 유보한다든지 하는 것은 있을 수 없었다. 이것이 칼빈의 마음에 있던 개혁 신앙의 열정이기도 했다. 모든 시민들은 자신의 결론에 따라서 어느 쪽이든지 선택해야 만 되었다. 복음을 따라 살든지, 교황을 따라서 살든지 해야만 되었다.

    칼빈은 제네바 교회를 권징과 교육으로 정화시키고 순결을 유지시키고자 의도하였다. 오늘날에는 시 정부가 나서서 일반인들의 신앙과 윤리를 조사하고 엄격하게 적용한다는 것은 마치 소설에서나 나옴직한 일이 되고 말았다. 제네바가 로마 가톨릭 치하에 놓여 있을 때에 도시 전체가 주교의 지배하에 있었으며, 교황청의 미신 숭배와 행동 강령이 제네바시 전체를 다스려 나갔다. 이제 제네바의 거주자들이 복음 신앙을 택하였으므로 그 신앙의 방침에 따라서 세례를 받고 제네바 교회의 회원이 되는 길뿐이었다. 이 문서에서 칼빈은 개신교 신앙을 거부하는 사람을 어떻게 해야 할 것인가에 대해서 전혀 언급하고 있지 않다. 사실 그가 말할 필요조차 없었을지도 모른다. 이미 제네바 시의회가, 칼빈이 이 도시에 도착하던 바로 그 달에, 자신들의 입장을 개혁 신앙에 따라 살기로 결정한 바가 있으므로 만일 개신교 신앙을 거부하는 사람들이 있었다면 이제는 그들이 이 도시를 떠나야만 되었다.

    그러나 로마 교회를 떠나서 개혁 신앙으로 돌아서기로 대세가 결정 났다 하더라도, 완전히 모든 것을 바꾸는데 시간이 필요하였다. 이때 낯선 이민자, 프랑스에서 온 청년 칼빈이 등장하여 강경하게 개혁 신앙의 노선으로 교회와 시의회가 매진할 것을 강력히 주장하자 반발이 나왔던 것이다. 때로는 자신에게 좋은 일이라도 남이 지시하거나 강요하면 싫어하는 것이 본성인데, 하물며 로마 교회에 대한 복종에서 벗어나고자 개혁 신앙을 채택한 이 도시에서 다시 한 번 개혁 신앙에 대해서 순종하고 절제하는 생활에 대해서 서약하라는 명령을 받게 될 때 기쁘게 복종하려 하지 않았던 것이다.

장로들의 참여

비록 처음에는 크게 성공하지는 못했으나 칼빈의 공헌은 두 가지로 요약해 볼 수 있다. 첫째는, 평신도 지도자들을 감독자들로 임명하여 목사들이 목회와 함께 연관시켜서 일하게 만들었다는 점이다. 이것은 곧 오늘날 어느 교회나 있는 목사와 장로로 구성된 당회를 의미한다. 평신도 지도자는 시 정부의 임명을 받지만, 정부를 위해 일하는 사람이 아니라 교회의 중요한 기능을 담당하고 있는 직분이었다.

둘째는, 이들이 감독하는 일은 영적인 일에 관한 것이지 세속적인 권세가 아님을 인식한 점이다. 교회의 권징은 제한적인 기능을 수행한다는 것을 분명히 인식하고 있었다. 이들 감독자들이나 목사들이 하는 일은 세속 정부로부터 독립된 자체적인 조직이었고, 칼빈은 이것을 원하였다. 동시에 이런 일은 정부가 독점하거나 간섭할 일도 아니라는 것이다. 교회 내에서 일어나는 신앙적인 권징에 대해서는 독자권을 보장받게 하려는 것이다. 이와 같은 교회의 독자권은 초대 교회의 권징에서 나타나고 있고, 개신교가 새로운 틀을 세우면서 나가야 할 첫 단계의 교회 회복이라고 생각한 것이다. 이 점은 영혼의 교화를 최우선의 과제로 삼는 교회, 영혼을 돌보는 목회자적 안목을 가진 칼빈의 강조점이라고 생각된다. 결코 이론적이 아니요, 실제적이고 동시에 세속적이 아닌 교회의 참모습을 회복하려는 그의 중요한 공헌이었다.

"신앙고백서"와 "예배 갱신"을 제시한 것으로 만족하지 않고, 제도 정비에 착수하였다. 제네바 교회를 바르게 세우기 위해서 목사, 교사(박사), 장로, 집사의 4가지 직분을 제정하였다.[21] 특히 네 직분의 순서대로 맡은 바 직분의 임무를 상세히 성경적으로 기술하였다. 장로의 직분을 바르게 되살린 공헌은 매우 귀중한 것이다. 모든 사람들의 신앙생활을 감독하고, 사랑으로 권면하는 영적인 권위를 부과하였다. 특히 목사와 함께 당회를 구성하여 교회의 모든 일을 토의하고 결정하게 하였다. 집사의 직제가 로마 가톨릭에도 있었으나, 신부가 되기 위한 임시직으로 전락해 있던 것을, 가난하고 병든 사람들을 구제하고 돌아보던 사도행전의 임무를 되살리게 하였다.[22]

칼빈이 강조한 것은 직분 그 자체가 아니라, 그가 믿었던 성경적인 설명들에 상응하는 기능을 다하기 위해서 제도적으로 조직을 가진 것이라는 점이다. 따라서 교회가 담당하는 공적인 목회를 위하여 직분이 제정되고, 이것이 거룩한 교회의 질서와 제도에 따라서 세워진 것이라면, 하나님 자신의 권위에 의해서 주어진 것으로 받아들여야만 한다고 강조하였다. 칼빈의 관심이자 근본적인 강조점은 외적으로 드러난 직분자들의 외식이나 형식이 아니요, 교회의 합당한 질서와 필요에 따라서 성실히 기능을 수행하느냐의 여부였다.

---

21) Darlene K. Flaming, "The Apostolic and Pastoral Office: Theory and Practice in Calvin's Geneva," in *Calvin and the Company of Pastors*, ed. D. Foxgrover (Grand Rapids: Calvin Studies Society by CRC, 2004), 150-163. Scott M. Manetsch, *Calvin's Company of Pastors*: Pastoral Care and the Emerging Reformed Church, 1536-1609 (Oxford University Press, 2012).

22) Rober Henderson, *The Teaching Office in the Reformed Tradition* (Philadelphia: Westminster, 1962), 56-71.

물론, 칼빈은 위의 네 직분만을 무작정 엄격하게 주장한 것은 아니었다. 언제나 그렇듯이, 칼빈은 초대 교회의 시발점에 제한적으로 주어진 직분으로 해석하였으나, 위의 직분들이 하나님에 의해서 특별한 경우에는 예외적으로 다시 세움을 입을 수도 있다고 보았다. 칼빈 자신은 스스로 감당하고 있던 제네바 교회에서의 직분을 '예외적 범주'에 속한 것으로 생각하였다.

특히 장로와 집사를 교회의 공적인 직분이자 일반 성도들이 감당하는 직분으로 다시 시행토록 만든 것은 제네바 교회에서 이룩한 칼빈의 실천 부분에서 남긴 공헌 중에서 손꼽히는 교회 개혁의 위대한 업적이므로, 초대 교회로 원상 회복한 것으로 인정받고 있다.

교회의 공적인 제도와 직분에 대한 칼빈의 확신은 만인제사장의 신학에 확고히 근거하고 있음을 볼 수 있다. 베드로전서 2:9에 근거하여 루터는 로마 가톨릭의 성직자단과 평신도라는 계급 구별을 반대하고, 모든 믿는 자들은 제사장이요 목회자들이라고 가르쳤다. 이것은 모든 종교 개혁자들의 주장이었다.[23] 칼빈도 역시 만인제사장설을 옹호하였다. 제사장만이 거룩한 것이 아니라 모든 사람이 하나님 앞에서 사명을 받은 것을 강조하였다. 이는 모든 사람이 그리스도 안에서 제사장, 왕, 선지자로 회복된 사람으로서 하나님의 사명을 받았기 때문이다.

하지만 한 가지 분명히 지적하고 넘어가야 할 사실은, 개신교에서 만인제사장론을 믿고 주장한다고 해서 교회의 목회를 담당하는 목사직을 경솔하게 취급했다고 볼 수 없다는 점이다. 도리어 목사직은 하나님으로부터 주어진 것이기에 성직자 단이나 제도적 국가가 주는 것보다 훨

---

23) Institutes. iii. x. 6.

씬 권위가 있다고 보았다. 저명한 종교 개혁 연구가인 빌헬름 포욱 교수는 개신교의 목사직에 대한 이해를 다음과 같이 힘주어 말한 바 있다. "목사의 권위와 권한은 하나님으로부터 온 것으로 여겨졌다. 목사가 선포하는 것이나 시행하는 것은 자신의 이름으로 하는 것이 아니요, 하나님의 이름으로 하는 것이기 때문이다. 칼빈은 목사직을 조롱하거나 경멸하는 행동에 대해서 만큼은 매우 심각한 공적인 범법으로 취급하였다. 칼빈은 하나님의 질서를 파괴하는 것으로 보았고, 그런 경멸은 모든 제도를 무너뜨리는 시도라고 확신하였다."[24]

칼빈은 '통치'(governance)라는 범주를 설정하여 놓고, 목사직의 일반 목회적 측면과 영적인 측면에 대해서 설명하고 있다. 이 주제는 일반 목회 사역에 대한 칼빈의 교훈이 집중된 부분이다. 즉, 목사 또는 목회자는 하나님의 교회를 '다스리도록'(to govern) 임명된 것이다. 칼빈은 "목사나 박사들이 없다면 교회의 통치는 없는 것이다"고 말했다.[25]

『기독교강요』 제4권 3장은 "교회의 목사들과 박사들"에 관한 교리를 가장 체계적으로 진술한 부분이다.

> 이제 우리는 하나님께서 그의 교회를 통치하도록 의도하신 교회의 직분에 대해서 말하고자 한다. 하나님만이 그의 교회 안에서 다스리시고 지배하시며, 또한 교회 안에서 권위를 가지시고 뛰어나신 분이시다. 그리고 이 권위는 오직 그의 말씀에 의해서만 시행되어야 하고 실시되어야만 한다.[26]

---

24) Wilhelm Pauck, *The Heritage of the Reformation* (Boston: Beacon Press, 1950), 133.
25) Calvin, 에베소서 4:11 주석.
26) Institutes, IV. iii. 1.

여기서 분명한 점은 목사가 가지는 권위의 근거이자 힘써야 할 임무로서 가장 중요한 것은 오직 말씀의 사역에 관한 것이다. 말씀을 시행하는 것은 기본적으로 설교를 통해서 성취된다. 말씀을 선포하고 설교하고 가르치는 것이 목회 사역의 근본이요, 가장 직접적으로 하나님이 맡겨 주신 임무를 수행하는 일이다. 목사의 직분이 하나님의 권위를 위임받아 하나님의 말씀을 집행하는 것이라면, 말씀이 나타나는 또 다른 한 가지는 성례의 집례에서이다.

인류 역사상 당회와 평신도 지도자인 장로의 역할 증대가 칼빈에게서 비롯되었다는 말은 다소 과장되어서는 안 될 것이다. 또한 교회가 실시하는 권징 사역에 대한 시의회의 간섭으로부터 철저한 권한 확보도 칼빈만이 시도한 일은 아니었다. 이웃 도시 바젤에서 일어나고 있던 일만 하더라도 칼빈이 익히 숙지하고 있었고, 참고하였을 가능성이 크다. 1530년도에 벌써 바젤에서는 존경받는 세 사람을 지명하여 각각의 교구별로 교회 사역에 참여하게 하였다. 이 중 두 명은 시의회에서 추천했고 한 명은 주민들의 대표로 선발되어서, 교구 내에서 일어나는 동료 성도들의 생활을 돌아보고 감독하는 일에 목사를 돕게 하였던 것이다. 바젤의 개혁자 외클람파디우스가 창안해 낸 이 방법은 그 의도대로 성공하지 못하였다. 많은 반대와 문제에 직면하였던 것이다. 쯔빙글리와 그의 후계자 불링거의 경우에는 이와 달랐다. 취리히의 시민 가운데서 중대한 잘못이 발견되어 교회에서 출교해야만 한다면 이는 경건하고 건전한 시의 지도자가 통치하는 한, 교회가 권징의 권한을 장악하는 것은 잘못이라고 선언하였다. 따라서 모든 권한을 국가, 시 정부에 속하도록 하였다. 아마도 칼빈이 새로운 교회 권징 제도의 필요성을 강구하기로

하고 그 방법을 정립하면서 모델로 삼았던 것은 바젤이었을 것이다.[27]

시편 찬송

칼빈은 메마른 일반 예배의 갱신을 위하여 시편을 찬송할 것을 제안하였다. 찬송이야말로 마음에 하나님을 향한 열정을 불러일으키는 힘이 있음을 주장하였다. 종교 개혁자들은 거의 전부가 한결같이 시편 찬송을 주장하였고 실행하였다.[28] 1537년 1월 13일 시의회에 제안한 칼빈의 설명은 간절하면서도 단호했다.

> 시편 찬송을 통해 우리는 교황과 그 아류들이 빼앗아버린 선하심과 위로하심을 인식하게 될 것입니다. 그들은 영적인 노래가 되어야 할 시편을 무슨 의미인지 깨닫지도 못하면서 흥얼대고 있을 뿐입니다.[29]

당시 로마 가톨릭교회에서는 라틴어로 찬송을 불러왔기에 일반 성도들은 아무런 의미도 몰랐다. 그래서 칼빈은 이를 거부하고 있다. 젊은 날의 칼빈이 가지고 있던 예배에 대한 생각들은 『기독교강요』의 초판에서 찾아볼 수 있다.[30] 성찬을 매주 시행할 것을 촉구하면서, 이 예식이

---

27) Doumergue, II, 224-227.
28) Hughes Qliphant Old, *The Patristic Roots of Reformed Worship* (Zurich: Theologi-sher Verlag, 1975), 97-100.
29) Herminjard, iv:163. F.L. Battles, *The Piety of John Calvin*, 제5, 6장을 참고할 것.
30) Rodolphe Peter, "Calvin and Liturgy, according to the Institutes," in *John Calvin's Institutes: His Opus Magnum* (Potchefstroom, 1986), 239-265.

진행되는 동안에 찬송을 부르거나 성경을 낭독하도록 권하고 있다.

칼빈이 제네바에서 목사가 된 다음해인 1537년 1월 16일 시의회에서 "제네바에서 예배와 교회의 조직에 관한 조례"(Articles concerning the Organization of the Church and of Worship in Geneva)를 결정한 것이다. 목사들이 지켜야 할 중요한 내용이 담겨 있는데, 성찬은 제네바시 교회를 순서대로 돌아가면서 매주 거행되도록 하고 성도들은 반드시 참여토록 하고 있다.

찬송에 관해서는 사도 바울이 초대 교회에서 시행한 바를 따라서, 마음과 입술로 시편 찬송을 부를 것을 규정하였다. 목사들은 시편 찬송이 하나님을 영화롭게 하며, 기도에 미치는 긍정적인 영향이 크다는 점을 기대하였다. 청중의 찬송을 이끌어 가도록 소수의 자격을 갖춘 어린이들을 선발하였다.

종교 개혁자들은 중세의 시편 찬송가마저도 그대로 받아들일 수 없었다. 쯔빙글리는 예배에서 모든 음악 순서를 제거하였다. 물론 교회당 안에 있던 파이프 오르간마저도 아예 도끼로 찍어서 없애버렸다. 음악의 멜로디가 인간의 감정에 잘못된 영향을 미치기 때문이라고 판단한 것이다. 성상 숭배를 금지시키기 위해 모든 예배당 안에 있던 물건들을 제거하면서 파이프 오르간도 포함시킨 것이다. 이 점에 있어서 칼빈은 쯔빙글리와 아주 달랐다. 오히려 루터의 견해와 같았다.

칼빈은 찬양을 기도의 한 종류로 생각하였다. 특히 일반적인 기도가 소리 내어 말하는 것이라면, 찬양은 다른 곡에 맞추어 부르는 기도라고 생각하였다. 따라서 각별한 주의가 요청된다고 하였다. 루터는 1523년 시편을 소박하고 꾸밈없이 찬송으로 번역하여 사용할 것과, 독일어로

대중과 호흡하는 찬양을 만들라고 격려하였다.[31]

개혁 교회의 시편 찬송을 가장 주도적으로 제작하여 반포하고, 예배에서 정립한 개혁자들은 스트라스부르그에 있었다.[32] 마틴 부써와 볼프강 까뻬또의 지도하에 시편 찬송가가 번역되어 1524년에 발간되었고, 그라이터와 다하스타인 같은 음악가들에 의해서 곡조가 붙여서 열정적으로 불려졌다. 프랑스 초기 개혁자인 제라르 룻셀(Gerard Roussel)이 1525년 12월 스트라스부르그에서 모(Meaux) 지방의 주교에게 보낸 편지는 당시 개신교 성도들의 찬양 모습을 짐작하게 한다.

> 새벽 5시부터 6시, 각 교회에 성도들이 모여서 말씀을 듣고 찬송을 합니다. 7시에 또 한번 그 과정이 반복되고, 8시가 되면 대성당에 모여 히브리어를 이 지방어로 번역한 시편 찬송을 부르면서 설교를 듣게 됩니다. 남녀가 다 함께 부르는 찬송은 듣기에 매우 아름답습니다. 점심을 먹고 난 후 오후 4시에 다시 모여 찬송, 설교, 찬송을 계속합니다. 이때 부르는 두 번의 찬송은 복음의 씨를 받아들이기에 적합한 은총을 구하는 한 번의 찬송과 받은 복음에 대한 감사를 드리는 찬송입니다. 우리 나라 사람들에게도 이런 복음에 대한 정열이

---

31) 루터의 찬송가와 시편 찬송가는 『루터 전집』(*Luther's Work*), 53권에 들어 있다.

32) 칼빈이 1557년 7월 23일 간행된 서문에서 "가장 신실한 교회의 박사 마틴 부써께서 독보적인 학문과 근면과 신실하심으로 주석한 그의 작업에 대해 별로 크게 나의 노력의 필요성을 절감하지 않는다"고 말하고 있다. 따라서 칼빈은 부써의 시편 찬송에서도 크게 영향을 입고 있었다. Constantine Hopf, *Martin Bucer and the English Reformation* (Oxford: Basil Blackwell, 1946), 205ff. G. J. van de Poll, *Martin Bucer's Liturgical Ideas* (Assen, 1954). F. Wendel, *Martin Bucer* (Strasbourg, 1952). R. Gerald Hobbs, "An Introduction to the Psalms Commentary of Martin Bucer," (Thesis, Strassbourg, 1971). G. E. Duffield, "Introduction," in *Martin Bucer, the Psalter of David* (Appelford, Eng.: Sutton Courtenay, 1971), 7ff.

있었으면 하는 바람이 간절합니다.[33]

비록 제네바의 시의회원들의 거부로 세속적인 노래를 금지하자는 파렐과 칼빈의 제안이 1537년에는 실현되지 않았으나, 훗날 이 제안은 좀 더 설득력을 발휘하게 된다. 같은 해 2월 13일 제네바 시의회에 제출한 칼빈과 파렐의 주장은 한결같았다.

우리는 시편이 교회에서 찬송되었으면 하는 것입니다. 고대 교회가 그렇게 하였고, 사도 바울은 회중이 입과 마음으로 찬송하는 것이 아름답다고 증거했습니다. 시편을 찬양하지 않고는 시편을 통해 발견되는 신앙 성장의 내용들을 맛볼 수가 없습니다. 신자들의 기도가 너무 냉랭하여져서 도리어 우리를 수치와 혼란에 빠트리고 있습니다. 시편은 우리 마음을 하나님께로 높이 끌어올리며 찬양을 통해 그의 이름이 영화롭게 되도록 하는 열정을 우리에게 줍니다.

노래를 포함하여 사람들의 문화와 관습은 자주 바뀐다. 오늘의 문화는 더욱 그러하다. 과연 현대의 교회들이 하나님만을 기쁘시게 해 드리려는 일념에서 예배하는 정신을 지켜 나가고자 한다면, 시편 찬송으로 영광을 돌리는 운동이 전 세계 교회에서도 힘차게 일어나야만 한다.

---

33) Herminjard, I:406f.
34) Heminjard, IV:162f.

결혼 문제 담당관

어느 사회에서나 어느 시대에서나 가정 문제를 해결하지 못한 사람들의 불행이 계속되고 있다. 칼빈은 아직 총각이었지만, 결혼 문제에 관련하여 여러 경우를 담당하는 행정관을 임명하도록 하되, 목사들의 협조하에 하나님의 말씀에 합당한지를 자문받도록 하였다. 명실공히 말씀이 지배하는 사회, 하나님의 권위하에서 움직이는 행정 부서가 되도록 칼빈은 소원하였던 것이다. 소위원회와 200인 의회는 이를 약간 수정하여 채택하였다. 아직도 여전히 성찬은 일 년에 네 번 시행되도록 하였고, 결혼 문제에 관해서는 시의 최고 위원회가 설교자들과 목사들이 하나님의 말씀에 따라서 충고하는 것을 참고하여 자체적으로 판단하였다. 그러나 파렐과 칼빈은 제네바의 법 제정에 있어서 그 골격과 근간을 세워 나가고 있었고 그들의 계획에 따라서 한 걸음씩 바뀌고 있었다.

신앙 교육의 의무 이행

낯선 개혁자 칼빈이 가장 큰 반발에 부딪히게 된 것은 그의 철저함에서 비롯된 개혁 신앙 교육이라는 의무 조항 때문이었다. 칼빈은 『기독교강요』의 내용을 중점적으로 요약한 "교리 문답서"를 작성하였다. 맨 먼저 프랑스어로 된 "신앙의 교육"을 1537년 1월 출판하였다. 이것은 특히 자녀들을 교육하도록 준비된 것이다.[35] 이런 문서들에 중점을 둔 것

---

35) Oprea, v:313-363. 영역본으로는 *Instruction in Faith*(1537), tr. and ed. Paul T. Fuhrmann (Philadelphia: Westminster, 1949)이 최초의 것이다. 이 책은 앞에 나온 두 문서와 더불어 초기 제네바에서의 칼빈의 노력과 신념을 보여 주는 아주 중요한 책이다. 칼빈 자신이 매우 중시했던 교훈집이었음에도 불구하고 초판 이후 사라졌다가, 다행히 1877년 파리 국립

은 어떤 신자라 하더라도 꾸준히 양육을 받고 교육을 통해서 자극을 받아야만 신앙을 바르게 유지할 수 있다는 생각에서 나온 것이다. 동시에 칼빈은 긴 문서들보다는 간단하고 쉬운 문장으로 만들어서 개혁 신앙을 이해하기를 원했다. 루터의 최초 요리 문답서가 7년 전에 나왔으므로 이 당시에는 개혁 신앙을 배울 만한 책들이 거의 없었다. 이런 "교리 문답서"는 전체 제네바 시민들을 복음 신앙으로 묶는 아주 중요한 수단이었다.

1537년 2월부터는 제네바 시민들은 모두 신앙고백서와 요리 문답서에 서명할 뿐만 아니라, 새로운 신앙 체계에 의해서 살아가도록 요구받았다. 21개 조항의 신앙고백서를 보면 칼빈의 초기 개혁 사상이 간명하게 담겨 있다. 오늘날까지도 유럽의 개혁 교회와 미국과 영국을 비롯한 세계 대부분의 장로 교회와 회중 교회, 일부 침례 교회에서도 같은 강조점을 유지하고 있다.

칼빈은 이런 신앙 교육을 통해서 일체감과 통일성을 시도하고 있던 것이다. 이런 신앙 고백의 통일을 바탕으로 칼빈은 복잡한 사상들이 뒤섞여 혼미를 거듭하고 있던 제네바의 문제들을 정면으로 돌파하려고 했던 것이다. 이런 개혁자 칼빈의 노력과 열정은 과거에 사로잡혀 있던 일부 극보수주의자들과 더 과격한 개혁을 원하는 진보주의자들을 비롯한 많은 사람들로부터 내외적으로 반발을 사게 되었다. 자신들의 신앙을 누군가 시험하도록 허용하고, 자녀들에게 가르친 결과를 시 당국이

고문서 도서관에서 한 권 발견되었고, A. Rillie과 T. Dufour의 서문과 함께 *Le catechisme francais* (Geneva, 1878)로 출판되었다. 곧 제네바와 독일에서 재판이 인쇄되었다. 이탈리아에서는 1935년에 나왔으나, 영역은 초판 후 무려 500년이 지난 1949년에 이르러서야 출판되었다. 이 교훈집의 라틴어 판은 1538년 3월 바젤에서 출판되었고, "요리 문답"의 영어 번역은 Ford Lewis Battles, *John Calvin: Catechism 1538* (Pittsburgh, 1976)을 참고할 것.

점검한다는 조항에 대해 다수가 동조하였지만, 만만치 않은 반발이 일어났기 때문이다.

삐에르 카롤리와의 논쟁

제네바 시민들에게 새로운 신앙 고백을 강력하게 심어 주고 있던 칼빈과 파렐에게 뜻하지 않은 곤경이 닥쳐왔다. 같은 개혁 진영의 동료였던 삐에르 까롤리(Pierre Caroli)가 삼위일체를 거부하는 이단으로 이 두 사람을 공격하여 도전한 것이다.[36] 만일 이런 사실이 인정된다면, 이제 겨우 제네바시에서 자리를 인정받은 칼빈이나 그를 강력히 추천하여 개혁 작업을 지휘하던 파렐이나 모두 다 심각한 위협에 직면하게 되는 것이다. 대체로 모든 사람들은 칼빈이야말로 가장 성경에 충실한 사람이요, 가장 정통한 신학을 펼치고 있는 권위 있는 '하나님의 말씀'의 해석자로 여기고 있었다. 까롤리의 비난은 칼빈 자신의 인격에 대해서도 강하게 부정적인 영향을 미치게 되어서 심각한 위험을 초래하였다.

까롤리는 칼빈의 생애와 아주 유사한 과정을 거쳐서 스위스에 망명한 사람이었다. 그도 역시 프랑스 파리의 북쪽 지방 출신이요, 파리 대학교에서 수학하였으며, 여기서도 매우 뛰어나고 총명한 인재로 꼽혔다. 개혁 사상에 기울어져 있던 르페브르의 학문에 깊이 감동되어서,

---

36) 이 사건에 대해서는 대부분의 칼빈 전기 작가들이 별로 주목하지 않고 언급하지도 않는다. 그러나 필자는 칼빈의 삼위일체 사상에 매우 중요한 영향을 미친 사건으로 본다. Eduard Bähler, *Pierre Caroli und Johannes Calvin in Jahrbuch für Schwizerische Geschichte*, xxix(1904): 41-167. 이 일에 대한 칼빈 자신의 변론은 Opera, vii:289-340에 나와 있다. Walker, *John Calvin*, 195-202.

이 학파의 일원이던 브리쏘네로부터 배웠다. 그리고 파리에서 성경을 연구하였고, 알렝송(Alencon) 지방에서 목회 일을 맡아서 섬기면서 아무 의미없이 전달하는 로마식의 성례에 대해 회의를 품게 되었다. 1535년 벽보 사건이 터지면서 제네바로 피신하였고, 파렐과 칼빈의 사상에 관해 듣기도 하고 타진하여 보기도 했다. 그때부터 이 두 사람에 대해서 철저히 반감을 가지게 되었다.

그 후로 까롤리는 바젤로 올라왔는데, 이때 칼빈도 바젤에 머물면서 『기독교강요』의 저술에 전념하고 있었다. 1536년 봄, 뇌사뗄의 개혁 교회 담임 목사 지위를 차지하였고, 그 후로부터 제네바 개혁자들과 서로 잘 아는 사이가 되었다. 베른시 당국의 결정에 의해서 그는 이해 11월 로잔의 수석 목사직에 임명된다. 로잔이 개혁 신앙을 받아들이기로 한 뒤로 많은 보수를 주게 되었다. 그러나 까롤리는 로잔의 개혁에 가장 깊은 영향을 미친 삐에르 비레에게는 별로 높은 점수를 주지 않았다. 제네바의 개혁자들은 정작 수고한 비레보다는 그 확고한 신앙에 있어서나, 그 성실한 인격에 있어서나, 훨씬 미치지 못하는 까롤리가 더 높은 대우를 받게 되자 반발하고 있었다. 이런 차에, 까롤리가 옛 로마 가톨릭의 전통에 따라서, 미래의 부활을 획득하는 의미로서 죽은 자들을 위한 기도를 강하게 주장하게 되자 제네바 개혁자들의 반발이 격렬하게 터져 나왔다.

여기서 우리는 당시 프랑스 개혁 사상의 일단을 적나라하게 보게 된다. 칼빈은 이제 확고히 개혁 신앙에 서서 과거의 로마 가톨릭이 지녀온 모든 가르침들을 성경적으로 비판하고 완전히 벗어 던지게 되었으나, 일단의 개혁 사상에 동조하는 미온적인 개혁자들(semi-Protestantism)은 아직도 가톨릭 체제와 교리를 그대로 유지하면서 르페브르처럼 새로운 학문 경향으로만 받아들이고 있었던 것이다. 완전한 개혁이냐, 아니면 일부분만의 수정이냐의 두 갈래 길이 혼재하였다.

칼빈과 절친한 친구이자 고향과 부모를 잃은 그에게 많은 혜택을 주었던 뒤 띠에(Louis du Tillet)의 경우도 당시의 혼돈과 불안한 시대상을 그대로 보여 주는 실례이다. 칼빈의 둘도 없는 친구로서 제네바에까지 동행하면서 개혁 신앙을 나누던 동지였으나, 결국 뒤 띠에는 아무도 모르게 제네바를 떠나서 스트라스 부르그로 갔다가, 다시 로마 가톨릭 진영으로 복귀하였다. 뒤 띠에는 집안의 형들이 모두 프랑스의 남부 지방에서 누리던 혜택을 유지하려 했기 때문에, 감히 혼자서 모든 집안 사람들과 원수를 맺고 과감하게 개혁 운동을 전개하지 못한 것이다. 그는 중도에서 돌아선 것이다. 뒤 띠에는 제네바에서 개혁 교회 사역자로 일하는 것이 합법적인가에 대한 불안한 생각을 칼빈에게 적어 보냈다. 칼빈은 매우 존경하는 마음과 진지한 생각을 담아서, 16세기 종교 개혁이 가야 할 분명하고도 결연한 선택을 강조하면서, 신앙적인 갈등 속에 있던 절친한 친구 뒤 띠에에게 간곡한 호소를 피력한 바 있다. 칼빈이 뒤 띠에에게 보낸 편지에는, "너의 방향 선회에 대한 결정의 이유들을 적어 놓은 편지를 받은 후에 내가 얼마나 놀랐는가에 대해서 굳이 숨기려 하지 않겠다"고 밝히면서 자신의 허탈함을 토로하고 있다. 이 편지에서 소위 초기 종교 개혁 운동의 걸출한 인물들, 마틴 부써와 볼프강 까뻬또 등을 만나서 자문을 받았다는 친구의 편지를 읽고 너무나 안타까웠다. 좀 더 우리 주님이 우리가 이해하고 받아들인 복음이 확실함을 견고히 깨닫게 해 주시기만을 기도한다고 호소하면서, "주님은 어떤 사람들의 도움에 의해서만 공경받지 않으시고, 우리들의 어리석음에 의해서 그분의 몫이 나누어지는 것도 아니고, 전적으로 그분 자신의 뜻에 따라서 섬김을 받으시는 것을 우리가 분명히 이해해야만 할 것이다"라고 했

다.[37]

프랑스 개혁 운동은 이렇게 어려운 여건 속에 있었다. 로마 교회를 지지하는 통치권자는 정치적 계산 때문에 구교회 체제와 그 힘을 유지하려는 것이고, 내일을 분명히 보지 못하는 귀족들이나 부유층이 이에 동조하였다. 단지 학자들과 일부 지도자들이 약간의 동정심을 표시하는 정도였다. 그러나 칼빈이 구체화한 제네바의 개혁 교회는 이를 강하게 확신하여, 시의회가 개혁 신앙을 결의한 데서 큰 차이가 있었다.

어설픈 개혁자 까롤리가 잘못된 교리를 가르친다는 소식이 전해지자, 칼빈은 로잔으로 가서 비레의 도움을 청하고, 이미 베른시에 제기되어 있던 이 문제에 대한 논쟁에 참석하였다. 1537년 2월 17일, 까롤리는 로마 가톨릭에서 가르쳐 온대로 죽은 자에 대한 기도를 강조하다가 이것이 문제시 되고 있는 것을 알아차리고, 돌연히 칼빈은 삼위일체를 부정하는 이단자 아리우스를 따르는 일파(Arianism)라고 공격하였다. 이에 대해 칼빈은 이미 "제네바 요리 문답서" 초판에 나와 있는 삼위일체 하나님에 대한 설명을 근거로 제시하였다.

그러나 까롤리는 아주 극적인 장면으로 몰고 나갔다. 칼빈으로 하여금 고대 교회가 역사적인 문서로 채택한 세 가지 신앙고백서들, 즉, "사도신경", "니케아 신조", "아다나시우스 신경"을 믿는다고 서명해야만 한다고 다그쳤다. 이런 고대 신조에 서명하지 않은 자들은 모두 이 토론장에서 떠나라고 호통을 쳤다. 칼빈은 그런 요구를 묵살하였다. "우리는 오직 한 분 하나님을 섬기기로 맹세하였소이다. 우리는 아다나시우스의 하나님을 섬기는 것이 아니로소이다. 그분의 신조는 참된 교회

---

37) *Calvin's Selected Works*, vol. 4, 60-65.

가 영원히 인정하는 고백서가 될 수 없는 것이요." 이렇게 칼빈이 대답하자, 까롤리는 자신이 내세우는 주장이 설득력이 있음을 알고 의기양양하였다. 기독교 교회가 오랫동안 존경하고 믿어 온 고대의 신경은 거부하면서, 칼빈 자신과 파렐이 만든 "제네바 신조"는 모든 시민들이 받아들이도록 강요하는 것은 모순이요 일관성이 없는 것이라고 공격하였다. 이런 표면상의 이유로 한동안 칼빈과 파렐에 대한 근거 없는 모함은 그럴듯하게 받아들여졌다.

초대 교회 신앙고백서들에 대한 서명을 거부하는 칼빈의 주장은 다소 생소한 모습임에는 틀림없을 것이다. 16세기라는 특수한 유럽의 상황에 대해 먼저 폭넓은 인식이 있어야만 이해가 될 수 있다. 칼빈이 이 시대에 가진 확신은, 모든 교리와 신앙 고백이 의지해야 할 최종 권위는 오직 성경에 있어야만 한다는 것이다. 칼빈에게 있어서 새로 만들어진 "제네바 신앙고백서"는 '하나님의 말씀'에서 나온 것이기 때문에 참된 진리라고 확신하였다. 동일한 권위를 아다나시우스의 신조에 부여하는 것은 곤란하다고 판단했고, 특히 이런 신조들이 최종 권위로 군림하는 것도 부당하다고 생각하였다. 누구보다도 초대 교회 시대의 고전들에 정통한 칼빈이, 앞서 지적한 대로 그의 빈틈없는 학문적 능력으로 거의 대부분의 고전들을 섭렵한 사람으로서 이런 확신을 가졌다는 점을 주목할 필요가 있다.

칼빈이 초대 교회로부터 내려온 상징적인 이들 세 가지 신조들을 거부한 또 다른 매우 중요한 이유는 인문주의적 감각에 기인하고 있다. 휴머니즘의 경향을 좇아서 새로운 역사 비평적인 학문의 경향은 칼빈으로 하여금 그저 고전을 무조건적으로 반복만 하고 있던 구태의연한 방식에 동조할 수 없게 만들었다. 이 점은 루터에게서도 여러 조류의 학문이 교차하였는데, 구파(Via Antiquia)와 신파(Via Moderna), 그리고 그 변용인 어거스틴주의, 자신이 새롭게 이해한 십자가의 신학 등이다.[38] 칼빈은 누구보다도 이런 조류를 잘 이해하고 있었다. 따라서 그는 보다 확실하고 철저하게 성경 중심의 사상에 확고히 서 있었다.

까롤리의 주장이 전혀 근거가 없다는 점은 칼빈이나 파렐의 현존하는 모든 글을 조사하여 볼 때 명백하다. 칼빈은 1536년 출판된 『기독교 강요』에서 '삼위일체'라는 말을 사용하기에 주저하지 않았다. 이런 표현이 성경에 없지만, 하나님의 존재 방식을 설명하는 오래된 초대 교회의 용어임을 알기에 주저 없이 사용한 것이다.

로잔에서 벌어진 사건은 여전히 꼬리를 물고 번져갔다. 까롤리의 로마 가톨릭적인 잔재, 즉, 죽은 자들을 위해 기도하는 가르침은 이제 베른으로 옮겨졌다. 여기서도 문제가 되어 2월 28일과 3월 1일 계속 회의가 속개되었다. 베른 교회의 당회는 모든 당사자들을 소집하였다. 격정에 매우 휩싸인 파렐의 긴 연설에 이어, 칼빈도 자신을 변호하였다. 비레는 베른 교회의 목사들을 격려하면서 총회를 소집해 줄 것을 요청하였다. 이들은 사실 모두 외국인들이자 프랑스인들이었다. 따라서 3월 14일 로잔에서 다시 소집된 베른 지역의 개신교 총회에는 프랑스 출신

---

38) 루터에게 영향을 끼친 많은 사상들 가운데서 신파의 사상과 그 변용인 어거스틴 스콜라주의, 자신이 발견한 십자가의 그리스도 등을 들 수 있다. 신파의 사상은 유명론(nominalism)을 주장한 William of Ockham에서 비롯되어, Pierre d'Ailly, Robert Holcot, 그리고 Gabriel Biel에 이르는 14세기와 15세기 동안 펠라기우스의 인간 행위론으로 기울자, 루터는 스승 스타우핏츠를 통해서 점차 은총과 은혜를 강조하는 신파 어거스틴주의(Schola Augustiniana Moderna)에 감화를 받아서 새로운 믿음을 얻게 된다. 물론 다른 학자들의 영향을 입었다고 하더라도, 루터 자신이 성경에서 발견한 십자가의 신학을 소홀히 볼 수 없다. 학계에서는 루터의 종교 개혁은 이미 그 이전에 내재해 내려오던 어거스틴 신파의 사상이 루터의 마음속에 지속적으로 전해진 것이라고 보는 Obermannd의 견해와, 중세 말기와는 전혀 다른 신학, 즉, 성경에서 발견한 새로운 십자가 신학이 핵심이라고 보는 맥그라스의 견해가 팽팽하게 맞서 있다. A. McGrath, *Intellectual Origins of the European Reformation*, 86-93. Heiko A. Obermann, *Masters of the Reformation: The Emergence of a New Intellectual Climate in Europe* (Cambridge: Cambridge Universtiy Press, 1981), 64-110.

목회자 100여 명과 지방 행정부의 당국자들이 참석한 가운데 거대한 총회가 열렸다. 파렐과 칼빈, 그리고 동료이자 소경인 꾸롤(Elie Coraud 또는 Caurault)도 참석하였다.

제네바 개혁자들은 매우 격렬하고도 확고하게 까롤리의 사상이 여전히 반개혁적이며, 자신들을 아리안주의자라고 모함하는 것은 근거가 없음을 논박하였다. 칼빈은 베른에서와 마찬가지로 혼신의 힘을 쏟아 변호하였다. 결과는 제네바 개혁자들의 승리로 돌아갔다. 칼빈을 비롯한 제네바 개혁자들이 정통이라고 판결한 총회는 까롤리의 목회권을 박탈하였다. 심지어 이들 논쟁에서 감동을 받은 끌로드 알리오디(Claude Aliodi)라는 목사가 일어나서 자신의 아리안주의를 회개한다고 발표하였다.

이런 공적인 토론은 독일어권 목사들을 위해서 그 해 5월 31일 다시 한 번 더 베른에서 소집되었다. 베른시의 200인 의회가 참여한 이 모임에서 파렐은 까롤리의 부도덕한 개인 생활을 폭로하였고, 역시 베른 지역에서도 까롤리의 설교와 목회 사역이 금지되었다. 이 회의에서도 역시 제네바의 개혁자들이 정통 신앙의 계승자들임을 확인하였다. 이에 까롤리는 황급히 프랑스로 돌아가버렸고, 로마 가톨릭에 복귀하였다. 그 후로 그는 1539년에 한 차례 개신교 진영에 참여했다가, 1543년에는 다시 완전히 옛 교단으로 복귀하였다. 그의 생애는 확신 없는 진리 속에서 오락가락하며 미련과 회의 속에 보낸 것이다.

칼빈과 파렐이 위기를 넘기게 된 것은 무척 다행한 일이다. 그의 반대자들이 워낙 부도덕한 생활을 하고 있었기에 전혀 근거 없는 모함이 받아들여지지 않았던 것이다. 그러나 공적인 신뢰도에는 상당히 타격을 입었다. 베른, 바젤, 취리히, 심지어 스트라스부르그나 멜랑톤마저도 이들 제네바 개혁자들이 아리안주의자들이라는 모함을 받았다는 사실을 완전히 이해하기까지는 상당한 시간이 필요하였다.

뼈아픈 실패

외부에서 날아온 근거 없는 모함으로 고통과 불안한 시간, 잦은 여행으로 피곤하던 제네바의 개혁자들에게 내부로부터도 점차 도전과 반발이 거세게 일어났다. 1537년 3월 칼빈은 네덜란드에서 온 2명의 재세례파 교도들의 공개 도전을 받는데, 제네바의 개혁자들이 바른 말씀에 서 있지 않다고 이들이 공격하였다. 시의회는 그 당시에 뮌스터에서 벌어진 재세례파들에 관한 일련의 사건들이 아직도 영향을 미치고 있다고 판단하였다. 3월 16일과 17일 양일간에 벌어진 토론에서 이들의 추방이 결정되었고, 이어서 죽음에 이르는 고통이 가해졌다. 이렇게 신앙의 차이만으로 형벌을 가하는 법은 오늘날의 사람들에게는 이해하기 어려운 일이며, 잔인하게 여겨질 뿐만 아니라, 이런 일에 대해서 칼빈을 비난하고 있기도 하다.

오늘의 안목에서 볼 때 이런 인권 탄압은 분명히 잘못된 것이다. 로마 가톨릭이나 개신교 측이나 모두 잘못을 범했다. 그러나 휴머니즘의 안목에서 무작정 비난할 일이 아니라, 16세기라는 특수한 시대적 한계와 상황을 이해해야만 한다. 이미 1533년부터 급속히 확대되어 온 뮌스터 시의 재세례파 교도들이 1535년 6월 25일 로마 가톨릭의 군대에 의해 진압될 때까지 재세례파의 소동으로 유럽 전역은 큰 혼란과 충격을 받았다. 이미 재세례파의 우두머리들은 사형에, 주모자들은 철탑에 높이 매달아 굶겨서 죽였다.³⁹ 재세례파는 네덜란드를 비롯하여, 라인강의 남부 지방을 따라서 산간 지방에 번져 갔으며, 스트라스부르그, 알프스 산지와 모라비아 지방, 프리시아와 티롤, 그리고 취리히 등지에 널리 퍼져 있었다. 이들에 대한 부정적인 여론과 단호한 응징은 유럽의 곳곳에서 벌어졌다.

제네바 내부로부터 새로운 개혁 정책, 즉, 200인 의회가 채택한 "제네바 신앙고백서"만을 지켜야 한다는 철저한 명령은 곳곳에서 많은 반대와 문제에 부딪혔다. 교회법의 엄격함을 느끼던 사람들이 반발하게 된 것이다.

개혁자들을 지지하던 경건하고 확신에 찬 시장 아미 포랄(Ami Porral)을 비롯하여, 미셸 셋(Michel Sept), 장 꿔르떼(Jean Curtet), 장 굴라(Jean Goulaz) 등은 신앙적인 개혁의 필요성을 절실히 느끼고 지지하였다. 1537년 2월의 선거에서는 꿔르떼, 장 굴라, 클로드 뻬르땅(Claude Pertemps), 그리고 뻬르넷 데포스(Pernet Desfosses)가 시의회의 최고 위원으로 선출되었다. 이들은 모두 칼빈과 파렐에 우호적인 인사들이었다. 1537년 3월 13일, 칼빈과 파렐의 요청을 받아들여서 소위원회가 "제네바 신앙고백서"를 채택하였다. 그러나 집행은 이 신앙고백서가 인쇄되어서 배포되고 난 후인 4월 말에서야 겨우 이뤄졌다.

칼빈과 파렐은 한걸음 더 나아가 7월 29일, 200인 의회가 시의 지역 관리들로 하여금 각기 동네의 시민들을 그룹으로, 성 베드로 대성당으

---

39) 뮌스터 그룹에 대한 객관적인 기록으로는 George Huntston Williams, *The Radical Reformation* (Kirksvill: Sixteenth Century Essays & Studies, 1992), 561-588을 볼 것. 재세례파 쪽에서 서술한 것을 참고할 것. James M. Stayer, "Melchior Hoffmann and the Sword," *Mennonite Quarterly Review*, 45(1971), 265-277. Idem, "The Munsterite Rationalization of Bernhard Rothmann," *Journal of the History of Ideas* 28(1967), 179-192.

로 데려오도록 명령하였고, 이제 시민들은 모두 다 이 신앙 고백에 찬성한다는 서명을 하게 하였다. 9월 19일 대부분이 서명을 마친 것으로 집계되었으나 아직 거부하는 사람들도 많았다. 시의회는 그들이 여전히 신앙 고백에 서명하는 것을 거부한다면, 제네바시를 떠나서 다른 도시에서 살도록 권고하였다. 11월 12일 소위원회는 좀 더 강력하게 이런 요구를 결정하였고, 삼 일 후에는 200인 의회도 다시 한 번 가결하였다.[40]

그러나 크나큰 위기가 닥쳐왔다. 칼빈의 지지자이자 시의회 최고 위원이던 아미 퀴르떼가 이 새로운 신앙 고백을 어긴 죄목으로 징계를 받는가 하면, 역시 존경받던 시의원 마띠외 만리히(Matthieu Manlich)가 가면 무도회를 개최하여 교회당 앞에서 무릎을 꿇고 공개적인 참회를 해야만 되었다. 시의 중요한 지도자 중에 한 명이던 보니바르(Bonivard) 같은 사람은 호색한으로 징계를 받았다. 따라서 칼빈과 파렐 진영의 사람들에게 심각한 권위의 손상이 초래되었다. 방종과 타락으로 밤낮을 보내던 일부 귀족들은 엄격한 교회의 통제에 제지를 당해 자신들의 추행이 자꾸 노출되는 것에 대해서 불만을 갖게 되었다. 그러나 일반 시민들은 여태까지 보지 못하던 정의의 실현을 만족한 듯 바라보았다. 자신의 지위만을 믿고 안하무인격으로 범법을 자행하던 자들이 공개 형벌을 받는 것을 지켜보면서 시민들은 흡족하였던 것이다.

도박장을 소유하던 사람은 카드로 목걸이를 만들어서 목에 걸고 한 시간 동안 손과 발에 족쇄가 채워진 채 공개적인 모욕을 당해야만 하였다. 증인 선서를 하고도 위증을 한 사람은 손이 묶인 채 사다리 위에 매달려 있어야만 했다. 간음한 남녀는 묶은 채 시가지를 끌고 다녔고, 자

---

40) *Registers of the Council*, xxx, 189-229. xxxi, 30-100.

식들을 학교에 보내지 않은 부모는 벌금을 내야만 했다.

일부 시민들도 점차 불만 세력으로 돌아섰다. 제네바의 시민들은 더 이상 다른 시민을 조롱하는 노래를 불러서는 안 되고, 밤 아홉시 이후에는 등불 없이 시가지를 돌아다니면 안 된다는 조례가 선포되었다. 모든 사람들이 얼굴을 기억해서 소란과 논쟁을 금하고 방탕한 생활을 방지하려는 의도에서였다. 이 모든 것을 어기는 사람에게는 빵과 물만 주어서 성 내의 탑 속에 가두어 버렸다. 초범은 3일의 구류, 재범은 6일, 그리고 세 번째의 범법자는 9일간의 구류에 처했다. 술잔치를 좋아하던 방임주의자들은 밤의 향락을 즐길 곳이 없어서 이젠 갈데없는 꼴이 되고 말았다.

젊은 날의 칼빈은 너무나 목표 지향적으로 치닫고 있었다. 젊은이의 장점이란 이런 지칠줄 모르는 패기와 타협하지 않는 추진력이다. 그러나 겉으로 말하지 않을 뿐, 다수 시민들은 지난날의 잘못된 습관에서 벗어나기가 싫었고, 이렇게 자신들을 엄벌하는 교회의 권세에 대한 저항감이 팽배해 있었다. 일상생활에서 시민들의 도덕 수준을 갱신한다는 것은 난해한 일이 아닐 수 없었다. 이런 일이 지상의 어떤 도시에서 시도된 적이 있었던가? 굳어 있는 신앙을 새로이 수정한다는 것은, 이미 다 성장한 어른의 행동을 고치는 일보다 훨씬 더 어려운 일이었다. 제네바의 개혁자들은 용수철처럼 누르면 솟아올라 오는 악의 세력들의 선동과 음모를 과소평가하고 있었던 것이다.

좋은 일에도 반대파가 생겨나는 것은 피할 수 없는 일이다. 제네바에서도 한창 추진되는 새 물결, 새 신앙 운동을 거부하는 세력들이 숨어서 기다리고 있었다. 자유주의자들, 재세례파들, 로마 교회를 추종하던 자들이 그들이었다. 특히 제네바 교회의 목사들이 대부분 프랑스 난민 출신이라는 사실에 적개심을 가지고 있던 이 지역 토박이들의 불만은 만만치가 않았다. 개혁자들은 자신들이 이방인이라는 사실을 가볍게 넘기고 있었다. 기득권 세력은 어디에서나 그 권리를 쉽게 넘기지 않으려 한다는 점을 간과한 것이다. 이들 토박이들은 베른의 개신교회 체제를 모방하고 싶었다. 그곳에서는 시 정부가 교회를 지배하고 있었기에 그곳의 목사들은 시 정부에 대해서 아무런 요청을 할 수 없었다. 그러나 제네바시는 독립된 교회의 권한 강화로 인해서 신앙과 관련된 문제를 칼빈의 지도력에 끌려가고 있다고 생각하니 분통이 터질 노릇이었다. 겨우 로마의 지배에서 벗어나서 한숨을 돌리려던 찰나에 새로운 권위가 자신들을 지배한다고 생각하니 또 다른 독재라고 판단한 것이다. 이런 일파의 지도자들은 장 필립(Jean Philippe), 끌로드 리사르뎃(Claude Richardet), 아미 드 샤뽀루쥬 (Ami de Chapeaurouge), 장 룰렝(Jean Lullin), 그리고 삐에르 방델(Pierre Vandel) 등이다.

이미 귀족 정치 체제를 유지해 오던 관행이 있었기에 반대당의 출현은 불가피했다. 앞에서 설명한 바와 같이 200인 의회는 16인의 소위원회를 선출한다. 소위원회는 역시 200인 의회를 인정해 주었다. 이런 양측의 협조는 귀족 중심의 폐쇄된 상류층을 형성하고 있었다. 일반 시민들은 4인의 최고 집행 관료들을 선출하는데, 제네바시의 4개 구역 중 하나의 시장을 각각 맡게 되고, 소위원회의 평의원이 되며, 한 명은 시의 재무관이 된다. 이들은 소위원회의 집행부를 구성하게 된다. 1538년 2월 3일, 연례 선거에서 시민들은 의회를 바꿔 보려는 귀족들의 흐름에 동조하여, 칼빈을 지지하던 세력을 약화시키는 일대 반란을 지지하였다. 시민들이 직접 선출한 4명은 앞에 언급한 반대파의 지도자들이었고, 이들 가운데 새로운 시장이 선출되었다. 심지어 아미 포랄마저 모든 직책을 내놓아야 했다.

이때 정치적으로 복잡한 외적인 문제가 제네바 시의회를 자극하였다. 프랑스 왕 프랑수와 1세는 스위스 제네바에 프랑스인이 많이 피신해 있으며, 이웃 스위스 지역 도시와는 전혀 다른 것을 알고, 제네바를 프랑스 제국에 합병시키고자 사신들을 파송하였다. 아예 제네바를 베른주와의 동맹에서 분리시켜 보려는 속셈이었다. 이에 대해 제네바에 대한 우위권을 행사해 오던 베른주 당국이 간섭하기 시작하였다. 베른주의 당국자들은 제네바 교회의 위험성을 염려해 오고 있었다. 200인 의회는 즉각 정치적인 문제를 설교자들이 강단에서 가르치지 말고, 오직 하나님이 명령하신 대로 복음만을 설교하라는 금지 조항을 결정하였다. 이것은 교회가 지닌 설교권에 대한 직접적인 제재 조치였다. 이를 제네바의 설교자들이 거부하게 되자, 한걸음 더 나아가 제네바시는 "베른주의 규칙에 따라서 하나님의 말씀하에 살아갈 것"이라고 결정하였다.[41]

베른주의 개혁자들은 로마 가톨릭의 규칙들을 한꺼번에 전부 바꾸는 조치를 취하지 않고 있었다. 성찬에서 누룩 없는 빵을 사용할 것, 전통적인 교회 축제일을 지킬 것, 자신들의 세례를 기념해서 성수반(聖水盤)을 사용할 것 등을 베른주 당국에서 제네바시의 목사들에게 요청하였다. 지역적 통일을 기한다는 명분으로 간섭하려는 것이다. 이런 명령들은 이미 제네바 교회가 수정해 버린 안건들이었다. 베른주에서는 제네바처럼 저돌적인 개혁 정책을 추진하지 않았다. 예배 방식이나, 절차가 아직도 전통적인 것을 따르고 있었다. 파렐은 교회가 지켜야 할 축일은 오직 주일밖에 없다고 생각하였다. 파렐은 공휴일 제도를 폐지하도록 촉구하였다. 4개의 공휴일, 즉, 성탄절, 수태고지 축일, 부활절, 성령

---

41) *Registers of the Counsil*, xxxii, 3.

강림절(혹 어떤 학자들은 신년을 넣기도 한다) 등 전통적으로 축일을 지켜오던 가톨릭 지배하에서의 휴일 제도를 제네바에서는 완전히 폐지시켰다. 더구나 아무 의미 없는 무교병의 전통을 지켜야 한다고 생각하지 않았고, 결혼식의 화려한 성장도 폐지해야 한다고 결정한 바 있었다.

반대파들은 즉각 칼빈과 파렐을 곤경에 빠트릴 수 있도록, 베른주의 간섭을 찬성하면서 개정안을 받아들이도록 의회에서 결정하였다. 설교자들을 조롱하는 소책자들이 배포되었고, 개혁자들을 괴롭히는 일들이 여기저기서 일어났으니, 성찬을 조롱하며 야비한 노래를 불러 댔다. 이런 불안한 시간들은 1537년 12월에서 1538년 4월까지로, 제네바시의 개혁자들과 베른주의 당국 간의 공방이 이어졌다.[42]

교회의 문제들을 세상의 정부가 간섭해서는 안 된다고 생각하던 개혁자들은 즉각 반발하였다. 이 두 사람 모두 다 베른주의 누룩 없는 빵을 사용해야만 한다는 규칙은 도무지 그 자체가 잘못된 것이라는 확신 때문이었다. 개혁자들은 베른주가 요청한 방식대로 거행하는 성찬을 다가오는 부활절에 시행할 수 없다고 선포하였다. 한걸음 더 나아가, 성찬에 대한 의회원 간의 무질서한 언동, 서로 간의 반목, 성찬을 조롱하는 사람들의 불신앙적인 행동이 난무하고, 이들이 분노마저 품고 있는 자들이라면 성찬은 무의미하다고 칼빈과 파렐은 주장하였다. 시의 관리들이 칼빈과 파렐을 찾아와서 양보하라고 요청하였으나, 완고한 입장을 굽히지 않았다.

시의회는 완고하고 시끄러운 설교자들은 더이상 제네바에서 설교할 수 없다고 결정하였다. 제네바 시민들은, 개혁자들에 대한 반대파들이

---

42) Cornelius Augustijn, "Farel und Calvin in Bern 1537-38," in *Calvin in Kontext der Schweizer Reformation*, ed. Peter Opitz (Zurich: Theologischer Verlag, 2003), 11-13.

거리를 몰려 다니며 돌멩이를 던지고 욕설을 퍼붓고 총을 쏘아대는, 혼란의 밤을 보내며 공포에 떨었다. 늙은 소경 꾸롤은 자신의 분노를 공적으로 표현한 일로 인해서 감금되었다.

1538년 부활주일, 설교 금지 명령을 받은 칼빈은 점점 지지자들이 떨어지고, 대다수 흥분된 반대파들이 일촉즉발의 긴장감 속에 운집해 있던 성 베드로 성당의 강단에 올라가서 설교하였고, 파렐은 성 제르베 교회에서 설교하였다. 칼빈은 명료하고도 확신에 찬 말씀을 증거하였다. 칼빈의 말투는 너무나 온건하고도 신사적이었고 아무도 자극하지 않았다. 다만 무엇을 잘못 판단하고 있는지를 정확하게 지적하고 '평화, 단결, 그리고 침착'을 호소하였다.

> 우리가 주님의 성만찬을 시행하지 않는 것은 결코 누룩이 있는 빵 먹을 것이냐, 아니면 누룩 없는 빵을 먹을 것이냐의 문제가 아니라는 점을 우리는 증명하였습니다. 소요와 복음에 저항하는 반항과 여러분들 가운데 팽배해 있는 신성 모독을 생각해 보시기 바랍니다. 하나님의 말씀과 주님의 성만찬에 반대하는 여러 종류의 반항들을 생각해 보시기 바랍니다.

칼빈을 해하려 모여들었던 사람들조차 정곡을 찌르는 칼빈의 설교를 듣고 소란을 포기하였다. 다행히 목사관으로 돌아가는 길에 봉변을 당하지 않았다.

그러나 오후에 칼빈이 프랑수와 교회에서 설교할 때에는 더 흥분에 들뜬 무리들이 칼을 들고 신변을 위협하자 신실한 사람들이 그를 보호하여 집으로 귀가 시켜야만 하는 험악한 상황이 일어났다. 격분한 소위원회, 200인 의회, 시 당국의 다수당은 4월 23일로부터 3일 이내에 파렐, 칼빈, 꾸롤 모두 다 제네바를 떠나야 한다고 결정하였다. 심한 극형을 처하자는 일부 과격파를 무마한 타협안으로 그나마 목숨을 부지한 것만으로도 다행이었다. 이 추방 결정을 통고받은 후, 칼빈이 보낸 대답 속에서 아직도 생생하게 살아 있는 개혁자의 정신을 볼 수 있다. 다음과 같이 제네바시 의회록은 증언하고 있다.

자, 이제야 올 것이 왔구나! 만일 우리가 사람을 섬겼다면, 우리는 정말 잘못된 대우를 받은 것이지만, 우리가 위대하신 하나님을 섬겼으므로 그분이 우리에게 보답해 주실 것이다.[43]

파렐과 함께 베른주 당국을 방문한 칼빈은 모든 문제의 해결을 위해서 설득하려고 동분서주하였다. 베른주 당국의 외적인 교회 규칙 통일에 대한 압력과 제네바 시의회 내의 반대파들이 양면에서 공세해 오자 스위스 전역의 개혁 교회가 모이는 총회의 결정이 나올 때까지는 수정할 수 없다고 저항하였다. 칼빈은 취리히에 다음과 같은 호소의 편지를 보냈다.

내가 신실한 동역자 파렐과 함께 이 교회의 방향을 지도하는 임무를 수행한 이후, 나는 신실하게 그 교회를 보전할 만한 모든 방법들을 찾아 노력했습니다. 내가 떠맡은 짐이 무겁게 나를 짓눌렀으나, 나는 어떻게 하면 여기서 벗어날 것인가에 대해서는 한 번도 생각한 적이 없습니다. 나는 하나님께서 나 자신을 이 직분에 세워주셨다고

---

43) *Registers of the Counsil*, xxxii, 36. Opera, xxi:226-267.

생각하고 감히 그것을 벗어버리고자 하는 생각은 가져본 일이 없습니다. 내가 말하고자 하는 것은 불행한 일의 지극히 사소한 일들만을 여러분들께 알리려는 것이겠습니까? 지난 일 년간 나를 짓눌렀던 역경들을 말씀드린다면 여러분은 아무도 믿지 않으려 할 것입니다. 나는 하루에도 열 번씩 죽음을 동경하면서 보내야만 했음을 분명히 말씀드립니다.[44]

4월 28일 취리히에서 긴급히 소집된 개신교 총회는 각 지역 교회의 자유를 어느 정도 인정하고 보장할 것인가, 베른주의 성찬식 통일 규정이 과연 정당한 것인가, 제네바시의 교회 개혁 프로그램이 합당한 것인가를 논의하였다. 이 회의에는 취리히, 바젤, 베른, 샤펜하우젠, 골, 그 밖의 스위스 개신교 지역의 대표들이 총망라되었다. 이 회의는 제네바의 입장과 베른의 입장을 모두 인정하는 결정을 내렸다. 그러나 이미 칼빈은 제네바로부터 추방을 당한 후였다.

사람의 일이 항상 현명하고 능란한 전략 전술을 겸비할 수는 없다. 모든 인간은 불완전하기 때문이다. 첫번 제네바 사역의 실패를 놓고서 칼빈의 실패에 대해서 그의 과도한 성격이 원인이라고 볼 수는 없다. 오히려 문제는 정치적인 데서부터 왔다. 단지 준비가 아직 안된 시민들의 의식 수준을 이해하고 천천히 개혁을 추진했더라면, 그리고 완전한 효과를 나타내기 위한 좋은 원리들이지만 좀 더 정치적인 기술도 가미되었더라면 이렇게 극단의 결말을 초래하지는 않았을 것이다. 그의 방법

---

44) Paul Henry, *Das Leben Johannes Calvins* (Hamburg, 1838), I, appendix, 81. 이와 유사한 내용이 칼빈이 제네바에서 추방당한 뒤에 잠시 베른에 머물던 중, 1536년 5월 20일 불링거에게 보낸 편지에 담겨 있음. *Calvin's Selected Works*, iv, 69.

론에 대한 어떤 평가를 성급하게 내리기에 앞서서, 칼빈이 짧은 기간 안에 제네바 교회의 질서를 정비하고 훈련시키고 기독 신자들이 사는 도시로 가꾸기 위해 쌓은 엄청난 업적을 과소평가하거나 무시해서는 안 된다. 개신교 도시가 자치적으로 이 만큼의 업적을 이룩한 역사가 없기 때문이다.

두 가지 측면에서 초기 제네바 사역의 실패를 분석해 볼 수 있다. 아직 칼빈은 경험이 부족하였고, 로마 가톨릭 전통의 잔재가 현저히 남아 있던 제네바 시민들의 의식 수준을 세계의 흐름 속에서 전체적으로 조망해 보기에는 미숙한 개혁자였다. 중세기 천 년간을 지배해 온 성찬 관행을 한 번에 바꾸어 놓는 등, 급격한 변화를 아무런 잡음 없이 완숙하게 처리하기에는 그의 연륜이 너무 부족하였고 동시에 그가 짊어지고 해결해야 할 짐은 매우 크고 복잡하였다. 제네바시의 정치, 경제, 신앙의 욕구를 한꺼번에 갱신하려 하니 엄청난 저항과 거부 세력이 나타난 것이다.

다른 한편으로는, 칼빈은 적당히 타협에 넘어가지 않고 오직 하나님의 말씀에 대한 확신으로 가득 차 있었기에 실패는 당연하게 보여진다. 개혁자 칼빈은 하나님의 말씀에 목숨을 걸고 순종하고자 했으며, 이 최종의 권위는 인간의 관행을 변혁시킬 수 있으리라 확신하였기에 크나큰 변화를 일으키고자 했다. 성경 말씀에 따른 발상의 전환, 마치 코페르니쿠스와 같은 세계관의 대변화를 확신하였다. 개혁 신앙이 참된 권위의 기초인 성경에서 오는 것이라면, 그는 확신과 신념을 포기하느니 죽음을 택하는 용기를 지니고 있었다. 이것은 오직 나이가 젊다고 가능한 것이 아니다. 파렐의 나이는 이미 50세에 다다르고 있었으나 그는 확신과 울분을 토하는 개혁자였다. 칼빈은 이전에 소극적이고 수줍어하던 성격과는 달리 그는 복음 신앙 위에 확고히 서서 말씀을 사수한 것이다.

CHAPTER 09

개혁자의 성숙과 발전

　한 사람의 청년이 원숙한 사고와 남을 배려하는 관대함을 갖추기까지는 적지 않은 시간과 고통스런 경험이 뒤따른다. 성숙기의 인간이 이런 고통 없이 성인으로 성장할 수 있다면 좋으련만, 사람의 감정과 생각에 내재해 있는 미련스러움으로 인해서 후회할 일들을 자주 만들어 내고, 쓰라린 고통을 자초하는 것이다. 그런데 사람이라면 누구든지 고난과 수치의 세월을 후회하게 되건만, 그 아픔을 승화시켜서 깊이 있는 인격의 성숙을 꾀하는 것은 그리 쉽지 않다. 결코 아무에게나 찾아오는 것이 아니다. 아주 예외적으로 소수의 사람들만이 자신을 재발견하고 돌이키게 된다.

　이제 스물아홉 살의 나이에 이른 청년 칼빈은 제네바에서 좌절을 경험한 후에, 인간 관계와 개신교 교회의 운영 전반에 대해 원만한 판단력을 갖추게 된다. 사람은 하루 아침에 위대한 생각을 전부 다 터득할 수는 없는 법이다. 이 세상을 살아가는 지혜를 얻는 것은 한순간에 다 완성되는 것이 아니다. 영혼과 정신의 풍부함과 사려 깊음은 많은 경험과 시간의 흐름 속에서 부딪치면서 동시에 육체적인 성숙과 함께 찾아오는 것이다. 패배를 맛본 후에 칼빈은 다시 바젤에서 조용히 지내고자 했다.

> 나는 주님이 내게 대해서 무엇을 원하시는지 기다리면서 바젤에 은거할 생각이다. 그 이유는 내가 이 도시 사람들에게서 손님으로 환대받지 못하고 있기 때문이 아니다. 나는 무엇보다도 내가 처하였던 곤경을 생각할 때 이제 벗어버리게 된 짐을 다시 짊어지기가 두렵다. 나를 감싸고 계신 하나님의 부르심을 느끼고 내가 그 안에서 위안을 받았지만, 이제 그와 반대로 내 자신이 견디기 어렵다는 것을 알면서도 짐을 다시 짊어진다면 다시 하나님을 시험하는 것이 되지 않을까 두렵다.[1]

아마도 이 당시 칼빈은 두려움도 느꼈고 지치기도 했을 것이다. 그러나 조용히 쉬고 싶다는 꿈을 다시 한 번 접어야만 했다. 그에게는 그 당시에 자신을 필요로 하는 사람들이 너무나 많이 기다리고 있었기 때문이다.

스트라스부르그에서 칼빈은 폭넓게 목회 실제를 이해하게 되었고, 비교적 적은 회중이 모이던 프랑스 난민 교회에서 생활하면서 설교자로서 인간에 대해서도 안목을 갖추게 된다. 칼빈의 일생 중에서 가장 완숙한 성숙기는 스트라스부르그에서 지낸 3년간이다. 칼빈은 이 시기에 학문적으로나 목회적으로나 인간적인 면에서나 깊은 통찰력과 넓은 시야로 바라볼 수 있게 다듬어졌다. 또한 여러 번의 여행에서 단연 뛰어난 학문적인 식견을 발표함으로써 종교 개혁자들 사이에서 주목을 받는 존

---

1) CO Xb:221. Doumergue, *Jean Calvin*, vol. ii, 295ff.

재로 급부상하였다.

종종 청중의 태도에 따라서 목회자는 자신이 추구해야 할 방향을 깨닫게 된다. 스트라스부르그에 사는 프랑스어를 사용하는 회중들은 피난민이요, 개신교의 정신으로 뭉쳐진 공동체로서 칼빈의 설교와 목회에서 감화를 입고, 하나님의 말씀으로부터 오는 교회의 개혁들을 착실히 나타내었다. 특히, 제네바의 청중들과는 달리 칼빈의 목회 활동 전반에 대해서 마음을 열고 받아들였다. 칼빈 역시 자신이 가지고 있는 최선의 노력과 지식과 경건을 다해서 자신이 확신한 바 성도의 교화를 위해서 힘써 권징을 적용하여 나갔다.

화해자 부써와의 만남

사람은 일생을 통해서 누구를 만나느냐가 정말 중요하다. 인생의 성공과 실패가 좌우되기 때문이다. 믿음을 가진 신실한 부모님의 영향을 기초로 해서, 좋은 친구나 훌륭한 선생님이나 자신의 종교적인 고민을 나누고 지도받을 수 있는 분을 만나는 것은 형통하는 삶의 필요조건이다. 19세기의 저명한 독일 교리사가 제베르그 교수나 아우그스트랑 교수 등이 부써와 칼빈과의 만남을 주목해야 한다고 역설한 바 있다. 그 후로 우스테리(Usteri)가 이를 입증하기 위하여 제네바와 스트라스부르그의 세례에 대한 신학과 그 시행 방법을 검토하였다.[2] 에릭슨은 제네바에서 시행된 이후로 여러 나라에서 시행된 칼빈주의자들의 예배 모범이

---

2) Usteri, *Studiean und Kritiken* (1883), 417.

부써의 스트라스부르그에서 영향을 입은 바 크다고 하였다.[3] 슈라이베는 부써와 칼빈과의 예정론이 거의 같다는 사실을 증명하였다.[4]

칼빈에게는 이런 만남이 몇 차례 있었는데, 그중에도 그는 좋은 상류층 친구들과 만났고, 자신의 학문적 탁월함을 일찍부터 간파한 파렐을 만나게 되어 역사의 주역으로 등장하게 되었으며, 당대 유럽 종교 개혁자 사이에서 가장 마음이 넓고 관대한 부써와 만남을 갖고 3년간 같이 살아가게 됨으로써 인격적인 성숙과 목회자적 인품과 학문적 발전을 기하게 된다.[5]

매우 어린 나이에 어머니를 잃고, 유년 시절에 고향을 떠나서 파리에서 유학하던 중에 아버지마저 떠난 칼빈에게는 따뜻하게 보살펴 주는 후견인과 같은 사람을 만난다는 것은 더 없이 소중한 일이 아닐 수 없었을 것이다. 더구나 지금은 피난민의 신분으로 온갖 생활에 대한 걱정과 미래에 대한 불안 속에 지내는 시절인데, 부써의 초청을 받아 이곳에 오게 됨으로써 안정을 찾게 된 것이다.

부써는 칼빈에 대해서 잘 알고 있었으므로, 2년 전 파렐이 칼빈을 제네바에 붙잡아 둘 때 사용한 것과 유사한 방법으로 칼빈을 굴복시켰다. 칼빈은 『시편 주석』의 서문에서 다음과 같이 말하고 있다.

> 나는 어떠한 공직도 맡지 않고 조용하게 살기로 결심했다. 그런데 그리스도의 탁월한 종 마틴 부써가 이전에 파렐이 했던 것과 유사한

---

3) Erichson, *Die Calvinische und die altstrassburgische Gottesdienstordnung* (Strassburg, 1894).

4) Schreibe, *Calvins Pradestinationslehre* (1897), 17f., 69f.

5) W. Pauck, *The Heritage of the Reformation*, 79.

권고와 단언으로 나를 다른 직책으로 다시 불러내었다. 그가 내 앞에 요나의 예를 제시할 때에, 나는 다시 가르치는 짐을 시작할 수밖에 없었다.[6]

부써는 칼빈보다 나이가 열여덟 살이나 많았다. 1941년 11월 11일, 스트라스부르그 근처의 쉬렛스타트(Schlettstadt)라는 곳에서 태어났다. 그의 아버지는 가난한 구두 수선공이기는 하였지만, 고향에서 라틴어를 훌륭하게 배웠다. 열다섯 살 되던 1506년, 가톨릭 도미니크 수도단에 들어갔다. 토마스 아퀴나스의 신학을 철저히 수업하고 1516년에 하이델베르그에 있던 검은 수도단의 수도원으로 이적하여 계속적인 교육을 받았는데, 요한네스 브렌즈(Johannes Brenz)에게 헬라어를 배웠고 에라스무스의 책들을 흠모하면서 읽었다.[7]

1518년 4월 루터가 하이델베르크 어거스틴파 수도원 강의실에서 논쟁할 때에 (The Heidelberg Disputation) 전통적인 중세 스콜라주의 신학을 거부하는 루터의 새로운 신학에 깊은 감동을 받았다. 그 후로

33. 마틴 부써의 초상화

---

6) CO xxxi:26. 1538년 10월 20일자 띨레에게 보내는 서신 CO xb:271.
7) Hastings Eells, *Martin Bucer* (New Haven: Yale University Press, 1931)에서 부써의 초기 생애를 참고할 것. 1548년부터 크랜머 대주교의 초청으로 영국에 가서 가장 널리 알려진 종교 개혁자로 활약하였다. Constantine Hopf, *Martin Bucer and the English Reformation* (Oxford: Basil Blackwell, 1946).

루터와의 대화를 통해서 점차 처음의 우호적인 인상을 더욱 확신하게 되었다. 부써는 당시 루터와 정면으로 대결하던 텟젤이 속한 교단의 일원이었으나, 새로운 열정에 불타서 도미니크수도원을 떠나게 된다. 마침내 1521년 프란츠 폰 시킹겐(Franz von Sickingen)에 속한 교구 란드스툴(Landstuhl)의 담임 목사가 되었다. 이 무렵 그는 로벤펠드의 수도원 출신 엘리자베스 실베라이센이라는 젊은 수녀와 결혼으로 발전하는 단계에 접어들게 된다.

그러나 시킹겐 지역의 정치적 상황은 부써나 그의 후원자였던 하인리히 모데러(Heinrich Motherer)의 생각처럼 풀려 나가지 않았다. 바이쎈부르그에 있는 요한 교회에서 개혁파의 설교를 하던 모데러는 점차 정치적인 혼란과 위기가 고조됨을 심각하게 느끼게 되었다. 당시 독일의 남부 지방은 로마 가톨릭과 루터의 종교 개혁 사이에서 어느 쪽을 선택하느냐의 기로에 서 있는 지역이 많았다. 마침내 부써와 모데러가 함께 1523년 5월 10일 시의회의 권고에 의해서 억지로 그 지방을 떠나야만

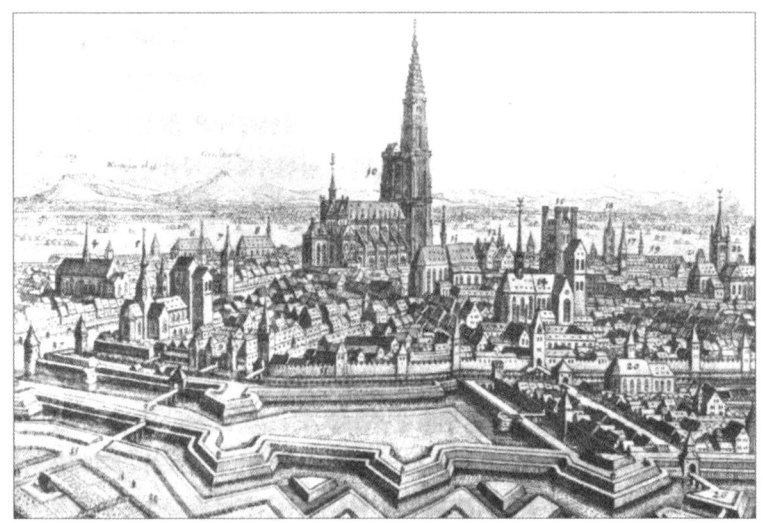

34. 스트라부르그(마띠아스 메리앙의 작품)

되었다.[8] 그 당시에 부써가 작성한 "개요"(Summary)에는 당시의 불명확한 시대 상황과 성탄과 주현절 절기에 설교한 내용들이 담겨 있다.

부써는 마틴 루터와 에라스무스 두 사람에게서 깊은 영향을 받고, 이 두 거장의 사상을 종합하여 자신의 것으로 만들었다. 루터의 유명한 두 가지 교리, 즉, 죄인은 '오직 믿음으로만'(sola fide) 의인이 된다는 주장과, 우리를 규정하고 지배하는 유일한 원천은 교회가 아니라 '오직 성경으로만'(sola scriptura) 근거해야 한다는 가르침을 강하게 내세웠다. 믿음으로 의롭게 되었고, 성령의 선물을 받은 사람은 사랑의 행위를 수행할 수 있게 된다. 그러나 어떠한 행위나 선행을 행한다 하여도 그것들로 인해서 그 사람이 의인이라고 인정받는 것은 아니다. 고아나 과부나 장애인이나 가난한 사람을 도와주고 구제하는 것으로는 의인이 될 수 없다. 물론 이런 행동들은 하나님으로부터 의롭게 여김을 받은, 은혜를 입은 성도들의 열매임에 틀림없다. 부써는 토마스 아퀴나스 같은 스콜라주의자들의 신학에 일부 동조한다. 즉, 살아 있는 믿음(a living faith)이란 사랑으로써 역사하는 믿음이다. 그러나 그는 그런 선행이나 구제가 인간으로 하여금 의롭게 여김을 받도록 공로를 쌓는 것이라는 스콜라주의자들의 교리에는 반대한다.

또한 에라스무스가 강력히 부르짖던 권징과 엄격한 훈련의 필요성이라든지, 영혼과 육체의 대립에 관한 교리를 가르쳤다. 하나님께서 의롭다고 인정해 주셨다 하더라도 성도는 자기 스스로 봉사하면서 살아가도록 자율적이지 못하다는 것이다. 부써는 인문주의자들이 주장한 도덕

---

8) Martin Bucer, "Martin Butzers an ein christilichen Rath und Gemeyn der statt Weissenburg Summary seiner Predig daselbst gethon 1523," in *Martin Bucers Deutsche Schriften*, 1 (1960), 69-147.

적인 강조를 끝까지 견지하였다. 기독교 신자는 육체를 위해서 살도록 유혹하는 세상과 맞서서 싸우면서 제자로서의 삶을 살도록 부름을 받은 것이다. 자기 십자가를 지고 갈 수 있는 힘은 성령이 공급하여 주시는 것이므로 그리스도의 권능으로 인간의 연약함을 극복할 수 있다. 혹시 어려움과 고통을 당할지라도 이런 것들은 성화를 발전시켜 나가게 한다. 그래서 금식이나 기타 여러 가지 방법들이 기독교인의 생활에서 바르게 사용되기만 한다면 유익한 것이다. 물론 이런 것들이 신자들의 자유를 파괴하고 사람들로 하여금 어떤 방법에 억지로 매이게 해서는 안 된다. 금식이나 어떤 절기를 지킴에 있어서도 마찬가지로 인간들의 규칙을 하나님의 명령이라는 차원으로까지 높여서는 안 되며, 수도사가 된다거나 수녀가 되는 것도 역시 기독 신자의 자유를 침해하는 권위로 확대되어서는 안 된다고 생각했다.

칼빈은 '권징'을 교회의 본질에서 다루었고, 매우 체계적으로 강조한 바 있다. 그러나 교회의 표지들(marks)을 말할 때에는 오직 참된 말씀의 선포와 성례만을 거론하고 권징은 생략했다. 그러나 부써는 신자의 영적인 생활은 허공에서 이루어지는 것이 아니므로 철저한 조직과 규칙을 필요로 한다고 주장하였다. 칼빈은 루터파와 보조를 맞추고자, 혹은 루터파들을 자극하지 않으려고 교회의 표지에다 권징을 넣지 않았다고 볼 때, 다소 부써와는 차이가 있다.

부써는 스트라스부르그에 있는 성 아우렐리아 교회에서 1524년부터 1531년까지 설교자로 봉사하면서 영향력을 발휘하였고, 가장 중심 교회인 성 토마스 교회로 옮겨서 1531년부터 1540년까지 복음을 선포했다. 1529년에는 시의회를 설득시켜서 미사를 완전히 폐지시켰다. 그리고 1538년에 초등학교, 1544년에 신학교를 각각 개교하는 데 중요한 역할을 담당했다. 루터가 독일 삭소니의 독일 미사(Deutsche Mess)를 작성하기 일 년 전에 스트라스부르그에서 복음주의적인 예배 예식서를 새롭게 펴냈으며, 1539년에는 세 개의 요리 문답을 작성하여, 도시 전체가 이를 토대로 신앙 교육을 받도록 했다. 1534년에는 평신도 장로의 직분을 교회 치리 기관에 상설하도록 소개하였다. 대체로 이런 부써의 목회적 공헌들은 칼빈에 의해서 더욱 구체적으로 체계화 되기에 이른다.

부써의 명성은 스트라스부르그 밖으로도 널리 알려졌다. 프랑스, 이탈리아, 스위스, 심지어 벨기에 등 주변의 여러 독일 도시와 스위스 독립 도시에 이르기까지(예를 들면, Hanau-Lichtenberg, Baden, Württemberg, Hesse) 부써의 영향은 지대하였다. 1529년에 부써는 헷세의 필립을 도와서, 스위스의 쯔빙글리 진영과 독일의 루터파 사이에 성찬론을 조화시키려고 중간자의 입장에서 노력하였다. 1524년까지만 해도 부써는 루터파의 일원으로 간주할 수 있으나, 쯔빙글리와 칼쉬탓의 영향을 받은 후에는 좀 더 기념설로 기울어졌다. 그러나 1536년 비텐베르그 협약을 채택할 때에는, 루터의 개념과 부써의 언어적 중용이 절묘하게 조화를 이루어서 문서가 작성되었음을 보게 된다. 예수님의 인성은 하늘에 있지만, 성찬은 은혜의 수단으로 작용한다는 점이다. 루터의 편재설을 배격하는 반면에, 단지 기념만으로 그치는 쯔빙글리의 해석도 피해가는 절묘한 조화이다. 이러한 사상은 훗날 칼빈에 의해서 가장 훌륭하게 절충을 이루게 된다.

그리고 부써는 루터파와 로마 가톨릭 사이의 화해를 주선하였다. 1540년 보름스와 레겐스부르그에서 열린 칭의론에 대한 협약은 주로 루터파 지도자 멜랑톤과 가톨릭 측의 에크(Eck) 사이에 이루어진 것이지만, 보이지 않게 부써의 중재가 큰 역할을 한 것이다.

영국의 크랜머 감독이 초청하자 1549년에 런던에 도착하여, 1550년

1월부터 캠브리지 대학교에서 강의하기 시작했다. 헨리 8세가 죽고, 유일한 아들 에드워드 6세가 왕이 되어서, 잠시 종교 개혁자들에게 자유가 주어졌다. 특히 에드워드는 부써가 쓴 『그리스도의 왕국』(De Regno Christi)을 즐겁게 읽었고, 캠브리지 대학교에서 신학 박사 학위를 수여받게 되었다. 이 책을 쓰고 난 직후, 병세가 악화되어서 1551년 2월 28일 캠브리지에 있는 위대한 성 마리아 교회 안장되었다. 그러나 그의 몸은 메리 여왕에 의해서 1556년 공개적으로 화형을 당하는 수난을 겪었다. 엘리자베스 여왕이 등극하자, 국가적인 장례로 격상시켜서 튜더 왕가에서 저지른 박해로부터 명예를 회복시켰다.

부써는 성령의 역사를 떠나서는 어떤 성경 해석도 불가능하고, 말씀의 선포도 어렵다는 것을 주장하였다. 동시에 개인의 주관적인 성령의 체험은 반드시 객관적인 성경의 기준으로 저울질해 보아야만 한다고 했다. 왜냐하면 모든 교리는 성경에 일치해야만 하기 때문이다.

이 두 사람의 만남은 물론 칼빈에게만 일방적으로 유익한 것은 아니었고, 부써 역시 이 젊은 수재로부터 많은 영향을 받게 되어서 쌍방에 서로 배려와 자극을 준 만남이었다. 물론, 젊은 혈기에 목표만을 향해 달리던 칼빈에게는 부써와의 만남은 일생에 잊을 수 없는 평안과 위로의 시기이기도 했다. 로마 가톨릭 역사학자 캄프슐테는 독일의 칼빈 전기 작가로서 너무 성급하게도 몇 가지 근거만으로 칼빈이 1528년 봄에 부써에게 배웠다고 기록하고 있다.[9] 그러나 부써가 파렐에게 보낸 편지에 나오는 "누와용 출신의 프랑스 젊은이가 스트라스부르그에서 공부

---

9) Hastings Eells, *Martin Bucer* (London: Yale University Press, 1931), 226-233. 특히 엘스 교수는 Campschulte가 지나치게 오관한 부써와 칼빈과의 만남에 대한 오류를 바르게 지적하고 있다.

하고 있는데, 오를레앙에서는 인문학을 공부하였고, 거기서 박해를 받아서 떠나왔다"는 사람이란 칼빈이 아니었다. 칼빈은 오를레앙에서 법학을 공부했으며, 거기서는 박해를 받은 일도 없었다. 칼빈은 파리에서 헬라어를, 파리와 바젤에서 히브리어를 터득하느라 노력하였다. 그가 오를레앙에서는 인문학의 일부인 고대 언어를 공부한 것이 아니다. 따라서 칼빈과 부써와의 만남을 지나치게 일찍 설정하는 것은 두 개혁자의 신학적 궤도를 이해하는 데 바른 지침이 되지 못한다.

다른 한편으로 부써에게는 칼빈과의 만남은 중요한 의미를 가지고 있었다. 스트라스부르그는 다양한 전통들이 혼합되어 있었다. 우선 부써 자신이 루터의 강연에 감동을 입은 후에 개혁자가 되었으니 만큼, 루터의 교훈을 따르는 사람들이 많았고, 스위스에서 온 사람들은 쯔빙글리의 휴머니즘적인 개혁 사상을 지지했으며, 이곳에는 수많은 재세례파들이 몰려와 있었다. 그리고 여전히 로마 가톨릭 전통에 젖은 사람들이 다수를 이루고 있었다. 부써는 이런 모든 것을 관대하게 허용하고 있었기 때문에, 그 나름대로 간직해 오던 루터의 신학에다가, 이제 새로 사귀게 된 칼빈의 탁월한 개혁 신학 체계를 가미하여 혼란스러운 부분들을 정립할 수 있었다.[10]

칼빈과 파렐은 제네바를 떠나서 베른에 잠시 머물렀으나, 곧 페스트가 닥쳐 왔다. 정처없이 걸어서 바젤로 황급히 떠나야만 했다. 1538년 5월 말, 가까스로 안식처를 찾아 바젤에 왔다. 충분히 머물만한 돈이 없었다. 친구 뒤 띠에가 떠나면서 우정으로 남겨 두고 간 돈의 일부와 『기독교강요』를 출판한 요한 오포린(John Oporin)과 바젤 대학교 교수 시몬

---

10) J.D. Benoit, *Calvin Strasbourg*, 1538-1541 (Strasbourg, 1938), 17.

그리네우스에게서 약간의 도움을 받을 수 있었으나, 오래 머물 수 있는 충분한 자금은 없었다. 칼빈은 오직 하나님께서 자신의 앞길을 인도하실 것을 믿었다. 이런 사정을 상세히 적어서 로잔의 개혁자 비레에게 보냈다.[11]

그 경황 없는 중에도 자신의 동역자였던 소경 꾸롤 목사를 비레에게 맡겨 놓았기에 그를 잘 돌보아 줄 것과 적당한 일자리를 강구하여 줄 것을 호소하면서 꾸롤의 훌륭한 인품과 학문을 치하하였다. 이후로 꾸롤은 또농(Thonon)에서 크리스토퍼 파브리(Christopher Fabri)와 함께 지냈는데, 파브리는 비엔나 출신으로 칼빈과 매우 우호적인 친교를 나누었고, 훗날 뇌사뗄의 설교자가 되어 1546년부터 1563년까지 목회하였던 지혜와 신실함을 겸비한 개혁자였다. 1536년 또농에서 목회하던 시절에 칼빈과 함께 여러 회의에 참여하기도 했다. 그의 추천과 비레의 도움으로 꾸롤은 오르브(Orbe) 교회의 목사로 청빙을 받아 잠시 동안 사역하였다. 그러나 꾸롤의 목회는 제네바에서 시절과 별로 다를 것 없는 고난과 불행의 연속이었다. 그 해 10월 4일 하나님의 부름을 받았다.

이 사이에 파렐은 7월 말, 뇌사뗄에서 온 앙뚜완 마르꾸르의 청빙서를 받았다. 제네바시의 당국자들은 이 소도시에 목사직을 마련하여 서로 익히 잘 알고 있던 파렐을 추천하였다. 파렐은 칼빈을 동역자로 함께 가기를 간곡히 원했다. 그러나 만일 이 두 사람이 다시 함께 사역을 한다면 가까이에 있는 제네바의 반대자들이 벌떼같이 일어나서 방해할 것을 내다보면서 칼빈이 거절하였다.

칼빈에게는 미래가 보장되어 있지 않았다. 오히려 칼빈은 이제는 더

---

11) *Calvin's Selected Works*, iv, 69-70.

이상 급하게 무엇을 하려고 하지 않겠다고 다짐하였다. 칼빈은 사실상 깊은 영혼의 상처를 입었으나, 스위스 교회의 총회 결정에 따라서 제네바 교회가 다시 회복 되기를 내심으로 바라고 있었다. 베른으로부터 제네바 교회의 새로운 결정을 연락받을 때까지 이런 일말의 희망을 버리지 않았다. 이런 감정과 희망은 불링거, 뒤 띠에, 파렐에게 보낸 편지들 속에서 확연히 발견할 수 있다.

> 내가 처음에 맡겨진 임무를 수행할 때에는 하나님의 소명이 나를 그 자리에 붙잡아 두셨다고 확신했으나, 지금은 그 반대로 내가 그 막중한 임무를 다시 시작하게 된다면, 내가 하나님을 화나게 하지는 않을까 하고 걱정에 잠겨 있다.[12]

온건한 신사요 온유의 은사를 받은 국제 개신교 진영의 지도자 마틴 부써는 칼빈의 마음에 자리한 상처를 누구보다도 잘 이해하였다. 그는 개혁자들 사이의 화해자로 불린다. 그가 한편으로는 루터, 멜랑톤, 주요 독일의 개혁자들을 설득하고, 다른 한편으로는 스위스의 쯔빙글리와 불링거, 칼빈과 파렐, 비레와 베자, 영국의 크랜머 등을 설득하여 유럽 개신교의 공동 신앙고백서를 이룩하기 위해 동분서주했던 업적은 아무도 흉내낼 수 없는 평화와 사랑의 금자탑이다. 부써는 루터와 쯔빙글리와 같은 종교 개혁 1세대에 속하면서도 공로를 높이 인정받지 못하고 있고, 2세대의 칼빈, 불링거, 멜랑톤, 베자보다도 덜 알려진 점은 반드시 수정되어야 할 잘못된 선입견이요, 종교 개혁의 신학과 역사에 대한

---

12) 1538년 5월 말경에는 비레에게, 7월 10일에는 뒤 띠에에게 제네바에서의 실패에 대한 오해를 풀어 주기 위해서였다. 파렐에게는 7월 4일과 20일 긴 편지를 보냈다.

무지의 소치이다.

거슬러 올라가 보면 1536년 11월, 부써와 칼빈은 서로 개인적인 사귐을 갖게 되었다. 이때 제네바의 개혁자들은 부써를 초청하여 1536년 12월 1일 '우리의 종교'에 대해서 토론하자고 약속했기 때문이다. 당시 개혁자들의 공통적인 주제는 부써가 주도하고 있던 '성만찬' 문제였다.

이전에 두 사람은 서로의 존재에 대해서 확인할 수 있었으나, 서로 상면하게 된 것은 아마도 1537년 9월에 베른에서 열린 총회 장소에서였을 것이다. 이 모임에서 부써는 주도적으로 개신교 진영의 "협화신조"를 가결시키려 했다. 그 일환으로 각 지역의 대표들을 소집하는 데 총력을 기울여, 베른의 의회로 하여금 제네바에 압력을 넣어 파렐과 칼빈을 회의에 참석시키도록 주선하기도 했다. 이 모임에서 칼빈은 "메간더의 요리 문답"(Megander's catechism)을 개정하는 데 찬성하였으나, 부써와 까삐또는 수정 없이 채택하자고 주장하였다. 따라서 부써는 당돌하고도 명석한 칼빈에 대해서 놀라움을 금치 못하면서도, 자신의 권위가 손상을 입는 다소 불쾌한 감정도 동시에 갖게 되었다. 칼빈은 부써의 화해 노력을 별로 달가워하지 않아 보였다. 당당하고 확신에 넘친 루터와 휴머니즘의 철학적 지식에 해박한 쯔빙글리 사이의 일치란 거의 불가능해 보였는데, 부써가 쯔빙글리 쪽으로 기울어서 문제를 해결하려고 했으니 더욱 어려웠다. 한걸음 더 나아가 부써는 아직도 개신교 진영과 로마 가톨릭 사이의 화해가 가능하다고 주장하고 있었다.

부써는 칼빈과 파렐이 제네바에서 매우 곤경에 처해 있다는 소식을 듣고서 곧바로 그리네우스에게 편지를 썼다. 하나님의 교회는 결코 그런 극단의 반란 속에서도 실패하지 않을 것이며, 자신은 모든 문제를 중재하기 위해서 취리히에서 모이는 총회에 참석한 뒤, 1538년 봄에 제네바를 방문할 계획을 가지고 있었음을 시사하고 있다. 부써는 제네바의 문제에 대해서 관심을 잃지 않고 지켜보고 있었다. 부써는 마음의 큰 고통을 겪고 있던 칼빈을 스트라스부르그에 초청하였다. 우선 어떤 상태에 처해 있는가를 묻고, 제네바에서 개혁자들이 정한 모든 일을 스위스 교회들이 받아들이도록 하려면 무엇이 최선의 해결책 인가를 상의하였다. 바젤에 머물던 약 2달 반 동안, 칼빈은 깊은 고통 속에서 자신과 동생들과 몇몇의 동료들의 장래 진로를 모색하고 있었는데, 뜻밖에 부써는 스트라스부르그에 몰려오는 프랑스 피난민을 위해 교회를 설립하여야 할 필요성을 역설하면서 칼빈을 초청하였다. 물론 단순한 초청은 아니었다. 부써의 계획은 스트라스부르그 시의회가 제네바에서 행한 칼빈의 지침을 긍정적으로 평가하는 결정을 유도하려는 데 있었다. 그러나 시의회는 이 문제를 베른의 행정권 내에서 결정하는 것이 바람직하다는 판단을 내리고 말았다. 부써는 칼빈의 권징 제도가 주민들을 설득하지 못했기에 발생한 문제라는 점을 부각시켰으나, 베른주 당국에서 벌써 주변 도시들에게 방해와 설득을 하였기에 부써의 의도대로 일이 순조롭지는 않았다.

부써의 정중하고도 진지한 설득은 망설이고 있던 칼빈의 마음을 흔들어 놓기에 충분하였다. 파렐이 제네바에서 그랬던 것처럼, 부써는 칼빈이 만일 이 초청을 거절한다면 요나처럼 자신의 욕심만을 위해서 하나님의 뜻을 저버리는 결정이 될 것이라고 강변하였다.[13] 또한 도중에 제네바의 소란스런 문제가 해결된다면 언제든지 되돌아갈 수 있다고 문을 열어 놓았다.

부써가 시편 찬송을 만들어서 사용하는 뛰어남을 감탄해 마지 않으

---

13) Opera, xxxi:28. 칼빈의 『시편 주석』 서문을 볼 것.

면서도, 가명을 사용하여 찬송집을 출판하고 있는 연약함도 함께 목격하였다. 물론 칼빈은 부써의 인격과 공동 신앙고백서를 만들어내려는 집념과 열성, 그 넘치는 에너지와 신실한 헌신에 대해서 깊은 인상을 가지게 되었던 점도 작용하였다. 칼빈은 1538년 9월 8일, 성니꼴라 교회에 모인 프랑스 사람들에게 첫 설교를 시작하였다.

스트라스부르그는 프랑스가 자랑하는 아름다운 도시 가운데 하나이다. 그중 가장 아름답고 빼어난 풍경을 갖추고 있는 전원도시이다. 큰 대로의 역할을 하면서 골목에서 집이나 큰 공장, 상점 앞으로 연결하여 흐르고 있는 10여 개의 '까날'(운하)은 낭만과 예술의 산실이자, 상업과 운송의 중요한 역할을 하고 있다. 이탈리아 베니스와 나폴리에 견주는 유럽의 3대 아름다운 도시로 꼽히고 있을 정도이다. 프랑스와 독일의 국경 지대에 위치한 스트라스부르그는 오랫동안 양국의 이해관계 속에서 독특한 문화를 이루고 있는 도시이다. 오늘날에는 프랑스에 속해 있지만, 주민 대부분은 독일어를 사용하는 것이 그러하고, 인근 독일 사람들은 물가가 싼 이곳으로 모여들어 필요한 물품을 구입하여 간다.

스트라스부르그 교회는 부써 이외에 볼프강 까삐또(Wolfgang Capito), 카스퍼 헤디오(Kaspar Hedio)와 장 스트룸(Jean Strum) 등이 함께 힘을 모아, 1523년부터 개혁 신앙을 확고히 세운 독일 남서부 지방의 개신교 진영의 요새와 같은 곳이었다. 특히 칼빈이 이 도시에 들어가게 될 무렵은 장 스트룸이 이 도시의 교육 정책을 총괄하여 학교를 세우고 근대 교육의 초석을 확고히 세우던 시절이었다.

시의 행정은 장 스트룸의 지휘하에서 건전하고 도덕적이며 복음적인 개혁 정신과 상호 협력 할 수 있는 흐름을 유지하는 데 최선을 다하고 있었다. 그는 탁월한 능력과 폭넓은 견해를 갖춘 사람으로, 개신교 신앙을 가진 까닭에 이 도시로 피신해 오는 타 지역 주민들을 받아들이는

데 있어서 매우 우호적인 정책을 집행하는 면에서 특별히 기억될 만한 업적을 쌓아 가고 있었다. 칼빈처럼 마음에 깊은 상처를 입은 사람들에게는 더이상 좋은 곳이 없을 만큼, 가톨릭의 위협 세력으로부터 모든 중압감을 씻어낼 수 있던 장소였다.

의지로 극복한 고난

칼빈이 스트라스부르그에 머무는 3년 동안 일어난 몇 가지 중요한 일들을 차례로 살펴보자. 가장 중요한 일을 손꼽는다면 개혁 신학의 체계화 작업을 들 수 있는데, 이는 『기독교강요』의 개정판, 『로마서 주석』 등으로 나타났다. 둘째는 많은 독일의 개혁 사상가들 사이에 존경을 받으며 여러 회의에 참가하여 개혁 신앙이 가야 할 방향을 설정하는 데 진가를 인정받은 일이다. 셋째는 일생의 반려자와 결혼한 일이다. 그리고 마지막으로 폭넓은 경험을 쌓고, 사려 깊은 목회적 성찰을 할 수 있는 성숙의 시기였다는 점이다. 스트라스부르그 시절 동안 칼빈은 결코 실패한 낙오자로서 산 것이 아니요, 가장 소중한 신학적, 인격적, 목회적 성숙의 시기를 맞이한 것이다.

스트라스부르그에서 칼빈은 신앙적으로는 어려움이 없었던 반면에 생활에는 다소 불편함과 고통이 뒤따랐다. 우선 독일어를 일상적으로 사용하는 지역에 왔으므로 불편을 겪어야만 했다. 그보다 더 큰 고통은 경제적인 어려움이 었다. 제네바에서 받던 사례금이 그치고, 뒤 띠에가 남겨 준 성금마저도 바닥이 났다. 그런데 그가 스트라스부르그의 교육 재단에서 월급을 받기 시작한 것은 1539년 5월 1일부터였으므로, 약 1년 이상 극심한 가난이 뒤따랐다. 스트라스부르그에서 받은 연봉은 52

플로린스로서, 그저 보통 사람의 수준이었다. 1플로린(Florin)은 오늘날의 화폐로 환산하여 약 1,000불 내외라고 볼 때에, 그저 유럽에서 굶지 않고 생활할 정도의 돈이었다. 이 무렵에 칼빈이 부족한 생활비를 보충하려고 자기의 책을 팔았다고 하는 것은 조금도 과장된 것이 아니다.

칼빈을 더욱 어렵게 만든 것은 사촌 올리베땅이 1538년 페라라에서 죽었다는 소식이었다. 그는 신약 성경에 이어서 구약 성경 번역을 하던 중이었는데, 방대한 분량의 장서를 남겨두고 먼저 부름을 받은 것이다. 그의 책들은 대부분 칼빈에게 주어졌고, 매우 가치 있는 책들이었다고 하는데, 일부는 간직하고 일부는 어려울 때에 팔아서 도움을 받았다.[14]

이때에 친구 뒤 띠에로부터 다시 로마 가톨릭으로 돌아오면 풍부한 생활을 할 수 있으리라는 제안이 왔으나, 칼빈은 지난날의 후의에 대해서 진심으로 감사하면서 이를 거절하였다. 뒤 띠에는 제네바에서 일어난 일이야말로 로마 가톨릭에서 분열한 자들에게 대한 하나님의 섭리적인 채찍이라고 해석하면서 칼빈이 감당했던 임무에 대해서 "하나님의 심판이 있으리라"는 징조라고 생각한다는 편지를 1538년 9월 7일 보내왔다. 이에 대해 칼빈은 긴 답신을 보냈다. 자신의 부르심과 사역은 확고하게 하나님으로부터 온 것이며, 하나님은 더욱더 확고하게 자신을 붙들어 주실 것임을 역설하고 있다. 그리고 정중하게 친구가 모든 경제적인 부담을 지겠다는 유혹을 거절하였다. 자신이 스스로 선택한 신앙과 가난한 삶을 택하겠다는 의지가 담긴 답장을 보냈다.

현재 식생활에 필요한 돈이 내게는 없다. 내가 매일 먹고 사는 데 필

---

14) Doumergue, ii, 454-458.

요한 빵과 이 밖의 것들을 충족시키기 위해서는, 즉, 책을 좀 사보는 것 등 …. [만일 내가 네 제안을 받아들인다면] 내가 필요할 때마다 잘 줄 것으로 믿는다…. 그러나 나 개인만을 위해서라면 이런 상황을 얼마든지 참아나갈 수 있다. 네가 하나님의 진리 앞에서와 그의 종들에 대해서 옳지 않게 행동하는 한에 있어서는, 내 편에서는 불가피하게도 내가 그냥 [너의 판단을] 묵인하더라는 식의 생각에 절대로 빠져들지 못하게 하기 위해서라도 간단히 말해야만 하겠다. 너는 우리가 당한 이 고난들이 우리를 극도로 참담한 곤혹 속에 빠뜨리기에 충분하다고 생각하고 있으리라 믿는다. 심지어 지난날의 모든 노력들을 눈에 띄지 않는 곳으로 던져버리고 싶을 만큼 참담하게 말이다. 엄청나게 당황한 것은 사실이지만, 그러나 하나님이 하시는 일들을 도무지 전혀 모르겠다고 말할 정도까지는 결코 아니다. 따라서 이런 유혹들이 나를 옭아매려는 것은 헛수고일 뿐이다. … 그곳에서 하나님의 천사들이 진실로 누가 분파주의자들인지를 증명해 줄 것이다.[15]

당장 먹을 빵을 살 만한 돈마저도 넉넉하지 못했던 젊은 지도자의 고생을 오늘날 이해할 사람이 얼마나 있을까? 남의 불행은 나의 행복이라고 인식되는 경쟁 사회에서 자신의 모든 영화를 버리고 신앙의 지조를 지키기로 결심한 사람에게 갈채가 있을리 만무하다. 그가 경험한 가난

---

15) *Calvin's Selected Works*, iv, 94-99. 칼빈의 가난한 생활은 이후에 많은 청교도들에게 위안과 힘을 주었다. 특히 영국에서 박해를 피해 네덜란드로, 아메리카로 피신한 사람들이 극심한 가난과 외로움에서도 꿋꿋이 견디었다. 마치 일제하 한국의 독립을 위해 고생하던 많은 애국 인사들의 생활에서도 이런 뜻있는 가난함이 있기에 한국인들은 더욱 이해할 수 있지 않는가!

은 어떤 것으로 가슴에 자리잡게 되었을까? 당장 사고 싶은 책을 충분히 살 수 없어서 지적인 욕망을 억제해야만 되는 당대 최고의 지성을 지닌 그의 심정은 어떠했을까?

절친했던 친구 뒤 띠에와의 사이에 나누었던 우정은 이 편지를 마지막으로 끝나게 된다. 한 사람은 여전히 전통과 가문과 제도가 보장해 주는 행복을 유지하였고, 또 한 사람은 스트라스부르그에서 고생의 길로 접어든 것이다. 이 젊은 개혁자에게 다시없이 소중한 것이었음은 두 말할 나위도 없다. 스물아홉 살의 젊은 개혁자가 자신의 참담한 생활의 고초를 겪으면서도 나름대로 하나님 앞에 서 있는 모습은 놀랍게도 청빈 바로 그 자체였다. 그는 훗날에도 부유한 삶은 단호히 배격하였다. 그것은 이미 뼈저린 고생을 체험해 본 그의 성장기에 이미 형성된 거룩한 신자의 좌표였다. 단순히 하나님이 바라시는 교회의 개혁을 지켜 나가기 위해 고난 중에서도, 극심한 가난 중에서도, 외로움 중에서도 견고히 서 있던 모습을 엿볼 수 있는 것이다.

예배 갱신과 시편 찬송

교회란 무엇인가? 유럽의 어느 도시를 가든지 항상 중심 광장에는 교회가 서 있다. 다시 말하면, 어느 시대 어느 지역에서나 교회란 그들의 생활과 직결된 중심지이다. 교회의 역사는 그들의 지방의 역사요 그 지역 주민들의 역사이며, 그 나라의 역사와 밀접히 연관되어 있다. 그처럼 중요한 곳이 교회이지만, 과연 평민이나 하층 노예들, 천한 노동자들이나 무식한 일반 사람들이 교회에서 사람다운 대접을 받고 있었을까? 언제나 전쟁으로 인한 노역과 무자비하게 부과되는 세금과 귀족들의 탐욕을 위한 억압 속에서 한 가닥 교회에게 기대를 가져 보았다면, 그마저도 외면당하기 일쑤였다. 로마 가톨릭 성직자들은 오랜 기간 동안 그 지역의 귀족들과 밀접히 연관을 맺고 있었다. 귀족들의 세력과 탈취를 눈감아 주고, 그 대신에 로마 교회는 기부금으로 위장된 반대급부를 받아서 지속적인 부를 유지해 나갔던 것이다. 이쯤 되니, 일반인들은 로마 교회에서 사람다운 대접을 받을 수 없었다.

적어도 성경이 가르쳐 준 원형의 교회는 매우 훌륭한 공동체요, 이 세상과는 다른 지향점을 가지고 있었다. 교회는 영혼의 안식처이며, 모든 성도들이 하늘의 평화와 기쁨을 맛보는 하나님 나라의 기관이다. 구약 성경에는 도피성이라는 제도를 통해서 하나님의 은혜와 긍휼을 보여 주셨다. 특히 16세기 유럽의 형편은 어느 곳에서나 종교 간의 갈등이 일어났고, 봉건 사회에서 짓눌린 사람들의 영혼은 휴식처를 찾지 못하고 있었다.

당시 찰스 5세와 세력 갈등을 경험하였던 프랑스 왕들과 귀족들은 엄격하게 종교 개혁을 저지하고 핍박하였다. 그러자 수많은 사람들이 주변의 도시로 피했는데, 그중에 하나가 스트라스부르그였다. 난민들은 하나 둘 칼빈의 설교를 듣고자 교회로 모여들었다. 이국 땅에서 두려운 생활을 한 이들에게 목회자로서 빛이 되어 주고 등대가 되어 준 것이다.

칼빈은 제네바에서 실패한 일을 스트라스부르그에서 다시 시작할 수 있게 되었다. 칼빈이 이 도시에 부름을 받았던 1538년 가을, 프랑스 난민은 약 4백 명에서 6백 명으로 추산된다. 그러나 칼빈이 도착하기 전까지 그들은 독일어 예배나 라틴어로 진행되는 모임에 흩어져서 참석하던 중이었고, 자체적인 조직 교회를 형성하지 못하고 있었다. 종종 시 당국에서 시행하는 예배에서 자신들의 모국어로 설교하는 사람이 찾아오면 겨우 들을 수 있는 정도였다. 그러나 칼빈이 당도함으로써 시 당국과 시의 여러 목사들이 인정하는 지도자를 갖게 되어 자체적으로 성례를 집행할 수 있는 독립된 교회를 허락받게 된 것이다. 물론 이런 일은 부써의 탁월한 안목으로 성취된 것이다. 프랑스인 교회는 도미니쿠스 수도회가 성가대 건물로 사용해 오던 것을 물려받았다.

칼빈의 탁월한 조직력이 곧장 빛을 발하기 시작했다. 이 작은 교회에서 칼빈은 일주일에 네 번씩 설교를 했다. 성례는 매월 시행되었다. 칼빈이 얼마나 제네바시에 이것을 건의했던가를 우리는 기억한다. 그런데 이것은 시에서 이미 시행해 오던 중이었으므로 아무런 문제가 되지 않았다. 비난과 반대에도 불구하고 칼빈은 아주 열심히 교회의 권징 제도를 정착시키고자 노력하였다. 물론 시 당국이 모든 권한을 가지고 있었으나, 대부분 외국인들이 모인 교회였으므로, 독립 교회의 행동 강령으로 허용해 주었다.

이제 칼빈은 더이상 목사로서 하나님이 자신을 불러주셨다는 것을 의심하지 않게 되었다. 그는 목회자로서 일에 몰두하였으니, 가장 특기할 만한 일은 모든 성도들을 성찬 전에 목사관으로 불러 개인적인 면담을 가졌다는 것이다. 칼빈은 뒤 띠에게 보낸 편지에서 "주님은 나로 하여금 그 가치를 인정할 수 있도록 확실한 이유들을 제시해 주셨다"고 언급한 바 있다.[16] 비록 뒤늦은 감이 있지만, 자신의 부름에 대한 확인은 넘치는 의욕과 사명감을 고취시켜 주었던 것이다. 그래서 그는 성도와의 개별 면담을 통해서 성도들 한 사람에 대한 목회자로서 적절한 답변을 제시해 주고 교육을 시키고 신앙을 점검하게 하고 보람을 얻었던 것으로 보인다.

---

16) OC 10b:185-186.

성찬에 참여하기에 부적당한 사람들은 제한을 받았을 뿐만 아니라, 모든 성도들은 성찬에 앞서 스스로 지난날의 영적인 점검을 해서 칼빈에게 제시하도록 만들었다. 이 목회적 면담은 오늘의 용어로 적절하게 번역하면 '목회 상담'보다는 좀 더 강제 규정의 의미를 지닌 것으로 '조사한다는 말인데, 로마 가톨릭교회가 실시하던 고해 성사를 대체시키는 가장 적절한 방법이라고 생각하였다. 왜 이런 좀 복잡하고 권위적인 규칙을 시행하려고 고집했을까? 칼빈은 이렇게 함으로써, 믿음을 좀 더 조심스럽게 표현하게 되며, 죄 지은 자들은 경고를 받게 되고, 마음의 고통에 억눌린 자들에게는 위로를 주기 위함이라고 설명하였다. 그는 질서 있고 잘 훈련된 회중을 가꾸고자 노력하였다. 이런 프랑스 난민들의 교회는 시 내외에 널리 전파되어서, 무질서한 재세례파의 혼돈을 수습하는 데 결정적인 영향을 미치게 되었다. 성찬은 준비된 사람들이 받게끔 강제적으로라도 이 제도를 시행했던 것이다.

스트라스부르그에서 칼빈 목회가 이룩한 괄목할 만한 성과 중 다른 하나는, 개혁 교회의 예배 모범을 구체화한 점이다. 비록 칼빈이 처음 실시한 것은 아니지만, 훗날 그가 제네바에 돌아가서 확립한 예배 순서와 방식은 루터 교회나 영국 성공회의 방식과는 현저히 구별되었다. 특히 스코틀랜드와 잉글랜드 청교도들이 세운 미국의 개혁 교회를 통해서 전 세계에 널리 전파된 개혁 교회 예배의 고전적 형식이 여기 프랑스 난민 교회에서 형성되기 시작한 것이다.[17] 여기에는 칼빈의 영적인 진지함이 담겨 있다.

---

17) C. Gregg Singer, "The Reformed Creeds and the Reconstruction of Christian Worship," in *Worship in the Presence of God*, ed. F. J. Smith and D.C. Lachman (Greenvile: Greenville Presbyterian Theological Seminary Press, 1992), 278-286.

개혁 신앙이 체계화되면서 개신교의 예배 형식도 점차 확고히 세워졌는데, 디볼드 쉬바르쯔(Diebold Schwarz)가 1524년에 소개한 예배 방식을 부써가 점차 폭넓게 지속적으로 수정하여 1537년에는 공중 예배의 형태가 정착되었고, 적어도 1539년까지는 확립되었다. 칼빈은 처음에 부써가 제정한 형식과 내용을 그대로 프랑스어로 번역하여 실시하였다. 그러나 독일어 회중에 없던 많은 설명과 표현들을 프랑스어를 사용하는 청중들에게 첨가하였다.

칼빈의 프랑스 회중과의 예배 내용은 모두 기록으로 남아 있다.[18] 공적인 예배에서 칼빈이 가장 강조한 것은 기도와 설교와 성찬이었다. 특히 기도에 많은 비중을 두었는데, 중보 기도에 많은 시간을 할애하고, 흑사병이나 전쟁과 같은 특별한 일이 있을 경우에 집중적으로 그것만을 위해 기도했다.

다음은 주일 예배의 순서다.

    예배에의 선언
    회개의 촉구와 기도
    용서의 확신
    찬송(1545년부터는 십계명의 첫째 돌판에 새겨진 것을 부름)
    순종을 위한 기도
    찬송(1545년부터는 십계명의 둘째 돌판에 새겨진 것을 부름, 목사가 강단으로 올라감)
    기도(주님의 기도문으로 마침) 찬송

---

18) Opera, vi:161-224.

성령의 조명을 위한 기도 성경 읽기

설교

기도(중보 기도를 포함) 주님의 기도에 대한 설명 찬송

축도(민수기 6:24-26)

예배에의 부름과 익숙한 신앙 고백을 드리는 것은 유럽 대륙의 개혁 교회 대부분의 교회가 공통적이었다. 그리고 자신들의 구원을 위해서 오직 그리스도 예수만을 추구하는 성도들에게 주는 사죄의 선언을 한다. 이어서 회중들은 10계명 중 첫 돌판에 새겨진 네 계명을 찬송으로 부른다. 이 찬송을 모국어로 부르면서 프랑스 난민들은 아름답고 복스런 소망을 품고 그 운율에 감동되어 눈물을 흘렸다고 한다.

> 이곳에서 모든 사람들이 노래를 부르는 모습은 참으로 좋았다. 그들은 슬픔에서가 아니라 감사함으로 복받쳐서 눈물을 흘렸다. 하나님에 대한 감사와 경외의 노래를 부를 때에, 모국어로 노래 부르는 기쁨이 어떤 것인가를 아무도 상상할 수 없을 것이다.[19]

사죄를 위한 기도와 성도들에게 힘을 주셔서 계명을 잘 지키게 해 주시기를 간구하는 기도를 올린 다음, 간단한 기도를 통해서 예배의 가장 핵심인 성경 봉독과 설교에서 성령님의 조명이 함께하시기를 간구한다. 설교 후에는 긴 탄원 기도를 올리고 주기도문으로 이어진다. 그 다음에 사도신경을 찬송하거나 시편을 찬송하고 아론의 축도로 마친다.

---

19) Hugh Young Reyburn, *John Calvin, His Life, Letters and Work* (London, 1914), 85.

훗날 칼빈이 제네바로 돌아온 후에는 상당 부분을 고치게 된다. 로마 교회와 유사한 분위기를 풍기는 예배의 맨 앞에 나오는 사죄의 선언을 삭제하고, 좀 더 개혁 교회 예배의 모습을 드러냈다. 두 번에 걸친 십계명 찬송을 시편 찬송으로 대치시켰다. 사도신경의 찬송도 시편 찬송으로 바꾸었다. 칼빈은 성경에 명시된 교훈을 넘어서서 다소라도 신비적으로 흐를 위험성이 있는 부분을 모두 삭제한 것이다. 그렇다고 해서 칼빈이 예배의 존엄함과 전체적인 질서와 단순함을 바꾸고자 한 것은 아니다. 부써에게서 배운 바가 많았으나, 그냥 무비판적으로 따라간 것은 아니었다. 예배는 각자 교회가 소속한 지역에 따라서 일부 변경될 수 있는 것이다. 예를 들면, 이제 막 로마 가톨릭에서 돌이킨 사람들이 압도적이라면, 그 지역의 특성을 고려해야 할 것이었기 때문이다.

기도에 있어서 반드시 기도문만을 따라서 해야 하는가 아니면 자유 기도를 드릴 것인가에 대해서 훗날 그의 제자들 사이에, 특히 영국과 스코틀랜드, 그리고 미국 등지에서 많은 논쟁이 일어났다. 그러나 칼빈은 이 둘 모두 다 허용하였다.

시편 찬송이 독일어 사용권에서 일반화된 것은 루터의 공헌이지만, 프랑스어 사용권에서 보편화된 것은 칼빈의 공헌이다. 종교 개혁자들이 모두 다 시편 찬송에 대해서 적극적인 수용을 한 것은 아니었다. 스위스에서만 하더라도 쯔빙글리는 전혀 다른 태도를 보이고 있었고, 프랑스 개신교회들도 초기에는 호의적이 아니었다. 앞 장에서 언급한 바와 같이, 시편 찬송을 괄목할 만큼 개선시킨 사람은 칼빈이었다.[20] 오늘날 개혁 교회 예배의 전형을 형성하는 과정에서 시편 찬송과 회중 찬송

---

20) Doumergue, ii, 505-524.

을 예배에 도입한 칼빈의 성경적인 예배 모범을 따르지 않는 것이 안타깝다.

칼빈은 이 '작은 교회'를 시작한 지 두달 만에 시편 찬송을 제정하였고, 다음해에는 18편에 악보를 붙인 찬송과 다른 3곡의 작품을 묶어서 출판하였다. 이때 칼빈을 도운 천재적 음악가요 시인은 앞서 언급한 대로 페라라에서 만난 클레망 마로(Clement Marot)이다. 그는 이 책의 여덟 곡을 프랑스어로 번역, 작곡하게 만든 사람이다. 그리고 일곱 곡은 칼빈 자신이 직접 번역하였다. 그가 어린 시절부터 쌓아온 인문학 분야의 재능이 발휘된 것이다.

칼빈은 리듬을 잃지 않고 시편을 찬송한다는 것을 매우 찬성하였으나, 오르간을 사용하는 문제에 있어서는 매우 부정적인 생각을 가지고 있었다. 그 이유는 성경적인 원칙을 준수하려 했기 때문이다. 구약 성경에 보면 다윗 시대의 성도들이 수금과 소고와 비파로 찬양하였다. 그러나 보다 더 중요한 것은 신약 시대에 이르러서는 모든 구약의 규정들이 완성되고, 폐지되었다는 점을 인식해야만 한다. 구약 성경에 있지만, 새 언약 아래에서는 완성되고 단순화된 것들이 많다는 것이다. 예배 시에 악기를 사용하는 것은 "어린아이들과 같이 어린 사람들에게는 적합할 것으로 생각하지만, 사람의 목소리는 모든 비인격적인 악기들보다 훨씬 더 뛰어나다고 확신"하였다. 더욱이 칼빈은 순수하게 악기만을 사용하는 음악은, 사도 바울이 "알 수 없는 방언"으로 하나님을 찬양하는 것을 금지하였듯이, 그 내용이 무엇인지 이해할 수 없기 때문에 예배용으로는 반대하였다.[21] 시편의 한 단어, 한 자, 한 구절은 모두 하나

---

21) Wallace, *Calvin, Geneva, and the Reformation*, 109. 창 4:20; 고전 14:13; 시 33:2; 81:2; 출 15:20 주석 참조.

님에 대한 진지한 경배로 일관되고 있는데, 악기의 연주가 여기에 가미되면 내용보다도 음악적인 운율에 치우칠 염려가 있다고 판단했기 때문이었다. 그러나 악기를 사용 하는 것을 정죄하거나 전혀 불필요한 것이라고 생각하지는 않았다. 악기 연주는 우리의 즐거움을 위한 것이지 꼭 필요한 것은 아니기 때문이다. 세속적인 즐거움이 가미될 소지가 충분히 있었기 때문이다. 그는 찬송을 반대하거나 노래를 거부하지 않았고, 개혁 교회가 시편 찬송을 마음껏 사용하도록 권장하고 지지하는 데 열성을 다했다. 오늘의 한국 교회에는 이처럼 종교 개혁자들이 진지하게 시도한 시편 찬송의 전통이 접목되지 않고 있는데, 이를 오늘에 되살리는 것이 매우 중요하다고 생각한다.

독특한 칼빈주의 신학의 출현

스트라스부르그에 머무는 동안 칼빈은 비로소 칼빈다운 모습을 드러낸다. 그는 자신의 선배 종교 개혁자들과 확실히 차별되는 신학 사상을 제시한다. 공통분모를 갖고 있지만, 그럼에도 불구하고 마틴 루터와도 다르고, 쯔빙글리와도 차이가 나며, 불링거나 부써와도 다른 성경 해석학을 제시하는 독특성을 드러내게 된다. 그런데 칼빈이 남긴 가장 중요한 공헌을 꼽으라면, 일관된 성경 해석을 통하여 체계적인 개혁 신학을 세웠다는 바로 이 부분이다. 어떤 것이 진정한 교회 개혁인가를 종합해 놓은 그의 업적은 성경의 진수만을 조직적으로 정리하여 출판한『기독교강요』의 개정판이 1539년에 나왔는데, 이 책의 성경은 완전히 초판과는 다르게 발전된 구성으로 이루어졌다. 1541년에는 프랑스어 판이 나왔다. 그리고 성경 주석, 신학 논문, 그리고 설교 등으로 이루어졌다.

보다 정확히 말하면, 스트라스부르그에 머무는 동안 칼빈은 그 이전 개혁자들과는 완전히 다른 형식, 독특한 성경적 스타일로 쓰여진 두 권의 책을 동시에 저술하였다. 하나는 『로마서 주석』이요, 다른 책은 『기독교 강요』의 개정판을 내는 작업이다. 그는 이 두 권의 책을 통해서 개혁 신학의 독특성을 확고히 세웠고, 출판된 책을 통해서 제시했다.

칼빈 이후로 오늘날까지 성경 전체에 대한 주석서를 여러 신학자들이 남겼지만, 그 누구도 칼빈을 '성경 주석의 왕'이라고 하는 찬사를 보내기에 주저하지 않는다. 그가 쓴 방대한 성경 해설은 아직도 계속 인쇄되어 전 세계 학자들과 목회자들의 사랑을 받고 있다. 거의 오백 년에 가깝도록 도움을 주고 있는 이유는 무엇인가? 이것은 바로 그의 철저한 성경에 대한 확고한 신학이 지닌 독특한 특징이 있기 때문이다. 하나님께서는 자신의 말씀에 대한 새로운 깨우침을 통해서 진정한 신앙을 회복하기 원하셨고, 16세기 유럽의 종교 개혁 시대에 놀라운 지혜와 학문을 터득한 여러 사람들로 하여금 저술과 강연으로 사람들의 심중에 불어넣게 하셨고, 칼빈에 이르러서는 개혁 신학의 꽃을 피우도록 하셨다.

성경 해석 작업의 시작은 스트라스부르그의 학교에서 강의를 맡음으로써 비롯되었다. 물론 이런 준비는 이미 제네바 시절에 행한 강의와 설교가 밑받침이 되어 쉽게 착수할 수 있었다. 적어도 2년 전부터 칼빈의 마음에는 로마서 주석에 대한 소망이 싹트고 있었다고 불수 있다. 그가 차분하게 몰두할 수 있는 환경으로 오게 됨으로써 빛을 발휘하기 시작한 것이다.

1538년 9월 칼빈이 이 도시에 도착했을 때에, 장 스트룸을 주축으로 초등학교, 중등학교, 신학교 과정으로 이루어진 교육 체계가 세워져 있었다. 부써, 까삐또, 헤디오 등이 협력하여 인재 양성을 위해 많은 교육적 혁신을 이루던 중이었다. 중등 학교의 경우 헬라어, 라틴어, 히브리어, 수학, 그리고 법학을 공부하였고, 최고급 과정은 신학이었다. 이런 체계적이고 점진적인 일련의 교육 과정과 학교의 설립은 훗날 제네바에서도 그대로 재활용되어서 많은 인재의 산실을 세우게 된다. 그러나 보다 더 중요한 것은 이런 일반적인 모방에 그친 것이 아니라, 정작 스트라스부르그의 신학생들에게 성경 해석의 진수를 가르친 사람이 칼빈이었다는 것이다. 사실 칼빈이 받은 적은 월급도 이 학교의 성경 교사라는 자격으로 주어진 것이었다.

『기독교강요』의 저자는 1539년 1월부터 가르치는 일에 참여하였고, 그의 성경 강의는 로마서 해석서로 계획되어서, 준비한 부분을 강의하고 나면 곧바로 필사본이 만들어지고, 이를 수정하여 책으로 출판하였다. 첫 번째 성경 강해서로『로마서 주석』이 1539년 10월 18일 서문을 쓰고, 다음해 3월 스트라스부르그의 출판업자 웬데린 리헬(Wendelin Rihel)에 의해서 출판되었다. 그 후로 요한복음 강해서와 고린도서로 이어졌다. 이런 일련의 성경 주석서로 인해서 칼빈은 한 지역의 교사가 아니요 전 유럽의 종교 개혁의 교사로 영향을 미치게 되었고, 많은 개혁자들 사이에서 가장 영예로운 지도자의 위치를 인정받게 되었다.

로마서는 위대한 구원 교리의 요약이다. 루터에게서 가장 영향을 미친 성경이 로마서 1:17이다. 그는 로마서에서 믿음으로 말미암아 구원을 얻는 도리를 확신하게 되었다. 루터를 비롯하여 모든 종교 개혁자들에게 많은 영향을 미친 어거스틴은 로마서 13:11-14을 읽고 회심하여 타락하고 방탕한 생활에서 돌아서게 되었다.[22] 칼빈도 역시 로마서 1:18부터에서 하나님의 존재에 대한 확신과 인간의 부패한 본성에 대

---

22) 어거스틴의『참회록』8권 12장에 자세히 기록되어 있다.

해 깊은 깨달음을 갖게 되었다. 19세기와 20세기 현대 신학자들의 대부분이 로마서 주석을 통해서 자신들의 신학을 인정받게 되는데, 칼 바르트의 『로마서 주석』은 자유주의 신학에 대한 일대 경종으로 받아들여지게 되었다.

칼빈의 『로마서 주석』이 지닌 의의를 간단히 평가해 보면, 성경 해석 방법론의 일대 전기를 이루었다는 점이다. 그는 시몬 그리네우스에게 보내는 헌사에서 이 방법론의 정립이야말로 성경을 바르게 밝혀 주는데 필수적임을 설명하고 있다. 3년 전에 그리네우스를 만났을 때에 두 사람이 성경 해석에 있어서 '명료한 간결성'(lucid brevity)에 서로 뜻이 일치했음을 상기시키면서, 특히 이런 방법으로 구성되었음을 독자들에게 주지시키고 있다.[23] 그래야 저자의 의도를 정확하게 전달하여 줄 수 있다는 것이다. 일부 학자들은 칼빈의 이런 해석 방법론이 그의 법학 수학 기간에, 특히 부데의 법조문 해석에서 왔다고 하기도 하고, 에라스무스로부터의 영향이라고 보기도 하고, 성경 그 자체의 해석법에서 왔다고 하기도 한다.[24]

칼빈 동시대의 성경 해석자들이 저자가 원래 의도하지도 않은 많은 말을 해석에 첨가함으로써 본문의 뜻이 흐려지게 하고 있다는 깨우침은 새로운 개혁 신학의 이정표를 세우게 만들었다. 이런 칼빈의 해석 방법은 그의 인문주의 학습 과정에서 법전의 뜻을 명확히 밝히려고 노력하

---

23) Richard C. Gamble, "Brevitas et Facilitas: Toward an Understanding of Calvin's Hermeneutic," *Westminster Theological Journal* 47(1985): 1-17. idem, "Exposition and Method in Calvin," *Westminster Theological Journal* 49(1987): 153-65. idem, "Calvin as Theologian and Exegete: Is There Anything New?" *Calvin Theological Journal* 23(1988): 178-194.

24) Michael P. Jensen, "Figuring Calvin: Calvin's Hermeneutics (Almost) Five Centuries on," in *Engaging with Calvin*: Aspects of the Reformer's Legacy for Today, ed. Mark D. Thompson (Nottingham: Apollos, 2009), 42-59.

듯이, 이제는 성경의 뜻을 간단하고 명료하게 밝히려는 체제를 일관되게 유지하도록 만들었다. 이 점을 칼빈은 로마서 주석서를 내놓는 이유에서 밝히고 있다. 목회에 바쁜 교역자들이 언제 핵심을 벗어나 긴 설명을 늘어 놓는 책을 읽을 시간이 있겠으며, 어떤 것은 너무 짧아서 도대체 가장 중요한 진리마저도 그냥 지나치고 있기도 하다. 전자의 경우는 부써와 루터의 해설서이요 후자는 멜랑톤의 저술을 가리키고 있다.

바젤 대학교 교수였던 시몬 그리네우스에게 헌정한 로마서 주석은 서문에서, 자신이 새롭게 내놓는 책을 저술하면서 도움을 입은 사상의 원천을 밝히고 있는데, 대부분 초대 교회의 신학자들이었다. 특히 칼빈은 크리소스톰, 어거스틴, 제롬, 오리겐, 그리고 암브로스 등 감독들을 좋아했다. 물론 많은 동시대의 개혁자들, 멜랑톤, 불링거, 부써 등의 주석서들이 큰 명성을 얻고 또 유익하며, 깊은 학문으로 많은 지식을 전해 주고 있음을 인정한다. 그와 동시에 초대 교부들이 남긴 주석들로부터 많은 유익을 발견하였다.

> 고대의 성경 주석가들, 특히 그들의 경건, 학문, 거룩함, 연령 등이 지니고 있는 참으로 엄청난 권위에 대해서 우리는 그분들이 만들어 낸 어떤 것도 절대로 무시해서는 안 된다.[25]

자신이 초대 교회의 성경 해석자들에게서 영향을 입었음을 분명히

---

25) *Calvin's Commentaries: The Epistle of Paul the Apostle to the Romans and to the Thessalonians*, tr. Ross Mackensie (Grand Rapids: Eerdmans, 1961), 3. 칼빈의 『로마서 주석』에 대한 연구는 다음 두 연구서를 참고할 것. T.H.L. Parker, *Calvin's New Testament Commentaries* (Grand Rapids: Eerdmans, 1981), 88. David C. Steinmetz, "Calvin and the Patristic Exegesis of Paul," in *The Bible in the Sixteenth Century* (Durham: Duke University Press, 1990), 100-118.

지적하고 있다. 초대 교부들의 해석서들과 유대 역사가 요세푸스의 저술들, 플리니의 고전들, 크리소스톰의 설교들은 가장 신뢰할 만한 정보를 제공해 주었다. 여기에 부데의 『유스티니아 법전 주석』 등이 참고할 만한 책들이었다.

동시대의 걸출한 학자들의 주석과 고대의 해석자들 사이에서 별로 새롭게 주석을 편찬할 만한 여분의 공백이 남아 있지 않아 보인다고 겸손해 하면서도, 칼빈은 자신만의 독특한 성경 해석 원리를 구상하고 있었던 것이다. 이러한 독창적인 칼빈의 『로마서 주석』으로 인해서, 개혁 신앙은 비로소 체계적이며 초대 교회의 전통을 다시 복원하는 신학의 원천을 획득하게 된다.

주석으로 나오기 전에 벌써, 칼빈의 강연은 놀라운 정확성과 명료함으로 널리 명성을 얻었다. 그의 강연은 학생들이나 청중들로부터 매우 존경을 받았다. 시의 당국자들이나 개혁자들은 매우 우호적이고 협조적이었다. 칼빈이 받았던 지난날의 상처를 치유하시려고 하나님께서는 그에게 철저하게 성경을 연구하고 묵상하고 가르치는 시간을 허용하신 것이다. 그는 현장의 많은 문제들을 다루기 위해 동분서주하던 제네바에서 한걸음 물러서서, 자신의 개혁 신학 체계를 구성하기에 가장 적합한 시간을 보내게 된 것이다.

왕성한 학문 열을 가지고 있던 칼빈은 『기독교강요』의 개정판을 1539년 8월 출판하였다. 자주 몸이 불편하기도 했으나, 그의 지칠줄 모르는 열정과 집중력으로 이를 극복하면서, 개혁 신학을 공격하는 자들의 이론을 반박하는 내용을 많이 첨가하여 성경의 가르침을 집대성하였다. 개정판 중에서 1539년 판 『기독교강요』는 그 체제와 분량에서 획기적으로 증보되었다. 초판에서는 율법, 신앙, 기도, 성례, 잘못 가르쳐진 다섯 가지 성례들, 그리고 그리스도인의 자유와 교회론 등 총 6장으로 이루어졌는데, 1539년 판에서는 총 17장으로 늘어났다. 6장은 전혀 새로운 것이고, 5장은 원래 있던 소제목에서 각기 독립된 장으로 확장된 것이고, 나머지 6장은 단순히 증보한 것이다.

그리고 1541년에는 프랑스어 번역판이 처음으로 출간되었다. 이후의 개정판들은 다소 내용만을 추가하는 데 그친 정도이지만, 둘째 판에서는 그 구성 체계 자체를 완전히 바꾸었다. 1536년도 초판은 너무 간단한 소책자였으므로 다루어야 할 주제를 증보하고 종합적으로 완전한 신학 대계를 이루도록 구조를 짰다. 다시 말하면 초판의 내용을 버림이 없이, 그의 성숙한 신학을 집대성하여 전체적으로 정교하고 세밀한 논리로 다시 쓴 것이다.

특히 『기독교강요』의 전체 서론으로 꼽히는 제1장에서 하나님과 사람에 대한 지식을 다루는 부분을 대폭 증강하고 성경의 진술들을 광범위하게 삽입하였다. 여기서 칼빈은 자연 신학을 배제하고, 계시 신학을 하나님의 말씀인 성경에 기초하여 강조하였다. 중세 신학의 허상을 버리고, 르네상스 휴머니즘의 이성 중심 사상의 한계를 지적하면서, 오직 참된 지식의 기초는 하나님으로부터 오는 것임을 강조한다. 성경만이 참 진리의 기초임을 강조하되, 이는 성령의 내적 증거로 인하여 성경을 읽는 독자는 이 책을 통해서 하나님이 말씀하신다는 확신을 갖는다고 논증한다.

자연인으로 태어난 인간은 이런 하나님의 계시를 이해하지 못한다. 왜냐하면 아담의 후손으로 태어난 인간은 타락했기 때문이다. 칼빈은 인간관에 대해서 매우 많은 분량을 증보하였다. 그리고 선택과 유기의 부분은 사실 칼빈 사상의 핵심이 아니다. 이는 구원론의 결론 부분으로 옮겨졌다.

1539년 판의 가장 중요한 변화이자 그 당시 뜨거운 논쟁이 반영된 부분은 성찬론이다. 초판이 나온 이후 3년 동안 독일의 루터와 스위스의 쯔빙글리 사이에는, 종교 개혁 초창기의 지도자들 간에 성찬에 대한 해석이 각각 달랐다. 칼빈도 처음에는 루터의 견해에 대해서 명백하게 이견을 제시하지 않았으나, 자신의 이해가 점점 폭을 넓혀가면서 강력하게 반대하는 쪽으로 선회하였다. 칼빈은 주변의 개혁자들과의 접촉이 많아지고, 여러 번 회의에 참석하면서 성찬론에 새로운 이해를 제시하곤 하였다. 스트라스부르그에서는 이런 회의에 참석하는 것이 개인적으로 훨씬 자유로웠다.

칼빈이 스트라스부르그에서 다시 한 번 삐에르 까롤리(Pierre Caoli)의 공격으로 인해서 곤경을 당하는 사건은 우리의 심금마저 아프게 만드는 일대 사건이었다.[26] 칼빈과 파렐을 삼위일체 반대자로 모함하면서 자신의 입지를 굳히려다 실패한 까롤리의 이야기는 앞에서 이미 한번 설명한 바가 있다. 1537년, 로잔과 베른에서 불신임을 당한 까롤리는 굽힐 줄 모르는 열정의 소유자였다. 개혁 신앙에 일말의 호기심을 갖고 있으면서, 여전히 로마 가톨릭교회의 전통에 몸을 담고 있던 까롤리는 자신의 실패를 만회하고자, 1539년 7월 파렐과 비레를 찾아갔다. 자신이 회개하였다는 점을 부각시키고 이들의 인정을 호소하였다.

그는 칼빈이 존경하는 바젤의 신학자 시몬 그리네우스의 추천장을 소지하고 1539년 10월 초 스트라스부르그의 교수들과 목사들에게 나타났다. 이미 까롤리와 논쟁을 했던 경험이 있는 부써는 칼빈에게 까롤리를 만나보라고 요청하였으나, 칼빈은 얼굴을 맞대면하려 하지 않았다. 까롤리는 그때에 이미 로마 가톨릭과 다시 화해를 하였고, 내심으

---

26) 1539년 10월 8일자, 칼빈이 파렐에게 보낸 편지를 보면, 이 일로 인해서 칼빈의 감정이 폭발된 이유를 이해할 수 있다.

로 이 일에 대해서 마음속에는 근심이 가득하였다. 그러나 자신의 입장을 인정받고 싶은 나머지, 칼빈과 파렐이 초대 교회의 3대 신조들을 인정하는 서명을 거부했던 사건을 다시 들추어내어, 스트라스부르그 목사들도 이들의 태도에 동조하는지를 토의 주제로 삼았다. 참으로 뜻밖에 적수가 나타나서 칼빈을 괴롭게 만든 것이다. 칼빈은 이제 새로운 목회의 장을 열어가면서 개혁 신학의 정립에 박차를 가하고 있는데, 돌아온 까롤리가 곤경에 빠트린 것이다.

부써가 주관하는 회의가 개회되었고, 먼저 까롤리가 자신의 주장을 한 뒤 회의실에서 퇴장하는 것을 확인한 칼빈이 입장하여 자신이 왜 거부했던가를 참석자들에게 자세히 설명하였다. 스트라스부르그 목사들과 교수들은 칼빈이 까롤리에 대해서 아무런 잘못이 없음을 확인하게 되었다. 그러나 그들은 칼빈의 서명 거부는 다소 지나치다는 반응을 보이면서, 오히려 까롤리 편에 동조하였다. 최종적으로 까롤리와 스트라스부르그 목사회는 까롤리가 루터파의 신앙 고백인 "아우구스부르그 신앙고백"(Augsburg Confession)에 동조한다는 문서에 서명하기로 결정하였다. 다른 동료 목회자들의 서명날인이 들어 있는 문서가, 그날밤 칼빈의 서명을 받기 위해서 회람되어 왔을 때에 칼빈은 깜짝 놀랐다. 이 문서를 읽는 순간 칼빈은 까롤리에 대한 분노를 참을 수 없었다. 까롤리는 자신의 공백이 있게 된 이유를 칼빈과 파렐에게 책임이 있다고 비난하고 있었다. 까롤리의 진심 속에는 이미 개혁 신앙을 거부하고 있었다. 그는 죽은 자를 위한 기도를 시행하고 있었는데, 이는 개혁 진영에서 도저히 받아들일 수 없던 대표적인 로마 가톨릭의 미신이었다. 칼빈이 삼위일체를 부인하는 아리안주의자라고 근거 없이 비난하던 까롤리의 비양심적인 모습도 전혀 거론하지 않고, 마치 면죄부를 받아야 할 사람으로 기록되어 있었다. 이는 전혀 사실과 맞지 않는 부당한 고발이었는데도, 부써의 온건한 태도로 인해 자칫하면 까롤리가 개혁자의 한 사람으로 인정받게 될 수 있었다.

칼빈은 즉각 부써, 스트룸, 그리고 맛디아스 젤(Mathias Zell)을 찾아갔다. 극도로 분노한 칼빈은 자신이 죽는 한이 있더라도 절대로 서명할 수 없다고 선언하였다. 그러고는 즉시 그 장소에서 파렐에게 항의하는 편지를 작성하였다. 왜 자세히 살펴보지도 않고 성급하게 까롤리를 용납했는가에 대해서 반문하는 항의 편지였다. 칼빈이 파렐의 신학적 입장을 추궁한 것이 아니라, 까롤리의 회개가 진실한지 조사해 보지도 않고 무엇 때문에 그를 성급하게 용납했는가를 거듭 질책한 것이다. 칼빈으로서는 도무지 이해할 수 없었다. 이런 소동 끝에, 칼빈을 제소하는 문구가 지워진 화해 문서에 칼빈은 서명하였다. 그러나 칼빈은 훗날 자신이 참여한 많은 논쟁에서 이 사건이 가져다 준 교훈들을 토론 시의 문제점으로 다시금 상기시키곤 하였다.

여기서 우리는 젊은 날의 칼빈이 지닌 성격의 일단을 살펴볼 수 있다. 칼빈이라는 인물을 지나치게 미화한 나머지, 그가 급할 때는 아주 거침없이 행동하는 모습이 있었음을 감추려 해서는 안 될 것이다. 이 세상에 그 어떤 사람도 자신을 모욕하는 자에게 그저 당하고 있을 수만은 없을 것이다. 더구나 그 사람이 30세의 청년이며, 가장 훌륭한 엘리트 교육을 받은 지도자라고 한다면 자신에게 터무니없이 모략하는 사람을 향해서 거침없이 분노의 감정을 드러내지 않을 수 없을 것임을 이해해야만 할 것이다. 이런 직선적인 면이 있음에 대해서 천박한 사람이라고 평가절하 하거나, 형편 없는 사람이라고 비난하려고만 해서도 안 될 것이다.

아픔 속에 나눈 사랑

여행자의 한 사람으로 스트라스부르그를 방문하는 사람들은 곳곳에 아름답게 만발한 꽃들과 16세기의 멋을 지닌 고풍스러운 목조 건물들, 화려한 교회당과 어우러진 운하를 감상하면서 이 도시의 매력에 흠뻑 빠져들게 된다. 스트라스부르그는 유럽의 삼대 미항으로 손꼽히는 베니스와 나폴리처럼 낭만으로 가득한 곳이니, 바로 '까날'이라고 불리는 운하가 있기 때문이다. 사랑을 속삭이는 젊은 연인들이 자그만 배를 타고 서로를 이해하고 정담을 나누는 풍경을 곳곳에서 발견하게 될 때, 그들의 행복만이 아니라 보는 이의 마음도 평안해진다.

칼빈도 그럴 만한 나이에, 이방인으로서 이곳에서 사랑의 감정을 느끼게 되었을 것이 틀림없다. 물론 다른 사람의 생애를 책임질 만큼 경제적으로나 신분에서나 완벽한 조건을 갖춘 것은 아니었으나, 그의 고단한 목회자로서의 생애와 학자로서의 발전이 있기까지는 더 안정된 가정이 필요했을 것임은 쉽게 짐작할 수 있다. 따라서 그를 편안하게 보살펴 주는 아내와 가정이 필수적으로 요청되었던 시절이었다.

인간의 성숙은 단순히 학문의 성숙만으로 이루어지는 것은 아니다. 인격은 지식, 감정, 의지 등의 제구성 요소들이 균형을 갖추어 골고루 성장할 때 전반적인 성장이 이루어진다. 그리스도의 장성한 분량을 목표로 한 개혁 신앙의 소유자들은 그리스도를 아는 일과 믿는 일에 하나가 되어야만 하는 것이다. 칼빈이 성숙한 사람으로 성장하는 과정에 또 하나의 사건은 인생의 가장 큰 기쁨인 결혼을 하게 된 것이다.

로마 가톨릭교회의 신부들이나 수도사들, 수녀들은 일생 동안 독신으로 살아갈 것을 서약한다. 루터가 종교 개혁 후에 수녀 출신과 결혼하자 많은 가톨릭 사제들이 결혼하고 싶어서 개혁 운동을 했다고 비판하였다. 칼빈도 역시 종종 "트로이와 싸운 희랍인들처럼, 오직 아내만을 얻으려고 로마 가톨릭과 대적하여 싸웠다는 비난을 받는 사람 중에 한 사람이 되고 싶지 않다"고 말하였다.

칼빈이 스트라스부르그에서 1539년 7월, 재봉사 조합에 가입케 되어 시민권을 취득하였다는 것은 무엇을 의미하는가? 이것은 적어도 이 개혁자가 스트라스부르그를 떠나지 않으려고 굳게 결심하거나, 적어도 이곳을 편안한 주거지로 결정했음을 암시하는 것으로 보인다. 재봉사 조합은 반드시 의류 거래를 해야만 가입할 수 있는 조직은 아니었다.[27] 오늘날 미국이나 캐나다, 유럽의 여러 나라들이 타국에서 이민을 받아들일 때, 직능직 이민자들에게 시민권이나 영주권을 부여하는 관례의 전형이라고 본다.

칼빈이 훗날 제네바로 다시 돌아가서도 빨리 시민권을 부여받은 것이 아니라, 1559년 12월 25일에 받는다.[28] 여러 가지 정치적인 고려 때문에 쉽게 시민이 되지 못했던 것이다. 그러나 부써의 도움과 시민들의 우호적인 분위기에 젖어서 한편으로는 난민의 불안감을 떨치고 다소 안정을 누릴 수 있었으나, 경제적으로는 여전히 큰 고통을 겪어야만 되었다. 초기 1년여 기간의 스트라스부르그 시절은 칼빈의 일생에서 극심한 가난과 어려움을 견뎌내야만 하였다. 앞서 언급한 것처럼, 그는 시에서 주는 월급을 초기 10여 개월 동안 받지 못했고, 자신이 가지고 있던 돈도 이미 바닥이 나서 엄청난 생활고를 겪어야만 되었다. 그는 가져온 책들을 팔아서 곤궁한 식생활을 해결했던 것으로 보인다. 16세기 유럽의

---

27) Doumergue, ii, 350. 그러나 맥그라스는 칼빈이 스트라스부르그의 시민권을 받은 것이 1540년 7월이라고 본다. McGrath, *A Life of Calvin*, 102.

28) *The Registers of the Council*, lv, 163.

평민들이 살던 생활 수준에도 미치지 못하였으니, 그가 어떤 심정으로 공부를 하고 사명을 감당하였는지는 충분히 상상할 수 있을 것이다.

칼빈의 결혼 이야기는 아무래도 흥미롭다. 스트라스부르그라는 도시가 낭만적이며, 결혼 적령기의 사람들에게는 더없이 포근한 분위기로 다가오는 도시이다. 그동안 학업에 전념하다가 피난민으로 고향을 떠났고, 제네바에서 개혁 운동에 몰두하느라 안정된 집을 갖고 아내와 더불어서 살아가는 꿈을 생각할 여유도 없이 보내었다. 그러나 칼빈은 반려자 없이 일생을 살아야만 한다고 고집하던 수도원에 들어가 있었던 사람이 아니었고, 더구나 가톨릭 신부로서 독신을 서원한 처지도 아니었다.

칼빈의 결혼을 추진한 사람은 동료 개혁자 부써였다. 칼빈은 너무나 가난했기 때문에 이를 엄두도 내지 못하고 있었다. 칼빈의 절친한 친구이자 후원자였던 로잔의 개혁자 비레가 1538년 10월 결혼하였다. 그의 예를 들어가면서, 부써는 칼빈으로 하여금 건강을 돌보아 줄 사람을 찾아서 결혼하도록 강력히 설득하였다. 부써는 이미 수녀였던 여성과 결혼하여 열세 명의 자녀를 낳았다. 아내가 병으로 죽자 까뻬또의 미망인을 두 번째 부인으로 맞이하여 양가의 아이들을 돌보았다.

1539년 12월, 칼빈의 동생 앙뚜완과 의붓 동생인 마리아가 스트라스부르그로 합류하면서 가족들이 더욱 결혼을 권하고 서둘렀으리라 생각된다. 칼빈의 마음속에서 어떤 사람에게 사랑의 감정을 느껴서 결혼을 받아들였던 것은 아니고, 일련의 사건들을 치르면서 결혼에 대한 바람직한 생각을 갖게 되었다.

칼빈은 이런 생각을 아직도 독신으로 살고 있던 파렐에게 상의하였다. 답장을 받고 다시 보낸 편지에 가장 이상적이라고 생각되는 아내상을 기술하였다.

나는 한 번 미끈한 외모를 보고는 그 아름다움에 사로잡혀서, 심지어 그 상대방의 모든 악한 것까지도 포용해 버리는 사랑에 미쳐버린 그런 부류의 사람은 아닙니다. 내가 관심을 갖고 있는 미모는 이것입니다. 즉, 아담하면서 공손하고 검소하고 절약할 줄 알고 인내심이 많으며 나의 건강에 관심을 갖고 잘 돌보아 줄 수 있는 그런 사람입니다.[29]

파렐은 1539년 6월, 칼빈의 결혼에 관한 계획을 상담하기 위해서 스트라스부르그를 방문하여 적극적으로 추진하였다. 칼빈의 결혼관이 로맨틱한 것도 아니요 이기적인 것도 아니며, 여성을 무시하던 중세의 풍조에 무조건 휩쓸려 가는 것도 아니었다.

결혼 이야기가 나온 뒤로, 약 9개월 뒤인 1540년 2월, 귀족 집안에서 자라난 매우 고상한 인품을 지닌 여성을 소개받았다는 편지를 파렐에게 보내었다. 한 자매의 가족들이 매우 헌신적으로, 그리고 자발적으로 자신들이 존경하던 청년 칼빈에게 청원하였다. 칼빈은 그녀가 프랑스어를 배워야만 한다고 요청하였다. 독일의 부유한 집안에서 성장한 그 자매는 이 문제에 대해서 시간을 달라고 요청하였다. 칼빈은, 이것은 하나님의 결정을 보여 주시는 일이라고

35. 이들레뜨 드 뷔르로 추정되는 초상화

---

29) *Calvin's Selected Works*, iv, 141.

생각하면서, 출생 배경이나 교육 정도가 서로 다른 사람들이 만남으로 해서 장래를 어둡게 하지 않기를 염원하였다. 칼빈은 그녀가 프랑스어 배우기를 주저하자, 즉시 동생을 보내 서로 간의 협상을 더이상 진전시키지 않기로 요청하였다. 자신은 훨씬 가난한 여성을 택하고 싶다는 의사를 피력한 것이다.

어린 시절부터 사용하던 언어가 서로 다르게 될 때에 오는 의사소통의 어려움은 얼마나 큰 고통이 될 것인지에 대해서 신중하게 판단한 것이다. 더구나 자신은 가난한 개혁 교회의 목사로서 물질적으로 풍요로운 사람은 만족하기 어려울 것도 염려했던 것이다.

마침내 1540년 8월, 그동안 합당한 배우자를 찾던 칼빈은 두 자녀를 가진 여인과 결혼하였다. 또농으로부터 크리스토퍼 파브리(Christopher Fabri)가 결혼에 대한 축하 편지를 보내왔다. 칼빈이 새로 소개받은 신부감은 처녀가 아니었다. 부써의 도움과 강력한 추천으로 만나게 된 여인은 아들과 딸, 두 남매를 기르고 있는 이들레뜨 드 뷔르(Idelette de Bure)라는 과부였다. 그녀의 남편은 한때 재세례파였다가 스트라스부르그로 피신해 들어왔다. 그 사람은, 칼빈의 가르침과 설교로 인해서 개혁 신앙으로 돌아선 장 스또르되르(Jean Stordeur of Liege)였다. 장 스또르되르는 벨기에 남부 출신으로, 프랑스 난민 교회에 가입하여 성만찬에 참석한지 얼마되지 않아서 1540년 봄, 흑사병에 걸려 죽고 말았다. 아마도 칼빈은 그의 장례식을 치르면서 그의 부인이요 경건한 미망인 드 뷔르가 슬픔을 이겨내는 모습에서 깊은 동정심에 사로잡혔을지도 모른다. 아니면, 불확실한 장래에 대해서마저도 하나님께 전적으로 신뢰하는 모습에서 깊은 인상을 받았을지도 모른다. 고아와 과부를 불쌍히 여기라는 성경의 말씀을 묵상하던 중에 이 여인을 선택하였는지도 모른다. 비록 출신 배경은 그리 훌륭한 집안은 아니지만, 고상하고 정신적인 깊이를 가진 이 여인의 확고한 신앙심에 대해 깊은 인상을 받았을지도 모른다. 드 뷔르는 결혼 직전에 누와용에 있었는데, 정확하지는 않으나 칼빈과 같은 고향 출신의 여인이어서 칼빈이 자연스럽게 마음을 열고 대화를 나눌 수 있었던 것으로 보여진다.

남자가 여자를 소유물로 취급하던 시대에, 칼빈은 자신의 아내에 대해 놀라운 칭찬의 마음을 숨기지 않고 있다. 그 둘 사이의 사랑은 육체적, 정신적 아픔과 고통 속에 잉태된 것이어서 그러했을까? 자기 아내에 대해 이토록 철저한 신뢰와 고마움을 표시하였다면, 이 두 사람은 행복한 결혼 생활을 했다고 믿어 의심치 않는다.

칼빈 역시, 단 한 번도 남편을 곤란하게 만들지 않고, 자신의 병과 심적 고통을 견디어 낸 자기 아내를 너무나 사랑하였다. 개혁자의 가정은 가난하지만 서로 신뢰하며 서로 격려하며 위로하는 가운데 남편의 마음과 아내의 현숙함이 스며 있었다.

앞서 언급한 바 있듯이, 칼빈의 글 속에는 자신에 관한 개인적인 이야기가 별로 없다. 그가 당면한 문제들을 처리하기 위해 호소하고 해명하고 부탁하는 편지는 많이 있지만, 그럴 경우에도 자기 자신에 대해서 흥미있는 이야기를 털어놓으면서 설득한 적은 별로 없다. 결혼 생활에 대해서 추적해 볼 수 있는 기록이나 편지들도 매우 적어서, 역시 다른 사생활처럼 가정 생활에 대해서 쉽게 추적할 수 없는 아쉬움이 있다. 남편과 아내로서 이 두 사람은 매우 호의적이요 상호 신뢰를 갖고 살아갔다. 드뷔르는 성격이나 헌신 면에서 볼 때 칼빈이 바라던 이상형의 여성이었다.

자기 아내의 죽음에 대해서 이토록 슬퍼할 수 있다면 그 사랑은 틀림없이 인격적 신뢰에 바탕을 둔 내조에 대한 감사의 표명일 것이다. 아내 드뷔르가 먼저 하나님 나라에 간 뒤에 친구 비레 목사에게 보낸 편지에서 칼빈은 다음과 같이 아내에 대해 술회하고 있다.

> 비록 내 아내의 죽음이 내게는 견딜 수 없는 고통이긴 하지만 아직 나는 이 슬픔을 내가 할 수 있는 한 가라앉히고자 애쓰고 있소이다. 친구들과 또한 나를 위해서 자신들의 임무를 잘 맡아 주었소이다. … 진정 나의 슬픔은 일반적인 것에서 나오는 것이 아니란 말이요. 나는 나의 생애에 최고의 동반자를 잃게 되었소이다. 만일 우리들의 운명이 더욱 가혹해진다면, 그녀는 추방을 당하거나 가난에 빠져도 기꺼이 나와 함께 고생을 나누어 질 사람이었고, 심지어 죽음까지도 마다하지 않을 반려자였습니다.
> 그녀가 살아 있던 동안 나의 목회 사역을 성실하게 도와 주었지요. 나는 그녀로부터 어떤 조그만 어려움도 경험하지 못했었지요. 자신이 아픈 가운데도 그녀의 생애를 통해서 나를 곤란하게 만든 적이 한 번도 없었소이다.[30]

애석하게도 이 두 사람의 결혼은 1549년 4월, 아내의 죽음으로 9년이라는 짧은 기간으로 끝나고 말았다. 칼빈의 건강을 돌보아 주어야 할 아내가 먼저 아파서 자리에 누워 있던 동안의 이야기는 1549년 4월 11일에 파렐에게 보낸 편지에 자세히 기술되어 있다. 칼빈은 자식들 때문에 고생을 참고 인내하는 아내의 고뇌를 이해하면서, 이후에 그들은 마치 칼빈 자신의 자녀들인 것처럼 돌볼 것이니 걱정하지 말라고 위로하였다.

---

30) *Calvin's Selected Works*, v, 216.

그녀는 "난 이미 그 아이들을 하나님께 맡겼습니다"라고 대답하였다. 나는 다시 그 자녀들을 향한 나의 의무를 다하려 한다고 말하자, 그녀는 즉시, "만일 하나님께서 그들을 돌보아 주신다면, 그들이 당신의 말을 잘 들을 거예요"라고 대답하였다.[31]

칼빈이 아내를 잃고 쓴 편지들에는 안부 인사마저 생략된 채, 슬픔에 잠긴 자신의 심정을 쏟아내고 있음을 볼 수 있다. 얼마나 비참함을 깊이 느꼈는가를 보여주는 대목이다. 특히, 칼빈은 아내가 마지막 날에 여섯 시간 동안 하나님께 자신의 영혼을 위해 기도하는 모습을 지켜보았다고 술회하고 있다. 그녀는 남다른 깊은 신앙심을 가지고 있었다. 그러나 일반적으로 아내가 남편에게 많은 영향을 미치리라는 예상과는 달리, 그녀가 칼빈에게 별로 큰 영향을 미치지 못한 것을 알 수 있다. 어쩌면, 얼마 만큼의 영향을 미쳤는 가에 대해서 잘 알지 못한다는 것이 보다 솔직한 표현일 것이다. 단지, 그녀가 그늘에 숨어서 조용히 드러나지 않게 남편을 돕고 많은 일을 감당하는 데 조력했음은 분명하다.

칼빈의 결혼 생활은 상호 신뢰를 통해서 매우 원만한 부부 사이였으나, 계속해서 일어나는 일련의 고통스런 사건들을 통해서 인간의 경험 중 가장 뼈아픈 슬픔을 맛보아야만 했다. 이 두 사람이 어떤 외적인 매력에 서로 마음이 끌려서 로맨틱한 사랑의 격정에 휘말린 것도 아니요, 어떤 사상이나 이념의 동지애를 느끼고 이것이 점차 발전되어서 아이를 갖고 가문을 이어가는 결혼 생활도 아니었다. 두 사람 사이에 서로 이해하고 존경하는 깊은 신뢰로 인해서 그 어떤 가정보다도 기쁨과 만족을

---

31) *Calvin's Selected Works*, v, 218.

얻을 수 있었다. 그런데 사랑을 방해하는 곤경이 휘몰아쳤다. 이들 부부 사이에서 태어난 아들 자크(Jacques)가 1542년 7월 28일 출생 후, 불과 며칠 만에 병으로 죽었다. 이 아들의 분만으로 얻은 병은 아내의 건강을 허약하게 만들었고, 그 후로 계속 병약한 생활을 하다가 1549년 3월 29일, 그의 곁을 떠나 하나님의 품에 안겼다.

모든 글에서 자신의 고통과 어려움에 대해서 매우 엄격할 만큼 절제하였던 칼빈의 고결한 성품은 이미 널리 알려져 있었다. 그래서 동시대의 칼빈의 절친한 친구들이 이런 그의 태도에 대해서 매우 존경할 만하다고 칭찬해 마지 않았다.[32] 그러나 자신의 곤경에 대처하는 엄격한 자세를, 사랑하는 아내와의 작별에 있어서까지도 똑같이 유지하리라고 기대한다면 너무 지나친 것이 아닐까 싶다. 칼빈이 비레와 파렐에게 보낸 편지들에서 극도의 고통을 참고, 억지로 평상심을 유지하느라 애쓰고 있노라고 솔직하게 어려움을 토로하고 있다. 대부분의 편지에 나오는 인사도 생략한 채, 곧바로 자신이 지금이 고통을 참느라고 최선을 다하고 있다고 하소연한다. 가장 탁월한 신학자이기에, 자만하지 아니하도록 하나님은 평범한 사람들이 도무지 감당 못 할 너무나 큰 시련도 함께 견뎌내도록 만드셨던 것은 아닌지 모른다.

개혁자들과의 교류와 성만찬 논쟁

스트라스부르그 시절에 맺은 또 하나의 열매는 종교 개혁의 난제들

---

32) 1549년 4월 10일, 비레가 칼빈에게 보낸 편지를 참고할 것. Opera, xiii:233.

을 함께 해결하는 중에 많은 사람들을 사귀게 되었고, 그들과 함께하는 동안에 경험한 일들이 개혁 운동의 방향을 설정하는 데 중요한 참고가 되었다는 점이다. 점차 칼빈의 영향력은 독일 남부의 도시들에서 나타났다. 그는 종교 개혁이 일어난 나라에서 아직 풀지 못한 여러 문제들을 분명히 설명해 주는 중요한 인물로 주변의 여러 시의회가 존경하게 되었다. 가정 생활의 고난을 내면으로 삭히면서, 칼빈은 지치지 않는 열정으로 자신의 지적인 능력을 발전시켜 당대의 명망 있는 개혁자들과의 토론에 참여하였다.

가장 당면한 논쟁의 주제는 외부적으로 로마 교회와의 화해 문제였고, 내부적으로는 개신교 안에서 성찬론의 통일에 관한 것이었다. 칼빈의 신학적인 공헌은 개신교 내부 문제 해결에서 돋보이고 있다. 교회의 역할과 교회의 사명을 논할 때, 가장 중요한 항목으로 성례를 꼽는다. 교회란 과연 성례를 떠나서 다른 중요한 일을 한다고 볼 수 없다. 특히 로마 가톨릭교회에서 주장하는 교회의 본질과 기능은 모두 다 일곱 가지 성례에 집중되어 있다. 따라서 종교 개혁자들은 이 성례 문제를 간단히 취급하지 않았다. 마틴 루터가 종교 개혁을 시작하면서 우선적으로 거론한 것이 성찬 문제였다. 지금까지도 로마 가톨릭교회는 일곱 가지 성례를 중요시하고 있는데, 종교 개혁자들은 바로 그런 의식화되고 인위적으로 형식화된 일곱 가지 성례(seven sacraments)의 폐단을 폭로하고, 성경에서 전하는 세례와 성찬만을 예수님이 지정한 성례로 인정하였다.

프랑크푸르트, 하게나우, 보름스

1539년 4월 프랑크푸르트에서 열린 회의에 참석하면서 좀 더 열린 안목으로 세계 정세와 개신교 박해에 대한 구체적 대응책에 대해 관심을 갖기 시작하였다. 거기서, 칼빈은 특히 스트름과 함께 많은 대화를 나누었는데, 주로 핍박받고 있던 프랑스 개신교도들의 보호와 지원에 관한 것이었다. 4월 19일 이 회의는 스파이어(Speyer)에서 계속하려 했으나, 이 도시에 흑사병이 번지자 하게나우로 옮겨졌다. 양 진영에서 참석한 군주들은 스트라스부르그에서 약 10km 정도 떨어진 하게나우(Hagenau)에서 1540년 6월 28일 회의를 속개하여 타협 방안을 모색하고 있었다. 칼빈은 볼프강 까삐또와 함께 스트라스부르그의 대표로 참석하였다. 프랑크푸르트와 하게나우의 회의에서 날카로운 비판자이자, 예리한 관찰자의 한 사람으로 독일 개혁자들에 대한 신학과 인격을 꿰뚫어 볼 기회를 가졌다. 칼빈은 당대의 독일 개혁 신학자들이 고뇌하는 문제를 잘 파악하고 있었다. 그는 이런 생각을 모아서 제네바에 머물던 친구(Du Tailly)에게 편지하였다. 이 회의에 멜랑톤은 아파서 참가하지 못했다. 마침내 양측이 도출한 합의 사항은 선거권을 가진 11인씩을 선발하여 다시 3개월 후에 보름스(Worms)에서 회합하자는 것뿐이었다.

1539년 10월 24일, 칼빈과 스트름은 보름스에서 열린 회의에 참석하기 위해 스트라스부르그를 떠났다. 그러나 황제의 대리인인 그란벨레(Granvelle)가 도착한 것은 11월 22일이었다. 따라서 거의 한 달 동안 많은 개신교 지도급 인사들을 만나 서로 전략을 협의하게 되었고, 자신의 박식한 지식을 활용하게 되었다. 특히 여기서 독일 루터파 지도자 중 천재로 꼽히던 필립 멜랑톤(1497-1560)과의 사귐은 칼빈을 널리 알리는 계기가 되었다. 멜랑톤, 부써, 칼빈 등은 거의 매일 회합을 갖고 "아우그스부르그 협약"을 도출하게 되는 기본 전략을 협의했다. 칼빈은 정치적, 종교적 혼돈 속에서 새로운 개혁 세력의 입지 확보를 위한 격론의 현장을 몸으로 체험하고 열렬하게 의견을 개진하였다.

그란벨레는 11월 25일 보름스에 모인 양측의 회합에서 인사말을 하였다. 하지만 양 진영은 공식적으로 대좌를 한 것이 아니었다. 중립적인 위치에 있던 대표들이 사회를 맡고 서로 간의 입장을 개진하는 데서 협상이 시작되었다. 이 때의 상황은 12월에 파렐에게 보내진 편지에서 추론해 볼 수 있다. 12월 29일부터 양측에서 한 명씩 의사를 발표하도록 하자는 그란벨레의 제안이 있었고, 드디어 회의는 좀 더 공식적으로 열리게 되었다. 1541년 1월 14일, 에크와 멜랑톤 사이에 원죄에 관한 토론으로 보다 본격적으로 격렬하게 대립하였다. 그러나 1월 18일 황제의 대리인은 이 회의를 레겐스부르그에서 다시 회집한다고 중단시켰다.

1541년 1월 1일 보름스 회의에 참석하는 동안, 칼빈은 '그리스도를 위한 승리의 노래'(Epinicion Christo cantatum)를 심심풀이로 작성하였다. 이 장문의 시 속에는 보름스에서 논의되는 일들이 매우 분명하게 담겨 있다.[33] 원래 출판을 목적으로 지은 시는 아니지만, 친구들이 읽도록 기록한 것이고 칼빈도 모르게 널리 돌려 읽혀졌다. 이 시는 도미니크 교파 비달 드 베깡(Vidal de Becanis)에 의해서 툴루즈 지방에서 1544년도에 금서 목록에 오르기도 했고 많은 사람들이 칼빈에게 그 시의 원본을 요청하기도 했었다. 이때 칼빈과 함께 참석했던 콘라 드 바디우스(Conrad Badius)에 의해서 1555년 제네바에서 출판되었고, 프랑스어 번역본도 나왔다.

우리는 지금 종교 개혁이 국가적인 대립으로 번지던 1530년대의 긴

---

33) CO v:417-428. Christopher Oker, "Calvin in Germany," in *Politics and Reformations: Essays in Honor of Thomas A. Brady Jr.* eds., Christopher Ocker, et als (Leiden: E. J. Brill, 2007), 343.

장을 그 역사의 현장에서 체험하고 있지 못하다. 오늘처럼 개신교의 신앙이 보장을 받고 있던 시대가 결코 아니었음을 잊어서는 안 된다. 종교 전쟁의 전운이 감도는 불안한 그 시대의 상황을 오늘 평화의 시대에 사는 사람들이 과연 얼마만큼이나 잘 이해할 수 있을 것인가! 칼빈이나 부써나 스트룸이나 독일 남부 지방의 다소 여유 있는 분위기와는 대조적으로 북부와 중부 지방에서는 긴장된 나날을 보내야만 되었다. 칼빈이 스트라스부르그에서 머물던 기간은 유럽 제국의 황제이자 스페인 왕이던 찰스 5세(1500-1558)가 고군분투하던 시대와 겹치는 시기였다. 프랑스와 전쟁을 치르고, 터키와도 대치하고 있었고, 독일 지역에서는 루터의 후원자인 프레데릭과 헷세의 필립이 결성한 스말칼트 동맹군과 싸워야만 되어서, 아직 개신교에 대한 공세만을 위해서 대대적으로 군사를 동원하지 못하던 시절이었다. 1530년 결성된 개신교를 지지하는 영주들의 동맹인 스말 칼트 연합군은 로마 가톨릭을 지지하는 황제의 군대만큼 모든 면에서 조직화 되어 있지 못했다. 영주들은 여전히 황제와 교황의 권위에 대항할 만큼의 충분한 확신과 이념이 부족했고, 귀족들 역시 로마와 황제의 눈치를 보면서 소극적이었다. 결국, 찰스 5세는 1547년에 이르러 스말칼트 동맹군을 무찌르고, 그 위세로 신·구 기독교 세력권 사이의 화해를 시도하게 되었다. 스트라스부르그는 이 독일 개신교 연합군에 가담하여 스말칼트 동맹군의 일원으로 싸웠으나, 1547년 뮤엘베르그 전투에서 스말칼트 동맹군이 패함으로 가톨릭 진영에도 일부 권한을 인정해야만 되었다. 그래서 나온 절충안이 아우그스부르그 평화 조약(1555)이다. 페르디난드 1세와 독일의 선제후들과의 사이에 맺어진 이 조약은 칼빈주의자들은 배제된 채 갈등의 일단을 봉합하였다: "그 지역을 다스리는 사람의 종교를 그 지방의 종교로 한다."(*cuius regio, eius religio*)는 표어는 아우그스부르그 평화 조약의 핵심 사항이었다. 다시 말하면, 한 지역을 다스리는 자의 종교를 그곳에 사는 주민들의 종교로 인정한다는 말이다. 이로 인해서 루터파를 지지하는 영주들이 자신들의 영지에서 신앙을 결정할 수 있는 권한을 확보하게 되었다. 이는 피의 대가를 지불하고, 많은 사람들의 희생이 제물로 쓰여져서 얻게 된 당시로서는 매우 진일보한 자유의 획득이었다.

레겐스부르그 회의와 멜랑톤

이 회의에 참가할 무렵 칼빈은 교황 바울 3세가 찰스 5세에게 보낸 성직자의 충고에 대해서 신랄하게 비판하는 글을 가명으로(Eusebius Pamphilius) 발표하였다.[34] 4월 5일 찰스 5세가 개회를 선언한 회의는 4월 27일부터 5월 31일까지 계속되었다. 보름스에서 휴회한 바로 그 문제에 대해서 다시 속개되었는데, 로마 가톨릭의 대표는 콘타리니(Gasparo Contarini)가 전권을 행사하고, 에크, 알베르트 피기우스가 주도했다. 개신교 진영의 대표는 멜랑톤, 부써, 그리고 칼빈이었다. 칼빈이 레겐스부르그에서 열린 회의에 참석한 동기는 멜랑톤의 간청 때문이다. 그는 칼빈이 반드시 참가해야만 한다고 간청하면서 '학자들 가운데 가장 걸출한 분이라는 평판'(on account of his great name among scholars)이 있기 때문이라고 하였다.[35]

4월 27일부터 5월 25일까지 '레겐스부르그 책'이라고 불리는 신앙적인 주제들을 놓고서 양측은 논쟁을 거듭했다. 이 책은 그란벨레의 주도 하에 부써와 로마 가톨릭 측의 대표인 요한 그로퍼가 이 회의에서 토론

---

34) CO v:461-508.
35) Opera, v:41.

36. 필립 멜랑톤(루카스 크라낙의 그림)

된 것들에 대해서 요약한 것으로 종교 개혁 시대의 중요한 문서 중 하나이다.[36] 아직 아우그스부르그 협약은 논의 대상이 되지도 못했다. 양측은 원죄, 자유 의지, 칭의론에 있어서 합의에 도달했으나, 교회론과 성만찬에 대한 논쟁에서 벽에 부딪혔다. 회의의 결과가 무엇이냐에 대해서 이의를 제기하면서, 칼빈은 부써와 멜랑톤의 바람을 저버리고 회의가 종결되기도 전에 스트라스부르그로 돌아가 버렸다. 그는 너무나 오랫동안 스트라스부르그를 비우고 별다른 소득도 없이 레겐스부르그에 머물러 있었다고 판단하였고 집으로 돌아왔다. 칼빈이 레겐스부르그에서 느낀 점들을 토론 내용과 함께 출판하였다.[37] 혹자는 이 회의 결과를 비밀리에 보관해야 한다고 주장하였으나, 칼빈은 공개하는 것을 좋아하였다. 하나님은 자신의 말씀을 땅에 묻어두기를 원치 않으시며, 몇 사람의 학자들에게만 가두어 놓으려 하지도 않으신다고 확신하였다. 이 회의를 마치고 칼빈이 8월 13일 비레에게 보낸 편지에서 그는 이 회의에서 논의된 문제들이 해결될 기미가 없었다. 따라서 종교적인 평화가 없으리라고 항상 생각해 왔다는 심정을 드러냈다.

두 사람의 성격이나 교리에 대한 현저한 입장의 차이에도 불구하고,

---

36) CR iv:190-238. '레겐스부르그 책'에 대한 비판적 연구로는 *Acta Reformationis Catholicae ecclesiam Germaniae concernentia saeculi XVI*, ed. Georg Pfeilschifter, 6 vols. (Regensburg, 1959-1974), 24-88.

37) CO v:509-684.

칼빈과 멜랑톤과의 친교는 이후로 일생 동안 계속되었다. 다른 사람들과 나눈 만큼 편지의 교환 횟수는 많지 않다. 그러나 신학의 입장 차이를 보임에도 불구하고 서로 존중하는 마음이 표출되어 있다. 칼빈은 보다 철저하게 개혁을 주장하고, 보다 논리적이며, 좀 더 확고한 신념의 사람이었다. 반면에 멜랑톤은 훨씬 신중하고 소극적이고 타협적이며, 나이로 볼 때도 칼빈보다 12세나 연장자인 풍모를 지닌 독일의 대표적인 개혁자이자 학자였다. 칼빈이 쓴 편지들을 살펴보면, 항상 멜랑톤에 대해서 매우 존경하며 높이 평가하고 관심과 애정을 가지고 있음이 드러난다.

1543년 칼빈은 피기우스(Pighius)와의 논쟁에서 작성한 자신의 논문을 멜랑톤에게 헌정하였고, 그로부터 3년 후에는 멜랑톤의 『신학 총론』(Loci Communes)을 프랑스어로 번역하여 출판하였다.[38] 칼빈은 이미 이 책으로부터 자신의 『기독교강요』를 저술하는 데 많은 도움을 얻은 바 있었기에 개혁 신학의 초석을 놓은 저술로 높이 평가하고 있었던 것이다.

목회자의 유고 시에 발생하는 일들이야말로 언제나 예고 없이 찾아온다. 칼빈이 1541년 3월, 레겐스부르그 회의에 참석하던 중, 스트라스부르그에 흑사병이 돌았다는 소식을 접하였다. 그는 마음이 매우 무거웠다. 회의의 내용이 불만족스럽기도 했으나, 자신이 매우 가까이 사귀고 자신의 집에 머물면서 지도하던 두 사람의 젊은이가 죽었다는 소식 때문이었다. 그들은 매우 장래가 촉망되는 헬라어 학자 끌로드 페레(Claude Feray)와 그의 제자 노르만 귀족의 자제 루이 드 리슈부르(Louis de Richebourg)였다. 칼빈은 리슈부르의 아버지에게 자신의 애도를 전하

---

38) 칼빈과 멜랑톤과의 관계에 대해서 연구한 저술들을 참고할 것. Ganoczy, *The Young Calvin*, 146-151. Phillip Schaff, *History of the Christian Church*, vii, 385-398.

면서 이 소년에 대해서 가지고 있던 따뜻한 마음을 전하였다. 이 편지 역시 읽는 이로 하여금 깊은 감명을 갖게 한다. 그는 자신과 관계된 사람들의 슬픔을 함께 나누고, 어려움과 걱정을 돌아보는 마음의 소유자였다. 자기 아내의 일로 인해서 큰 슬픔을 맛보았던 그는 이렇게 주변의 사람들이 당한 불행으로 더욱 우울하게 되었고 고통을 겪게 되었다. 동생 앙트완느와 가까운 가족들은 먼저 집을 떠나서 대피했다. 칼빈의 아내 이들레뜨, 그리고 두 자녀들은 앙트완느로부터 피신할 처소가 마련되었다는 소식이 오기를 애타게 기다리고 있었다. 멀리 떨어져 있던 칼빈은 밤낮으로 가족들에 대한 염려와 교회 성도들에 대한 생각으로 애가 탔다. 칼빈이 모든 회의를 마치고 다시 스트라스부르그로 돌아간 것은 1541년 7월이었다. 떨어져 있는 동안 칼빈의 마음은 생사가 위태로운 온통 가족들에 대한 염려로 가득 차 있었다. 그리고 돌아온 뒤에 몇 주간 지내다가 후임 목회자 삐에르 브룰리(Pierre Brully)가 도착하자 다시금 제네바의 청빙을 받아서 돌아가게 된다. 브룰리는 원래 도미니칸 수도사로서 멧츠(Metz) 지방에서 개혁주의 설교를 하다가 옮겨온 것이다. 하지만 그는 안타깝게도 1545년 2월 오늘날의 벨지움 땅에 속하는 투르나이에서 로마 가톨릭 진영에 의해 화형당하고 말았다.

독일 루터파와 로마 교황청 대표자들 사이에 화해를 도출하기 위한 레겐스부르그 회의는 황제의 주선으로 이루어졌는데, 그 진행 과정을 지켜보던 칼빈은 크게 실망하지 않을 수 없었다. 우선, 레겐스부르그에 마주친 양 진영의 면면을 보자. 개신교 측에서는 멜랑톤, 부써, 요한 피스토리우스(Johann Pistorius) 등 모두 화해주의자들이었다. 이들 개신교 측의 지도자들은 많은 부분에서 양보할 자세로 회의에 임하였다. 가톨릭에서는 추기경 가스파로 콘타리니(Gasparo Contarini)가 교황 대사로 사회를 맡았다. 여기에 에크(Eck), 요한 그로퍼(Johann Gropper), 그리고 율리우스 프르그(Julius Pflug) 등이 대표자로 참석하였다. 그러나 회의 결과 양측이 원하던 합의와 그에 따른 화해가 이루어지지 못하고 말았다. 칼빈은 6월 25일, 회의의 종결까지 참석하지 못하고, 중간에 돌아가도 좋다는 허락을 다행스럽게 여기면서 스트라스부르그로 돌아왔다.

레겐스부르그 회의에서 토론하는 동안 칼빈이 가장 관심을 가지고 모든 노력을 다해서 제기했던 문제는 프랑스에서 박해당하고 있는 자기의 동료 개신교인들의 신앙 자유를 허용해 달라는 것이었다. 특히 독일의 개신교 지도자들이 프랑스 왕과 우호적인 관계를 지속하게 된다면, 이로 인해서 프랑수와 1세가 프랑스 내에 있는 개신교도들에게 다소 부드럽게 대하리라고 기대하였다. 이런 관계는 당시 유럽을 제패하던 실권자 황제와 전쟁을 하는 개신교 동맹에 프랑스 세력을 끌어들이는 효과를 가져올 수도 있었다. 칼빈의 노력으로 스트라스부르그 개신교 당국자들과 독일 및 스위스 개신교 지도자들은 레겐스부르그 회의에서 프랑스 왕에게 서한을 보내, 개혁 신앙의 소유자들과 왈데시안(Waldenses)들에 대한 박해를 중지할 것을 요청하였다.

많은 개신교 지도자들이 모인 회의에서 가장 주도적인 인물은 멜랑톤과 부써였다. 그러나 칼빈이 『기독교강요』를 발표한 후, 프랑스에서 스위스에 망명한 개신교 지도자들이 위와 같은 서한을 보낼 만큼, 칼빈은 점차 주목을 받는 지도자로 부각되었다. 이렇게 칼빈이 자기의 동료 프랑스 개신교도의 신앙 자유를 호소하는 과정에서 독일의 개신교 지도자들의 상황과 사상을 알게 되었고, 서로간의 친밀한 교제를 이룩할 수 있었다.

칼빈은 루터를 높이 평가하였고, 종종 이를 공개적으로 표현하곤 했는데, 1544년 11월 14일 불링거에게 보낸 편지에 "나는 자주 이런 말을 했습니다. 만일 루터 박사께서 나를 마귀라고 부른다면 나는 마귀이며,

그런 말에도 불구하고, 나는 그를 가장 뛰어난 하나님의 종이라고 높이 존경을 표할 것입니다"라고 썼다.[39] 성찬론을 포함하여, 자신의 신학에 맞지 않는 성경 해석 방법론과 예배를 실시하던 다른 나라의 개신교 지도자들에 대한 존경과 이해의 마음은 변치 않았다.

최대의 쟁점인 성찬론

종교 개혁자들 사이에서 로마 가톨릭의 성찬론을 어떻게 새롭게 정립하느냐가 초기의 가장 큰 쟁점이었다. 성찬론을 새롭게 세우게 되면, 결국 교회관이나 성직자들의 직분론에 관련된 모든 교회론이 새로워지게 된다. 그리고 결국에는 성찬은 구원의 방법이나 구원의 수단이 아니라 은혜의 수단으로 자리매 김하게 되어 구원론을 수정해야만 하게 되는 것이다.

칼빈이 스트라스부르그에 머물 동안에 세워 나간 중요한 신학의 발전중 하나는 성찬론이다. 루터 진영과 스위스 개신교 지도자들 사이의 갈등이 점차 표면화되어 1539년경에는 뜨거운 논쟁이 가열될 대로 가열되어 있었다. 부써가 먼저 양쪽 진영의 조화를 목표로 노력했으나, 결국 그도 한쪽을 택한다면 루터의 성찬론에 기울고 있었다. 칼빈은 초대 교부들의 글과 당대 학자들의 글을 인용하면서 평신도들을 위해 1541년 성찬론을 소책자로 제네바에서 출판하였다.[40] 칼빈은 여기서 루터, 쯔빙글리, 외클람파디우스의 견해를 설명하고 있다. 그는 루터가 주장하는 문자적인 해석에서 나온 공재설이나 쯔빙글리의 기념설이나

---

39) Opera, vi:250.
40) Opera, v:429-460.

모두 받아들일 수 없었다.

물론, 칼빈의 성찬론은 쯔빙글리보다는 루터 쪽에 영향을 입었다. 루터가 발표한 『교회의 바벨론 유수』(De captivitate Babylonica Ecclesiae)는 칼빈의 『기독교강요』 초판에 많은 영향을 주었다. 여기서 영향을 입은 부분은, 성찬이란 하나님의 언약이자 약속이라는 루터의 견해였다. 그리고 이 약속은 믿음을 받아들인다는 점에서도 루터의 견해와 같다. 루터가 1519년 발표하고 1524년 출판된 『루터의 성만찬 설교집: 그리스도의 실제, 그리고 거룩한 몸에 관한 설교』(Sermon upon the true and sacred body of the Christ)에서 칼빈은 빵에 의해서 그리스도와의 연합(Union with Christ) 및 성도들의 일체성을 드러낸다는 사상을 배웠다. 그러나 그 밖에 루터가 쯔빙글리와 논쟁한 많은 서신과 저술들을 참고할 수 없었다. 루터의 글들은 모두 독일어로 쓰여졌고, 대부분은 칼빈이 글을 쓰는 동안 아직 출판되지 않았기 때문이다.

칼빈은 루터가 주장하는 공재설에서, 우리가 먹는 성찬의 빵이 곧 그리스도의 몸 그 자체라면, 어떻게 그리스도가 동시에 몸을 가지고 이곳과 저곳에 나타날 수 있느냐에 의문을 가졌다. 그리스도의 몸은 하나이신데, 동시에 우주에 편재(ubiquity)할 수 있는가? 몸 자체로서는 이곳이나 저곳에 편재할 수 없다. "이것은 내 몸이다, 이것은 내 피다"는 주님의 말씀을 문자 그대로 해석하려는 루터의 입장은 다소 무리가 있었다. 칼빈이 생각하는 바는 일단 떡과 포도주는 그야말로 실물 그 자체로서 아무 변화가 없다. 로마

37. 울리히 쯔빙글리 1531년 카펠 전투에서 사망함

가톨릭의 화체설에서 약간 변형된 루터의 공재설은 이것이 그리스도의 몸과 피를 상징적으로 드러내고 있음을 무리하게 문자화하고 있다고 보았다. 따라서 그리스도는 이들 떡과 포도주를 통해서 자신을 계시하심에 초점을 맞추어야 한다고 칼빈은 생각하였다. 이들 두 종류의 사물을 통해서 우리 감각에 잊혀져 있고, 우리의 마음에 가려져 계신 예수님의 몸과 우리가 교통하게 되는 것이다. 다시 말하면, 루터의 성찬론은 그리스도를 이 지상의 떡과 포도주에 동일시함으로써 썩어버릴 떡과 포도주에 국한시키고 있는 오류를 범하고 있다는 것이다.

루터는 칼빈의 책을 읽고서 부써에게 보낸 편지에 "칼빈에게 나의 존경 어린 안부를 전해 주십시오. 나는 특별한 기쁨을 가지고 그의 책을 읽었습니다"[41] 라고 썼다. 멜랑톤도 루터가 마음속으로 칼빈을 좋아하고 있음을 피력하였다. 루터는 쯔빙글리가 칼빈처럼 신중하고 성경적인 논쟁을 시도했더라면 쉽게 합의를 이룰 수 있었으리라고 술회한 바 있다.

깊이 있는 대안을 가지고 있으면서도, 스트라스부르그 시절에는 노골적으로 드러내지는 않았다. 이런 논쟁은 사탄이 개혁 진영을 분열시키기 위해서 풀어놓은 그물이라고 생각하였다. 루터파와 쯔빙글리 측의 논쟁으로 인해서 복음 그 자체가 흐려지고, 서로 상대방에 대해서 끝까지 경청하려는 인내심을 잃어버리게 됨을 간파하였다. 따라서 칼빈은 온건하면서도, 양측의 분쟁을 해결하며, 일치를 이루어내는 데 도움이 되고자 하였다. 특히 루터가 얼마나 용감하게 적그리스도와 싸우고 줄기차게 구원의 도리를 전파하였는가를 기억하자고 호소하면서,

---

41) Luther, *Epistulae*, v:211. De Wette, *Luthers Briefe*, v:210.

불링거에게 루터를 옹호한 일도 있다.

칼빈의 성찬론은 도리어 쯔빙글리의 입장을 발전시킨 것이다. 성찬은 단지 빵을 먹는 것이고, 그 이상의 다른 것이 남아 있지 않다는 쯔빙글리와 외클람파디우스의 입장에도 동의하지 않았다. 단지, 이름만을 기념하는 공허한 성찬(nothing to remain of sacraments but bare and empty figures, symbols)이란 있을 수 없다. 칼빈은 이를 명백한 오류이자 유해한 것이라고 생각하였다.[42] 1539년 5월 19일자 편지에서 칼빈은 부써가 자신의 성찬에 관한 오류를 철회하자 매우 만족감을 술회하였다. 부써가 루터의 견해에 영향을 받고 있다가 이를 다시 심사숙고 하였음을 인정한 것이다. 그러나 칼빈은 쯔빙글리가 이렇게 하지 않는 것을 아쉽게 생각하였다.

성찬론 정립에서 점차 드러났듯이, 칼빈은 자신이 생각하던 교회 개혁의 방법을 독자적으로 확고하게 세워 나갔다. 독일의 많은 개신교 지도자들과 좋은 관계를 맺고, 우호적으로 교제하던 중이라도, 중세 교회가 새로이 깨어나야 할 가장 적합한 신학 사상을 나름대로 세워 나갔다. 특히 교회의 권징에 대해서 독일 개신교의 방법론에 동의하지 않았다. 또한 교회가 세속 정부로부터 독립된 권한을 가진다는 확신에도 변함이 없었다. 루터가 삭소니의 영주 프레데릭의 권위 아래서 활동하였기에 교회 단독의 권한을 확보하지 못 한 약점을 간파하였던 것이다. 교회가 완전히 성경적으로 개혁되려면 이런 세속의 권세로부터 자유로운 자치권을 확보하고 스스로 갱신해 나가야 한다는 생각이었다.

여러 가지 부분에서 칼빈은 스트라스부르그에 머물던 3년 동안 성숙

---

42) Opera, 10b:346. "his opinion on this point was false and pernicious."

제9장 개혁자의 성숙과 발전

하였다. 젊은 날의 세월은 발전이나 변화가 매우 많이 일어난다. 물론 근본적으로 그가 지니고 있던 종교 개혁자로서의 신앙이나 교회 개혁의 방안들은 변함이 없었다. 그러나 인격적인 성숙은 보이지 않게 그를 새로운 세계에 대해 눈을 뜨게해주었고, 경험이 많은 화해의 사도 마틴 부써와의 대화와 접촉을 통해서 한 사람의 학자이자 목회자로서 조화와 타협이 무엇인가를 배우게 되었다. 시류에 편승하여 타협하려 했다면 칼빈은 아무것도 이룰 수 없었을 것이다. 그는 젊은 패기에 넘쳐서 다소 의협심에 사로잡혔던 시절을 회상하면서, 원칙 없는 양보가 아니라 큰 목표를 이룩하기 위한 지혜를 얻게 된 것이고, 다양한 방법을 깨닫게 되었으며, 현실에 잘 적용하는 포용성을 갖추게 된 것이다.

3부

투쟁과 희생이 남긴 업적들

CHAPTER 10

주님께 나의 심장을 드리나이다

　제네바, 만일 칼빈이 이 도시가 아니라 다른 도시에서 살았더라면 오늘날 많은 사람들이 탐구하고 있는 엄청난 성취와 업적은 불가능했을지도 모른다. 그만큼 칼빈이 제네바를 만들었다면, 동시에 제네바도 역시 칼빈을 빚어냈다고 볼 수 있는 것이다. 칼빈의 전기에서 제네바라는 도시의 모든 평판과 상황과 위치가 다소 부수적인 요인으로 취급되곤 하는데 이는 매우 미흡한 해석이라고 본다. 한 사람의 생애가 이 도시 안에서 일어났는데, 그의 모든 것이 연관된 도시를 간과한다는 것은 불합리한 일이다.

　칼빈은 제네바를 통해서 자신의 교회 개혁을 이룩해 나갔으므로, 종교 개혁의 진면목을 이해하기 위해서는 그가 이 도시에서 행동으로 남겨놓은 업적을 살펴보는 것이 가장 최상의 방법이다. 그는 가상 공간에서 이론만을 주장한 사람이 아니었고, 실제 현장에서 많은 사람들과 같이 고뇌하면서 가장 필요한 일들을 추진하였기 때문이다.

제네바의 새로운 변화

어떤 계기로 이미 추방당했던 도시로 돌아올 수 있었던 것일까? 칼빈이 스트라스부르그의 시민권을 받은 것을 생각해 보면, 그가 이 도시를 떠날 생각을 하고 있던 것이 아니었음을 미루어 짐작할 수 있다. 그는 떠나야 할 아무런 압박감을 느끼지 못하였다. 그러나 문제는 제네바의 내부 사정이 달라지고 있었던 것이다. 이미 1540년 10월에 그가 다시 돌아올 수 있는 가능성을 묻는 제안이 왔었다. 그러나 칼빈이 거듭해서 사양함에 따라서 쉽게 성사되지 못하고 있었다.

그런데 제네바에 새로운 정치적 변혁이 몰아닥쳤고, 급격히 주변 정세가 돌변했다. 그동안 사부와 공국의 공작이 제네바 주교를 임명하면 그에 의해서 다시 시 행정부가 구성되어 왔으나, 이웃 도시 베른이 개혁 진영의 확산을 위해 사부와 공국을 무찌름으로써 모든 행정권이 베른시에 귀속되고 말았다. 그러나 자치 도시를 꿈꾸는 시민들의 염원에 완전히 부응한 것은 아니었다. 1536년 8월 7일, 베른 행정부는 주교의 재산들, 교회들, 수도원들을 모두 다 제네바 시민들에게 돌려주는 문서를 발표하였다. 오랫동안 제네바를 지배해 오던 권한이 종결되었음을 공표하였다. 그러나 그 후로 이제 두 도시 간의 갈등이 서로 팽배하였다.

1539년 2월의 선거에서도 칼빈을 축출했던 세력이 또다시 득세하였다. 이들은 당시 실력자였던 장 룰렝(Jean Lullin)을 필두로 하여, 아미 드 샤쁘루쥬(Ami de Chapeaurouge), 장 모나똥(Jean Monathon)이었다. 이들은 베른 측과 양 도시 사이의 현안 문제를 문서로 작성하는 일을 위해서 베른시에 파견되었다. 특히 룰렝은 칼빈과 파렐에 대해 극렬히 반대하였던 인물로서, 필립파의 실권자였던 장 필립(Jean Philippe)의 열렬한 지지자였다. 이들은 베른 측과의 협의에서 원만한 합의문을 만들지 못한 채, 1539년 한 해 동안 지루한 줄다리기를 계속하여, 제네바시의 소위 원회는 6월 27일 작성된 초안을 거부하였고, 서로 협상 안을 다시 맞추는 진통이 계속되었다.

점차 시민들에게 이런 지지부진한 이유가 알려졌다. 이해가 다른 양측이 서로 합의하기란 어려운 것이었지만, 협상 문서의 언어를 어떤 것으로 선택하느냐는 문제가 발생하였던 것이다. 처음에 베른 당국자들이 협상 문서를 독일어로 하자고 주장하자, 룰렝은 자신이 독일어를 완벽하게 구사한다고 공포하였다. 두 달후, 협상 끝에 베른 시 당국이 내놓은 문서는 베른시와 동맹을 맺은 주변 지역에서 주로 사용되고 있는 프랑스어로 되어 있었다. 협상 언어 문제는 전혀 예기치 못했던 일이어서, 제네바 대표들은 놀라지 않을 수 없었다. 그런데 자신의 공언과는 달리 장 룰렝의 스위스식 독일어 실력은 모든 사람이 기대했던 것에 전혀 미치지 못하였다. 합의문은 곧바로 거부당하였고, 1539년 조약을 새롭게 협상하기 위해서 베른 당국자들을 다시 모이도록 하려는 룰렝의 제안도 거절당했다. 이로 인해서 제네바 시민들은 자신들의 지도자들이 무능하고 잘못된 사람이었음을 간파하였고, 베른에서는 제네바 측의 대표들을 체포하라는 폭동이 일어났다.

파렐을 지지했던 '길레르맹'파의 대표자들은 셋(Michel Sept), 뻬렝(Ami Perrin), 뻬르땅(Pertemps) 등이었는데, 이제는 이들이 앞장서서 1539년 8월 25일에 소집된 200인 의회에서 룰렝이 만들어온 제안을 거부하도록 촉구하였다. 길레르맹의 정치 세력이 다시 등장하는 호기를 맞이한 것이다. 11월 16일, 베른 당국은 제안을 받아들이라고 줄기차게 요구하였으나 이를 거부하는 결의가 있었다. 1540년 1월과 2월까지도 제네바시의 두 그룹인 '길레르맹'과 제네바의 정치적 자유를 가져온 유명한 건축가들이라 해서 이름 붙여진 '아르티쇼'(Artichauds) 측의 대립이 첨예화되었다. 2월 8일의 선거에서는, 두 파에서 각각 2명씩 시의 최고 위원으로 선출되었다. 아르티쇼에서는 장 필립과 끌로드 리사르데(Claude Richardet)가 선출되었고, 여전히 다수당이었지만 이제 길레르맹의 셋과 뻬르땅도 최고 위원의 자리에 앉게 되었다. 의회에서 양측의 화해를 도모하는 의미에서 길레르맹의 대표 셋과 아르티쇼의 대표 필립이 악수를 나누었다. 4월 8일, 베른의 대표가 제네바 의회에 참석하여 정식으로 임명된 대표들이 작성한 문서를 시가 거부할 권리가 없다고 주장하였다. 그러자 의회는 세 사람의 대표를 처벌하라고 주장하였고, 이들은 제네바를 떠나 피신해버려 길레르 맹에서 세 명을 선임하여 협상을 위촉하였다. 5월 20일, 처음으로 길레르맹 이 향후 2년 동안의 시의회의 요직에 임명되었다. 그리고 이들 세 사람의 대표 자가 제네바에 없었지만 법에 따라 사형을 선고하였다.

1540년 6월에 열린 축제에서는 더 나쁜 사건이 발생하였다. 양측으로 나누어진 지지파들이 밤에 길에서 싸움을 벌였는데, 아르티쇼가 불법적으로 공격을 가한 것이 밝혀졌다. 이날 두 사람이 죽었는데, 특히 다혈질에 성격이 급한 장 필립이 그 폭동의 핵심이어서 곧바로 체포되었다. 그래서 숨진 두 사람 가운데 한 명을 죽였다는 자백을 했다. 베른 당국에서는 대표를 파견하여 관대한 처벌을 요청하는 권고가 있었으나, 6월 10일 시민들의 분노에 근거하여 사법적으로 사형 선고를 받아 처형되고 말았다. 리사르데는 그 밤에 도망을 갔는 데 창문에서 떨어져 죽고 말았다.

이 해 여름 제네바와 베른 사이에는 일촉즉발의 먹구름이 몰려왔다. 이런 무정부 상태에서 견딜 수 없었던 제네바의 목사들 중 두 사람, 장 모랑(Jean Morand)과 앙뚜완 마르꾸르(Antoine Marcourt)가 작별 인사도 없이 떠나갔다. 정치적으로 혼돈을 겪고 있는 제네바의 교회 형편은 시급히 강력한 지도자를 필요로 하고 있었다. 1540년 9월 21일, 소위원회는 공석이 된 목사직을 보충하기 위해서 칼빈을 모셔오도록 뻬렝에게 모든 수단을 강구하는 결의를 하였다.

　1540년 10월경, 파렐에 동조하는 사람들이 도시의 주요 직책을 완전히 맡게 되었다. 파렐과 칼빈이 이 도시에 없었으므로 인해서 더욱더 종교 개혁의 독립성과 자율성, 윤리와 질서 등이 긴밀하게 연관되어 있음을 보여줄 기회를 맞이하였다. 시 당국에서 관장하는 부분들이 많이 있지만, 파렐이 제시했던 신앙적인 주제들과 종교의 개혁에 관한 것들을 완전히 무시할 수는 없었다. 파렐에 지지를 보내는 사람들이라고 하더라도 종교적인 개혁에 열정을 바친 사람들은 아니었다. 그러나 제네바의 민주화가 정착되면서 종교적인 문제들이 그 핵심으로 등장하게 된 것만은 틀림없다.

야꼽 싸돌레의 질문서

　비록 칼빈이 1538년 제네바를 떠나야 했지만, 이 도시가 다시 완전한 로마 가톨릭 지배하의 옛 체제로 되돌아간 것은 아니었다. 개신교 진영이 새로 정착을 시도하던 와중에 신앙적인 갈등과 분파가 생겨난 것이다. 제네바가 다시 로마 교회 체제로 되돌아가는 것은 불가능하였다. 이런 가운데, 인문주의를 학습하고, 상당히 온건파에 속했던 카르펜트라스의 추기경 야꼽 싸돌레(Jacopo Sadolet, 1477-1547)는 1539년 3월 26일, 제네바 시민들에게 옛 신앙으로 다시 돌아오라는 공개 편지를 소위원회에 보내왔다. 그 안에는 매우 교묘하고도 수사학적인 질문들이 많이 담겨 있었다. 종교 개혁을 공격하면서, 개혁자들을 자신들의 의무를 저버리고 겸손하지 않으며 개인적인 야심에 차 있으나 실패한 자들이라고 비난하였다.

과연 지난 천오백 년 이상 일반적인 호응을 얻고 있으므로, 전 세계에 로마 가톨릭교회가 한 일을 믿고 따름으로써 하나님을 기쁘시게 할 것이 무엇인가를 여러분들은 생각해 보고, 또한 여러분의 구원을 위해서 더 도움이 되는 것이 무엇인가에 대해서도 생각해 보기 바랍니다. 아니면 그들 스스로 날카로운 사람들이라고 생각하고 있는데, 교활하게 이제 이십오 년 정도밖에 되지 않은 갱신에 따를 것인가를 심사숙고 하시기 바랍니다.[1]

소위원회는 라틴어로 된 싸돌레의 서한을 프랑스어로 번역해서 일반인들에게 공개하면 아직도 남아 있던 로마 가톨릭 진영에게 상당한 격려와 용기를 주게 된다는 사실을 염려하였다. 그래서 이 문서로 인해서 매우 당혹감을 느꼈다. 같은 동맹관계에 있던 베른으로 보내 비레에게 도움을 청하게 되었다. 그런데 베른 지도자들은 이 문서를 칼빈에게 보내서 그에게 도움을 받게 하자고 제안하였다.

이 편지를 칼빈이 받은 것은 1539

38. 야꼽 싸돌레 추기경

---

1) Henry Beveridge's translation, *Tracts*, vol. 1, 13.

년 8월경이었다. 스트라스부르그의 동료들이 이 문제에 답변할 것을 격려하는 가운데, 그는 불과 엿새 만에 『싸돌레에게 보내는 답변서』(Reply to Jacopo Sadolet)를 작성하였다. 이것은 칼빈의 지적인 능력이 얼마나 탁월한가를 보여주는 살아 있는 증거요, 그가 당시의 신학적인 문제들을 처리할 능력을 충분히 갖춘 지도자임을 입증하는 문서가 된 것이다. 다시 제네바로 보내져서 9월 5일 인쇄되었다. 제네바에서는 이제 칼빈에 대한 새로운 평가를 하게 되었음은 두말할 나위도 없다. 유럽 전체 개혁 교회 진영의 대변인으로 인정받아서 심지어 루터까지도 이를 읽고 평가할 정도였다.[2] 이 문서는 아직 개혁 진영에서 아무도 발표한 일이 없는 뛰어난 답변서였다. 신학적인 질문에 대해서는 깊이 있는 해답을 제시하였고, 감정을 적절히 조절하면서 파렐과 자신이 추진했던 일이 결코 이기적인 욕심에서 나온 것이 아님을 분명히 밝혔다. 하나님의 말씀의 권위를 확신하면서, 언제나 일정하지 않게 오락가락하는 교회의 결정이나 전통의 약점을 공격하였다.

더구나 이 문서에서 칼빈은 자신의 개인적인 회심을 매우 진술하게 표명하면서, 하나님 말씀 외에 어떤 진리도 없음을 공포하였다. 인간들에 대한 순종이 아니라, 하나님에 대한 순종, 하나님의 말씀에 계시된 것에 대한 순종, 그리고 진리에 대한 순종이 칼빈이 제시한 개신교의 정당성이었다. 이 답변서로 인해서 처음에 칼빈에게 적대적이었던 사람들도 다시 호감을 가지게 되었다.

이 새로운 교리는 사람으로 하여금 기독교인의 자세에서 벗어나게

---

[2] 프랑스어로 즉시 번역되어서 널리 읽혀지고 라틴어 판도 보급되었다. Walker, *John Calvin*, 252.

하려는 것이 아니라 그 근원이 되는 머리로 돌아오게 하여, 쓸데없는 것은 벗겨버리고 그 본래의 순수함을 지켜나가게 하는 것이다. 나는 고상하다는 것에 잠식되어 듣지 않으려는 귀를 가지고 있었으며, 열정적으로 격렬하게 거부했음을 고백한다. 왜냐하면 내가 나의 오랜 생애 동안 무지와 오류에 빠져 있었음을 고백하도록 권유받는 일이 내게는 무엇보다도 엄청난 어려움이었기 때문이다. 특히 나로 하여금 그 새로운 선생들(종교 개혁가들)을 반대하도록 만든 한 가지는 교회에 대한 존경심이었다. 그러나 일단 내가 귀를 열고, 스스로 가르침을 받도록 허용한 뒤에는 교회의 위대함에 손상을 입히는 것에 대한 두려움은 근거가 없어져 버렸다. 왜냐하면 그들(종교 개혁가들)은 나로 하여금, 교회로부터의 분열과 교회 자체가 지닌 오류를 시정하기 위해 연구하는 것과는 엄청나게 다르다는 사실을 상기시켜 주었기 때문이다.[3]

종교 개혁은 이단으로 정죄받았고 분파주의자라고 매도당하고 있다. 그러나 진정한 반성이 소위 로마 교회와 교황청에 있었던가? 교회의 분열과 오류를 시정하는 것과는 엄연히 다르다는 것을 깨달은 칼빈은 오랫동안 주저해 왔던 로마 교회와 작별을 하게 되었다.

파렐과 그의 지지자들은 칼빈이 다시 초청되어 1536년의 개혁안을 시행에 옮기도록 하는 제안이 나오자 열렬히 환영하였다. 반대파들은 이제 아무런 반응을 표명하지 않고 중립적인 견해를 피력하였다. 그들이 다시 돌아오면 안전을 보장한다는 합의가 있었고, 초청장은 먼저 파

---

3) *Tracts and Treatises*, vol. I, 62. 김재성, 『칼빈과 개혁 신학의 기초』, 54-55.

렐에게 보내졌던 것으로 보인다. 하지만 당시 파렐은 뇌샤텔에 거주하고 있었는데, 이 지역은 베른 당국에 의해서 관할되고 있었다. 설령 그가 제네바로 가고 싶어한다고 해도, 정작 본인이 제네바로 돌아가고자 원치 않았을 뿐만 아니라, 그를 고용하고 있던 베른 당국과 제네바 사이에는 다시금 문제가 발행할 소지가 충분하였다. 베른 당국은 아직

39. 싸돌레의 서신 편지

그를 제네바로 보낼 준비가 전혀 되어 있지 않았다. 파렐이 돌아가면 또 다시 베른 당국이 제네바를 지배하려 한다는 긴장이 조성되고, 더 큰 불상사가 일어날 가능성도 있었다.

1540년 10월 칼빈은 설교자로서 다시 돌아와 달라는 초청장을 받았다. 200인 의회 의원 루이 두푸(Louis Dufour)가 직접 서한을 가지고 10월 11일 스트라스부르그에 도착하였다. "우리 시의회와 중의원, 소의회는 귀하의 전날 개혁지이자 목회지였던 이곳으로 다시 돌아와 주실 것을 간곡히 청하나이다"는 요지의 편지를 전달했다. 하지만 칼빈은 이 초청장을 받기 이전부터 이런 바람에 휘말리지 않으리라고 결심을 하고 있었다. 그래서 초청을 거절하였다. 그러곤 지금 스트라스부르그 교회 사역을 더욱 잘 감당하겠노라고 역설하였다.

"한 사람의 목회자가 교회에서 하나님의 말씀을 가르치도록 우리 주님께서 사역하게 하실 때에는… 그 목회자가 정부와의 관계에 대해서

생각하도록 하시는 것입니다. 그래서 주님이 그 임무를 종결시키셨다는 확신을 갖기 전에 그의 마음속에 확신과 증거들이 분명하지 않으면 함부로 쉽게 사역지를 옮길 수는 없는 것입니다." 이처럼 처음에는 제네바로 돌아갈 마음이 전혀 없음을 피력하였다. 그는 불과 몇 달 전에 결혼을 하고, 여러 종교 회의에 참석하면서 책임 의식을 강하게 느끼고 있던 시절이었다.[4]

1541년 1월 시의회의 서기 로제(Roset)가 칼빈을 다시 찾아왔다. 그러나 칼빈은 친절하게 이 초청을 받을 수 없음을 피력하였다. "십자가보다 더한 죽음을 일백 번 당한다 하더라도 돌아가지 않겠다"는 칼빈이 쉽게 마음을 돌이켜서 다시 돌아올 수 없음은, 누구보다도 제네바 시민들도 잘 알고 있었을 것이다. 지금 칼빈은 스트라스부르그에서 잘 정착

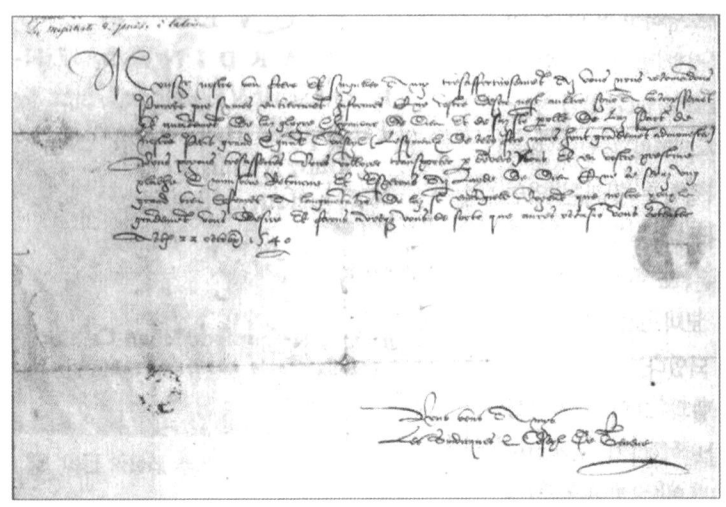

40. 칼빈을 초청하는 제네바 시의회의 편지(1540년 10월 22일)

[4] 1540년 10월 22일, 시의회는 공식 초청장을 우편으로 보냈다. 1540년 10월 21일, 파렐에게 보낸 편지. 10월 23일 칼빈이 소위원회에 보낸 편지에서도 보름스 회의에 부써와 함께 참가해야 하기 때문에 제네바로 돌아갈 수 없다고 해명한다. "이것은 한 교회만을 위한 일이 아니라 여러분이 포함된 전체를 위한 일이기 때문이다." *Calvin's Selected Works*, vol. 4, 208-210.

하고 있었고, 반면에 제네바는 오히려 피나는 투쟁을 피할 길이 없는 상황이었다.[5] 1541년 2월, 따뜻한 마음의 소유자 파렐은 아직도 두려워하고 거북스러워하고 있던 칼빈을 찾아가서 이 제안에 따르도록 설득하였다. 또농의 크리스토퍼 파브리가 이를 요청한 것이다. 파렐은 마르꾸르, 꼬르디에, 오르브의 목사 앙드레 세베데(Andre Zébédée), 그리고 나중에는 비레까지 동원해서 칼빈이 반드시 돌아가야만 한다고 역설하였다. 몇 달을 끌면서 초청의 편지와 거부의 답장들이 오고 가는 과정에서, 칼빈 주변의 모든 사람들, 특히 부써와 까삐또, 헤이도까지도 나서서 모두 다 한결같이 평안하게 생각하고 되돌아가도록 설득하자, 칼빈은 이미 자신의 영달보다는 하나님의 뜻에 따라서 고난의 멍에를 지려고 돌이키게 된다. 파렐은 취리히의 개혁자들에게도 제네바의 중요성을 설명하면서, 앞으로 프랑스와 이탈리아 개혁 교회를 위해서 칼빈이 반드시 돌아가도록 설득할 것을 요청했다. 제네바에서는 베른과 바젤의 개혁 교회 목사들의 도움을 요청했다.

하나님의 뜻에 대한 복종

일 년여 동안 줄기차게 돌아오기를 청원해도 계속 거절하던 그가 일련의 과정을 거치면서 최종 결심에 이를 무렵, 토로한 심정은 가히 순교적인 결단이었다. 하나님의 뜻에 대한 순종, 그것이 바로 칼빈의 결심

---

5) 1540년 10월 27일, 칼빈이 파렐에게 보낸 편지. *Calvin's Selected Works*, vol. 4, 210-214. 칼빈은 자신이 돌아갈 수 없음을 장문의 편지에서 밝히고 있다. 이미 맡고 있는 일의 중요함을 인식하건대, 가볍게 처신할 수 없다는 요지다.

을 바꾼 최고의 동기였다. 처음 제네바에 갈 때에나 이제 다시 돌아가게 될 때에나, 칼빈의 결정은 매우 어려운 것이었다. 그가 자신을 버리게 된 것은 자신을 가장 사랑하고 신뢰하는 사람들에 의해서 강력하게 호소하는 의무와 사명에 대한 설명이었다. 친구들은 그에게 스트라스부르그보다는 제네바야말로 프랑스에 더 큰 영향을 미칠 수 있다는 점과 여러 나라 지도자들을 사귀게 되어서 이제 좀 더 독일 지도자들과도 친분을 갖게 된 점, 그리고 그의 이름이 널리 알려지고 명성이 전해졌으므로, 제네바는 의심할 필요 없이 최선을 다하면 승리할 수 있을 것이라고 확신을 주었다.

자신을 그토록 추천하고, 친히 찾아와서 간곡히 권유했던 파렐에게 보낸 칼빈의 편지가 우리의 마음을 사로잡는다. 잠시 호흡을 멈추게 한다. 과연 목사 다운 기품과 각오가 무엇인가를 드러내는 한 젊은 목사의 결의가 우리의 마음에 잔잔한 감동으로 다가온다. 남들이 가지 않으려 하는 길을 가면서, 자기를 완전히, 그리고 아낌없이 희생하여 제물로 바치지 않고서는 도저히 갈 수 없음을 그는 알고 있었기에 절대 헌신의 다짐을 표명한다. 이 편지에는 칼빈의 마음이 담겨 있고, 그의 인격의 초상화를 그려낼 수 있도록 비밀을 드러내 준다. 칼빈을 이해하고, 그에게서 배움을 얻고자 하는 사람들에게 던져 주는 그의 순교의 결의, '경건의 대헌장'이라고 부르고 있다. 1541년 8월 칼빈이 스트라스부르그에서 제네바로 돌아가기 위해서 준비하면서, 파렐에게 편지를 보냈다.

… 이것이 현재 나의 심정입니다.
만일 나에게 선택이 주어진다면, 나는 이 문제에 있어서 당신의 충고를 따르는 것 이외에 다른 어떤 것에도 내가 동의하는 것은 없습니다.

그러나 나는 나 자신만의 것이 아니라는 것을 기억할 때, 하나님에게 바쳐진 희생 제물처럼 나는 **나의 심장을 하나님께 드리나이다**.

그렇다고 해서 귀하께서 좋은 대답을 들으신 것에 대해 고마워할 필요는 없습니다. 우리들의 친구들은 진지하고 신실하게 약속하였습니다.

저 자신을 위한 모든 고려 사항들은 제쳐두고, 그들이 바라는 바, 하나님의 영광과 교회의 유익을 위해서 가장 좋은 것이 무엇인지를 바라는 것 외에 다른 욕심은 전혀 없습니다. 내가 일해야만 할 것은 바로 하나님과 함께하는 것임을 나는 잘 알고 있습니다. 비록 내가 그렇게 해를 끼친 것은 아니지만, 내가 실수를 범함으로써, 그것은 나의 잘못이 아니라는 것을 입증하거나 또는 사람들이 목격한 것에서 나를 이해시키기 위해서 변명을 늘어놓는 일이 없기를 원합니다.

나는 하나님께 순종하기 위해서 나의 뜻과 나의 애틋한 감정들을 바치오며, 복종시킬 것이며, 흔들리지 않으렵니다. 그리고 나 자신의 뜻을 버려야만 할 때에는 언제든지 주님께서 친히 나에게 말씀하실 것을 소망하면서 나 자신을 복종시키고자 합니다.[6]

"주님께 나의 심장을 드리나이다. 즉시, 그리고 신실하게"(I offer up my heart to the Lord, promptly and sincerely)라는 유명한 문구가 바로 이 편지의 한 구절에 담겨 있다. 이 속에는 칼빈이 가지고 있던 기독교 신앙이 응축되어 담겨 있다. 그리고 이 압축된 표현은 그저 단순한 구호가 아니었다. 이 구절이 담긴 전체 편지의 문맥은 하나님의 뜻에 대해 절대

---

6) 1541년 8월 칼빈이 스트라스부르그에서 제네바로 돌아가기 위해서 준비하면서 파렐에게 보낸 편지. *Calvin's Selected Works*, vol. 4, 280-281.

적으로 복종하겠다는 다짐이다. 그저 어떤 거창한 업적을 성취하고자 출정하는 한 영웅이 자신의 이름을 위해서 무슨 결단을 하였다는 것이 아니다. 오직 '하나님의 영광'과 '교회의 유익'을 위해서 최선의 것이 무엇인지를 깨달아서 처신하겠다는 헌신의 표명이다. 진정으로 자기 한 몸을 던져서 혼란한 교회를 위해서 제물로 바치겠다는 서른 두살 된 젊은 목사의 결심과 의지가 담긴 말이다. 자신을 배척하고, 거부했던 도시에 다시 돌아가는 것은 죽기보다 어려운 순교의 각오가 뒤따른 후에 가능한 일이었다. 아직도 각종 계파와 이해관계가 요동치는 도시, 언제 또 다시 여론이 뒤바뀌어서 등을 돌릴지 모르는 불안한 도시를 향해 자신을 한 마리 희생양으로 바치겠다는 결심을 하고 난 후, 스트라스부르그를 떠나게 되었다. 부써로부터 허락받은 6개월 동안만 도움을 주고자 어려운 발길을 돌리기로 하였다.

그리하여, 1541년 9월 13일 칼빈은 시민들의 환영 속에 다시 제네바로 돌아왔다. 뤼 데 사누완(Rue des Chanoines)에 있는 집 한 채를 제공

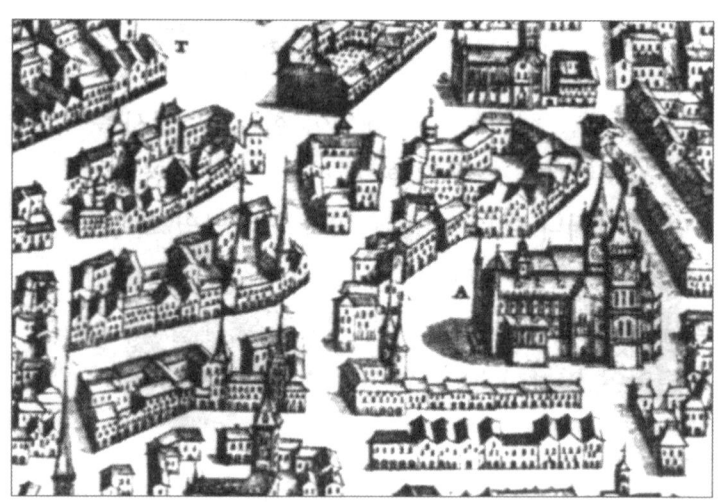

41. 칼빈이 살았던 제네바 지역과 사누완 거리

받았는데, 이곳에서 일생 동안 머물게 된 것이다. 성 삐에르 대성당에서 보통 사람의 걸음으로 5분 내외면 걸어갈 수 있는 거리에 위치한 주택인데, 시에서 준비한 가구는 별로 보잘것 없었다. 지금은 이 자리에는 18세기에 다시 지어진 집이 남아 있다. 당시 칼빈이 머물던 집의 위치만 같을 뿐이다. 시 당국은 그에게 연봉 오백 플로린과 밀 열두 가마와 포도주 250갤런을 제공키로 했는데, 이는 다른 목사의 두 배에 해당하는 사례금이었다. 과연 오늘의 화폐로 환산하면 오백 플로린은 얼마나 가치가 있을 것인가? 정확히 환산할 근거가 부족하여서 현대의 화폐로 계산하는 것은 불가능하다.[7] 그러나 이런 존경과 예우의 표시라도 그 집을 찾아오고 가는 많은 개혁자들과 손님들 접대에도 빠듯하였다. 주택 이외에 약간의 밀과 포도주와 의복도 추가로 지불되었다. 그러나 칼빈이 부양해야 했던 여러 가족들이 있었으므로, 그의 경제적인 형편은 별로 나아진게 없었다. 이제 훨씬 성숙해진 칼빈이 돌아옴으로써, 제네바 시민들이 좋아하는 변화가 일어나게 되었고, 힘의 균형은 확실하게 칼빈 쪽으로 기울어져 있었다.

---

7) Walker, *John Calvin*, 264, n. 1. 500플로린은 약 50달러로 보는 사람도 있고(Bonnet), 1,500달러까지 생각하는 견해(Ducommun)도 있다. 프랑스 화폐로는 약 4,000프랑으로 환산된다고 보는데, 이런 계산을 남긴 워커 교수가 예일 대학에 있던 시대가 1906년이었으므로, 거듭된 물가 변동을 감안하여 다시 생각해 본다면, 오늘날 시골 목사의 월급 정도를 받았던 것으로 생각하는 것이 가장 적절할 것이다. 중세 시대부터 교회가 지불한 사례금은 많지 않았다. 그 이유는 성직자들이 독신이었기 때문이다. 종교 개혁 이후에는 시 정부에서 교회의 재산을 모두 관리했기 때문에 교회는 재정적으로 불이익이 많았다.

교회 법령과 지도력

칼빈에게서 우리가 가장 핵심적으로 배워야 할 것은 역사를 창조하는 지도력이다. 그것은 그의 정치력에서 나온 것이 아니라, 성경적인 교회 갱신에서 나온 것이다. 그는 어떤 정당이나 어떤 그룹과 영합하지 않았고, 오직 원칙대로 교회의 영적인 권위 수호에 적극 나섰다. 수천 명의 사람들이 한 사람의 강력한 호소에 따라서 교회의 규칙에 순응하게 만들었다는 것은 그 누구도 이루지 못 한 놀라운 업적으로 기억되어야 마땅하다. 수없이 칼빈을 제거하려고 시도했지만, 결국에는 그의 제안을 따르게 되고 만다. 칼빈은 그저 한 종류의 신학이나 사상의 제안자로 그쳐버린 것이 아니라, 도시 전체를 바꾸는 영향력을 통해서, '유토피아'를 만들어낸 것이다. 그는 자신의 이상을 따라서 도시 전체를 교회의 제도와 정치적인 규칙으로 변화시켰다. 제네바는 그 자체로서 하나의 중요한 사건이요, 모든 사람들은 이 점을 경이롭게 생각하는 것이다.

42. 1541년의 회의가 열렸던 제네바 시청(마띠아스 메리앙의 작품)

칼빈이 제네바에 도착하자마자, 그의 요청에 따라서 시의회는 6인 특별소 위원회를 구성하였다. 목사로는 칼빈과 비레, 시의원으로는 네 명의 소위원들, 끌로드 뻬르땅(Claude Pertemps), 아미 뻬렝(Ami Perrin), 끌로드 로제(Claude Roset), 장 랑베르(Jean Lambert)와 200인 의회에서 두 사람 아미 뽀랄(Ami Porral), 장 굴라(Jean Goula), 이 마지막 사람은 곧장 발라(Jean Balard)로 교체되었는데, 이들이 함께 참가하여 칼빈이 꿈꾸어 왔던 대로 교회 조직과 권징의 시행을 결의하였다.

이 위원회는 3주 만에 "제네바 교회의 법령"(Ordonnances Eccléiastiques de l'Eglise De Genée)을 작성하여, 9월 29일까지 소위원회에서 수정을 마쳤다.[8] 11월 7일에는 200인 의회가 수정·통과했고, 시 총회에는 11월 20일 제출되었다. 이 교회 법령에서 칼빈이 주장한 두 가지 새로운 면을 주목해 보아야 한다.

첫째는 교회의 제도 자체를 신약 성경의 초대 교회처럼 완전한 자유권을 가진 별도의 기관으로 인정한다는 점이다. 하나님께서 세우시고, 친히 제정하신 기관이기에 하나님에게 받아들여지면 되는 기관이다.

둘째로, 권징의 시행을 교회가 완전히 넘겨받도록 한다는 조항이다. 시 행정 당국은 이에 대해서 아무런 관여를 할 수 없도록 했다. 영적인 권위에 의해서 주어진 결정에 따라서 시의 형벌로 보충해 주도록 요청하게 되었다. 다른 개혁자들은 이런 양보를 얻어내고자 노력했으나 헛수고였다. 외클람파디우스가 바젤에서 그토록 교회의 권징은 자체적으로 자유롭게 시행되어야 함을 역설했지만, 포기할 수밖에 없었다. 스트라스부르그에서 부써 역시 목사회가 약간의 부차적인 일들을 결정할 수

---

8) CO Xa:15-30. *Calvin: Theological Treatises*, ed. Reid, 56-72.

있는 권한을 허용 받았으나, 시의회가 이를 수용하기를 거부하여서 결국에는 그들의 결정을 받도록 제출하지 않을 수 없었다. 루터나 쯔빙글리는 이런 제도 자체를 아예 목표로 삼지도 않았다. 이 두 사람은 이미 가톨릭 국가에서 성장하였으므로, 이교도적인 국가 체제하에서 발전한 초대 교회의 모습을 엄밀히 구분해 볼 필요가 없었던 것이다. 칼빈은 세속 권세들이 교회를 다스릴 수 없으며, 신앙과 도덕에 관하여서 교회는 처음부터 자율권을 가지고 있었음을 확신했다. 어느 정도까지 교회가 이런 자율적인 권한을 행사할 수 있는지에 대한 명확한 규정은 없었다. 그러나 적어도 이런 원리만큼은 인식되도록 칼빈은 남은 생애를 바쳐서 투쟁적으로 싸워서 교회의 존엄성을 인정받고자 최선의 노력을 경주했던 것이다.

오늘날, 거의 대부분 국가에서 목사의 안수와 성직 임명은 교회 자체의 결정으로 이루어지고 있다. 그러나 국왕이나 교황이 성직 임명권을 가지고 있던 시대에, 오직 지역 교회가 자체 목사의 임명권을 행사한다는 것은 놀라운 개혁이었다. 제네바 시의회에서도 새로운 목사 후보를 먼저 제출하고 심사를 받도록 요청했다. 칼빈의 주장은 목사회에서 이

43. 쌩 삐에르 성당, 제네바 (가르델의 작품)

를 주관하는 것이지, 시의회가 관장할 사항이 아니라고 맞섰다. 결원이 발생하면 목사회가 먼저 성경 해석에 대해서 심사하고, 이 자리에 네 명의 시장 중에서 한 사람이 참석하도록 하고, 이것이 끝나면 시장은 곧바로 퇴장하고 목사들에 의해서 다수가 찬성하면 받아들이도록 하였다. 목사 안수에 일반 시민들의 결정 권한이 없도록 했으며, 1561년 교회 법령에서는 시민들이 팔일 안에 항의할 수 있도록 허용했다. 새로 안수 받은 목사는 시의회에서 맹세함으로 완전히 인정을 받았다. 그러나 시의회는 목사회가 결정한 사람을 거부할 권한이 없었다.

제네바는 인구 1만 명이 거주하던 도시라서, 한 사람의 영향력이 충분히 미칠 수 있었다. 그러나 이것은 저절로 이루어진 것이 아니었다. 이 도시는 비록 크지 않았지만, 그 구성원들은 각 나라에서 몰려온 사람들이요 각계 각층으로 이루어져 있었다. 귀족들과 중간 계층과 천하고 가난한 사람들 세 가지 계층으로 구분할 수 있는데, 다양한 직업에 따라서 이해 관계가 달랐고, 범죄와 타락과 매춘 등 어느 곳에나 있는 인간의 죄악도 여전히 깊이 침투해 있었다. 따라서 자신의 이상을 구현하기 위해서 칼빈의 노력은 결단하고 계획을 구체적으로 추진하고, 투쟁하면서 싸워 나가야만 했다.

칼빈이 지도력을 발휘한 가장 좋은 수단은 그의 설교였다. 그가 제네바에 돌아온 바로 첫 주일날, 사람들은 그의 설교에 큰 기대를 걸고 참석했다. 칼빈은 지난 일에 대해서는 한 마디도 나쁜 말을 하지 않았다. 단지 자신의 의무와 책임을 간단히 설명하고, 앞으로 추진할 목표를 조금 표명했다. 교회의 회복은 오직 하나님의 손에 의해서만 가능하다는 것이었다. 그리고 곧바로 자신이 추방될 때 멈췄던 본문으로 돌아가서 성경을 강해하기 시작하였다.

기도와 시편 찬송과 함께 그의 설교가 마치면, 예배는 한 시간을 조

44. 쌩 삐에르에서 설교하는 목사

금 넘는 정도였다. 제네바시는 크게 세 교구로 나누어져서, 성 삐에르 대성당과 성 제베, 막달렌 교회 중 한 곳의 예배에 참석하도록 되었다. 주일 아침에는 먼동이 터올 시간에 삐에르 교회와 제베 교회에서 예배가 드려졌고, 아침 아홉 시에 모든 교회에서 예배가 있었다. 낮 12시에는 요리 문답 공부가 있었다. 칼빈이 돌아온 후 몇 달 안에 어린 학생들을 가르치는 데 필요한 문답이 만들어져서 모든 자녀들은 열여섯 살이 될 때까지 교리 반에서 공부하도록 되었다. 다시 말하면, 열여섯 살이 되어야 성인으로 자신의 신앙 고백을 드리고 입교하였다. 오후 세 시에 모든 교회에서 다시 예배가 드려졌다. 주중에는 월요일, 수요일, 금요일에 예배가 있었고, 칼빈이 죽을 무렵에는 모든 교회에서 날마다 예배를 드렸고, 설교를 통해서 말씀이 선포되었다.

교회의 질서 수립과 가정 방문

1541년 제네바로 돌아올 때에 칼빈은 잠시 머물다가 돌아가고자 했었다. 그래서 아내는 스트라스부르그에 머물러 있게 했다. 그러나 자신을 제네바 교회의 종으로 생각한 칼빈은 돌아오자마자 시의회에 한 가지 청원을 제출하였다. 시의회에서 선출한 6인과 칼빈 이외에 4인의 목사로 구성되는 특별위원회를 구성토록 한 것이다. 여기서 제출된 교회 법령은 칼빈의 마음에 완전히 흡족한 것은 아니었지만, 전에 비하면 상당히 진전된 것이었다.

이 문서에서 주목되는 것은 당회의 조직인데, 이해를 위해서 당회라고 번역하지만, 오늘날 장로 교회의 당회와는 다소 차이가 있다. 제네바의 당회는 도시 내의 모든 교회들을 다 관할하는 치리 기관으로서, 강력한 지도 방침을 집행하였다. 목사들과 시의회에서 선출된 12인으로 구성하고, 사회는 최고 평의원 중에서 한 사람이 맡았다. 성찬을 좀 더 자주 시행하고 싶어 했으나, 일 년에 네 번으로 명문화되었다. 목사 안수시에 손을 얹는 문제는 칼빈이 지지했음에도 불구하고 미신적인 생각이 개입할 염려가 있다고 하여 채택되지 않았다.

장로들은 성도들의 신앙생활을 감독하는 임무를 갖는다. 장로들은 목사들과 시의 소위원회가 추천하였고, 200인 의회에서 결정하였다. 12명 가운데 2명은 소위원회에서, 4명은 60인 회에서, 6명은 200인 의회에서 선출된 사람들이다. 원칙적으로 1년 직이었으나, 계속 연임하는 것이 바람직하다고 생각되었다. 성찬을 금지하거나 교회에서 출교하는 문제를 위해서 협의를 계속하였다.[9] 1546년에는 제네바 지역 외곽에 사는 광범위한 가정을 방문하는 조례가 정해졌다.

당회는 교회의 권한을 행사하는 최고의 결정 기관으로 새롭게 자리매김하였다. 칼빈이 원하던 모든 것을 다 얻지는 못했지만, 그래도 만족해야만 할 이유는 바로 당회의 확고한 제정에 있다고 본다. 교회의 위험을 경고하고, 다스리고자 시도하는 시의회의 최고 권위에 대립하여 교회의 당회는 항상 자율권과 독립성을 강조하였다. 매주 목요일에 당회가 소집되었다. 제네바의 목사들 여섯 명과 열두 명의 장로들로 구성

---

9) Albertus van Ginkel, *De ouderling* (Amsterdam, 1975). Elsie Anne McKee, *Elders and the Plural Ministry: The Role of Exegetical History in Illuminating John Calvin's Theology* (Geneva, 1988).

되었다. 시의장 중에 한 명이 사회를 맡았으므로 평신도가 중심이 된 모임이라고 볼 수 있다. 더구나 1561년 이후로 몸이 아픈 칼빈은 이 당회에 참석할 수 없었다. 목사들의 권위와 의사가 높이 존중되었고 지도력을 발휘했으나, 오히려 숫자로 볼 때에는 훨씬 소수였다.

쏟아지는 비난의 실상

우리는 종종 칼빈을 잘 모르면서, 그냥 다른 사람들이 전해는 것에 따라서 비난을 하는 사람들을 볼 수 있다. 특히, 제네바시의 독재자라고 비판하는 사람들이 흔히 인용하는 일들은 다음과 같다. 그러나 역사에 대한 무지를 범하지 않도록 함부로 그를 비난해서는 안 된다.

어떤 시민이 바람직하지 못한 행동을 한 것으로 보고되면, 당회는 즉각 소환하여 조사하였는데, 좀 더 심각한 잘못이 드러나는 경우에는 충분히 조사한 다음에 민법에 의해서 형벌이 가해지도록 시 당국에 처벌을 주문하였다. 1542년부터 심각하게 다룬 죄들을 보면, 교회에 출석을 게을리 한 많은 사람들의 조심성 없는 행동에 대해 경고하였다.[10] 교회 안에서 설교 도중에 함부로 웃는 행동도 조사 대상에 포함되었다. 설교를 비난하거나 신앙의 도리를 받아들이지 않고 거부하는 말을 한 사람도 역시 다루었다. 신성 모독이나 저주하는 말, 거짓말, 속이는 일이나 경건치 못한 독서로 간주될 수 있는 책을 소유하고 있는 일, 음탕한 노래를 부르는 일도 처벌 받았다. 우상 숭배하는 일도 철저히 조사했으

---

10) H.Y. Reyburn, *John Calvin, His Life, Letters, and Work* (London, 1914), 117ff. R.N. Carew Hunt, Calvin, 146ff.

니, 운명을 예언하는 사람들에게 찾아가거나 미신적인 부적을 가지고 다니거나 이상한 수단들을 권유하여 다른 사람들을 미혹하는 자, 로마 교회의 실천 방식을 다시 권유하는 자들이 책임 추궁을 당했다. 그리고 바람직하지 못한 결혼은 금지되었다.

주일날에 카드놀이를 한 사람, 주중에 어떤 날이든지 주사위로 도박을 한 사람, 자기 집에서라도 부적절한 춤을 춘 사람, 음식을 참지 못하고 대식하는 사람, 술취한 자, 음행한 자, 간통한 자, 부자연스러운 악행자, 사기꾼은 모두 당회 앞에 불려 나왔다. 자녀를 이단에게나 바람직하지 못한 단체에 소속하도록 방치한 부모가 조사를 받았고, 성경적인 듯하면서도 미신적인 일들을 열거해서 시민들이 조심하도록 만들었다. 가족들의 싸움에도 간섭하여 공적으로 널리 알려지기 시작한 추문들은 초기 단계에서 지도를 받도록 했다. 당회의 감독하에서 사치와 적절치 못한 것들은 눈살을 찌푸리는 일로 제재를 받았다. 당회는 자체의 권한으로 사람들을 권고하고 책망하고 출교했다. 죄목이 조사 된 사람들은 시에 보고되어서 형벌이 주어졌고, 빵과 물만 먹는 연금 생활에 처해지기도 했다.

한 가지 명백히 해야 할 사실은 이런 엄격한 통제가 칼빈이라는 사람 때문에 만들어진 것이 아니라는 점이다. 우리는 오직 한 사람, 칼빈만이 이런 도덕적인 통제를 했다고 비난하며, 이 제도가 지닌 비인격적인 요소에 대해서 칼빈 한 사람에게만 비난의 화살을 돌리는 경우가 많다. 그러나 누구든지 유럽의 역사에 대한 무지와 어리석음을 범해서는 안 된다. 이런 일은 적어도 16세기 유럽의 풍속을 이해할 때에 어느 도시에서나 있었던 일반적인 일이었음을 잊어서는 안 된다. 칼빈이 제네바에 도착하기 전에 이미 이 도시에서는 여러 가지 규칙과 원칙을 시민들에게 제시했음을 알아야만 한다. 칼빈의 시대와 역사를 그 당시의 풍습이라는 관점에서 판단하도록 노력해야만 한다. 그리고 이런 일련의 엄격한 당회의 조사나 처벌 집행 절차에 대해서 오늘의 기준을 적용해서 황당무계한 교회의 폭거라고 생각할지 모른다. 다시 한 번 강조하거니와, 유럽의 많은 자치 도시들에서는 어디를 가든지 시민들의 도덕을 세밀하게 작성된 규정에 따라서 통제하여 왔다. 칼빈이 이미 태어날 때부터 있었던 도시의 분위기와 전통을 마치 그가 만들어낸 것으로 비난하는 것은 적절치 못한 일이다.

1459년, 제네바시는 교회와 시 정부가 함께 나서서 그런 규칙과 시행령을 공포한 바 있었다. 어느 도시에서나 신성 모독이나 맹세를 금지하는 법이 있었고, 음식이나 술을 금지하고, 옷을 입는 일에도 지나친 사치와 무질서를 통제하는 규정이 있었다. 자기 집에서조차도 이런 규칙을 준수하지 않는다면 파티를 열 수 없었다. 만일 그런 행동을 무례하게 추진했다면 처벌을 받았다. 공적인 오락회는 특별히 조심해야만 되었다. 춤추는 일은 거의 모든 도시에서 철저히 금지되었다. 다른 도시에서는 분명히 '적절한' 춤을 규정해 주고 통제하는 도시들도 있었다.

파렐이 이 도시에 오게 되고, 종교 개혁이 막 시작될 무렵에는 이런 규정들이 다소 느슨해져서 특히 수도사들부터 도덕적으로 해이한 행동을 보여 주었고, 제네바시는 다시 한 번 엄격한 시행을 다짐하게 된 것이다. 칼빈이 제네바에 오기 전에 이미 카드놀이 한 사람, 도박한 사람, 지나친 사치로 결혼식을 올린 사람들이 제재를 받았고, 간통을 한 사람은 일년 동안 도시에서 추방되기 앞서서 거리를 돌면서 자신의 죄목을 널리 알리는 처벌을 받았다.[11]

---

11) J.T. McNeill, *The History and Character of Calvinism*, 135.

1536년 2월 28일 칼빈이 이 도시에 오기 전, 시의회는 술집에서 신성 모독 행위를 하지 말도록 경고했고, 매일 저녁 9시 이후와 설교 시간에는 술을 팔 수 없다고 공포했다.

단지, 칼빈이 좀 더 철저히 시행을 주장하여 제네바에서는 당회가 판정 기관으로서 이런 일련의 도덕적인 일들을 재판하고 조사하는 일을 했다는 것은 다른 도시에 비하면 처음 등장하는 일이었다. 사람들로 하여금 땅에 엎드려서 하나님의 긍휼과 공의를 구하기 위해서 통곡하도록 강요를 받는 일은 그전까지는 당해 보지 못했던 불명예스러운 체벌이었다. 비록 칼빈이 이웃의 잘못된 행동을 고자질하는 것을 매우 날카롭게 질책했지만, 이 방법은 당회가 분명히 격려하고 권유하던 일이었다.

제네바의 책임 있는 사람들 대부분이 이런 규칙과 방법에 찬동했기 때문에 당회의 권한 행사가 가능한 일이었다. 더구나 칼빈은 한 번도 이런 조사를 주관한 적이 없다. 칼빈마저도 당회가 시행하는 모든 권징에 있어서 시의회원들과 지도자들이 참여하는 회의의 결과에 절대적으로 의존하는 형편이었다. 칼빈은 어느 누구를 명령하거나 호령하던 독재자가 아니었음이 명백하다. 그 주변의 대다수 제네바 시민들은 전제 군주 밑에서 신음하던 하인들이 아니라, 스스로 결정권을 행사한 자유민들이었다.[12] 때로는 칼빈이 가진 견해보다 더 좁은 생각을 가진 정책이 추진되는 것을 할 수 없이 허용해야 될 처지였다.

칼빈의 명성이 점차 영향을 확대해 나가게 되면서, 동시에 그에 관한 헛소문들도 널리 퍼져 나갔다. 그는 이 세상에서 가장 불행하고 불유쾌한 사람이 아니었다. '제네바의 교황'으로 모든 사람을 억누르고 떨게

---

12) T.H.L. Parker, *Christianity and The State in the Light of History* (London, 1955), 156.

만든 폭군도 아니요, 성질 나쁜 목사도 아니었다. 뻐렝일파는 베른시로 피신해서 여기저기 다니면서 제네바에서 일어난 일을 제멋대로 각색하고 왜곡시켜서 칼빈에게 불리한 설교를 하도록 부추기기 시작하였다. 그들은 제네바에서는 칼빈을 무너뜨릴 수 없게 되었다는 점을 알게 되자, 다른 곳에 다니면서 칼빈을 파멸시키려고 추문을 만들어내기 시작했다. 그들은 멀리 다른 지역에다 칼빈이란 자는 화려하게 자신을 꾸미고 모든 사람들로 하여금 자기 신발에다 입을 맞추라고 강요하고 있다는 헛소문을 퍼트렸다.[13] 또 다른 사람들은 칼빈의 불법적인 행동 때문에 자신들이 당한 불이익이 크다고 소문을 지어냈다. 제네바 밖에, 여기 저기서 칼빈의 교리와 정책을 좋아하지 않는 사람들이 생겨났고, 칼빈의 인간적인 면이 그릇되었다는 헛소문을 유포시켜놓고 자기들의 비난을 정당화하려 했다. 이런 소문들이 널리 퍼져 있다는 소식을 들을 때마다 칼빈은 비참함을 느꼈다. 그래서 자신을 변호하기 위해서 열심히 편지를 써 보내는 일을 쉬지 않았다.

오래된 칼빈의 친구들 가운데 서로 감정이 상해서 헤어진 사람은 일생 동안에 단지 세 사람뿐이었다. 첫 번째로, 어린 시절 많은 도움을 받은 뒤 띠에와 헤어진 것인데, 이 친구의 경우에는 그의 부모님과 형제들이 워낙 강하게 가톨릭 전통을 고수하고 있었고 집안 전체가 종교적인 관계성 속에서 베푸는 여러 혜택들을 누리고 있었다. 칼빈이 제네바 사역에 임할 무렵인 1538년 띠에는 다시 로마 천주교회로 돌아갔다. 칼빈이 헤어진 두 번째 친구는 자크 드 팔레인데 많은 편지를 주고 받으면서 좋은 교제를 이루었지만, 1552년 제롬 볼섹의 일로 인해서 서로 갈라섰

---

13) 1555년 1월 15일, 불링거에게 보낸 편지.

다. 세 번째 사람은 프랑수와 보두왕(Françis Baudoin, 1520-73)인데, 그는 적어도 일곱 차례 이상 로마 가톨릭과 개신교 진영을 오가면서 자신의 신앙을 자주 바꾼 사람이었다. 매우 관대하게 기다리다가 1561년 칼빈이 결정적으로 그의 소위를 반박하는 논문을 썼다. 그가 한때 친구였지만 나바르의 왕과 로레인의 추기경 등에게 종교 개혁자들을 반박하도록 조언했기 때문에, 더이상 칼빈이 묵과할 수 없었다.[14]

---

14) *Résponse àun certain moyenneur rusé, qui, sous couleur de pacification, a taché de rompre le droit cours de l'Evangile au Royaume de France.* D. R. Kelly, *Francois Hotman: A Revolutionary's Ordeal* (Princeton: Princeton University Press, 1983), 36. 보두왕의 제자, 마송(Jean-Baptiste Masson)이 칼빈을 터무니없이 비난하는 책을 출판했다. Irena Backus, *Life Writing in Reformation Europe: Lives of Reformers by Friends, Disciple and Foes* (Aldershot: Ashgate, 2008), 130-8.

| CHAPTER 11 |

대적자들이 준 고통과 시련들

테오도르 베자는 칼빈의 관용을 높이 칭송한 바 있다. 이점에서 칼빈주의는 다른 종파에 비해서 이단 정죄에 훨씬 더 유연했음을 기억해야 한다. 오직 한 사람만이 이단으로 사형에 처해졌을 뿐이다. 당시 독일에서는 수많은 제세례파가 이단으로 참수되었고, 로마 가톨릭에서는 수십만 명을 살해하였다. 이에 비해서, 제네바에서는 진리에 대적하는 자들에게라도 회심의 희망을 주고자 노력했고, 거듭해서 여러 차례 돌이킬 수 있는 기회를 주고자 했었다.

레만 호수를 둘러싼 제네바에는 언제나 긴장이 감돌았다. 1547년부터 우울한 일들이 많이 일어났다. 칼빈의 대적자들이 위기를 몰고 온 것은 1552년에서 1555년 사이에 그 절정에 이르렀다. 성경이 가르치고 있듯이, 온전한 사람은 없다. 모든 사람들의 삶에는 어떤 부분에서 부족한 부분이 있고, 다소 아쉬운 면모가 있게 마련이다. 칼빈이라고 해서 예외는 아닐 것이다. 그러나 아무리 인간이 부족하다고 하더라도, 보편적으로 인정해야 할 기독교 신앙의 근본적인 교리를 거스르고 대적한다면, 이것은 개인적인 차원을 넘어서서 공적으로 처리해야만 하는 것이다.

혼란이 거듭되는 도시에 돌아가서, 자신의 뜻을 관철하려 했던 1541년부터 1553년 사이에, 그에게 가장 심각한 교리적인 도전을 했던 사람들은 프랑스, 이탈리아, 스페인 출신들이었는데, 이런 사람들이 나올 수 있었던 것은 제네바가 자유와 관용의 도시로 알려지면서 많은 극단적인 사람들이 몰려왔기 때문이었다. 이들의 일은 서로 별개의 사건처럼 보이지만, 내부적으로는 칼빈의 신학에 맞서서, 제네바를 논쟁의 초점으로 몰고 가려했다는 점에서 서로 관련이 되어 있다. 이들과의 논쟁을 통해서 개신교 도시 제네바가 지향하는 방향과 칼빈의 신학이 점점 더 분명하게 드러나게 된다.

칼빈은 오늘날의 어떤 이들이 혼동을 하고 있듯이 신흥 종교의 교주가 결코 아니다. 자신의 개인적인 영달과 쾌락을 추구한 사람도 아니었고, 더구나 혼자서 모든 것을 호령하던 절대 군주나 영주가 아니었다. 그럼에도 불구하고 그의 냉철한 분석력을 '철면피'라는 한 단어로 비난하는 것은 반대파의 모함에서 나온 것이다. 칼빈은 남달리 하나님을 향한 복종심을 강하게 가지고 있었고 순종하려는 일념에서 열심히 규칙을 준수하려 했었던 것은 사실이다. 이러한 그의 집념을 매도하여 세상을 공격하고 비판적인 결벽증을 가진 사람이었다고 한다면 쉽게 동조자를 얻을 수 있는지는 모르겠다. 그가 쉽게 흥분하는 결점을 가진 사람이라고 한다면 어디에 기준을 두고서 하는 말인지 반문하지 않을 수 없다. 수많은 역사적인 인물들 중에서 과연 한 사람의 성격과 기질을 공정하게 평가할 기준이 무엇인가? 한 번 잘못된 결정이 내려지게 되면 제네바 시의회가 어렵사리 쌓아온 모든 원칙들은 수포로 돌아가게 되고 혼돈과 혼란으로 뒤 덮인 무정부 상태가 되어질 상황이었다. 그런데도 무조건 관용이 없었다는 말로 칼빈을 비난하려는 사람들이 많았다.

지금부터 살피려는 사람들과 칼빈 사이에는 긴장 관계가 형성되어 있었다. 상당한 대립과 논쟁이 벌어지는 상황에서 칼빈의 대적자들이 비난과 험담을 서슴지 않았다. 심지어 뻬렝 일파는 언제나 복수할 기회만을 엿보고 있었다. 따라서 그들의 눈에는 칼빈의 잘못된 점을 부각시키려는 의도 밖에는 없었다. 칼빈의 인간적인 약점을 찾아보려하지 말고, 제네바를 거룩한 하나님의 도성으로 만들고자 했던 그의 열정적인 개혁주의 신앙을 깊이 생각해 보았으면 한다. 로마 가톨릭이라는 거대한 전통 종교의 힘이 막강한 시대에 제네바의 종교 개혁자가 된다는 것이 얼마나 어려운 일이었던가를 더 잘 이해하게 되기를 바랄 뿐이다. 사람으로 인한 고통의 순간들이 칼빈의 일생 동안 계속해서 썰물처럼 밀려왔다.

카스텔리오

세바스티안 카스텔리오(Sebastian Castelio, 혹은 Castellion, 1515-1563)는 후대의 사람들에게 칼빈의 평판을 터무니 없이 깎아내리고, 좋지 않은 선입견을 가지도록 악평과 헛소문을 만들어낸 대표적인 인물이다. 비교적 초기 제네바 종교 개혁에 동참했다가 칼빈과 대립하고 나쁜 이미지와 헛소문을 만들어낸 대적자로 변하고 말았다. 칼빈보다 여섯 살이 아래인 카스텔리오는 리용의 트리니티 콜리지 출신인데, 학생 신분으로 스트라스부르그를 방문한 적도 있었고, 비록 짧은 기간이었지만 칼빈의 집에 머물기도 했었다. 그때가 1540년 5월 무렵인데, 그는 칼빈이 자신을 모욕했다고 느꼈다. 그가 스트라스부르그 칼빈의 집에 머물고 있을 때에, 안타깝게도 한 프랑스 부인의 하인이 피신할 곳을 찾고 있었고 하필이면 그가 묵던방을 비워달라는 요청을 받았던 것이다. 이 하인이 아프게 되어 떠나가고 다시 방이 비워지게 되자 다시 자신을 불러 들일 때에도 오만하게 대했다고 생각하였다. 카스텔리오가 칼빈의 집에서 무료로 숙식을 제공받았지만, 그가 느꼈던 마음의 상처는 별다른 치료를 받지 못했던 것 같다.

45. 카스텔리오 초상화

1541년초, 제네바 시의회는 그동안 문을 닫고 있던 학교를 다시 개교하기로 결정하였다. 그 자리에 카스텔리오가 임명되었다. 그 전에 시의회는 다시 꼬르디에를 초청했으나 그는 뇌샤뗄에 있었고, 후에는 로잔에서 가르치게 되어서 제네바로 되돌아오기를 거절하였다. 이미 제네바에서 칼빈이 봉사하던 첫 번째 기간 동안 꼬르디에는 교장 자

---

1) 그러나 칼빈과 카스텔리오의 첫 만남이 과연 언제였는가에 대해서는 정확하지 않다. 대부분의 19세기 칼빈 전기 작가들은 (Cornelius, Choisy, Doumergue 등) 스트라스부르그에서 1541년 6월 17일에 만났던 것으로 기록하고 있다. 하지만 칼빈은 보름스와 하게나우에서 소집된 공의회에서 중요한 역할을 하고 있었으므로, 스트라스부르그에 있는 집을 떠나 있었다. Wallace, *Calvin*, 70. Potter and Greengrass, *John Calvin*, 10. Hunter, *John Calvin*, 158. Walker, *John Calvin* 288.

2) Wallace, *Calvin*, 70. Potter and Greengrass, *John Calvin*, 100. Hunt, *Calvin*, 158. Walker, *John Calvin*, 288. 워커는 19세기 저명한 칼빈 연구가들 Cornelius, Choisy, Doumergue와 심지어 카스텔리오의 전기도 인용하고 있다. F. Buisson, *Sébastien Catellion, sa vie et son oeuvre* (Paris, 1892), I, 184. 따라서 이상의 모든 전기 작가들은 칼빈과 카스텔리오와의 첫 만남이 스트라스부르그에서 있었으며, 그날이 1541년 6월 17일이었고, 그 근거로 칼빈 전집 CO XXI:280을 제시하고 있다. 그러나 칼빈을 그토록 증오했던 츠바이크가 쓴 카스텔리오 전기에는 이때 칼빈이 보름스와 하게나우의 공의회에 참가하기 위해서 집에 없어서 만나지 못했다고 말한다. 츠바이크의 사료가 지닌 객관성을 의심하게 하는 단적인 예이다.

리에서 봉사한 바 있었다. 1537
년 칼빈이 제네바에 정착하자마
자 대대적으로 교육 개혁의 의욕
을 성취하고자 자신의 선생님을
초청하였던 것이다. 그때 꼬르디
에는 보르도 지방에서 머물고 있
었는데, 학교를 맡아달라는 간청
에 따라서 제네바에 정착하였던
것이다. 물론 2년 후에 칼빈이 떠

46. 33세의 요한 칼빈

나야 했을 때, 다른 동료들과 함께 추방되어서, 파렐의 요청에 따라서
뇌샤뗄에서 지내던 중이었다.

카스텔리오는 1541년 9월 26일, 칼빈이 이 도시에 돌아온 지 며칠이
지난 후에 교장직에서 사직했다. 그가 사임한 가장 큰 이유는 석달동안
월급을 전혀 받지 못하여 생활이 어렵게 되어졌기 때문이다. 더구나 경
제적인 보장도 없이 결혼을 하였기에 그의 형편은 어렵기 그지 없었던
것이다. 그런데 이런 사정을 칼빈이 자상하게 챙겨주지 않았다는 불만
을 품게 되었다. 결국 두 사람의 관계는 악화되어가고 말았는데, 신앙
적으로도 생각하는 것도 너무 달랐고, 성격도 서로 맞지 않았다.

칼빈은 제네바에 돌아온 후에, 재정적으로 선생님들을 초빙할 수 있
는지를 논의한 다음, 꼬르디에를 다시 초청하고자 했다. 이제 공석이
된 이 자리를 위해서 시의회도 성의를 표시하기로 했다. 사실 카스텔리
오는 450플로린의 연봉을 제공받기로 했었는데, 이 돈에는 두 명의 교
사를 채용하는 비용도 포함되어 있어서, 실로 식생활에 곤궁함을 피할
길 없는 적은 사례금이었다. 또한 그는 비록 정기적으로는 아니지만,
제네바 주변의 방되브르(Vaudoeuvres) 교회에서 설교할 수 있도록 허용

되었다. 꼬르디에가 당장 되돌아오지 못하게 되자 카스텔리오가 다시 1542년 4월 5일 이 제안을 받아들이고 시의회에서 서약하였는데, 이때 카스텔리오는 28살의 젊은이였다.[3]

학생들은 꼬르디에의 지도하에서 라틴어, 헬라어, 히브리어를 공부했고, 자신들의 모국어도 공부하였다. 그러나 근본적인 교육의 초점은 신앙 교육이었다. 히브리어 구약 성경과 프랑스 번역을 놓고서 적당한 현실적 주제와 함께 윤리적으로 적용하는 교육을 받았다. 매우 자연스럽게 대화식으로 진행되어서 학생들은 더할 나위 없는 최상의 공부를 하게 된 것이다.

비레에게 보낸 1542년 8월자 칼빈의 편지에 보면, 흥미로운 소식을 전하고 있다. 카스텔리오는 그의 여동생을 조수 뻬에르 무싸(Pierre Mussad)에게 결혼시켰는데, 그 후로는 이 사람이 같이 일할 수 없는 문제가 발생한 것 같다. 그러나 칼빈이 당시의 학교 체제나 교육 내용에 대해서 불만을 토로한 것은 전혀 없다. 카스텔리오는 비교적 좋은 교재를 만들어서 교육했던 것으로 보여진다.

카스텔리오는 1542년 가을, 자신의 학문적 명성을 열망하면서 성경을 프랑스어로 번역하는 일에 착수하였다. 그리고 칼빈에게 그 일부를 가져와서 출판 허락을 요청하였다. 제네바에서 출판을 원했기 때문에 먼저 칼빈에게 제출하여 교정을 받아야만 했던 것이다. 칼빈은 매우 철저히 검토한 끝에 사소한 것부터 중요한 것에 이르기까지 여러 군데 오

---

3) 스테판 츠바이크는 상상력을 발휘하여 제멋대로 칼빈을 혹평하였는데, 카스텔리오가 제네바에서 학교의 교장으로 초빙을 받은 것도, '이 젊은이에 대해 깊은 인상을 받은 칼빈의 동의하에 이루어졌다'는 것이다. 그러나 이것은 전혀 사실이 아니다. 칼빈이 처음에 카스텔리오를 제네바에 교장으로 인정하여 추천했다가, 몇 달도 채 지나지 않아서 자기가 추천한 교사를 쉽게 내쫓았다는 비난을 면키 어려울 것이다. 전혀 칼빈이 개입하지 않은 일인데도, 마치 모든 권한을 행사한 폭군처럼 만들고자 이런 식으로 각색한 것이다.

류를 발견하였다. 칼빈은 출판을 반대하는 것은 아니지만, 카스텔리오의 원고는 교정을 받으라는 조건을 제시했다. 제네바에서 편집일을 하는 전문가에게 처음부터 다시 검토한 후라면, 가능하다는 언질을 받았다. 그러나 카스텔리오는 원고를 칼빈에게로 가져왔다. 자신은 너무나 바쁘기 때문에 이 원고를 검토할 시간적 여유가 없다고 사양하였다. 비록 학교에서 가르친 공로는 인정하지만, 그가 혼자서 번역한 프랑스어 성경을 출판하는 일에 대해서 칼빈은 전혀 높이 평가를 하지 않 았다. 야망에 불타던 카스텔리오는 심하게 자손심의 상처를 받고 말았다. 제대로 준비가 되지 못한 실력으로 무리해서 야망을 달성하려던 젊은이는 엉뚱한 방향으로 칼빈을 비난하게 되고 말았다.

카스텔리오는 1543년이 되자, 제네바 교회의 목사로서, 더 정확히 말하면 가끔씩 설교하던 방되브르 마을의 교회 목사로서 지원하였다. 그러나 이번에는 솔로몬의 아가서를 정경으로 인정하지 않으려 하는 입장을 표명함에 따라 칼빈이 그의 앞길을 막아버렸다.

칼빈의 입장에서 볼 때, 남의 충고를 전혀 받아들이지 않는 카스텔리오는 구제 불가능한 고집쟁이요, 제 의견만 주장하는 오만한 자였다. 이처럼 서로 생각하는 것이 차이가 많은 자를 같은 동료로 받아들일 수 없다고 생각한 칼빈은 이 사람 문제로 시간을 버리는 것조차 아까워하였다. 1544년 카스텔리오는 공개적으로 이런 문제를 논의하자고 주장했으나 기각당했다. 그러자 교리적인 토론을 하는 모임에서 칼빈의 신실성과 참된 믿음에 대해 좀 더 원색적인 비난을 퍼부었다. 이제 이 문제는 시의회에서 다루지 않을 수 없는 사건이 되어버렸고, 칼빈을 지지하는 도시에서는 더이상 머물러 있을 수 없게 되었다. 1544년 1월 칼빈은 카스텔리오를 교장직에서 해임하도록 조치를 취했다.

월급을 더 올려 달라는 카스텔리오의 요청을 시의회가 받아들일 수 없었던 것이다. 그러자 1544년 2월, 이웃 도시 로잔으로 가서 학교 교장직을 얻어보려고 노력하였다. 로잔은 카스텔리오라는 사람에 대한 질의서를 제네바에 보냈다. 칼빈은 매우 관대하게 도덕적으로나 인격적으로 흠이 있는 것이 아니라고 평가하면서, 이 젊은이의 앞날을 위해서 일할 곳을 찾아주기를 부탁하였다. 단지 제네바에서 목사로서 받아들일 수 없는 두 가지 교리적인 문제가 있음에 대해서만 언급하였다. 하나는 솔로몬의 아가서를 성경에서 제하려는 태도였다. 칼빈은 아가서는 한 번도 공개적으로 정통 성경에서 제하려는 논쟁의 대상이 되어본 적이 없음을 역설하였다. 성경이란 성령께서 직접 간섭하신 책이므로, 모든 교회가 오랫동안 인정해 온 책을 분명한 솔로몬의 연애 사건에만 연관을 지으려는 해석은 너무나 과소평가하려는 자세임을 문제삼았다. 다른 하나는 예수님이 죽으셔서 지옥에 내려가신 것은 그의 고난의 극심함을 설명하는 것으로 요리 문답에서 가르치고 있으나, 카스텔리오는 이를 강조하지 않았다.[4]

결국 로잔에서도 이 젊은 사람이 자기 자신에 대해서 너무나 자만심에 가득 차 있다는 사실을 알게 되었다. 비레도 더이상 도와줄 방법이 없었다. 그는 바젤로 가서 출판업자의 일을 도우면서 살다가 1553년 바젤 대학에서 헬라어 강사가 되었다. 바젤은 아직도 휴머니즘에 대한 관용이 있던 도시였기에 가능하였다. 세르베투스가 제네바에서 화형에 처해졌다는 소식이 전해지자, 그는 칼빈을 공격하는 전단지를 만들었다. 그는 고린도후서 6장 3-4절을 인용하여 바울 사도는 관용이 있었는데, 자신들의 시대는 관용이 없다고 비난했다. 그러곤 무고한 사람

---

4) CR xxxix:673-675.

들을 핍박한다고 주장했다. 자신들이 살고 있는 시대를 뛰어넘어서 다른 의견에 대해서도 관용을 베풀어야 한다고 주장했다. 서론에서 의식의 자유함을 역설하였고, 예정론에 대해서 비난하는 내용과 세르베투스의 사건에서 칼빈이 취한 태도를 맹렬하게 비난하였다. 칼빈과 베자는 예정론에 반대하는 익명의 두 논문들이 바로 카스텔리오의 작품으로 간주하였다. 카스텔리오가 1554년에 라틴어로 출판한 『이단에 대하여, 그리고 그들이 통치자들에 의해서 정죄 당해야만 하는가에 관하여』(Concerning heretics and whether they should be punished by the sword of the magistrates)는 1560년에 프랑스어로 나왔다. 그 후로 종교적인 관용에 대해 논쟁을 할 때에 가장 중요한 문서로 논의되기도 했다. 베자는 이를 반박하는 글을 발표하였다.

> 카스텔리오는 악의에 가득 차 있고, 도무지 다루기 힘들고, 해로운 사람이라는 내 말을 믿으시기 바랍니다. 자애로움과 겸손이라는 가면을 쓰고, 그는 상상할 수도 없는 최고의 오만을 감추고 있습니다. 그와 몇 사람들이 나를 대적해서 이곳에 있는 나에게 상당히 갑작스러운 공격이 가해지도록 하려는 목적으로 가장 잔인한 모독으로 가득한 전단지를 만들었습니다.[5]

노년에 카스텔리오는 매우 곤경에 처하게 되었다. 강가에서 나무들을 주어다가 집에 불을 지피면서 성경 번역 작업을 마치려 밤늦게까지 무모한 야심을 불태웠다. 어떤 사람들은 그가 물건을 훔치는 것을 목격

---

5) CR xliii:209. Potter and Greengrass, *John Calvin*, 101.

하였다고 하여 이 소문이 널리 퍼졌다. 아무도 돌아보지 않는 상태에서 그는 굶주림으로 죽었다고 전해진다. 훗날 몽테뉴(Montaigne)는 이렇게 탁월한 학자를 무시해 버린 일에 대해서 세상은 부끄러운 줄 알아야 한다고 말한 바 있으나, 바른 신앙을 세우고자 혼돈 속에서 노력하던 16세기의 상황을 바로 보아야 할 것이다.

칼빈을 싫어하는 사람들은 카스텔리오의 능력을 과대 포장하는 경향이 있다. 약자에게 편을 들어야 한다고 말하는 자들은 본능적으로 '반항자', '낙오자'를 '순교자'로 미화시키는 일에 쉽게 동화되는 것이다.[6] 비판자들은 일방적으로 당시 시대가 겪은 고통과 어려움을 그저 손쉽게 칼빈이라는 지도자 한 사람에게만 떠넘기려 한다. 세르베투스 사건 이전에 제네바에서는 13명이 교수대에, 10명이 참수형에, 35명이 화형에, 그리고 76명이 추방을 당한 것으로 알려져 있다. 그러나 이 정도의 범죄는 중세 말 16세기 초반, 당시 유럽의 다른 어느 도시보다도 적은 숫자라고 말해도 과언이 아니다. 앞에서 살펴본 바와 같이, 제네바는 폭풍의 도시라고 부를 만큼 여러 집단의 사람들이 서로 쟁투를 벌였다. 따라서 그 과정에서 수없이 많은 사람들이 민법이나 형법에 저촉될 수밖에 없었다. 더구나 이런 모든 처벌은 칼빈이 한 것이 아니라, 시행정 당

---

6) 예를 들면, 몽테뉴, 볼테르, 발작 등이 카스텔리오 편을 들어서 칼빈을 비난한다. 신앙보다는 이성의 자유를 더 원하던 사람들은 한 사람의 영웅으로 카스텔리오를 추앙하고자 하였다. 이런 맥락에서 스테판츠 바이크가 쓴 카스텔리오의 전기에서는 칼빈이야말로 가장 혹독한 독재자요, 교리와 생활에서 한 치의 자유도 허용하지 않고 오직 완전한 복종만을 강요한 인물로 혹평되어 있다. 과연 츠바이크가 말한 바와 같이 카스텔리오는 '코끼리 앞에 선 모기'였으며 '폭력에 저항한 양심'이었던가? 그의 책은 츠바이크가 혹독한 히틀러 통치 시대인 1935-1936년경 쓴 것인데, 20세기의 독재 정권을 16세기의 칼빈으로 묘사한 것에 지나지 않는다. 이 책에는 객관성이 너무나 결여된 일방적인 비난과 상상으로 가득 차 있다. 세르베투스는 "오직 칼빈의 어떤 주장을 부인했다는 이유만으로 죽은 것이다"고 했는데, 과연 이런 말이 역사적으로 얼마나 부정확한가는 설명을 필요로 하지 않는다. 참고, Stefan Zweig, 『폭력에 대항한 양심, 칼뱅에 맞선 카스텔레오』, 안인희 역(서울: 자작나무, 1998), 169.

국에서 결정하고 집행한 것이다. 지금도 전 세계 어느 도시를 가더라도 감옥과 경찰시에 범죄자들이 가득 차 있다. 일상적인 범죄 행위는 어느 도시에서나 제재를 받고 있다. 격변기에 처해 있던 16세기 제네바는 구체제에서 새로운 자치 체제로의 변혁기였다. 더구나 사형이나 형벌, 구금들의 형벌이 모두 다 교회 규칙을 어긴 사람들에게 주어진 것만은 아니었고, 교회와 관련이 된 사람들도 많았지만 통상적인 경찰의 치안 유지에서 비롯된 것이다. 16세기의 상황에서 볼 때, 사람들의 품행은 교회에서 정한 법이 가장 우선적으로 고려할 규범이었을 뿐이다. 칼빈을 싫어하는 사람들은 조그만 문제점이라도 그렇게 들춰내어, 정작 로마 가톨릭에서 가한 엄청난 박해와 가공할 만한 핍박에 대해서, 수천 명, 수만 명을 죽이고 고문하고 감옥에 던진 일에 대해서는 어찌 그렇게 관대하게 침묵하는지 알 수 없다.

제네바 당회의 재판이나 조사 과정에서도 전혀 칼빈이 개입하거나 의도하지 않은 일에 대해서까지도 비난을 받아야 하는가? 또 제네바에서 일어난 모든 일로 인해서 단지 설교자로서 도시를 바르게 이끌고자 했던 칼빈이 비판을 받거나 '압제자'라는 불명예를 감수해야 하는 것인가? 제네바에서 그가 가장 중요한 직분을 갖게 된 이후에 엄격하고 철저한 규칙을 제정하고서는 누그러 뜨리기 위해서 노력하지 않았다는 것은 확실하다. 1558년에서 1559년 사이에 앞에 언급한 여러 문제로 당회의 심문을 받은 사례가 414회에 이른다. 그러나 칼빈 자신은 스스로 심문하는 일에 개입하지 않으려고 회피했다. 신학적인 토론에서도 주요한 문제들은 항상 심혈을 기울였지만, 사소한 문제들에 대해서는 가급적 복잡한 논쟁을 피하려고 했다. 그리고 교회의 예식에서도 사소한 것들로 시간을 낭비하는 복잡한 예식을 아주 싫어하였다. 왜냐하면 그런 사소한 일을 가지고 너무 지나친 논쟁에 빠지는 것을 우려하였기 때문이다.

칼빈은 권징의 여러 가지 측면들을 마음속에 매우 중요하게 생각하고 있었다.[7] 그러면 칼빈이 교회의 권징에 대해서 관심을 가지고 있던 이유는 무엇이었을까? 그는 하나님의 영광에 저촉되지 않을 것과 개인의 인격적 성화에 각별히 주의를 기울이고 있었기 때문이다. 다른 사람을 시시하게 생각하는 하찮은 것을 신앙 양심에서 따라서 철저히 생각한 사람이 바로 칼빈이었다. 그래서 칼빈은 종교 개혁자들의 견해를 따라서, 용서할 수 있는 소죄(小罪, venial sins)와 죽음에 이르는 죄(mortal sins)로 나누는 것을 반대하였다. 하나님이 계명에서 금하시는 아주 사소한 것이라 하더라도 이것에 저촉되는 것은 하나님의 권위를 땅에 떨어뜨리는 것이다. 하나님의 자녀들은 모든 죄가 죽음에 이르는 죄임을 명심해야 한다고 강조했다.[8] 이렇게 어떤 죄는 다른 죄에 비해서 용서받기가 쉽다고 나누는 것은 어리석은 구분법에 불과한 것이다.

칼빈의 일관된 성경적 인간관에서 볼 때, 사소한 인격적인 도덕상의 문제에 일일이 깊은 주의를 기울인 것은 바로 이런 이유인데, 인간의 성격이란 있는 그대로를 나타낸다는 확신이 있었다. 따라서 당대의 인간의식 속에서 강력하게 영향을 미치고 있는 것들이 결코 사소한 것이라고 무시되어서는 안 된다는 인식이 절실하였다. 그는 제네바와 같이 조그만 도시의 행복과 건강함을 유지하기 위해서는 사소한 일을 벌이고 있는 대중들을 바르게 지도해야만 한다는 점을 믿고 있었다.

복음을 생활에 적용한다는 것은 구체적으로 이를 시행에 옮긴다는

---

7) Philip. Benedict, *Christ's Churches Purely Reformed: A Social History of Calvinism* (New Heaven: Yale University Press, 2004), 93-108.

8) Institutes, II. viii. 59.

뜻이다. 사회적으로는 거창한 구호나 정책을 내놓고 실제적으로 그 내부에서는 얼마든지 다른 행동을 할 수 있는 여지가 많은 것이 현대 사회의 특징이다. 그래서 얼마 지나고 나면, 거창한 구호를 내건 정부의 고위 담당자들이 부정과 부패, 개인적인 범죄에 연루되어서 불행을 맛보게 된다. 칼빈은 그런 숨겨진 그늘에서 홀로 은밀하게 어떤 음모를 꾸미거나 남모르게 누리는 특권 의식이 없었다. 그는 장로들이나 집사들이 직면한 문제들을 함께 고민하고 체험하는 삶을 살았다. 그 속에서 권징을 강화하려는 그의 목표는 목회적인 데 있었다. 높은 보좌에 앉아서 양떼들을 감독하는 일에 최선의 역량을 발휘하는 한 지역의 감독이라면 오히려 쉬울지 모른다. 그러나 목자로서 칼빈은 이렇게 교회법을 어긴 사람들에게 얼굴과 얼굴을 맞대어 설득하고 교화시키려는 목회자의 심정으로 대했다. 따라서 어떤 아버지가 자녀를 폭행하거나 아내에게 폭력을 휘두르거나 할 때에, 공적인 문제로 심각하게 다루지 않을 수 없었다. 더구나 가난한 사람들의 문제에 있어서도 근본적으로 목회적 대안으로 접근하려고 노력했다.

그러면 칼빈은 과연 어둡고 칙칙하게 보이는 그의 초상화처럼 매사에 부정적인 사람이었고, 항상 남을 의심하며, 실수하는 것만을 꼬집으려고 혈안이 된 비밀경찰 같은 사람이었는가? 그가 교회의 권징을 통해서 이루고자 한 목표는 이보다 훨씬 긍정적인 것이었다. 얼른 보면, 당회의 세부 사항들이 제네바 시민들의 권징을 실시할 때에 부정적 면만을 부각시키는 것처럼 보인다. 칼빈의 계획은 근본적으로 선한 생활을 힘쓰는 사람들의 덕을 칭찬함으로써 시민들의 도덕적인 생활을 증진시키려는 데 있었다.[9] 그는 제네바에 살고 있던 아버지들에게 법이나 규칙 때문에 너무 위축되지 말도록 격려하였다. 건전한 도시는 교육에 크게 의존하므로 좋은 공교육 체제를 세우고 유지하였고, 모든 분야의 문화를 창조하도록 격려하였으며, 건강한 사회를 만들기 위해서 좋은 법적인 뒷받침을 만들고자 했다. 선한 도덕은 선한 법률과 선한 사회적 조직에서 온다고 확신하였다. 그의 경험에서 볼 때, 사람들을 계속해서 잘 지도하면 악한 쪽보다는 선한 쪽을 더 좋아한다는 것이 입증되었다.

칼빈이라는 인물을 평가하려면, 먼저 그의 전체 사상을 종합적으로 조사해 보고, 특히 그의 사역을 종교 개혁이라는 시대적 풍랑 속에서 살펴보아야 한다. 그리고 나서 그에 대한 개인적인 공과를 따질 때에만 비로소 공정하다는 점을 다시 한 번 촉구하고자 한다. 결혼 문제에 대해서 부모가 일방적으로 자녀들에게 강요할 권리가 없으며, 젊은이들이 이런 압박을 받을 때에 자신들의 자유를 어떻게 주장해야 하는 지에 대해서 조언해 준바를 살펴보면, 그의 진보적이요 진취적인 품성을 발견하게 된다. 그는 에베소서 5장을 설명하면서, 그 옛날 초대 교회 시대에는 어떻게 했는지 모르지만, 오늘날 결혼에 있어서 아내는 더이상 남편의 종이 되어서는 안 된다고 가르쳤다. 남편도 아내의 종이 되어서는 안 되는 것과 마찬가지라고 역설하였다.

---

9) Institutes, IV.xx.9. 권징의 목적을 볼 것.

영적 권위의 확보를 위한 투쟁

제네바는 오래된 귀족들과 새로 떠오른 신흥 부자들이 주축을 이룬 귀족 정치 체제를 가진 도시다. 결혼도 상류층은 그들 사이에서만 이루어졌다. 이들중에 상당수가 종교 개혁을 초기부터 열렬히 지지하던 사람들이었음은 두말할 필요도 없으며, 칼빈이 제네바에 다시 돌아오도록 초청을 받게 될 때에 매우 친절하게 이를 환영하였다. 이 귀족들은 칼빈이 제네바에서 바람직한 영향을 미칠 것으로 믿었고, 얼마 후에는 평화롭게 떠날 것이라고 생각하였다. 그러나 그들의 상상은 여지없이 빗나가고 말았다. 칼빈은 귀족이든 평민이든 누구든지 신분과 직위의 고하를 막론하고 똑같이 취급하였다.

이들 귀족들은 도시에서 정치적으로 매우 강한 힘을 가진 사람들이었다. 그들의 집안은 시의회에서 막강한 영향력을 행사할 수 있었고 이런 것이 거의 관습처럼 존중되었다. 그런 사람들 중에 '리베르틴파'(Libertines, 자유방임주의자들)가 있었다. 이들은 휴머니즘을 가장 신봉하는 자들이었다. 칼빈도 역시 학창 시절에 고전의 가치를 높이 인정하는 휴머니즘에 깊이 심취한 바 있었다. 그러나 고대 문학서나 법학 사상이나 철학자들의 생각은 기독교 신앙의 본질과는 상관 없는 이교도적인 것임을 부인할 수 없다. 비록 이런 사상들이 기독교에 직접, 간접으로 영향을 주었지만, 결국에는 인간

47. 제네바식 의상

의 이성을 넘어서는 어떤 차원을 인정하지 않는 사상이었다. 인간의 운명은 스스로 결정한다는 자만심에 가득 차 있던 사상이었다. 인간의 삶이 보이지 않는 다른 세계의 평가와 기준에 의해서 궁극적인 의미와 행복을 발견한다는 것을 거부하였다. 인간은 하나님을 필요로 하지 않으며, 현재 자기가 가장 최선이라고 생각하는 것이 곧바로 영원이었다. 자기의 경험이 가장 확실한 기쁨의 근거가 된다. 인간에게 가장 필요한 것은 구원보다는 교육이었다. 인간의 능력은 윤리의 기준으로서 법률에 의해 보충될 수 있다고 믿었다. 인간은 자기의 능력을 부인하기보다는 오히려 자기 표현이 더 건전한 인간상으로 정립되어졌다. 이러한 사상이 칼빈 당대에 널리 퍼진 '자유파' 혹은 '영적인 자유 사상파'의 일반적인 신념이었다.

아미 뻬렝은 이런 사람들 중에 대표자였다.[10] 운좋은 상인의 외아들로서 재력을 이용해서 힘을 행사하게 된 그는 약간의 능력과 언변을 갖추었으나 지나친 허세가 문제였다. 기본적으로 안정된 인격을 가지고 있지 못해서 마침내 자신의 몰락을 자초한 인물이다. 뻬렝은 원로 정치가의 한 사람으로 활약하던 프랑수와 파브르(François Favre)의 딸과 결혼하였다. 파브르는 음행을 일삼아 사람들의 입방아에 오르내리던 품행이 좋지 못한 자였다. 어린 시절 교육을 받지 못했고, 그들이 살아온 환경도 지성적인 분위기와는 거리가 멀었다. 이들은 도시에 기여할 어떤 계획도 가지고 있지도 않았고, 저항적인 성품을 지나칠 정도로 발전시켜 놓은 사람들이었다. 이들은 규칙을 존중하는 일에 대해서는 매우 거칠었고, 자신들에게 주어진 책벌을 받는 데서도 자제력을 상실하였으며,

---

10) William G. Naphy, *Calvin and the Consolidation of the Genevan Reformation* (Manchester: Manchester University Press, 1994), 191.

시민들로부터 동정을 얻기보다는 역겨움의 대상이었다. 이들은 여자들과 춤을 추면서 절제되지 않은 행동을 일삼았고, 그리고 춤을 출 수 있는 권한을 주장하는 고집스러움과 끊임 없이 무례한 언사 때문에 심지어 칼빈과도 마찰을 일으켰다. 이 사람들은 공적인 장소에서도 싸움을 일삼았다. 뻬렝의 부인은 시어머니와 말다툼을 해서 한 동안 감옥에 있어야만 했다. 이들은 자신들의 행동 때문에 치리를 받아서 감옥에 던져지거나 비난을 받는 일 따위는 아랑곳하지 않고, 칼빈을 그저 건방진 놈으로, 벼락 출세한 외국인으로만 취급하려 했다. 칼빈이 심혈을 기울인 당회에 대해서도 권위를 인정하려 들지 않았다. 이들은 칼빈을 지지하는 사람들에 맞서서 반대파로 더욱 입지를 굳히고자 했다.

칼빈과의 투쟁을 통해서 설교자가 지닌 영적 권위를 꺾으려는 반대파들의 집요한 공격은 1545년부터 1553년까지 엎치락뒤치락하는 과정을 거치면서 계속된다. 그 누구도 제네바의 내일을 장담할 수 없었다. 이 시기에 수없이 밀려오는 곤경의 고비마다 칼빈은 최후의 설교로 맞서서 과감하게 대처하면서도, 인간적으로는 늘 불안하고 걱정스러운 심정을 친구들에게 피력하곤 했다.

제네바에서 칼빈과 대적했던 자유파들은 다양한 배경을 지닌 출신 성분이 각기 다른 사람들이었다. 1545년과 1546년에 이들 자유파들이 하나로 통합 되어졌다. 자기들이 지녀온 특권이 있었는데 이제는 부와 계층을 초월해서 지켜야 할 규칙이 너무나 많고 가혹하다고 반발했다. 이전에는 그런 통제 없이 잘 살았는데 왜 이렇게 많은 교회의 법을 지켜야 하는가에 대해 강력히 반발하였다. 이들은 제네바의 법을 바꾸어서 당회의 권한을 축소하고 시정부의 간섭하에 두려는 정치적 행동을 개시했다. 사실 오랫동안 이들 몇 가문 사람들이 시의 최고 행정관과 60인 의회 의원이나, 200인 의회 의원을 독점하고 있었다. 부유한 상인 프랑수와 파브르와 그의 아들 가스파그, 그의 딸이자 아미 뻬렝의 부인이 된 프랑수와는 정치적으로 칼빈의 반대파의 대표자들이었다. 방델과 그의 조카들로 알려진 베르뜰리에 집안 두 대표자들도 역시 제네바의 탕자들이라고 자칭하던 자들인데 필리베르와 프랑스 다니엘이다. 한 사람은 변호사요 다른 한 사람은 1548년부터 1552년까지 최고 행정관이었다. 필리베르 베르뜰리에는 칼빈이 설교할 때 기침을 계속함으로써 반항심을 표현했던 교활한 사람이었다. 셋(Septs) 가문의 자식들, 발타사르와 미셀은 아버지가 칼빈에게 협조했던 것과는 달리, 결혼으로 파브르 가문과 인척 관계를 맺었다.

칼빈은 "준동하는 리베르틴파 이단과 광적인 무리들에 반대함"(Against the Fantastical and Raging Sect of the Libertines)이라는 소책자를 발간하였다. 1545년 2월, '로이를 따르는 자들'(the Loists)이 자신들의 가난함과 선지자 직분을 드러내기 위해서 이상한 옷을 입고 헛된 자만심을 드러내고자 한 사건으로 인해서 안트워프 지방에서 추방되었는데, 이에 자극을 받아서 칼빈도 이런 자들을 추방하고자 결심한 것이다.[11] 칼빈이 생각한 리베르틴파는 아주 여러 부류의 사람들이었 다. 그리고 칼빈이 못마땅하게 생각한 사람들은 로마 가톨릭의 의식을 그대로 준수하면서, 몰래 로마 가톨릭 진영의 영주나 국가에 살고 있는 자들과 내통하는 자들이었다. 이들은 적당히 낮에만 개신교인 척 행동하는 니고데모파들이었다. 아주 은밀하게 밤에 예수님에게 찾아온 니고데모처럼 이중 인격을 가진 자들이다. 그러나 칼빈은 훗날 공관복음 주석에서 니고

---

11) John Calvin, tr. Benjamin Wirt Farley, *Treatises Against the Anabaptists and Against the Libertines* (Grand Rapids: Baker, 1982). 이 글을 쓰게 된 동기에 대해서는 George H. William, *The Radical Reformation* (Philadelphia: Westminster, 1977), 354를 볼 것.

데모에게 매우 호의적이었고, 그가 구원 얻었을 가능성마저 언급했다. 또한 아주 극단적으로 국가에 대한 국민의 의무를 무시하고 교회 속의 교회임을 자처하면서 과격한 개혁을 주도하려 했던 재세례파들도 있었다.

종교 개혁 당시 유럽 북부에 흩어져서 있던 재세례파들은 훗날 상당수가 미국에 이민자들로 정착하여 오늘날까지도 명맥을 잇고 있는데, 후터라이트 (Hutterites, 사우스다코타주), 아미쉬(Amish, 펜실베니아주), 메노나이트(Mennonite, 캘리포니아주) 등이다. 오늘날까지 지속되고 있는 제세폐파의 주된 신앙은 어린 시절에 받은 유아 세례를 철저히 부인하고 어른이 된 다음에 고백하는 것만이 온전하다고 내세우는 점이다. 이들은 다른 교회의 세례를 전혀 인정하지 않고 자신들의 신앙을 고백하여 재세례를 받도록 한다. 침례 교회도 마찬가지다. 국가와 교회의 분리를 주장하며, 칼을 사용하지 않는 평화주의를 내세우고, 성만찬에 서 기념설을 채택하고 있다.

재세례파로 통칭되는 각종 그룹들 사이에 공통점이 있지만, 또한 각각 자기들만의 전통을 고수해 오고 있다. 자신들의 영적인 우월성과 온전함을 주장하는 신령주의자들, 반율법주의자들, 성례주의자들, 자유성령파들, 가족주의자들, 신비주의자들 등이었다(Libertines, Nicodemites, Loistes, Familists, Spiruptualists, Scaramentists, Mysticism).[12] 그 가운데 상당수는 단호히 말해서 기독교의 정도를 떠난 이단적이요 반기

---

12) Carlos M. N. Eire, "Calvin and Nicodemism: A Reappraisal," *The Sixteenth Century Journal 10* (1979), 45-69. 이 논문에서 에이레 교수는 칼빈이 리베르틴파와 니고데모파를 구별해서 잘 알고 있었다고 증언한다. 이 두 그룹은 서로 다른 점이 많아서, 칼빈이 명백히 구분하여 공격했으니, 리베르틴파에 대해서는 '비도덕적 행위'(amorial behavior)를, 니고데모파에 대해서는 '타협과 가식'을 각각 비판하였다.

독교적인 사람들이었다.

우리가 꼭 주목할 점은 이들의 사상적 배경이 무엇이냐는 것이다. 16세기 유럽에서는 로마 가톨릭에 식상한 사람들에게 급속히 보급된 휴머니즘의 영향도 무시할 수 없었다. 재세례파들 가운데 상당수는 문예 부흥의 영향을 받은 사람들인데 약간의 고전적 지식과 부분적인 성경적 안목을 근간으로 인간 헛된 자만심을 더욱 믿게 되었다. 인본주의라는 사상 속에는 고대 헬라 사람들이 복음을 듣지 않고 살아가던 시절, 기독교에서는 이교도들이라고 생각하는 자들이 완전함과 건강함을 지닌 존재로 살았다는 '허망한 새 비전'을 부추겨 준 것이다. 휴머니즘은 헛된 인간상을 마음에 심어주고 말았다. 그래서 기독교가 만들어낸 윤리라는 것은 새로운 속박이요 구속이라고 인식하였다.[13] 리베르틴파의 사상은 타락된 휴머니즘이었다.

더구나 리베르틴파의 일부 그룹은 자신들이야말로 영적인 사람들이라고 생각하였다. 진정한 영적인 해방은 오직 예수 그리스도와 연관되어 있는데, 그분은 영으로서 우리들 모두 속에 계시는데, 우리가 복종하는 것은 바로 성령에게 복종시키는 것이라고 믿었다. 새로운 거듭남으로 인하여 하나님을 두려워하는 감정을 이겨내는 권능을 가지게 된다고도 했다. 하나님의 자녀들은 그리스도에 의해서 회복되어짐으로써, 완벽한 상태와 순결 무흠한 상태가 되어졌으니, 이제부터는 '육체'를 굴

---

13) 칼빈은 휴머니즘의 교육에 관하여 긍정하는 부분과 부정하는 부분을 모두 표명하고 있으며, 좀 더 자세하게 어떻게 교육을 시행하였는가에 대해 주목할 만한 연구서들은 다음과 같다. François Furet and Jacques Ozouf, *Reading and Writing: literacy in France from Calvin to Jules Ferry* (Cambridge, 1982). Anthony Grafton and Lisa Jardine, *From Humanism to the Humanists: Education and the Liberal Arts in Fifteenth and Sixteenth-Century Europe* (Cambridge, M.A., 1986). Louis Bouyer, *Erasmus and His Times*, 22f. Van Gelder, *The Two Reformation of the Sixteenth Century* (The Hague, 1964), 37ff.

레 씌우고자 애쓰지 않아도 된다고 보았다. 정직과 부정직함, 간음함과 순결함, 완전함과 더러움의 사이에서 차별을 느끼고, 이런 것을 구분하는 것은 옛 사람의 저주 아래에 있었을 때의 일이요, 이제 옛 사람의 권세는 그리스도 안에서 종결되었으니, 이런 구별은 모두 사라져 버린 것이라고 주장했다.

이상하게도 리베르틴파는 자유 사상을 내세우면서도 도덕적 결정론에 깊이 빠져 버렸다. 그들은 하나님께서 우리 안에서 움직이고 계신다고 한다면 어떻게 우리가 정말로 죄를 지을 수 있겠는가라고 반문하였다. 각자의 마음속에서 하나님이 조명해 주고 계신다고 한다면 기도라는 것이 정말 필요하겠는가? 성자들과 성도들이 기도나 경건 생활에 힘써 왔는데, 이런 수련들은 오히려 미신적인 행동을 하는 것이 아닌가? 라고 회의하였다. 칼빈은 제네바시에서 마주친 이런 리베르틴파의 대담한 주장을 그냥 지나칠 수 없었다. 이것은 '세속적인 자율주의'이기 때문이다. 이들을 마치 가장 신앙적인 것인 양 착각하는 시 의회원들이 많았으므로 그러한 사상과 태도에 대항해서 하나님의 말씀이 가르쳐 주신대로 바르게 판단해 주고 대처하면서 싸워야만 했다.[14] 칼빈도 역시 참된 휴머니즘을 존중하고 후손들에게 가르쳤지만, 이것은 모두 다 하나님의 말씀이 자유롭게 전파되고 설교되며 존경을 받을 때 가능하다는 사실을 거듭 역설하였다. 따라서『기독교강요』제1권 제1장 초반부터 칼빈은 휴머니즘의 문제점을 날카롭게 기독교 신앙과 대립시키면서, 오직 하나님의 말씀에만 의존하는 것이 참된 진리임을 역설한다. 로마 시대의 사상가 시세로는 본성, 그 자체가 모든 인간들의 마음속에 신에

---

14) Paul Hazard, *The European Mind*, 1680-1715 , tr. J.L. May(London, 1953), 155.

대한 개념을 심어 준다고 주장했다. 인간은 이미 주어진 관념을 가지고 태어난다는 것이다. 그러나 이처럼 휴머니즘이 주장하는 헬라 철학의 유산과 고전적인 지혜만으로는 하나님을 알 수 없다는 것이 칼빈의 출발점이었다.[15]

 신약 성경이 전하는 바와 같이, 초대 교회 성도들도 자신들이 배워 온 전통적인 관습에서 새로운 기독교 복음으로의 전환기에 엄청난 고통을 치렀다. 그들은 전에 자신들이 자부심을 느꼈던 모든 것을 이제는 버려야만 되었고, 그 가운데서 즐거움을 찾아야만 되었다. 중세의 교회가 지녔던 세속화로 인해서 이제는 더이상 이런 초대 교회 성도들이 가졌던 고상한 버림과 깨끗한 명예가 소용이 없게 되고 말았다. 이런 일체의 세속적인 평판을 버리는 일이 역사상 가장 강력하게 추진되었던 곳이 제네바였다. 그리고 훗날 새롭게 각성하여 이런 사상을 버린 사람들이 청교도들이었다. 사도 바울은 모든 것은 배설물로 여기고, 새로운 가치와 진리를 주 예수 그리스도 안에서 발견하였다. "무엇이 참된 것이며, 무엇이 경건하며, 무엇이 옳으며, 무엇이 정결하며, 무엇이 사랑이며, 무엇이 칭찬할 만한 것이며, 무엇이 덕이 있는지를 분별하라"(빌 4:8).

 리베르틴파를 제외하고는 제네바 시의회원들 상당수가 칼빈을 성심성의껏 도와주고 협조하려는 태도였으나, 이들도 여전히 일정한 거리를 두고 있었다. 제네바에 돌아온 칼빈은 이런 분위기를 재빨리 감지하였다. 그리고 현명하게 자신을 절제하였다. 1541년 교회의 새로운 규정을 제안하려고 시 행정 당국자들을 만났을 때에 칼빈은 새로운 목회자들을 세울 때에 이를 통제하려는 의도가 의원들에게 있음을 알아차렸

---

15) Institutes, I. i. 5.

다. 그들은 교회가 안수함으로써 새로운 목사를 세우는 것을 인정하려 하지 않았다. 목회자들이 일 년에 네 차례 서로의 품행을 조사하기 위해 모임을 가지려 하는 것도 의심하였다. 칼빈은 이런 모임이 행정 당국의 권한을 침해하려는 것이 아님을 여러 차례 설명하고 이해를 구해야만 되었다. 시의원들은 교회의 일에 대해서 차츰 구경꾼처럼 되어야 한다는데 불만이었다. 더구나 칼빈은 외국에서 온 사람이 아닌가? 남의 나라에서 온 그가 하는대로 모두 다 따라야 하는가라는 자존심의 문제이기도 했다. 동서고금을 막론하고 세계 어느 도시에서나, 심지어 선진국 내에서조차 기존의 원주민들은 다른 도시에서 온 사람들에게 냉담한 것은 마찬가지라고 본다. 이런 태도가 이미 1538년 3월에 기록된 회의록에 잘 나타나 있다. 그러나 이로부터 다시 10년이 지난 뒤에도, 다음과 같은 문장을 발견한다. "칼빈은 엄청난 분노를 품고 설교하며 시 당국은 많은 건방진 일들을 허용하고 있다. 칼빈은 왜 그가 그렇게 설교 했는지에 대해서 알 수 있도록 시 당국에 나와 설명하도록 소환되었다."[16]

칼빈과 시의회와의 대립적인 관계가 형성됨에 따라서 칼빈도 역시 말할 수 없는 고통을 겪었다.

> 나는 이 도시에서 한 사람의 이방인이다. 날마다 가장 낮은 부류의 사람들이 토론하는 문제들이 수없이 많이 있는데 나에게는 전혀 알려지지 않는다. 더욱이 최고 회의에서는 결코 나에게 자신들이 필요한 것을 제외하고는 알려준 적이 없다…. 내가 십사년 전에 다시 이곳으로 돌아온 후로, 그때 하나님께서 나를 자신의 손으로 잡아 이

---

16) *Registers of the Council*, May 1548.

끌어 주신 것인데, 사람들은 나를 귀찮게도 졸라대서 나는 거절할 만한 합당한 구실을 찾지 못했기에 온 것이다. 나는 그들에 대해서 그저 게으른 구경꾼으로 남아 있으면서 문제점들을 진정시키는 데 나의 고통을 두기로 하였던 것이다.[17]

처음에는 칼빈이나 시의회나 서로 근본적으로 합의하지 않는 일들에 대해서 충돌하기를 피하였다. 하지만 얼마 지나지 않아서, 서로 간에 갈등이 증폭 되어서 도저히 그냥 넘어갈 수 없는 시점에 이르게 되었다. 1541년 칼빈이 제출한 당회의 권한은 시의회의 정치적인 권한과 서로 마찰을 일으킨 것이다. 시의회는 과연 당회가 출교의 권한을 가질 수 있느냐의 문제로 격론을 벌였다. 시의회는 영적인 규정을 어기고 범죄한 사람들에 대해서 당회가 조사하는 권한은 최대한 인정하고자 했으나, 범죄자들을 권고하는 선에서 머물기를 원했다.

그러나 칼빈은 조사가 합당하게 이루어져서 잘못이 발견된다면, 출교하는 것도 당회가 결정해야 한다고 주장하였다. 그러자 행정 당국은 분명한 약정을 첨가하였다: "목사들은 세속적인 재판권을 행사할 수 없으며, 사도 바울이 그 들에게 명한 바와 같이 오직 하나님의 말씀인 영적인 검만을 사용해야 한다. 따라서 당회에 의해서 시 평의회의 권한이나 세속적인 사법권의 침해는 있을 수 없다. 시민법적인 권한은 전적으로 보호되며, 어떤 징계를 가할 필요가 있을 때나 강제성을 띨 경우에 조차, 당회에서는 양편 당사자의 의견을 듣고 적절한 충고와 훈계를 행

---

17) 1556년 2월 21일, 베른 Nicholas Zerkinden에게 보낸 편지. *Calvin's Selected Works*, vol. 6, 249. 베른과 제네바의 차이를 설명하면서 좋은 시민들이 있음에도 불구하고 왜 좋은 정책들이 실패하는가에 대해서 설명한 편지다.

할 것이요, 목사들은 시평의회에 의뢰하여 정당한 요구에 따라서 질서 있게 결정하고 판결을 내리도록 해야 한다."[18]

교회의 문제에 대해서 관여할 수 있도록 시의회가 자신들의 권위를 지속해서 주장하는 것은 이해할 수 있다. 종교 개혁이 일어난 교회에서는 어느 나라를 막론하고 거의 모든 힘을 평신도들이 넘겨 받았다. 교황의 권위로부터 자신들의 자유를 획득했으니, 이제 세속적인 통치자들은 교회가 더이상 중요한 일에 대해서 지배하려는 경향을 배척하려 했던 것이다. 1523년 취리히에서도 이런 논쟁이 있었는데, 이런 교회 권위에 관한 회의를 주재하는 것은 교회 목사가 아니라 시 행정 수반이었다. 그들은 쯔빙글리가 마음대로 한다고 판단되면 회의를 중단시키고, 자신들의 권세로 다시 개정하고 결정하였다. 베른에서도 역시 시의회는 목사들에게 고자세로 목청을 높였다. 종교 개혁자들은 이런 분위기나 행정 당국자들의 주장을 뒤집기보다는 동의하는 형편이었다. 스트라스 부르그의 볼프강 까삐또는 세속의 군주들도 그리스도에 의해서 임명된 자들이므로 자신의 통치권 내에 있는 교회들을 돌보는 목자요 아버지로 인정해야 한다고 주장했다.[19] 심지어 헨리 8세가 교황의 통치를 거부하고 영국 내에 있는 교회를 통치할 권위를 주장하는 것마저도 인정했다. 루터는 이미 교회의 문제를 지배하고 있는 세속적인 권세에 대해서 저항하는 것은 잘못이라고 거부하였다. 베른주의 할러(Haller)는 성만찬의 시행에 있어서도 자신은 국가의 종이라는 입장을 표명했다.

이러한 일반적인 분위기 속에서도 칼빈이 제네바에서 쟁취하고자 했

---

18) *Ecclesiastical Ordinances*(1541). 방델의 설명을 참고할 것, 김재성 역, 『칼빈』(크리스챤 다이제스트, 1999), 86.

19) Owen Chadwic, *The Reformation* (Penguin, 1964), 68. J.L. Ainslie, *The Doctrines of Ministrial Order in the Reformed Churches* (Edinburgh, 1940), 126.

던 교회의 자주권은 비록 그 범위가 크지 않은 것이라 하더라도, 그가 신약 성경에서 발견한 초대 교회의 모습과 그 목회를 복원하려 했다는 점에서 매우 높이 평가하지 않을 수 없는 것이다. 그가 제네바에 돌아왔을 때에 교회의 모든 일들은 시의회 의원들이 결정하는 대로 따르고 있었다. 종교 개혁의 사건들이 모두 다 시의원들의 수중에 있어서 자신들이 원하지 않으면 목사들이라도 마음대로 바꿀 수 있었던 것이다. 그들이 필요하다고 느껴서 심지어 칼빈까지도 제네바로 다시 돌아오도록 했던 것이 아닌가!

그럼에도 불구하고, 우리는 당시 평신도 시의원들이 교회에 대한 권위만을 내세우고, 자신들의 의무를 완전히 무시하고 있었다고 생각해서는 안 된다. 이들 가운데 다수는 여전히 하나님을 두려워하고 영적인 갱신을 마음속으로 깊이 원하고 있었으며, 자신들을 성경을 배우는 학생들이라고 생각하였다. 예를 들면, 아미 뽀랄은 제네바시 행정부 최고위 시장 중 한 명이었는데, 칼빈을 돕던 어떤 목사들보다도 신학에 조예가 깊은 사람이었다. 그는 아직 경험이 부족한 두 명의 젊은 목사의 실수를 지적해 줄 정도였고, 칼빈의 동의를 얻은 후에 개인적으로 이들을 교정하여 주었다. 이 관대한 노신사는 건강이 악화되어서 죽을 때에, 자신의 침대 주변에 모여든 사람들에게 목회의 의미에 대해서 통찰력을 보여주었고, 하나님의 은총에 대해서 깊이 설명함으로써 칼빈 마저도 놀라게 만들었다.[20] 일부이지만 이런 사람들은 시의회에서 매우 진지하게 교회의 유익이 무엇인가를 결정하고자 노력했고, 매우 잘 구별할 줄 아는 사람들이었다. 그래서 목사들로 하여금 함께 협력하게 하고,

---

20) 1542년 6월 16일, 칼빈이 파렐에게 보낸 편지.

영적인 싸움의 최종 책임은 목사들에게 주어져야 한다고 믿었다. 종교개혁은 만인제사장론을 그들에게 가르쳤기에 시의회가 주도적으로 교회 일을 다루게 되는 새로운 길이 열렸던 것이다.

의지의 항거

인간 사회는 하나님의 계명과 율법을 준수하기를 좋아한 적이 별로 없다. 항상 의인을 무시하고 멸시하고 조롱하면서 여전히 세상에서는 교회의 일을 지배하려 들었다. 더구나 프랑스에서 온 낯선 이민자가 초빙된 목사가 되어서 하는 일들은 이 도시를 온통 흔들어 놓는 것들이었다. 이방인 목사 칼빈과 대대로 제네바에서 터를 잡고 살아오고 있던 귀족 출신의 모임인 시의회와 사이에 형성된 긴장 관계는 이후에도 계속되었는데, 이에 대한 구체적인 사항들을 연대 순으로 살펴보고자 한다.

외부적으로 볼 때, 칼빈은 시의회의 인정을 받았으면서도 자신을 지지하는 사람들이 차츰 세상을 떠나게 되어 불안하기 이를 데 없었다. 초기에 칼빈과 파렐을 도왔던 길레르맹파(Guillermin)의 인재들 가운데 셋(Sept)은 1540년에 죽었고, 뽀랄(Porral)은 1542년에, 그리고 뻬르땅(Pertemps)은

48. 칼빈의 초상을 담은 목판화(작가 미상)

1544년에 사망하므로써, 권세는 파브르의 사위이자 여러 차례 최고 행정관으로 선출되었고 시 경비대의 총사령관을 역임한 뻬렝에게로 기울어져 있었다.

뻬렝은 너무나 야심 만만한 사람이어서, 칼빈이 '우리의 희극적인 영웅 시저'라고 불렀던 사람인데, 자신의 재능에 비해서 지나치게 자신을 과신하던 사람이요 명석한 분별력이 부족한 사람이었다.

이처럼 개편된 시의회는 칼빈이 제안한 것을 일부는 받아 주었으나 대부분은 신앙적인 주장을 하게 되면 내부의 긴장이 조성될 그런 분위기였다. 시의회는 모든 축제일과 절기를 '경건치 못한 자들의 흥분한 소동'이라고 규정하고 폐지시켜 버렸다. 이것은 칼빈이 자기 마음대로 교회의 행사를 주관하지 못했음을 단적으로 보여 주는 사례다. 성자들의 축제일이 되면, 일부 좋아하는 사람들이 모여서 성대한 예식을 가졌고, 가게들은 아침부터 문을 닫았으며, 공적으로 기도문을 낭송하는 행사를 가져왔었다. 겨우 성탄절을 지키는 것만 다시 허용한다는 결정을 얻어낼 수 있었다. 사태를 관망하던 칼빈은 타협안을 받아들였다. 그는 다소 실망하는 면도 없지 않았지만, 변화를 받아들였다. 평신도들이 자유권을 행사한 회중 교회나 독립 교회에서 목회를 해본 경험이 있는 사람 들은 그의 처지를 이해하고 동정할 수 있을 것이다.

칼빈은 시의회에 서로 의견이 일치하지 않는 부분이 있으므로, 다시 재고해 줄 것을 간청하였으나, 주일날을 안식하면서 거룩하게 보내는 것 이외에는 모든 절기를 폐지한다는 결정을 번복할 수 없었다. 절기 폐지는 칼빈이 주관하여 고친 것이 아니라, 이미 시의회의 손에서 좌우되고 있었다. 그리고 중요한 절기들을 되살리고 싶은 바람도 반영시킬 수 없었다. 종교 개혁은 '성경에 명백히 기록되지 않은 일들'은 지역 교회의 재량에 속한 일이라고 가르쳤기 때문이다.

제롬 볼섹 같은 사람은 칼빈이 주일을 폐지하고, 그 대신에 금요일을 지키려고 한다는 헛소문을 담은 유인물을 만들어서 돌렸다. 칼빈은 하는 수 없이 자신의 입장을 해명하지 않을 수 없었다. "나는 그러한 변화를 추구하는 어떤 조그마한 증표도 보인 적이 없습니다. 그것은 정말로 내 뜻과 배치되는 일입니다…. 내가 제네바에 다시 돌아오기 전에 이미 주님의 만찬을 지키는 방법이나, 세례, 결혼, 축제일 등이 오늘날 지키고 있는 방식대로 지켜지고 있었고, 내가 변경한 것은 아무것도 없습니다."[21] 칼빈은 이런 문제들에 대해서 자기 나름대로의 생각이 있었지만, 시의회를 통해서 다시 고칠 수는 없었다. 훗날 시의회와의 신뢰가 돈독해지고, 자유파들의 속셈이 폭로되어서 그들을 무너뜨리는 결정을 하게 되었지만, 여전히 다 바꿀수 있었던 것은 아니었다.

죽기 직전에 처한 병자들을 돌아보되, 특별히 하나님의 위로를 받을 수 있는 기회로서 그녀들에게 성찬을 베풀기를 간절히 소원했던 칼빈이었지만, 이런 것도 마음대로 할 수 없었다. 훗날 칼빈은 이런 것을 할 수 없었음을 아쉬워했다. 그러나 그 당시에는 "나는 평화를 유지하기를 더 원했습니다"고 말할 정도로, 변화를 추구하다가 초래될 충돌이나 다툼의 원인을 제공하지 않으려 노력했다. 그는 성찬을 매주 시행하기를 원했고, 적어도 한 달에 한 번 이상 갖기를 바랐지만, 일 년에 네 번으로 정한 시의회에 따라야만 했다.[22]

구원의 도리에 관련된 본질적인 부분이 아니라면, 부차적인 교리에

---

21) 칼빈이 1554년 1월 2일 Haller에게 보낸 편지와 1555년 3월 14일 베른의 영주들(Seigneurs)에게 보낸 편지를 볼 것.
22) Institutes, IV. xvii. 44: "주님의 만찬은 자주 시행되어야 한다." 46절, "일 년에 한 번만 시행하는 것은 마귀의 꾀임수이다." "주님의 만찬은 적어도 한 주일에 한 번은 그리스도인들의 모임을 위해서 나누어 주어야 한다."

서는 자기의 확신을 양보하고 그들과 타협하는 것은 자존심을 버리고 겸손하게 봉사하는 자세였음을 보여 주는 대목이다. 1554년 칼빈이 출판하고자 한 책을 시의회가 검열받으라고 주장할 때에도 역시 이런 굴욕감을 맛보았다. 이미 자신을 충분히 검열한 사람들이 아닌가! 이런 일들은 칼빈이 제네바를 비판하거나, 이 도시의 일에 대해서 다른 의견을 개진하는 일에 제동을 걸기 위한 일부 지도자들의 음모도 개입해 있었다.

이보다 더 심한 모욕적인 일을 당했는데, 칼빈이 비레에게 보낸 개인 편지를 중간에서 가로채서 공개한 일이다. 편지 내용은 시의회 안에 가증스러운 한 시의원을 고발하는 것으로, 하나님의 간섭 없이 제멋대로 도시를 다스리고 싶어 한다는 것이었다. 결국 칼빈은 시의회에 나가서 공개 사과를 해야만 되었다. 이처럼 뜻하지 않은 일로 엄청난 수치심과 고통을 당해야만 하였다. 이 사건을 마무리하는 데 있어서 파렐의 중재와 설명이 매우 주요했다. 파렐은 시의원을 비난한 칼빈이 얼마나 훌륭한 학자인가를 설명하면서, 루터나 멜랑톤처럼 종교 개혁자들 중 지도자 반열에 칼빈이 올라 있음을 잊어서는 안 된다고 했다. 심지어 자신이 받은 교육과도 비교할 수 없이 탁월하고 월등한 학문을 지녔다고 높여 주었다. 칼빈의 개성과 그가 지닌 장점을 과소 평가하지 말도록 다시금 설득하는 파렐의 노력으로 겨우 진정될 수 있었다.[23]

칼빈은 자신에 대한 개인적인 비난이나 비판을 얼마든지 수용할 수 있었다. 그러나 하나님의 말씀에 대한 불평이 게재된 비난이라고 생각될 때에는 즉각적으로 극단적인 반응을 거침없이 표출하였다. 적어도

---

23) *Calvin's Selected Works*, vol. 5, 177. 1548년 9월 20일자.

그런 영향을 최소화하고자 노력하였다.

칼빈이 제네바에 돌아온 후 취한 일련의 개혁안들이 번번이 뻬렝 일파의 간섭 속에서 서로 마찰을 빚어오다가, 가장 긴장이 고조된 것이 1546년 삐에르 아모(Pierre Ameaux)의 사건이었다. 아모는 1541년 칼빈이 다시 제네바에 돌아올 때에 매우 적극적인 협조를 했던 사람이다. 칼빈이 갑자기 돌아오게 되어서 머물 집이 필요했는데, 프렌빌(M. de Fresneville)이 바로 얼마 전에 사들여서 아직 빈집으로 있던 것을 시의회가 좋은 가격의 세를 받고 양보하도록 요구하였으나, 이 때문에 프렌빌은 매우 분개하였다. 그는 자신의 권리를 주장하면서 집 값을 한 번에 달라고 하였다. 결국 칼빈은 바로 그 옆집으로 옮겨가야만 되었다. 이런 문제를 처리하는 데 있어서 집 주인 프렌빌은 출타중이었고, 그의 대리인으로 주선한 사람이 바로 아모였다. 이때부터 칼빈이 아모를 좋아하지 않게 되었다고 보는 사람도 있다.[24]

한편, 아모가 칼빈을 좋아하지 않게 된 것은 자신의 사업과 관련이 있었다. 그는 놀이에 사용되는 장난감들, 특히 카드와 양초를 만드는 공장을 운영하고 있었다. 이런 그의 사업은 종교 개혁을 주도하는 입장에서 볼 때에 나쁜 영향을 끼치고 있었다. 그는 아내와 이혼한 후에 성적인 추행을 하고 다님으로써 스스로 자신의 명예를 잃어버린 결정적인 약점도 있었다. 1546년 1월 24일, 아모의 연인으로 음행한 여인이 감옥에 잡혀왔는데, 벽에 연결된 쇠사슬로 묶어놓도록 시 당국은 강력한 조치를 취했다. 그로부터 이틀 후에, 아모의 사건은 최고의 절정에 도달했다. 그는 이제 결정적으로 파멸에 처해질 위기에 이르렀다. 자신의

---

24) Naphy, *Calvin and the Consolidation of the Genevan Reformation*, 71.

사업에도 위협을 느낀 그는 친구들을 초대해서 저녁 식사를 하는 자리에서 칼빈은 나쁜 사람이요, 그저 평범한 프랑스 삐까르디 출신에 불과하며, 그가 가르치는 교훈들은 거짓된 것이라고 비난을 퍼부었다.[25] 이런 일은 즉각적으로 보고되었고, 다음날 아모는 체포되었다.

결국 이런 일련 사건들은 칼빈이 줄기차게 제기하여 제정된 교회법령이 시행되려는 단계에서 불만을 가진 사람들의 생각을 대변하는 것이다. 여기서 물러선다면, 칼빈은 더이상 자신의 존재 가치를 발휘할 수 없으며, 그냥 한 사람의 고용인처럼 모든 것을 양보하고 시 행정관들과 당국자들의 눈치를 보면서 살아가야만 한다. 마치 공산주의 치하에서 러시아의 정교회가 그러했듯이, 세상은 어떻게 돌아가든지 자신들의 개인적인 수련에만 목표를 두고 살아갔던 수도원이나 수녀원의 사람들처럼 되고 말 것이었다.

아모에 관한 것은 자신의 명예에 관한 일이므로 칼빈은 시행정부에 고소하였고, 시의회에서는 이 사람을 매우 엄격하게 다루고자 했다. 소의회에서는 아모에게 죄를 공개적으로 회개할 것과 60크라운의 벌금을 시에 납부하도록 결정했다. 그는 더이상 공직을 맡을 수 없게 되었다. 200인 의회에서는 두 번의 투표 끝에, 아모가 칼빈이 있는 자리에서 공개적으로 사과할 것을 요구하였다. 이렇게 하므로써 아모의 형량이 대폭 줄어들어 버렸다. 감옥에서 약 5주 동안 감금되어 있다가 풀려났는데, 칼빈은 이런 조치들을 도저히 받아들일 수 없었다. 자신이 가르치는 교리가 거짓말이라고 하는 개인적인 모욕을 당했을 뿐만 아니라, 하

---

25) 1546년 1월 24일, 27일 제네바시 의회록. "It is reported that Ameaux said that M. Calvin was a bad man, a mere Picard, who preached false doctrine. He was prepared to uphold this statement as is more fully indicated by the information received. Ordered: that he shall be imprisoned and an action heard against him later."

나님의 교회를 헐뜯고 이제 시행의 초보 단계에 있는 당회의 노력들이 수포로 돌아가는 것을 그냥 묵과하고 넘어갈 수 없었기 때문이었다.

단순히 자신이 몸담고 있는 도시의 목사에 대한 비난이 아니라, 하나님과 교회에 대한 비난은 앞으로 더 큰 문제가 야기될 수 있는 소지가 있었기 때문이다. 다른 목사들의 협조를 얻어서 칼빈은 아모가 보다 더 객관적으로 받아들일 수 있는 사과를 요구했다. 단순히 200인 의회에서만 사과를 표명하는 것으로 그친다면 자신은 그것은 받아들일 수 없으며 참석하지도 않겠다고 버텼다. 그러나 대중들은 아모의 편을 드는 사람들이 많았다. 3월 29일 칼빈이 쌩 제베 교회에서 설교하고 있는 동안에 교회 안에서 가루 반죽업자 알리오(Alliod)라는 사람이 일어나서 칼빈을 모욕하고 항의하는 사태가 벌어지기도 했다. 이런 소란은 그 다음날에도 계속되었다. 칼빈은 만일 공중 앞에서 사과하지 않으면 앞으로 설교하는 것을 포기할 수밖에 없다고 경고했다. 상당수가 자신의 이런 강력한 항의에 동조하지 않고 있음을 알면서도 이처럼 초강수를 견지한 것은 칼빈의 신앙과 의지에서 나온 것이다.

매우 날카로운 판단력을 발휘하여 자신이 물러설 단계가 아니라는 것을 분명하게 표명하였고, 잘못한 사람이 먼저 고치도록 해야 한다고 입장을 누그러 뜨리지 않았다. 칼빈이 잘못한 것이 없음에도 불구하고, 자신들과의 이해관계 때문에 아모 편을 들었던 시의회에서는 마지못해 경고문을 교회 밖에 내걸었다. 1546년 4월 8일, 아모는 모자도 쓰지 않고 내복차림으로 한 손에 횃불을 들고, 하나님의 은총을 구하는 태도로 도시 여러 곳을 무릎을 꿇고 사죄하면서 지나가야만 했다.[26] 그리고 4월

---

26) 1546년 4월 8일, 제네바시 의회록. CR XLIX:368, 377.

15일, 아모는 아주 훌륭하고 교양이 넘치고 신사답게 행동한 사람이라고 칭찬했던 목사 드 라 마르(De la Mare)가 해임되었다.[27] 결국 하나님 앞에 반성하지 않은 사람에 의해서 손상된 명예를 회복하였고, 칼빈이 승리한 것이다.

정의가 구현되는 사회를 만들기 위해서, 칼빈은 매우 높은 도덕적 기준을 제시하고 성도들이 준행할 것을 요구했다. 1546년 3월 26일, 앙뚜완 렉(An-toine Lect)이 딸을 시집보내면서 상당수 귀족들을 포함해서 대표 시장 뻬렝과 시 의회 의장 앙블라 꼬르나(Amblrad Corna)가 참석하여, 춤을 추면서 성대한 파티를 하였다. 4월 8일, 시의회는 이 사건을 조사하였고, 렉 집안 사람들과 춤을 춘 여자들과 시 대표 지도자들 모두가 구속되었다. 춤추는 일은 금지되어 있었는데, 이런 법률을 제정한 사람들도 예외없이 건강한 시민 사회의 기풍을 진작하고자 한다면 이런 규칙을 지켜야만 하였다. 꼬르나는 풀려나서 가벼운 죄에 대한 조치로서 사과를 표명하고 곧바로 시의장에 복직하였다.

그러나 뻬렝은 매우 기분이 나빴다. 그는 이 사건에서 자신은 관계가 없다고 발뺌을 하고 당회의 소환에도 불응하였다. 칼빈은 뻬렝에게 개인적으로 자신의 뜻을 담은 편지를 보냈다. 이 편지에서 칼빈은 그가 당회에 참석해서 꼬르나와 그를 위해 제반 문제를 협의하지 못한 것에 대해 서운함을 밝혔다. 칼빈은 뻬렝의 명성과 지위를 고려하여 간곡히 편지로서 설득하고자 했던 것이다. 이제 분명히 해야 할 것은 제네바에서 더이상 자신의 이득을 챙기지 말고 오직 전 공동체를 위해서 봉사해야 함을 명심하라고 호소했다. 하나님의 말씀에 복종하며, 공동체와 교회

---

27) 1546년 4월 21일자 칼빈이 비레에게 보낸 편지.

의 행정에 바른 질서를 유지하기 위해서 최상의 미덕을 지켜 나가도록 요청한 것이다.[28] 처음에는 뻬렝도 수긍하는 듯이 보였다. 아무리 마음이 닫혀 있던 사람이라도 자신이 부덕한 과오를 범했고 사람들에게 부끄러운 행동을 하고 있다는 양심의 가책을 받았다면, 이 편지를 받고 감동하지 않을 수 없었을 것이다. 그러나 계속되는 칼빈의 조치로 제네바 시를 지도하고 있던 주요 인사들 사이에 균열이 시작되자, 반대자들을 규합하여 정면으로 맞서게 되고 말았다.

세 가지 개혁 전술

고위 지도자들을 많이 잡혀가도록 만든 초호화판 결혼식 잔치 사건은 칼빈으로 하여금 새로운 조치를 시도하게 만들었다. 첫째는, 술집을 닫게 하되, 다섯 개의 고상한 이름을 가진 공공의 모임 장소만은 계속 영업하도록 허락한 것이다. 여기서는 어떤 이익도 남기지 않고, 단지 하나님의 은총을 말하고 욕설을 하거나 춤을 추는 일을 금지하였다. 프랑스어 성경이 있어서 누구든지 감동을 증거할 수도 있고, 찬송도 부르게 했다. 기독 신자들의 고상한 사교 모임을 시도한 것이다. 물론 이런 조치들은 나중에 다시 술집이 문을 열자 오래 지속되지 못했다.

둘째는, 연극의 공연과 관계된 조치들이다. 그러나 우리는 이런 조치들을 모두 칼빈이 옹졸한 탄압자였기 때문에 취해진 것이라는 부정적 선입견을 가져서는 안 된다. 모든 공연은 아벨 뿌뻥(Abel Poupin) 목사가

---

28) *Calvin's Selected Works*, vol. 5, 56-58. 1546년 4월에 보내진 이 편지의 정확한 날짜는 잃어버렸다.

위원회를 통해서 내용과 상연 시기들을 관장하고 있었는데, 목사들과 사전에 상의하지 않은 연극이 공연됨으로써 상당한 물의를 빚게 된 것이다.

1546년 7월, 동료 목회자의 한 사람인 아벨 뿌삥이 대본을 쓴 "사도행전"이라는 제목의 도덕적인 연극을 무대에 올리도록 허용한 적이 있었다. 비레도 이것을 참관하도록 초대를 받았다. 그런데 동료 목사 중에서 꼽(Michel Cop)이 설교 시간에, 이 연극에 나온 익살스러운 광대 역할을 했던 여성은 부끄러움을 모르는 피조물이라고 비난을 했다. 이는 연극을 위해 준비한 사람들을 모욕한 발언이었다. 칼빈은 적절치 못한 발언을 한 꼽에 대해 매우 큰 불만을 갖게 되었다. 폭동으로 확대될 큰 소동이 벌어졌으므로, 불가피하게 칼빈이 개입하지 않을 수 없었다. 그는 부주의하게 발언을 했다고 생각하면서도 꼽을 보호했다. 시민들은 물론 칼빈을 존경하고 있지만, 이번 일은 꼽의 표현이 거칠어서 발생한 일이므로 그가 혼자서 책임을 지도록 요구하였다. 그러나 칼빈은 모든 목사들이 꼽의 명백한 실수가 밝혀질 때까지 견고한 공동 전선을 구축하도록 주장하였다. 왜냐하면 꼽이 자신의 확신에서 자유롭게 설교한 것을 문제 삼기 시작하면 설교자의 자유권이 시험대에 오르게 되어 있기 때문이었다. 칼빈의 도움으로 아벨 뿌삥은 연극 배우들을 진정시킨 듯이 보였다. 연극은 계속 되었다. 비레도 출연자들을 진정시키고자 노력하였는데, 칼빈은 '우리들의 격노한 친구들'이라고 부를 정도였다. 시의회는 사태를 냉담하게 지켜보면서 우선 목회자들의 입장을 옹호하였다. 그리하여 꼽의 비난 사건은 일단 가급적 빠른 시일 내에 공연을 마치도록 하고, 좀 더 바람직한 시기가 올 때까지 중단하는 것으로 마무리지었다. 결과적으로 제네바시의 목사들이 저지른 일들은 모두 다 칼빈 책임으로 되돌아오고 말았다. 그가 고의적으로 연극 출연자들을 비난한 적이 없음에도 불구하고, 칼빈은 이렇게 연극마저도 짓밟는다는 오명을 벗을 수 없게 되고 말았다.[29]

셋째는, 제네바에서는 목사들이 기독교식으로 새로 탄생한 아기의 이름을 지어주되, 지나치게 이상한 이름을 사용치 못하도록 한 것이다. 어리석고 무의미하며 귀에 거슬리거나 불경스러운 이름들이 많았다. 예수, 주일날, 부활절, 십자가 등 종교적인 절기나 신성한 날 등은 개인의 이름으로 금지되었다.

그러나 칼빈이 좀 더 거룩한 제안을 할 수록, 시민들의 여론은 반대파에게로 향했다. 뻬렝은 우여곡절을 거친 후에 다시 시의 최고 권좌에 올랐다. 1547년 선거에서 칼빈의 반대당들이 다시 시의회를 장악하게 된 것이다. 칼빈은 다시 한 번 매우 예민한 문제로 대립하게 되었으니, 바로 성찬에 참여할 사람을 누가 결정하느냐의 논쟁이었다. 제네바 '교회 법령'은 여러 가지로 해석될 가능성을 열어 놓고 있었다. 그러므로 토론의 여지가 남아 있는 구절에 대해서 의미를 분명히 가리자고 하면, 결국 또 다른 편의 반대가 나오게 되어 있었다.

지속적으로 문제가 된 것은 당회의 파문권에 대한 시 행정부 지도층과의 대립이었다. 이미 1543년 3월, '60인 의회'가 이 문제로 회집되어 '당회는 사법권도 없고, 성찬을 거절할 아무런 권리가 없다'고 공표하자, 칼빈과 심각한 긴장이 고조되고 말았다. 시의회는 이런 결정을 당회에 통보했으나, 칼빈은 부활절 전날에 비레에게 편지를 보내 참담한 심정을 고백하기도 했다. "나는 즉각 그러한 결정에 반대했으며, 그러한 선포는 나의 죽음으로서나 혹은 추방으로나 정당화될 수 있는 것"이

---

29) J.T. McNeill, *The History and Character of Calvinism*, 167.

라고 심경을 토로했다. 이것은 문자 그대로 목숨을 걸고 반대한다는 말이다. 결국 의회는 마지못해 예외적으로 회의를 재소집하여 칼빈이 참석한 가운데 격론을 벌이게 되었고, 겨우 칼빈이 주장한 "당회의 고유한 독립권"에 대해 동의해 주었다.[30]

당회의 독립권 문제는 1546년에 또다시 논쟁의 대상으로 떠올랐으니, 시 의회는 "당회는 단지 성도들을 권고 하는 것일 뿐, 출교할 권리를 가진 것은 아니다"라고 결정했기 때문이다. 그 해 12월, 시의회는 목사들의 바람을 정면으로 도전한 기사르 루(Guichard Roux)에게 성찬에 참여할 권리를 부여하였다. 점차 칼빈의 대적자들이 상당히 많은 수로 불어나고 있었다. 그리고 제네바시가 칼빈에게 무한대의 자유를 허용하지도 않았었다. 하지만 계속되는 사건들 속에서 그의 영향력은 무시하지 못할 만큼 위력을 발휘하고 있었던 것도 사실이다.

이런 소용돌이치는 상황에서 칼빈에게 적대적인 사람들이 스스로 자신들의 부패와 오만을 감추지 못하고 드러내는 일들이 벌어졌다. 자크 그뤼에(Jacques Gruet)의 경우가 그러하다. 이처럼 양측으로 나뉘어져 심각한 대립에 휩싸여 있던 시절에 주목을 받은 사람이다. 한때 그는 제네바에서 매우 알아주는 사람이요 파브르파의 일원으로 상류층 사람들의 존경을 받았었다. 그런데 칼빈이 점차 시에서 영향을 발휘하게 되자 이를 거부하는 쪽으로 돌아섰다. 겉으로 드러난 그의 개인적인 행동은 그

---

30) *Calvin's Selected Works*, vol. 4, 377. 1543년 부활절 전날에 보낸 편지. "We have lately had a discussion with the Council, which, however, was soon disposed of. While we were met in consistoy, the Syndic brought us word that the Senate retained in its own had the right of excommunication. I immediately replied, that such a decree could only be ratified by my death or banishment. Yesterday, I called the brethren together, by whose advice I have demanded of the Syndics, that the Senate should appoint an extraordinary meeting. They assented, but not willingly. There, in a large discourse upon the weighty argument, I laid the whole question fully before them."

럴듯하게 보였지만, 제네바에 대한 프랑스의 간섭을 지원하는 사람이라고 의심을 받고 있었다.

결정적인 그의 반란은 1547년 6월 27일, 성 삐에르 교회의 강단에 하나님의 말씀과 목사들을 비난하는 경고문을 붙여 놓은 희한한 사건으로 나타났다. 그중에 섬뜩한 대목만을 인용한다: "어찌하여 악마는 배교한 목사들을 이곳에 오게 하여 우리를 파멸시키고자 하는가? … 우리는 이러한 목사들을 원하지 않는다. 내가 한 말을 명심하라…. 조용히 침묵을 지키지 않으면, 죽이겠다." 완전히 반기독교적인 비난 문구였다. 이런 행동은 그동안의 언행으로 보아 그뤼에의 짓이라고 의심을 받아 즉각 체포되었다. 그의 집을 조사하자, 공공연히 성경을 모독하는 부인할 수 없는 증거 문서들이 발견되었다. 그가 가진 종교적인 신념은 하나님을 비난하는 것이었고, 정치적인 생각도 제네바의 독립을 해치는 반역적인 것이었다. 성경의 저작자는 성령님이라는 칼빈의 성경관을 정면으로 도전한 그는 모세가 그저 보통 사람에 지나지 않으며, 소위 율법서라는 처음 다섯 권의 성경책이란 단순히 이 사람의 증언일 뿐이라고 과소 평가하였다. 율법이라는 것도 다 사람에 의해서 만들어진 일반 법률과 동등한 것이요, 그저 인간들의 즐거움을 위해서 제정된 것뿐이라고 주장하였다. 칼빈을 포함한 제네바 지도자들은 이런 말을 하는 사람이야말로 사탄에 의해서 조종되는 악령에 사로잡혀 있음을 확신케 되었다. 선행을 하기보다는 악행을 더 일삼을 사람임을 의심치 않게 되었다.[31]

그는 격렬하게 자신을 변호했지만, 시 당국에서는 단호하게 그의 죄

---

31) 그뤼에의 재판 기록부. CR XL:565-567. Potter and Greengrass, *John Calvin*, 94-95.

목을 의심할 수밖에 없는 증거들을 확보하였다. 같은 리베르틴파[자유당]이자 검찰 총수의 자리에 있던 삐에르 방델까지도 경악할 수밖에 없었다. 나중에 발견된 그의 노트에서 우리는 감히 입에 담지도 못할 혐오스러운 대목을 발견하게 된다. 마리아는 음란한 매춘부요, 예수는 거짓말쟁이며 바보이고 간악한 자요, 단지 시골뜨기에 불과하다는 글을 보고 경악하지 않을 수 없었다. 예수가 이루어낸 기적은 모두 요술에 불과하고, 죽음은 당연한 것이었다고 했다. 이런 언급은 모두 신성 모독 죄에 해당하는 병적인 광란이었다. 결국, 1547년 7월 26일 사형이 선포되었다. 그뤼에의 경우처럼, 모든 사람이 칼빈과 직접적으로 부딪친 것은 아니었지만, 대적자의 대표들이 이처럼 자신들의 부정함을 노출함으로 여론의 지지를 얻지 못하고 만 것이다.

이런 소동을 치르면서 칼빈이 어떤 생각을 했던가를 비레에게 보낸 편지에서 엿볼 수 있다. 비록 강단에 던져진 괴문서의 필자가 그뤼에는 아니라고 생각하지만, 그의 집에서 발견된 많은 문서들을 통해서 결국 시에 해독을 끼친 사람으로 소환되어 조사를 받았다고 설명하였다. 200인 의회는 함부로 아무에게나 형벌을 가할 수 없으므로, 그가 분명히 잘못한 사건이 있어야만 사법처리가 가능함을 논의하였다. 그래서 그가 직접 라틴어로 쓴 두 장의 글을 확보하게 되었다. 목사들의 이름과 칼빈의 이름을 거명하면서 모욕하고 성경 전체를 조롱하고 비웃는가 하면, 그리스도를 믿을 수 없다고 의심하면서 영혼이 불멸한다는 교리는 거짓된 이야기요, 종교의 전부란 조각조각을 모은 것이라고 주장하는 대목이 나온다.[32] 이런 사건을 치르고 난 후에 비로소 칼빈은 제네바에 평화

---

32) 1547년 7월 2일, 비레에게 보낸 편지.

가 찾아왔다고 비레에게 보낸 편지에서 소회를 남겼다.

제네바에 사는 평범한 사람들의 일반적인 생활보다 칼빈에게는 훨씬 더 심각한 사태가 자주 앞을 가로막았다. 1546년 1월부터 칼빈은 뻬렝을 의심하기 시작했다. 칼빈의 이런 심경은 비레에게 보낸 편지에 담겨 있다. 토기 그릇을 판매함으로써 많은 돈을 모은 뻬렝의 아버지는 하나 뿐인 자신의 아들에게 어린 시절부터 엄격한 가정 교육을 시키지 않았다. 그래서 예의와 품위란 아예 없는 아이로 못되게 성장하였다. 뻬렝은 자신의 재력을 이용해서 지지자를 포섭한 뒤 시정부에 진출하였다. 처음에 제네바의 신진 세력들과 함께 로마 가톨릭 진영을 몰아내고 종교 개혁으로 방향을 선회할 무렵에는 뻬렝도 역시 기욤 파렐을 환영하고 칼빈에게 지지를 보냈다. 그러나 춤 파티 사건 이후로 뻬렝은 자신이 원하는 대로 시 예산을 가지고 마음대로 연회를 열거나 성대한 만찬을 즐길 수 없게 되었다. 더구나 감옥에서 풀려 나온 이후로 한동안 그는 여론의 비난 때문에 시의회에 일절 모습을 나타내지 않았다. 그러다가 다시 기회를 잡기 위해 민심을 조종하여, 드디어 다시 시의 행정권을 장악했다. 그는 칼빈의 충정 어린 호소도 거부해 버리는가 하면, 비레가 중간에서 화해를 시도해 오는 것도 끝내 거부하였다.

더구나 필리베르 베르뜰리에(Philibert Berthelier)의 사건으로, 칼빈 반대파인 시 의회와 당회가 긴장 속에 대립하게 되었다.[33] 그의 아버지는 제네바의 자유를 위해 투쟁하다가 순교한 사람이었다. 이 사람도 역시 재능이 많았고, 교육을 잘 받은 편이었다. 하지만 그의 인격은 형편없었다. 돈을 많이 가진 것으로 소문난 어떤 여성과 약혼 상태였는데, 결

---

33) Naphy, *Calvin and the Consolidation of the Genevan Reformation*, 184-5.

혼하기 직전에 그녀가 돈이 없다는 것을 알게 되자 당장 파혼하고 말았다. 이처럼 정략적이요 오만하며 술 마시는 일을 즐기는 사람이 부정한 성범죄 사건을 저질러서 교회의 치리 대상에 올랐다. 1551년 3월에 그가 어느 미망인과 부정한 관계를 맺고 있다는 소문이 나돌았다. 그해 10월에는 다른 두 사람과 함께 그가 성 삐에르 대성당으로 가는 길에서 목사 한 사람을 추격했다는 것도 보고되었다. 따라서 그는 성찬에서 제외되었다.

그런데도 1552년 시의회는 베르뜰리에를 다시 성찬에 참여시키고자 했다. 하지만 자숙하고 반성하지 않은 그의 건방진 태도로 인해서 당회에서는 금지 조치가 당연하다고 결정하였다. 목사들은 만장일치로 이 사람의 회개가 확실히 입증될 때까지 절대로 성찬에 참여할 수 없다는 결정을 내렸다. 향후 그와 같은 사람들에게 경고로 삼고자 함이었다.

제네바는 이처럼 계속되는 교회의 개혁에 대한 도전들과 그것을 해결하는 과정에서 수많은 사람들이 쏟은 탄식과 기도 속에서 점차 개선되어진 것이다. 이런 고통스러운 과정을 거치면서 하나님의 말씀에 따라 경건한 생활에 힘쓴 열매들이 점차 나타나고 칼빈의 지도력이 확보된 것이다. 하루 아침에 모든 시민들이 칼빈을 지지하고, 교회의 요구 조건들을 시 당국이 완벽하게 보장해주어서 그냥 편안하게 설교만 한 것이 아니었다. 만약 칼빈이 그저 한 사람의 평범한 설교자로 만족했다면, 오늘의 개혁 신학과 교회는 완전히 다른 형태의 신학적인 흔적들을 가지게 되었을 것이다. 그는 삶의 현장에서 사람들과 함께 부딪치면서, 많은 제네바 시민들이 싫어하고 저항할지라도 교회의 고유한 권위와 하나님의 말씀에 대한 신조를 굽히지 않고 관철시키려 했었다. 교회는 삶의 현장에서 세상의 세력과 싸우고 전투하는 가운데 그 영역을 인정받는다. 물론 이 싸움에서 승리하려면 모든 교회 구성원들의 전투적인 자세만큼이나 성도로서 각자가 고도로 엄격한 윤리 생활을 실천하고 입증하면서 추진해야만 하는 것이다.

칼빈의 반대파들도 그냥 물러서지 않았다. 1553년 9월, 세르베투스의 사건이 도시 전체에 긴장을 불러일으키고 있을 때에, 진보주의자들과 자유주의자들은 의회의 권한을 증대시킬 절호의 기회로 삼고자 했다. 그중에서도 칼빈에 대해 가장 적대적이던 시장단의 한 사람인 아미 뻬렝이 베르뜰리에를 다시 부추겼다. 시의회는 다시금 이 사람을 주님의 만찬에 참여할 수 있도록 허용하라고 요청하였다. 칼빈이 비레에게 보낸 9월 4일자 편지에는 시의회원 두 사람과 상의했다는 내용이 담겨 있다. 칼빈의 마음 한쪽에서는 뜨거운 열정으로, 그리고 다른 한쪽으로는 온유함으로 그들을 설득하여 바른 마음을 갖도록 호소하였다. 그런 후 자신의 결심을 다시 한 번 분명히 밝혔다. 만일 그런 형편 없는 자가 주님의 거룩한 만찬에 참여해야만 한다면, 자신은 차라리 죽어버리겠다고 단호히 공포한 것이다. 시의회는 이런 칼빈의 결정이 나오자 또다시 대책을 숙의했다. 그들도 물러서지 않고 자신들의 결정을 옹호하는 모임을 가졌으나, 은밀하게 베르뜰리에로 하여금 다시는 성찬에 참여하는 문제를 가지고 칼빈을 자극하지 말도록 권고하였다. 이처럼 칼빈과 시의회는 불편한 관계로 계속 긴장을 늦추지 않았던 것이다. 결국 명백하게 성찬을 받을 수 없는 사람에 대한 결정은 당회에 속한 것임을 인정받은 것이다.

그 다음 주일날 성찬이 베풀어졌을 때, 칼빈은 강단에 올라가서 설교 중에 손을 높이 들고 목청을 높여서 성찬의 거룩함을 무시하는 자들에 대해서 단호히 외쳤다. 그날은 설교는 간절했고, 짧게할 수 없었다. 칼빈은 특히 존 크리소스톰을 인용하였다.

내가 이 손으로 주님의 사건들을 무시하는 자들에게 내밀어서, 성찬을 나눠 준다면 차라리 곧바로 죽고 말 것이다.

칼빈의 선포는 엄중한 촉구였다. 그 다음에는, 마치 예수님께서 그 자리에 함께 임재하시는 것처럼 두렵고 떨리는 회중들 사이에 침묵과 고요 속에서 성찬을 배포하였다.

앞으로 다가올 미래에 대한 판단이 새롭게 칼빈의 마음을 사로잡았다. 앞으로 계속 이 도시에 머물러 있는다는 것은 이처럼 피를 말리는 듯한 시련과 싸움을 피할 수 없다는 점을 이번 사건으로 인식하게 된 것이다. 따라서 그는 그날 오후에 마치 고별 설교라고 부를 수 있는 내용으로 설교를 마무리 지었다. 만일 자신이 제네바 교회를 떠난다면, 그것은 설교와 봉사의 자유함을 원하기 때문이며, 이런 자신의 결정이 있기까지는 "참을 수 없는 압박감으로 가슴이 다 불타버렸기 때문이다"고 호소하였다.

이제는 시의회가 포기하지 않을 수 없었다. 칼빈은 이제 도덕적인 면에서나 정치적인 정책에서나 확실히 승리하게 되었다. 많은 칼빈의 연구자들은 이 사건을 통해서 비로소 칼빈이 제네바에서 시도했던 긴 투쟁에서 승리의 기세를 잡게 되었다고 평가하고 있다. 1553년 12월 21일, 베르뜰리에는 더이상 성만찬에 참여할 수 없다고 시의회에서 결정하였다. 그로부터 또 다시 한 해의 설득과 토론을 거친 후, 1555년 1월 24일 모인 시의회에서 "당회는 이미 통과된 교회 법령과 하나님의 말씀을 따라서 자신에게 부과된 권한을 행사하고 유지하는 모든 지위를 보유한다"고 결정하였다.

이처럼 당회의 자유 결정권과 특히 출교 문제에 대해서 칼빈이 얼마나 예민하게 대처했던가를 이해할 수 있게 된다. 시의회의 권위로 성찬 참여자의 선별이 이루어진다면, 이는 강단에서 선포되는 메시지도 그들이 결정하는 것이나 다를 바 없게 된다. 교회 안에서 이루어지는 모든 말씀의 선포나 결정은 하나님의 말씀과 양심에 따라서 목회자들이 시행하고 결정하는 것이 당연한 일이었다. 칼빈은 신약 성경에서 그러한 예를 분명히 발견한 것이다. 세상의 권세자들은 설교자의 말씀을 좌지우지할 수 없다. 아모의 경우나 베르뜰리에의 경우나 다 비슷비슷한 사례들로서, 하나님의 말씀을 위해 일하는 사역은 그 권위와 독립성이 보장되어야만 하였다.

설교에 대해 칼빈이 가진 소신은 너무나 확고하고 분명하였다. 예수님께서는 이 설교를 통해서 자신의 양떼들의 마음과 심령을 지금도 먹이시고 가르치시고 통치하시는 것이다. 이런 설교야말로 아무런 간섭이 없이 완전한 권위와 권한을 보장받고 선포되어야 한다. 아무런 속박을 받지 않는 설교야말로 제네바를 변화시킬 수 있고, 전 세상을 변화시킬 수 있는 것이다. 칼빈은 교회야말로 이 세상의 권세가 그러한 교회 고유의 영역을 넘보려 할 때에 그 독립권을 유지하기 위한 저항과 투쟁을 해야 한다고 확신하였다. 따라서 비록 제네바시에서 목사들이 세상의 권세자들에게 존경을 표시하고 질서를 지키며 그 정책에 순응하지만, 그럼에도 불구하고 하나님의 명령에 따라서 설교하고 가르치는 자유는 독립적으로 사수하고자 노력한 것이다.

또 한 가지 칼빈의 승리를 가져온 결정적인 요인은 성경에 철저히 기초한 그의 분명한 개혁주의 신학 사상이다. 칼빈의 신학은 탁월한 저서 『기독교강요』에 용해되어 있다. 그의 신학 사상은 훗날 칼빈주의라는 말로 남게 되었다. 1552년 신학 논쟁이 발생하여 결국에는 칼빈에게 결정적인 도움을 주었다. 목회자의 위기는 반드시 기회를 제공하는 법이다. 장 트루와예(Jean Troillet)라는 자가 칼빈의 교리에 문제를 제기하면서 특히 예정론에 반기를 들었다. 중세 로마 가톨릭 신학에 약간의 조예가 있었던 트루와예는 하나님의 주권에 대해 철학적인 논리와 지식을 발휘하여 칼빈의 예정론에는 하나님을 죄의 저자로 만드는 요소가 있다고 주장하였다. 중세 말기는 아리스토텔레스의 철학에 영향을 입은 스콜라주의가 유행하여 논리적인 신학을 많이 가르쳤다. 구태의연한 스콜라주의를 벗어나서 새로 나온 신파라고 할 수 있는 유명론(Norminalism)이 나왔는데, 하나님에게는 "절대적인 권능"(potentia dei absoluta)과 "규범적인 체계화 된 권능"(potentia dei ordinata)이 있다고 규정하고, 이 두 가지 영역으로 하나님의 권위와 능력을 풀이하였다. 이 용어에 대한 설명은 중세 말기의 신학자들마다 나름대로 서로 다르다.[34] "절대 권능"을 가진 하나님은 다른 창조물 안에서 다른 방법으로 행동하고, "규범 권능"을 가진 하나님의 권능은 하나님 스스로 질서 속에서 자신을 묶으셔서 이미 공포하신 규범과 율법대로만 일하시고 권능 을 발휘하신다.

그러나 칼빈에게는 이런 개념이 전혀 의미가 없었다. 칼빈의 저술에 살펴보면, 그토록 초대 교회 신학자들의 이름과 사상을 인용하면서도, 이들 중세 말기 신학자들에 대한 언급이 거의 없다. 따라서 칼빈이 자신의 예정론을 내세우면서 중세 말기의 유명론자들의 논리에 따라서 하

---

34) Duns Scotus, William of Ockam, Gabrial Biel 등 중세 말기의 신학자들이 이 두 체계를 구분한 것은 철학과 신학의 조화라는 안목에서 파악된다. 절대 권능이나 규범 권능이나 서로 다른 하나님의 권능을 말하는 것이 아닌데도, 전자는 철학에 의해서 이해할 수 있다고 주장하고, 후자는 계시에 의존해서 오직 신앙의 영역, 신학의 세계에 속한 진리라고 생각하였다. 중세 말 최고의 학자였던 비엘이 이해한 바를 정리하면 다음과 같다. 작정적 권능(de potentia ordinata)이란 하나님은 자신의 자유로 세우신 법칙들에 따라서 어떤 일도 하실 수 있으신데, 사실은 그가 결정한 것만을 하신다. 반면에, 절대적 권능(de potentia absoluta)이라고 불리는 하나님의 권능은 상호 충돌되지 않으면서 모든 일을 하실 수 있으신데, 하나님께서 그 일을 결정하셨든지 안 하셨든지 간에, 결국 하나님이 원하시지 않으신 일들도 많이 하실 수밖에 없으시다. 이런 논쟁은 신론의 예정론과 관련되어 있고, 선행이 없는 사람도 구원할 수 있느냐의 문제, 즉, 구원론과도 관련되어서 논쟁을 계속하였다. Heiko A. Obermann, *The Harvest of Medieval Theology: Gabrial Biel and Late Medieval Nominalism* (Cambridge: Harvard University Press, 1963), 30-38.

나님을 마치 어떤 부분의 일들은 하실 수 없는 분으로 설명하지 않는다. 중세 말기 신학 논쟁을 가지고 칼빈을 비난하는 것은 전혀 성립이 되지 않는다. 그는 이런 야만적인 방식으로 비난하는 것을 전혀 받아들일 수 없다고 반박하였다.

1552년 10월 9일, 칼빈은 제네바 시의회에 다음과 같은 답변서를 제출하였다.

> 나는 하나님께서 아담의 타락을 미리 아실 뿐만 아니라 결정하셨다라고 내가 서술했다는 점에 대해 수긍합니다. 이는 내가 성경의 증거와 올바른 추론에서 진리라고 확신하는 것입니다. 그가 나를 하나님의 규범과 의지에 따라서 인간이 죄를 짓도록 얽어매놓았다고 고소하였는데, 내가 이미 자주 말한 바와 같이 나는 사람들이 내가 마치 수도원적인 횡설수설을, 저는 한 번도 그들의 용어를 사용한 적이 없습니다만, 그렇게 하는 것으로 착각하지 않기를 충심으로 원합니다. 내가 이 교리를 정리한 바와 같이 잠시 함께 생각해 봅시다. 나는 악행을 행하는 자가 필연적으로 죄를 범하게 되고, 이것은 반드시 하나님의 결정하심과 의지에서 나와야 한다는 것을 받아들입니다. 그러나 나는 또한 그 필연적이라는 말은 의무를 포함하는 것은 아니라고 주장하는 바입니다. 죄인은 자기가 죄를 범할 때 어떤 외부의 충동에 의해서 그렇게 했다고 변명할 수 없다는 말입니다. 이 교리를 나는 성경으로부터 완벽하게, 그리고 총체적으로 증거를 제시할 수 있으니, 살아 있는 사람 가운데 이것을 거부할 자는 단 한 사람도 없을 것입니다. 그는 내 책에 있는 것을 받아들이기를 원치 않으면서도 자신의 반론을 유지할 수 있다고 주장하고 있습니다. 만일 그가 이 세상에서 가장 현명한 사람이라면, 그의 답변을 바라는 것

이 그에게서 권위를 빼앗는 일이 되겠습니다. 그는 자신에게 제시된 바에 동의하지도 않고, 또 그렇게 하려는 의지도 없기 때문입니다. 성경에 대해서 거의 아는 것이 없고 신학의 문제에 대해서 판단할 실력이 없는 사람에게, 그 사람의 바라는 바는 하나님께서 은총을 주셔서 알게하신 자들에게 도리어 비난하려는 생각뿐인데, 어떤 다른 변명의 이유가 더 남아 있다고 생각되지 않습니다. 나의 지도자들이시여, 만일 내가 제시하는 근거를 들으시고 충분하지 않으면 좀 더 자세하게 여러분들이 원하는 분량만큼 답변을 제시할 수 있습니다. 나머지 것들에 대해서, 나는 하나님의 예정과 섭리에 대해서 이 책에 담겨 있는 것을 확신하는 바입니다.[35]

칼빈의 『기독교강요』는 이 사건으로 인해서 오히려 확고한 입장을 인정받게 되었다. 제네바시의 지도자들은 칼빈의 신학 사상을 다시 인식하게 되었다. 하나님께서는 이미 탁월한 어학 실력을 갖추고 성경을 철저히 연구한 신학자가 저술한 책을 통해서 개혁 신앙의 골격을 제시하시도록 하신 것이다. 이로부터 한 달 뒤인 1552년 11월 9일, 시의회는 매우 중요한 결정을 내렸다. 칼빈의 신학적인 승리의 선포였다.

칼빈을 고소한 트루와예를 다루는 과정에서 시의회 지도자들은 『기독교강요』에 대해서 새롭게 인식하게 되었고, 깊이 생각할 시간을 가졌던 것이다. 그런 충분한 생각과 연구 검토에 근거하여 시의회는 이 사건에 관련된 의견을 폭넓게 수렴하였다. 마침내 시의회는 『기독교강요』에 대해 다음과 같이 선포하게 되었다.

---

35) CR XIII:378-379. Potter and Greeneries, *John Calvin*, 96.

이 책은 경건하게 쓰여졌고 아주 잘 정리되었으며 그 교훈들은 하나님의 거룩한 교리요, 그(칼빈)는 이 도시의 진실하고도 훌륭한 목사이며, 이제부터는 어느 누구도 이 교리나 그 책에 쓰인 것과 충돌되는 것을 시도해서는 안 된다. 모든 분파들과 이 일에 관련된 모든 사람들은 이 결정을 받아들이도록 요구한다.[36]

칼빈의 신학이 제네바 시민들의 마음에 훌륭한 성경의 요약으로 받아들여지고 인식되기까지는 이러한 시련과 투쟁과 고난이 있었던 것이다. 따라서 칼빈의 신학은 한적한 연구실에서 천재가 써 놓은 위대한 발명품이 아니라, 현장에서 소용돌이치는 반대에 직면하여 오해를 받게 되자 그것들을 풀어주기 위해서 중요한 교리들을 해설한 실천 신학의 교과서인 것이다. 또한 칼빈 자신이 하나님 앞에서 어떻게 믿는가를 제시하는 경건의 고백서이기도 하다. 그러나 이런 결정으로 칼빈이 행정적으로나 정치적으로나 제네바 시민들의 지지를 획득했다고 생각하는 것은 아직 섣부른 판단이다.

---

36) CR XIII:385. Potter and Greengages, *John Calvin*, 97.

| CHAPTER 12 |

인간적인 면모

　칼빈도 역시 한 남자요, 인간이었다. 혹시라도 칼빈이란 사람은 제네바 교회의 독립과 권리 확보만을 위해서 항상 싸우기를 좋아했고, 로마 가톨릭과는 신학적으로 투쟁만을 일삼았고, 주변의 다른 사람들과의 관계에서도 팽팽한 긴장 속에서 다투고 살았다고만 생각해서는 안 된다. 칼빈은 다른 사람들과 대립을 피할 수 없던 시대에 살았었다. 그는 선하고 바르게 말씀을 전파하고 예배를 갱신하여 일반 성도들의 영혼을 돌아보고 위로하는 일을 일상적으로 담당하는 사명에서 한 것들이다.

　칼빈은 성도들이 가져야 할 영적인 진리를 가르쳐주는 대중 설교자요, 제네바 시민들의 영적인 양식을 제공한 목회자였고, 명쾌한 논지를 가지고 개혁 신학을 제시하는 신학자요, 뛰어난 프랑스어와 라틴어 문장가이며, 이단들과의 논쟁에서 조금도 허점을 보이지 않는 변증가였다. 칼빈은 그 당시에나 요즈음 시대에서나 찾아보기 힘든 비범한 '하나님의 대사'였다. 그럼에도 불구하고, 칼빈에 대해서 일반 사람들에게 가장 잘 알려진 이야기들은 요즘 신문의 특종 기사로 등장할 아주 특이하고 흥미로우며 희극적인 몇몇 사건들에만 집중되어 있다. 반대파들과 항상 경쟁하고, 온갖 문제들을 조사하여 심문하는 것에만 칼빈이 몰입하였던 것은 결코 아니다. 그는 성경을 연구하고 각종 질의에 대해 편지나 논문으로 해설하였으며, 거룩한 도시를 향한 꿈을 품고 제네바의 현실 문제를 다루었다. 그의 신학과 신앙에서 나온 원칙들이 반대에 부딪힐 때마다 논쟁할 수밖에 없었는데, 그때에는 놀라운 지식을 동원하여 상대방을 제압한 것이다.

금식과 근면으로 일관한 삶

칼빈의 생애에서 가장 돋보이는 부분으로 항상 감동을 주는 것은 경건이다. 그는 하나님 앞에서 날마다 놀라운 근면과 성실함으로 살아갔다. 성경을 연구하는 일을 일생 동안 계속하는 중에, 낮에는 회의와 강의로 피곤하고 밤에는 저술로 힘을 소진했다. 칼빈이 자문해 주어야만 하는 일들이 너무 많았다. 종교 개혁은 처음 시작이어서 신학적으로 논쟁하는 부분들이 많았고, 실제적으로 박해 속에서 신음하는 성도들의 곤경과 그들이 처한 문제들에 대해서도 조언이 필요했었다. 그리고 집에 돌아오면 여러 사람들에게 편지를 쓰고, 또한 답장도 보내주느라 희미한 등불 아래서 늦게까지 몸을 혹사하였다. 가혹하리만큼 철저히 경건 생활에 힘쓰면서 충분히 쉬지 못하고, 여가를 갖지 못하면서 치유되지 않는 자신의 각종 질병을 견뎌내야 했다. '걸어다니는 병원'인 칼빈은 남들이 이룩할 수 없는 놀라운 성경적 생애를 가꾸어 갔다. 따라서 그의 진면목은 위대한 설교자로서, 문필가로서 남겨놓은 업적에서도 찾아볼 수 있듯이 이미 그의 일상생활 속에서 그대로 스며있고 드러난다.

참된 그리스도인으로 살다간 칼빈의 인간적인 면모와 생활들이 어떤 것인 가를 추적함에 있어서 먼저 필요한 것은 선입관을 지우는 일이다. 위대한 종교 개혁자에 대한 험담과 비난을 어느 정도 믿으려하는 위험한 관점을 간파해야 한다. 현대인들은 남에게서 배우려하기보다는 비판하기를 더 좋아한다. 진리에 따라 살아가는 것이 무엇인가를 주의 깊이 성찰하여 보고 또 그런 소중한 노력을 하려고 하기보다는 그저 순간적으로 편리한 것만을 찾는다. 다소 지식이 있다 하나 분별력이 없는 사람들은 자기의 좁은 안목과 확신에 빠져서 다른 사람이 세운 업적에서 약점부터 보려고 한다.

칼빈이 어떤 사람이었느냐를 알고자 할 때에, 가장 놀라운 부분은 하나님 앞에서 일관되게 유지되고 있는 겸허한 마음과 태도를 보여주고 있다는 사실이다. 그는 주야로 하나님을 섬기기 위해서 봉사를 결코 게을리 하지 않은 사람이었다. 그에게는 휴식하라는 충고나 조언은 전혀 통하지 않았다. 같은 프랑스 난민 출신으로 제네바에서 칼빈과 같이 목회자의 한 사람으로 활동한 꼴라동(Colladon)이 들려주는 생생한 증언이다.

> 그의 일상생활에 대해서 말해 보면, 모든 사람들은 그가 지나치지도 않고 비열하지도 않고 칭찬을 받을 만큼 검소하고 절제했다는 증거를 가지게 될 것이다. 그는 위장병 때문에 일반인들이 좋아하는 몇 가지 음식들을 피해야 하지만, 이런 일로 해서 다른 사람들에게 까다롭게 여겨지거나 그것 때문에 곤란한 문제를 야기하지 않았다. 그가 가지고 있던 단 한 가지 단점이란, 절제를 한다고 자신의 건강을 돌보지 않았다는 것이다. 더욱이, 몇 년 동안 하루에 한 끼만 먹는 정도요, 식사 중간에는 아무런 간식도 하지 않았는데 이를 도리어 만

족하게 생각하였다. … 그런 이유로 위장이 약하고 편두통이 생겼는데, 규칙적인 절식에 의해서만 고쳐질 수 있다고 했다. 때때로, 그가 다음날까지도 아무 것도 먹지 않는 것을 나는 자주 볼 수 있었다.[1]

지나친 검소함과 자신에 대한 철저한 절제를 위해서 금식으로 일관했다는 것은, 결국 그의 가장 큰 약점인 건강 약화를 초래하고 말았다. 자신을 위해서는 조금도 시간과 물질을 제공하지 않았다는 것이다. 이것이 바로 자신을 위해서는 극도로 절제하고 아무것도 허비하지 않았다는 의미다. 요즘 사람들은 모두 고통을 좋아하지 않는다. 즐거움과 기쁨을 누리기를 원하는 것이 인간이다. 그러나 칼빈은 하루에 한끼 정도의 식사로 조절하면서 많은 금식으로 고통을 체험하려 했고, 자신을 위한 훈련으로 삼았던 것이다. 이것이 그의 드러나지 않은 경건의 비밀이었다.

설교와 강의 때문에 무척 바쁜 일상의 업무를 감당하면서도 많은 대외적인 문제를 다루어야 했기에 칼빈이 남긴 총 저술의 무게와 범위는 엄청나다. 바로 이런 일들로 인해서 건강이 좋아질 수 없었다. 칼빈의 저작 전집은 사후에 출판되었는데, 1863년부터 1900년까지 각 권의 분량이 마치 백과사전처럼 큰 책으로 편집되었으니 주로 라틴어로 된 성경 주석을 포함하여 총 59권으로 편집되었다.[2] 그리고 프랑스어로 된 설교집 7권으로 출판되었으나, 아직까지도 출판되지 않고 고문서 창고

---

1) Parker, *John Calvin*, 123.
2) *Corpus Reformatorum*(종교 개혁 저작 전집, 29-87권)은 그 제목이 *Ioannis Calvini opera quae supersunt omnia*이며, 흔히 CO로 줄여서 표기되고 있다. W. de Geef, *The Writings of John Calvin*, tr. Lyle D. Bierma (Grand Rapids: Baker, 1993), 220.

에 원고 형태로 남아 있는 것도 많다.[3] 안타깝게도 1806년, 제네바의 고문서 도서관이 비좁아서 서고에 남아 있던 원고들을 팔아버려 더이상 추정이 불가능한 부분들도 많다.

꼴라동은 이렇게 많은 업적을 남긴 칼빈의 저술이나 작업의 습관에 대해서도 묘사해 놓았다. 칼빈은 밤새도록 연구하고 생각하고 정리하여, 새벽까지 깨어 확실하게 정돈한 후 그것을 쏟아 놓았다. 설교나 주석을 위한 준비로 밤을 지새우는 '제네바의 부엉이'였던 것이다.

> 건강을 매우 나쁘게 한 것은 그의 매우 적은 잠이었다. 이것으로 부터 쇠약해졌음에도 그는 결코 자신의 임무와 자신의 직책을 수행하기 위해 준비하는 데 실수한 적이 없었다. 자신의 설교 차례가 아닐 때에는 책들을 침대로 가지고 가서, 다섯 시나 여섯 시에 자기를 위해 받아 써줄 사람으로 하여금 책을 쓰게 했다. 만일 그 주간이 설교할 주일이면, 그는 설교단에 올라갈 시간에 맞춰서 항상 준비가 되어 있었다. 그리고 난후, 곧바로 집에 돌아와서 옷을 입은 채로 침대에 누워, 다른 책들에 대한 자신의 노력을 집중하였다…. 이것이 바로 아침에, 그의 독창성이 가득 차 넘치고 있을 때에, 자신의 대부분의 책들을 구술한 방법이다.[4]

정확한 기억력을 가지고, 항상 부르다가 멈췄던 곳을 누가 가르쳐 주지 않아도 잘 생각하여, 지속적으로 구술하여 나갔다. 여러 권의 책을

---

3) *Supplementa Calviniana: Sermons inédits*, 1936년부터 1981년까지 프랑스어로 된 설교집이 추가로 출판 되었으나, 아직 창세기 설교 89편, 이사야 124편, 에스겔 69편, 사도행전 44편, 고린도전서 58편이 원고의 상태로 남아 있다.

4) CO XXI:109-110. Parker, *John Calvin*, 124.

쓰고 설교를 했다는 것은 큰 의미를 갖는다. 그 속에서 우리는 개혁주의 성경 해석법을 찾아낼 수 있고, 성경을 어떻게 풀이하고, 고대의 학자들을 어떻게 이해하였는가를 배울 수 있기 때문이다. 그는 시편에 담긴 다윗의 생애에서 개인적으로 큰 위로를 얻었고, 사도 바울의 글에서 헌신의 다짐을 하고 경건을 배웠던 것이다.

단순하게 살아가는 것, 그리고 검소하게 절약하는 것은 칼빈주의의 생활 철학으로 자리를 잡게 되는데, 이는 칼빈 자신의 생활에서 영향을 입은 바 크다. 그렇다고 해서 칼빈이 풍요하게 살아가는 사람들을 비난한 것은 아니다. 하나님이 풍부하게 주셔서 물질적인 부요를 누리는 사람들은 허용되어야 한다고 생각하였다. 그러나 그는 지나치게 사치하면서 호사스러운 집을 꾸미는 일에 대해서는 통탄을 금하지 못했다. 남 유다의 몰락기에 여호야김이라는 왕이 호화롭게 자신의 궁전을 꾸민 일에 대해서는 극도로 비판하였다.[5] 정직하게 재산을 모으고, 소박하고 단순하게 살아가는 것이야말로 칼빈의 생활을 특징짓는 중요한 모습이었다.

걸어 다니는 병원

다른 사람이 자고 먹고 쉬는 시간에 칼빈은 읽고 쓰고 기도했다. 그런 남다른 성취가 결국 그의 건강에 치명상을 가져왔다. 항상 그는 자신을 바쁘게 만들었던 것이다. 사람들은 그를 '걸어 다니는 병원'이라고

---

5) 예레미야 22:14 주석.

부를 정도로 온갖 질병으로 인해서 괴로움을 당했다.

성인이 된 후에 한 번도 온전한 건강의 즐거움을 갖지 못했던 그는 여러 종류의 질병으로 고생하였다. 코감기, 천식, 소화 불량, 두통 등은 만성적으로 그를 괴롭혔다. 1558년에는 오랫동안 나흘열(quartan fever)으로 앓았고, 이것에서 회복이 늦어져서 그는 더 많은 병을 얻게 되었다. 관절염, 궤양성 치질, 결석병이 발병

49. 48세 때의 칼빈

했고, 악성 폐렴이 발전하여 늑막염이 추가되었다. 그의 영혼에는 깊은 말씀의 은혜가 풍성해졌지만, 그의 육신은 질병이 가져오는 고통으로 쓰러져 가고 있었다. 1564년 2월 8일자 편지에서는 질병의 상황을 상세히 설명하고 있다.

칼빈이 이렇게 많은 병으로 고생한 것은 격무와 스트레스에 시달렸기 때문이다. 그는 평범한 사람들은 전혀 겪지 않아도 될 고통을 당하며 살았다. 그가 애통하며 가슴을 졸인 긴장과 스트레스 한 가지를 소개해 본다. 1546년 3월 초, 『고린도전서 주석』이 스트라스부르그에서 출간되었다. 그런데 고린도후서 원고가 출판업자에게 전달되는 도중에 분실되었다는 연락이 왔다. 복사본을 만들지 않았던 칼빈은 다시 그 원고를 만들어 내려는 고통을 생각할 때 원통하고 분하기 그지 없었다. 다시는 그런 실수를 반복하지 않으려 다짐했다. 그가 비레에게 보낸 편지에, 만일 그 원고를 찾지 못하면 사도 바울의 서신에 대한 주석을 포기하겠

다고 말할 정도였다. 다행히 원고는 사라지지 않고 목적지에 도착하였다. 그 후로 자기에게 친절하게 대해준 스트라스부르그 출판업자 리엘에게 보내는 것을 포기하고, 제네바에서 직접 제라르에게 맡기게 된다. 모든 노력을 동원하여 만든 그의 저술들은 남들이 전혀 모르는 이런 고통의 과정을 거쳐서 생산된 것이다.

보통 사람들처럼 칼빈도 휴식을 취하면서 평범하게 살고 싶었지만, 결코 그런 한가함을 경험할 수 없었다. 의사들은 그에게 충고했지만, 그 당시 사람들은 칼빈의 저작을 사랑하고 하나님의 선물로 여겼기에 이런 활동을 중단할 수 없었다. 파렐은 칼빈의 주석을 재촉했고, 걸출한 학자들도 높이 평가했다. 성경 주석의 원리를 남겼다는 사실은 한 사람의 일생에 도저히 가능치 않은 업적이다. 그러나 요즈음 이런 부분들은 모든 개혁자들에게 공통적인 일이라고 여기면서 별다른 관심을 갖지 않으려 한다. 그리고 전문 학자들의 깊은 연구에 비하면 별로 가치가 없는 것처럼 생각한다. 칼빈은 개혁주의 성경 해석의 금자탑을 쌓아 놓았는데도 가장 성경적인 해석 방법과 내용을 남기기까지 여러 고통을 이겨낸 학자의 성취를 무시하는 사람들이 너무 많다. 제네바 교회를 개혁하고, 권위를 내세워서 시 행정부로부터 독립을 인정받고, 그 사역자들을 세워서 서로 윤리적으로 관찰하고 일주일에 한 번씩 모여서 성경을 토론하게 하는 등 일련의 모든 조치들은 그의 깊고도 경건한 개혁주의 신학에서 나왔다. 그러나 거룩한 도시를 꿈꾸던 그의 신학을 너무나 딱딱하고 무미건조하게 생각하고, 재미있는 사건과 사고에서 교훈을 찾으려 한다면 분명히 편중된 시각일 것이다.

칼빈은 무미건조한 사람은 아니었다. 아무런 취미나 오락이 없었던 것은 아니다. 어느 날 낙스가 주일 오후에 칼빈의 집을 방문했을 때에 그는 오늘날의 볼링에 해당하는 놀이를 하고 있었다. 책상 위에서 열쇠를 밀어 던져서 떨어뜨리지 않고 반대편 끝 쪽에 가장 가까이 던지는 사람이 이기는 게임이었다. 이것은 물론 한 시간 이내에 간단히 마치는 편이었다.

한 가지 흥미로운 사실은 바울 사도가 디모데에게 위장병을 위해서 포도주를 사용하도록 허용한 것처럼 칼빈도 역시 포도주를 받았다는 점이다. 그는 제네바시 당국으로부터 사례금의 일부분으로 받은 포도주를 조금이라도 복용했으리라고 본다. 의약품의 기능을 하여 소화를 돕고 혈액 순환에 다소라도 도움이 되었을 터이다. 다만, 포도주를 어떻게 사용하는 것이 바른 일인가? 술을 취하려는 것이 아니니, 칼빈이 제정한 사용 규칙에 보면, 주일날에는 포도주를 마시고 예배에 참석치 못하도록 금했고, 가정에 돌아가서 한 잔을 허용했으며, 평일에는 두 잔까지 허용했다.

흑사병을 두려워하라

남아 있는 많은 편지들은 개인적인 대화 속에서 그의 모습이 어떠했는지, 그의 성품과 인품에 대한 안목을 열어준다. 그는 아픈 사람과 함께 울고, 병든 자를 돌아보았던 목자였다. 다음에 소개하는 두 가지 이야기에서 그의 성품과 목회자로서의 인품을 확인할 수 있을 것이다.

아마도 칼빈의 일생에서 가장 처참하고 불안한 심정에 휩싸인 것은 젊은 시절에 제네바에서 추방당하고 나서 황급히 도시를 떠나게 될 때였을 것이다. 1538년 여름, 잠시 바젤에 머물 때에, 스트라스부르그에서 초빙을 받아 이에 응하기로 결심을 하여 새로운 인생을 시작하게 된다. 그런데 파렐의 조카가 흑사병에 걸렸다는 급한 소식에 접하였다.

그는 혹시 자신에게 닥쳐올 위험에 대해 두려워하지 않고 오직 자기의 의무만을 생각한 끝에, 병든 소년 곁으로 달려갔다. 그리고 오직 복음의 위로와 소망으로 힘과 용기를 북돋워 주었고, 이 소년이 지불해야 할 비용을 대신 납부했다. 이 소년이 숨을 거두자, 장례 비용까지도 부담하며 끝까지 보살펴 주었다.[6]

칼빈의 인간다움을 보여주는 또 하나의 사건은 제네바에 흑사병이 극심했던 시절인 1543년 처절한 현장에서 드러난다. 16세기에 무려 열 차례의 흑사병이 발생하여 유럽 전역의 인구가 크게 감소하였다. 칼빈은 이 무서운 질병이 번질 때에도 자신의 의무를 다하려고 노력하였다. 그러나 칼빈은 당시에 제네바 병원의 원목이 아니었다. 왜냐하면 그는 도시에서 가장 중요한 임무를 맡고 있었기 때문에 시의회는 병원에서 일하는 목사의 임무를 다른 목사에게 맡겼다. 그리고 전염병이 나도는 엄청나게 위험한 상황에서 칼빈에게 무리한 요청을 할 수 없었다. 그러나 수많은 사람이 죽어가는 위급한 상황이 발생하자 그는 안타까움에 젖어있었다. 칼빈은 목회자이기 이전에 하나님의 사랑을 실천하는 자가 되기를 원했다. 이런 심정을 비레에게 털어 놓았다. 만일 자신에게 병원 원목의 임무가 주어졌더라면 그는 마땅히 병으로 앓고 있던 사람들에게 찾아가서 주어진 임무를 기꺼이 감당했을 것이라고 자신의 속마음을 알린다. 이때 비레가 머물던 로잔에서도 역시 흑사병이 발생하였다.[7] "우리의 동료 중에서 한 사람이 환자들의 곁에서 돌보고 있다. 피터 블랑쉐가 자신을 바쳐서 헌신하고 있으므로 모든 사람들은 기꺼이 따르

---

6) 1538년 9월 20일, 칼빈이 파렐에게 보낸 편지. *Calvin's Selected Works*, vol. 4, 78.
7) 1542년 10월에 비레에게 보낸 편지. *Calvin's Selected Works*, vol. 4, 358. Doumergue, *Jean Calvin*, III, 147-150. Pfisterer, *Calvins Wirken in Genf*, 119-125.

고 있다. 만일 어떤 일이 그에게 발생한다면 나 자신도 위험을 감당해야 하지 않을까 걱정하는데, 우리는 서로 빚을 지고 있는 사람들로서 우리의 목회가 필요로 한 곳에 꼭 참여하기를 원하기 때문이다."

제네바에서 흑사병으로 인해 환자들이 고통을 당하는데도 이 도시의 목사들이 전혀 돌아보지 않았고 칼빈은 도망가 버렸다는 식으로 일부에서 의문을 제기하는 것은 당시 그의 위치와 직분에 대한 오해에서 비롯된 것이요, 그를 비난하려는 사람들의 의도적인 모함일 뿐이다.

1542년 10월 23일 흑사병이 번지고 있던 병원에서 삐에르 블랑쉐 목사가 병자들을 돌보고 위로하고 있다고 시 의회록에 기록되어 있다. 시의회가 만류하는데도 블랑쉐 목사와 함께 칼빈은 환자들을 방문하고 위로하며 기도하였다. 그러는 도중에 전염병에 걸려서 안타깝게도 블랑쉐 목사가 죽고 말았다. 이제는 칼빈의 안전을 보장할 수 없게 되었다. 만일 그가 조심하지 않으면 누구도 그의 생존을 장담할 수 없었다. 그의 건강을 지키기 위해서 1545년 6월 1일, 제네바의 시의회의 귀족들은 '교회가 그에게 부과한 중요한 임무가 있기 때문에' 이런 위험한 헌신을 다시는 받아들이지 않기로 결정하였다. 칼빈은 이미 스트라스부르그에 있을 때부터 환자를 심방하는 중에 여러 번 흑사병을 두려워하지 않고 자신의 몸을 질병에 노출시켰던 적이 있었다.

가난한 사람들을 돌아보는 구제 사업에 있어서 칼빈의 제네바는 매우 선진화 되어 있었다. 박해를 피해서 새로 들어오는 난민들의 가난한 삶을 도와주는 제도적인 기관(Bourse française)을 조직하는 데 최선을 경주하였기 때문이다. 이 기관은 제네바 교회의 집사들에 의해서 운영되었고, 시의회에서는 예산을 협조하고 시 병원을 통해서는 환자들에게 도움을 주게 되었다. 1545년 가난한 피난민을 위한 구제가 본격화되었고, 1550년 9월 30일 세 사람을 선발하여 공식적으로 구제 업무를 관장하게 하였는데, 이들의 모임은 1849년 9월 14일까지 계속되었다.

특히 제네바는 칼빈의 지도하에 6천여 명에 달하는 이민자들이 계속해서 몰려왔다. 하루 동안 묶고 지나가는 가난한 여행자들의 비용을 부담하는 것에서부터, 장애자, 자급자족이 불가능한 사람들에 대한 지속적인 후원 등 매우 다양한 활동을 전개하였다. 어떤 사람들은 신앙적인 박해에서 제네바에 들어 온 '피난민들'(the true religious refugees)이지만, 상당수의 사람들은 그렇게 박해가 심하지 않은데도 제네바에 살고 싶어서 들어왔다. 그런 사람들은 전 가족과 하인들도 함께 온 '이민자들'(immigrants)이었고, 많은 재산을 가지고 온 사람들도 있었다. 이들도 역시 정착을 위해서는 도움이 필요하였다. 계속해서 머물 수 있는 집을 구하고, 직장을 정하고, 생활에 필요한 물품을 구하는 일을 도와주었다. 어떤 사람들은 아무것도 없이 빈손으로 제네바에 왔다. 옷이며 담요와 침대와 식사 도구마저도 챙겨 주어야 했다. 고아와 과부들은 더욱더 세심하게 보살폈다. 땔감, 성경, 시편, 침대의 담요 등이다. 예술가나 장인들은 기술은 있었지만, 연장이 없는 사람들도 많았다. 전문가들도 직장을 구하는 사람이 있었고, 그렇지 못한 사람들도 많았다. 특히 로마 가톨릭 신부였다가 개신교로 개종한 사람들은 마땅히 일할 곳을 찾기가 어려웠다. 칼빈은 이런 대부분의 사람들에 대해서 자문하고, 특히 목사의 전문적인 도움과 추천이 필요한 사람들을 거의 대부분 면담하고 결정하였다.[8]

---

8) Jeannine E. Olson, *Calvin and Social Welfare* (Selinsgrove: Susquehanna University Press, 1989), 39. Elsie Anne McKee, *John Calvin on the Diaconate and Liturgical Almsgiving* (Geneva: Librairie Droz, 1984).

부부 생활과 가족들

하나님의 사랑이 있어도 사람은 항상 외로움을 느낀다. 개혁이라는 아름다운 꿈을 꾸는 사람에게 현실은 더없이 초라하고 고통스럽다. 그래서 가족과 친구들의 따스함을 그리워한다. 칼빈의 부부 생활에 대해서 잘 알고 있는 사람들이 별로 없다. 그 많은 글 속에서 아주 적은 부분만이 자신에 대해 시사하고 있을 뿐이다. 하지만 칼빈은 아내에 대해 찬사로 일관하고 있다. 칼빈의 결혼 생활은 아주 짧은 기간에 끝이 났다. 스트라스부르그에서 만나서 결혼하여 겨우 9년 동안이 전부였다. 칼빈의 아내가 된 이들레뜨는 몇 차례 생명을 위협하는 중병으로 고생하였다.

1542년 7월 28일, '쟈크'라고 이름을 지은 아들이 충분한 기간을 채우지 못하고 어머니의 품에서 출생하였다. 칼빈과 이들레뜨 사이에 유일한 혈육이던 이 아기는 그토록 간절히 소원과 기도에도 불구하고 세상에 나온 지 얼마 안 되어 죽고 말았다. "확신하건대 우리 주님은 우리의 사랑하는 아들의 죽음 가운데서 깊고도 고통스러운 상처로 우리에게 아픔을 당하게 하였소이다. 그러나 그분은 나의 아버지이십니다. 그분은 그의 자녀를 위해서 무엇이 최선의 것인지를 알고 계십니다." 그는

---

9) 1542년 8월 19일, 비레에게 보낸 편지. *Calvin's Selected Works*, vol. 4, 344. 이 편지는 매우 중요한 의미를 갖는다. 필자는 칼빈 연구자들의 저서에서, 칼빈이 또 다른 아들을 낳았으나 아무도 후손을 얻지 못 하였다는 주장들(Jules Bonnet, August Lang, Katterfeld 등) 때문에 다소 혼란스러웠다. 최근 바우스마(Bouwsma)는 칼빈과 아내와의 사이에 적어도 세 명의 아들과 한 명의 딸이 있었다고 주장하였다. *John Calvin*, 23. CO xi:719, xii:322를 근거로 인용하고 있다. 그러나 이미 두메르그는 칼빈 전기에서 이 문제에 대해서 무엇이 오류인가를 정확히 설명한 바 있다. 즉, 이 자녀들은 모두 다 이미 결혼했던 아내가 전 남편과의 사이에 낳은 자녀들이거나 입양한 아이들이었다. 칼빈이 직접 낳은 자녀는 오직 한 명의 아들뿐이었다. 칼빈 자신도 오직 한 명의 자녀가 죽었다고 언급하였다. *Responso Balduini Convicia*, CO ix:5. 또한 1561년, 프랑수아 보댕(François Baudoin)은 칼빈이 자녀를 갖지 못한 것은 하나님의 저주 때문이라고 악평을 하였다. 이에 대해, 칼빈은 "기독교의 세계에 나의 자녀들은 무수히 많다고 대답했다."

이처럼 감동적인 짤막한 한 구절을 편지의 맨 마지막에 삽입하고 있는데, 슬픔을 억제하면서 신앙으로 승화시키고 있음을 보여준다.

그 후로 1545년 가을과 겨울에, 그리고 1547년 재발된 병환으로 아내는 더이상 침대를 벗어날 수 없게 되었다. "나는 내 희망에 정반대로 가고 있는 일이 두렵다오. … 오, 하나님이시여 우리에게 은혜를 보여주시옵소서." 1547년 12월은 칼빈에게 있어서 엄청나게 고통스럽고 실망스러운 시기였다. 그는 시의회의 처사에 몹시 분노를 느끼고 있었으며, "더이상 이 사람들의 태도에 참을 수 없다"고 토로할 정도였다. 그런데 아내까지 아파서 침대에 누웠으니 가히 기가 막힐 노릇이었다. 그녀가 침대에서 일어나는 것을 칼빈은 부활이라고까지 생각할 정도로 병환이 심각하였다. 다음해 여름은 약간의 병세 호전이 있었다. 마침내 1549년 3월 29일에 끝내 지병으로 세상을 떠났다.

『데살로니가 주석』을 헌정한 의사 텍스터(Benoît Textor)에게 아내와 자신의 건강을 돌보아준 일에 대해 깊은 감사를 드리면서, 아직도 아내를 사랑하고 있음을 밝힌 바 있다. "날마다 나의 아내의 기억을 생생하게 내가 회상하고 회고할 때에 나는 귀하에게 얼마나 감사를 드려야 할지 모르겠습니다. 귀하께서 여러 차례 우리에게 도움을 주셨음에 대해서, 특히 위험스럽고 두렵기 그지 없던 질병에서 건강을 회복시켜 주신 것에 대해서만 아니옵고, 마지막 아플 때에도 오셔서 모든 노력을 다해 그녀를 도울 수 있는 모든 일을 해주셨기 때문입니다."

뿐만 아니라, 프랑크푸르트 프랑스인 교회의 목회자 리사르 보빌(Richard Vau-ville)에게 쓴 편지에서, 칼빈은 아내를 마음속으로 잊지 못

---

10) 1547년 12월 23일, 비레에게 보낸 편지. *Calvin's Selected Works*, vol. 5, 151.
11) *Calvin's New Testament Commentary*, vol. 8, 385.

하고 있음을 드러낸다. 정확한 날짜는 없지만, 아내가 떠난 후 약 칠년이 되어갈 무렵, 그는 아내를 잃은 동료에게 자신의 경험을 통해서 위로의 말을 건네고 있다.

> 당신의 사랑스러운 아내의 죽음에 대한 슬픔이, 당신에게 얼마나 잔혹한 상처를 남겼는 지에 대해 나는 잘 알고 있습니다. 나는 나 자신의 경험에서 이를 잘 알고 있습니다. 그런 종류의 슬픔으로부터 회복하는 것이 내게 있어서도 칠 년 전에 얼마나 어려웠던가를 나는 잘 알고 있습니다. 나는 당신을 위로할 아무것도 가지고 있지 못합니다. 육신이 자꾸만 아내와 살았던 그런 슬픔을 더욱 부채질하더라도, 그러나 귀하는 이 세상에서 부름을 받을 때에 그녀와 다시 교제를 나누게 될 것임을 생각하시기 바랍니다.[12]

그러면서, 칼빈은 이처럼 슬픔에 차 있는 남편에게 하나님의 교회에서 감당해야 할 임무가 무엇인가를 상기시킨다. 우리는 이 세상의 나라에서 이별하지만, 하늘의 나라에서 다시 만날 것이라고 위로하였다. 다른 사람의 슬픔을 이해하고, 애정으로 다독여 주는 목자의 마음을 가진 개혁자였다. 아내와 아들의 죽음을 통해서 깊은 상처를 입었지만, 그는 하나님께 부르짖으며 위로를 구하였다. 이런 인간적인 면모를 파악한 19세기 최고의 칼빈 연구가 두메르그는 "그 누구도 칼빈보다 더 인격적인 매력을 지닌 종교 개혁자는 없었다"고 말했다.[13]

그런가 하면, 칼빈의 물질적인 생활은 어떠했을까? 그의 실생활은 특

---

12) 1555년 11월에 보낸 편지. *Calvin's Selected Works*, vol. 6, 236.
13) *Le caractére de Calvin*, 41.

히 경제적인 면에서 매우 곤란하고 어려웠다는 것이 여러 가지 정황 속에서 드러난다. 그가 제네바에서 많은 돈을 벌었다고 불평한다는 이야기를 듣게 되자 자신을 공개한 대목을 들어보자.

"나는 아직 다른 사람의 가구를 사용하고 있다. 우리가 음식을 먹는 식탁이나 내가 잠을 청하는 침대조차도 진정 내 소유는 하나도 없다"는 고백이 토로될 만큼 그의 생활은 검소하고 소박하였다.[14] 그런데도 다른 사람들의 입에 오르내리는 험담은 너무나 가혹했다.

칼빈은 가족들의 일로 인해서 고초를 많이 겪었다. 그의 동생 앙뚜완과 그의 아내, 그리고 그들의 자녀들도 함께한 집에서 살았다. 1548년 가을, 동생의 아내는 간음죄를 지어서 구속당했으나 무죄 판결로 풀려났다. 그러나 1557년 칼빈의 하인으로 곱사등을 가진 삐에르 다게(Pierre Daguet)와 간음을 했다가 들통이 나서 체포되고 말았다. 결국 제네바에서 추방됨으로써 마무리 되었다. 이런 일로 인해서 칼빈은 부끄러움을 견딜 수 없었고, 몇 주간 밖에 나가는 것을 삼가고 근신하였다.

집안의 가장으로서 가족들을 일일이 챙기는 일이 쉽지 않았다. 매춘을 엄격하게 금지했던 제네바시에서 상습적인 간통자들은 사형에 처하도록 되어 있었다. 그런데, 칼빈의 의붓딸 주디스 스또르데는 결혼을 한 이후에도 다른 남자와의 관계가 발견되어 문제가 되었다. 결국 시 당국의 처벌을 받아야만 했다. 이로 인해서 칼빈의 슬픔은 말할 수없이 컸다.

1555년 이후로는 칼빈의 지도력이 상당히 정착되어 승리의 기쁨이 있었다고 보이지만, 그것만으로 모든 고통이 그친 것은 아니었다. 1561

---

14) *Calvin's Selected Works*, ii, 128.

년에 어떤 미친 여자가 칼빈이 자기 남편이라고 주장하여 소동을 빚었고, 어떤 여자는 자신이 요한계시록 12장에 나오는 '태양으로 옷 입은 여자'라고 주장하여 매를 맞는 일도 벌어졌다.

개혁의 동지들

한 사람의 인격은 친구들에게서 잘 드러난다. 특히 그는 좋은 친구들을 많이 두었을 뿐만 아니라, 그들에게서 신망을 받았다. 깊고 성실한 우정의 사람이었음이 칼빈의 편지에 잘 나타나 있다. 칼빈의 친구들을 살펴보면, 그의 종교 개혁이 미친 영향력의 범위를 짐작할 수 있고, 그의 인격과 지도력을 한눈에 알 수 있다. 그가 주로 교제를 나눈 사람들은 불링거, 비레, 파렐, 부쎄, 멜랑톤, 베자 등으로 모두 다 종교 개혁의 걸출한 지도자들이었다.[15] 이들은 모두 많은 저술을 통해서 상대방을 이해하고, 서로 자신이 부족한 점을 보충했던 당대 석학들이었다.

특히 칼빈이 처음 제네바에 정착한 이후로 가장 많은 교제를 나누게 된 두 사람은 파렐과 비레였다. 이 두 사람에게 칼빈은 거의 모든 자신의 목회 사역을 함께 상의하고, 협조도 하고 자문도 받고 이상과 꿈을 주고 받았다. 파렐은 뇌사뗄에서, 비레는 로잔에서, 칼빈은 스트라스부르그와 제네바에서 살았지만, 이들 세 사람은 서로서로 공적인 사건이

---

15) 세계 칼빈 학자들이 칼빈과 동시대 신학자들 간의 교제를 중심 주제로 연구한 바 있다: "Calvin and His contemporaries: Colleges, Friends and Conflicts," Calvin Studies Society Papers, 1997 (Grand Rapids: Calvin Studies Society, 1998). 스토페르 교수도 동일한 주제를 다뤘다. Richard Stauffer, *The Humanness of John Calvin*, tr. George Shrive r(Nashvile: Abingdon Press, 1971), ch. 2, Friend, 47-71.

나 사적인 일들에 대해서 편지를 가장 많이 주고 받았다. 이 세 사람은 서로 나이도 다르고 은사도 다르고 개성도 달랐지만, 종교 개혁 시대 "스위스의 삼총사"로 불릴 만큼 큰 역할을 수행했다. 누구보다도 서로의 약점을 잘 알고 있었고, 사소한 문제에서부터 큰 기쁨이나 성취까지 서로 상의했으며, 슬픔과 아픔도 같이 나누는 가장 가까운 친구들이었다. 칼빈은 이 두 사람에게 1549년, 『디도서 주석』을 헌정하였다.

> 우리들이 목회 사역에서 서로 나눈 것처럼, 이 세상에서 매일의 삶의 내용들을 서로 깊은 교제 가운데서 함께 나누며 살아갔던 그런 친구들이 또 있으리라고는 믿지 않습니다. 나는 이곳에서 목사의 직책을 여러분 두 분과 함께 수행하고 있습니다. 그러나 여기에 질투의 표출은 전혀 없습니다. 여러분 두 분과 나는, 수십 마일 멀리 떨어져 있지만, 마치 한 사람의 인격처럼 생각할 정도입니다.
> 우린 각각 자신이 존경하는 장소에서 아주 잘 자신을 헌신하고 있으면서, 우리의 연합을 통해서, 주님의 몸 안에서 진리 가운데서 하나로 연합된 무리들로서 하나님의 자녀들이 함께 모이게 하는 것입니다. 우리는 눈에 보이는 증거와 선한 권위를 사람들 앞에 우리가 제시할 때에, 그리스도의 이름에 자신을 헌신하는 것과, 현재 시점에서 주님의 교회에 유익이 되게 하는 것과, 주님 안에서 우리 모두가 하나라는 목적 이외에는 우리들 사이에 다른 이해나 친교란 존재하지 않았습니다.[16]

---

16) *Calvin's New Testament Commentaries*, vol. 10, 347.

이들이 나눈 형제 우애는 참으로 아름답고 고상한 목표를 가진 것이었다. 당리 당략을 위한 패거리나 자신들의 이익을 지키기 위해서 '그룹'을 만든 것이 아니다. 이들 사이에는 개혁 신앙의 동질성이 공통분모였다. 여기에 칼빈의 인간성이 내재해 있다는 것은 두말할 필요도 없다. 교리적인 문제나 교회의 치리상 어려움을 함께 상의했을 뿐만 아니라, 개인적인 문제들을 흉금을 털어놓고 상의했다. 이들이 얼마나 서로 간에 솔직했는지에 대해서는 입이 다물어지지 않을 정도다.

한 번은 파렐이 거의 죽을 정도로 심각하게 앓아눕게 되자, 칼빈은 모든 일을 제쳐두고 뇌샤뗄로 달려가 며칠 동안 침대 곁에서 간병하는 일에 정성을 보였다. 1553년 이때, 칼빈은 파렐이 죽을까봐 불안하여 눈물을 흘렸고, 마치 자신이 죽었다가 다시 살아났다는 표현을 할 만큼 좋아했다. 칼빈은 자신을 진정으로 사랑하여 돌보아주고 인정하며 아껴준 파렐을 극진히 모셨다. 칼빈은 수일 후에 뜻밖에도 파렐이 빠르게 회복되자 기쁨으로 가득 찬 편지를 보냈다. 이 편지는 너무나 감동적인 대목이 많다.[17]

69세의 고령에 접어든 파렐은 너무 오랫동안 독신으로 살아왔었다. 점차 여러 곳으로부터 설교 초청이 와서 많은 집회에 나가야 하고, 또한 각종 회의에 참가하면서 집을 비우는 때가 많아졌다. 남자 혼자서는 도저히 집을 유지하고 청소하고 돌아볼 수 없었다. 그래서 함께 돌보면서 살아갈 사람이 절실히 필요하게 되었다. 그래서 칼빈은 제네바에서 한 사람을 구해서 소개하였다. "나는 귀하에게 여기에 있는 나이가 좀 들고, 경건하며 올바르고 동시에 아주 깔끔한 한 여성이 있음을 알려드

---

17) 1553년 4월 27일자 편지. *Calvin's Selected Works*, vol. 5, 395.

리고 싶습니다. 그런데 그녀는 만일 자신이 도움이 될 수만 있다면 기꺼이 도움을 드리겠다고 하였습니다."[18] 그러나 파렐 이런 가정부나 집안 도우미를 원하는 것이 아니라 늦게나마 결혼하고자 하였다. 더구나 파렐이 알려온 바, 너무나 어린 딸같은 처녀에게 결혼하려 하려는 것을 알게 되었다. 칼빈은 이를 마치 자신의 일처럼 생각하고 막으려고 적극 노력하였다. 그만 상대에 대한 신뢰가 지나치고 말았다. 자신의 조언을 거부하는 파렐에 대한 서운함과 아쉬움으로 칼빈은 가장 존경하는 분의 결혼식에 결국 참석하지 않았다. 이 일로 해서, 가장 막역하던 두 사람 사이의 관계는 소원하게 되고 말았다. 파렐이 아내로 맞은 젊은 소녀는 '마리에 또렐'(Marie Torel)이라는 자매인데, 그녀의 어머니와 오빠 등 모두 함께 온 가족이 프랑스에서 박해를 피해 피난 온 사람들이었고, 이 당시에 또렐과 그녀의 어머니는 파렐의 집에 머물고 있었다.

파렐은 1558년 9월 5일자 편지에서 하나님이 자신의 결정을 이해해 주시도록 기도를 부탁하였다. 그러나 남녀의 나이 차이가 스무 살을 넘는 것은 하나님 앞에 경건한 결혼이라고 말할 수 없다는 것이 칼빈의 확고한 생각이었다. 결국 칼빈은 결혼식에 참석할 수 없는 이유를 이해해 달라고 호소한다. 첫째는 시의회에서 개인적인 방문을 위해 허락하지 않을 것 같고, 현재 두 명의 제네바 목사가 병으로 누워 있고 한 사람은 출타 중이므로, 예배 인도와 설교의 임무를 맡을 사람이 없어서 모두 자신에게 짐 지워 있음을 양해 해달라는 것이다.[19]

이들 세 사람 가운데 파렐은 칼빈보다 무려 스무 살이나 나이가 많은

---

18) 칼빈이 파렐에게 보낸 1550년 2월 2일자 편지. 그리고 1558년 7월 1일자에서 세 사람을 소개하면서, 본인이 와서 최종 결정을 하도록 요청하였다. *Calvin's Selected Works*, vol. 6, 427.
19) 1558년 9월, 칼빈이 파렐에게 보낸 편지. *Calvin's Selected Works*, vol. 6, 475-476.

연장자였고, 장수의 축복을 누렸다. 칼빈은 비레보다 두 살 위였으나 항상 친구처럼 대하였다. 아무튼 파렐은 점점 나이가 들면서 그의 설교가 문제시되었다. 칼빈은 파렐의 설교와 성경 해설이 조금 장황하고 지루하다는 점을 솔직히 지적하고 대책을 세우도록 촉구한다. 가장 좋은 친구는 가장 나쁜 약점도 지적해 주는 친구가 아니겠는가? 남이 할 수 없는 어려운 말을 해주는 사람이 바로 칼빈이었다.

> 내 입장에서 볼 때에, 제가 귀하께 한 가지만 관심을 가지시라고 말씀을 드리는 바입니다. 귀하의 긴 설교 시간 때문에 불평하는 사람들이 많습니다. 귀하께서는 이것은 중대한 오류라고 하는 것을 알고 계신 까닭에 그것을 고치려고 하신다고 종종 말씀하셨습니다. 따라서 저는 귀하께서 이런 불평들이 점점 커져서 선동적인 소란으로 발전되지 않도록 방책을 세우시고, 사탄에게 우리가 그를 바라보도록 기회를 주지 않도록 스스로 절제하도록 심각한 노력을 해 주십사고 요청하는 것입니다.[20]

칼빈이 이렇게 각 도시에서 유명한 목사이자 신학자들만 사귀었던 것은 아니고, 훨씬 많은 친구들과 교제를 나누었음을 잊어서는 안 된다. 장 부데는 칼빈의 출판을 도와 준 협력자였고, 법률가였던 꼴라동(Germain Colladon), 그리고 꼴라동의 사촌이던 니꼴라 목사, 칼빈의 라틴어 비서 샤를 드 종빌리에(Charles de Jonvilliers), 이탈리아에서 이민 온 귀족 갈레아조 카라끼올로(Galeazzo Caraccio-lo), 제네바 교회 목사

---

20) 1552년 1월 27일자 편지.

이던 니꼴라 데 갈라(Nicholas des Gallars), 런던의 프랑스어 사용 교회 목사들이 가장 가깝게 지낸 제네바 시절의 주변 사람들이었다. 이들은 주로 칼빈의 막역한 동료들로서 '습관처럼 자주 모임을 갖는 개혁자의 회의'의 참가자들이었다.[21]

파리에서 공부할 때, 많은 영향을 받았던 기욤 부데(1468-1540)의 가족들과 깊은 교제를 계속했는데, 1546년 칼빈이 부데의 부인에게 보낸 편지에는 당시 프랑스에 남아 있기가 어려워져서 고민하던 가족들에게 큰 위로를 주고 있다. 널리 알려지고 존경받던 귀족이자 학자인 기욤 부데는 1540년에 사망했는데, 자신이 죽은 다음에 장례식을 하지 말고 그냥 매장하라고 유언했다. 이것은 로마 가톨릭의 의식대로 죽음을 맞이하지 않겠다는 확고한 의사 표명이었다. 따라서 그의 부인과 가족들은 더이상 프랑스에 남아 있기가 어렵게 되고 말았다. 이런 사정을 이해한 칼빈은 하나님의 도우심에 의지하라고 위로의 편지를 보냈다.

> 우리가 이 세상에 있는 동안에, 우리는 마치 나뭇가지 위에 앉은 새들과 같습니다. …
> 귀하께서는 그런 어려운 문제를 더 높은 생각으로 극복하셔야만 합니다. 우리나라 전 지역에서 하나님이 순수하게 예배를 받으시면 좋겠다는 것이라든지, 그의 교회 안에서 머무는 것보다 그가 머물러 계신 곳, 그의 안식의 처소보다 우리의 노년에 신뢰할 만한 곳이 없다는 그런 생각입니다.

---

21) Jules Bonnet, *Récits du seiziéme siécle*, 2d ed. (Paris: Grassart, Libraire-Editeur, 1875), 118-119. 보넷은 19세기에 칼빈의 친구들에 관해 연구한 저자이며, 칼빈의 서간집을 편집하였다.

… 우리는 우리들의 수많은 걱정들을 하나님의 섭리에 맡겨야 합니다. 그분은 우리가 아무것도 보지 못하는 경우에도 탈출구를 준비하실 것을 신뢰하면서 말입니다. 사실 우리가 그분을 찾으면, 우리는 그분을 찾을 것을 의심하지 않습니다. 그분은 우리와 함께 계셔서 우리의 걸음을 인도하시며, 우리의 일들을 간섭하시고, 우리를 위해 그것들이 잘 되도록 명령하실 것입니다. …끝으로 이런 나의 모든 권고들은 하나님께서 귀하의 가슴속에 들어가도록 효과적으로 만들어 주지 않으신다면, 공허하고 무용지물이라는 것을 알기 때문에, 나는 무엇이 귀하에게 가장 적합한지를 결정할 때에 참된 안식으로 귀하를 지도해 주시기를 그분에게 간구할 뿐입니다.[22]

1549년 6월 27일, 기욤 부데의 세 아들 즉, 루이, 프랑스와, 장 그리고 누이 마르그리뜨가 어머니와 함께 제네바에 정착하였다. 일찍이 파리에서 공부하면서 서로 깊은 관심의 대상이었다가 훗날 제네바에 정착한 것이다. 1554년에는 또 다른 딸, 까뜨린 부데마저 제네바로 이주해 왔다. 마지막으로, 남아 있던 아들 중에 마띠외도 오고 싶어 했으나 1547년 사망하였다. 기욤의 자녀 중에서 장은 제네바에서 유명한 칼빈의 조력자가 되었는데, 1559년 시의회원이 되었고, 그의 증조부가 황제 찰스 5세에 밑에서 비서를 맡은 적이 있어서 독일의 귀족들과 교분이 있었기에, 제네바의 중요한 외교 문제 해결의 임무를 완수하다가 1589년에 사망하였다. 그 후로 이 가문은 지금까지도 제네바에서 정착하여 명문 귀족 가문을 이루었다.

---

22) 칼빈이 드 부데 부인에게 보낸 편지. *Calvin's Selected Works*, vol. 5, 91-93.

50. 로랑 드 노르망디,
  프랑스에서 피난온 법률가

어려서부터 함께 지낸 옛 친구, 누와용의 몽모르 집안에서 제네바로 건너온 사람들도 있었다. 그 집안의 아들 중 한 사람이 제네바로 찾아왔다. 1547년 옛 친구가 찾아왔을 때 그의 나이가 34세이고, 당시 칼빈이 나이가 38세였으니, 이 둘은 아주 어려서부터 한 동네에서 성장하고 같은 교회 부속 학교를 다니며 서로 잘 아는 사이였음은 두 말할 필요가 없을 것이다. 칼빈은 이 사람을 위해서 배우자를 선정해 주고 제네바에 안착하게 도와주었다.

파리에서 연설문 소동을 일으켰던 니꼴라 꼽은 바젤로 피신했다가 제네바 사누완 거리에 함께 사는 이웃이 되었다. 학창 시절의 우정이 변함없이 지속된 것은 꼽만이 아니라 볼마르나 꼬르디에의 경우에도 그러하였다. 누와용의 법률가였고 제네바에서는 출판업을 하던 로랑 드 노르망디도 쌩 삐에르 교회 옆의 광장 인근에 주택을 갖고 살았다.

오를레앙 시절의 친구 다니엘과도 한동안 연락이 끊어진 후에 다시 깊은 신뢰를 주고 받았다. 1559년, 아마도 칼빈이 마음의 여유를 갖게 되고, 새로운 교육 프로그램을 만들면서 옛 친구에게 편지한 것 같다. 칼빈의 편지를 보고, 다니엘은 자기 아들이 제네바에 머무는 것을 허락하였다. 다시 공부를 마치고 프랑스로 돌아간 후에도 서로 연락을 주고 받았다. 학창 시절의 친구들만이 아니라, 자신에게 헬라어를 가르쳐 준 볼마르와도 계속되는 친분을 나눴고, 1546년에 쓴 『고린도후서 주석』을 헌정하였다.

제네바 사누완에 있던 그의 집은 피난처요 교회의 활동의 중심지였다. 그는 칭찬받는 것보다는 오히려 자신의 잘못을 뉘우치기를 좋아했다. 이런 솔직함과 꾸밈없는 정직함을 사람들은 누구나 인정하게 되었고 그의 주변으로 많은 사람들이 찾아오게 된 요인이 되었다. 물론, 그가 절망에 빠져서 제네바의 목사직을 그만두고 떠나고자 할 때에도 비통한 그의 심정을 위로한 친구들이 있었기에 다시금 재기할 수 있는 힘을 얻을 수 있었다.

CHAPTER 13

이단자들의 몰락

　신앙적인 논쟁이 격렬했던 시대, 그 내용들이 정치적으로 연결된 유럽의 격동기에 종교 개혁자로서 칼빈이 부여받은 임무는 매일 투쟁의 연속이었다. 오늘날 그 결과를 평가하는 자들에게 지쳐진 칼빈의 이미지는 굳센 의지의 소유자로 생각되어질지 모른다. 하지만 견고한 개혁주의 신앙으로 제네바의 개혁에 성공한 칼빈 자신은 정작 자신에 대해서 겁이 많은 사람이라고 생각하였다. 칼빈이 정작 두려움을 느끼면서 살았다고 믿어줄 사람이 거의 없을 것이다. 물론, 칼빈은 매우 용감한 면모를 지녔었다. 그는 전투적인 논쟁이나 격한 대립을 그저 적당히 피해가려 하지 않았고, 비겁한 사람은 결코 아니었다.

제롬 볼섹

　유럽 전 지역에서 제네바를 찾아온 사람들이 많았다. 그들 중에 많은 신학자들이 있었지만, 모두 다 칼빈의 개혁 정책을 물심양면으로 도와 준 것은 결코 아니다. 프랑스 파리에서 신학 박사 학위를 수여받은 제롬 볼섹(Jérome Bolsec, 1520-1584)은 한때 갈멜수도원의 수도사였다가 종교 개혁 진영에 가담한 사람이었다. 볼섹은 1545년 개혁 신앙을 받아들였고, 칼빈이 한동안 머물렀던 르네 공작 부인의 궁전에서 지내기도 했었다. 거기서 그는 결혼을 했고 의학 공부를 한 것으로 알려져 있다. 그러나 그가 의학의 수련을 어디서 어떻게 받았는가에 대해서는 알려주는 정확한 자료는 전혀 남아 있지 않다. 볼섹은 상당한 지식인이요, 스스로는 많은 학식을 가졌다고 자부하던 처지였으며, 너무나 자신의 확신에 가득 차 있었기에 칼빈과 악연을 맺게 된 사람이다. 이탈리아에 피신해 있다가 제네바에 들어온 다음 우선 피난민으로서 정착하기 위해서 그는 의원을 개업하였다. 그가 가진 신학적인 수준은 칼빈의 해박함에 비하면 학문적으로 전혀 상대가 되지 않았다. 특히 교리의 역사에 대해서 칼빈이 철저한 독서와 탐구를 통해서 박식한 지식을 가지게 되었는데, 볼섹은 칼빈의 교리들이 모두 다 중세 말기 15세기의 인물들에게서 나온 것이라 어리석은 생각을 품고 있었다.

볼섹의 환자 가운데는 드 팔레(de Falais) 같은 프랑스 출신의 귀족이 있었다. 이 사람은 칼빈 때문에 제네바에 매력을 갖게 되었고, 편지를 통해서 수년간 우호적인 교제와 개인적인 친분을 나누던 사람이었다. 드 팔레의 아버지 필립(Philip the Good)은 벌건디 공국의 백작이었고 황제 찰스 5세와 매우 친밀한 사이여서, 그 궁정에 종종 초대 받곤 했었다. 드 팔레는 아버지와는 달리 로마 가톨릭 미사에 잘 참석하지도 않았고, 신앙적으로 매우 모호한 상태에 있었다. 미사에 참석하지 않다가 1545년 황제의 명령으로 체포될 위기에 처하자 스트라스부르그로 피신을 가게 되었고, 그곳에서 칼빈을 방문하였다. 이때부터 칼빈과 자주 편지를 주고 받았다. 칼빈은 『고린도전서 주석』을 그에게 헌정하였다. 마침내 제네바에 정착하였는데, 많은 사람들의 귀감이 되는 귀족이었다. 그래서 여러 도시에서 종교 개혁에 대한 질문을 받아 자문에 응하였고, 올리베땅의 성경 재판을 출간하는 일과 요리 문답과 예배 서식 등을 출간하는 일에도 관여하였다. 예정론에 반대하던 피기우스와 칼빈 사이의 논쟁에 끼어들기도 했다. 그러나 건강상 문제가 많았다. 두통과 고열, 신경통 등으로 고생하였다. 결국 볼섹의 이간질과 충동으로 인해서 칼빈과 팔레는 갈라서고 말았다.

볼섹은 종합적인 성경 지식도 부족한 상태에서 제네바에 들어왔었기에, 처음에는 칼빈의 거의 모든 교리에 찬사를 보내며 열정적으로 성원을 아끼지 않았다. 그런데 그는 단 한 가지 교리에 대해서는 거부 반응을 보였다. 오직 하나 예정론만은 거절했다. 그는 하나님이 아직 태어나지도 않은 사람의 구원 여부를 결정해 놓으셨다는 것에 대해서 받아들이지 않았다. 예정론을 받아들인다면, 하나님을 계명성과 같이 죄의 근원자로, 죄의 창시자로 만드는 것이 아니냐고 거부하였다.

마침내 볼섹은 매우 불행한 일을 자초하였다. 1551년 10월 16일, 아주 위험한 사태가 벌어졌다. 그는 칼빈의 나이 어린 동료가 설교를 한 후에, 회중이 함께 모인 토론장에서 극적으로 감정을 폭발시키면서 예정론을 거부하는 자신의 견해를 역설했다. 카스텔리오처럼, 볼섹도 역시 칼빈의 인격과 진실성에 대해서 비난을 하기를 서슴지 않았다. 심지어 칼빈은 폭군이라고 비판하였고, 토론 주제인 예정론에 대해서도 공격하였다. 무엇보다 자신이 의구심을 정당화 하고자 칼빈이 의도적으로 어거스틴의 견해를 자신의 신학에 맞도록 왜곡시켰다고 부추겼다. 볼섹이 교회 토론 모임에서 이렇게 공격을 하자, 그에 대해서 전혀 사전 정보가 없었던 칼빈은 당황하지 않을 수 없었다. 그렇지만 칼빈은 침묵하고 있을 수 없었다. 칼빈은 자신이 어거스틴을 어디에서 인용하였는지, 그리고 어거스틴의 본문에 대해서 정확한 근거를 제시하고 심지어 날짜와 장소를 분명히 밝히면서 토론장을 압도하였다. 그는 상대를 제압하는 탁월한 논쟁술을 발휘하여 옛 로마 가톨릭의 수도사에 불과했던 볼섹을 완벽하게 물리쳐 버렸다.

곧바로 볼섹은 설교자에 대해서 공격하고, 인격적으로 모독한 죄와 하나님의 거룩한 교리를 무시한 신성 모독죄와 거짓 교리를 선포한 이단 죄목으로 체포되었다. 그는 곧바로 제네바에서 추방되어야 할 처지에 놓였다. 제네바시 당국자들은 칼빈의 요청에 따라서 주변의 다른 지역(캔톤)들의 목사들에게 볼섹이 제기한 문제에 대한 의견과 자문을 구하기로 하였다. 그리고 답변이 올때까지 볼섹은 감옥에 붙잡아 두었다. 이렇게 한 의도는 볼섹을 단지 제네바에서만 추방할 뿐만 아니라, 아예 스위스 전역에서 완전히 발을 못 붙이도록 하려는 의도였다. 그러나 그들에게 돌아온 답변은 실망스러운 것이었다. 예정론을 가지고 너무 지나치게 예민하지 말 것을 주의하도록 권고하는 내용들이 많았기 때문이다. 스위스 다른 캔톤의 목사들은 각각 자기들이 직면한 문제를 처리하기에도 바빴던 것이다. 따라서 그들이 보내온 답변은 제네바 사정을 소상하게 이해하고 신중하게 해답을 보내온 것이 아니라, 자신들의 이해관계에 따라서 작성된 것이 더 많았다. 예정론 교리 관해서는 아직 확고부동한 입장 정리도 되어 있지 못했던 설교자들도 많았던 것이다. 볼섹 같은 사람들은 어느 도시든지 찾아가서 자기가 더 좋아하는 설교를 선택하면 그만이라고 생각하였다. 그리고 더이상 제네바에서 문제가 발생하는 것을 원치 않았다. 물론 주변의 목사들은 볼섹보다는 칼빈을 더 좋아하였다.

칼빈은 중요한 교리 문제에 직면하여 주변에 있던 사람들이 보내온 미온적인 답장으로 크게 실망하였다. 그는 힘이 빠졌다. 베른과 취리히에서 보내온 답변서들이 그 정도로 미온적이며 자신을 지지해 주지 않고 있다면, 이제 그는 어떻게 종교 개혁자로서 확신을 가지고 하나님의 말씀을 설교할 수 있을 것인가? 더구나 공개적으로 자신의 인격에 대해 모독하고, 의도적으로 거짓말을 지어낸 것이라고 사람들이 생각한다면 더이상 제네바에서 어떻게 일을 할 수 있을것인가? 이 문제로 드 팔레 같이 좋은 사람과도 더이상 친분 관계를 유지할 수 없게 되었다. 칼빈은 다음과 같이 자신의 신학을 설명하였다.

> 내 입장에서 볼 때에, 내가 하나님이 인간으로 하여금 필연적으로 죄를 짓도록 만드시는 분으로 서술했다는 말은 그가 나를 거짓되이 모함하는 것으로 보일 뿐입니다. 시작하면서 '필연적으로'라는 말을 썼는데, 이 단어는 내가 쓴 용어가 아니며 나는 절대로 사용한 적이 없는 수도사들의 용어입니다. 하나님의 뜻을 설명하는 문맥에서 '죄'라는 단어를 내가 전혀 쓰지 않아야만 한다는 주장은 분별력 없는 말이라고 봅니다. 나는 진실로 하나님의 뜻은, 최고의 동인으로서, 모든 것에 있어서 '필수적'이라고 말했습니다.
>
> … 볼섹이 마지막으로 그의 교리에 있는 자신의 사악한 실수를 감추고자 했는데, 예를 들면, 하나님은 우리 모든 사람들 가슴속에 각각 믿음으로 그분에게 복종할 수 있는 능력을 주셨다고 말한 것이 바로 그것입니다.
>
> 이것이 내포하는 바는 하나님의 뜻은 우리 인간을 다스리지 않으시고, 인간은 자신의 자유 의지에 따라서 성령의 은총을 선한 것으로 여겨서 받아들일 수도 있다는 것입니다. 그 결과로, 우리의 선택이나 구원은 우리 자신들의 업적에 좌우되는 것입니다. 사실 그는, 인간은 자유 의지를 잃어버렸으며 상실하였고 맹수와 다를 바 없이 되

고 말았다고 주장하여 왔던 것입니다.

볼섹이 하나님의 은총이 모든 사람에게 똑같이 주어졌고, 그리고 그 인간들은 구원과 저주 사이에서 스스로 선택할 수 있다고 말할 때에, 이것은 하나님께서 자신의 자유롭고 선하신 뜻에 따라서 자기 자녀로 삼을 자들을 택하신다는 것을 부인하는 것입니다.

한걸음 더 나아가서, 구원을 받은 이후에 하나님께서 그들의 감정과 마음을 인도하시고, 예수 그리스도에게로 그들을 이끌어 주신다는 것을 부정하는 말입니다. 그리고 한 번 그리로 인도하신 다음에 그분은 마지막 날까지 결단코 그들을 놓지 않으시는 것도 부정하는 말입니다.[1]

1551년 12월 18일, 칼빈은 시의회에 결정적인 반박서를 제출했다. 그가 제출한 교리 해설의 핵심은 볼섹이 주장하는 바가 성경에서 나온 것이 아니라, 선택에 있어서 보편 구원을 주장하는 것이요, 어떤 특정한 사람들만의 구원을 부정하는 것이라는 지적이었다. 칼빈은 갈라디아서 2:11-21에 근거하여 논박하였다. 12월 21일, 시의회는 볼섹을 제네바와 그 주변 지역에서 영원토록 추방하기로 결정하였다.

재판관들이 예정론의 교리를 잘 이해하지 못했기 때문에, 칼빈은 자신과 연관된 문제의 변호를 충실하게 답변하고 해명하였다. 1552년 1월 1일, 서문을 쓴 논문 "하나님의 영원한 작정에 관하여"는 칼빈이 단일 주제에 대해 쓴 것으로는 가장 긴 분량이다.[2] 여기서 칼빈은 바울, 어

---

1) CR XXXVI:182-183. Potter and Greengrass, *John Calvin*, 98-99. Phillip C. Holtrop, *The Bolsec Controversy on Predestination, from 1551 to 1555: The Statements of Jerome Bolsec, and the Responses of John Calvin*, 2 vols. (Edwin Mellen, 1993).

2) CO XXXVI:249-366. *Concerning the Eternal Predestination of God*, tr. J.K.S. Leid

거스틴, 그리고 성경 본문의 주석을 바탕으로 예정 교리의 핵심을 설명하였다. 후반부에서 그는 섭리에 대해서 설명하였고, 하나님의 악의 창시자로 보아서는 안 된다는 점을 분명히 밝혀 자신에게 가해진 비난에 적극적으로 대처하였다. 1552년 볼섹은 칼빈의 생애에 대해 악의에 찬 저술을 펴냄으로써 복수의 심사를 드러냈다.

그는 베른에 정착하려 했으나 칼빈의 해명을 들은 시 당국에서 허용하지 않았다. 볼섹은 파리로 피신하였다. 차마 입에 담을 수 없는 부끄러운 말들을 함부로 사용하고, 거짓말과 헛소문으로 가득 찬 칼빈의 전기를 1557년에 출판하였다. 증오의 감정을 불태우는 사람이 그려낸 추잡한 문서에 지나지 않는다. 그런 후 마침내 로마 가톨릭으로 돌아가 버렸다.[3]

해가 바뀌고 맞이한 1552년은 제네바의 정치 구도가 바뀌고 말았다. 또 다시 자유파(리베르틴파)들이 득세하여, 뻬렝의 이복 동생 뻬에르 띠쏘(Pierre Tisso)가 재판관이 되었다. 베르뜰리에도 법원의 감사직이라는 고위직에 등용되었고, 그 여세로 뻬렝이 다시 최고 행정관의 자리에 올랐다. 나머지 세 명은 발타자르 셋, 가스파르 파브르, 그리고 방델이었다.

부활절이 다가오자 이들 리베르틴파는 당회의 파문자 명단과 그 이유서를 제출하도록 교회 지도자들에게 명령하였다. 목사들은 이에 정면으로 맞서서 차라리 사면하겠다고 버텼다. 점차 문제는 악화되어 갔고, 반대자들은 칼빈의 비위를 건드리면서 욕설로 자극하였다.

(Cambridge: James Clarke, 1961).

3) 볼섹은 이처럼 터무니없는 악평으로 일관한 칼빈의 전기(*Histoire de la vie, moeurs, actes, doctrine, constance et mort de Jean, jadis ministre de Geneve*)를 리용의 대주교에게 헌정하였다.

같은 해 6월 24일, 사람들의 불평과 끊임없는 도전에 실망한 칼빈은 마침내 목사직을 사임을 하기로 결심하였다. 대부분의 사람들이 하나님의 말씀을 경솔히 여기고, 당회를 불쾌하게 만들고 있으며, 권위를 짓밟고 있으므로 더이상 견딜 수 없었던 것이다. 그러나 이런 요구마저도 묵살당하였다. 그 이유는 반대파들이 원했던 것이 바젤이나 스트라스부르그나 베른으로 추방하여 쫓아내는 것이 아니라, 칼빈을 굴복시키고자 했기 때문이었다. 칼빈의 인기는 예정론으로 인해서 현저히 떨어지고 스스로 패배를 인정하며 수모를 당하고 있을 때에, 그 역사를 바꾸는 한 가지 사건이 발생하였다. 겉으로 볼 때, 칼빈을 싫어하는 또 한 사람이 나타났으니 자유파들이 큰 응원군을 얻은 것 같았지만, 사실은 이 사람 때문에 반대파는 몰락의 길로 접어들게 된다. 볼섹의 사건이 소용돌이를 일으키고 있을 때에 등장한 사람은 세르베투스였다.

'신학계의 돈키호테' 세르베투스

스페인 사람들 중에 이상과 꿈에 취하여 현실을 벗어나 엉뚱한 행동을 하는 사람의 대명사로, 세르반테스의 명작 『돈키호테』를 모르는 사람이 없을 것이다. 스페인 출신 세르베투스가 바로 '신학계의 돈키호테'였다. 엉뚱한 영웅심으로 착각에 사로잡힌 세르베투스가 제네바에 등장해서 화형에 처해지기까지 일련의 과정을 이해하지 못하는 사람들은 종종 칼빈의 잔인함을 증명하는 호재로 악용하고 있다. 그리고 세르베투스의 죽음을 놓고 칼빈의 역할에 대해 논란이 끊임없다. 이미 휴머니즘 시대를 거쳐서 포스트모더니즘 시대로 접어든 오늘날 칼빈을 박해자로 만들어 버린 씻을 수 없는 오점으로 기록되는 이 사건에 대해 공정한 평가를 내리는 일이 불가능해 보인다.[4] 이 사건이야말로 칼빈의 생애에 지울 수 없는 오점을 남겼고, 마치 지워지지 않는 핏자국처럼 남은 상처는 칼빈의 경건한 생애에 굴레를 씌우는 가장 곤혹스런 사건이 되고 말았다.

제네바의 모든 사건은 그 시대의 관점에서 이해해야만 한다는 것이 필자의 일관된 관점이다. 16세기는 중세 말기 기독교의 권위가 도전을 받던 시대였고, 계급처럼 철저히 상하 구조로 일원화된 로마 가톨릭 교권으로부터 벗어나기 위해서 각처에서 교회 개혁의 물결이 소용돌이치던 시대였다. 따라서 그 시대가 지닌 독특한 분위기와 특성을 바탕으로 이 사건을 평가해야만 할 것이다.

칼빈의 명성이 널리 퍼지면서 점차 제네바에 찾아온 사람들 많아지고 있었다. 그 속에는 여러 부류가 있었고, 불순한 동기를 가진 자들도 섞여 있었다. 1553년 8월 13일, 한 사람이 쌩 삐에르 교회에서 칼

---

4) 20세기에 수많은 저서들이 세르베투스 문제를 저자의 안목에 따라서 다루었다. 우리는 두 메르그의 평가를 기억해야 한다고 본다: "그의 실수는 그 시대의 실수였다." 스틱켈버거는 세르베투스의 화형이 집행되는 동안 칼빈이 한 시간 동안 무릎을 꿇고 지냈다는 사실을 상기시킨다. 칼빈을 비난하기에 앞서서, 먼저 로마 가톨릭에서는 얼마나 많은 종교 개혁자들을 핍박하고 죽였는가를 생각하면서 균형 감각을 갖기를 소망한다. 프랑스에서만 수십만 명이 성 바돌로매의 날에 살해되었고, 잉글랜드에서는 메리 여왕이 수백 여 명을 죽였던 것을 기억해야만 한다.
Roland H. Bainton, *Hunted Heretic: The Life and Death of Michael Servetus (1511-1553)* (Boston : Beacon Press, 1953). Jerome Friedman, *Michael Servetus: a Case Study in Total Heresy* (Geneva : Droz, 1978). John F. Fulton, *Michael Servetus: Humanist and Martyr* (New York : Herbert Reichner, 1953). Lawrence and Nancy, *Out of the Flames* (New York: Broadway Books, 2002). Marian Hillar, *The Case of Michael Servetus* (15111553): the Turning Point in the Struggle for Freedom of Conscience (Lewisburg: Edwin Mellen Press, 1997). idem, *Michael Servetus Intellectual Giant, Humanist, and Martyr* (Lanham: University Press of America, 2002). Eric Kayayan, "The Case of Michel Servetus," *MidAmerica Journal of Theology* 8, no. 2 (1992): 117-46. Robert Kingdon, "Social Control and Political Control in Calvin's Geneva, " In *Die Reformation in Deutschland und Europa:Interpretationen und Debatten*, ed. Hans R. Guggisberg (Gütersloh: Gütersloher Verlagshaus, 1993), 521-32. Andrew Pettegree, "Michael Servetus and the Limits of Tolerance," *History Today* 40 (1990): 40-45.

빈의 설교를 들으러 모여든 군중 속에 숨어 있었다. 그리고 같은 해 10월 27일, '하나님에 대해 불경죄를 범하는 모든 사람들에 대한 경고'로서 화형에 처해졌다. 이 사람은 분명한 교리적으로 이단이며, 참된 신앙 고백을 명백히 거부한 자였다. 그는 '삼위일체 되신 하나님을 조롱하고, 하나님의 아들 성자에 대해서 모독한 죄'로 고소를 당했다. 이 사람의 잔인한 화형에 관한 비난의 화살이 칼빈에게 쏟아지고 있는 데, 좀 더 신중하게 평가해야 할 것이다. 너무나 당시 역사에 무지한 사람들의 비난이자 횡포라고 여겨지기 때문이다. 칼빈 자신은 그의 화형을 반대했을 뿐만 아니라 그 자리에 없었고, 화형보다는 다른 처벌을 시의회에 요청하였다. 이단자로 천명된 세르베투스는 16세기 당시의 상황에서 볼 때에 위험천만한 사람이었다. 종교 개혁을 받아들인 그 어떤 도시에 가더라도 그는 죄를 피할 수 없게 되어 있었다. 그가 누구이며 어떤 주장을 하고 있는 가를 정확히 발표한다면 곧장 체포되어 화형에 처해졌을 것은 뻔한 일이다. 만일 여러분이 프랑스에서 가톨릭의 미사에 불참하였다면, 왕의 명령에 불복종한 죄로 불호령이 떨어졌다. 아무리 지체 높은 귀족이라도 사형에 처해졌다. 16세기 후반부는 가혹하고 처참한 종교 전쟁의 시대였음을 잊어서는 안 된다. 사형 제도 가운데 화형은 매우 잔인한 고통을 주는 지독한 응징의 수단이었다. 스데반과 같이 많은 하나님의 종들이 여러 가지 방법으로 처형당했다. 물론, 이런 처벌들은 오늘의 관점에서 볼 때 용납될 수도 없고, 이해되기도 어려운 일이다. 다시 말하지만, 우리는 지금 16세기의 극렬한 종교 탄압과 대결의 상황에서 이해하고자 하는 것이다. 교회의 처벌이 영적인 것이 아니고, 물리적이요 육체적인 것이라는 점은 상상하기조차 두려운 것이다. 더구나 죽기 직전에 세르베투스는 예수님에게 긍휼히 여겨 달라고 소리질렀다고 한다. 인생의 파멸에 직면한 사람이 하나님의 긍휼을 향해 외치는 진실된 회개였으리라고 추측해 볼 수 있다. 그러나 과연 이런 화형이 그 사람으로 하여금 진정한 회개에 이르도록 도움을 주었는지에 대해서는 확신이 서지 않는다.

세르베투스는 스페인 아라곤 지방 출신으로 아주 어린 시절 고향을 떠나게 되었는데, 그 이후로 로마 가톨릭보다는 종교 개혁의 이상을 마음에 품었다. 처음에 그는 루터와 칼빈처럼 자신도 그런 길을 가고 싶어서, 먼저 뚤루즈(Toulouse)에서 법학을 공부하였다. 스페인 황제의 궁정 신부의 비서직에 있다가 칼빈이나 루터처럼 법학에서 신학으로 방향을 선회하였던 사람이다. 그의 인생의 출발은 종교 개혁자들의 과정과 비슷하였던 것이다.

그는 바젤의 외클람파디우스와 스트라스부르그의 부써 등과 접촉하였고, 이들 개혁자들을 향해 삼위일체라는 교리는 하나님의 본질인 통일성과 일치하지 않으므로 이를 버리라고 극렬한 주장을 폈다. 그러자 외클람파디우스는 광포한 열정을 토로하는 이 젊은이를 '하나님의 모독자이며 악마에 사로잡힌 자'라고 정면으로 지적하였다. 스트라스부르그에서도 마찬가지였다. 부써나 까삐또 역시 세르베투스를 '악마의 사도'라고 논박하였다. 쯔빙글리는 '저 뻔뻔스러운 에스퐈나인이 거짓된 가르침으로 기독교 전체를 망가뜨리려 한다'고 경고하였다. 종교 개혁자들이 이처럼 한결같이 그를 외면한 것은 당대의 종교 개혁이 불충분하다고 비난할 뿐만 아니라, 자신만이 진리를 알고 있다는 오만한 태도를 지녔기 때문만은 아니다. 종교 개혁자들이 우유부단하고 너무나 미적지근하고 충분히 혁명적이지 못하다고 판단한 세르베투스는 가장 근본적으로 개혁해야 할 신학의 주제는 삼위일체라고 생각했다. 가히 하나님에 대해서 천재적인 새로운 교리를 자신이 터득했다고 착각했던 것이다. 그는 주저없이 이를 발표하였으나 당시 개신교 진영에 속한 주요 신학자들에 의해 완전히 거부 당하였다. 물론 로마 가톨릭교회 측에 있는 어느 한 사람도 그의 교리를 받아들이지 않았다. 이에 실망한 그는 스물 두 살이 되는 해, 1531년 처음으로 정통 삼위일체 교리에 반대하는 저술, "삼위일체 오류"(*De Trinitatis Erroribus*)을 발표하였다. 삼위일체 교리는 사탄의 속임수라고 주장하였다. 스페인의 종교 재판소는 그를 이단으로 정죄하고, 체포하도록 명령하였다. 이런 압박이 가해지 자, 그는 곧바로 『삼위일체에 관한 대화의 두 번째 책』(*Dialogorum de Trinitate libri duo*)을 제나우에서 자비로 출판하였는데, 처음 책이 다소 미숙한 작품임을 시인하였다. 사랑과 화해의 사도 부쎄마저도 강단에서 이 책의 저자는 '살아 있는 몸뚱이에서 창자를 꺼내는 일을 당해야 마땅할 자'라고 비난할 정도였다. 그는 기독교 신앙의 근본을 뒤집는 엉뚱한 주장을 늘어놓는 사탄의 사자로 간주되었다.[5]

상황이 이렇게 되자, 그는 자신의 저술과 이름을 공개적으로 드러낼 수 없음을 인식하고 당시 널리 유행하던 방식대로 이름을 바꾸어서 미셸 드 빌뇌브(Michel de Villeneuve)라고 하면서 여러 곳을 떠돌게 되었다. 상당수 학자들은 일 년이나 혹은 이 년 정도 그가 이탈리아에 갔던 것으로 추정하는 바, 여러 곳에서 반삼위일체론이 상당히 퍼져 있던 곳이기 때문이다.

1535년, 프랑스 리용에서 어느 출판사의 교정을 도와서 프톨레마이오스의 『지리학』을 출판하였다. 그리고 의학서들을 검토하면서 많은 지식을 쌓았다. 결국 의사가 되고자, 1536년 파리에 가서 해부학을 공부

---

5) Michael Servetus, *Christianismi Restitutio and Other Writings* (Birmingham: The Classics of Medicine Library, 1989). idem, *The Two Treatises of Servetus on the Trinity* (Cambridge: Harvard University Press, 1932).

하여 프랑스에서 뛰어난 의사로 새로운 변신에 성공하였다. 그는 혈액의 순환에 대한 발견을 예측하고, 당밀의 활용에 대해 논문을 발표하여, 곧바로 의학을 강의할 수 있도록 인정을 받았다. 그러나 그는 자신이 출판하였던 천문학과 의학을 뒤섞어서 혼란을 초래하였고, 대담하게도 점성술을 의학에 필수적인 과목으로 가르쳤다. 이를 입증하기 위해서 책을 출판하였고, 의사들이 별들의 움직임을 무시하는 것이 안타깝다고 말하였다. 결국 당국에서는 하나님과 시민의 법으로 금지된 점성술을 가르치는 일로 의회에 고소하였다. 그는 또다시 비밀리에 파리를 떠나야만 했다.

아직 그가 파리에서 활동하고 있을 때에, 칼빈과 만날 기회를 만들었던 것으로 추정된다. 세르베투스의 요청에 응하여 파리의 약속된 장소에 나갔는데, 칼빈에게는 목숨을 건 모험이었다. 파리에서 신학을 토론하기 위해 만나 달라는 부탁을 받아들였던 것인데, 칼빈은 주님을 위해 그를 설득시키고자 순수한 마음으로 나갔던 것이다. 그러나 끝내 그는 나타나지 않았다. 칼빈은 나중에 빌뇌브라는 이름을 가진 사람과 만날 약속이 이루어지지 않았었는데, 그 사람이 바로 세르베투스였음을 알게 되었다.

1540년 여전히 빌뇌브라는 이름으로 행세하면서, 친구가 대주교로 있는 비엔나에 정착하고자 시도했다. 이때 그는 대주교의 주치의로 활동하면서 다소 유복한 생활을 했는데, 의료업으로 언제나 돈을 넉넉하게 마련할 재주가 있었다. 그러나 이단적인 주장을 속이고 그저 신중하게 병자들을 돌보며 살아가기에는 그의 명예욕이 너무나 강했다. 칼빈의 『기독교강요』에 버금가는 명작을 남기려는 야망에 불타고 있었다. 그래서 칼빈과 많은 서신을 주고 받은 후에 『기독교 회복』(Restitutio)이라는 저술을 발표하게 된다. 이 책을 위해서 시도한 음흉하고 교활한 세르베투스의 책략에 칼빈이 말려들었다. 이는 1545년에 리용의 서적상 장 프를리옹(Jean Frelion)을 통해서 시도된 것이다. 마치 기독교의 난해한 가르침을 배우려는 평신도처럼 위장한 그는 칼빈에게 자신의 평소 신념을 교묘한 질문으로 바꾸어서 보낸 것이다. 칼빈은 누구든지 개혁 사상을 받아들이고 알게 해주고자 노력하던 사람이었으므로, 별 의심 없이 정성을 다해서 답변하였다. 더구나 프랑스 사람의 이름으로 보내온 절박한 편지였으므로, 칼빈은 더욱 정성을 다했던 것이다. 가장 먼저 의문을 삼은 것은 예수 그리스도의 신분에 관한 것이다. 하나님의 아들이 사람이 되어서 죽게 되었다면 인간으로 예수가 과연 하나님의 아들이냐는 것이다. 또한 하나님의 나라가 이 땅에 어떤 형태로 있게 되는 것이며, 언제 인간에게 시작된 것인지도 물었다. 세르베투스는 유아 세례를 반대하고 있었는데, 믿음이 없는 아이들에게 세례를 주는 것이 타당한가도 물어왔다. 세례는 새로운 언약에 의해서 주는 것이냐는 질문도 들어 있었다. 이에 대해 칼빈은 진솔하게 답장을 보냈다.

그러나 다시 답장을 받은 세르베투스는 만족할 사람이 아니었다. 아니 처음부터 몰라서 질문을 한 것이 아니라, 비판할 근거를 찾으려고 허점과 약점을 캐기 위해 질문한 것이다. 계속되어 전해진 편지들에는 교활한 생각을 좀 더 노골적으로 전개하고 있음이 드러난다. 거의 뻔뻔스럽다 할 정도가 되었다. 이에 칼빈은 자신의 『기독교강요』를 부분적으로 발췌해서 편지와 함께 보냈다. 하지만 마침내 칼빈은 그동안 세르베투스의 편지들이 거의 쓸데없는 헛소리라는 사실을 알게 되었다. 세르베투스가 보내온 답신에서 『기독교강요』는 잘못된 것이라는 지적이 가득 적혀 있음을 받아보는 순간 비로소 칼빈은 이 사람의 전모를 파악하게 되었다. 그 편지에는 비난으로 가득 찬 오만불손함이 흘러넘치고 있었기 때문이다.

1546년 2월 13일자 프를리옹에게 보낸 편지에서 칼빈은 '그 어떤 사람에게 유익을 주려는 생각에서 시작된 편지를 더이상 답할 수 없음'을 통고하였다. "나는 귀하에게 먼저 확신을 시켜드리고 싶은 부분이 있으니, 그 사람은 먼저 겸손을 배우는 것 외에는 다른 어떤 교육도 필요 없는 사람이라는 점입니다…. 만일 그가 계속해서 지금하고 있는 그런 태도를 고집한다면, 더이상 나의 노력을 요구하는 것은 시간 낭비가 될 것입니다. 왜냐하면 지금 여기서는 내가 좀 더 가까이해야 할 많은 일들이 나를 압박하고 있기 때문입니다."[6] 1546년 무렵에 가서야 비로소 프를리옹에게 보내는 답장을 받게 될 사람과 세르베투스가 동일 인물인이라는 것을 칼빈이 알게 되었던 것이다. 다만, 칼빈은 그 사람의 안전을 위해 그저 묵인하고 관용하고 있었던 것이다. 마침내 정확한 본명을 알 수 없는 이 사람이 아주 거만하고 버릇이 없으며, 편지를 통해서 그를 설득하려했던 그동안의 모든 노력이 헛수고였음을 인지하게 된 것이다. 세르베투스가 보내온 모욕적인 비평을 받고 나서, 이에 대한 회신을 프를리옹에게 편지를 보낸 바로 그 날에, 칼빈은 파렐에게 한통의 편지를 보냈다. 그 속에서 칼빈은 분명히 세르베투스의 문제점을 예전처럼 간과하지 않겠다고 피력하였다. 자신의 서적을 비난한 사람의 속셈을 완전히 간파하게 되었던 것이다.

> 최근 세르베투스는 내게 글을 보내왔는데요, 그의 편지와 함께 트라소닉의 자만심으로 정신착란적인 환상에 가득 찬 긴 책도 함께 왔는데, 나는 전혀 들어보지도 못한 깜짝 놀랄 만한 것들이었음을 알게

---

6) *Calvin's Selected Works*, vol. 5, 31. 이 편지는 비엔나의 옛 대주교의 고문서 자료관에서 복사한 것으로 이때쯤엔 칼빈과 세르베투스와의 편지 교신이 중단되었다.

되었습니다. 만일 그것이 내게 동의할 만한 것이라면, 그는 여기에 오려고 했었지요. 그러나 나는 그의 안전에 대해 나의 말로 보장해 줄 수 없었습니다. 만일 그가 이곳에 온다고 하면, 나의 권위가 허락하는 한 그를 살아서 떠나가도록 결코 허락할 수 없기 때문입니다.[7]

위에 편지의 마지막 구절은 매우 강경함을 느끼게 한다. 이제 칼빈은 더이상 참을 수 없었다. 1548년 9월 1일, 칼빈은 다시 비레에게 이때의 일을 상기시키면서 세르베투스의 정체가 무엇인가를 밝혀 준다.

나는 언젠가 자네에게 내가 세르베투스에게 답장했다는 것을 읽어 준 적이 있다고 생각하네. 나는 한 이단자의 고쳐지지 않는 완고함으로 오랫동안 애를 쓰느라 한동안 지쳐버렸네. 정말로 나는 사도 바울의 충고를 따라야만 했네. 그는 이제 자네를 공격하고 있네. 자네가 얼마나 오랫동안 그의 어리석음을 꾸짖는 데 시간을 계속해서 써야 하는지 알게 될 것일세.[8]

1553년 비밀리에 인쇄된 『기독교 회복』을 칼빈에게 보내왔다. 여기에는 삼위일체 교리의 오류를 지적한 일곱 개의 논문과, 믿음과 그리스도의 나라, 적그리스도와 그 징조 60가지, 중생, 30여 종의 서간문, 삼위일체와 교회 규범에 대한 멜랑톤의 견해에 대한 반박 등이 실려 있었다. 칼빈의 저술에 비하면 조잡하기 그지 없는 것들이었다. 바젤의 출판업자는 이 책의 출판을 거부하였으므로 비엔나에서 만나게 된 새로운

---

7) *Calvin's Selected Works*, vol. 5, 33.
8) Ibid., 33, n. 2.

출판업자에게 맡겨졌다. 이 출판업자는 제네바에서 간음죄와 범죄 행위 때문에 도망 온 자유파(리베르틴파)에 속한 사람이었다. 비엔나에서는 이 책이 출판되었지만, 새로 나온 책의 저자가 바로 세르베투스이며 동시에 바로 그 도시에 머물면서 직업상으로는 로마 가톨릭 대주교의 주치로 있는 빌뇌브라는 사람임을 아는 사람은 아무도 없었다.

1553년 2월 26일, 비엔나에 살고 있는 한 사람이, 제네바에 사는 칼빈의 친구 기욤 드 트리(Guillaume de Trie)에게 편지를 보내왔는데, 자기가 살고 있는 도시에 극단적인 이단을 가르치는 사람이 대주교의 집에 살고 있다는 것을 알려주었다. 세르베투스의 『기독교 회복』의 일부도 그 편지와 함께 들어 있었는 데, 이런 종류의 책들이 비엔나에서 출판되고 있는 이단들의 본보기라고 보내져 왔다. 드 트리는 아직도 로마 가톨릭에 속하여 있던 그 도시에 대해서 다소 냉소적으로 생각하였다. 비엔나에 있는 그 누구도 교리의 순수함에 대해서 큰 소리칠 수 없으므로, 신성을 모독하는 새 책이 나왔다고 해서 별로 놀라운 일이 아니라고 생각하였던 것이다. 도시 자체가 여전히 옛 가톨릭 체제를 따르고 있으니, 이런 은밀한 활동이 가능한 것이요, 그 자도 부끄러워하지 않는 것이라고 회답하였다.

드 트리에게 보내온 편지를 계기로 해서, 칼빈은 세르베투스라는 인물을 밝히 드러내는 데 보다 적극적으로 대처하

51. 미카엘 세르베투스

기 시작하였다. 처음에 칼빈에게 개인적으로 보내진 질문들과 새로 나온 『기독교 회복』을 비교해 보니 이 두 사람이 동일인임을 알게 된 것이다. 그래서 칼빈은 자신이 가지고 있던 세르베투스의 편지들을 드 트리의 간곡한 요청에 따라서 내줬다. 이 증거물들은 곧바로 비엔나의 총독과 검열관에게 보내졌는데, 사촌 앙뚜완 아르네(Antoine Arneys)가 리용의 뚜롱 추기경에게 『기독교 회복』이라는 책의 진짜 저자가 누구인지 밝혀보도록 요청한 뒤에 취해진 은밀한 조치의 결과였다. 아르네는 경건한 로마 가톨릭 신자였는데, 프랑스 곳곳에서 발생하는 '불신앙적인 잡초들'에 대해서 나름대로 자신의 역할을 하고자 했다. 그는 널리 퍼지는 불경건에 대해서 큰 사명감을 가지고 있던 사람이었다. 이렇게 자신의 신분을 탄로한 것은 정작 세르베투스 자신이었다. 왜냐하면 그는 좀 더 널리 자신의 신학을 알리고 싶어서 제네바의 서적상 로베르 에스띠엔(Robert Estienne)에게 책을 보냈을 가능성도 있기 때문 이다.

비엔나의 행정 당국은 1553년 3월 16일 이단적인 책 『기독교 회복』을 쓴 실제 저자가 그 도시에 살면서 빌뇌브라는 이름으로 비밀리에 활동하던 사실을 밝혀내고 체포하였다. 동시에 프랑스에서 다른 여러 문서를 쓴 세르베투스라는 사람과 동일 인물임을 입증하고자 심문하였다. 그런데 그는 심문 과정에서 자신은 미셀 드 빌뇌브이며 의사이고, 나바르 공국의 주민이라고만 주장할 뿐 과거에 점성술에 관한 책을 쓴 사실과 바젤이나 스트라스부르그에서 논쟁했던 일들은 전혀 언급하지 않았다. 특히 그가 칼빈에게 보냈던 편지들은 자신이 쓴 것이 아니라, 약 25년 전에 독일에 있을 때에 스페인 사람 세르베투스라는 자가 질문한 내용을 칼빈에게 전했을 뿐이라고 변명을 늘어놓았다. 이런 식의 임기응변에는 기가 찰 노릇이다. 칼빈에게 보낸 편지에서 세르베투스라는 이름을 쓴 것은 자신의 질문이 아니기 때문이라고 시치미를 뗐다. 따라서 과거에 여러 도시에서 삼위일체 문제로 논쟁을 일으켰던 세르베투스라는 인물은 자신과 상관이 없다는 것이다. 단지 자신은 세르베투스가 주장한 것들이 좋아서 가지고 있다고 했다. 4월 7일, 하인을 통해서 돈을 마련토록 한 빌뇌브는 간수를 매수하여 작은 정원으로 나가는 열쇠를 얻어내는 데 성공하여 감옥을 탈출하였다. 6월 17일, 비엔나의 법정은 도망자에게 사형을 선고하고, 그의 책과 초상화를 비엔나 시장 한복판에서 불태웠다.

그런데, 비엔나에서 간신히 목숨을 건진 세르베투스가 왜 제네바에 나타났는지 도무지 이해하기 어렵다. 한동안 그는 칼빈의 신학과 명성에 매료되어서 자신도 그와 같은 위치에 올라가려고 경쟁심을 가지고 있었다. 그러나 동시에 그는 개혁 신학의 핵심 조항에 있어서 동조하지 못하는 부분이 너무 많아서 칼빈을 아주 싫어하였다. 그는 자신의 운명에 대해서 지나친 자신감을 가지고 있었던 것으로 보인다. 파리의 의학계에서 자신의 능력과 역량을 과시했던 것과 같이, 제네바에서도 칼빈을 제거하고 자신이 더 영향력 있는 지도자의 반열에 오를 수 있다고 착각했을 가능성도 크다.

더구나 그가 제네바에 나타났을 당시에는 리베르틴파의 득세로 인해서, 그리고 제롬 볼섹과의 논쟁으로 인해서 칼빈이 매우 난감한 처지에 몰리고 있던 때였다. 제네바 사람들은 좀 더 자유롭게 살고 싶어 했고, 칼빈은 좀 더 철저한 생활 규범을 강조하고 있었기에 더욱 대립할 수밖에 없었다. 그런가 하면, 좀 더 인본주의적인 경향으로 나가는 도시의 분위기를 신본주의로 지탱해 보려는 칼빈으로서는 세르베투스의 등장은 일종의 영적 전쟁 선포나 다름이 없었다. 세르베투스는 칼빈의 요청에 따라 니콜라 들라 퐁텐느 서기의 이름으로 고소 되었다.

리베르틴파는 칼빈을 괴롭히고 굴욕적으로 꺾을 수 있는 절호의 기회로 활용하고자 전력을 다했다. 당시 제네바시의 검찰총장은 리베르틴파의 끌로드 리고(Claude Rigot)였고, 고소한 사람도 판결이 끝날 때까지 고소 당한 사람과 함께 옥에 갇혀 있어야 했다. 그러니 칼빈도 옥에 머물러 있어야 했으며 검찰총장의 지휘하에 놓이게 되었다. 때로 좀 더 체계적으로 세르베투스를 반박하려 할 때에는 칼빈의 동생 앙뚜완이 형을 대신해서 감옥에서 지내야만 했다. 때로는 결정적인 증거를 제시하기 위해서는 칼빈이 직접 감옥에서 머물러 있었다. 이런 일련의 상황을 파악한 시의원들 중에는 오랫동안 칼빈에게 앙심을 품고 있던 베르뜰리에 같은 사람들도 상당수 있었으니, 그들은 이 기회를 활용하여 아예 칼빈을 무력화 시키고자 했다. 최고 권력가 뻬렝은 이런 기회를 그냥 쉽게 지나칠 사람이 아니었다. 간수이자 뻬렝의 추종자인 바스타르 드 제네바(bastard de Geneve)를 통해서 세르베투스로 하여금 칼빈에게 모욕을 주고 대항하도록 충동질했다.

 1553년 8월 21일 소위원회는 세르베투스가 비엔나에 있을 때에 왜 붙잡혔으며, 어떻게 도망했는지 심문하는 한편, 주변의 도시들에도 이 자를 어떻게 처리해야 할 것인지에 대해서 자문을 청했다. 또한 답장이 올 때까지 피고에게 비엔나로 갈 의향이 있는가를 물었는데, 그는 다시는 그곳으로 보내지 말아 달라고 눈물을 흘리면서 간청하였다. 주변 도시에서 온 답장들은 비엔나 법정의 선고와 마찬가지였다. 취리히, 바젤, 베른, 사펜하우젠에서는 모두 이단적이요 불경죄를 지은 세르베투스의 사상을 일제히 비난하였다. 제롬 볼섹에 대한 자문과 같이 신학적인 문제에 대해서는 다소 미지근한 답변이 올 것이라 기대했던 뻬렝 일파는 당황하지 않을 수 없었다. 그들도 이제는 어쩔 수가 없었다. 뻬렝은 마지막으로 200인 의회에서 세르베투스를 살려내고, 칼빈에게 결정적인 패배를 안겨주려고 유도했으나 결과는 똑같았다. 10월 26일 시

행정 당국에서는 이단자를 화형에 처하기로 결정하였다. 오히려 칼빈과 목사들이 나서서 참혹한 화형보다는 교수형으로 바꾸도록 청원했으나 이 청원마저도 거절되었다. 감옥에 머무는 동안 세르베투스는 허망한 망상에 사로잡혀 있었다. 그는 이제 얼마 지나지 않으면 자신은 석방되고 욕설과 수치 속에서 칼빈이 쫓겨나리라는 상상 속에 빠져 있었던 것이다.

필립 멜랑톤은 1554년 10월 14일자로 칼빈에게 보낸 편지에서 영혼을 해친 악한 이단자의 처형에 대해서 전적으로 찬성하며 지지를 표명했다.

> 나는 귀하가 세르베투스의 혐오할 만한 불경스러움을 논박한 글을 읽었으며, 귀하의 투쟁의 중재자가 되셨던 하나님의 아들께 다시 한 번 감사를 드리게 되었습니다.
> 뿐만 아니라 교회 역시 현재와 미래에서도 귀하께 감사의 빚을 지고 있습니다. 저는 귀하의 판단에 전적으로 찬성합니다. 정상적인 재판 후에 귀하의 시 당국이 그 이단자를 사형에 처한 것이 정당한 판결임을 인정합니다.[9]

세르베투스의 죄는 단순한 이단적인 견해가 아니라, 삼위일체를 부정함으로써 확실하게 신성 모독죄를 범하였다는 것이다. 더구나 이런 불경스러운 저서를 출판함으로써 교회로 하여금 악한 사상에 물들게 하였다는 것이다. 세르베투스의 이론은 칼빈주의 신학과 경건에 있어서

---

9) CO xv:268.

가장 근본이 되는 그리스도의 신성을 높이지 않았다는 점이 가장 큰 이유였다.

그 밖의 이단자들

이단의 처형은 16세기 유럽 어느 도시에서나 흔한 일이었다. 모두 기독교 국가를 자칭하던 정부의 책임하에 주도면밀하게 시행되고 있었다. 국가의 의무는 공법을 사용하여 하나님의 이름을 더럽히는 신성 모독이나 우상 숭배를 배격하는 일이기 때문이다. 유럽의 모든 도시들이 제네바시가 세르베투스에게 행한 조치를 수긍하고 동의했다는 것은 당시 이런 극렬한 이단들은 마땅히 사회의 적으로 다스려야 한다는 시대적 공감대가 형성되어 있었음을 말해 주는 것이다.

오늘날에는 도시나 시골을 막론하고 아주 극렬한 이단들마저도 자유롭게 활동하고 있다. 그래서 오늘의 관점에서는 칼빈이나 베자나 파렐이 아주 잘못된 판단을 했던 일이라고 말하고 있다. 단 한 사람이지만 신학적인 이유로 인해서 사람을 사형에 처한 일은 용납하기 어렵다. 그럼에도 불구하고, 종교 개혁의 시대에 널리 퍼져 있던 시민들의 정서와 그 시대의 관습을 완전히 뛰어 넘는 판결을 제네바 사람들에게만 강요할 수 없다. 적어도 제네바는 달라야 하지 않느냐고 반문하겠지만, 전혀 새로운 행동을 요구할 수 없다는 점을 인식해야만 할 것이다. 더구나 칼빈의 주된 적수들이었던 모든 사람들이 다같이 이런 박해를 받았다고 생각해서는 안 된다.

1553년 세르베투스가 처형된 바로 그 다음날, 베르나르디노 오키노(Bernardino Ochino, 1487-1564)가 칼빈을 방문하였다. 그는 1542년부터 1545년까지 3년 동안 이탈리아에서 피난 온 사람들의 모임에서 설교자로 봉사하게 되는 개혁자인데, 그는 비교적 생각하는 것이 자유롭고 다소 명상적인 목사였다. 그는 세르베투스의 처형에는 반대했지만, 칼빈의 개혁에 전적으로 동감하였고 칭송했다.

왜 유독히 세르베투스의 경우에만 그토록 참혹한 처벌을 시행했는가를 물어오는 사람들이 있다. 종교의 관용이 가진 한계를 이해시키는 것은 매우 어려운 문제가 아닐 수 없다.[10] 너무나 명백한 불신앙을 용납하게 될 때에 일어날 혼란스러운 파장을 염려한 때문이다. 다시 말하면, 기독교 신앙의 근본을 부정하는 것은 결국 무정부주의를 주장하는 것과 같았기 때문이다. 세르베투스와 비슷한 칼빈의 반대자 카스텔리오의 경우에는 자신의 신앙 때문에 박해를 받았거나 그의 신학적인 주장으로 인해서 쫓겨난 것이 아니었다. 단지 그는 제네바의 목사직에 적합하지 않다고 결정되었기 때문이다. 분명한 것은 그가 원하던 직장에 적합한 발언을 하지 않았던 것이다. 그는 제네바에 계속 살아도 되고 떠날 수도 있는 완전한 자유를 누렸고, 그 소신대로 다른 도시에서 살아갔을 뿐이다. 제롬 볼섹의 경우에는 예정론에 반감을 갖고 있어서만이 아니라, 개혁 신앙의 진수를 부정하고, 또한 칼빈과 도시의 권위를 비난하였기 때문이다. 이것은 명예 훼손이다. 개인이 누릴 수 있는 표현의 자유를 과도하게 넘어선 정치 공세다. 볼섹이 그처럼 신랄하게 공격하지 않고 조금 더 겸손하게 신학적인 문제에 대한 자신의 질문을 표현했었다면 그도 역시 추방까지는 당하지는 않았을 것이다. 종교 개혁 자체를 반대하는 데 앞장 선 사람을 이 도시가 무한정 받아줄 수는 없었다. 더

---

10) J. Lecler, *Toleration and the Reformation* (New York, 1960), vol. 1, 80-88.

구나 그 자신에게만 은총을 기대하고 수용해 달라는 것은 당시 시대에서 볼 때 불가능했다. 바로 인접한 프랑스에서 개혁 사상을 가지고 미사 참여를 거부하는 사람은 단 한 명도 포용할 수 없었듯이, 제네바에서도 모든 시민 사회는 종교 문제 때문에 결성되어 있었던 것이다. 어디를 가든지 칼빈 시대의 사람들은 신앙 때문에 심각한 투쟁을 하고 있었다. 신앙과 신조 때문에 모든 것을 버려야만 하던 시대였다.

이탈리아에서 제네바 개혁 진영으로 피신해 온 죠반니 발랑띤 장띨(Giovanni Valentine Gentile)도 역시 세르베투스와 같은 처신으로 곤경을 자초한 사람이다. 그는 이탈리아 북부에서 유행하던 반삼위일체론을 주장하면서 이단적인 기독론을 계속해서 주장하였다. 제네바에서는 그의 혼란스러운 삼위일체론에 대해서 이단 여부를 조사하게 되었고, 마침내 1558년 6월 체포되었다. 그는 삼위일체에다가 '신적 본질'이라는 네 번째의 요소를 첨가하는 주장을 폈고, 아들을 아버지의 형상으로 만들었다. 그는 참수형을 선고받게 되었으나 자기 의견을 철회하고 겸손히 참회하여 죽음을 면하게 되었다. 그의 소청이 받아들여져서, 벌금과 공개 참회의 형벌이 정해졌다. 장띨도 만일 칼빈이 나서지 않았더라면 화형을 당할 뻔했다. 그로부터 8년 후, 베른에서 또다시 반삼위일 체론과 이단적인 기독론을 퍼트리다가 체포된 후 1566년 9월 10일 참수형에 처해졌다.[11] 베른 당국은 제네바보다 훨씬 더 엄격하고 철저하게 신성 모독과 이단 형벌을 지속했다는 것을 놓쳐서는 안 된다. 칼빈의 제네바만이 무서운 도시였다고 몸부림칠 일이 아니고, 종교 개혁 당시의 유럽 사회에서는 이단적인 신앙은 곧바로 무정부주의자들과 같이 하나님

---

11) Parker, *John Calvin*, 146.

나라의 질서를 파괴하는 가장 무서운 반역죄로 간주되고 있었던 것이다.

반삼위일체주의자였던 마테오 그리발디(Matteo Gribaldi, 1565년 사망)도 역시 베른에 거주하면서 종종 제네바를 방문했는데, 칼빈은 별로 탐탐치 않게 생각하였다. 그러나 그와의 면담 후에, 칼빈은 이 사람에 대해서 전혀 적대감이 없으며 자기와의 의견이 다르기 때문에 그를 처벌하려는 것에 대해서도 반대한다고 밝혔다.[12] 파두아의 유식한 법학 교수이자 변호사였던 그리발디는 그리스도의 본질이 성부와는 다르다는 이단 사상을 유포하여 제네바에서 추방되었다.

제네바의 목회자들은 유니테리안파의 영향에서 보호하기 위해서 1558년 5월 18일부터 삼위일체 교리를 교회 회원이 되는 조건에 첨가시켰다. 삼위일체론이 중요하게 된 것은 이탈리아 북부 지역에서 이단 사상이 자주 유포되고 있었기 때문이다. 1557년 삐드몽의 의사로 활동하던 지오르지오 비안드라타(Giorgio Biandrata)가 칼빈과 만났으나, 엉터리 사상을 주장하다가 제네바를 떠나갔다. 그는 폴란드 지역에서 유니테리안 운동의 주요 창시자가 되었다. 같은 삐드몽 출신인 지오바니 파울로 알치아티(Giovanni Paolo Alciati)도 삼위일체를 믿는 자들은 세 마귀들을 예배하는 것이라고 주장하여 물의를 빚었고, 결국 제네바에서 추방되었다.

이단적인 사상을 주장한 사람들 중에 일부는 칼빈과 우의를 나누는 경우도 있었다. 파우스토 소씨니의 삼촌인 렐리오 소찌니(Lelio Sozzini, 라틴어로 Socinus, 1562년 사망)는 1548년과 1558년에 제네바를 방문하

---

12) 1557년 5월 2일자 Montbeliard에게 보낸 편지, *Calvin's Selected Works*, vol. 6, 325-328.

여 칼빈과 삼위일체에 관한 교리적인 대화를 나누었다. 그러나 칼빈은 이런 유명한 유니테리안들을 처벌하기보다는 도리어 폴란드 정치가 프린스 라지윌에게 추천할 정도로 관용을 베풀었다. 그 이유는 칼빈이나 당시 종교 개혁자들이 이들을 일종의 회의주의자, 즉, 아직은 확신이 부족한 신앙의 구도자들이라고 생각했기 때문이다. 세르베투스의 경우에는 이미 제네바에 오기 전부터 널리 알려진 이단이었기에 그토록 가혹한 처벌을 피할 수 없었던 것이다.

무엇보다 제네바에 온 이탈리아 사람들이 모두 다 이단적인 사람들만은 아니었다. 1551년 7월에 많은 재산과 처자식을 버리고 개신교로 전향한 비코의 후작 갈레아조 카라치올리(Galeazzo Caraccioli)가 제네바에 들어왔다. 시 당국자들은 그를 의심의 눈초리로 보았으나 1555년 시민권을 받았다. 칼빈은 『고린도전서 주석』(1555)을 그에게 헌정하면서 그리스도를 따르기 위해서 가난을 택하고 세속적인 지위와 가정의 안락함을 포기한 그의 영웅적인 희생을 높이 칭송하였다. 그는 제네바 이탈리아인 교회의 장로가 되어서 자선 사업에 큰 업적을 남겼다. 그의 삼촌은 이탈리아 로마의 종교 법정 재판장이었고, 훗날 교황 바울 4세가 된 지오반니 페트로 카라파(Giovanni Petro Caraffa)이었다. 이처럼 로마 가톨릭의 최고위층과의 깊은 인간관계마저 내버리게 된 것은 카라치올리가 취리히의 개혁자 피터 마터 버미글리의 설교에 깊은 감동을 받았기 때문이다. 따라서 카라치올리는 이탈리아에서 개신교에 대한 지독한 박해를 잘못된 것으로 확신하게 되었다. 점차 자신마저도 종교 재판의 위험에 처하게 되자 제네바로 피신했던 것이다.

칼빈과 그의 지지자들이 세워 놓은 개혁 신학과 교리들 중에 어떤 부분은 오늘날 관점에서 볼 때 다소 바람직하지 않게 여겨질 수도 있을 것이다. 예를 들면, 교회가 엄격한 권징과 치리를 시행하던 시대였기에 다소라도 개인의 사생활을 침해한다는 점이다. 하지만 그 당시 종교 개혁자들의 입장에서는 최종의 권위를 성경에 두고 개혁 사상을 지키기 위해서는 자신들이 도시와 교회를 지켜나가기 위해서 세워놓은 신앙 체계를 송두리째 벗어나는 사람들을 포용할 수 없었다. 다른 사상을 주장하는 사람들은 차라리 도시를 옮기는 편을 택해야 했다. 로마 가톨릭의 절대권위 앞에서 개혁 신앙을 지켜 나가려 한다면 죽음이 앞을 가로막고 있었던 시대였기 때문이다. 세르베투스와 관련된 칼빈의 처신을 볼 때에, 그도 역시 동시대의 대다수 사람들과 같은 견해를 가지고 있었다는 점이다. 그도 역시 시대의 아들이었다.[13] 그는 막연히 관용을 주장하던 이상주의자나 낭만주의자가 아니었다. 현실의 구체적인 문제에 입장을 표명하고 대처해야만 되었다. 이단에 대한 칼빈의 판단 기준은 삼위일체와 예수 그리스도의 신성을 받아들이느냐의 여부에 두고 있었음을 기억해야 한다. 심지어 칼빈은 로마 가톨릭에 대해서마저도 관용적인 태도를 취하기도 했었다. 로마 가톨릭과 화해를 추진했던 멜랑톤은 정작 로마 가톨릭교회를 이단으로 취급했는 데도 말이다.[14]

---

13) 1903년에 칼빈을 따르는 충실한 제네바의 개혁 교회 연합은 당대 최고의 칼빈 학자 에밀 두메르그의 제안에 따라서 세르베투스가 죽은 자리에 다음과 같은 내용을 속죄비를 세웠다. "Respectful and grateful sons of Calvin, our great Reformer, but condemning an error which belonged to his century and firm believers in freedom of conscience according to the true principles of the Reformation and the Gospel, we have raised this expiatory monument," "우리의 위대한 종교 개혁자, 존경하고 경외하는 칼빈의 후손 들은 그의 시대에 속한 실수를 정죄하며 복음과 종교 개혁의 참된 원리에 따라서 양심의 자유에 대해 확고히 신봉하는 자들인 우리는 이 속죄하는 기념비를 세우노라."

14) Karl Holl, *The Cultural Significance of the Reformation* (New York, 1959), 55.

리베르틴파의 정치적 몰락

이단자들과의 대결을 통해서 결국 칼빈은 도덕적으로 흠이 없음을 인정받게 되었으나, 그는 정치적인 수완이나 잔재주가 없었다. 그는 오직 강단에 올라가서 하나님의 말씀을 순서대로 질서있게 설교하면서 절대 다수의 성도들이 깨어 있도록 의식을 자극하고, 그것을 실천하도록 냉철하게 감독하며, 낙오된 자들과 실패한 자들의 처벌과 관대한 설득으로 이를 지탱해 나가고 있었다. 제네바에서 목사로 임명이 되면 처음에는 목사회와의 면접을 하는데 그 후보자가 이에 합당하다고 인정되면 시의회에 추천되었다. 이때 물론 목사회의 대표자는 칼빈이었다. 이 과정을 거쳐서 한 번 목사로 임명이 되면, 시의회의 결정에 의해서만 그 직책을 박탈당하게 되어 있었다. 목사들은 여러 경로로 시 의회의 지도자들에 의해서 감시당하고 조사의 대상이 되었다. 따라서 목회자들이 완전한 자유를 누린다는 것은 불가능하였다. 반대파들의 집요한 공격 대상이던 칼빈을 무너뜨리고자 한다면, 우선 분명한 죄목을 예시하여 시의회에 청원하여서 목사직에서 물러나도록 결정하는 결의가 있어야 한다. 그러기에 칼빈은 살얼음판 위를 걷는 목회자였다. 감시의 눈총 속에서 살아야 했던 것이다. 물론 칼빈에게는 다수의 지지자들이 있었다. 자신이 하나님의 말씀을 준수하고 그대로 따라가는 한, 어디를 가든지 하나님의 보호와 인도하심이 함께 하실 것을 믿었다.

칼빈의 시대에 제네바는 정치와 종교가 밀접하게 관련을 맺고 있어서, 신앙 고백이 다르거나 개혁 신앙을 비난하는 것은 곧바로 정부를 공격하고 쓰러뜨리려는 행동과 같이 생각되었다. 만일 신앙의 관용을 무조건 허용한다면 더이상 시민 정부의 주체가 성립될 수 없었다. 실제로 정치적인 면에서 볼 때, 칼빈은 오늘날의 어떤 정당 지도자와 같이 열렬

한 행동을 하였다고 볼 수 있다.[15]

리베르틴파(Libertines)라는 말은 '방종파' 혹은 '자유방임파'로 번역되는데, 프랑스와 네덜란드에 널리 퍼져 있던 분파를 지칭하는 말로서, 칼빈이 사용한 말이다. 이들은 '영'을 강조하고 율법을 거부하였으며, 주로 제네바에서는 권징을 반대하였다. 이들은 도덕법을 조롱할 뿐만 아니라, 칼빈에게는 정치적인 적수들이기도 했다. 리베르틴파는 칼빈이 마치 요한계시록에 나타나는 거대한 짐승으로 상징되는 사람이 나타나 이 도시와 그곳에 있는 프랑스 동료들을 고문하고 핍박하는 것으로 생각하였다. 이런 엉터리 성경 해석을 신봉하는 자들에 대해서 칼빈은 그리스도의 재림이 가까운 징표라고 생각하였다. 리베르틴파는 성찬에 아무나 참여하게 하고, 모든 부패한 일에 있어서마저도 자유를 주장하며, 교회의 권징을 벗어 던지고자 했다.

리베르틴파의 삐에르 아모는 칼빈의 가르침을 비난하여 1546년 투옥되었다. 그의 아내가 '자유 연애'를 주장하다가 투옥 당하자 이혼을 주장했으나 칼빈이 이를 허용치 않았기 때문이다. 그는 훗날 감옥에서 석방은 되었지만, 징계를 받아야 했다. 그 밖에도 제네바의 리베르틴파 귀족이요 세도가이던 프랑소아 파브르와 그의 아들도 부도덕한 행동으

---

15) Ralph C. Hancock, *Calvin and the Foundations of Modern Politics* (Ithaca: Cornell University Press, 1989), 1. 칼빈은 세르베투스의 처벌을 요청한 신학자라 하더라도, 근대 자유로운 정치 체제의 시발점을 제공했음을 밝힌다. J.W. Allen, *A History of Political Thought in the Sixteenth Century* (London, 1961), 42. 알렌은 아직도 칼빈이 세르베투스를 다루는 과정에서 중세의 정치 사상에 머물러 있었다고 주장한다. Quentin Skinner, *Foundations of Modern Political Thought* (Cambridge, 1978), 2 vols. 근대를 촉진한 혁신적인 사상이 칼빈과 위그노들에게 있었고, 후대에 영국 청교도들에게 영향을 끼친 부분을 주목한 책이다. 칼빈의 정치관을 주목한 저술들로 참고할 만한 책들은 다음과 같다. Michael Walzer, *The Revolution of the Saints: A Study in the Origins of Radical Thought* (London, 1966). Elton, *New Cambridge Modern History*, vol. III, 5. Keith Thomas, *Religion and the Decline of Magic: Studies in Popular Belief in Sixteenth and Seventeenth Century England* (London, 1971).

로 성찬에서 쫓겨나고 견책을 받았다. 1547년 2월 선거에서 뻬렝파가 압도적으로 당선되었는데, 귀족층과 부유층의 사치를 단속하고 지나치게 화려한 의상에 대해서도 제한을 실시하고자 하던 칼빈과 정면 대립하였다. 파브르 집안에서 복수의 칼을 휘드르게 되면 칼빈은 목사 지위마저 잃어버릴지도 모르는 심히 불안한 상태에 빠지게 되었다. 1547년 7월 26일 자크 그루에의 처형이 있은 후에, 리베르틴파는 하얀 십자가를 배지로 사용하면서 소동을 일으켰다. 이들의 공격으로부터 더이상 교회를 붙들 자신이 없었다고 칼빈은 탄식하였다. 1547년 성탄절은 일선에서 물러나고 싶은 칼빈과 세도를 잡은 뻬렝파와의 화해가 있었으나 상호 불신은 최고조에 달해 있었다. 뻬렝의 지지자들이 최고의 힘을 결집한 1549년 2월 경, 칼빈은 끊임없는 괴로움과 모욕을 감내 해야만 되었고 불굴의 정신으로 이를 참고 인내하였다. 그러는 중에도 많은 저술 활동을 지속해 나갔으니, 하나님께서 붙들어 주신다는 확신이 그를 힘 있게 붙잡아 주었다.

1553년 연말에 칼빈은 적그리스도의 최후 발악을 목격하였다고 했다.[16] 뻬렝과 베르뜰리에, 그리고 방델 등 이들 무리들은 시의회에서 자신들을 지지하는 세력을 규합하고, 자기를 지지하는 자들끼리 결속하여 반전을 시도하였다. 뻬렝은 '제네바를 사랑하는 청년들'이라고 주장하는 자들로 하여금 자신의 뒤를 따라서 행진하도록 만들었다. 하지만 뻬렝파의 몰락은 점차 그를 지지하는 사람들의 파멸을 통해서 예견된 일이었다. 장 트롤리에(Jean Trolliet) 같은 사람도 제네바에서 오래된 가문으로, 시에서 상당한 영향력을 행사한 사람이었다. 그러나 칼빈이 그

---

16) 1553년 12월 26일자 취리히 교회의 목사들에게 보낸 편지.

사람이 공적인 임무를 맡을 사람으로는 부적당하다고 거부하자, 뻬렝파에 가담하여 공증인으로 일하면서 칼빈을 대적하였다. 특히 하나님을 죄의 저자로 만들 수 없기 때문에 예정론의 교리를 찬성할 수 없다는 상투적인 주장을 내세우면서 칼빈을 공개적으로 비난하고 다녔다. 칼빈이 참석한 가운데 공개 토론회가 열렸고, 파렐과 비레의 도움과 지원으로 인해서 트롤리에의 주장은 더이상 설득력을 잃게 되었다. 결국 시당국은 칼빈의 견해에 호의를 표명했고, 그는 실패의 쓰라림을 맛보아야만 되었다. 칼빈과 트롤리에는 공개 석상에서 서로 화해를 발표했다. 그로부터 얼마 뒤에 트롤리에는 아무도 모르는 곳으로 사라져 버렸다.

1553년 11월 세르베투스를 이용하여 칼빈의 굴복을 받아내려 했던 자들은 참담한 패배를 설욕하기 위해서 연속되는 문제를 제기했다. 당회의 결정에 따라서 성찬을 받을 수 있는 사람을 판단하는 것이 잘못이라는 뻬렝파의 주장은 이를 탐탁하게 여기지 않던 시의회에서 항상 논쟁으로 삼아오던 뇌관이었다. 이 두 기관이 권리를 주장하면서 대립하면 터지게 되어 있는 시한폭탄과 같았다. 1541년 이래로 지켜내려 온 '교회법령'에 따라서 그동안 당회의 자유로운 판단 아래 살인자, 도적, 간음자, 우상 숭배자들을 가려낼 권한을 가진다는 것을 결정한 바 있다. 이것은 칼빈이 가장 강력하게 주장한 교회의 독립권이었다. 그러나 뻬렝파는 다시 이토록 민감한 문제를 들고 나왔다. 베르뜰리에가 청원한 교회의 성찬 금지 철회 청원서가 11월 3일 위원회에 접수되었고, 200인 의회에서 토론에 부쳐진 것이다. 그러자 다음과 같이 세 단계의 처리 과정을 결정했다. 성찬 금지에 해당하는 범법자는 마태복음 18장의 교훈에 따라서 먼저 목사에게 개인적으로 경고를 받는다. 그리고 회개하지 않으면 당회에서 지정한 두세 사람이 다시 경고를 한다. 마지막으로 그래도 참회하지 않는 사람은 시의회에 소환당하는 것이다.

결국 시의회의 최종 결정으로 파면이나 성찬 금지 권한이 넘어간 것이므로, 목사들은 이런 결정을 받아들일 수 없었다. 결국 1554년 칼빈은 참담한 심정으로 제네바를 떠날 생각을 하고 있었다. 베르뜰리에는 1554년 봄과 여름에 거행되는 성찬을 거부하고, 9월에 또다시 시의회에서 최종 결정권을 판가름하도록 요청했다. 참으로 제네바의 신앙의 질서는 리베르틴파의 지도자들에 의해서 형편없이 실추되어 있었다. 그러나 절망으로 치닫던 칼빈의 생각은 앞을 보지 못하고 내린 성급한 결론이었다.

뻬렝과 일당들은 칼빈을 얼마든지 궁지에 몰아 넣을 수 있는 거의 모든 수단과 방법을 갖고 있었음에도, 너무나 자신감에 넘친 나머지 오만을 드러내고 말았다. 칼빈을 몰아낼 승리의 샴페인을 너무나 일찍 터트린 것이다. 시의 여론이 이들의 역겨운 행동에 등을 돌리게 되었다. 성령님의 역사로 말미암아 이루어진 놀라운 일이다. 이들은 한결같이 칼빈의 경건한 삶에 비하면 형편없는 자들이었다. 사람들의 비난과 손가락질을 피할 수 없는 사람들이었다. 1555년 초 선거에서, 거들먹거리면서 십오 년 이상을 제네바를 좌지우지했던 뻬렝파들은 대부분 참패를 하고 그들과 경쟁적인 사람들이 의회와 시 정부를 장악하게 되었다.

칼빈을 지지하는 사람들이 다수당이 된 60인 의회에서는 프랑스 난민들이 보다 쉽게 제네바 시민권을 취득할 수 있도록 허용하였다. 심지어 리베르틴파도 이 법에 찬성할 수밖에 없었던 것은, 새로운 이민자들의 유입으로 기존의 거주자들이 세금을 적게 낼 수 있었기 때문이다. 하지만 칼빈의 영향하에 움직이는 프랑스 이민자들이 늘어나는 일을 어떻게든지 막아보려는 조직적인 움직임이 리베르틴파에 의해서 전개되었다. 그들은 늦게나마 이민자들의 숫자가 너무 많다는 점을 깊이 인식하게 되었던 것이다.

1555년 5월 16일 이른 아침, 자신들이 결의를 표시할 목적으로 상당수가 손에 칼을 들고 시청사(호텔 드 빌) 앞에서 프랑스인들에게 반대하는 시위를 벌였다. 이들 시위 군중이 당장 어떤 목표를 달성하려는 것은 아니었지만, 자신들의 힘을 과시함으로써 정책을 변화시키고자 했음은 분명하였다. 이런 목표가 이루어지지 않자, 술을 많이 마시면서 폭동의 음모를 꾸몄다. 상당수는 인내심을 잃고 거리로 뛰어나가 희생자를 잡고자 혈안이 되었다. 그러나 그 어디에도 프랑스 사람이 보이지 않았다. 칼빈은 프랑스 출신 시민들에게 모두 다 집 안에서 나오지 말고 잠을 자도록 조치를 취한 일에 대해서 하나님께 감사드렸다. 이 난동을 각색한 사람들은 한 시의회 의원을 폭행하였다. 뻬렝은 그들을 해산하라고 명령하는 최고 행정관 중의 한 사람 오베르의 손에서 지휘봉을 빼앗아 부러뜨렸다. 프랑스 사람들이 많이 있으리라 생각되는 집에 불을 질렀다. 베르뜰리에는 그 대적자로 생각되는 사람의 하인을 만나자 돌을 던져 상당한 피가 흘렀다.

그러자 시의 또 다른 최고 행정관이 나서서 뻬렝으로 하여금 시청으로 함께 동행할 것을 명령했다. 이제야말로 뻬렝과 그의 추종자들에게 불행이 닥쳐왔다. 그와 방델과 셋과 베르뜰리에, 그리고 그 밖의 지도자들은 이제 도망을 가야만 되었다. 결국 이들이 참석하지 않는 궐석 재판정에서 시위대들 모두 다 추방하기로 결정되었고, 폭동을 야기한 자들의 초상화를 만들어서 화형에 처했다. 다른 주동자들은 고문을 당하거나 참수되었다. 이런 고통스러운 이야기들이 진행되는 동안에 칼빈은 현장에 있었고, 배면에서 열심히 기도하며 행동하고 있었다. 그가 불링거에게 보낸 편지에 나와 있는 것처럼 그때 그는 모든 일이 벌어지고 있는 현장에 있었으나 다만 정치적인 문제에서 자신을 온전히 절제하고 있었다. 희생자들을 돌보는 목회적인 보살핌을 베풀어서 감옥을 방문하였다.[17] 남의 나라에서 살아본 사람들은 낯선 이민자들이 몰려 들어와서 초래되는 대립과 충돌을 충분히 이해할 수 있을 것이다. 만일 종교 개혁이 프랑스에서도 성공했더라면, 이들은 모두 자기 나라로 돌아갔을 것이다. 이 불행한 사건이 발생한 후로 제네바는 국제적인 도시로 탈바꿈하는 명실상부한 계기를 맞이하게 되었다.

여기까지 오는 동안 칼빈은 자신의 열성을 다해 일생을 바쳐서 제네바의 안정과 평화를 위해 진력하고 있었다. 그곳에 머물도록 하나님께서 허락해 주신 것을 감사하고 개혁 신앙을 보호하고 지키기 위해서 최선을 다했다. 그 주변에서 아직도 이 신앙 때문에 많은 사람들이 순교하고 있었기에 바른 교리에 입각한 설교의 자유를 지켜내고자 노력했고, 이를 위해서는 기꺼이 투쟁하려는 마음의 준비를 하라고 촉구했다. 칼빈의 결연한 의지를 엿보게 된다.

> 나는 마음을 단단히 하여 모든 일들을 견디어 냈는데, 그런 태도 가운데서 내가 조용히 지내도록 내 직책의 의무와 내 양심에 충실하기만을 바랐습니다. 그러나 내가 그리스도의 거룩한 교리를 알게 되었을 때, 이것에 따라서 내가 목사가 되고자 즐거워한 것인데, 그것들은 어느 곳에서나 논쟁적으로 모욕을 당하고 있었고, 마치 내 혀가 묶여버린 것처럼 나의 평화를 유지하기 힘들 만큼 치욕적이었습니다. 거룩한 순교자들이 아무런 주저없이 그들의 피를 흘렸던 것에 대해서 내가 말로서라도 그 교리를 변호하는 일마저 주저해야만 되는 것입니까?[18]

---

17) 1555년 6월 5일 9시에 불링거에게 보낸 편지. *Calvin's Selected Works*, vol. 6, 185-187.
18) 1555년 5월 베른의 목사들에게 보낸 편지. *Calvin's Selected Works*, vol. 6, 173.

진리에 입각한 승리자가 되고자 줄기차게 노력한 칼빈의 분투노력으로 제네바는 다시 혼란을 극복하게 되었다. 그의 존재로 인해서 제네바 시민들은 순수한 기독교를 조금이라도 구별하는 지혜를 갖게 되었다.

베른으로부터의 독립에 기여함

한 사람의 목사로서 교회를 중심으로 한 개혁 운동에 앞장섰던 칼빈이지만, 혹시라도 세속 정치에서도 어떤 야심이나 야망은 없었던 것일까? 칼빈이 정치 문제에 관여할 수밖에 없었으나, 그것은 매우 제한된 범위 내에 한정되었다. 따라서 칼빈은 정치인이 맡은 직책을 단 한 차례도 차지한 적이 없었다. 제네바 내부의 정치적 소용돌이 속에서 고생하던 칼빈이었지만, 외부와의 관계된 일을 도와주고 상담하는 선에서 머물렀고, 당대의 지도자들과 협의하여 원만한 해결을 위해서 최선의 노력을 경주하였다. 제네바시가 정치적으로 많은 관련을 맺은 도시들은 베른과 뇌샤뗄, 그리고 프랑크푸르트였는데, 특히 베른으로부터의 독립을 쟁취하기 위해서 칼빈이 많은 기여를 했다.

베른시는 오랫동안 제네바를 다스려 왔던 로마 가톨릭의 주교가 머물고 있었으며 사부아 공국의 중심지였다. 프랑스로부터 벗어나도록 군사를 보내서 도와주었기 때문에, 그 주변 지역에 대한 우위권을 주장하여 왔다. 제네바와 베른은 항상 대립하였고, 자주권을 확보하려는 제네바 시정부는 민감하게 대처하였다. 이런 문제에 대해 자문위원으로 추대된 칼빈은 두 도시 간의 긴장이 팽팽하던 1555년 3월, 시 최고 행정관 래몽 쇼베(Raymond Chauvet)와 함께 베른을 방문하였다. 베른시 당국자들은 오히려 칼빈에게 제네바시에서 더이상 예정론을 출판해서는 안 된다고 촉구하였다. 베른 방문을 마치고 난 후 칼빈은 4월 11일과 5월 4일자 편지에서 예정론에 대한 책을 불태우라고 주장하는 사람들에게 자신의 신학을 피력한다.

먼저 칼빈은 예정론과 같은 신비롭고도 거대한 주제는 진지하고도 겸손한 마음으로 다루어야 할 것을 역설하면서, 자신은 이런 마음으로 1552년 예정론에 관한 글을 작성하였다고 주장하였다. 제롬 볼섹의 예정론 반대에 즈음하여, 이에 대한 처리 방안을 놓고 여러 도시들로 널리 퍼져나가자 이를 빌미로 베른 당국은 제네바를 좌지우지하려 했던 것이다. 칼빈에게 있어서 예정론은 인간의 방종과 오만을 깨우치기 위함이며, 어떤 호기심이나 의혹에 빠지지 않고 하나님의 위대하심을 예배하도록 가르치려는 의도가 포함되어 있었다. 칼빈은 예정에 대한 교훈을 부인할 수 없음을 누누이 역설하였다. 그 이유는 성경이 그것을 가르치고 있기 때문이다. 그러나 예정론에 대한 부정적인 생각을 가지고 있던 베른 당국에서는 스위스의 다른 도시들, 취리히, 바젤, 샤펜하우젠 등의 지지를 얻어냄으로써, 독립권을 쟁취하려는 제네바시의 노력에 선뜻 동의해 주려 하지 않았다.

베른과의 협상 과정에서 칼빈은 처음부터 마지막까지 관여하였는데, 특히 뻬렝 일파가 1555년 5월에 제네바를 떠난 이후로는 더욱 주도적으로 자문에 응하였다. 1556년 2월 21일, 베른시의 서기관 니콜라우스 주르킨덴(Nikolaus Zurkinden)에게 보낸 편지에서 칼빈은 정치적 견해를 솔직히 피력하였다. 칼빈 자신은 시의 정치적인 문제들에서 한걸음 떨어져서 조용히 있기를 원한다고 밝혔다. 그렇지만 주변 상황이 자신으로 하여금 그런 문제에 관여하도록 강요하고 있을 때가 많다고 설명하였다. 이럴 때마다 칼빈은 골치 아픈 정치 문제에 끼어들어서 고통을 당하고 있다고 했다. 하지만 게으른 방관자로서 문제가 악화되도록 내버려 두기보다는 최선을 다해 평화를 회복시키고자 노력하는 것이 더 낫다고 생각하였다.

1556년 3월 1일, 칼빈은 불링거에게 보낸 편지에 제네바 사람들이 그동안 베른의 간섭으로 인해서 명예롭지 못한 대우를 받아왔는데 좀 더 권위가 회복 되도록 도와줄 것을 호소하고 기도와 협조를 당부하였다. 1556년 8월, 프랑크푸르트로 가는 길에 바젤에 들려 그곳에서 벌어지고 있는 바젤, 취리히, 샤펜하우젠, 그리고 제네바 대표 간의 협의에 도움을 주기도 했다. 드디어 1557년 가을, 베른과 제네바는 마지막으로 새로운 합의에 도달하였으니, 이제는 제네바가 스위스의 다른 도시들과의 동맹 관계를 허용하고, 훨씬 자유로운 관계가 형성되는 지위를 확보하였다. 더구나 사부아 공국이 주변 프랑스 지역을 포함한 영지를 회복하고자 제네바와 베른의 통치 지역에 대한 권리를 주장하고 나오자, 1558년 1월 9일, 이 두 도시는 명실상부하게 동등한 지위에서 동맹을 체결하고 이에 맞서서 싸우게 되었다. 칼빈은 다음날 스트라스부르그에 있는 프랑수와 오뜨망(Hot-man)에게 보낸 편지에서 오랜 논쟁 끝에 제네바와 베른 사이에 견고한 동맹 관계가 수립되었다고 기쁨을 피력하였다.

칼빈이 정치적으로 야심이 없었다는 것은 그의 시민권에 관한 기록을 살펴 볼 때에도 드러난다. 제네바 시민권을 얻은 사람들은 주로 프랑스어를 사용하는 사람들이었는데, 이미 이 도시에서 오랫동안 사용되고 있던 언어가 프랑스어였으므로 자유로이 시의 정치와 생활에 적응할 수 있었다. 이들 대부분은 칼빈의 열렬한 지지자들로서 개혁에 힘을 보태 주었다. 그들은 가난했으나 새로운 도시의 개혁에 기꺼이 동참하려 했다. 낙스를 비롯하여 외국에서 들어온 피난민들에게 시민권을 많이 허용하게 된 것은 뻬렝파가 물러나게 되는 1555년 무렵이었다. 1549년에서 1559년 사이에 5,019명이 영주권을 얻었다. 1559년에는 1,708명이 새로운 자격을 얻었고, 특히 58명이 시민권을 얻었는데 칼빈도 그중에 한 사람이 되어서 성탄절에 명예 시민권을 받았다.[19] 다른 학설도 있는데, 칼빈이 제네바 시민권을 받지 않고 일생 동안 난민의 한 사람 으로 보냈다는 주장도 있어서 이 부분에 대해서는 미해결의 과제가 아직 남아 있다.[20] 사실 그는 이 특권을 소유하지 않으려 했던 것만은 사실이다. 시민권을 가짐으로써 어떤 정치적 야심을 가졌다는 비난을 받게 되면 그의 목회 활동에 큰 영향을 받기 때문이다. 따라서 기꺼이 영원한 이방인으로 살면서, 조국을 그리워하고 사랑하였다는 것이다.

---

19) J. T. McNeill, *The History and Character of Calvinism*, 181, 185.
20) 미국 위스콘신 대학교, 종교 개혁사 연구 소장인 로버트 킹던 박사가 제네바시 의회록과 당회록을 검토한 후, 파커나 맥네일 교수 등이 충분한 근거 없이 칼빈이 제네바 시민권을 받았다는 주장을 펴고 있다고 필자에게 개인적으로 피력한 견해다. 그러나 아직까지 킹던 교수가 어떤 출판물에서 확실히 주장한 바는 없다.

| CHAPTER 14 |

교육과 문화의 요람

나그네의 세월이 오십에 접어들면 모든 면에서 안정이 찾아올 시기에 이른다. 칼빈도 이 무렵에 접어들었을 때에야, 비로소 찾아온 안도감을 가질 수 있었다. 1555년 5월 반대파들이 제네바에서 사라진 후에, 제네바는 이전에 비하면 훨씬 안정되었다. 하지만 그의 건강은 1556년 이후로 급격히 쇠퇴하기 시작하였다. 1558년에서 1559년으로 넘어가는 겨울에는 엄청난 중병을 앓고 있었다. 동생의 극진한 간호로 겨우 회복되어서 오랫동안 꿈꾸어 온 제네바 아카데미의 개교식 예배에 나갈 수 있었다. 하나님께서 주신 그의 탁월한 지성은 유럽 최고의 교육 기관을 설립하여 하나님의 말씀을 보다 확고히 증거 하는 일꾼을 세우는 일을 성취하게 하였다. 1559년 크리스마스 날, 시의회는 칼빈에게 제네바 명예 시민권을 부여하였다. 끈질기게 대립했던 무리들이 대부분 정리되자 드디어 제네바 시의회와 칼빈이 화해를 공포하게 된 것이다.

두말할 필요 없이 종교 개혁은 학문의 부흥을 통해서 널리 확산되었다. 루터나 멜랑톤 역시 훌륭한 신학 교육을 받은 사람들이었기에 독일과 북유럽의 개혁 운동을 추진할 수 있었으며, 특히 그들은 모두 다 성경 원어를 능숙하게 다룰 수 있는 유럽 최고의 학자들이었다.

유럽의 명문 제네바 아카데미

교육에 대한 칼빈의 열정은 오랫동안 그의 마음에 담겨 있었다. 예를 들면, 오늘날까지도 신학의 교과서로 손꼽히는 칼빈의 『기독교강요』는 처음 나왔을 당시에는 간단한 교리 문답의 성격을 가지고 있었다. 기본 교육용 교리 해설서였다. "제네바 교리 문답"을 1545년 완성하여 자녀들에게 가르쳤다. 칼빈은 스트라스부르그에서 경험한 훌륭한 교육 체제를 제네바에서도 꽃피우려 하였다. 그를 무너뜨리려던 반대파들과의 논쟁이 1557년이 지나면서 잠잠해지자 그동안 꿈꾸어 왔던 교육의 혁신적인 방안을 실천에 옮겼다. 시 정부의 재정 상태를 고려하여 미루고 있다가 1558년 1월 선거에서 칼빈을 지지하는 사람들이 완전히 승리하자 좀 더 새로운 제안을 내놓았다. 그 당시 제네바에 학교가 없었던 것은 아니다. 꼴레쥬 들 라 리브(College de La Rive)가 있었으나, 이 학교는 초급 과정으로 흡수되어 다시 재편하였고, 오늘의 중고등학교, 그리고 대학 과정을 새로 개설하여 유럽에서 가장 훌륭한 최상위 교육 과정을 개설한 것이다.

그러나 계획만 있었을 뿐 1558년 말까지도 기초 공사나 학교 부지도 전혀 준비되지 않았다. 더구나 이 당시 프랑스 난민들이 많이 들어왔기 때문에 전체 제네바 시민들은 비교적 가난하였다. 하지만 칼빈과 지도자들의 꿈은 지나칠 정도로 거대했다. 새로운 대학 건물을 짓는 비용은 도시를 떠난 뻬렝 일파의 재산을 경매 처분하여 충당하게 되었다. 하지만 턱없이 부족한 비용을 마련하기 위해서 시민들의 자발적인 모금에 들어갔다. 자신들이 지니고 있던 유산들을 기꺼이 헌납하도록 변호사들이 호소하였다. 칼빈 자신도 가난한 사람이든지, 부유한 사람이든지 참여하도록 집집마다 방문하였다. 이 거창한 계획은 일반 대중들의 지지를 얻지 못하면 실패할 것이기 때문이다. 이 도시의 주민들이 대대적으로 후원했다는 것은 칼빈을 향해 지지하고 있음을 반영하는 표시였다. 새로 이주해 온 사람들이나 오래 전부터 살고 있던 사람들이나 모두 다 똑같이 협력하였다. 로베르 스테파누스가 거액을 헌납하였고, 아주 가난한 사람들이라도 몇 푼의 찬조금을 냈다.

다음 문제는 교수진의 확보였다. 어떤 경우에든지 훌륭한 선생이 없이는 참 되고 살아 있는 교육이 불가능하다. 시 정부에서는 칼빈에게 전적으로 교수진의 천거를 의뢰하였다. 누구보다도 먼저 칼빈이 초청하고 싶은 사람은 그의 스승 꼬르디에였다. 그러나 그는 로잔에서 이미 가르치고 있었으므로 놓아 주지를 않으려 했다. 1562년 2월 16일, 82세의 노구를 이끌고 칼빈의 선생님이 마침내 제네바에 돌아오게 되었다. 다행스럽게도 로잔에서 시 정부와 학교 사이에 마찰이 일어났다. 출

52. 제네바 대학

교와 같은 권한을 시 정부가 장악하려 하자 목사들이 반발하여 걸출한 학자들이 제네바로 옮겨왔다. 칼빈의 절친한 친구 삐에르 비레를 비롯하여, 새로운 아카데미의 첫 학장이 된 떼오도르 베자, 그리고 프랑수와 베로(François Bérauld)인데, 그는 프랑스 오를레앙 출신으로 헬라어 교사였다. 여기에 히브리어를 맡은 슈발리에(Antoine Chevalier)와 철학 교사 따고(JeanTagaut) 등이다. 칼빈이 모셔오고 싶었던 사람들 중에는 파리 왕립 대학의 히브리어 교수 장 메르씨에(Jean Mercier), 유대인으로 캠브리지에서 교수하다가 하이델베르그에 정착한 임마누엘 트레멜리우스(Immanuel Tremellius) 등이 있었으나 칼빈의 요청을 거절하였다.[1]

1559년 6월 5일, "제네바 아카데미"라고 명명한 새로운 학교는 쌩 삐에르 교회당에서 거창한 개교식을 갖게 되었다. 세계적으로 알려진 인문주의 학자이자 희랍어 성경의 편찬자인 베자는 취임 강연에서 모세 시대부터 내려오는 이집트의 지혜와 교육의 역사를 인상 깊게 설명하였다. 교사들은 제네바 신앙 고백에 서명했는데, 그 내용에 예정론이 들어가 있지는 않았다.

전체 교육 제도를 보면, 크게 두 단계로 나뉘어진다. 첫 번째 자녀들은 초등 단계의 사립 학교(Schola Privata)에 다니게 되는데, 전체 학년은 모두 7학년으로 구성되어서, 헬라어와 라틴어를 읽고 배우며 변증법을 공부하였다. 그리스와 로마의 많은 고대 학자들(Virgil, Cicero, Ovid, Caesar, Isocrates, Livy, Xenophon, Polybius, Homer, Demosthenes 등)의 글을 많이 읽었다.

두 번째 단계가 아카데미의 공립 학교(Schola Publica)인데, 여기서는

---

1) 1558년 3월 16일자 편지. 트레멜리우스는 칼빈의 요리 문답을 히브리어로 번역하여 1554년 제네바에서 출판한 바 있었다. 1558년 8월 29일자 편지.

다양한 과목 중에서 선택적으로 공부하게 했으니, 신학, 히브리어, 헬라어, 문학, 변증학과 수사학, 물리학, 수학, 민법 등이다.

제네바 아카데미는 아직도 신학 분야를 가르치는 최고의 전문 과정이 개설되어 있다. 중세 시대부터 오랫동안 신학은 모든 학문의 왕좌로서 문학과 철학과 과학은 이를 위한 준비 과목들이었다. 제네바 아카데미의 목표는 그냥

53. 떼오도르 드 베자(위)와 칼빈(아래)의 스케치

일반적인 지식인의 양성에 있는 것이 아니라, 최고의 개혁 신앙을 가진 목사와 교회의 지도자들을 양성하는 것이었다. 사회의 일반 직장에서 일하는 사람이 아니라 하나님의 말씀을 능히 잘 다루는 사람을 양성하기 위함이었다.

제네바 아카데미는 처음 문을 열었을 때 학생수가 이미 6백 명이나 되었다. 곧바로 첫 해가 지나가기 전에 총 등록생 수가 9백 명까지 늘어났다. 선생들과 학생들의 이름을 보면, 유럽 전역에서 이 학교에 몰려들어 왔던 이유를 알 수 있을 것이다. 5년 안에 초등 과정은 1천 명으로 불어났고, 공립 과정은 3백 명이 되었다. 학교 건물은 1564년에 가서야 완공을 보게 되었는데, 이 무렵엔 재학생수가 천오백 명에 다다랐다. 거의 대부분이 외국에서 온 자녀들로서 주로 신학과 법학에 능한 인재들로 성장하였다. 이 학교의 영향은 이루 말할 수 없도록 심대하였으

니, 로마 가톨릭 역사학자 캄퓨슐테는 수십 년 후에 예수회의 학교장이 었던 아쿠아비바(Aquaviva)가 이 학교를 모범으로 해서 신부 수련 과정을 만들었다고 지적한 바 있다.

두 가지 교육

교육 방침은 인문주의, 인문학, 특히 휴머니즘의 정신을 존중하였다고 할 수 있다.[2] 칼빈 자신이 휴머니즘의 학자로서 일생을 살고자 했던 것처럼, 신사적인 태도로 모든 학생들의 모범이 되도록 강조하였다. 따라서 학생들은 매우 평화로운 가운데 매우 실천적인 적용에 역점을 두었다. 믿음을 스스로 적용할 수 있도록 가르치는 것이다. 무례하거나 심한 논쟁을 피하도록 했다. 칼빈은 언제나 자신의 한계를 인식하는 온화한 몸가짐을 유지함으로써 모든 일을 잘 마무리해 나갈 수 있었다.

어느 누구든지 인간에 대해서 올바른 이해를 하지 못한다면 바른 설교를 하기란 불가능할 것이다. 그렇기 때문에 기독교에 대한 지식만을 강요한 것이 아니라 일반 세상의 학문도 버리지 않고 가르쳤다. 그런 교육을 통해서 인간이 되는 데 도움을 줄 수 있다고 확신하였다. 칼빈 자신도 『기독교강요』에서 수많은 고전 작가들과 비기독교 사상가들을 인용하고 언급하였다. 어떤 때는 비난하고, 어떤 때는 긍정하고, 어떤 때는 성경 본문을 설명하기 위해서 그들의 표현이나 해석에 담긴 지혜를 사용하였다. 『기독교강요』에는 약 2천 명이 넘는 사람들이 인용되고 언

---

2) W. Fred Graham, *The Constructive Revolutionary: John Calvin and His Socio-Economic Impact* (Richmond: John Knox Press, 1971), 150.

급되는데 플라톤이나 아리스토텔레스마저도 하나님에 관한 설명을 하는데 영감을 주고 있음을 보게 된다.

교육을 통해서 교회에 유익한 사람들을 길러낼 뿐만 아니라 제네바라는 도시의 일반적인 생활에 놀라운 향상을 가져올 것으로 확신하였다. 이 학교는 '시민 정부'의 수준을 높여주는 일을 할 것이라고 확신했다. 우리는 일반 학문들도 모두 다 성령의 인도하심에 의해서 발전되는 것이므로 하나도 버릴 것이 없다는 칼빈의 주장을 보게 된다.[3]

칼빈에게는 소위 일반 은총의 영역이 따로 있고, 구원 은총의 영역이 따로 있어서 서로 관련없이 구별되는 것이 아니다.[4] 하나님의 일반적인 은총이야말로 죄악에 빠져 있는 인간으로 하여금 그리스도 안에서 자신을 발견하는 그 전환점에서 주어지는 것이다. 구원하는 사랑을 거부하는 자는 그 자체가 인간이 제멋대로 살아가는 것을 의미한다. 하나님의 일반 은총이 작용하는 것이야말로, 하나님의 아들 예수 그리스도의 사역이 있다는 말이다. 칼빈에 따르면 그리스도는 매우 서로 다른 두 가지 빛을 세상에 주셨다. 첫째는, 하나님의 영원하신 말씀으로서 만물을 지으시고 유지하시고 이해하도록 인간에게 광채를 더하신다. 타락으로 인해서 부서지지 않는 빛의 역량을 인간을 위해서 유지시켜 주신다. 둘째는, 주님은 타락한 본성을 새롭게 갱신하시고 회복시키신다. 그리하여 인간은 하나님의 뜻을 저버리지 않게 된다.[5]

구약 성경에서 나오는 많은 불신 세계와 이방 문화가 타락한 가운데서도 하나님의 빛을 보여 주고 있음을 우리는 알 수 있다. 칼빈은 비록

---

3) Institutes, II. ii. 16.
4) Wallace, *Calvin, Geneva and the Reformation*, 103-104.
5) Comm. on John 1:15.

그들이 구원을 받지는 못했지만, 가인의 후손들이 세상의 문화를 발전시키고, 문화와 예술의 개선을 가져온 것을 지적한 바 있다.[6] 따라서 인문학과 과학, 의학과 철학 등 신학과 다른 분야의 학문들이라도 현세의 유익을 위하여 믿지 않는 나라에도 주시는 것이다. 그리고 예술이나 건축이나 음악들이 인간 문화의 세계에서 하나님을 이해하도록 도움을 줄 수 있다. 비록 제한적이기는 하지만 하나님을 향해서나 인간을 위해서나 그의 은총을 소개하고 드러내는 역할을 할 수 있다.[7] 제네바에는 세상의 지혜와 세상의 학문을 통해서 인간됨을 익히는 인문학의 발전과 이와 상충되지 않는 하나님의 학문, 천국의 지혜가 같이 공존하고 있었다. 따라서 터툴리안처럼, "예루살렘과 아테네가 무슨 상관이 있느냐?"고 반문하면서 세상 학문을 비난하고 경멸하는 신앙일변주의를 배격하였다. 인간에게 영향을 미치고 있는 모든 것은 역시 기독교인에게도 관련이 있다. 따라서 칼빈에게는 어떤 부분만을 공부하고 다른 부분을 제외하려는 편협한 사고가 없다. 하나님의 나라에서 아름다운 것이라고 하여, 인간의 차원에서 잘 되는 것을 모두 다 배제하는 것이 아니다. 하나님의 나라에서 가장 훌륭한 것은 역시 인간의 나라에서 가장 흠모할 만한 것이다.

교회, 문화 변혁의 요람

교회가 세상을 바꾸고, 교회로부터 배우고 읽힌 진리들이 세상에 영

---

6) Comm. on Genesis 4:20.
7) A. Kuyper, *Lectures on Calvinism* (Grand Rapids: Eerdmans, 1961), 208-209.

향을 미치고 인도하는 것이 제네바에서 시작된 칼빈의 변혁주의 문화관이다.[8] 단지 교회 내부의 갱신에 그치는 것이 아니라, 교회 밖의 세계에도 특별한 영향을 미치는 것이다. 그렇다고 해서 이런 변혁이 곧바로 기존 문화를 배척하는 혼란을 의미하는 것은 아니다. 로마 가톨릭교회를 개혁하는데 앞장서서 종교 개혁을 전개했으나, 칼빈은 원래 로마 교회를 떠나고자 했던 것이 아니었다. 그토록 무자비하게 쫓겨 도망하지 않을 수 없도록 만들었기에 떠난 것이다. 『기독교강요』의 서문에서, 그는 참된 기독교란 정부의 전복을 꾀하는 자들이 아니요, 세상의 나라를 혼란에 빠뜨리고자 음모를 꾸미는 자들이 아님을 변호하였다. 그런 혼란을 초래하는 자는 사탄이며 모든 아름다움과 선한 모양을 무너뜨리는 자이다. 따라서 종교 개혁의 교회들은 인간의 아름다움을 경멸하고 파괴하는 사탄적인 열광주의와 싸운 것이요, 그런 모습이 담긴 로마 교회에 저항한 것이다.

더구나 문화 변혁이란, 기존의 모든 문화를 파괴하는 행동과도 다르다. 칼빈 이전의 종교 개혁자들은 다소 혼란을 겪었다. 루터는 음악을 허용하고 악기의 반주를 받아들여 로마 교회가 사용했던 파이프 오르간을 계속 사용하였다. 그러나 쯔빙글리는 음악의 역할을 인정하면서도 악기의 반주는 사람의 감상적인 심성을 자극하여 연약하게 만들고 본성에 대해서 순전히 심리적인 영향을 끼치게 되므로 모든 악기를 제거해야 한다고 주장했다. 음악이란 하나님의 세속적인 은사로서 인간의 즐거움과 필요를 채워 주는 것이라고 믿었다. 그래서 교회당에 설치된 모

---

8) Robert E. Webber, *The Secular Saint: the Role of Christian in the Secular World* (Grand Rapids: Zondervan, 1979), ch. 7. Henry Van Til, *The Calvinistic Concept of Culture* (Philadelphia: Presbyterian and Reformed, 1959). Richard H. Niebuhr, *Christ and Culture* (N.Y.: Harper, 1956).

든 악기를 도끼로 부숴 버렸다. 교회 안에서 음악으로 어느 누구도 방해 받지 않게 하겠다는 것이 그의 신념이었다. 음악이 인간의 감성을 자극하여 잘못된 감정에 빠지게 한다고 믿었던 것이다. 스위스 북부 쮜리히 지역의 쯔빙글리파 성도들은 쯔빙글리 사후 두 세대 동안 악기를 동반한 찬송을 부르지 않았다. 지금도 일부 개혁주의 교회 가운데는 찬송을 부르되 악기를 전혀 사용하지 못하게 하고 '무반주'를 고집하는 교회들이 있다.

제2계명의 적용에 있어서 칼빈은 쯔빙글리보다는 폭이 넓었다. 그가 설교하던 쌩 삐에르 대예배당에는 창문에 아름다운 유리창 장식이 그대로 남아 있다. 그는 로만네스크 양식의 조각들의 아름다움을 배제하지 않았다. 인간의 예술이 예배와 구별되어 사용된다면 보이는 예술들로 인해서 좀 더 도움을 얻을 수 있다고 보았다. 따라서 기존 로마 가톨릭 성당에 있는 모든 장식품들을 제거해야 한다는 주장에 대해서 강력히 반대하였다. 비록 중세 교회에 의해서 만들어진 것이라 하더라도 역사적인 부조물이나 그림이나 조각품들, 건축된 것들은 예배를 위해서 사용되지 않는 한 배척할 필요가 없다고 생각했다.

교회에서 음악의 사용을 격려하고, 시편 찬송에 모든 회중이 참여하게 했다. 그러나 동시에 무제한적인 악기의 사용을 허용한 것은 아니다. 자칫하면 음악이 우리의 심령을 드리는 것보다 더 우위에 놓여져서 우리가 의식에 치우치게 될 것을 경고하였다. 마치 알아듣지 못하는 소리로 기도하는 것이 교회에서 아무런 유익이 없는 것처럼, 지나치게 기교에만 의존하는 음악이나 악기에만 의존하는 음악은 하나님을 찬양하는 데 있어서 금지해야 한다고 믿었다.

그리스도의 몸인 교회는 국가에 대해서 특별한 역할을 행하고 있다. 교회는 사회 생활, 경제 및 정치 생활을 가능하게 하고 활성화시키는 누룩의 역할을 감당하는 곳이다. 죽은 교회는 사회에 아무런 영향을 미칠 수 없다. 성령 안에서 살아 있으며, 하나님의 말씀에 의해서 끊임없이 새롭게 되는 교회는 사회 질서에 대해서도 구속적으로 활동하게 된다.[9]

교회는 국가를 개혁하는 역할을 담당한다. 교회는 정치 지도자들을 위하여 기도하도록 부름을 받았으며, 국가로 하여금 가난하고 약한 자를 보호하고 격려하도록 만들어야 하며, 정치 지도자들은 참된 종교를 증진시키고 교회를 강화시키는 일을 돕도록 하고, 마지막으로 잘못했을 때에 경고할 책임이 있다.[10]

하나님의 빛이 교회를 통해서 끊임없이 세상에 비춰질 때, 전 인류 사회는 바른 방향으로 나아가게 될 것이다. 인간 사회가 바른 길로 나아가려면, 교회의 지도와 가르침이 필수적이다. 개인이나 가정이나 국가가 자신의 한계를 알고, 그 나아갈 방향을 찾으려면 항상 교회의 인도를 받아야만 하는 것이다. 우리 사회가 자신을 바르게 이해하고 직시하려면 교회의 판단에 귀를 기울여야 한다. 교회 안에서 제시해 주신 인생의 모델을 따라가는 것이 이 사회의 문제를 해결하는 가장 첩경임을 가르쳐야 한다. 결혼이나 교육이나 가족 간의 사랑, 국민의 의무, 질서있고 잘 절제된 인격의 배양은 오직 교회에서만 가능하기 때문이다.

낙스에게 끼친 칼빈의 영향

제네바 아카데미 출신으로 칼빈의 이상과 신앙을 물려받아 가장 놀

---

9) André Biéler, *The Social Humanism of Calvin* (Richmond: John Knox Press, 1964), 23.
10) Graham, *The Constructive Revolutionary*, 75.

라운 업적을 성취한 인물들은 수없이 많이 있지만, 그중에 가장 손꼽히는 사람이 바로 존 낙스(1514-1572)이다. 칼빈의 학문과 교회관을 그대로 물려받은 낙스는 훗날 고향으로 돌아가서 스코틀랜드를 완전히 변화시켰다. 1555년 뻬렝 일파의 소요가 끝나갈 무렵에 그는 제네바에 왔다. 그해 12월 영국 친구인 안나 로크 부인에게 자신이 목격한 칼빈의 제네바를 다음과 같이 칭찬하였다.

> 아무런 두려움이나 부끄러움이 없이 말할 수 있는 것은, 이곳이야말로 사도 시대 이후로 지상에 존재했던 그리스도의 학교들 가운데서 가장 완벽한 곳입니다. 다른 곳에서도 그리스도가 충실하게 선포되고 있다고 나는 고백합니다. 그러나 생활과 종교가 그처럼 신실하게 개혁된 곳은 다른 지역에서도 본 적이 없습니다.[11]

낙스는 3년 동안 제네바의 영국인들이 모이는 교회에서 설교하면서 한편으로는 그곳에서 벌어지고 있던 모든 일들을 경험하였고, 칼빈의 성경적인 개혁 사상을 섭렵하였다. 스코틀랜드로 돌아가서 칼빈이 했던 그대로 교육 혁명을 일으켜서 상상력이 풍부한 젊은이들에게 성경을 자유롭게 읽을 수 있도록 성도들을 교육시켰고, 유럽에서 최상급의 훌륭한 교육 제도를 정착시켰다. 현재 스코틀랜드에 있는 유수한 학교들은 낙스와 그의 후계자 앤드류 멜빌의 시대에 자리를 잡았다. 교육을 통해서 확산된 건전한 신앙은 도덕의 갱신과 엄격한 장로 정치 제도의 확립으로 이어졌고, 사회 전반에 좋은 정부를 구성하기 위한 계약 사상을

---

11) J.T. McNeill, *The History and Character of Calvinism*, 178.

정착시켜서 서구 세계에 근대 민주주의의 서막을 열게 되었다.

제네바 대학교의 벽에 1909년에 칼빈 탄생 400주년과 대학 설립 350주년을 맞이하여 종교 개혁 기념비를 세웠다. 왼쪽부터 파렐, 칼빈, 베자, 낙스.

4부

경건의 열매

| CHAPTER 15 |

기독교적 지성이 번득이는 저작물들

종교 개혁자들은 당대 최고의 신학과 명문을 남긴 학자이자, 문장가들이었다. 지금부터 우리는 칼빈의 글 가운데서 최고의 명작들을 간추려서 살펴보고자 한다. 신학자로서 당대의 문제들에 대해 성경적인 논리를 정연히 전개하는 주도면밀함, 이것이 바로 칼빈의 진면목이요 가장 본질적인 공헌이었다. 27년 동안 목사의 직무를 수행하면서, 그는 수많은 논쟁의 한복판에서 진리를 분별하는 나침반 혹은 나아갈 길을 비쳐 주는 등대의 역할을 감당해야만 되었다. 그는 활동할 수 있는 기간 동안, 외부에 나가서 사람들 사이에서 설교하고 강연하고 회의에서 결정적인 조언을 제시하는 등 공적인 업적에 버금가는 수많은 저술을 남겼다. 글을 통해서 빛나는 기독교 지성을 발휘하였으니, 쉴새없이 종교 개혁의 논리를 펴 나갔다. 수많은 당대의 문제들에 대해서 고민하고 답변하여 놓은 신학적인 문서들 속에 그의 번득이는 통찰력과 당대에 발휘된 영향력의 진가가 들어 있다. 개신교 진영이 압박을 받는 시점에서 그가 남긴 저술들은 상당히 큰 영향력을 발휘하였고, 유럽 전역에 그의 글들이 번역되거나 인쇄된 채로 퍼져 나갔으며, 그 공헌은 이루다 셀 수 없을 정도다. 지난 2천 년의 기독교 역사 속에 그가 이룩한 업적은 초대 교회의 어거스틴과 종교 개혁의 보루를 확보한 루터의 업적에 견줄 정도다. 칼빈은 단순히 한 교회의 목사로 그친 것이 아니라, 전 세계 종교 개혁의 모델이 무엇인가를 제시한 하나님의 대사이자 종교 개혁의 신학적 기초를 세운 개신교회의 대변인이었다.

성경 주석의 왕

성경은 단순하게 이해할 수 없는 비밀스러운 계시의 책이다. 그래서 우리는 아주 탁월한 설명이 필요한데, 마치 법조문을 해석하듯이 칼빈이 매우 충실하게 설명을 남김으로써 '성경 주석의 왕'이라는 명예로운 칭호를 얻게 되었다. 전 세계적으로 칼빈처럼 일관된 성경 해석을 남긴 사람이 거의 없다. 그의 성경 해석은 단지 법학을 전공한 사람이 연구 대상을 바꾸었을 뿐이요, 법률 해석과 비슷한 방법으로 성경 주석을 남긴 것이라고 평가절하해서는 안 된다. 이미 그는 새로운 신앙으로 회심한 이후에 성경을 가장 표준으로 여겼으며, 성경 연구에 있어서도 자기 해석의 권위를 주장하는 법학도의 선입견을 버리고, 오직 성경의 안내자요 대변자로 사용되기를 바랐다.

성경 해석에서는 통일성과 다양성을 함께 적용하는 안목이 필요하다. 이 점에서 칼빈은 놀랍게도 최상의 일관성을 가지고 있었고, 그러면서도 경이적인 신선함과 새로운 감각으로 일관성에 너무 얽매이지 않는 재능을 보여 주었다. 성경의 일부에만 집착하면, 이단과 불건전한 사이비 교리를 얼마든지 만들어 낼 수 있으며, 그 피해는 엄청나다. 따라서 계시의 말씀을 함부로 풀어보려고 해서는 안 된다. 특히 헬라어와 히브리어를 소화할 수 있는 능력이 없다면 번역된 성경만으로는 난해한 구절들을 바르게 풀어 줄 수 없다.

일찍부터 칼빈은 모든 평신도들로 하여금 성경을 익숙하게 하도록 자극을 주고 싶은 열망을 가졌다. 성경에 대한 관심이 고조되던 시대였으므로, 크리소스톰(347-407)의 설교를 편집하여 편찬하고자 계획하였다.[1] 칼빈이 가장 존경하던 초대 교회 시대 설교자가 바로 크리소스톰이었는데, 그의 설교집들이 출판되면 성도들이 성경을 이해하는 데 있어서 큰 유익을 얻을 것이라고 생각했다. 크리소스톰은 아주 단순하게 오직 성경 말씀만을 풀이하고, 그 핵심을 전달하여 주고 있음을 발견한 것이다.

파렐의 설득에 따라서 제네바에 정착하게 된 이후로, 칼빈은 쌩 삐에르 대성당에서 성경을 가르치는 교사(sacrarum literarum doctor)의 직분을 얻게 되었다. 그는 1536년 9월 5일 직전부터, 사도 바울의 목회 서신에 대한 강해를 시작하였다. 동시에 신학생들에게 성경 해석을 가르쳤는데, 한 가지 본문을 설교와 주석, 두 가지로 풀이한 것이다. 신학생들을 가르치는 것은 교회에서 목회하는 일 못지 않게 중요하게 생각하였다.

스트라스부르그에 정착하게 된 1538년 이후에 그가 주로 맡은 일은 프랑스 난민 교회에서 설교하는 일이었지만, 1539년 1월부터 요한복음과 고린도전서를 장 스트롬의 요청에 의해서 신학생들에게 강의하였다. 1539년 2월 1일에는 신약 해석을 맡은 교수로 임명되었다.

---

1) John H. McIndoe, "John Calvin, preface to Homilies of Chrysostom," *Hartford Quarterly* 5 (1965), 19-26. John Robert Walchenbach, *John Calvin as Biblical Commentator: An Investigation into Calvin's Use of John Chrysostom as an Exegetical Tutor* (Pittsburgh, 1974).

칼빈이 직접 손으로 쓴 첫 번째 성경 주석은 로마서에 대한 강해서로서 1540년 3월 스트라스부르그에서 인쇄가 끝났다. 그 내용은 아마도 1536년부터 1538년까지 제네바에서 가르쳤던 것을 다시 보충한 것으로 생각된다. 『로마서 주석』의 서문에서 우리는 시몬 그리네우스(Symon Grynaeus)에게 보내는 1539년 10월 18일자 헌사를 발견하게 된다. 그리네우스는 1529년에 바젤 대학에서 헬라어 교수가 되었고, 1536년 3월부터는 로마서를 가르치는 신학 교수가 되었다. 칼빈은 수년 전에 서로 만나서 가장 좋은 성경 주석의 기준에 대해서 서로 토론했음을 언급하였다.[2] 이 두 사람은 기본적으로 합의한 바, 가장 좋은 성경 주석은 "간결한 해석"(perspicua brevitas)의 조건을 갖춰야한다는 것이다. 이 구절은 매우 의미심장한 말이다. 성경에 나오는 구절의 교리적 해설은 가능하면 간결하게 하는 것이 바람직하다는 것이다. 또한 주석은 "본문이 의미하는 것"(mens scriptoris)에 충실하여야 한다는 것을 강조하였는데, 이는 저자가 의도했던 것만을 분명하게 밝혀주는 것이다. 칼빈은 항상 좋은 주석이 지니고 있어야 할 이상적인 내용들을 몇 가지로 마음에 간직하고서 주석 작업을 전개하였던 것이다. 그는 오래 전에 쓰여진 것에서부터 최근에 이르기까지 다른 사람들에 의해서 쓰여진 로마서 주석에 대해서 잘 알고 있었다. 필립 멜랑톤, 하인리히 불링거, 마틴 부써 등 쟁쟁한 당대 최고의 종교 개혁자들이 쓴 로마서 주석에 대해서 언급하면서, 이들이 해석에 있어서 서로 의견의 일치를 이루지 못한 것은 하나님께서 어떤 한 사람에게만 모든 것을 꿰뚫어 볼 수 있는 통찰력을 주시

---

2) T.H.L. Parker, *Calvin's New Testament Commentaries* (Grand Rapids: Eerdmans, 1971), 49-68. Idem, "Calvin, the Exegete: Change and Development," in *Calvinus Ecclesiae Doctor*, ed. W.H. Neuser (Kampen: Kok, 1980), 33-46. Hans-Joachim Kraus, "Calvin's Exegetical Principles," *Interpretation* 31(1977), 8-18.

지 않기 때문이라고 했다. 그래서 우리는 상호 협조해야 하고, 겸손해야만 하는 것이라고 강조하였다. 성경 주석은 내가 가장 옳다는 아집을 버려야 하며, 내가 비로소 획기적으로 새로운 혁신을 이룩했다고 하거나, 다른 사람들의 약점을 공격하거나, 자기의 야심을 만족시키고자 노력하는 행동을 해서는 안 된다는 것이다. 로마서는 성경에 감추인 보화를 파악하는 핵심이 된다고 보았다. 그 주요 주제는 믿음으로 인하여 주시는 칭의라고 규정했다. 첫 번째 부분이 되는 5장까지는 믿음에 의해서 주어진 칭의를 다루며, 나머지 부분에서도 이것을 더욱 자세히 풀이한 것이라고 생각했다.

계속해서 1541년부터 줄곧 주석 작업에 몰두하여, 고린도전·후서 주석(1541)과 바울 서신 주석(1545)으로 이어지다가, 1553년까지는 사도신경, 공관복음서, 요한복음 주석을 모두 마쳤다. 그리고 구약 성경으로 넘어가서 이사야서(1551)에 이어서 창세기를 비롯한 모세 오경의 조화, 시편, 호세아, 소선지서들, 신명기, 사무엘상·하, 다니엘, 욥기, 예레미야, 예레미야애가서 주석을 내었고, 마지막으로 1564년 2월에 에스겔 주석을 끝마쳤다.

유품 숭배의 미신을 배격함

매년 칼빈은 크고 작은 논문이나 저술들을 많이 출판하여 당시 종교의 무지를 깨웠는데, 그의 신학 논문들은 예식에 관한 것들, 성경 해석에 관한 것들, 교리 문답에 관한 것들, 논쟁적인 것들로 나누어 볼 수 있다. 1543년에 펴낸 "교황주의자들 가운데 살고 있는 신실한 사람들의 의무에 관한 소고"는 16세기 유럽에 널리 퍼져 있던 성자들의 '유물 숭배'를 질타하는 논문으로, 로마 가톨릭의 가르침이 얼마나 거짓되었나를 밝히는 데 중점을 두고 있다. "이탈리아, 프랑스, 독일, 스페인, 그리고 다른 나라에서 시행되고 있는 거룩한 성자들의 목록과 유물을 다시 생각할 때에, 기독교가 얻게 될 엄청난 유익에 대해 매우 유용한 고찰"이라는 다소 복잡한 제목의 글을 발표하였다.[3] 독자들은 이 제목에서는 칼빈이 유품 숭배를 공격하려 했음을 얼른 느낄 수 없을 것이다. 이 글은 다소 모호한 제목을 이용하여 보통 사람들에게 읽히게 하고자 프랑스어로 쓴 논문이다. 전통적인 로마 교회가 아무런 오류가 없다고 생각하는 사람들에게 잘못된 생각을 바꾸도록 만들기 위해서 성자들의 유품 숭배라는 문제점을 상기시켜 주었다. 어거스틴은 일반 성도들에게 가짜를 속여서 팔고 있던 이런 속임수를 이미 알고 있었다고 칼빈은 말한다. 성자들의 가짜 유품을 진짜로 둔갑시키는 일은 점점 그 정도가 추악하여지고 있었다. 칼빈이 그 글의 저자가 자신임을 분명히 밝히면서 천명하고자 내용은 너무나 선명하다.

첫째로, 유품 숭배의 죄악성과 부패의 핵심은 성도들이 예수 그리스도를 하나님의 말씀과 성례에서 찾지 않고, 온갖 종류의 천박한 이야기들과 시시한 것들 속에서 찾으려 한다는 점이다. 혹자는 유품 숭배를 통해서도 예수님께 경배를 돌릴 수 있다고 주장할지 모르지만, 사도 바울이 말씀한 바와 같이 인간의 마음에서 나온 것들은 결국 어리석은 것에 불과하다. 또한 유품 숭배는 우상 숭배로 연결되는 미신적인 행위가 되

---

3) CO vi:405-452. 프랑스어로 쓰여진 이 논문을 영어로 번역해 보면 다음과 같다. "A Very Useful Account of the Great Profit That Christianity Will Again Receive If It Takes Inventory of All the Sacred Bodies That Are Located in Italy, France, Germany, Spain, and Other Kingdoms and Countries." John Calvin, *Three French Treatises*, ed. Francis M. Higman (London, 1970).

고 만다. 하나님의 고귀한 명예가 어떤 물건이나 죽은 사람에게로 옮겨져서, 결국에는 그 공허한 물건이 살아계신 하나님을 대신하여 영광을 받게 되는 것이다.

둘째로, 유품 숭배의 죄악성은 그처럼 자랑스럽게 생각하는 성자들의 물건들이 마치 하나님처럼 영원 불멸하다는 착각을 준다는 점이다. 이 유물들은 단 한 번도 신통한 능력을 발휘하지 못한다. 그런데 마치 하나님처럼 신통력을 발휘하고 있을 뿐이다. 죽은 지 수백 년, 천 년이 넘은 물건들이 무슨 효과나 효험이 있겠는가! 더구나 칼빈은 이들이 자랑스러워하는 것들이 전부 엉터리요, 가짜라는 사실을 밝히는 데 주력하였다. 어떤 성자의 진귀한 유품이라고 자랑을 늘어놓고 있지만, 실제는 자신들의 감정을 개발하여 그 유품들에다가 함께 묶어서 감상적인 수다를 피우고 있는 것이요, 진실은 정반대다. 기독교 신자인 군주들이 자기의 백성들로 하여금 이런 헛된 자만심에서 깨어나도록 제지시켜 주기를 칼빈은 강력히 호소했다.

프랑스, 독일, 스페인 등지에는 예수 그리스도, 마리아, 성 미가엘, 세례 요한, 사도들과 순교자들, 성자들의 유품이 도처에 널리 퍼져 있었다. 아무런 역사적 근거도 없으면서 이런 유품들은 마치 이교도의 미신처럼 성직자들과 지도자들의 숭배 대상이 되었다. 칼빈은 데살로니가후서 2:3-12을 근거로 하여 이를 완전하게 배제할 것을 촉구하였다. 이 글이 나온 지 6년 후인 1549년, 로마 가톨릭의 변론가 요한네스 코클라우스(Johannes Cochlaeus)가 칼빈의 라틴어 논문을 반박하는 글로 응수해 오기도 했다.

피기우스의 자유 의지론을 논박함

1543년 초에, 칼빈은 유트레히트에 살고 있는 알베르투스 피기우스 (Albertus Pighius)의 글을 반박하는 『인간 의지의 노예 상태 및 구원에 관한 건전한 정통 교리의 옹호』를 발표하였다.[4] 이 책자는 멜랑톤에게 헌정된 것으로 그에게 보낸 1543년 2월 15일자 편지에서 이를 밝히고 있다. 1542년에 나온 피기우스의 "인간의 자유 의지와 하나님의 은혜의 자유"라는 논문에 대해 하루라도 빨리 반론을 제기하고자 출판했던 것이다. 피기우스는 루터파 교회야말로 하나님의 교회를 위협하는 이단이라고 하면서, 독일 형제들을 구하기 위해서 자신이 썼다는 이 논문을 추기경 싸돌레에게 헌정한다는 것이다. 피기우스는 인간이 죄를 지을 수밖에 없다는 필연성을 부인하였다. 인간이 하나님의 계명을 순종하면서 살아갈 수 있고, 얼마든지 의롭고 선하게 살아갈 수 있다는 것이다. 루터나 칼빈이 주장하는 원죄와 전적 타락의 교리를 부인하고, 자유 의지를 강하게 주장하는 인본주의적 발상이었다.

칼빈은 먼저 피기우스가 자신의 『기독교강요』에서 표절한 제목에 대해 지적하였다. "하나님을 아는 지식과 인간을 아는 지식은 서로 밀접하게 연관되어 있다"는 제목은 칼빈의 『기독교강요』 첫 장에 나오는 것인데, 그대로 피기우스가 채용하고 있었던 것이다. 더구나 칼빈은 피기우스가 자유 의지를 옹호하기 위해서 인용하는 성 어거스틴의 논문들을

---

4) CO vi:225-404, *Defensio sanae et orthodoxae doctrinae de servitude et liberatione humani arbitrii adversus calumnias Alberti Pighii Campensis*. L. F. Schulze, *Calvin's Reply to Pighius* (Potchefstroom, 1970); Idem, "Calvin's Reply to Pighius-A Micro and Macro View," in *Calvinus ecclesiae Genevensis custos*, ed. Wilhelm H. Neuser (Frankfurt am Main, 1984), 171-185.

다시금 면밀하게 검토하여 나갔다. 하나님은 모든 만물을 창조하시고, 경험과 역사 속에서 우리에게 자신의 뜻을 알게 하셨으나, 아담의 타락 이후로 모든 인간은 죄와 심판 아래 있게 되었다. 어떤 사람이라도 구원을 얻는 것은 전적으로 하나님의 자비에 달려 있을 뿐이다.

1552년에 다시 한 번 칼빈은 피기우스에 반대하는 논문을 펴냈다. 특히 이 무렵에는 칼빈이 제롬 볼섹과 예정론에 대한 논쟁을 벌이고 있던 때였다. 이때 펴낸 논문이 『하나님의 비밀스러운 섭리와 영원한 예정』이다. 이 책 7장부터 10장까지는 피기우스를 반박하는 내용이다. 바로 그 해에 칼빈은 제네바 시의회의 동의를 거쳐서 예정론에 대한 확고한 주장을 세웠다. 인간의 선택과 유기는 하나님의 뜻에 달려 있으며, 인간은 이를 거부할 수 없다.

우리의 구원이 확실하다는 것은 하나님의 비밀스러운 작정을 인간이 알게 될 때에 주어지는 것이 아니다. 하나님의 작정은 우리가 접근할 수 없고 알 수 없기 때문이다. 따라서 우리는 예수 그리스도를 바라보아야만 한다. 그리스도 안에서 우리에게 영생이 계시되고 주어졌다. 그리스도에 대한 믿음으로 인하여 우리는 하나님의 나라에 접근이 가능해진다. 복음의 분명한 약속을 믿는 사람들은 누구든지 자신의 눈을 열어 주신 분이 하나님 아버지임을 인정해야만 한다. 그분이 바로 신자들이 모친의 태중에 형성되기 이전부터 선택하신 것이다. 인간이 하나님을 자유 의지로 선택한 것이 아니요, 그분이 모든 인간들이 어떻게 될 것인가를 결정하신다. 어떤 사람들을 위해서는 영원한 생명으로, 어떤 이들은 영원한 멸망으로 미리 명령을 받는다. 모든 사람이 그중 어느 한 쪽으로 목적한 바를 이루기 위해서 만들어졌고, 이를 거부할 수 없다. 선택받은 자들은 하나님께 한없는 감사와 완전한 순종이라는 큰 빚을 지고 있다. 버림받은 사람들은 자신들의 소외와 저주에 대해서 의심을 제기할 수 없다. 오직 하나님의 뜻에 따라서 결정되었기 때문이다. 이 결정에 대해서 논쟁은 개입할 수 없다. "하나님은 긍휼히 여기고자 하시는 이들을 긍휼히 여기고 강퍅케 하고자 하시는 이들을 강퍅케 하신다"(롬 9:18). 그가 어떻게 이런 결정을 통해서 사랑을 베푸시고 공의를 동시에 이루시는가에 대해서 우리는 이해할 수 없다. 1555년 베른시에 보낸 글에서 칼빈은 선택론을 가지고 논쟁하는 자들에게 개인적으로 경건하게 임할 것을 호소한다.

> 이 심오한 신비를 취급함에 있어서 우리가 지극히 겸손해야 함을 나는 아주 잘 알고 있습니다. …
> 나의 유일한 목적은 인간의 교만을 꺾는 것이며,
> 모든 두려움과 겸손으로 하나님의 위엄을 경외하도록 가르치는 것입니다.[5]

하나님께서 죄에 대해서 무관심하지 않다는 것을 경고하면서, 동시에 그가 무한히 자비하시고 은혜로우시며 노하기를 더디 하시는 분(시 103:8)이라고 말하는 것은 일반 사람들에게는 어려운 일이다. 더구나 인간의 자유 의지보다는 예정을 강조하는 칼빈의 신학은 많은 사람들에게 상처를 주었다고 비판받을 때도 있다. 그러나 칼빈은 자신이 이런 문제에 대해서 충분히 인간의 이성을 이해시켜 주지 못하더라도 하나님의 공의는 여전히 인간에게 불가침의 것으로 남는다는 사실을 납득시키려는 노력을 중단하지 않았다. 하나님의 사랑을 논하면서, 영원한 진노로

---

5) Institutues, III.iv.35 참조.

심판하는 사람들을 미리 작정하셨다고 하는 이중 예정은 인간 이성에서 볼 때에 딜레마라고 말하는 사람들이 있을지 모르지만, 하나님의 영광과 공의를 짓밟을 수 없다. 하나님의 공의와 자비 사이의 대칭은 언제나 적절하며 적법하고 순리이다.

니고데모파여, 피난을 가라!

프랑스에서 일어난 개신교에 대한 박해는 초기에는 비교적 간헐적인 것이었지만 점차 전국적으로 확산되었다. 점증하는 종교 개혁자들의 가르침을 적대 세력으로 규정하고, 무려 스물다섯 가지를 지적하는 논문이 소르본느에서 출판된 것은 1543년이며 이 문서는 프랑수와 1세의 권위로 모든 국민들에게 선포되었다. 곧바로 60명 이상의 박사들이 이 문서에 서명하였고, 프랑스 전체 성직자들과 신학생들도 가톨릭 신앙을 철저히 지키겠다는 충성 서약을 하게 되었다. 이 문서는 의회에서 다시금 인준함으로써 프랑스 가톨릭교회의 공적인 문서로 인증을 받았다. 이제 박해는 공식적으로 선포된 것이다.

그 다음해 1544년 칼빈은 스콜라 신학에 근거한 소르본느 선언문은 믿을 수 없다고 주장하면서, '뜻도 모르는 소리를 제멋대로 주장하면서 결국에는 무식함과 어리석음을 드러내는 글'이라고 반박하였다.[6] 각 항목에 대해서 칼빈은 세밀하게 성경을 근거로 제시하면서 반론을 폈다. 처음에는 라틴어로 썼고 프랑스어로 번역하여 출판하였다.

---

6) CO vii:1-44. *Articuli a facultate sacrae theologiae Parisiensi determinati super materiis didei nostare hodie controversis, Cum antidoto*.

한국에서 신사 참배의 문제를 놓고 국민 의식이라고 생각해서 참여해야만 하느냐, 아니면 명백한 우상 숭배이므로 거부해야 하느냐를 놓고 신실한 성도들과 목회자들이 분쟁하다가 지독한 박해와 고통을 당했다. 일부는 체포되어 감옥에 투옥 되고, 일부는 만주 지역으로 신앙의 자유를 찾아 떠나갔다. 이와 거의 유사한 상황이 이 당시에 프랑스에서 벌어졌다. 다만 한국의 성도들이 일본의 천황 숭배와 군국 주의하에서 경험하였기에 좀 더 분명히 우상 숭배를 거부할 수 있었다면, 프랑스 성도들은 같은 국민들 사이에 미사의 참석 여부를 놓고서 갈등을 겪었다는 점이 다를 것이다.

이 무렵 칼빈은 "교황주의자들 가운데 살고 있는 신실한 사람의 의무에 관한 소고"라는 "짧은 논제"(Petit traicté, 1543)에서 양심의 갈등 문제를 거론하였는 데, 상당수의 프랑스 성도들이 종교 개혁의 신앙을 체험하고 있으면서도 정치적 외압 때문에 행동의 기준을 정하지 못하고 있었다.[7] 그들의 신앙적 갈등은 과연 로마 가톨릭 속에서 복음의 진리가 시행되는 것을 어떻게 신실한 믿음의 사람들이 분별할 수 있는가? 정말로 모든 프랑스 개신교회 성도들이 공개적으로 자신의 신앙을 드러내야만 하는가? 아니면 로마 가톨릭이 지배하는 사회 분위기에서 마음속에만 비밀리에 간직해야만 하는가? 등의 양심 문제를 거론한 것이다.

여기서 칼빈은 우리가 하나님을 섬기는 방법은 별로 중요한 문제가 안 된다는 점을 분명히 밝히면서, 미사에 대한 견해를 표명하였다. 마음속에 가지고 있는 신앙으로 하나님을 공경하는 사람이 있다면 그 사람은 입술로도 같은 신앙을 고백해야만 한다. 하나님을 영화롭게 하려

---

7) CO vi:537-588.

면 속임수를 써서는 안 된다. 그 예로 칼빈은 초대 교부 키프리안을 들었다. 그는 우상을 경배하라는 명령에 거부함으로써 자기의 목숨을 구하지 못했으나, 마음과 입술의 고백이 일치된 삶을 살았다.

그래서 최종 결론으로 만일 가능하다면 모두 다 박해의 땅을 떠나서 신앙의 자유를 찾아 이민을 가는 것이 가장 최상의 방법이라고 칼빈을 결론지었다. 만일 그것이 가능하지 않다면, 로마 가톨릭교회를 섬기는 데서, 특히 미사에 참석하는 일에서 가능한 한 멀리 떠나 있어야 한다고 충고했다. 감시하는 사람들의 눈이 두려워서 로마 교회의 미사에 참석한다면 계속해서 하나님 앞에 죄를 고백해야만 자신의 양심이 마비되지 않을 것이다. 또한 그런 상황에서 구출해 주시기를 하나님께 기도해서 결국 빠져 나오는 방법을 강구해야만 한다. 이미 1540년 9월 12일, 로마 가톨릭 속에서 살고 있던 한 친구가 어떻게 행동해야만 하는 가를 물어 왔을 때에도 칼빈은 역시 같은 해답을 제시한 바 있었다.

1544년에는 『너무 엄격하다는 니고데모파의 불평에 대한 변명』을 추가로 출판하였다.[8] 자신들의 개혁 신앙에 확신이 없던 일부 성도들은 로마 교회의 미사나 종교 행사에 참여하면서 타협을 하고 있었다. 요한복음 3장에 나오는 니고데모에 대해서 칼빈은 매우 우호적으로 생각하였다. 그는 무지한 상태에서 밤중에 주님께 찾아왔다. 그러나 후에 그는 예수 그리스도의 장례 시에 한 사람의 제자로서 공개적으로 신앙과 존경의 마음을 표시하였다. 그리스도인이 된 다음에, 그는 공개적인 박해를 두려워하지 않았던 것이다.[9] 그러나 칼빈이 니고데모파라고 불렀

---

8) CO vi:589-614. *Excuse à Messieurs les Nicodeaʼmites*. 또한 *Three French Treatises*, ed. Higman, 131-153쪽과 이 책의 서문 21-26쪽을 참고할 것.

9) 요한복음 19:38-39에 대한 칼빈의 주석. Carlos M.N. Eire, "Calvin and Nicodemism: A Reappraisal," *Sixteenth Century Journal* 10(1979), 45-69. F. Higman, "The Questions of

던 프랑스 고관들과 고위 성직자들은 참된 니고데모의 제자들이 아니었다.

트렌트 회의(Council of Trent) 반박문

개혁주의 진영과 로마 가톨릭 사이의 화해가 무산되고 있던 1543년 10월 25일, 칼빈은 마틴 부써로부터 편지를 받았다. 스파이어에서 열리게 되는 양측 의회의 내용에 대해 언급하면서, 지금까지의 경위와 문제점을 설명해 달라는 요청이었다. 이에 대해 칼빈은 1544년 2월에 열릴 예정인 스파이어 종교 회의를 기대하면서, 황제 찰스 5세에게 교회의 회복과 갱신에 적극적으로 나서라고 촉구하는 논문을 발표하였다. 이 문서는 칼빈이 쓴 글 중에 가장 뛰어난 신학 논문으로 손꼽히고 있다.[10]

당시 모든 사람들이 로마 가톨릭교회가 심각한 중병에 걸려 있다는 것은 인정하고 있었다. 로마 교황청의 왜곡된 상태를 바로 본다면, 황제는 여러 국왕들과 군주들과 함께 심각하게 이 문제를 다루어야 할 것이 아닌가? 이런 청원은 말없는 다수가 동조하고 있고 경건한 성도들은 대부분 간절히 기도하고 열망하고 있는 것인데, 어찌하여 교회를 회복하려는 목소리가 메아리처럼 계속되고 있는데도 황제는 우유부단하게 그냥 넘어가고 있는가? 황제나 국왕들은 그리스도의 신부인 교회가 겪는 고통을 그저 바라만 보고 있을 것인가? 특히 독일 교회의 변화와 갱

Nicodemism," in *Calvinus ecclesiae Genevensis custos*, ed. Wilhelm H. Neuser (Frankfurt am Mein, 1984), 165-170.

10) Reid, ed. *Calvin: Theological Treatises*, 183-216.

신에 대한 요청은 루터의 발자국을 따라서 거의 대부분의 성도들이 절실히 주장하는 것이다. 더이상 시간을 지체하지 말고, 즉각적으로 이를 도와 줄 것을 요청하였다. 칼빈의 요청은 확고하였다;

> 만일 폐하께서 더이상 머뭇거리기만 한다면, 저는 단연코 말씀드리지만, 독일 내에서 보이는 교회의 일치란 더이상 발견하기 어려울 것입니다.

약간의 문제점만을 보완하려고 로마 교회와 개신교 측이 대화 모임을 갖는다는 것은 결국 언제나 불일치에 도달하고 말 것이라고 칼빈은 단언하였다. 이런 대화 모임은 개신교 측이 로마 교회로부터 분리해 나갔다는 비난을 초래하게 할 것이다. 칼빈은 사도들이나 선지자들의 경우를 예로 들면서 종교 개혁이 교회를 분리한 것이 아님을 주장하였고, 분리주의자들이라는 비판을 일축했다. 참된 교회와 그 교회의 일치는 오직 교회의 머리 되시는 그리스도와의 연합에 좌우되는 것이다. 오직 그리스도만이 교회에서 최고의 권위자이다. 그분에게 완전히 연합하여 있는 자들은 분리주의자들이 아닌 것이다.

'트렌트 선언문'은 로마 가톨릭이 매우 중요시하는 교리 선언이다. 그들은 지난 오백 년간 이 신앙 선언의 핵심을 그대로 고수하고 있을 만큼 중요한 문서이다. 따라서 이 내용을 일일이 반박하는 칼빈의 소논문은 큰 반향을 불러왔다. 비록 이 글이 찰스 5세로 하여금 어떤 결정을 하도록 영향을 발휘할 수 없음을 잘 알고 있었지만, 멜랑톤과의 편지를 통해서 비텐베르그 성도들이 원하는 바를 반영하려고 노력했음이 나타나 있다.

쉬말칼트 전쟁 이후로 황제는 신교에게 다소 유화적인 태도를 보여 주었다. 물론 신·구교 모두 다 그의 처사에 대해서 불만이었지만, 그가 개신교 진영에 대해 철저한 응징을 해줄 것을 기대했던 로마 교황의 불만은 보통이 아니었다. 1544년 6월 10일, 스파이어에서 개최된 종교 회의에서 찰스 5세는 개신교의 주장을 받아들여서, 자유롭고 공정한 회의를 개최할 것을 임시로 약속하였다. 황제와 교황 사이에는 즉각 긴장이 발생하였다. 황제가 독일 군주들과 결탁하여 교황과의 관계를 끊고 종교 개혁을 지지할지 모른다는 불안감이 조성 되었다. 교황 바울 3세는 이에 대해 황제에게 경고하는 글을 1544년 8월 24일 보냈다. 교황은 황제가 임의로 개신교와 합의해 준 내용에 대해서 강한 불만을 토로하면서, 앞으로는 황제의 자문을 받지 않고 종교 회의를 열어서 처리 하겠다고 경고하였다.

"황제에게 보내는 바울 3세 신부의 충고"(1545)에서 교황 신랄하게 비판하게 된 것은 이런 위기 상황에서 독일의 루터와 멜랑톤을 지지하는 군주들이 합당한 권위를 보장받도록 하려는 열성에서였다. 그러나 칼빈의 글들이 상당한 영향력을 발휘하였음에도 불구하고, 개신교 측은 여전히 불리하고 위협을 당하고 있었다. 칼빈의 논리에서 볼 때에, 교회의 수장들이 무기력하게 자신의 임무를 수행하지 못한다면, 기독교 군주들이 나서서 이를 고쳐야 할 임무가 있다는 것이다. 이는 교회를 존중하는 세속 정치가들의 책무이다. 초대 교회 시대에도 역시 많은 종교 회의가 열렸는데 교황이 아니라 황제에 의해서 소집되었음을 상기시키면서, 성경에 대해 해석하는 교황의 권위에 대해서 잘못되었음을 지적하였다. 종교 회의의 가능성에 대해서 교황이 판단하려 하지 말고, 하나님의 말씀에 따라서 판단해야만 함을 주장했다.

칼빈은 황제가 속개할 것으로 예정되는 1545년 2월 보름스 회의에 대해서 아무런 기대를 하지 않았다. 결국 황제는 개신교 측 대표와 로마 교회 측 대표 사이에 차이점이 있음을 확인하였을 뿐, 아무런 합의점을 만들어 낼 수 없었다. 황제는 터키군의 침략을 막아내느라 진력하고 있었으므로 종교 회의를 주도적으로 진행시켜서 양측의 원만한 합의를 이끌어낼 수완을 발휘하지 못할 것임을 칼빈은 잘 알고 있었던 것이다.

1544년 12월에 첫 회의가 열린 이후로, 교황의 주도하에 9월경 이탈리아 트렌트에서 로마 가톨릭의 종교 회의가 열린다고 일방적으로 발표되었다. 물론, 개신교 측에서는 교황이 주도하는 회의에 참여할 수 없다고 통고하였다. 일곱 차례의 회의 끝에 1547년 3월 3일에 회의는 중단되었고, 차기 회의는 1551년까지로 연기되었다. 로마 가톨릭 측만 일방적으로 모인 트렌트 회의에 대해서 파렐과 비레 등 많은 개신교 지도자들은 칼빈으로 하여금 이 회의 내용을 비판하는 글을 작성해 달라고 간청하였다. 그리하여 칼빈은 1547년 12월, "교정 수단에 대하여 트렌트 회의의 결정들"(Acta Synodi Tridentinae cum antidoto)을 발표하였다. 이 글 속에서 우리는 칼빈의 개혁주의 신학을 맛본다. 그가 주장하려는 개혁 신앙이 로마 교회의 칭의론에 대한 조목조목 반박하는 가운데 드러난다.[11] 칼빈은 믿음으로 인하여 의롭다고 인정해 주시는 하나님은 오직 예수 그리스도의 의를 성도들에게 전가시켜 주셨음을 확신하였다. 그리하여 선행과 공로주의에 입각하여 세워진 가장 핵심적인 로마 교회의 교리를 무너뜨렸다. 믿음보다는 선행을 먼저 쌓으라고 주장하고, 그 선행의 일부가 미사와 고해 성사에서 얻어진다면, 이것은 종교적 형식주의요 율법주의와 다를 게 없는 것이다. 믿음은 하나님의 완전한 은혜이며 이것은 값없이 주시는 것이다. 오직 성도들이 바라보는 공로는 예

---

11) CO vii:365-506. 김재성, 『칼빈과 개혁 신학의 기초』, 제5장 "칼빈의 칭의론과 트렌트 종교 회의", 177-207.

수 그리스도의 것이며, 인간이 노력하여 성취할 것이란 아무것도 없다. 로마 교회의 선행론과 구원론은 펠라기우스 에 의해서 주장된 것들을 타협적으로 채택한 것에 불과한 것들이다.

트렌트 회의가 일방적으로 강행되자 개신교 측에서 완강히 참여를 거부하였고, 찰스 5세도 종교 회의가 그런 방식으로 진행되는 것에 대해서 거부감을 가지고 있음을 교황도 알게 되었다. 교황 측에서는 1548년 5월, 아우그스부르그 회의에서 양측이 참여하는 형식을 갖추게 하고 잠정적인 합의문을 발표하도록 유도하였다. 가톨릭 측에서는 율리우스 플루그와 미카엘 헬딩이 나섰고, 루터파에서는 요한네스 아그리꼴라가 협조하여 잠정적으로 양측이 합의할 때까지 유보하자는 합의문이었다. 칼빈은 1549년 봄, "교회 개혁과 분열의 치유를 위한 진정한 방법에 관한 부정한 독일인의 약속"이라는 논문을 발표하였다.[12] 이 글은 다소 출판에 위험 부담을 느낄 정도였으나, 불링거와 마틴 부써가 앞장서서 출판을 격려하였다.

합의문에 대해서 칼빈이 제기하는 의문은 두 가지이다. 과연 진정한 평화란 무엇이며 교회의 개혁을 이루는 좋은 방법이란 무엇인가? 개신교 측에서는 이 합의문에 대해서 완강히 거부감을 표현하였는데, 성직자의 결혼 허용과 성찬 시에 잔을 돌리는 것에 대해서 임시적으로 허락을 얻어낸 것이 전부였기 때문이다. 곳곳에서 개신교 측의 항의문이 발표되자 찰스 5세는 이런 개신교 측의 행동에 대해서 사형에 처한다고 엄격히 금지할 정도에 이르렀다. 칭의론, 고해 성사와 죄의 고백에 대

---

12) CO vii:545-674. *Interim adultero-germanum, cui adiecta est Vera Christianae pacificationis et ecclesiae reformandae ratio*. 1549년에 프랑스어로 번역되어 제네바에서 출판되었다.

한 문제점, 성자들의 중보 기도, 죽은 자를 위한 기도, 금식, 독신주의, 그리고 각종 예식에 대해서 의문을 제기하였다. 칼빈의 글은 독일어로 번역되어 널리 펴졌다. 일부에서는 칼빈이 유아 세례를 주장한다고 해서 펠라기우스주의자라고 모함을 했고, 죽음에 임박한 어린아이들에게 시행하는 세례를 거부하는 것에 대해서도 이의를 제기했다. 아직 독일 루터파 교회에서는 오랫동안 로마 가톨릭의 예식에 적응해 있었기 때문에 여전히 옹호하는 자들이 많았던 것이다. 이런 독일 교회 측에서 비난에 대해서, 1550년 칼빈은 자신이 펠라기우스주의자가 아니라는 점을 변호하는 글을 추가로 발표하여야 했다.[13]

1551년 교황 율리우스 3세가 소집한 제2차 트렌트 회의가 회집되었다. 칼빈은 이 회의는 계속해서 유익한 회합이 되지 못할 것이라고 불링거에게 편지하였다. 왜냐하면 프랑스 국왕이 모든 프랑스 주교들은 스페인 회의에 가지말고 자신의 교구에 머물면서 임무를 수행하라고 촉구하였기 때문이다. 그리고 약 6개월 후에 프랑스 전체 가톨릭 회의가 개최될 것으로 예상되고 있었다. 칼빈은 설령 트렌트 회의가 지속되더라도 불링거를 비롯하여 개신교 지도자들은 초청을 받지 못하리라고 예견하였고, 본인도 초청을 받지 못할 것이라고 생각했다.

점성술을 믿는가?

1549년 칼빈은 점성술을 경고하는 작은 논문, 『소위 신통하다는 점

---

13) CO vii:675-686, *Appendix Libelli adversus Interim adultero-germanum*.

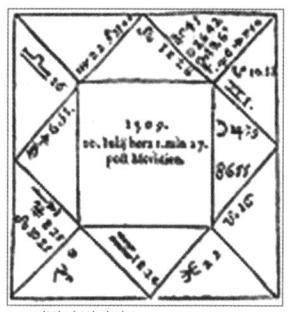

54. 칼빈의 별자리표
(플로리몽 드 래몽의 작품)

성술에 반대하는 경고를 출판하였다.[14] 헬라어로 쓰여진 고전에 대한 관심이 고조되면서 16세기 유럽인들은 고대인들의 점성술에 대해서 무분별하리만큼 큰 관심을 가지게 되었다. 점성술은 자연과학이나 우주 과학, 천문학과는 다르다. 칼빈이 과학적인 탐구를 반대하는 것이 아니다.

칼빈은 이 논문을 자신의 비서로 있던 프랑수아 호트만에게 헌정하였다. 칼빈은 1546년 프랑스에서 나온 글 가운데, 점성술을 매우 극찬하는 논문에 대해 잘 알고 있었다. 1546년부터 1549년까지 제네바 시의회로 하여금 달력을 사용하여 미신적인 점을 보는 일을 제거하도록 노력하게 했고, 달력 자체를 좀 더 나은 것으로 바꿔 주려고 노력했다.

한 사람의 일생이 별들에 의해서 결정되다는 것은 지독한 미신이라고 칼빈은 단호히 잘라 말했다. 사람이 태어날 때에 이미 그가 속한 별자리에 따라서 숙명적으로 나머지 인생이 결정되어져 있는 것인가? 고대인들은 별자리의 이야기들을 숙명으로 받아들였다. 인간의 삶에 별자리들의 신화적인 이야기들이 영향을 미칠 수는 없다. 사람의 일생은 하나님에 의해서 좌우되는 것이며, 오직 전능자의 지혜, 정의, 그리고 선하심에 따라서 인간들의 삶이 유지되고 있으며 활용되고 있는 것이다.

---

14) CO vii:509-542. *Adertissement contre l'astrologie qu'on appelle iudiciaire, et autres curiositéz qui regnent aujourd'huy au monde.* 영어 번역은, "A Warning against Judiciary Astrology and Other Prevalent Curiosities," tr. Mary Potter, *Calvin Theological Journal* 18(1983), 157-189.

"스캔들"에 대하여

칼빈이 쓴 일반적인 논문 중에서, 1550년에 나온 쓴 "걸림돌에 대한 논의"(Treatise on Scandals)도 역시 매우 사려 깊고 영향력이 큰 글로 손꼽히고 있다. 그러나 이 글은 이미 1546년 9월부터 준비해 왔던 것인데, 다른 일에 바쁘고, 적당한 수위를 조절하느라고 출판이 늦어지게 되었을 뿐이다.[15] '걸림돌'이란 넘어지게 하는 원인 혹은 장애물(stumbling blocks, or offenses)이란 뜻이다. 과오와 실수의 근거가 된다. 순수한 교리와 성경의 진리들은 세상의 지혜로 가득 찬 사람들에게는 걸림돌이 된다.

이 논쟁적인 글은 믿음이 약한 사람들을 격려하기 위해서 쓰여진 것이다. 특히 사탄이 만들어 놓은 걸림돌이 무엇이든지 간에 이것을 잘 넘어서도록 주의를 주고자 하는 것이다. 만일 어떤 성도가 진리의 길에서 벗어나서 그 행로를 바꾸게 되었다면, 다시 말하면 걸림돌에 걸려 넘어지게 되었다면 이는 그 자신을 비난해야만 할 일이지, 그 장애물에 대해서 비판을 해서는 안 된다. 동시에 장애물을 만들어 내는 사람들은 하나님의 무서운 진노를 피

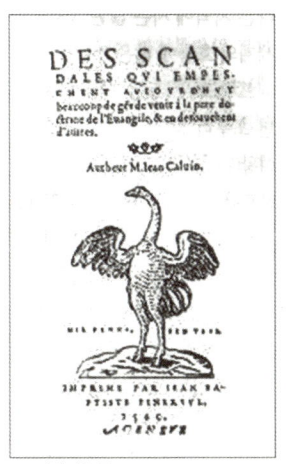

55. 칼빈의 논문
"스캔들에 대하여"의 표지

---

15) CO viii:1084. 프랑스어로 된 것이 1550년에 제네바에서 이미 출판되었고, 그 후에 라틴어 판이 나왔다. 영어 번역은 *Concerning Scandals*, tr. John W. Fraser (Grand Rapids: Eerdmans, 1978)이다.

할 수 없다.

두 부류의 사람들은 걸림돌에 걸려서 넘어진 자들이다. 첫째는 휴머니스트들 가운데 많이 있는데, 자신들은 학식 있는 지성인이라고 생각하고 복음을 경멸하고 하나님을 조롱하고 경멸하는 언행을 함부로 하는 자들이다. 둘째는 로마 가톨릭 진영에 있는 자들로, 종교 개혁에 대해서 해를 끼치려는 사람들이다.

또 칼빈은 세 종류의 걸림돌이 있음을 설명하였다. 첫째는, 복음 그 자체가 걸림돌이 된다. 특히 그리스도의 사역과 그분이 자기 부인에 대해서 말씀하신 것은 자기 자신의 이념을 확신하는 자들에게는 걸림돌이 된다. 둘째는, 복음이 전파될 때에 함께 수반되는 이단들, 분파들, 혼란들이다. 셋째는, 개혁 신앙의 여러 가지 구체적인 시행 세칙들에 대해서 뒤에서 험담을 늘어놓는 것들이다. 마지막으로 개혁 운동을 선도하는 사람들이 서로 불화하거나 분파주의적인 논쟁을 하거나 악한 생활을 한다면 이런 행동은 결국 걸림돌로서 작용할 것이다. 성경에 나타나 있듯이 교회가 당하는 역경과 가난과 고난 때문에 낙심해서는 안 된다. 심지어 칼빈은 쉬말칼트 전쟁에서조차 개신교 진영이 압승을 거두는 것에 대해서 염려했는데, 이는 도덕적인 재앙을 가져올지 두려웠기 때문이다. 지나친 승리는 자만심을 불러일으키고, 하나님 앞에서 오만의 죄를 저지르게 부추긴다. 교회가 현세에서 역경을 견디며, 십자가를 지는 투쟁을 계속하는 것은 결코 나약하기 때문에 그런 것만은 아니다. 결국, 개신교의 분열을 방지하고, 연합을 강조하기 위해서 "걸림돌"이라는 제목의 논문이 쓰여진 것이다.

1550년 7월 10일 발표된 이 논문에는 노르망디(Laurent de Normandie)에게 헌정한다는 서문이 들어 있다. 노르망디는 1548년 프랑스에서 제네바로 피신하여 온 이후로, 불과 6개월 만에 아버지와 아내와 딸이 모두 사망하였다. 그는 주위의 온갖 비난과 조롱 가운데서도 굳세게 믿음을 지켜왔던 사람이다. 그는 모든 환난 속에서도 하나님의 성령이 주시는 능력에 힘입어서 견고히 지켜 나갔기에, 칼빈이 가르치려는 바를 생활 속에서 가장 잘 보여주는 인물로 선정한 것이다.

교회 연합과 평화에의 호소

로마 가톨릭교회의 오류에 대항하여 많은 논문을 작성하였다고 해서 칼빈을 냉혹한 비판주의자로 오인해서는 안 된다. 다음에 나오는 일화는 그의 연합 정신을 극명하게 보여 주는 실례이며, 그의 영향을 통해서 교회가 평화를 찾게 되어진 구체적인 사례이기도 하다. 일생 동안 쓴 많은 편지를 통해서 개혁 교회의 건전한 발전 방향을 충고하고 제시하며, 활발한 교제를 지속한 것이다. 근대 사회로의 전개를 이끌어 내는 데 기여한 칼빈의 결정적인 공로는 단지 그가 제네바 안에서 안주하는데 그치지 않고, 외부의 수많은 사람들과의 교제를 통해서 자신의 사상을 활발히 교류함으로써 가능했던 것이다. 그의 다양한 활동은, 그가 당시 세계사의 무대에서 활약한 사람들과 나눈 편지 속에 남아 있는데, 현존하는 편지 수는 4,271통이며, 정확하게 이름이 밝혀진 수신자가 307명을 넘어선다. 이처럼 다른 지역에 사는 많은 사람들에게 보낸 그의 열정과 배려와 조언을 통해서 그는 세계의 흐름에 많은 영향을 미쳤다.

프랑크푸르트는 제네바에서는 상당히 멀리 떨어진 독일의 도시이지만, 1555년 초부터 이곳의 지도자들과도 많은 편지를 주고받았다. 프랑크푸르트에는 영국의 정권이 바뀌어서 메리 여왕(1516-1558, 재위 기간 1553-1558, 피에 젖은 메리라고 불림)이 잔혹한 박해를 시작하자 1554

년경 많은 개신교 피난민들이 몰려와 개신교 교회 안에서 갈등이 있었다. 특히 가장 큰 문제로 등장한 것은 예배 의식에 관한 것이었다. 일부에서는 영국에서 사용하던 통일된 '공공 기도서'를 채택하고자 했고, 다른 쪽에서는 개혁주의 예배 의식을 원했다. 이때에 개혁 진영의 지도자는 요한 낙스와 윌리엄 윗팅햄이었다. 이들 영국 개혁 진영의 지도자들은 칼빈이 성공회의 예배 의식에 남아 있는 로마 가톨릭의 잔재들에 대해 비판해 주기를 원했다.[16] 이미 프랑크푸르트에는 프랑스 난민 교회가 독립적으로 결성되어 있었다. 그곳에 있던 영국 출신 피난민들마저도 군주에게 개신교를 지지하는 프랑스인들에게 특권을 허용해 줄 것을 요청하였다. 이에 독일 군주는 허락하지 않을 수 없게 되었으나 너무 많은 예배 의식을 개발하지 않는다는 조건을 제시했다.

1558년 1월 18일자 편지에서 칼빈은 당시 영국에서 벌어지고 있는 무서운 박해가 자신과 동일한 신앙을 가진 사람들에게 가해지고 있음에 대해 경악을 금치 못하였다.[17] 그리고 일단 피난을 오게 된 사람들은 현재 거주하고 있는 지역의 교회가 강조하는 것을 따르는 것이 도리라고 밝혔다. 성공회의 예배 의식서를 그대로 따르는 것은 어리석게 생각되는 부분이 많다고 생각하면서도, 이것을 이유로 해서 새로운 교회가 형성되는 것에는 반대하였다. 그러나 내용의 갱신에 대해서 조금도 주저하지 말라고 격려하였다. 다만 새로운 교회를 형성 한다는 것이 자칫 어리석은 질투심 때문에 이루어진 것이라는 비난을 받지 않도록 신중한 처신을 당부하였다. 신앙 때문에 영국으로부터 도망온 사람들에게는 조롱을 두려워하지 말라고 격려하였다. 오히려 피난민들의 신실한 신

---

16) Karl Bauer, *Die Beziehungen Calvins zu Frankfurt* (Leipzig, 1920).

17) *Calvin's Selected Works*, vol. 6, 117-119.

앙이 남아 있는 사람들로 하여금 그들이 처해 있는 깊은 심연을 발견하도록 생각할 기회를 제공할 것이라고 격려했다.

윗팅햄을 비롯한 개혁 진영의 지도자들은 칼빈의 충고를 따라서 다른 영국 성도들과 타협점을 찾을 수 있었다. 그러나 리차드 콕즈(Richard Coxe)의 지도하에 국교에서 분리해 나온 새 피난민들이 도착하면서 문제가 발생하였다. 이들은 영국에서처럼 자신들만의 분파적인 교회와 예배 의식을 고집하였다. 낙스는 작은 책자에서 황제를 비판한 적이 있었는데, 그를 반대하는 분파주의자들 이를 근거로 트집을 잡아 결국 시정부에서 쫓겨나게 되었다. 1555년 3월 25일, 칼빈은 다시 윗팅햄에게 편지를 보내 이들 사이의 타협을 주선했다. 이에 4월 초, 콕즈와 다른 지도자들로부터 그간의 상황 설명을 받게 되었는데, 다행히 서로간의 양보에 합의했다는 편지가 칼빈에게로 왔다. 5월 31일, 칼빈은 콕즈에게 그들이 서로 화해한 것에 대해 감사하는 편지를 보내면서, 낙스를 추방하도록 만든 그들의 방법에 대해서 동의할 수 없음을 지적하였다.[18] 또한 콕즈의 사람들이 제네바에 찾아오려 한다는 제안에 대해서, 이런 것은 상호 조화를 해치는 데 영향을 줄 수 있으므로 방문을 거절하였다. 칼빈은 이들을 설득하느라 두 해 동안에 여러 차례 편지를 보냈다. 1554년 8월 27일에는 뿔랭에게 프랑스 교회의 앞날에 대해서, 1555년 6월 12일에는 요한 낙스에게, 1555년 12월 22일에는 전체 회중에게, 1556년 2월 28일에는 시의회 의원인 요한 폰 글라우부르그에게, 1556년 3월 2일에는 프랑스 회중교회 목사들에게, 3일에는 프랑스 회중들에게, 6월 24일에는 장로들과 집사들에게 편지하였다.[19]

---

18) CO XV:628-629.

19) CO XVI:201-213. *Calvin's Selected Works*, vol. 6, 65-66, 189-191, 240-243, 252-259.

1556년 9월의 후반 두 주간 동안 칼빈은 프랑크푸르트에서 발생한 서로 간의 심각한 대립을 해소해 보려고 머물고 있었다. 심지어 프랑스 회중이 모이는 교회에서도 불화가 발생했는데, 이는 전임 목사의 이임 후에 발생한 두 파의 대립과 함께, 영국과 베셀 등 타 지역 사람들이 회원으로 들어왔기 때문이다. 심지어 담임 목사 뿔랭(Valérand Poullain)이 이런 갈등을 부채질하고 있었다. 프랑크 푸르트에 머무는 동안 칼빈은 글라우부르그의 요청에 따라 프랑스 난민 교회의 문제를 처리하였다. 뿔랭을 사임시키기로 명확한 결정을 내린 회의의 사회를 맡았다. 그는 이 일을 결코 유쾌하지 않은 사건이라고 말했는데, 그만큼 고통이 컸기 때문이다.[20] 그 다음에는 이틀 동안에 걸쳐 유스투스 웰스(Justus Wels)와 논쟁하였는데, 그가 예정론을 거부하고 자유 의지를 주장하였기 때문이다. 그 후에 영국 난민 교회의 대표자들과 만났다. 그러나 루터파 목사들과의 만남은 성공하지 못했다.

프랑크푸르트에 세워진 프랑스 개신교회는 계속 혼미한 상태를 벗어나지 못했다. 1559년 2월 23일자 편지에서 칼빈은 다시 한 번 프랑스 난민 교회의 문제에 중재를 서야 했는데, 뿔랭을 대신하여 초빙된 목사 기욤 우브라끄(Guillaume Houbracque)와 프랑수와 뻬루쎌(François Perrucel) 사이에 싸움이 발생하였다. 성도들 사이의 싸움은 목회자가 중재하지만, 목회자 사이의 싸움은 누가 중재할 것인가? 칼빈은 다급한 마음을 금할 길 없었다. 평화와 연합을 해치는 갈등의 종결을 서두르지 않을 수 없었다. 그리고 세바스찬 카스텔리오가 이들과 접촉하는 것을 경계하고, 그가 출판한 논문들과 『게르마니아 신학』(Theologia

---

20) 1556년 10월 26일, Wolfgang Musculus에게 보낸 편지.

Germanica)의 프랑스 번역본에 대해 조심할 것도 권했다. 또한 열정적인 레그란드(Augustine Legrand)에게 평화를 깨지 말도록 간곡히 당부하였다.

다른 지역의 교회들이 자문해 오는 문제를 처리하는 칼빈의 조언 중에서 자주 발견되는 용어가 교회의 연합과 평화다. 파렐이 제네바에서 추방된 뒤 정착하게 된 뇌샤뗄은 제네바에서 멀지 않은 곳이었기에, 칼빈은 파렐과 자주 만나기도 하고, 많은 문제들을 상의하기도 했으며, 개인적으로는 가장 많은 편지를 주고 받았다. 제네바의 일이 다른 사람에게 감추어질 수 없다면 뇌샤뗄의 일도 역시 숨길 수 없었다. 목사의 임명이나 신학 문제에서 칼빈을 비판하는 사람들에 대한 처리가 있는 회의와 그 밖의 교회 정치 문제에 대해서 초빙받기도 하고 자문에 응하기도 했다.

합의된 성찬론(Consensus Tigurinus, 1549)

이처럼 유럽 전 지역을 무대로 하여 교회 평화와 일치를 위한 칼빈의 노력은 훌륭한 업적으로 평가되어야만 마땅하다. 그 가운데서도 당대의 가장 중요한 신학 논쟁이었던 성만찬에 관련된 개신교 진영의 논쟁에 개입하여 칼빈이 이루려 했던 화합에 대한 노력들을 살펴보고자 한다.

1544년 루터가 자신의 성찬론인 공재설을 다시 발표하자[21] 쯔빙글리

---

21) WA 54:141-167. *Kurzes Bekenntnis vom heiligen Sakrament wider Schwenckfeld und die Schweizer*.

와 지속되어 왔던 논쟁이 또다시 재현되었다. 같은 해 11월 25일자로 불링거에게 보낸 편지에서 칼빈은 자신의 입장을 밝히고 있는데, 이 편지 안에 당시 개신교 진영이 처한 신학적 입장을 충분히 파악할 수 있는 내용이 담겨 있다. 칼빈이 독일 루터파 측과 스위스 쯔빙글리파 사이에 중재안을 내고 서로 화해시키도록 노력하게 된 것은 먼저 파렐이 강력히 요청하였기 때문이다. 취리히를 방문하여 평화를 유도해 내도록 노력해 달라고 파렐이 간곡히 부탁해 왔던 것이다. 그러나 칼빈은 취리히의 개혁자들에게 무조건 성찬 논쟁을 중지하라고 요청하지는 못하였다. 루터가 먼저 싸움을 중지해야 할 사람이라고 판단했기 때문이다. 루터가 먼저 모든 노력을 경주하여야 하고, 자기 자신의 견해를 다시 한 번 점검해야만 한다고 생각한 근거는 진리의 대적자들에게 공격하듯이 그리스도의 종들에게 지나친 열정으로 공격하고 있다고 판단했기 때문이다. 그가 더욱 극단적으로 공격하면 할 수록 자신의 과오만을 보게 될 것이다.

56. 하인리히 불링거

많은 단점을 가졌음에도 불구하고 루터의 뛰어난 은사들에 대해서는 깊은 존경을 가져야만 한다는 것이 칼빈의 기본자세였다. 서로 의견이 다르지만 지금 그들이 상대하고 있는 사람은 그리스도의 종 가운데서 최고로 꼽히는 분이요 우리 모두가 큰 빚을 지고 있는 분이라는 사실을 칼빈은 불링거에게 상기시켰다. 루터와의 논쟁은 불신자들에게 즐거움을 가져다 줄 뿐이다. 따라서 루터가 자극할지라도, 더이상 피해를 입기 전에 논쟁을 중단하는 편이 더 현명할 것이다. 논쟁을 중지하는 편이 교회의 손상을 방지하는 유일한 해결책이다. 그리고 기록된 문서로 논쟁을 하는 것보다는 차라리 만나서 말로 토론하는 것이 더 낫겠다고 조언하였다.

칼빈의 편지에도 불구하고 취리히의 개혁자들은 루터를 반박하는 글을 발표하였다.[22] 1545년 6월 28일, 칼빈은 루터 쪽으로 자신의 의견을 전달하고자 멜랑톤에게 편지를 보냈다. 취리히의 개혁자들이 내놓은 문서에 일리가 있음을 인정하면서, 적어도 이번에 나온 문서만큼은 바르다고 평가하였다. 물론 이번에도 칼빈은 그들이 아예 출판을 하지 않았거나 다른 내용으로 표현을 달리했으면 더욱 좋았을 것이라 생각했다. 주님의 만찬에 대해서 그들이 서로 첨예하게 대립하는 근본적인 문제는 지금과 같은 방식으로 대립해서는 안 될 주제라고 호소하였다. 루터는 마치 페리클레스처럼 아무도 통제를 할 수 없는 사람이 되고 말았으므로 그 점에 대해서 용감히 비판하면서도, 칼빈은 멜랑톤에게 성찬론을 밝히라고 요구하였다.

1547년 1월 24일 제네바 시의회의 요청에 따라서, 스위스 여러 도시를 방문하였다. 찰스 5세가 독일 개신교 군주들과의 전투에서 다소 승세를 굳히자, 남부 독일 지역도 황제의 손에 들어가게 되었고, 삭소니의 프리드리히와 헷세의 필립도 자신들의 영지로 돌아가버렸다. 독일 개신교 군주들이 매우 위협을 받는 상황에 처하게 되었고, 국경 지대의 스위스의 주민들도 상당히 불안에 떨고 있었다. 그래서 칼빈이 그들을 위문하고, 개신교 신앙에 굳게 서서 세상의 혼돈에 맞설 것을 격려하기 위하여 방문한 것이다.

칼빈이 취리히에 도착하자, 불링거는 성만찬에 대한 자신의 견해

---

22) "Wahrhaftes Bekenntnis der Diener der Kirche zu Zürich" in *Bekenntnisschriften der reformierten Kirche*, 153-159.

를 담아서 "주 그리스도의 절대성과 성만찬에 관한 일반적 교회의 고찰"(Absoluta de Christi Domini et catholicae ecclesiae sacramentis tractio)을 내놓았다(1551년 출판됨). 제네바로 돌아오자마자 칼빈은 『불링거의 성찬론에 대한 소견』(Censura Libri Bullinger de Sacramentis)을 1547년 2월 27일 출판하였다. 여러 문제점을 지적한 끝에 마지막 충고를 덧붙였다. "당신의 책 속에 있는 것을 당신이 교정하시기를 나는 희망하며, 그리해야만 절대적으로 인정할 수 있을 것입니다. 나는 추천할 만한 장점을 지닌 부분들에 대해서는 따로 언급하지 않았습니다. 나는 친구의 자격으로 당신의 요청에 따라서 자유롭게 당신에게 권고하는 것이요 요청을 드리는 것입니다. 나의 자유함에서 좋은 부분을 택하느냐의 여부는 전적으로 이제 귀하에게 남겨진 과제입니다."

다시 칼빈은 이 원고를 넘겨받은 지 약 육 개월 후에 불링거에게 답장하였다.[23] 칼빈이 가장 핵심적으로 지적하는 불만은 그리스도의 영적인 임재를 모호하게 취급하려는 취리히의 입장이었다. 그리스도의 몸은 하늘에 계시고, 땅에서는 그가 시행한 만찬은 거행되고 있다. 그리스도는 육신의 눈으로는 보이지 않는다. 그러나 믿는 자들의 마음속에는 이 거대한 간격을 메워주는 성령의 역사하심과 권능이 작용하고 있다. "빵과 포도주는 눈에 보이는 증표에 불과하다. 그렇다고 해서 아무런 의미 없는 공허한 증표들이 아니다. 빵은 주님의 몸이 나를 위해서 십자가에서 죽으신 것을 상징할 뿐만 아니라, 그것은 바로 오늘 나를 위하여 내가 살아가는 양식으로 제공되고 있는 것이다."

또 한 가지 칼빈이 거부한 불링거의 교리는 중생하시는 하나님의 역

---

23) 1547년 9월 19일자 편지. *Calvin's Selected Works*, vol. 5, 143-145.

사가 목사 직분과는 아무런 연관을 갖고 있지 않다는 주장에 대해서이다. 목사는 하나님의 말씀의 사역자로서 하나님이 하시는 구원 역사를 전달하는 것이 아니기에 아무것도 할 수 없지만, 그러나 성령이 역사하셔서 그를 도구로 사용하는 한에 있어서는 목사가 하는 모든 인간적인 노력들은 높이 평가를 받아야만 한다고 보았다.

1547년 9월 19일, 불링거는 칼빈의 비판을 거부하는 내용의 편지를 보내 왔다. 칼빈은 다시 불링거에게 편지하면서, 자신은 친구로서 의견을 피력해 달라는 부탁에 응한 것뿐이며 두 사람 사이에 논쟁할 의사가 없음을 밝혔다. 도리어 서로 가능한 부분까지 합의를 이루기를 원했다. 칼빈은 자신이 밝힌 그리스도의 영적 임재에 대한 강조점은 불링거의 설명보다 더 분명하고 명쾌하기에 충분히 합의점에 도달할 수 있을 것이라고 희망을 품고 있었다.

스위스 여러 도시를 돌아보던 중 베른에서 칼빈은 성만찬을 둘러싸고 갈등이 빚어지고 있음을 목격했다. 루터파와 쯔빙글리파 사이에 커다란 간격이 있음을 다시 한 번 확인하게 되었다. 베른에는 킬흐마이어(Kilchmeier)를 위시하여 쯔빙글리와 같은 마음을 가진자가 있는가 하면, 루터파에 가까운 심증을 가진 슐저, 게룽, 쉬미트 등이 서로 대립하고 있었다. 이대로 가면 개신교 진영에 커다란 분열이 예상되는 만큼, 칼빈은 세 가지 제안을 검토해 줄 것을 양 진영에 요청하였다. 첫째는 영적인 직무의 목적과 기능, 둘째는 성만찬에서 우리에게 제공되는 것이 무엇이냐에 대한 논의, 셋째는 그리스도의 몸이 어떻게 주님의 만찬에서 우리에게 제공되어지는가에 대한 것이다. 결국, 베른시에서는 루터파의 견해를 지지하는 슐저와 두 목사들이 직무에서 면직되었다. 슐저는 베른에서 강제로 쫓겨난 후에 바젤에서 신학 교수가 되었다.

로잔에서는 비레와 다른 동료 한 명이 루터파의 견해를 가지고 있다고 고소를 당하여, 그들의 입장을 변호할 처지에 놓여 있었다. 칼빈은 이들 목사들과 함께 만나줄 것을 요청 받았으나, 그는 떠나 있는 편이 오히려 더 유익하겠다고 판단하였다. 비레와 동료 목사도 역시 베른에서 일어나고 있는 논쟁을 수습하는 데 아무런 긍정적인 성과를 거두지 못하였다. 비레는 칼빈으로 하여금 취리히를 방문하도록 요청하였다.

1548년 5월 파렐과 함께 칼빈은 비레를 돕기 위해서 취리히를 방문하였는 데, 성만찬의 본질에 대해서 불링거나 동료 목사들과 토론하는 시간을 갖지 못하였다. 다만 불링거에게 베른과 좀 더 우호적인 관계를 증진시켜 줄 것을 요청하였다.[24] 취리히 방문에서 성과를 거두지 못하고 돌아온 후에 보낸 편지에서 성만찬에서 상징하는 것과 그 본질과의 연관이 없다면 우리가 얻을 유익이란 아무것도 없다는 점을 불링거에게 확인시키고자 노력하였다. 따라서 성만찬이 우리를 그리스도에게로 인도하는 것이 되어야만 한다는 것이다. 왜냐하면 모든 좋은 것은 그리스도 안에 있기 때문이다. 이 교리에 담겨 있는 것은, 구원은 오직 그리스도 안에서만 찾아야 할 것이요 하나님 한 분만이 이 구원의 저자라는 사실이며, 오직 성령의 비밀스러운 사역을 통해서만 우리가 받게 된다는 점을 확실히 하였다. 그리고 마틴 부써도 역시 취리히의 성찬론에 대해서 충분히 동의할 수 없다는 의견을 갖고 있음도 언급하였다.

불링거는 24개 항으로 된 편지를 1548년 12월에 칼빈에게 보내왔다. 1549년 1월 21일자 편지에서 서로 잘못 이해하고 있는 부분이 무엇인가를 칼빈이 답하였다. 이들 두 사람이 서로 오랫동안 토론해 오면서 거의 대부분 이해를 하게 되었다면, 약간의 차이가 있음에 대해서

---

24) 1548년 6월 26일자 편지. *Calvin's Selected Works*, vol. 5, 168-173.

는 서로 논쟁하지 않는 것이 유익함을 피력하였다. 이에 대해서 불링거는 자신이 너무나 미숙하였음을 사과하면서, 부써의 의견에 대해서 동의하고 있음을 다시 편지로 알려 왔다. 이제 성만찬에 대하여 어느 정도 중요한 인식의 기초가 마련된 셈이다.

1549년 5월 20일 칼빈은 제네바에서 통과된 20개 항의 성만찬 교리를 가지고, 파렐과 함께 베른과 취리히를 방문하여 프랑스와 함께 연합된 의견을 조율하고자 노력하였다. 불과 몇 시간 내에 합의에 도달하였는데, 제네바 신앙고백서에 있는 17개 항목을 그대로 반영하면서 모두 26개 항목으로 통합된 "티그리누스 합의서"(Consensus Tigurinus)를 작성하게 되었다.[25] 첫 부분은 기독론적인 서론(1-6)이고, 둘째 부분은 성만찬의 해설(7-20)인데, 여기서 로마 가톨릭의 화채설과 루터파의 공재설을 거부하였다. 셋째 부분은 다른 견해를 취급하였다(21-26).

1549년 6월 5일, 제네바로 돌아오자마자, 칼빈은 합의문을 인쇄하여 널리 보급하는 데 총력을 기울였다. 특히 이 문서는 독일 루터파와 스위스 개혁 교회 사이에 분열을 해소하는 데 중요한 역할을 할 수 있으리라 확신했다. 독일 교회들은 스위스 교회가 성만찬주의자들이라고 오판하고 있었기 때문이다. 그러나 이 합의문은 스위스 전체 교회의 공식적인 동의가 있은 후, 1551년에야 비로소 출판되었다. 그 사이에 베른에서 이 합의문에 대해서 거부하였기 때문에 불명확한 부분에 대해 다시 칼빈이 수정을 해야만 되었다. 칼빈은 프랑스어로 번역하였고, 불링거는 독일어로 번역하였다.

---

25) CO vii:735-744. *Consensio mutua in re sacramentaria ministrorum Trigurinae ecclesiae, et D. Ioannis Calvini ministri Genevensis ecclesiae, iam nunc ab ipsis authoribus edita.* 영어 번역은 *Journal of Presbyterian History* 44(1966), 45-61쪽을 볼 것.

1549년 6월 28일, 칼빈은 부써에게 이 사본을 보냈다. 그는 무척이나 부써의 의견이 궁금하였다. 부써는 이 문서가 루터에 대해서 온당한 판단을 하지 못하고 있다고 생각하고, 그 부분에 대해서 매우 비판적인 글을 보내왔다. 그리스도와의 교류에 대해서 충분히 설명하지 못하고 있으며, 너무나 지나치게 조심하고 있다고 보았다. 승천의 중요성에 대해서도 분명하게 고백해야만 된다고 첨가하였다. 칼빈은 부써에게 보낸 편지에서, 성찬의 효과에 대해서 충분히 설명하지 못한 것은 자신의 실수가 아니라 좀 더 충분히 토론하지 않았기 때문이라고 변명하였다. 그리고 이 합의문을 좋게 여기는 이유는 양편에서 한 가지 중심 진리에 대해서 합의하였다는 점을 상기시켰다.

바젤의 개혁자 오스왈드 미코니우스에게도 사본과 편지를 보내, 칼빈은 그동안 자신과 불링거 사이에 서로 개인적으로 서신을 교환하게 된 배경을 설명하였다. 칼빈은 자신에게 자문을 구하지 않았다고 생각한 미코니우스가 매우 화가 나 있음을 알게 되었기 때문이다. 바젤은 이 논쟁에서 의도적으로 제외된 것이라기보다는 그렇게 할 수밖에 없었음을 설명하였다. 이런 편지가 미코니우스로 하여금 충분히 만족을 주지는 못할 것이지만, 앞으로 긍정적인 관계를 발전시키는 데 도움을 줄 것으로 믿었다.

함부르크의 목회자 가운데 루터파 강경론자로 이름난 요아킴 베스트팔이 1549년과 1551년에 "티구리누스 합의문"을 비판하는 글을 발표하였다.[26] 그는 루터의 철저한 신봉자였는데, 점차 칼빈의 영향력이 확대되고 있다는 느낌을 갖고 이를 견제하려했던 것이다. 1552년

---

26) Joshep N. Tylenda, "The Calvin-Westphal Exchange: The Genesis of Calvin's Treatises against Westphal," *Calvin Theological Journal* 9(1974), 182-209.

과 1553년에 마그데부르그에서도 같은 내용을 출판하였다. 칼빈과 멜랑톤은 처음에는 이런 책자에 대해서 댓구할 필요를 느끼지 않았던 것 같다. 이들 두 대표자들은 아무런 입장을 표명하지 않으려 했으나, 점차 독일 진영과 스위스 개혁 교회 사이에 베스트팔의 공격이 악영향을 끼치고 있음을 알게 되자 매우 실망을 금할 수 없었다. 결국 칼빈은 자신이 루터파 전체에 대항하여 싸우려는 것이 아니라, 베스트팔과 같은 열광주의자들과 싸우고 있음을 알리는 "성만찬의 정통 교리와 그 변명서"(Defensio sanae et orthodoxae doctrinae de sacramentis)를 작성하여 1554년 10월 6일 불링거에게 보냈다.[27] 베른과 바젤에도 같은 문서를 보내서, 스위스 교회들이 연합하여 자신을 지지해 줄 것을 요청했다. 하지만 취리히에서만 이 문서에 동의해 주었다.

취리히에서 온 불링거의 편지를 통해서 칼빈은 자기가 너무나 루터에게 관대하고, 베스트팔에게는 너무나 비판적이라는 점을 지적받았다. 성만찬에 관한 한 칼빈은 쯔빙글리와 같은 생각을 받아들일 수 없었고, 하나님께서 그것들을 통해서 확실히 전달하고자 하시는 것을 그저 단순히 표증이라고 취급하는 잘못을 지적하지 않을 수 없었다. 1556년 1월, 칼빈은 두 번째 베스트팔에 대항하는 변증서를 출판하였다.[28] 이것은 첫 번째 칼빈의 변호에 대해서 베스트팔의 응답이 있자, 다시 이를 반박하는 논문이었다. 베스트팔은 스위스 교회를 성례주의자들로 몰아세우고 있었다. 1557년 다시 베스트팔은 칼빈의 두 번째 변호에 응답하는 팜플렛을 만들었는데, 이를 멜랑톤이 후원한다고 발표하였다.

---

27) CO xv:255-256.
28) CO ix:41-120. *Secunda defensio piae et orthodoxae de sacramentarii de sacramentis fidei contra Ioachimi Westphali calumnias*.

칼빈의 세 번째 반박 논문은 1557년 제네바에서 출판되었다.[29] 베스트팔의 비판에 보면 칼빈이 전혀 초대 교회의 글들을 읽지 않았다는 지적이 있었다. 세 번째 반박 논문에서 칼빈은 어거스틴의 신학을 정확히 인용하였다. 그리고 삭소니의 목사들이 발표한 신앙 고백의 문제점을 거론하였다. 이런 논쟁을 종 합한 부분은 훗날 『기독교강요』에 반영되어 있다. 베스트팔의 성찬론이 지닌 문제점에 대해서 1559년 『기독교강요』 제4권 제17장 20-34항에서 자세히 집약하였다. 칼빈의 논지는 일관되게 빵과 포도주가 증거하는 본질은 그리스도의 몸과 피라는 점이다. 예수 그리스도께서는 빵과 포도주를 나누면서 "새 언약"이라고 약속하였는데, 이는 그리스도의 죽으심으로 유효화되었고, 이를 먹고 마심으로써 우리가 그리스도와 함께 하나가 되어서 자라나게 하는 비밀스러운 교통이 이루어진다.

고전적인 루터의 견해에 따르면 지나치게 문자적인 해석에 집착하고 있다. "이것은 내 몸이다"라는 구절을 해석하면서 루터는 그리스도의 몸이 빵 안에, 함께, 그 속에 들어 있다고 주장했다. 베스트팔은 이보다 더 극단적으로 빵은 곧바로 그리스도의 몸이며, 성찬에서 제공되는 것이고, 이는 결과적으로 성도들에게 하나님이 제공하는 것이라고 논리적 비약을 한다. 그러나 칼빈이 강조하는 바, 성경에 따르면 빵은 몸이 아니라, 단지 몸의 증거물인 것이다. 이렇게 말하는 것은 빵을 먹으면서 그리스도의 몸과의 교통을 부인하는 것이 아니라, 빵을 그리스도의 몸이라고 즉시 대입하는 어리석은 생각을 거부하는 것이다. "이것은

---

29) CO ix:137-252. *Ultima admonitio Ioannis Calvini ad Ioacimum Westphalum, cui nisi obtemperet, eo loco posthac habendus erit, quo pertinaces haereticos haberi iubet Paulus. Refutantur etiam hoc scripto superbae Magdeburgensium et aliorum censurae, quibus coelum et terram obruere conati sunt.*

내 몸이다"는 주님의 말씀은, "그리스도는 교회다"는 문장을 이해할 때처럼 상징적으로 해석되어야만 한다.

하이델베르그 대학 교수 틸레만 헤수시우스(Heshusius 혹은 Hesshus)도 매우 완고하게 루터의 견해를 주장함에 따라서 칼빈과의 사이에 다시 한 번 성찬 논쟁이 일어났다. 자신의 거주지 독일 남부 팔라티네의 군주에게 나아간 그는 만일 칼빈과 불링거와 함께 있다면 성만찬을 같이 먹을 수 없다고 주장했다. 그러자 교회의 최고 지도자인 게오르그 폰 에르바흐가 만일 칼빈과 불링거가 천국에 있다면 그곳에도 가지 않을 것이냐고 물었다. 헤수시우스는 1560년 예나에서 "성만찬에서 그리스도의 몸의 실재"라는 논문을 출판하였다. 칼빈은 이 문서를 불링거와 함께 검토한 후, 1561년 제네바에서 이를 논박하는 글을 발간하였다.[30] 이 글에서 "우리가 주님의 만찬을 거행할 때에, 어떻게 그리스도의 몸과 피에 참여하는가"에 대해서 집중적으로 거론하였다. 이 글을 끝으로 해서 칼빈은 헤수시우스와 더이상의 논쟁을 하고 싶지 않았다. 베자가 베스트팔과의 논쟁을 담당하였다.

세계 지도자들에게 보낸 메시지

특별히 어려움을 겪고 있던 주변의 성도들이 자문을 청해 오거나, 협조를 요청할 때마다 칼빈은 주저하지 않고 응답해 주었다. 그의 편지에 나타나는 최고위 지도자들이 직면했던 당시의 상황과 폭넓은 교류는 너

---

30) CO ix:457-524.

무나 중요한 자료가 되고 있다. 앞에서도 몇 차례 지적한 바와 같이 전 세계 성도들에게 영향을 줄 수 있는 고귀한 지위가 자신에게 부과되었음을 감사하면서 여러 사람들을 격려하였다.

폴란드의 종교 개혁을 격려함

폴란드의 지도자 프란체스코 리스마니노(Francesco Lismanino)의 요청으로 칼빈은 1555년 12월 29일 종교 개혁에 대해서 관심을 기울이고 있던 폴란드의 국왕에게 조언의 편지를 보냈고, 그 밖에 여러 귀족들에게 모두 아홉 통의 편지를 보냈다.[31] 리스마니노는 일주일에 두 번씩 시기스문트 아우구스트 왕에게 찾아가서 칼빈의 『기독교강요』를 읽어 주면서 개혁 사상을 설명할 정도로 칼빈으로부터 깊은 영향을 받은 사람이다. 1553년 제네바를 방문할 기회를 가졌고, 거기서 오랜 수도사의 제복을 벗고 결혼하였다. 그는 1556년 초에 폴란드에 돌아왔는데, 제네바를 떠나기 전 아홉 명의 귀족들의 명단을 칼빈에게 남기면서 편지를 보내줄 것을 요청하였던 것이다.

이들에게 칼빈은 개혁 신앙에 확고히 서서 흔들리지 말 것을 정중히 요청하고, 종교 개혁의 일반적인 소개와 교육을 열심히 하도록 촉구하였다. 그리고 성경을 그들의 언어로 번역하여 앞으로 목회자들의 훈련에 사용하고 대비하도록 조언하였다.

1556년 5월 2일, 핀크조우에서 모인 일곱 명의 목사들과 열 명의 귀족들은 칼빈에게 폴란드 지역을 방문해 줄 것을 결의하였다. 그리고 칼

---

31) *Calvin's Selected Works*, vol. 6, 244-247.

빈에게 몇 달간의 여행을 허용해 줄 것을 청원하는 편지를 제네바시의 회에 보내왔다. 그러나 1557년 3월 8일자 편지에서 칼빈은 아쉽지만 폴란드를 다녀올 만큼 오랫동안 제네바를 비울 수 없음을 통고하였다. 그 사이에, 요한네스 아라스코가 폴란드에 도착했으므로 긴급한 문제들에 대해서 자문 받을 수 있게 되었다.

칼빈이 자주 편지를 교환한 잔 타르노브스키(Jan Tarnowski)는 종교 개혁이 일어나면 정치적으로 혼란이 올 것을 염려하였다. 이에 대해 다시 1558년에 보낸 편지에서 칼빈은 그의 솔직한 염려와 반응에 대해서 진심으로 감사하게 생각하면서, 국가의 안정과 평화를 위해서는 종교의 역할이 얼마나 중요한가에 대해서 지적해 주었다.[32] 그리고 이런 것은 지도자들에 의해서 마땅히 수행되어야 하는데 하나님께 대한 의무와 책임을 잘 감당해야만 한다고 역설하였다. 타르노브스키로부터 1559년 5월 답장을 받은 칼빈은 다시 11월 15일 하나님께 대한 봉사와 정치적 의무와의 관계에 대해서 설명하는 편지를 보냈다. 타르노브스키는 정치적 안정과 평화, 질서 유지를 최우선 순위로 생각하는 반면, 칼빈은 국가의 지도자들이 가진 의무는 그런 것만이 아니라고 설득하였다. 바울은 디모데전서 2:2에서 임금들과 높은 지위에 있는 사람들을 위해서 기도해야 한다고 가르쳤는데 이는 우리가 모든 경건과 단정한 중에 고요하고 평안한 생활을 하려 함이라고 했다. 정치적 행동은 인간의 시간과 장소에 중요한 영향을 미치고 있는 만큼, 신앙적인 행동과도 깊이 연관을 맺고 있다. 1560년 6월 9일자 편지에서 다시 한 번 칼빈은 그가 종교 개혁에 관심을 느끼고 있는 것은 매우 귀한 일이라고 격려하였다.

---

32) CO xvii:382-383.

칼빈은 1558년 12월 19일, 종교 개혁에 따른 일련의 개혁을 단행했던 쿠자비(Kujawy)의 주교, 자콥 우찬스키(Jacob Uchanski)에게 편지를 보내서 앞으로 닥쳐올 많은 문제들에 대해서 설명하고 격려하였다.[33] 우찬스키는 자신의 교구에서 개혁 운동의 여러 요소들을 긍정적으로 받아들여 성직자들의 결혼 금지 조치를 철회하고, 성만찬에서 떡과 함께 잔을 나누어 주었으며, 예배의 시작을 폴란드 말로 하고자 노력했다. 그러나 나중에 결국 그는 로마 가톨릭교회와 타협을 하고 대주교로 승진하고 말았다.

동프리스랜드의 포삐우스

1559년 2월 26일, 칼빈은 동프리스랜드 만스라그트의 목사인 멘소 포삐우스(Menso Poppius)에게 답장을 보냈다.[34] 당시 칼빈은 약 6개월 동안 심한 중병을 앓았기 때문에 긴 편지를 쓸 형편이 아니었지만, 목사의 훈련, 자녀들의 교육, 긴급한 경우에 주는 세례, 권징의 문제에 대해서 답변해 주었다. 또한 포삐우스가 원하던 재정 지원도 마련하여 주었다.

영국 지도자들

칼빈은 다른 나라와 마찬가지로, 영국에서 일어나는 종교 개혁에 대해서 지대한 관심을 가지고 지켜보면서 도움을 주었는 데, 런던의 프랑스 난민 교회가 바로 칼빈과 영국 교회를 연결하는 중요한 다리 역할을

---

33) CO xvii:380-382.
34) CO xvii:451-454. 포삐우스의 1559년 9월 10일자 답장. CO xvii:629-632.

했다. 칼빈은 이곳에 유능한 목사들을 파견하였다.

1548년 6월 24일, 칼빈은 에드워드 6세의 친척이 되는 서머셋 공작(Edward Seymour, Duke of Somerset, Regent of England)에게 디모데서를 헌정하였다. 개혁 신앙에 불타는 공작은 어린 국왕의 지지를 바탕으로 헨리 8세 이후의 어지러운 정국을 새롭게 개편하였다. 그는 개인

56. 서머셋의 공작, 에드워드 세이무르

적인 미사를 폐지하고 우상 숭배를 철폐하여, 국민들의 지지를 받았으나 귀족들의 미움을 샀다. 이 헌사에는 찬사가 가득하며, 성경의 원리에 따라서 어린 왕을 지도하고 교육하도록 격려하고 있다.

모든 사람이 알고 있듯이 귀하께서 경험하신 아주 커다란 난관들도 종교의 회복을 최우선의 목표로 삼고자 하는 귀하의 관심을 방해하지 못했습니다. 복음을 위한 이런 고려는 한 국가의 공공복지에 유익을 가져다 주는 것이요, 군주에게도 역시 유익이 됩니다. 그들을 보전하시고 세우신 하나님의 아들이 그들을 통치할 때에 왕국의 번영이 확실한 것이며, 그들을 인도하는 자들이 신실하게 될 것입니다. 그리하여, 귀하께서 영국을 통치하는 데 있어서 하나님에게 참된 예배를 드릴 뿐만 아니라, 우상을 부숴 버리는 것보다 더 좋은 방법은 없을 것입니다. 너무 오랫동안 로마 적그리스도의 신성 모독 폭정에 억눌려 온 참된 경건의 가르침을 회복시키고, 그리스도를 그의 보좌에 앉게 하도록 회복시키는 일이 필수적이기 때문입니다. 오늘날 자신의 높은 지위를 그리스도의 영적 주권에 기꺼이 복종시

제15장 기독교적 지성이 번득이는 저작물들

키는 지도자들이 거의 없다는 것을 우리가 기억할 때에 이런 행동은 탁월한 일이며, 마땅히 칭송할 가치가 충분한 것입니다.[35]

이탈리아에서 망명을 온 피터 마터 버미글리(Peter Martyr Vermigi)가 칼빈의 추천으로 옥스포드 대학교의 신학 교수가 되었고, 베르나르도 오치노가 캔터베리의 명예 성직자로 활약하였다. 그리고 1549년에는 마틴 부써가 영국으로 건너가서 캠브리지 대학의 신학 교수가 되었다.

영국의 종교 개혁이 성공하기를 간절히 원했던 칼빈은 얼마나 중요한 시기인가를 파악하였던 것 같다. 그는 서머셋 공에게 1548년 10월 22일, 장문의 편지를 보냈다. 이 편지는 칼빈이 쓴 모든 편지 가운데서 최장의 것이다. 칼빈은 서머셋 공작을 사용하신 하나님을 찬양하고, 그

58. 헨리 8세가 죽으면서 에드워드 6세에게 맡기라고 손가락으로 지적하고 있고 그 오른쪽에 섭정 서머셋 공작, 그리고 크랜머 대주교 등이 순서대로 앉아 있다.

35) CO xiii:16-17. *Calvin's Commentary on Timothy* (Grand Rapids: Eerdmans, 1964), 181-182.

의 훌륭한 활약에 대해서 칭찬을 아끼지 않았다.

> 우리는 모든 것에 대해 하나님께 감사드릴 이유가 있습니다. 하나님께서는 영국에서 예배의 순수함과 바른 질서를 확립하는 일과 듣기를 원하는 모든 사람들에게 충실하게 선포될 구원의 교리를 확립하게 되는 그처럼 뛰어난 일에 당신을 사용하시기를 기뻐하셨기 때문입니다. 귀하께서는 그렇게 많은 시련과 곤경을 겪으셨음에도 불구하고, 지금까지 인내할 수 있도록 확신과 견고함을 주셨습니다. 하나님께서는 귀하에게 그의 능하신 팔로 도움을 주셨고, 귀하의 모든 계획에 축복하셨으며, 귀하의 노고가 열매를 맺도록 하셨습니다. 모든 참된 신자들이 그의 이름을 높이도록 고무하는 감사의 근거는 이런 것들입니다.[36]

그리고 교회의 개혁이 성공적으로 이루어지려면 비성경적인 과오를 없애 버려야 한다고 강조했다. 교회 개혁이 하늘에 속한 행위라면, 땅에 속한 대중의 취향과 기분을 수용하되, 그것을 구실로 사탄과 적그리스도적인 타락이 용납되어서는 안 된다고 강조했다. 칼빈은 사회 도덕의 진작을 위해서 간음을 다스릴 것과 신성 모독의 행위도 처벌하는 것이 좋다는 조언도 첨가하였다. 공작은 칼빈에게 감사의 표시로 반지를 보내왔다. 칼빈은 이에 대해서 공작의 딸에게 감사의 마음을 담아 답장을 보냈다.

서머셋 공이 런던 탑에서 풀려 나왔다는 소식을 듣고 칼빈은 1550년

---

36) *Calvin's Selected Works*, vol. 5, 183-184.

다시 편지를 보내서, 그가 참고 이겨낸 고난을 칭송하고 이를, 축복을 주시려는 하나님의 손수 내리신 징벌로 간주할 것과 박해자들에게 용서의 정신을 보이라고 호소했다.

부써가 보내온 1550년 성령 강림절 무렵, 런던의 상황은 급박하게 돌아가고 있었다. 에드워드의 이복 누나 메리가 집요하게 로마 가톨릭 진영의 구심점이 되어서 개혁 진영의 장애 요소로 등장하였다. 같은 해 성탄절에 칼빈은 에드워드 왕에게 이사야 주석의 헌사를 썼다. 그리고 1551년 1월 24일자 서신은 공동서신의 주석 서두에 넣었고, 따로 왕에게 보내었다. 런던 프랑스인 교회의 목사로 시무하던 리콜라 데 갈라(Nicolas Des Gallars)가, 이 편지를 왕에게 전달한 사람이 서머셋 공이었으며 왕은 매우 우호적으로 칼빈의 헌사를 받았다고 알려 왔다. 칼빈은 다시 서머셋 공에게 1551년 7월 25일, 감사의 편지를 보냈다.

이 무렵, 캔터베리 대주교 토마스 크랜머가 칼빈에게 트렌트 종교 회의에 대항하는 개혁교회협의회의에 대한 원대한 계획을 알려 왔다. 칼빈은 루터파와 스위스 개혁 교회가 다 함께 모여서 교회의 연합을 위해서 노력하자는 제안에 대해 열정적으로 화답하는 답신을 1552년 3월 20일 보냈다.

> "… 제가 그 목적에 필요하다면, 저는 열 개의 바다라도 건너가겠습니다. … 지금은 교회를 서로 연합 시킬 수도 있고, 그렇지 않으면 심하게 분열시킬 수도 있는 때입니다. 따라서 성경의 표준에 따라, 훌륭한 학문적 기틀을 갖춘 신중한 학자들의 작업으로 일치된 견해에 도달하는 것이 우리가 추구하는 학문적인 목적입니다."

영국 왕에게 헌정한 1552년 7월 4일자 편지, 그리고 또 다른 한 통의 편지, 2년 반 후에 보낸 편지에서 간결하고 우호적으로 왕들이 범할 수 있는 오만과 타락을 경고하고, 세상의 모든 부귀와 명예를 즐기기보다는 기독교인이 되는 것, 하나님의 백성이 되는 것을 더 명예스럽게 여기도록 호소하였다. 어린 왕은 칼빈의 노고를 치하했으나, 칼빈은 영국 전체의 개혁이 얼마나 어려운 것인가를 충분히 이해하지 못하였던 것으로 보인다. 제네바에 비하면 영국은 거대한 지역이기에 수백 개의 교구로 나뉘어 있고, 각 지역마다 유능하고 책임감 있는 목사를 파송하는 것은 상당한 시간을 요구하는 것이었다. 무엇보다 각 교구마다 이해관계를 맺고 있는 상류층과 중간 상인들이 모두 다 개신교의 신앙을 갖기에는 아직 신앙적으로 종교적으로 성숙하지 못했고, 이에 상응하는 뚜렷한 사회의 변혁이 뒤따르지 못했다. 크랜머가 적합한 개신교 목회자를 세우고자 점검하고 부적격자를 제거하는 노력을 했지만, 당장 필요한 인적 자원을 공급할 길이 없었다. 지방 권력이 살아 있는 한, 에드워드 6세처럼 어린 왕의 섭정이 지닌 권력은 한계가 있었다. 안타깝게도 1549년 10월 서머셋은 런던 탑에 갇혀 있는 수모를 당했고, 얼마간 자유를 회복하였으나, 결국 야심에 가득 찬 친척 와르윅에 의해서 1552년 사형당하고 말았다.

1553년 2월 13일, 칼빈은 서머셋 공에 이어서 에드워드 왕의 새로운 섭정이 된 존 체크 경(Sir John Cheke)에게 편지를 보내 어린 군주에 대한 뛰어난 교육을 칭찬하였다. 그러나 그해 7월 6일 건강이 좋지 못하던 어린 왕의 서거로 인해서 개혁은 중단되고 극심한 박해가 몰아닥쳤다. 피에 젖은 메리 여왕의 박해로 인해서 존 그레이 영주는 감옥에 감금되고, 그의 형제 서포크 공작(Suffolk)와 조카 제인 그레이는 1554년 화형을 당했다. 1554년 11월 13일, 칼빈은 존 그레이 영주의 석방 소식을 듣고 위로의 편지를 보냈다. 메리 여왕에 대한 반란에 참여한 토마스

59. 토마스 크랜머 대주교

그레이 영주도 결국 화형을 당했다. 존 체크 경은 스트라스부르그로 탈출하여 칼빈에게 소식을 알려 왔다. 리들리와 라티머 같은 지도자들이 화형에 처해졌고, 크랜머 대주교는 1556년 3월 21일에 순교하였다. 1558년 11월 메리의 사망으로 광란의 핍박이 그치고, 1559년 1월 15일 그의 여동생 엘리자베스의 대관식이 있었다. 이 날, 칼빈은 이사야 주석 사본과 헌정하는 서신을 여왕에게 보냈다. 드보라와 훌다처럼 여왕들도 교회의 유모가 되어 달라는 간청을 담고 있었다. 그러나 칼빈의 서신은 우호적으로 받아들여지지 않았다. 여왕은 존 낙스의 책들이 제네바에서 출간되어 왕에 대한 불복종을 퍼뜨리고 있다고 생각하였다. 칼빈은 새로 국무장관에 임명된 윌리엄 세실(William Cecil)에게 1559년 1월 29일 보낸 편지에서 경건한 사람들이 다시 영국으로 귀환할 수 있도록 허락해달라고 간곡히 요청하고, 자신이 여왕의 통치를 반대하는 것이 아님을 적극적으로 해명하였다. 칼빈은 여왕들이 통치하는 것은 혈연적인 관계로 정립된 것이자, 하나님의 특별 섭리로 받아들였다.

칼빈이 마지막으로 깊은 교제를 나눈 영국 지도자는 런던의 주교 에드먼드 그린달(Edmund Grindal)이다. 그는 메리의 박해 시대에 유럽 대륙에 피신해 있다가, 후에 요크의 대주교와 캔터베리 대주교를 지낸 인물이다. 1560년 5월, 칼빈은 그린달의 요청으로 런던 프랑스인 교회에 니꼴라 데 갈라 목사를 추천하여 부임하게 되었던 것이다. 비록 여왕 치하에 있지만, 하나님이 부여하신 영적 권한을 제대로 행사하도록 격려하였다. 그린달은 1563년 6월 19일자 편지에서 칼빈이 건강에 소홀히 하는 것은 교회에 유익이 되지 않는다는 점을 누누이 강조하였다. 칼빈과 불링거만이 교회의 대들보로 남아 있는데, 어찌하여 때를 가리지 않고 연구와 저술의 수고를 마다 하지 않고 있는 지 크게 염려하였다.

목회적인 조언들

종교 개혁자들은 교회의 예배와 예식, 그리고 각종 활동에 있어서 통일된 규칙을 만들려고 하지 않고, 각 나라마다 지역마다 약간의 자유를 허용하였다. 동시에 약간의 혼란도 피할 수 없었다. 몇 가지 대표적인 사례에 대해서 칼빈이 프랑스 교회 동료들에게 보낸 대답에서 간추려 본다.[37]

원칙적으로 긴급하게 주는 세례에 대해서 칼빈은 반대하였다. 충분한 교육과 훈련을 거쳐서 신앙 고백을 확인한 후에 세례를 시행해야 한다고 조언하였다. 구원은 세례에 좌우되지 않기 때문이다. 장례에 직면해서, 죽기 직전의 사람을 관에 넣어서 급히 교회로 옮겨다가 세례를 베풀기보다는 차라리 목사가 장지에 가서 거기서 설교하고 마지막 예배를 집례하는 편이 났다고 보았다. 장례 시에 종을 울리는 것에 대해서도 반대하였다. 그러나 완강하게 종을 치지 말라고 싸운 것은 아니다. 그럴 만큼 중요한 문제라고 생각하지 않았기 때문이다.

---

37) 1543년 10월 14일자, 그리고 1544년 5월 8일자, 몽트벨리에의 목사들에게 보낸 편지. CO ii:624-626; ii:705-708.

또한 미신적인 요소가 많이 가미되어 있던 금식 주간에 대해서도 칼빈은 반대하였다. 또한 여자들이 세례를 베푸는 것에 대해서도 칼빈은 반대하였다. 이러한 입장은 『기독교강요』 제 4권에도 자세히 설명되어 있다. 특히 이러한 문제는 이단에게 받은 세례의 문제를 다룬 제4차 카르타고 종교 회의에서 이미 결정된 사항이라고 보았다. 그리고 평신도들의 세례에 대해서도 금지하였다. 비록 어거스틴이 평신도의 세례에 대해서 분명한 입장을 표명하지 않았지만, 세례는 교회의 영역에 속한 것이기 때문에 반드시 말씀의 사역과 병행되어야만 한다는 것이다. 따라서 말씀을 맡은 사역자가 세례를 시행하도록 해야만 한다. 세례는 언약의 확증이다. 언약을 충분히 인지하고 감사하고 확인하고 난 후에 세례를 주어야 한다. 세례는 하나님의 택하신 백성으로 구별되고 인정받고 받아들여지는 중요한 예식이다.

목사들이 군주에 대해서 냉소적이거나 편협한 마음으로 충돌하지 말도록 칼빈은 조언하였다. 군주들에게 찾아가서 충분히 설명하는 것도 목사의 임무라고 생각하였다. 그러나 군주들이 목사들의 모임을 방해하고 허락하지 않는 것에 대해서는 참을 수 없었다. 만일 목사들이 자유롭게 모여서 회의하지 못한다면 앞으로 교회의 장래가 어떻게 될 것인가? 칼빈은 이처럼 교회의 멸시를 동의해주기보다는 차라리 죽는 편이 백배나 더 낫다고 생각하였다.

교회에 나오지 못하는 병자들을 위해서 가정에서 성찬을 행하는 것이 옳은 것인가? 제네바에서는 병자들의 집에서 성찬을 거행한 적이 없다. 1563년 12월 1일, 카스파르 올레비아누스(Kaspar Olevianus)에게 보낸 편지에서 만일 긴급하여 합당하게 시행된다면 병자들의 집에 찾아가서 성찬을 베푸는 것도 무방하다고 했다.[38] 그러면 죄를 지어서 감옥에 갇혀 있거나 사형을 기다리는 사람들은 어떠한가? 역시 그들이 진정으로 원하고 준비되어 있다면 감옥에서 성찬을 베푸는 것도 가능하다.

성찬은 성도들과의 교제 속에서 시행되는 것이 바람직하다. 성도가 오직 한 사람뿐인 경우에는 정규 예배 시간에 그 사람과 성찬을 나누는 것은 온당하지 않다고 보았다. 성찬은 반드시 미리 공고가 되어서 마음으로 잘 준비한 후에 받는 것이 합당하다. 만일 어떤 사람이 더 자주 성찬받기를 원한다면 거부하지 말고 받아 주어야 한다. 그러나 성찬을 받는 사람이 아직은 기독교 신자가 아니라면 어떻게 할 것인가? 칼빈은 불신자가 먹는 성찬은 아무런 효력이 없으므로 절대로 참여시켜서는 안 된다고 보았다.[39]

---

38) CO xx:200-201.

39) 1544년 10월 10일, 에르하르드 쉬네프에게 보낸 편지. CO ii:751-754.

CHAPTER 16

한 방울의 피도 헛되지 않으리

프랑스에 남아 있는 개신교에 대한 박해 소식이 들려올 때마다 칼빈은 안타까운 마음을 금하지 못했다. 그는 비록 1541년 이후로 단 한 번도 조국에 돌아가지는 못했지만, 그는 단 한 순간이라도 프랑스를 잊어버릴 수 없었다. 날로 악화되는 종교 간의 대립으로 인해서 자신을 배척하고 증오하는 프랑스 국왕과 귀족들 때문에 지척에 있건만 마음대로 드나들 수 없게 되어 버린 현실이 너무나 안타까웠다. 왕래는 불가능했지만 그는 일생 동안 최선을 다해 피 흘리며 세워진 프랑스 개혁 교회를 돌보았고, 그의 품을 의지해서 탈출해 온 귀족들과 성도들을 위로하고 보살폈으며, 목회자들을 대신 파견하여 말씀으로 권면하고 지도해 주었다. 고국 교회에서의 칼빈의 영향력은 날로 증대되어 개신교회가 힘 있게 자라났고 프랑스 위그노 교회의 신학적인 기초를 세웠다 해도 과언이 아니다.

위그노와 칼빈

극심한 개신교 박해 속에서도 프랑스에서 칼빈의 영향이 날이 갈수록 늘어난 이유는 무엇인가? 프랑스 개혁 교회는 "위그노 운동"으로 퍼져나갔는데, 이들을 프랑스 칼빈주의자들이라고 부른다. 1541년, 스트라스부르그에서 프랑스 난민 교회의 목사로 있으면서 칼빈은 당시 조국의 정치와 사회 문제에 눈을 뜨게 되었다. 그 이후로 칼빈은 양심의 자유, 즉, 당시의 상황에서는 종교 개혁을 받아들이도록 허용해야 하며 프랑스 국왕이 관용을 베풀어야만 한다는 것을 확고히 천명하였다. 이것은 칼빈이 처음 주장한 것은 아니다. 그가 학문을 연마하던 시절에 이미 루터와 쯔빙글리의 영향이 확산되어서, 1520년대와 1530년대

60. 위그노를 체포하는 장면

에 프랑스 사회에는 점증하는 개혁의 운동이 산발적으로 전개되었다.[1] 상당 수의 부르주아들이 학문의 융성에서 얻은 혜택으로 루터의 책들을 읽은 상태였다. 그러나 루터 교회는 더이상 프랑스에서 큰 세력을 형성하지 못 하였고, 뒤늦게 접촉되었지만 칼빈이 훨씬 더 역동적인 영향력을 행사하였다. 종교적 관용을 시행하게 되면 모든 부분에서 중세 제도의 변화가 초래되는 것이다. 위그노의 운동은 순교와 박해의 역사다. 1540년 제네바에서 3년간 머물다가 돌아온 금세공 기술자 클로드 르 펭트르(Claude Le Peintre)가 비밀리에 설교자로 세움을 입은 것이 발각되어 화형에 처해졌다. 1546년 모(Meaux) 지방에서는 섬유공 삐에르 르 끌레르크(Pierre Le Clerc)를 하나님의 말씀 선포자로 선출하였다. 수많은 사람들이 불어 성경이나 개인적인 주석, 『기독교강요』의 사본, 제네바에서 건너온 소책자 등을 가지고 있다는 이유로 화형장에서 목숨을 바 쳐야만 했다. 장 크레스펭(Jean Crespin, 1500-1572)이 기초하고, 1619년 시몽 굴라르(Simon Goulart) 목사가 첨가하여 완성한 책 『순교론』(Martyrology) 혹은 『순교자의 책』(Book of Martyrs, 1554)에는 789명의 비화가 기록되어 있다. 그 밖에도 사형을 받거나 살해된 사람 2,120명의 이름이 기록되어 있다. 심한 박해의 시련 속에서도 복음 사역의 전진을 막을 자는 아무도 없었다. 칼빈은 박해 기간 중에 보낸 편지에서 시련을 참고 굳게 이기라고 격려하며 폭동을 일으키거나 과격한 행동을 하지 말 것을 당부하였다.

박해는 기독 신자의 신앙의 지조와 견고함을 시험하는 실제 싸움

---

1) M. Greengrass, *The French Reformation* (Oxford, 1987), 1-20.

의 장입니다. … 우리 하나님의 영광을 위해 목숨을 바쳐 헌신한 순교자들이 진리를 위해 흘린 존귀한 피를 바라보십시오. … 그 피를 교훈으로 삼으십시오. 그리고 감동을 받아 순교자의 뒤를 따르십시오.[2]

칼빈이 영향을 미친 사람들은 평민으로서 중간 계층에 해당하는 숙련공들이었다. 순교자들도 주로 이들 계층에서 나왔다. 이들은 사회에 적극적으로 참여하던 기능인들로서 누구보다도 민첩하게 세상의 흐름을 알고 있었다. 정치범이자 종교적 이단으로 체포된 사람들의 70%를 점유한다. 이들은 글을 읽을 수 있었고, 점차 사회적 지위도 향상 시킬 꿈이 있으며 또한 숙련된 기술도 가지고 있었다. 그 다음으로 칼빈의 영향을 많이 입은 그룹은 농부들이다. 귀족들은 소수로 제한되어 있었다. 귀족들은 자신들이 누리던 현재의 특권을 유지하기 위해서 사회적 안정을 바랐었고, 종교적인 갈등에 개입하지 않으려 했기 때문이다. 1543년과 1544년에 칼빈은 이들 귀족들을 "니고데모파"라고 비난하였다.

프랑스에는 복음을 따르기를 원하면서도 자신의 특권과 가족들이 당할 피해가 두려워 주저하는 사람들이 많았다. 일부는 단순히 학문적인 호기심으로 받아들이는 사람들도 있었다. 이 무렵 프랑스 로마 가톨릭 교회를 정확히 진단해 보면, 자기들의 품위를 유지하면서 궁정에서나 귀족들의 모임에 나가 귀족 부인이나 상류층 여인들과 함께 유쾌한 사교를 즐기려는 신부들이 대다수를 차지하고 있었다. 그들은 칼빈을 너무나 과격하다고 비난하였다. 그러나 점차 변화를 갈망하는 사람들이

---

2) 1559년 11월 프랑스 성도들에게 보낸 편지. *Calvin's Selected Works*, vol. 7, 81.

늘어나고, 사회에 새로운 개혁의 바람이 불어오자, 교황의 종교가 지닌 낡았고 완고하며 진부한 전통 속에 있구나라는 의구심과 반성을 조금씩 품게 되었다. 칼빈은 이런 귀족들을 향해서 예수님에게 찾아갔던 니고데모처럼 처음에는 밤중에 찾아왔으나 진리를 확신한 후에는 밝은 대낮에 복음주의자로 활동하라고 권면하였다.

위그노들에게 있어서 프랑스 개혁 교회의 가장 근본적인 동기는 진정한 성경적 교회를 찾는 것이었고, 그것은 칼빈이 발전시킨 신학의 체계와 신앙의 규칙들에서 가장 훌륭한 해답을 찾을 수 있었다.[3] 프랑스 칼빈주의는 교회의 신앙 고백, 당회 제도와 권징, 성찬 예식, 예배 모범 등 거의 대부분을 제네바 교회의 형태를 모방하였다. 칼빈의 신학과 교리체계가 훨씬 더 성경에 충실하다는 것을 인식하고 그대로 따랐다. 그래서 칼빈의 영향력이 증대될 수밖에 없었다.

또한 칼빈이 강력하게 주장하는 개신교회의 신념들 속에는 16세기까지 오랫동안 굳어져 온 사회적, 정치적, 문화적 전통을 개혁하고자 하는 사람들이 직접 확인할 수 있는 제네바시에서의 업적이 잘 전달되었겼기 때문이다. 위그노들은 자치도시 제네바처럼 건전한 변혁과 새로움을 갈망해 오던 사람들이었으므로, 누구보다도 쉽게 호응할 수 있는 호소력을 갖고 있었다. 왕과 귀족, 로마 가톨릭 성직자들, 평민으로 구성된 봉건 제도를 벗어나서 정치적 자유를 갈망하는 많은 사람들이 또한 칼빈주의자들이 되었다.[4] 그들이 갈망하는 민주적 운영에 대해서 이

---

3) Robert M. Kingdon, *Geneva and the Coming of the Wars of Religion in France, 1555-1572* (Geneva: Librairie E. Droz, 1956), 54. Idem, *Geneva and the Consolidation of the French Protestant Movement, 1564-1572* (Geneva: Librairie Droz, 1967).

4) R.C. Hancock, *Calvin and the Foundations of Modern Politics* (Ithaca, N.Y.: 1989), 1-20. R.R. Harding, *Anatomy of a Power Elite: The Provincial Governors of Early Modern France* (New Haven, 1978), 46-49.

미 제네바에서는 훌륭한 모범을 보여주고 있었고, 점증하는 물질적인 욕구를 충족하여 주는 적극성과 높은 교육 수준을 추구하는 지도력에 감동을 입었기 때문이다.

1541년에 나온 프랑스어 『기독교강요』는 위그노들에게 훌륭한 개혁 교회를 이루게 하는 지침서가 되었다. 이 책은 곧바로 판매 금지 처분이 내려졌고, 혹시라도 습득한 자는 삼일 안에 제출하라는 명령이 내려졌다. 행정 당국에서는 서점에 들러서 이 책을 회수하는 것이 임무였다. 이 책이 나오던 해에 루앙 지방에서 한 사람이 서문을 인용했다고 해서 사형에 처해졌다. 프랑스 의회는 1545년 6월 23일 이 책을 금서 목록에 첨가하였다. 금서 목록에는 모두 121개의 제목이 들어 있는데, 그 절반은 제네바에서 출판된 것이다.

61. 리용의 위그노들을 비난하는 풍자 목판화

1546년에서 1551년 사이에 프랑스어로 쓰여진 칼빈의 글들이 모두 열두 종류 이상 널리 퍼져 있었다. 그러나 이런 책들을 파리에서 구한다는 것은 쉽지 않았다. 이 기간에는 금서 목록이 257종으로 늘어났고, 1551년에서 1560년 사이에는 684개로 확대되었다. 칼빈 주변의 프랑스 출신 목사들이 저술한 모든 개신교의 저작물들이 금서 대상에 올랐다.

1550년대는 칼빈의 영향력이 매우 지대하였다. 칼빈주의자가 되는 것과 프랑스 개신 교인이 되는 것과의 사이에 차이가 없었다. 더 정확히 말하면, 모든 프랑스 사람들은 변혁을 갈망하였고 일정 부분은 칼빈주의자가 되어 있었다. 그러나 당시 정권을 장악하고 있던 파리의 왕족들과 귀족들에게는 정권을 위태롭게 하고 반역하는 행위로 간주되고 말았다.

칼빈이 없었더라면 프랑스 개신교회 운동은 각기 제 나름대로 여러 의견을 제시하여 큰 혼도을 겪었을 것이다. 내부적인 단합도 이루지 못하고, 강한 정치적 역량을 발휘하지 못했을 것이다. 칼빈은 남다른 열정과 애정을 가지고 헌신적으로 주도적인 위그노들의 개신교 운동을 지도하였다. 비록 수는 많지 않았지만 상류층이나 일반 교회의 성도들이나 모두 그에게서 앞으로의 방향을 자문받을 수 있었다.

왈도파의 석방 운동

프랑스 내 개신교 교회 문제에 칼빈이 관여한 첫 번째 사건은 1545년 왈덴시스들(the Waldenses)에게 가해진 무서운 박해였다. 12세기 후반, 프랑스 리용에 왈도(Waldo)라는 부자 상인이 있었는데, 예수님께서 부자 청년에게 "모든 것을 가난한 사람에게 나눠 주라"고 하신 말씀(마 19:21)에 깊은 감동을 받고 그대로 실천하였다. 그의 선행을 듣고 따르는 사람들이 많아졌고, 후진들이 사부아 공국과 알프스 주변에 널리 흩어져 있었다. 그들은 1532년 파렐과 올리베땅이 참석한 총회에서 개신교회의 신앙을 따르기로 하였다.

이들 왈도파 성도들이 주로 살던 루앙(Rouen) 지역에서 1545년 초순, 끔찍한 박해가 가해였다. 무려 3천 6백 명에 달하는 성도들을 살해하였고, 9백여 채의 집이 파손되었으며, 22개 마을이 잿더미로 변하고 말았다. 정원처럼 아름답던 전 지역이 사막처럼 황폐화되어 버렸다.[5] 가까스로 목숨을 구한 사람들이 제네바로 와서 도움을 호소하였다. 그 당시, 추기경 두 뚜르농(Cardinal du Tournon)의 거짓 보고를 받은 프랑수와 1세는 개신교인들에게 가장 잔혹한 보드 지방(the Vaudois)의 총독에게 무자비한 박해를 명령하였던 것이다. 이 소식을 전해 들은 칼빈은 너무나 큰 충격을 받았다. 1545년 5월 4일, 칼빈은 이런 소식을 기욤 파렐에게 알리는 편지를 쓰고, 제네바 시의회에서 자신을 스위스 여러 도시들에 보내서 어떤 방법으로 왈도파 성도들을 도와 줄 방안이 있을 것인지 찾아보려 하였다.[6]

파렐까지도 칼빈과 함께 동행하여, 베른으로부터 시작하여 개신교회 전체 진영이 참여하는 대책을 마련하였다. 스트라스부르그를 비롯하여 바젤, 샤펜 하우젠, 취리히를 차례로 가능한 한 빨리 순방한 뒤에, 칼빈은 아라우(Aarau)에 갔다. 거기서 취리히의 주관으로 상당수의 개신교 자치 도시들의 지도자들이 긴급히 모임을 갖고, 왈도파 성도들이 곤경을 벗어나게 하기 위해서 프랑수와 1세에게 탄원서를 쓰기로 결정하였다. 만일 왕의 답변이 있으면, 사절단을 파견하기로 하였다. 거의 모든 도시들은 이 문제에 대해 관심을 갖고 대처하기로 약속하였다. 그것이 칼빈으로서는 최선을 다한 일이었다. "스트라스부르그에서 일을 마친 후에, 나는 하루도 그곳에서 시간을 허비할 수 없었다. 비록 내가 거기까지 최선을 다해 달려 갔지만 …."[7]

---

5) D.J. Nicholls, "Inertia and Reform in the pre-Tridentine French Church: The Response to Protestantism in the Diocese of Rouen, 1520-1562," *Journal of Ecclesiastical History* 32(1981), 185-197.

6) *Calvin's Selected Works*, vol. 4, 458-459.

7) 1545년 5월 25일, 칼빈이 비레에게 보낸 편지.

계속해서 칼빈은 이들 왈덴시스들에게 관심을 갖고 도왔다. 1545년 7월 24일 불링거에게 편지를 보내 이 박해의 주모자들이 그 지역의 총독 그리냥(Count Aymar de Grignan)과 추기경 두 뚜르농임을 설명하고 무엇인가 조치를 취하도록 권력자들에게 호소할 것을 요청하였다.[8] 베른과 바젤에도 다시 편지를 보내 이들을 위해 무엇인가 도움을 주도록 역설하였다. 같은 날 (7월 24일) 샤펜하우젠의 목사들에게, 바젤의 오스왈드 미코니우스에게, 세인트갈의 바디아누스에게 호소의 편지를 보냈다. 그 결과로 스위스 대표 한 명과 독일 개신교 영주의 대표 한 명이 프랑수와 1세에게 파견되었다. 그리하여 그때까지 감옥에 갇혀 있던 왈덴시스들이 풀려나고, 많은 사람들이 스위스로 피난을 오게 되었다. 칼빈이 동분서주하여 구해준 신실한 사람들이 먼저 간 안타까운 죽음을 헛되지 않게 지켜냈고 오늘까지도 왈덴시스들의 교회와 신앙이 살아 있다.

제네바에서 파송한 목사들

칼빈이 프랑스 교회를 위해서 기여한 또 하나의 중요한 일은 잘 준비된 목회자들을 보내서 성도들을 바르게 인도하도록 지원한 일이다. 제네바는 마치 야전군 사령부처럼 프랑스 가톨릭 전선의 동향을 살피고 완전한 비밀 속에 각처에 목회자들을 파송하였다. 칼빈주의의 성공은 바로 제네바에서 수학한 새로운 목사들을 통해서 프랑스 각 도시와 농

---

8) *Calvin's Selected Works*, vol. 4, 469-471.

촌의 중산층들에게 퍼져나가게 한 것이다. 칼빈이 목사의 자격을 주었던 사람들은 모두 다 엄격한 공부를 통해서 훈련받은 최고의 지식층들이었다. 심지어 제네바에서 태어난 사람들도 많았는데, 이들은 프랑스어와 라틴어에 능숙하도록 엄격한 훈련을 받았다. 칼빈이 죽던 해에 무려 22명의 목사들이 이처럼 준비된 선교사들의 명단에 올라 있었다.

프랑스의 개신교회 성도들은 처음에는 소규모의 기도 모임 또는 상호 위로의 모임으로 출발하지만, 곧바로 비밀리에 목사나 장로에 의해서 인도되어서 교회의 체제를 갖추게 되었다. 1559년 9월, 파리, 뿌와띠에, 모(Meaux), 앙제르(Angers), 루덩(Roudun) 등 다섯 교회가 이런 과정을 거쳐서 조직되었다. 오를레앙에서는 1557년에 교회가 세워졌는데 그로부터 불과 7년 만인 1562년에는 총 1,785개의 당회가 조직되어질 정도로 폭발적으로 확산되어갔다. 계속해서 여러 곳에서 개신교회가 확산 되어서 몇 년 사이에 총 2,150여 개로 늘어났다. 이들을 지도해 줄 목사들을 제네바로부터 공급받았다.

1555년 4월 22일, 제한 베르누(Jehan Vernou)와 라우베르기예(Jehan Lau-vergeat)를 삐드몽에, 그리고 쟈크 랑글루와(Jacques L'Anglois)를 뿌와띠에(Poitiers) 지방에 보내는 것을 필두로 해서 1562년까지 지속적으로 제네바 교회는 88명의 목사를 파송하였다. 이 일은 제네바에서나 받아들이는 쪽에서나 모두 극비리에 전개되었다. 이들은 모두 비밀리에 접촉하고 거처를 옮겼다. 그러나 결국 그 가운데 상당수는 순교자가 되었다.[9] 그 한 가지 예를 들면, 1555년 8월, 다섯 명의 목사들이 자신들에게 지정된 목회지로 가는 도중에 샹베리(Chambéry)에서 체포되어 감

---

9) Robert Kingdon, *Geneva and the Coming of the Wars of Religion in France, 1555-1563* (Geneva: Librairie E. Droz, 1956).

옥에 던져졌다. 그중에 한 사람이 이런 상황을 알려오자 칼빈은 편지로 그들을 위로하였다. 10월 12일, 이들은 모두 다 순교자로서 죽음을 맞이했다.

이 일은 제네바시의 장래에도 심각한 영향을 미쳤다. 1557년 결국 비밀리에 파송해 오던 것을 제네바시의 동의하에 추진되었다. 프랑스에 있는 성도들이 칼빈에게 목회자를 요청하는 일이 많았다. 어떤 때는 자문을 구하고, 트렌트 종교 회의에 대해 어떤 태도를 취해야 하는지를 물어오기도 하였다. 개신교 측 장군들의 모임에 목사를 초빙하는 꼴리니의 청원에 따라서 장 래몽 메를랭(Jean Raymon Merlin)을 파송하기도 했는데, 그는 1560년에 로잔에서 제네바로 옮겨와 목회하던 중이었다.

목사를 파송하는 일은 탄로가 나서 새로 프랑스의 국왕이 된 샤를르 9세가 제네바 시의회를 공격하는 편지를 1561년 1월 23일 보내왔다. 하지만 이 일은 위험을 무릅쓰고 계속되었다. 국왕은 제네바가 파송한 모든 목사들을 당장 소환해 가라고 엄포를 놓았다. 제네바 시의회는 결코 목사들을 파송한 바 없으며, 어떤 방식으로든 이런 일에 관여하지 않겠다고 답신하였다. 이런 비밀스러운 파송 사역을 관장하던 사람들은 사실상 제네바 교회의 목사들이었다. 프랑스에 들어가서 로마 가톨릭 교회를 혼란에 빠트리거나 폭동을 일으키거나 무장하여 정부를 대적하려는 것은 아니었다.

선교사를 파송하는 일도 이런 일과 무관하지 않았다. 1556년 삐에르 리세(Pierre Richer)와 기욤 샤르띠에(Guillaume Chartier) 두 명의 목사들과 열한 명의 제네바에온 피난민들을 프랑스의 식민지 정책으로 세워진 브라질 땅에 정착하도록 하였다. 이후로 이들은 자신들의 경험을 편지로 알려왔다. 그러나 이들의 선교 사업은 행정 감독이 로마 가톨릭을 고집하여 결국 수포로 돌아가고 말았다.

앙리 2세 치하의 고난

1548년 1월, 제네바 시의회는 앙리 2세(혹은 앙리, 1519-1559, 1547-1559 재위)로부터 한 통의 회유이자 협박의 편지를 받았다. 제네바시로 하여금 찰스 5세의 치하로 다시 들어오라고 하면서, 그렇게하면 갑작스런 박해를 하지 않겠다고 약속하였다. 그는 재위 초부터 아버지 프랑수와 1세보다 더 가혹하게 개신교를 핍박하기 위해서, 1547년 10월 8일 '샹블르 아르당트'('불타는 방', chambre ardente)를 조직하였다. 이는 개신교인들이 많이 늘어난 것을 알고 그들을 가혹한 처벌로 압제하려 하는 수단이었다.

이런 공포 정치를 피해서 상당수의 유명한 사람들이 제네바로 피신을 오게 되었다. 1548년 8월에 로랑 드 노르망디(Laurent de Normandie), 1549년 5월 3일에는 베자(11월 로잔에서 헬라어 교수가 되었다가, 나중에 칼빈의 후계자로 선임됨)가, 1549년 6월 17일에는 기욤 부데의 부인과 자녀들이, 1550년 11월 13일에는 유명한 인쇄업자 로베르 에스띠엔이 각각 제네바로 피신해 왔다.

1551년 6월 27일, "샤또브리앙 칙령"(the Edict of Chateaubriant)이 발표되고, 공식적으로 9월 2일부터 시행에 들어갔다. 모든 개신교회 성도들은 법원에 자신들의 처지를 심사해 주도록 상급 법원에 호소할 수 있는 권리를 박탈한다는 조치였다. 상급 법원에 항소할 수 있는 권한은 위조 지폐 사범이나 노상 강도들도 누릴 수 있는 권리였고, 일반법의 정신에도 어긋나는 폭거였다. 개신교회 성도들은 일반 판사가 한 번 선고하면, 아무런 청원을 하지 못한 채 화형에 처할 수 있게 되었다. 그때 황제 찰스 5세는 독일 삭소니의 군주이자 이단자 마우리스의 도움으로 교황을 공격하고 있었기 때문에, 프랑스 왕이 철저히 이 칙령을 시행할 단계는 아니었다. 이에 칼빈은 불쌍한 프랑스 형제들을 돕기 위해서 최선을 다해야겠다고 다짐하였다.[10] 그리고 베른을 제외한 스위스 여러 지역의 동지들의 후원이 약하다는 것에 대해 탄식하였다.

1552년 2월 29일, 칼빈은 박해받는 프랑스 성도들의 도움을 청원하기 위해서 독일을 방문토록 시의회에서 허락받았다. 그는 독일에 가면 무엇인가 소득을 얻을 수 있으리라 생각했다. 왜냐하면 1551년 10월 3일, 삭소니의 영주 마우리스와 프랑스의 앙리 2세가 황제 찰스 5세에 대항하여 동맹 관계를 맺었기 때문이다. 1552년 1월 15일, "샹보르 조약"(the Treaty of Chambord)이 체결되었는데, 멧츠, 툴, 베르덩 등에 대한 앙리 2세의 통치를 인정해 주는 대신에, 프랑스에 거주하는 독일인들에게 혜택을 주도록 합의했다. 복음을 믿는 개신교회 성도들은 개신교 지역을 통치하면서 개혁 신앙을 내버린 독일 영주와 철저한 로마 가톨릭 신자였던 프랑스 군주와의 동맹으로 인해서 강물 같이 많은 피를 흘려야만 했다. 바로 이런 위험한 순간에, 칼빈은 앙리 2세가 황제와의 싸움에서 스위스 도시들의 후원이 절대적으로 필요했음을 간파하고, '샤또브리앙 칙령'에 대해 완화 조치를 기대할 수 있으리라 생각했다. 더구나 이 칙령에는 축제일에 반드시 미사에 참석해야만 한다는 강제 규정이 있었으므로 이 조치가 엄격히 시행된다면 개신교의 어려움은 날로 커질 수밖에 없었다.

1552년 3월 6일, 파렐과 함께 칼빈은 베른에 들려서 시의회가 프랑스 개신교를 도와 주도록 요청하였다.[11] 그리고 바젤로 가서 네 개의 스위스 도시들이 대표를 파견하자고 청원할 생각이었다. 그러나 베른에

---

10) 1551년 10월 15일, 불링거에게 보낸 편지. *Calvin's Selected Works*, vol. 5, 319-322.
11) 1552년 3월 13일, 불링거에게 보낸 편지. *Calvin's Selected Works*, vol. 5, 341-345.

머무는 동안에 프랑스 왕에게 대사를 보내기에 아직은 적절한 시기가 아니라는 조언을 듣고 취리히에 가려는 계획을 단념하였다. 네 도시들과 앙리 2세 사이의 편지에서 그가 신사적인 왕이 아니라는 평판을 듣고나면 마음을 바꿀 수도 있다고 생각했기 때문이다.

프랑스 개신교회 성도들을 돕던 칼빈에게 가장 슬픈 소식은 1552년 4월 30일, 리용에서 다섯 명의 젊은 학자들이 체포된 사건이다. 이들은 베자와 비레의 지도하에 로잔에서 공부를 마치고 그들의 고향에서 복음을 증거 하고자 돌아가던 길이었다. 이들이 앙리 2세가 설치한 종교 재판소에서 사형을 선고 받은 것은 5월 13일이었다. 이 사건은 스위스 개신교회의 행동을 당황스럽게 만들어 버렸다. 이때 칼빈은 감옥에 있는 이 다섯 사람들에게 편지를 보내서 하나님을 철저히 신뢰하라고 격려하였다. 그들은 거의 1년 동안 감옥에 갇혀 지내고 있었다. 칼빈은 하나님께서는 "한 방울의 피도 결코 헛되게 하지 않으신다"고 격려하면서 결코 실패하지 않으리라고 강조했다.

> 하나님께서는 여러분들의 피를 그분의 진리를 드러내는 표시로 삼으시고자 여겨지므로 여러분들은 그분이 부르시는 곳이면 어디든지 따라가도록 그의 선하신 즐거움에 복종하기 위해서 그분에게 기도하고, 스스로 준비하는 것 이외에는 다른 어떤 더 나은 길이란 없는 것으로 생각합니다.
>
> 나의 형제들이여, 그대들이 잘 아는 바와 같이, 우리는 희생제물로 자신을 바치기 위해서 이와 같은 고난을 당해야만 합니다. 베드로에게 하신 말씀이 여러분에게 일어나게 될 때에, 즉, 그들이 여러분을 원치 않는 곳으로 데려가는 일과 같은 그런 아주 곤경스러운 일을 견디는 데 실패하지 않을 것입니다. 그러나 여러분은 무슨 힘으로

싸워야만 하는지 잘 알고 있습니다. 그러한 힘을 믿는 사람들에게는 결코 겁나는 것이 없으며 당황하는 것도 별로 없는 것입니다. 따라서 나의 형제들이여, 우리 주 예수의 영에 의해서 여러분이 필요로 하는 바에 따라 힘을 공급받게 될 것에 대해 확신을 가지시기 바랍니다.

그리하여 그대들은 더이상 무거운 유혹에서 실패하지 않으며, 하나님께서는 우리의 비극적인 상황 가운데서도 놀라운 영광스러운 승리를 하실 것이므로, 이것이 우리 승리의 무너지지 않는 확신입니다. 그분이 싸움을 하시는 동안에 여러분을 죽음에 내어 주도록 사용하시는 것을 기뻐하신다면, 이 싸움에서 그분이 여러분들의 양 손에 힘을 주실 것이며, 여러분이 흘리는 단 한 방울의 피가 헛되이 흐르지 않도록 그냥 두지 아니하실 것입니다.[12]

그들은 다시 옥중에서 칼빈의 편지에 감사하다는 답장을 보내왔고, 만일 우리가 순교한다면 우리에게도 유익할 것이라고 굳센 확신을 표명하였다. 그런 도중에, 칼빈은 꼴라동과 노르망디를 스위스 다른 도시에 파송하여 프랑스 왕에게 공동 대항하도록 촉구하였다. 그러나 앞서 설명한 바와 같이 이들 젊은 학자들은 결국 화형에 처해지고 말았다.

파리에서도 이와 유사한 일이 또다시 벌어졌다. 1557년 9월 4일, 개신교 성도들이 저녁에 모이다가 약 2백여 명이 체포되었다. 칼빈은 장부데를 독일에 파송하여 프랑스 개신교를 돕기 위하여 개신교 영주들을 설득하도록 조치하는 한편, 베른시에는 베자를 독일에 보내줄 것을 요

---

12) 1555년 9월 5일자, 10월 5일자. *Calvin's Selected Works*, vol. 6, 220-223, 231-232.

청하였다. 파리의 성도들을 돕기 위해 니꼴라데 갈라가 파견되었고, 제네바의 목사들은 파리의 감옥에 있는 성도들에게 편지를 보냈으며 칼빈도 역시 이들에게, "연약한 그릇 안에서 역사하시는 하나님이 자신을 따르는 사람들의 약함을 어떻게 강하게 하시는지 잘 알고 계신다"고 위로하였다.[13] 그리고 10월에는 프랑스 왕에게 장문의 편지를 보내서 직접 개신교의 자유함을 허락할 것과 갇힌 자들에 대해서 선처해 줄 것을 호소했다.

갈리칸 신앙고백서(1559)

박해 속에서 비밀리에 모이고 있던 프랑스 개신교회들이 가진 신앙은 확고하였다. 이들은 파리에서 프랑스 개신교회 역사상 처음 전국적인 총회를 개최하고 1559년 5월 25일부터 29일까지 갈리칸 신앙고백서를 채택하는 발전을 보여주었다. 27명의 목사와 장로들이 72개의 교회를 대표하여 모인 것이다. 의장은 프랑수와 드 모렐(François de Morel) 목사였다. 이 일로 인해서 그는 너무 위험한 상황에 처하게 되자 칼빈이 제네바로 초빙하였다. 모렐은 회의 직전에 칼빈에게 편지하여 신앙 고백이 채택될 것임을 알려 왔다.

모두 40개 항목으로 되어 있는 이 고백서는 원래 칼빈이 작성해서 니꼴라 데 갈라(Nicholas Des Gallas)에게 파리의 회의장으로 가져가게 한 것이다. 원본에는 34개 항목으로 되어 있었으나, 급히 써보내는 것이어

---

13) *Calvin's Selected Works*, vol. 6, 363-366.

서 몇 군데 수정이 필요한 부분만을 고쳤으니, 처음 성경에 관한 하나의 항목을 다섯 항목으로 늘린 것뿐이다. 다시 말하면. 칼빈의 원본이 거의 그대로 통과한 것이다.[14] 그리고 1561년에 나온 벨직 신앙고백서는 바로 이 갈리칸 신앙고백서를 그대로 활용한 것이다. 신앙 고백을 채택하기 전에 교회 법규를 정했는데, 이것도 제네바에서 1541년 채택한 것을 기초로 하였다.

이때 정치적인 상황이 너무나 위험하였기 때문에 호전될 때까지는 신앙고백서와 교회 법규를 인쇄하지 않기로 하였다. 그래서 결국 오늘날 두 종류의 갈리칸 신앙고백서가 남게 되었는데 하나는 '가난한 신자들에게' 보내는 인사말로 시작하는 35개 조문의 고백서와, '왕에게 드리는 편지'로 시작하는 40개 항목으로 된 고백서가 남아 있다.

암살 모의 실패와 피의 숙청

프랑스 군주들은 강력한 힘을 발휘하여 개신교회를 핍박하는 데 앞장을 섰다. 프랑수와 1세 시대에 박해가 느슨하고 간헐적이었다면, 앙리 2세는 개신교인들에 대한 대대적인 박해를 단행하였다. 1547년 7월 25일, 28살의 나이에 왕위에 오른 앙리 2세가 죽기까지 12년 동안 엄청난 박해를 받았다. 아주 단순한 박해의 한 예를 들어보자. 파리 국회의 의장 중에 한 명이던 안느 뒤 부르(Anne Du Bourg)는 오를레앙 대학교를 졸업하였고, 교수가 되었으며, 1557년부터는 국회 의원으로 활약

---

14) 1559년 5월 17일자 편지. CO IX:739-752.

하기 시작한 당시 36세의 젊은 귀족이었다. 그는 1559년 의회에서 소위 이단이라고 부르는 자들에 대한 박해가 가혹함을 역설하면서 군왕의 정책을 반대하였다. 곧바로 그는 칼빈주의자로 지목되어서 체포되었고, 12월 21일 궁정에서 교수형으로 처형된 후 화형되었다.

이처럼 잔인한 박해를 일삼던 앙리 2세는 마상 창 시합에서 상처를 입고 사망하였다. 왕위는 불과 열다섯 살인 프랑수와 2세에게로 넘어가고 궁정은 기즈파가 장악했다. 하지만 그가 곧바로 죽게 되고 가장 나이 어린 동생 샤를르가 새로운 왕이 되는 과정에서, 후계자 옹립을 둘러싸고 프랑스 왕궁은 암중모색이 한창이었다. 정치적으로 불확실성의 시대가 온 것이다. 프랑스 왕궁에는 왕족의 혈통을 받고 통치하던 두 가문이 있었다. 나이 어린 프랑수와 1세의 직계들에 비해서 나바르 공국의 왕들은 훨씬 나이가 많고 능력도 있었다. 그러나 파리를 장악하고 있던 추기경들과 귀족들은 이런 정치적인 혼란기에서 자신들의 영향력을 발휘하였다. 앙리 2세가 죽던 1559년은 박해받는 프랑스 개신교 성도들에게 소망이 비치는 듯했으나 물거품처럼 사라졌다.

프랑스 왕족의 혈통을 이어받은 왕자들 중에 개신교의 신앙을 가진 나바르의 공국, 앙뚜완 드 부르봉(Antoine de Bourbon, 1518-1562, 나바르의 왕으로 1555-1562까지 재위)과 그의 형제인 꽁데(Condé)의 영주 루이(Louis, 1530-1569)가 있었다. 이들은 점차 개신교에 가담하였다. 만일 이들이 파리로 입성하여 왕이 되었다면 프랑스 위그노의 핍박은 없었을 것이다. 그러나 실제 상황은 정반대가 되고 말았다. 칼빈은

62. 나바르의 왕

63. 루이 드 부르봉(콩데의 영주), 잔느 달브레(나바르의 여왕, 앙리 4세의 모친) 프랑수와 2세와 그의 아내 스코틀랜드의 메리

1557년 12월 14일 편지를 보내 이들을 환영했고, 계속해서 프랑스 개신교인들에 대해서 관심을 가져 달라고 촉구했다.

　프랑스 왕궁을 출입하는 사람들 가운데 개혁 사상을 받아들인 최고 위층은 프랑수아 앙들로(d'Andelot)인데, 가스빠르 드 꼴리니(Gaspard de Coligny) 장군의 동생이다. 어느 날 국왕과 함께 식사하면서 미사에 관한 견해를 왕이 물어오자 개신교회의 입장에서 답변하였다. 그러자 그 자리에서 당장 감옥에 감금당하고 말았다. 칼빈은 그에게도 여러 번 편지로 격려하였다.[15] 그러나 후에 앙들로가 다시 미사에 참석하여 개신교인들을 실망시키자, 다시 칼빈은 행동하는 믿음을 보이라고 촉구하고, 예수님처럼 고난 속에서도 용기 있게 행동할 것을 부탁하였다. 그리하여 훗날 앙들로는 개신교 진영의 기둥 같은 존재가 되었다. 스페인에 의해서 체포되어 감옥에 있는 동안 꼴리니 장군도 1558년 개신교에 귀의하였는데, 9월 4일 칼빈은 편지를 보내서 장군과 그의 부인 샤를롯 모두 다 함께 격려하였다.[16] 장군이 다시 석방된 후, 궁정에서 개신교를 돕기 위해서 많은 활동을 하였다.

앙리 2세가 죽은 후에 짧은 기간 프랑수와 2세가 통치하고 난 후 (1559-1560), 그의 동생 샤를르 9세(1550-1574, Charles IX, 1560-1574 재위)가 왕위에 올랐는데, 새 왕의 어머니 까뜨린 드 메디치(Catherine de Médicis, 1519-1589)는 취임 후에 불과 열 살 아들을 대신하여 막강한 영향력을 행사하였다.[17] 프랑수아 드 기즈(François de Guise) 집안에서 나온 여러 형제 공작들과 추기경이 정권의 전면에서 큰 영향력을 발휘했다. 그 대표는 로랭의 추기경 샤를르(1524-1574)로서, 왕권을 이용하여 수많은 개신교 지도자들을 체포하는 종교 탄압의 장본인이었다. 나바르의 왕 앙뚜완 드 부르봉 가문에서 파리의 왕좌에 오르지 못한 이유도 이들 기즈 집안에서 방해하였기 때문이다. 프랑스 정권은 이제 두 가문의 맞대결에서 점차 프랑수와 1세의 직계들과 강력한 가톨릭 세력이 장악하게 되었다.

---

15) 1558년 5월, 7월 12일자 편지. *Calvin's Selected Works*, vol. 6, 418-421, 437-440.

16) *Calvin's Selected Works*, vol. 6, 465-467.

17) L. Romier, *Royaume de Cathererine de Médicis: la France à la veile des guerres de religion* (Paris, 1925), 2 vols.

변화와 개혁을 바라는 사람들은 개신교 진영에 가담하였고, 수구 세력들은 전통을 부르짖으면서 자신들의 위치를 넘보는 세력들을 핍박하였다. 부르봉 가문의 형제들과 친척들, 귀족들은 개신교를 지지하는 사람들이 많았다. 1558년에 개신교 성도들은 수없이 체포되고 살해되고 많은 사람들이 영국과 스트라스부르그로 피신을 갔다. 1559년을 접어들어서는 부르봉의 가문에 대한 압박이 가해짐으로써 개신교 진영은 어려운 사태에 직면하였다.[18] 그래서 개신교 성도들이 기즈 가문을 제거하려고 칼빈에게 자문을 청해 왔다. 로노디의 영주인 장 드 바리(Jean de Barry de La Renaudie)가 칼빈을 방문하여 이 두려운 계략을 상의하였을 때, 칼빈은 이를 적극 만류하면서 오직 로마서 13장의 말씀대로 따라야 한다고 강조하였다.[19] 이들은 프랑스 궁정에서 어린 프랑수와 2세를 사로잡고, 기즈 집안의 불법적인 만행을 몰아내고 복음주의자들로 대치

64. 1560년 3월 15일의 처형(또르또렐과 뻬리쌩의 작품)

18) N.M. Sutherland, *The Huguenot Struggle for Recognition* (New Haven, 1980), 347-356.
19) 1560년 3월 23일, 장 스투룸에게 보낸 편지. 5월 2일, 버미글리, 불링거에게 보낸 편지. 1561년 4월 16일, 꼴리니에게 보낸 편지.

시켜야 한다고 주장하면서, 유사시에 쓸 군대를 제네바에서 보내 줄 것을 요청했다. 이 암살 모의는 1560년 3월 15일 내부의 배신자로 인해서 실패로 돌아갔고, 곧 이어서 상상할 수 없는 격렬한 박해가 개신교 위그노(the Huguenots)들에게 가해졌다. 칼빈과 위그노들의 깊은 신앙적 연대 의식은 이렇게 생사의 갈림 길에서 형성된 것이다. 칼빈의 영향을 입은 위그노들은 능동적으로 용기있게 자신들의 신앙을 공개한 사람들도 있고, 수동적으로 박해에 희생당하거나 해외로 피난을 떠났다.[20]

앙뚜완 드 부르봉의 아내인 잔느 달브레(Jeanne d'Albret)는 사위인 루이 드 꽁데(Louis de Condé)가 체포된 다음에 개신교의 복음적 신앙을 공개적으로 선포했다. 이 소식을 베자를 통해 접한 칼빈은 그녀의 결단에 기쁨을 표시하여 1561년 1월 16일 편지를 보냈다. 하나님의 크신 선하심에 감사드리며, 하나님께서 오래 전에 그녀의 가슴속에 심어둔 씨앗이 죽지 않고 살아난 것이라 하였다. 고위직에 있는 영주들과 군주들이 위대하신 목자의 품에 들어오기를 두려워하지 않고 있음이 자주 목격된다고 말하면서, 잔느의 지위는 하나님이 주신 것이기에 순종의 의무를 다하기를 간청하였다. 그리고 열심히 성경을 공부할 것을 권유하면서 이것이야말로 우리의 믿음이 약하기 때문에 필요한 것이라고 설명하였다.

한편 칼빈은 프랑스 개신교회의 대표적 귀족 꼴리니 장군에게도 격려와 찬사를 보내며, 위그노들을 도와주고, 용감하게 개혁 신앙을 표명한 일에 대해 감사하였다. 또 같은 날인 1561년 1월 16일, 꼴리니 장군과 함께 오를레앙에서 지휘관들의 모임에 참석하고 있던 앙뚜완 드 부

---

20) Janet Glenn Gray, *The French Huguenots: Anatomy of Courage* (Grand Rapids: Baker, 1981), 21-40.

르봉에게도 이제는 숨기지 말고 분명히 개혁 신앙에 서 줄것을 요청하였다. 장군들의 대다수는 양심의 자유를 허용한다고 밝혔다.

르네의 비통함

정략 결혼의 희생물이 되어서 타국에서 행복하지 못한 결혼 생활을 보내는 르네에게 한 여인으로서 감당키 어려운 두 가지 비통한 사건이 발생하였다. 하나는 남편의 죽음이요 다른 하나는 강제 송환이었다. 1561년 1월, 칼빈은 르네에게 편지를 보내 위로와 격려를 아끼지 않았다. 복음적인 믿음을 가졌다는 이유로 남편인 에스뜨 공작(Duke Hercule d'Este)이 그녀를 1553-1554년 사이에 감옥에 감금한 적도 있었는데, 앞으로는 미사에 참석하겠다는 타협을 함으로써 겨우 목숨을 구하게 되었다. 그전에도 칼빈은 이 공작 부인에게 여러 차례 격려의 편지를 보내 박해 속에서도 굴하지 말고 신앙의 인내를 견디어낼 것을 권면한 사실에 관하여 이미 앞에서 언급한 바 있다.[21] 마침 공작이 병으로 자리에 눕게 되자, 아내로 하여금 더이상 칼빈과 편지를 교환하지 말 것을 맹세케 하였다. 그리고 1559년 10월 3일 공작이 사망하자 아들 알퐁소가 공국의 왕위를 계승하였다.

이탈리아 교황청의 강력한 압력에 따라서 르네 공작 부인은 로마 가톨릭 신앙을 가지고 페라라에 남아 있든지 아니면 프랑스로 돌아가든지 둘 중에 하나를 택할 것을 요청받았다. 1560년 9월 르네는 후자를 택해

---

21) 1555년 2월 2일자 편지. *Calvin's Selected Works*, vol. 6, 129-131.

떠나게 되었는데, 페라라의 개신교 측에서는 낙심하지 않을 수 없었다. 언제 다시 이탈리아에 복음을 확산시키는 힘을 불어넣어 줄 요새가 회복될 수 있을지 알 수 없었다. 칼빈은 르네에게 프랑스로 돌아갈 경우에 직면할 위험을 알려주면서, 용기를 잃지 말도록 힘을 북돋워 주었다.[22] 칼빈의 입장에서는 프랑스 궁전에 새로 등극한 어린 왕 프랑수와 2세가, 아주머니 되는 르네를 통해서 개신교회의 처지를 이해하고, 영향력을 행사할 수 있기를 기대했던 것이다.

프랑스로 돌아간 르네에게 더없이 불행한 사건이 벌어진 것은 1563년 2월 13일이다. 그녀의 사위인 프랑수아 드 기즈(François de Guise)가 오를레앙에서 광신적인 사람에 의해서 살해된 것이다. 그가 개신교를 박해했다는 잘못된 소문에 의해 미움을 받아 비명에 죽음을 맞이하였다. 바시(Vassy) 지방의 개신교 대학살 배후 인물로 그를 잘못 오해한 것이다. 개혁주의 신자들은 그가 이 일을 명령한 장본인으로 생각하였고, 심지어 개신교 측 목사들마저 그의 죽음을 저주하였을 정도였다. 칼빈은 르네에게 이런 악행을 저지르는 자들을 우리가 어떻게 평가해야 하는가를 설명하고, 이 일에 대해 개신교 목사들이 말한 것에 대해 분개하고 있는 르네를 위로하였다.[23] 미움과 복수는 그리스도인들에게 어울리지 않는 것이므로, 절대로 악한 사람들의 행동처럼 하지 말고, 사랑이 무엇인지를 모르는 사람들이 저지른 일에 대해서 사랑을 보여 주기를 간청하였다. 그녀의 신실함이 위선자들의 부끄러움을 능히 이겨낼 것을 확신하였다. 그녀에게 보낸 마지막 편지는 몸이 아픈 칼빈을 대신하여 동생이 대필하였다.

---

22) 1560년 7월 5일자 편지. *Calvin's Selected Works*, vol. 7, 121-123.
23) 1564년 1월 24일자 편지. *Calvin's Selected Works*, vol. 7, 352-358.

다른 일들에 대해서 말씀드리자면, 저의 조언이 귀하에게 조금이라도 의미심장한 것이라면, 저는 귀하를 위해 기도하오니 제발 마음으로 그것들에 대해서 괴로워하지 마시기를 바랍니다. 왜냐하면 이제 일어나는 일은 너무나 격노한 감정이 불편한 일들을 불러일으키고, 이성과 진리에 대한 문을 닫아 버리기 때문입니다.[24]

대화 그러나 전쟁

프랑스 개신교 박해 역사 가운데 가장 중요한 사건은 1561년에 뿌와씨(Poissy)에서 개최된 종교 간의 대화였다. 이 모임은 까뜨린드 메디치의 주선으로 개최 되었는데, 그녀는 만일 가톨릭 측과 개신교 측 사이에 전쟁이 일어나면 프랑스 왕국이 약화될까 염려하였기 때문이다. 이 대

65. 1561년 12월 9일 뿌와씨 종교 회의(프란쯔 호겐베르크의 판화)

24) 1564년 4월 4일자 편지. *Calvin's Selected Works*, vol. 7, 360-361.

화 모임은 9월 9일부터 10월 19일까지 계속되었다. 프랑스 수상인 미셸 드 로스삐딸(Michel de L'Hospital)이 모든 행사를 주관하도록 책임을 맡았다. 로마 가톨릭과 개신교 진영이 모두 다 똑같이 동일한 시간에 동일한 주제에 대해 말하는 것으로, 초대 교회가 가르친 것으로부터 그들이 어떻게 달라졌나를 논의하자는 것이었다. 이런 것을 기초로 해서 양측이 서로 어떤 합의점에 도달할 수 있으리라 기대하였다. 앙뚜완 드 부르봉, 꽁데, 그리고 꼴리니의 지원을 받아 베자가 제네바 대표로 참석하고, 피터 마터 버미글리는 취리히 대표로 참가하였다. 뷔르템베르그의 공작은 요한 브렌즈를 보냈는데, 이 사람이 선정된 것에 대해 칼빈은 만족할 수 없었다. 왜냐하면 브렌즈의 성찬론은 로마 가톨릭보다 더 형편없는 것으로 알고 있었기 때문이다. 칼빈은 이 사람이 참가함으로써 혹시 발생할지도 모르는 긴장된 분위기를 걱정하였다.[25] 다행히도 독일에서 온 대표는 회의가 끝난 다음에 도착하였다.

어린 프랑스 국왕 샤를르 9세와 까뜨린 드 메디치의 입회하에 종교 대화의 개회식이 거행되었다. 베자는 제네바 예배 모범에 나오는 죄의 고백에 대해 인용하면서 로마 가톨릭과 종교 개혁이 서로 일치하는 부분과 일치하지 않는 부분을 설명하고, 마지막으로 갈리칸 신앙고백서를 제시하였다. 회의 도중에 성만찬이 쟁점으로 떠올랐으나 합의점에 도달할 수 없었다. 예수회 소속의 디에고 라이네즈(Diego Lainez)는 트렌트 종교 회의의 입장에 서서, 이런 대화 모임은 전혀 의미가 없다고 거부하였다.

칼빈은 '까를로스 빠셀리우스'라는 가명으로, 베자와 계속해서 서로

---

25) 1561년 8월 23일자 Simon Sulzer에게 보낸 편지. *Calvin's Selected Works*, vol. 7, 210-212.

편지를 교환하였는데, 이는 칼빈이 거기서 무슨 일이 벌어지고 있는가를 알고 싶어 했기 때문이다. 그는 베자에게 편지하는 것을 잊지 말라고 당부하였다.[26] 만일 이런 노력이 수포로 돌아가면, 프랑스 국왕은 아우그스부르그 신앙 고백을 프랑스 개신교인들에게 강요하지 않을까 걱정하였는데, 그 고백서는 독일의 상황에 맞게 작성된 것으로 다소 모호한 부분들이 많이 있다고 생각했다. 칼빈은 자신의 신학으로

66. 샤를 9세

정리된 프랑스 신앙 고백이 더욱 성경적이라고 확신하였다. 칼빈은 독일 대표단이 아우그스부르그 신앙 고백을 강요하지 말도록 에버하르드 폰 에르바흐(Eberhard von Erbach) 백작에게 간곡히 요청하였는데, 그가 다스리던 팔라티네 지방으로부터 대표단이 도착한다는 소식을 접하였기 때문이다.[27]

종교 간 대화 모임이 끝난 후에 베자는 왕실과 다른 사람들의 명령으로 프랑스에 머물러 있어야 했다. 그는 왕궁에서 개신교인들이 자유롭게 예배드릴 수 있는 권한을 얻어내는 데 성공하였는데, 이것이 유효화하려면 의회에서 좀 더 명확하게 결정되어야만 했다.

트루와의 주교인 안토니오 카라치올리(Antonio Caraccioli)와 이 종교 대화에 참석했던 다른 로마 가톨릭 대표자 한 명이 자신들의 교회에서 준 직책을 포기하지 않은 채 트루와의 개신교회에 가입하기를 원하자,

---

26) CO XVIII:682.

27) 1561년 9월 30일자 편지. *Calvin's Selected Works*, vol. 7, 231-233.

베자는 칼빈에게 조언을 구했다. 칼빈은 이들 주교들과 그 밖에 로마 교회 직분자들이 복음의 참된 설교에 과연 동의할 수 있는가에 달려있다고 답하였다. 베자의 편지에 대한 칼빈의 답변은 '중립적인 해결책'이다. 교단이 다르다고 하여 지나치게 엄격할 필요도 없지만, 이들 몇 사람을 기쁘게 하기 위해서 개신교회의 질서를 해쳐서도 안 된다는 것이다. 첫째로, 그 사람이 과연 설교하는 데 적합한가를 보고 결정되어야 할 것이다. 과거는 잊어버려야 한다. 그 사람들도 물론 자신들의 과오를 인정하고 새로운 신앙 고백을 해야만 한다. 목사가 되고자 하는 주교는 반드시 그 직책을 포기해야만 하고, 만일 그가 자신의 소유물을 계속 갖고 싶어 한다면 교회의 수호자라는 직분보다는 차라리 자기만족에 빠져버린 사람이라고 보았다.

첫 번째 종교 전쟁

칼빈은 계속해서 당시 프랑스의 정세와 개신교회의 상황을 면밀히 파악하고 있었다. 그래서 점차 격렬해지는 박해 속에서 희생당하고 있는 고국의 성도들을 위해서 최선의 노력을 다하였다. 프랑스 개신교 측을 정치적으로 제압하려는 로마 가톨릭의 탄압은 1562년부터는 종교 전쟁으로 치닫게 되어, 1598년까지 무려 한 세대에 걸쳐 계속되어졌다. 개신교 진영의 숫자는 많지 않았으나, 그들은 거의 대부분 칼빈과 교제하면서 신앙의 도움을 받고 있었다.

1561년 12월 24일, 칼빈은 잔느 달브레의 요청에 따라 그녀의 남편 앙뚜완 드 부르봉에게 답신을 보내, 스페인의 손에 넘어간 자신의 영지를 교황의 도움으로 다시 찾으려는 것을 포기하라고 꾸짖었다. 부르봉은 만일 교황이 자신을 도와주면, 로마 가톨릭의 신앙이 널리 퍼지도록 협조하겠다고 약속했다. 만일 교황이 협조하지 않으면, 그는 다른 편으로 건너가고자 했다.

1562년 1월 17일, '쌩 제르맹 칙령'(The Edict of Saint-Germain)이 프랑스에서 발표되었다. 개신교 성도들에게도 양심과 종교의 자유가 허용되었고, 도시 안에서가 아니라면 종교적인 모임도 허용되었다. 그런 동안에 기즈 가문에서는 위그노들과 독일 군주들의 사이를 벌려놓으려고 노력하였다.

프랑수아 드 기즈가 1562년 3월 1일 크리스토프 폰 뷔르템베르그 공작을 방문하고 돌아오는 길에, 그와 그의 군사들이 바시(Vassy) 지방에서 프랑수아 드 모렐(de Morel)이 인도하는 개신교 모임을 짓밟아 버렸다. 그로 인해서 피를 흘리는 일이 계속해서 발생하고 말았다. 강물 같은 순교의 피가 프랑스 교회사에 다시 장식되는 처참한 사건의 연속이었다. 그때 개신교회에는 1,200명이 참석하고 있었는데, 그중에 약 60

67. 바시의 대학살(1562년 3월 1일)

명이 살해당하고 250명이 부상을 입었다. 시민들 사이에 종교 전쟁이 발발하게 되었다. 칼빈은 장 부데를 독일 군주들에게 파견하여, 프랑스 왕 샤를르 9세에게 '생제르맹 칙령'에 발표한 바대로 도시를 벗어난 곳에서 예배의 자유를 허용하겠다는 정책을 시행해 줄 것을 요청토록 하였다.[28] 개신교 측에서 크게 의존했던 앙뚜완 드 부르봉은 기즈 측에 의해서 완전히 압도당한 상태여서 더이상 기대할 수 없었다. 베자는 칼빈에게 이런 사실을 전해 주면서, 부르봉은 마치 로마 시대에 줄리안 황제처럼 한때에는 기독교 신자였지만 후에는 이를 번복해 버린 배교자와 다를 바 없다고 실망을 금치 못했다. 부르봉은 파리의 왕궁에 머물고 있는 동안에 완전히 개신교 신앙을 포기한 것이다. 그러나 칼빈은 그 부인 잔느 달브레에게 편지를 보내서 실망하지 말도록 격려하였다.[29] 잔느는 미사를 거부하면서, 그의 남편과 아들의 안위를 위해서 눈물로 기도하고 있었다. 위그노들은 꽁데와 꼴리니 두 사람의 지도하에 있게 되었다. 베자는 잠시 제네바에 돌아와 있다가 꽁데의 요청으로 다시 프랑스에 돌아가서, 그곳의 전개 과정을 소상히 칼빈에게 알려 왔다.

바시 지역의 대학살에 대한 반작용으로, 위그노들은 자크 루피 목사의 지도하에 1562년 4월 30일 리용을 완전히 장악하였다. 그리고 그곳의 가장 큰 '쌩 장'(Saint Jean) 예배당이 약탈을 당하였다. 바론 프랑수와 데 아드레(Baron François de Adrets) 장군이 리용의 지도자가 되었다. 칼빈은 곧바로 장군과 목사들에게 편지하여, 목회자들이 무기를 들고 싸운 것은 바람직하지 않다는 것을 설명하고, 이제 총이나 무기는 시를 다스리는 지도자의 손에 넘겨주라고 부탁하였다. 특히 교회당을 약탈하

---

28) 1562년 3월 25일, 장 스투름에게 보낸 편지. *Calvin's Selected Works*, vol. 7, 268-269.
29) 15612년 3월 22일자 편지. *Calvin's Selected Works*, vol. 7, 266.

68. 드뢰의 전쟁(1562년 12월 19일)

는 행위는 정당화할 수 없다고 비난하면서 이런 행위는 노상강도보다도 갑절이나 더 나쁜 행동임을 명심하라고 말했다.[30]

　독일과 스위스에 피신해 있던 개신교인들이 참여하여 구성된 부대는 꽁데와 꼴리니 장군의 지휘하에 오를레앙 주변에 집결하였다. 프랑수아 드 기즈는 위그노가 많이 살고 있던 노르망디를 침략하여 루앙 지방을 점령하였다. 나바르 공국의 부르봉 왕은 11월 17일 이 싸움에서 얻은 상처를 안고 사망하였다. 이 날의 싸움은 격렬하여 꽁데는 생포되었고 개신교 측에서는 엄청난 피해를 입었다. 위그노들은 정규군처럼 훈련받은 부대가 아니어서 장비, 조직, 보급, 작전 등 여러 가지로 불리하기 그지 없었다. 이 무렵, 칼빈이 가장 많은 편지를 보낸 사람은 취리히의 불링거 목사였는데, 스위스 지방의 지원을 얻어내기 위해서 전황을 자세히 설명하여 이해를 구하고 기도와 성원을 당부하였다. 한 사람의

---

30) 1562년 5월 13일자 리용 교회, 그리고 데 아드레 장군에게 보낸 편지. *Calvin's Selected Works*, vol. 7, 269-273.

피난민이면서, 고국 프랑스의 교회와 성도들을 잊지 않고 돌보려 노력을 하던 칼빈은 위그노 지도자의 뒤에서 숨은 전략가로서 활동하게 된 것이다.

해가 다시 바뀌어, 1563년 3월 19일, 꽁데는 암보이(Amboise)에서 평화 조약을 체결하는 작은 협상을 이끌어 냈다. 그 내용은 약 1년여 전에 발표된 '생제르맹 칙령'보다도 위그노들에게는 불리한 내용으로 되어 있었다. 이제부터는 특별히 종교적인 모임은 지정된 곳에서만 회집할 수 있고, 그것도 주요 거점 '칸톤'에 하나씩이어서 전부 75개 처소만을 허용한다는 것이다. 리용시 안에서 포위된 채 시민들을 이끌던 위그노 지휘관 장 드 쑤비즈(Jean de Soubise)가 칼빈과 접촉하는 데 성공하였다. 그는 포위군으로부터 암보이 조약이 체결되었다는 소식을 들었지만, 그에 따라서 도시를 내주려 하지 않았다. 그는 도시가 곧 점령당할 것이라고 생각하여 왕으로부터 확실한 보장이 없이는 전투 대형을 좀처럼 풀지 않으려 했다. 그런 와중에 칼빈에게 자문을 청해 온 것이다. 1563년 4월 5일자 편지에서, 칼빈은 이번의 평화 조약에 대해서 자신은 잘 모르는 사이에 체결되었지만, 그 사실을 있는 그대로 인정하고 받아 들이는 것이 순리라고 촉구하였다. 칼빈 자신도 이 협약에 대해 흔쾌히 동의할 수 없지만, 동시에 칼빈은 리용의 모든 일을 사소한 데까지 잘 살펴서 곧 전쟁을 종식시킬 것을 요청하였다. 쑤비즈는 사령관의 입장에서 독자적으로 이 전쟁을 쉽게 끝내지 않으려고 작정하였다. 칼빈은 그에게 보낸 편지에서 사령관 자신의 결정에 대한 확실한 이유가 있어야 함을 역설하였다. 칼빈이 생각하기에는 그렇게 고집할 만한 승리의 가망성이 없어 보였던 것이다. 기껏해야 시간을 벌면서 버티는 것인데 과연 그렇게 하다가 결과가 어떻게 될지 걱정스러웠다. 그러나 당시 전쟁에 참가하고 있던 다른 위그노들이 볼 때에 암보이 조약은 전쟁을 중간에 적당히 끝내자는 것으로 일종의 배신 행위라고 생각하고 있었다. 드뢰(Dreux) 전투가 아직 결말이 나지 않았고, 프랑수아 드 기즈가 1563년 2월 13일 오를레앙 점령 시에 살해됐기에 상당히 사기가 고무되어 있었던 것이다. 그러나 이로 인해서 개신교 측의 지도자들, 예를 들면, 베자, 꼴리니, 그리고 드 라 로케푸꼴(de La Roche-foucauld) 백작 등이 프랑수와 드 기즈의 살해를 음모한 혐의로 고소를 당했다.

처음에는 칼빈도 역시 꽁데가 암보이 조약에서 체결한 내용에 대해 반대한다는 입장을 표명하였다. 캐터린이 이미 제정된 바 있던 조건들을 또다시 삽입시켰는데, 꽁데가 이를 너무 쉽게 생각하여 그런 결정에 동의한 것이라고 생각했다. 꽁데가 너무나 비굴하게 행동한 것이라 생각했는데, 그의 편지를 받고 최선을 다한 것이라는 결론을 내리고 도리어 격려하는 편지를 보냈다. 계속해서 칼빈은 기대를 저버리지 말고 일을 잘 추진해 줄 것을 당부하고, 하루 아침에 모든 것이 다 일어날 수는 없지만 '빠를수록 좋다'고 격려하였다.[31]

또한 칼빈은 한 통의 편지와 함께 간단한 신앙 고백을 첨부하여 꽁데에게 보내면서 그가 막시밀리안 2세가 독일의 왕으로 대관식을 거행할 때에 프랑크푸르트에 참석하는 기회를 활용하고자 했다. 새로운 황제에게 제출해 주기를 기대하였던 칼빈의 서신은 꽁데 일행이 대관식 이전에 도착하지 못하는 바람에 성사되지 못했다. 이런 편지를 보내놓고 칼빈은 잊혀진 채 고난 당하는 형제자매들에게 승리를 안겨 주기 위해서 노심초사했던 것이다.

특히 성찬에 대해서 독일 루터파와는 다소 거리가 있는 프랑스 성도들이, 꽁데가 지지하는 이 신앙 고백을 보게 되면 존중할 것이다. 꽁데

---

31) 1563년 5월 7일자. *Calvin's Selected Works*, vol. 7, 307-303.

는 아우그스부르그 신앙 고백을 지지하도록 유도하는 사람들을 조심해야만 했는데, 이 신앙 고백은 성찬론이 모호하고 독일 내에서 일치를 보지 못하고 있었기 때문이다. 칼빈은 다시 한 번 꽁데에게 이 신앙 고백을 설명하고, 많은 여자 관계를 맺고 있다는 소문이 있으므로 그리스도인에게 합당한 생활을 유지해 나가라고 간곡히 부탁하였다.[32]

칼빈은 프랑스에서 개신교 성도들로부터 매우 높은 존경과 신뢰를 받았음을 알 수 있고, 지속적으로 조언을 하고 도움을 주고 받던 막후의 사령관이었다. 르네의 궁정에서 일하던 모렐이 질문해 온 바를 답변해 주었고, 그 밖에도 이루 말할 수 없이 많은 글을 쓰고, 사람들을 보내어서 도움을 요청하는 사람들에게 정확한 해결책을 제시하였다.

잔느당브레는 나바르 공국에 남아서 어린 아들과 함께 그 지역을 다스리면서, 열심히 하나님을 섬기고 순종하는 삶을 지속하였다. 스페인 국왕이 개신교를 받아들인 이 지역을 침략하는 매우 어려운 상황에 칼빈은 이 미망인에게 편지를 보내, 만일 그녀가 하나님을 의지하면 하나님께서 도와주실 것임을 믿으라고 부탁하였다.[33] 칼빈은 이 편지를 전에 로잔에서 교수로 있다가 1560년부터 제네바에서 함께 봉사하고 있던 장레이몽멀린 목사를 보내서 직접 전달케 하였다. 그리고 제네바의 목사들과 시의회는 그녀가 원하는 모든 필요한 지원을 아끼지 않을 것을 결의하였다.

더 많은 목사들을 보내 달라는 잔느의 요청에 따라서, 제네바는 1562년 5, 6월에 젊은 목사 12명을 추가로 파송하였고, 임무를 마친 멀린 목사는 되도록 빨리 돌아오도록 요청하였다. 그러나 8월에 왕비는 그를

32) 1563년 9월 17일자. *Calvin's Selected Works*, vol. 7, 337-339.
33) 1563년 1월 20일자. *Calvin's Selected Works*, vol. 7, 290-294.

좀 더 남아있게 해줄 수는 없느냐고 간청하였다.

근대 민주 발전의 씨앗들

절대 군주제의 통치하에서 정치적으로 억압당하고, 철저한 종교적 탄압 속에서 은밀하게 성장한 프랑스 칼빈주의자들이 그토록 많은 희생을 치르면서도 견디었던 것은 인간의 기본적인 권리를 회복하려는 의욕과 확고한 신념이 있었기 때문이다. 봉건 제도에서 민주 시민 사회로의 전환이라는 대장정의 시작은 칼빈주의가 남긴 양심의 자유 사상이 근저에 있었기 때문이다. 프랑스 국민들이 이룩하게 되는 민주, 자유, 평등의 이념은 칼빈이 제네바에서 보내 준 메시지에 근거하여 근대 사회로의 전환을 꿈꾸던 위그노들이 뿌린 씨앗에서 나온 것들이다. 칼빈주의자들이 제시한 변혁의 이념들은 중세 시대의 구조와 사회 질서를 바꾸어 놓게 되었다. 중세 구조는 가장 자연스럽고 가장 영원한 사회 체제라고 자부하던 봉건 제도였다. 근대 사회의 구조는 끊임없는 변화를 기초로 한다. 중세 사회 구조는 정적이었다. 당시 유럽에 살던 사람들은 날 때부터 고정된 신분과 계급에 묶여 있었고, 전통의 틀에서 단 한 가지, 단 한 발짝도 더 나은 것으로 변화시킬 수 없었다. 그 속에서 개인의 존재는 무시되며, 이미 어떤 노력이나 성취를 하더라도 앞날의 운명이 결정되어 있었다. 대부분의 사람들은 날 때부터 극심한 가난 속에서 일생 동안 고생을 면치 못했다.[34] 모든 사람들은 가족과 가문의 연관 속에 자

---

34) H. Heller, *The Conquest of Poverty: The Calvinistic Revolt in Sixteenth-Century France* (Leiden, 1986), 123.

신의 직분과 부를 타고 났으며, 이런 억압적인 분위기를 한 개인으로서는 도무지 항거하거나 저항할 수 없었다.

칼빈의 정치 사상의 근간은 1541년 판 『기독교강요』 16장 "시민 정부에 대하여"라는 항목에 밝혀 놓았다. 그는 원칙적으로 시민들을 다스리는 국가의 권력은 하나님으로부터 왔다는 점을 인정한다. 군주들은 사사로운 개인으로 살아갈 것이 아니라, 하나님이 세우신 자연법칙에 순응하며 그 한계 내에서 권력을 사용해야만 한다. 그러나 거의 대부분 세속 권력은 이런 원리에서 벗어나기 일쑤이지만 그럼에도 불구하고 성도들은 복종하여야 한다.

점차 종교 전쟁을 겪으면서 칼빈의 정치적 이념들이 영향을 미치게 되었는 데, 완전한 복종을 강조하는 것만이 『기독교강요』에 나와 있던 것이 아니라, 동시에 역설적으로 신앙적인 문제에 있어서는 어떤 강제적인 억압이 있더라도 완전한 양심의 자유를 주장하여야 한다고 개신교의 성도들에게 확신을 주었던 것이다.[35] 따라서 칼빈은 1540년에 선포된 칙령을 자연스럽게 거부하였다. 칼빈에게 있어서 교회란 영적인 영역이요 선택받은 자들의 공동체이다. 이 지상에 존재하는 구체적인 교회의 영역 내에서는 신학적인 토론이 있을 수 있고, 기독교의 통일성이 사라진 듯한 다양성이 노출되기도 한다. 이것을 오로지 하나의 통일된 체제하에 묶어 두려는 것은 양심의 자유를 억압하는 것이다. 시민 정부를 선택하거나 정치적인 권위자들을 지지하느냐를 놓고 택일하는 것은 결코 하나님이 명령하신 것을 거부하는 행동이 아니다. 칼빈은 초대 교회의 순교와 복종을 통해서 이런 확신을 더욱 강하게 가질 수 있었다.

---

35) Myriam Yardeni, "French Calvinist Political Thought, 1534-1715," in *International Calvinism*, 1541-1715, ed. Menna Prestwich (Oxford: Clarendon Press, 1985), 315.

반대하는 것은 반역하는 것과는 다르다. 그러나 당시 권력은 무조건 잔혹하게 탄압하고자 했다. 프랑스 칼빈주의 역사는 탄압의 형벌과 압제자들의 파괴의 역사다.

프랑스 민주주의 정착의 시작을, 인간의 자연적인 권리를 주장하는, 루소에게서 찾거나 이와는 대조적으로 볼테르와 몽테스키외의 공로로 돌리는 것은 매우 편협한 생각이다. 장구한 프랑스 민주화의 과정을 무시하고, 단지 1789년 프랑스 대혁명의 이념만이 숭고했음을 주장하는 사람들은 역사 속에 숨겨 있는 당시 거주민들의 이념을 무시하는 것이다. 비록 계몽주의 시대에 폭발적으로 프랑스 국민들 전반에 인권 사상이 보편화되었지만, 그보다 훨씬 이전에 이미 1535년 제네바가 개신교로 방향을 전환하였을 때, 그리고 1550년대부터 낭트 칙령이 있기까지 실제 사태들을 무시해서는 안 되는 것이다. 칼빈주의는 프랑스 중산층에게 정치적, 경제적, 종교적 가치와 신념을 주었고 가능성을 확신케 해주었다.

중세 시대의 가톨릭교회는 죽은 자에 대한 미사와 기도, 각종 의식들을 통해서 많은 재산을 소유하고 있었고, 귀족들도 역시 많은 영지를 확보하고 있었다. 1559년을 전후로 해서 이들 로마 교회가 누려온 지나친 사치와 횡포에 대해서 사람들의 안목이 달라지기 시작했다. 칼빈의 영향으로 인해서 프랑스 전 지역으로 확대된 개신교회는 1562년경에는 약 1,250개 교회가 되었고, 총 회원 수가 2백만 명에 달했는데, 프랑스 인구가 약 2천만 명 정도였으니 가히 놀라운 숫자이다.[36]

이 장에서 칼빈과 관련된 프랑스 종교 개혁 전쟁의 일면을 소개하는

---

36) Kingdon, *Geneva and the Coming of the Wars of Religion*, 79-80.

것으로 그치지만, 그 이후 프랑스 개신교의 수난사를 잊어서는 안 될 것이다. 1567-1568년에 제2차 종교 전쟁이 있었고, 1568-1570년에는 제3차 종교 전쟁이 계속되었다. 5만 명이 살해된 1572년 8월 24일 성 바돌로매의 대학살은 가장 대표적인 사건이요, 그 이후에도 수없이 희생되었다. 심지어 1598년 낭트 칙령으로 종교 자유가 보장된 이후에도 계속해서 위그노 탄압은 지속되어 갔다. 십자가 그늘에서 쉼을 얻으려 했던 프랑스 칼빈주의자들은 주님과 똑같이 십자가를 지고 희생되었다.

| CHAPTER 17 |

비판자들이 붙인 불명예

    칼빈은 그를 비난하고 비판하는 자들에 의해서 불명예의 대명사요 희생양이 되었다. 그를 적대시해야만 자신들이 더 편안하게 살 수 있는 사람들이 만들어 낸 헛소문 때문에 지금도 욕을 먹고 있는 것이다. 칼빈의 생애를 연구해 온 학자들의 연구 성과를 검토하여 보면, 상당히 엇갈리는 주장들 속에 혼란스러움을 느끼게 된다. 최근의 칼빈 연구들을 살펴보아도 역시 마찬가지인데, 이는 각자의 선입견과 출발점이 다르기 때문이다. 과거 역사 속에 묻힌 사람에 대한 연구에서 그가 간직했던 진리와, 가르친 거룩한 교훈들, 다시 말하면 그의 신학을 재발견하려는 작업은 극히 조심스럽게 균형 감각을 지니고 있어야만 한다. 많은 사람에게 진리를 가르치는 설교자가 성경 본문을 다룰 때에 그러하듯이, 하나님이 사용하신 한 인간으로부터 배움을 얻으려 할 때에도 연구자에게 부여된 중대한 소임을 다하기 위해 편협한 사조에 좌우되지 않으려 노력해야 한다.

    많은 사람들은 칼빈이 『기독교강요』 외에 어떤 저술을 남겼는지 잘 모르며, 그의 여타의 많은 글들이 어떤 배경에서 그런 주장들을 하게 되없는지 잘 이해하지 못하는 경우가 허다하다. 『기독교강요』 조차도 워낙 방대한 책이기에 흥미를 갖고 읽더라도 그만 도중에 지쳐 버리기 쉽고, 신학적인 주제에 대한 집중적인 토론 위주로 되어 있기 때문에 주의 깊이 읽지 않으면 핵심을 잘 파악하지 못하게 되고 만다. 기독교인들이나 교회 지도자들, 목회자들, 심지어는 복음주의를 표방하는 신학자들마저도 세심하게 읽는 사람이 많지 않다. 칼빈을 전문으로 연구하는 사람들 몇을 제외하고는 그의 진면목을 온전히 간파하고자 주석이나 설교나 편지나 논문들을 총체적으로 섭렵해 보는 경우란 매우 드물다. 그리하여 그저 떠돌아다니는 말에 의존해서 칼빈에 대한 선입견을 가지게 된다. "칼빈은 냉혹한 사람이요 그의 신학은 예정론의 틀 속에 갇혀 있다"라고 말하는 것이다. 이런 막연한 이야기들이 혼란을 불러일으키고, 칼빈을 비난하는 사람들에 의해서 아무런 근거 없이 증폭되고 있음을 발견하게 된다.

칼빈 학자들의 연구를 종합하면 공통되는 부분이 훨씬 더 많다. 그의 사상에 있어서 핵심을 포착하여 제시하려는 여러 시도들이 여전히 대조적인 엇갈린 주장들로 혼선을 빚고 있지만, 그럼에도 불구하고 칼빈이라는 한 인간의 공헌과 업적에 대한 해석에 있어서 공통적으로 일치하는 부분이 훨씬 더 많은 것이다. 물론 칼빈의 신학을 전문적으로 연구한 학자들 사이에도 서로 다른 주장을 펴는 일들이 종종 있다. 칼빈 학자들 사이의 긴장도 여전히 풀어야 할 과제가 아직 남아 있다. 이 장에서 우리는 이런 비판적인 시각들을 다루어보고, 그의 사람 됨과 신앙 인격, 그리고 신학의 핵심 저변에는 경건이 가장 중점적으로 자리잡고 있음을 제시해 보고자 한다.

인간을 기계로 만든 예정론자?

가장 심각한 오해 중에 하나는 칼빈을 철저한 이중 예정론자로 보고, 그 밖에 모든 교리나 신학을 여기에 매어 놓으려는 분석이다. 그래서 칼빈은 마치 인간으로 하여금 자율성을 잃어버린 채, 하나님의 예정에 묶여진 기계로 만든 사람이라고 비난한다. 이것은 엄청난 오해다. 그는 철저히 하나님의 영광을 존중하고 하나님의 섭리와 뜻을 중요시하며, 하나님께 영광을 돌리는 것에 관심을 쏟고 살아갔다. 그러나 숙명론자도 아니요, 기계적 결정론이나, 운명론자도 아니었다. 예정론으로 모든 신학을 풀어 보려는 신학자도 아니었다. 도리어 칼빈의 신학을 이해하려면 그의 체험과 경험의 전환점에서 생각해야만 한다.

그는 자신이 계획했던 길에서 돌이켜서 전혀 다른 방향으로 일생을 헌신하게 된 사람이다. 인간적으로는 받아들이기 어려운 고비에 처할 때마다 그는 하나님의 뜻에 순종하였고, 그것을 섭리로 받아들였다. 칼빈은 신앙적으로 급격한 변화를 경험한 사람이었다. 그의 일생은 완전한 회심을 통해서 이해해야만 한다. 신앙을 완전히 바꿔 버린 역사적인 전환이 칼빈의 이해에서 중요하다는 말이다. 칼빈의 신앙과 신학을 이해하려면 로마 교회에서 성장하여 완전히 인생의 방향을 바꾸게 되는 그의 회심을 언제나 간과해서는 안 된다. 전에 가진 모순을 파헤치고, 헛된 우상을 헐어 버리기 위해서 남은 생애를 불태웠고, 이것이 그의 신학의 구조를 이루고 있기 때문이다. 가톨릭을 버리고 개혁 신학을 받아들이게 된 이후에 바른 신앙과 교회의 회복을 위해서 성경적인 복음을 설파한 것이 그의 신학이다.[1] 개혁 신학의 초석을 든든히 세운 칼빈에 대해서 깊은 관심을 갖고 있고, 좀 더 그의 신학과 그 형성 배경을 알고 싶어하는 탐구의 식을 가진 사람이라면 무엇보다도 먼저 다음의 그의 고백에 대해 항상 깊은 배려를 해야만 하는 것이다.

칼빈의 회심에는 경건이라는 그의 고백이 들어 있고, 경건의 지식에 대해서 새로움을 발견한다. 칼빈 연구에서 놓쳐서는 안 되는 부분이 경건의 교훈이다. 그 자신이 그토록 깊이 감동을 받아 살고자 했던 모든 총체적인 신앙 상태가 바로 경건이었다.

신정 통치의 독재자?

칼빈의 생애를 왜곡하는 수많은 말들이 아무런 근거도 없이 떠돌고 있고, 마치 전설처럼 희극화되어서 흘러 내려오고 있다.[2] 칼빈이라는 희한한 인물이 제네바라는 도시를 '신정 정치의 독재자'로서 호령했다고 말하는 것이 그 대표적인 전설(the Calvin Legend) 가운데 하나이다. 이 무시무시한 표현은 칼빈 당대의 많은 대적자들, 그로 인해서 자신들의 이익을 포기해야 했던 자들과 처벌을 받은 자들이 남겨 놓은 독설이었음에도 불구하고, 칼빈에 대해 빈정거리며 그의 품위를 손상시키고자

---

1) 김재성, 『칼빈과 개혁 신학의 기초』(수원: 합동신학대학원 출판부, 1997), 39-83.
2) Basil Hall, "The Calvin Legend," in *John Calvin: A Collection of Essays*, ed., G. E. Duffield (Grand Rapids: Eerdmans, 1966), 1-18. 영국 캠브리지 대학 교수였던 홀은 칼빈과 칼빈주의자들이 서로 다르다는 왜곡된 평가를 했다. 홀은 칼빈을 잘못 이해한 사람들을 열거하면서, 칼빈의 제자인 베자, 윌리엄 퍼킨스와 청교도들, 성화를 달성하려 했던 18세 복음주의자들, 재세례파들, 칼 바르트 등을 지적했다. 홀의 연구에서 흥미로운 것은 칼빈의 대적자들이 남긴 곡해에 대해서도 전혀 근거 없는 '전설들'이라고 비판한 부분이다.

하는 사람들에 의해서 줄곧 채택되어 왔다. 마치 검은 유령의 사나이처럼 진리를 수호한다는 명분하에 집요하고도 격렬한 욕설로 상대방을 공격했다는 것이다.

하지만 최근에 칼빈이 머물던 제네바시가 처해 있던 사회 상황에 대한 연구서들이 속속 출간되어서 풍부한 자료를 제공함으로써 다소 그에 대한 일방적인 의혹이 풀리고 있다.[3] 더구나 정치적인 분야의 연구서들이 많이 출판됨으로써 칼빈의 인격적 면모 가운데서 많은 오해를 불러일으켜 왔던 독재자라는 누명을 다소라도 벗을 수 있게 되었다.[4] 칼빈은 독재자가 아니라 건설자였고, 통치자가 아니라 설교자였으며, 중세에서 근세를 여는 수많은 신앙적인 토대를 제공한 탁월한 설교자요 신학자였다.

거의 대부분의 신학자들과 역사가들은 결국 칼빈에 관해서 찬사를 보내든지, 아니면 부정적인 선입견을 갖고서 근거 없는 비난을 하거나 둘 중에 한 쪽을 택하게 된다. 그리고 자신들이 막연히 들어서 알게 된 이야기들을 사실로 확신하는 단계로 논리적 비약을 하는 경우도 많다. 칼빈의 사상에 대한 평가는 그의 생애와 저술에 관한 명백한 자료를 근

---

3) Robert M. Kingdon, "The Control of Morals in Calvin's Geneva," in *The Social History of the Reformation*, ed. Laurence P. Buck and Jonathan W. Zophy (Columbus: Ohio State University Press, 1972), 3-16. Idem, "Social Welfare in Calvin's Geneva," *American Historical Review* 76(1971), 50-69. E. William Monter, *Calvin's Geneva* (New York: Robert E. Krieger Publishing Company, 1975). Jeannie Olson, *Calvin and Social Welfare: Deacons and the Bourse française* (Selingsgrov, PA: Susquhanan University Press, 1988). William Innes, *Social Concern in Calvin's Geneva* (Allison Park, PA: Pickwick Publications, 1983).

4) W. Fred Graham, "Calvin and the Political Order: An Analysis of the Three Explanatory Studies," in *Calviniana: Ideas and Influence of Jean Calvin*, ed. Robert V. Schnucker (Kirksville, MS: Sixteenth Century Journal Publishers, 1988). Harro Höpfl, *The Christian Polity of John Calvin* (Cambridge: Cambridge University Press, 1982). Ralph C. Hancock, *Calvin and the Foundations of Modern Politics* (Ithaca: Cornell University Press, 1989).

거로 해야 하는데, '전설'처럼 가공된 이야기와 흘러 다니는 이야기 속에서 상정한 이미지가 사실인양 착각해 버린다.

따라서 막연히 단편적인 이야기에 귀를 기울이지 말고, 수많은 요인들이 뒤엉켜서 형성된 그의 일생을 먼저 명확한 사료에 의거하여 통찰하지 않으면 안 되는 것이다. 그의 신학이 종교 개혁의 체계적인 금자탑이라고 한다면, 그 모든 것을 가능케하고 영향을 준 주변의 도시와 사람들과 만나서 형성한 그의 수많은 경험들에 대해서 보다 정확하게 이해해야만 하는 것이다. 따라서 넓게는 16세기의 시대적 특성과 정황, 유럽에 분포된 각 민족들의 문화를 이해해야만 하고, 무엇보다도 먼저 프랑스의 정치와 종교 간의 갈등, 스위스에서 피난민에 대한 대립과 박해받는 망명자들의 생활을 염두에 두어야 하며, 칼빈이 가진 개인적인 집안 사건들과 신앙의 성격에 대한 바른 해석을 갖추어야만 하는 것이다.

프리츠 뷔써 교수는 『칼빈의 자기 판단』이라는 책에서 칼빈의 강력한 지도력이 어디서 나왔는가를 분석한 바 있다.[5] 그는 자신을 루터의 계승자로 생각하고 있었다. 종교 개혁의 선봉장을 높이 평가하였기에 이제 자신이야말로 개혁 운동의 승패에 결정적으로 관련되어 있다는 책임감을 느끼고 있었다는 것이다. 자기 자신의 재능과 은사에 대해서 분명한 인식을 갖고 있었고, 이런 확신은 아주 탁월한 위치를 차지하게 만들었고, 각종 회의에서 주위를 놀라게 하는 발언을 함으로써 정당한 평가를 받게 되었다. 자신이 최선의 노력을 하지 않으면 안 된다는 강한 책임의식이 그로 하여금 확신의 사람으로 만들어갔다. 그러나 그가 다른 동료를 불신하였다거나 충성스러운 주위의 동역자들 속에서 격리되어 도도

---

5) Fritz Büsser, *Calvins Urteil über sich selbst* (Zurich, 1950).

히 지배자로 군림하려 했던 것은 아니다.

칼빈은 학자적이요 아주 예민한 지도력을 가졌고, 주어진 임무를 대할 때에 회피하거나 뒤로 움츠러들기보다는 사명감(sense of mission)을 갖고 대했다. "하나님께서는 나를 게임에 몰아 넣으셨다"는 인식을 가지고 있었기에 집요하게 그 전투에서 최선을 다했다. 전투는 잔인하고 혹독한 대립이 기다리고 있었다.

그때마다 그의 확신은 하나님께 있었다. 모든 위기 때마다 하나님께서 자기와 함께 계신다는 것을 의심하지 않았다. "하나님께서는 나를 보호해 주셨다. …그들의 사악함이 하늘에 사무쳐서 나의 사역에 대해, 교회를 위한 어떤 직분도 더이상 지속할 수 없으리라는 희망이 거의 사라져 버렸다. 만일 하나님께서 그의 손을 펼치사 나를 붙잡지 않으셨더라면 나의 영향력은 사라져 버렸을 것이다"라고 비레에게 토로하였다.[6] 1547년 칼빈은 뻬랭을 중심으로 한 적대자들로 인해서 고통을 당할 때에 오직 하나님만이 자신을 지켜 주시리라 확신하였다. 이 일에 대해서 17년 후에도, 제네바 교회의 목사들에게 마지막 작별 인사를 하면서 "나는 삼천 번도 더 넘게 제네바의 목사직을 잃어버릴 정도의 방해에 부딪혔다"고 회고하였다. 종종 칼빈은 절망에 빠져 버릴 만큼 격렬한 반대에 부딪히고, 수많은 실패를 맛보았고 절망 상태에 처하기도 했다. 그러나 오직 그를 강인하게 붙잡아 주신 분이 계셨기에 우뚝 서 있을 수 있었다. 독재자라는 전설의 인물이 아니라, 자신이 섬기는 하나님은 결코 패배하지 않으신다는 확신의 사람이었다.

칼빈을 생각할 때에 '신정 통치'(theocracy) 대신에 '그리스도의 통

---

6) 1547년 12월 14일자. *Calvin's Selected Works*, vol. 5, 148-149.

치'(Christo-cracy) 혹은 '목사 정치'(clerocracy)라고 부르기도 하고, 어떤 이는 '성경에 의한 통치'(Bibliocracy)라는 용어를 사용한다. 그러나 세속의 정치 담당자들이 모두 다 교회의 목사들과 함께 하나님의 뜻을 이루기 위해 공적인 책무를 감당하고, 하나님의 뜻이 이루어지기 위해서 이 땅에서 노력하는 것이 삶의 목적이라고 할 때에 하나님의 통치가 있었던 것은 분명하다. 그러나 칼빈은 정치 목사가 아니었고, 성직자들의 정치는 더이상 없었다. 오히려 로마 바티칸과 프랑스 국왕의 왕실에서 신정 통치가 가속화되었다.

우리가 '칼빈의 제네바'라는 말을 곧잘 하는데, 이런 간단한 생각 속에는 분명히 제네바의 명성과 운명에 절대적인 영향을 미친 종교 개혁자를 칭송하는 견해보다는 오히려 시민 사회의 주권을 제한한 독재자로 생각하는 경향이 있는 것이다. 그러나 칼빈은 이 도시의 신화적인 존재, 다시 말하면 알렉산더나 한니발 같은 사람이 아니었다. 칼빈이 제네바를 바꾸어 놓았다면, 제네바 또한 칼빈이라는 사람을 바꾸어 놓았다. 칼빈이 성경적인 원리를 동원해서 이 자치 도시를 마음대로 요리할 수 있다고만 생각하는 사람들은 자신의 선입견에 사로잡혀 있는 것이다. 칼빈이 하나님의 도성으로 이 도시를 지도해 나갈 때에, 그의 생각의 핵심 부분에는 제네바의 정치 원리, 시행 규칙, 제반 상황들을 통해서 윤리적으로 거룩한 도시를 이루고자 신앙적인 영향을 주었다는 사실을 염두에 두어야만 한다.

스테판 츠바이크(Stefan Zweig)의 『폭력에 대항한 양심: 칼빈에 맞선 카스텔리오』는 일반의 상식을 뛰어넘는 가혹한 비난과 독설로 가득 찬 분노에 휩싸여 있는 책이다. 츠바이크는 이 책에서 쇠로 된 채찍을 휘두르면서 비정의 도시를 다스린 제네바의 독재자로 칼빈을 묘사하였다(un homme sans coeur et sans entrailles).

칼빈은 성경의 무오설, 특히 아가서의 정경성을 부인하는 세바스티안 카스텔리오에게 제네바에서 설교할 권리를 주지 않았다. 그 후부터 카스텔리오는 칼빈에 대해서 저주를 쏟아놓았다. 칼빈을 광신적인 주지주의자로 묘사하였고, 카스텔리오는 코끼리에 맞서서 싸우는 양심적인 모기 한 마리라고 변호하였다. 약자에게 후한 점수를 주는 인간의 동정심에 의해서, 그리고 철두철미한 신본주의 신앙보다 느슨한 휴머니즘의 반동에 의해서, 칼빈이라는 인간은 광기에 휩싸여 있던 모질고 혹독한 살인마요, 도무지 인간미라고는 찾아볼 수 없는 금욕주의자로 채색시켜 버린 것이다.[7] 이렇게 칼빈은 로마 가톨릭 측에서 출판된 연구서보다도 개신교 내에서 더욱 공정한 대접을 받기가 더 어려웠다. 이것은 차라리 소설에 등장하는 인물의 묘사이다. 츠바이크는 히틀러 통치하에서 가장 극심하게 저항하던 나라 오스트리아 출신이었으므로, 외국인에게 독한 체형을 가했다는 칼빈의 생애에 대해 남달리 증오하게 되었을 것이다. 따라서 자신을 짓밟고 자유와 평화를 빼앗아 가버린 독일의 독재자 히틀러에게서 발견되는 모든 부정적인 모습을 칼빈에 대입시킨 것이며, 근거 없는 황당한 상상을 적어놓은 것이다. 그는 실제로 우

---

7) 칼빈을 직접 만나 본 일이 없는 츠바이크는 오직 몇 장의 초상화를 보고 상상력을 발휘하여 혹독한 인간의 모습으로 그려 놓았다. Stefan Zweig, *Castellio gegen Calvin, oder ein Gewissen gegen die Gewalt* (Vienna, 1936), 『폭력에 대항한 양심: 칼뱅에 맞선 카스텔리오』, 안인희 역 (서울: 자작나무, 1998), 61. "깡마르고 기다란 타원형 얼굴은 … 흡혈귀처럼 뺨에 있는 핏기를 다 빨아먹은 듯, 두 뺨은 주름지고 병들고 창백하다. 이 두 뺨이 격렬한 분노의 불길로 활활 타오르는 데에는 몇 초도 안 걸릴 것이다. 길게 흩날리는 예언자 수염이 마르고 노란 얼굴에 남자다운 힘을 실어 주려 하지만 헛일이다. 수염도 생기나 풍만감은 없다. … 그러나 아래로 내려가다가 문득 그의 손을 보고는 깜짝 놀라게 된다. 탐욕스러운 인간의 손처럼 끔찍한 모습이다. 바싹 야위고 살집도 색깔도 없는 손, 차갑고 뼈마디가 불거져 나온 손, 독수리 발톱처럼 한 번 거머쥔 것은 강하고 욕심스러운 뼈마디로 꽉 움켜쥘 것 같은 손 … 그것은 분노한 사람의 손이며, 그 손만 보고도 칼빈이 일생 동안 지녔던 지배하고 감독하는 위대하고 잔인한 힘을 짐작하게 된다." 1946년에 책은 프랑스어로 출판되었으며, Roland de Pury는 칼빈을 공정하게 다루지 않고 있는 이책은 지금까지 출판 된 역사서 가운데서 그 어떤 책보다도 철저히 왜곡된 문서라고 혹평 하였다(1947년 4월 12일자, *Réforme*를 볼 것).

울증과 망명 생활로 전전하는 동안, 이 책과 비슷하게 루터에게 맞선 에라스무스를 높이는 책을 쓴 바 있고, 1942년 부인과 함께 자살하고 말았다.

마치 칼빈이 모든 법률을 무시하고 그 위에 군림하면서 비밀경찰, 무장 경호원, 번쩍거리는 계급장과 훈장을 달고 군중을 선동하는 인물처럼 생각해서는 안 된다. 칼빈은 정치적 권모술수를 부리지 않았으며, 무장 경호원도 없었고, 아무런 정치적인 지위나 특별한 직책이나 지위를 가지고 있지 않았다. 그는 매우 평범한 사람들처럼 검소하게 살았으며, 말씀을 위임받은 목사라는 것 외에 아무런 권위를 주장하지 않았다. 그리하여 많은 사람들이 그에게 조언을 구했던 것이다.

그러나 이런 고정 관념은 아무런 역사적 고증이 없음에도 불구하고 후대 역사가의 묘사에 의해서 사실처럼 돼 버렸다. 츠바이크가 죽은 후, 장 쇼레(Jean Schorer)는 츠바이크의 책에서 이곳저곳을 발췌하여, 잘못된 인용을 그대로 사실화시켜 다시 한 번 '독재자 칼빈'이라는 무시무시한 헛소문을 유포하였다.[8]

그러나 그 어디에도 칼빈이 그토록 냉혹한 독재자였다는 것을 역사적으로 증빙할 만한 것이 존재하지 않는다. 제네바에서 상당수 사람들이 죽고 추방당하고 감옥에 가고 체벌을 받았으나, 이런 일들은 중세 어느 도시에서나 흔한 일들이었다. 16세기 상황을 이해할 때에 공정한 평가가 가능해진다. 로마 가톨릭에서 행한 모든 종교 재판과 잔인한 박해와 체형들은 거의 유럽 전역을 휩싸고 있었기에 당시의 시대에 살던 사

---

8) Jean Schorer, *Jean Calvin et sa dictature d'aprés des historiens anciens et modernes* (Geneva, 1948). 그러나 츠바이크와 쉬코레의 혹평에 대해 전혀 지성적인 순수성이 결여된 책이라는 평가가 뒤따랐다. Henri Delarue and Paul F. Geisendorf, *Calvin, Stefan Zwig et M. Jean Schorer* (Geneva, 1949)를 볼 것.

람들로서는 불가피한 선택이었던 것이다. 그리고 모든 체벌의 원흉으로 칼빈을 지목하는 것은 당시 제네바의 권력 구조나 결정 과정을 충분히 이해하지 못한 데서 나온 무지에 기초한 것으로, 전혀 사실과는 맞지 않는다. 때때로 우리가 목격하듯이 역사에는 잔인한 일면도 숨어 있는 것이다.

또한 칼빈의 불관용은 너무나 과장되었으며, 그가 베푼 관용은 너무나 간과되고 있다. 특히 한 사람의 죽음이 칼빈의 결정적인 독재성을 드러내는 증거로 종종 인용되어 왔다. 앞서 우리가 자세히 살펴본 바와 같이, 1553년 10월 27일 하나님에게 불경스러운 모든 사람들에 대한 경고로서 세르베투스(Michael Servetus)가 화형에 처해졌다. 그는 삼위일체 하나님에 대해서 가공할 만한 불경 죄를 범했고, 특히 성자 예수님은 아버지 없이 어머니에게서만 출생하였으므로 성적으로 결함이 있었으리라는 헛소리도 첨가했다. 한때 의사로서 활약했던 그는 자신의 의학적 지식만으로 신성과 인성의 조화를 설명하려 했기 때문이다. 그러므로 이미 비엔나에서 화형을 선고받고 도망하여 온 세르베투스가 제네바에서 죽은 일을 놓고서 칼빈의 잘못으로 돌리는 역사적 평가는 과연 올 바른 것인지 다시금 생각해야만 하는 것이다.[9]

---

9) 세르베투스의 사건을 칼빈이 어떻게 취급했는가에 대해서는 많은 연구가 있어 왔다. 20세기에 가장 정확한 칼빈 학자로 손꼽히는 Ronald S. Wallace는 당시 칼빈이나 베자의 결정은 거의 모든 개혁 교회들로부터 인정을 받은 사실임을 지적한다. Calvin, *Geneva and the Reformation* (Grand Rapids: Baker, 1988), 77. 그러나 세월이 점점 지나서 모든 사람의 인권에 대한 보편적인 정서가 싹터오면서 이 사건의 정당성에 대한 확신이 흔들리기 시작하였다. 1903년 10월 27일, 개혁 교회는 세르베투스 사건 연구위원회의 결정에 따라 세르베투스에게 속죄하는 화해의 비문을 화형의 형틀이 있던 곳에 세웠다. 1901년에서 1959년 사이에 나온 연구들은 W. Niesel이 작성한 *Calvin-Biblio-graphie* (München, 1961)에 실려 있다. Bonnet이나 Doumergue 같은 학자들은 이 사건은 칼빈 개인의 실수라기보다는 그러한 종교 분쟁의 분위기가 낳은 그 시대의 실수라고 평가하였다. 이 당시 결정 과정을 매우 소상하게 들었던 멜랑톤이 이를 위대한 결정이라고 인정하였다(Letter of Melanchton to Calvin, October 14, 1554). 스틱켈버거는 세르베투스 사건을 그 어느 책보다도 매우 상세히 다루면서, 당시의 사건을 오늘의 역사가 판단하듯이 무작정 관대하게 포용할 수 있던 사람은

오늘날 로마 가톨릭교회에서 '칼빈의 잔인성'을 비난하는 것은 참으로 역사의 왜곡이 아닐 수 없다. 순수한 종교 개혁의 교리를 받아 들였다는 단 한 가지 사실 때문에 스페인에서, 네덜란드에서, 잉글랜드에서 메리 여왕의 박해 시대에, 그리고 부도덕한 프랑스의 여러 왕들에 의해서 지속적으로 감행된 수많은 화형과 처형을 어떻게 정당화할 수 있겠는가? 더구나 칼빈은 세르베투스의 경우도, 화형만을 피하는 것이 좋겠다고 주문했고, 그가 처형되는 순간에 하나님 앞에서 무릎을 꿇고 고통을 느꼈으며, 이런 잔인한 살인을 어떻게든 피해보려고 몸부림친 기록이 있다. 16세기의 종교 대립의 시대를 살았던 칼빈에게 종교적인 관용이 부족했다고 비난하는 것은 정말로 잘못된 것이다. 오직 그는 신앙의 파괴와 하나님께 대한 모독을 참지 못했을 뿐이며, 교회의 판정은 언제나 신중하고 관용적이라야만 한다고 주장했다.

> 교회가 점점 잔인해지는데 유순한 정신으로 바뀌어야만 한다. 이는 죄인을 존중하라는 사도 바울의 명령에 따라서, 크게 조심을 해야만 되는 필요성이 항상 있기 때문이다. … 말씀에 불순종하는 자들도 여러분들의 적으로 간주하지 말고 형제로 존중하라고 사도는 말씀하신다.[10]

따라서 칼빈을 마치 자유를 말살하고, 건실한 권고를 아예 무시하는 독재자로 생각하는 사람들은, 소위 '자유의 요람'이라고 불리는 프랑스

그 누구도 없었으므로, 이 사건 때문에 낙심하지 말라고 단호히 선언하고 있다. Emmanuel Stickelberger, *Calvin, A Life*, tr. David Georg Gelzer (Richmond: John Knox Press, 1954), 132.

10) Inst. IV.xii.1.

대혁명이 수없이 많은 사람들의 목을 길료틴 위에서 무참히 살해했다는 사실을 놓고 무엇이라고 변명하려는가?

칼빈을 '제네바의 독재자'로 몰아세운 19세기와 20세기의 저술가들은 상당수가 전설에 영향을 입은 사람들이다. 정확한 역사적 근거도 없이, 그저 흘러 오는 전설의 이야기를 따라서, 완전히 조작된 이미지를 그대로 반복했다. 발 자크의 평전(Honoré de Balzac, La Comédie humaine)에 보면, 1541년 칼빈이 제네바에 돌아오자마자, "추방을 시작했고, 자신의 종교적인 테러를 조직하였다"고 늘어놓고 있다. 그는 시적인 감각이 탁월한 사람이었으나, 아마도 로베스피에로와 칼빈을 혼돈하면서 어떤 이미지를 만들었던 것으로 보인다. 그러나 상대방을 제압할 목적으로 칼빈에 의해서 저질러진 테러는 그 어떤 형태라도 결코 찾아볼 수 없다. 칼빈은 물리적인 폭력이나 경찰력이나 공공의 권력을 이용하여서 공포를 조성하거나 압박을 가한 적이 전혀 없다. 칼빈이 스트라스부르그에서 제네바로 다시 돌아온 이후로 관여한 처형은 오직 한 사건, 세르베투스의 일뿐이었다. 칼빈은 혼자서 명령을 내리거나 호통을 치거나 조사하거나 심문하거나 어떤 캠페인을 벌이는 그런 통치자의 자리에 앉은 적이 결코 없었다.

칼빈의 명성에 흠집을 내려는 의도에서, 최근 알더스 헉슬리가 아무런 근거도 없이 유포시킨 말이 있다. "칼빈이 제네바에서 위대한 신정 통치자로 군림하던 시절에, 한 어린아이가 그 부모를 때렸다고 해서 반인격적인 죄악이라고 하여 공개적으로 교수형에 처했다"는 주장을 한 것이다. 그러나 이는 전혀 역사적 근거가 없는 말이다. 문헌적인 자료

제시도 없었을 뿐만 아니라 어떤 사람들의 조작에 의존한 것이다.[11] 당시 제네바에서 자녀들이 그들의 부모를 폭행하는 사건이나 문제를 처리하기 위해서 사형을 내린다는 법조문 자체가 없었고, 그런 사건들을 다룬 문서상의 근거도 역시 존재하지 않는다. 아마도 후대의 어느 문서에 나오는 사건을 거꾸로 올라가서 칼빈 시대에 있었다고 말하는 것인지도 모른다.

최근 학자들의 연구 중에는 제네바 당회록을 영문으로 번역하면서 칼빈이 시도했던 일을 밝히고 있는 중인데, 칼빈이 화해와 평화를 도모하기 위해서 피나는 노력을 기울였던 영혼의 목자였다는 사실을 확인하게 된다. 칼빈의 정치 분야의 권위자이자, 미국 위스콘신 대학교의 역사학 교수를 역임한 로버트 킹던 박사는 힘주어 주장한다.

> 칼빈은 목회자로서, 지속적으로 사람들로 하여금, 친척들과 이웃들과 기독교인들의 전체 공동체 안에 있는 사람들과 좋은 관계를 회복시켜 주는 데 깊은 관심을 가지고 있었음을 보여 주고 있다. … 필자는 제네바 당회록이 좀 더 자세하게 칼빈의 일생에서 있어서 너무나 중요한 부분임에도 불구하고 우리에게 감추어진 면모를 알려 주는 데 조금 더 연구를 계속할 수 있기를 희망하고 있다.[12]

---

11) Aldous Huxley, *Proper Studies* (London, 1949), 287: 'during the great Calvin's theocractic rule of Geneva a child was publicly decapitated for having ventured to strike its parents.' A. McGrath, *A Life of John Calvin*, 106. 맥그라스 교수는 제네바 고문서 도서관을 아무리 조사해도 이런 사건 기록은 없었다고 논박하면서, 설령 그런 조항이 있다 해도 칼빈의 역할이란 가끔 자신의 전공과목인 법조문에 대한 자문에 응하는 정도에 그쳤다는 점을 상기시킨다. 제네바의 시민법은 칼빈이 만든 것이 아니라 시 당국 에서 만들어 시행한 것이었다.

12) Robert M. Kingdon, "A New View of Calvin in the Light of the Registers of the Geneva Consistory," in *Calvinus Sincerioris Religionis Vindex*, ed. W.H. Neuser and Brian G. Armstrong, vol. xxxvi (Kirksville, MS: Sixteenth Century Essays & Studies, 1997), 21-34.

이미 프랑스에서 스토페르 교수가 이런 엄청난 음모에 대항하여 『칼빈의 인간성』을 써야만 했던 절박한 심정을 이해할 수 있을 것이다. 그는 서문에서 칼빈에 대한 역사적 오해가 심각하다는 사정을 문헌적으로 밝히고 있다.[13] 일부 악감을 가진 칼빈의 추적자들, 칼빈 당대에 함께 살았던 제롬 볼섹을 비롯하여 프랑스 가톨릭 오딘(J.M. Audin), 캄프슐트(F.W. Kampschulte)에 의해서 엄청나게 폄하되고 왜곡되어졌다는 것이다.[14] 마치 호메이니가 회교 원리로 이란을 다스렸듯이, 칼빈이 피 흘리기를 주저하지 않는 무서운 독재자로 제네바를 신정 통치하였다고 막연하게 비난해 버리는 경향마저 있다. 칼빈주의를 오해하여 무자비한 도덕적 엄격주의요 교회가 앞장서서 징벌과 징책을 집행한 것으로 비판하고 있다. 칼빈이 종교 개혁의 임무를 수행해 나가는 과정에서, 일면에서는 신앙의 순수성을 지키고 후세 교육을 위해서 노력하는 가운데, 불가피하게 훈육과 징계를 실시한 바 있다. 로마 가톨릭의 박해의 칼을 피해서 간신히 목숨을 건지기도 했던 칼빈과 당시의 프로테스탄트 지도자

---

13) Richard Stauffer, *The Humanness of John Calvin*, tr. George Shriver (Nashville: Abingdon, 1964, 1971), 20-31.

14) 스토페르 교수가 칼빈의 인간적인 면모에 대해서 아버지로서, 남편으로서, 그리고 친구로서, 목회자로서 구체적으로 제시할 때에 맥네일 교수의 적극적인 격려와 성원을 받았던 이유는 지금까지 떠돌아다니는 근거 없는 악평 때문이었다. 한때 개신교 진영에 있다가 다시 로마 가톨릭으로 돌아간 제롬 볼섹(Jerome Hermes Bolsec)은 예정론을 거부하여 칼빈과 격렬한 논쟁을 하였으니, 그의 입장을 반영하여 나온 저술의 경향은 칼빈에 대한 비난으로 가득 채워질 뿐이었다. 1562년에 처음으로 나온 Francois Baudoin이 쓴 두 권의 저서, *Ad leges de famosis libellis et de calumniatoribus, Commentarius*와 *Responsio altera ad Joan. Calvinium*에서 사악하고 잔인하고 승리에만 몰입하는 모습으로 그려 놓았다. F.W. Kampschulte, *Johannes Calvin: seine Kirche und sein Staat in Genf* (Leipzig: vol. I, 1869; vol. II, 1899). 독일 본 대학의 교수이자, 로마 가톨릭이었던 저자는 칼빈의 진면목을 그려내는 데 실패하였다. 제1차 세계 대전의 끝 무렵까지 프랑스 가톨릭에서 교과서처럼 권위를 인정한 저서는 J.M. Audin, *Histoire de la vie, des ouvrages et des doctrines de Calvin*, 2 vols. (Paris, 1841)이었다. 이 책에서는 칼빈을 사랑한 사람은 한 사람도 없었으니, 너무나 이기주의자였고 끝없는 자만심에 사로잡혀 관용이 없는 사람이어서 모두가 그를 두려워하여 피해 버렸다고 쓰고 있다.

들이 맡은 일의 성격을 이해해야만 한다. 동시에 신화처럼 확인할 수 없는 말들도 과감히 버려야 한다.

칼빈을 따르는 개신교회나 그를 비난하는 사람들이나 모두 다 같이 주의해야 할 것은 오늘의 척도를 가지고 심판해서는 안 된다는 사실이다. 더구나 근거없이 전해오는 소문에 의존해서 선입관을 가져서는 안 된다. 칼빈도 시대의 아들이요 교회와 역사의 산물이었다. 그는 하늘에서 떨어진 선지자나 예언가가 아니었고, 더구나 몇 세기에 한번 태어날 천재나 신동이 아니었다. 당대 휴머니즘의 영향하에서 고전을 공부하고, 성경과 초대 교부들에게서 하나님의 나라 건설을 위한 사명감을 발견한 뒤, 그 세대의 문제들과 씨름하며, 제네바 시민을 향해 설교자로서 호소하고 교회 당회와 시의회, 교육 기관과 자선 사업을 꾸려 나간 경건한 실천가였다. 많은 육체의 질병 때문에 일생토록 고생하면서도 많은 저술과 편지를 남긴 문필가였고, 아내의 죽음을 놓고 가슴 아파한 다정한 심성의 소유자였다.

기독론주의자?

지난 오백 년간 칼빈 연구는 엄청난 양적인 성취를 이루었고, 그에 관한 거의 대부분의 자료들이 수집되어 있고, 또한 각국 언어로 소개되어 있다.[15] 그러나 문제는 저자의 관점과 시각차가 현저하다는 점이다. 같은 자료를 놓고서도 전혀 다른 결론을 제시하는 경우가 허다하기 때

---

15) W. de Greef, *The Writings of John Calvin*, tr. Lyle Bierma (Grand Rapids: Baker, 1993), 220-221.

문이다.

20세기 초엽에 칼빈 연구에 새로운 조류를 형성시킨 신학자들이 등장하였는데, 그중 중요한 두 조류가 형성되었다. 하나는 화란에서 일어난 '신칼빈주의'(neo-Calvinism)이고,[16] 또 다른 하나는 칼 바르트이다. 카이퍼 박사는 범신론과 진화론이 위세를 떨치던 자유주의 신학의 물결 속에서 가장 순수한 기독교의 원형으로 신칼빈주의를 주창했고, 그의 강연과 저술들은 종교 개혁자 칼빈의 신학을 다시 돋보이게 만들었다.[17] 카이퍼와 함께 헤르만 바빙크도 개혁 신학의 현대화된 체계를 수립하는 데 큰 공헌을 했다. 카이퍼와 바빙크와 함께, 삼대 칼빈주의 신학자로 꼽히는 워필드(B.B. Warfield) 박사는 1909년 칼빈 탄생 4백 주년에 즈음하여 집중적으로 칼빈 연구 논문을 펴냄으로써 20세기 영어 권에 기초를 제공하였다.

세계 역사 학계와 신학자들이 지난 20세기에 칼빈에 대해 관심을 갖게 되고 새로운 해석을 쏟아 놓게된 것은 세 사람의 영향이 컸다. 칼 바르트가 칼빈에게 관심을 갖게 된 것은 19세기 말과 20세기 초엽, 화란에서 일어난 아브라함 카이퍼와 헤르만 바빙크의 영향을 입었음을 부인할 수 없다. 자유주의 신학과 결별하고, 신정통주의 신학이라는 새로운 지평을 연 칼 바르트는 종교 개혁의 신학을 심도있게 연구하는 자극을 받았다. 그리고 그의 첫 신학 강좌의 주제를 칼빈으로 정하여 독일의 많은 신학생들에게 자극을 주었다.[18] 바르트의 칼빈 강좌는 오늘의 관점

---

16) Abraham Kuyper, *Lectures on Calvinism* (1898; Grand Rapids: Eerdmans, 1931).

17) James D. Bratt, ed. *Abraham Kuyper: A Centennial Reader* (Grand Rapids: Eerdmans, 1998), 8-9.

18) K. Barth, *Die Theologie Calvins* (Zürich: Theologischer Verlag, 1922); *The Theology of John Calvin*, tr. Geoffrey W. Bromiley (Grand Rapids: Eerdmans, 1995). Idem, *Nein*

에서 볼 때, 칼빈의 생애와 신학, 제네바의 상황과 목회적 고뇌들에 대해서 종합적으로 다룬 것도 아니요, 체계적으로 분석한 것도 결코 아니다. 그러나 바르트는 철저한 루터 신학의 보루 괴팅겐 대학에서 중세와 종교 개혁의 흐름을 일별하고 난 후, 점차로 칼빈에게로 기울어졌는데, 신학생들에게 가장 많은 유익을 주는 신학자는 칼빈이라고 생각하여 집중적으로 가르쳤다. 더구나 독일 학자들은 루터파 정통 신학을 가르치려 했고, 스위스 바젤 출신이던 바르트에게 강의를 맡기지 않으면서 칼빈과목을 개설하게 한 것이다. 이런 과정에서 바르트는 자신이 읽고 생각하고 변호하려는 신학을 가장 훌륭하게 포괄한 신학자가 칼빈임을 확신하게 되었다. 젊은 날의 칼 바르트는 칼빈으로부터 자신의 신학 방법을 배웠고, 이를 학생들에게 제시함으로써 자유주의 신학계에 칼빈 연구의 새로운 부흥을 가져오게 하도록 기여를 했음은 부인할 수 없다. 그리하여 그 앞선 세기에 비한다면, 20세기는 세계 도처에서 폭발적인 칼빈 연구 업적들이 쏟아져 나왔으며, 상당수가 칼 바르트의 영향을 입은 제자들에 의한 것이었다.[19]

그러나 바르트의 칼빈 연구는 다분히 자신의 신학을 정당화하기 위해서 위대한 종교 개혁자들의 이론을 인용하려는 동기를 엿볼 수 있다.

Antwort an Emil Brunner(1934) in *Natural Theology* (London, 1946). Wilhelm Niesel, *The Theology of Calvin*, tr. Harold Knight (Grand Rapids: Baker, 1956), 17: "We owe to Karl Barth, has produced a revolution in Calvin studies as elsewhere."

19) 칼빈 연구의 세계적인 추세를 가늠해 본 대표적인 논문을 소개하면 다음과 같다. John T. McNeill, "Fifty Years of Calvin Study," in Williston Walker, *John Calvin: the Organizer of Reformed Protestantism, 1509-1564* (N.Y.: Schoken Books, 1969). Nauta, "Stand der Calvinforschung," *Calvinus Ecclesia Doctor*, ed. Wilhelm H. Neuser (Kampen: Kok, 1978). Wilhelm H. Neuser, "Calvin Studies: A Review, The Work of the Calvin Congress and Their Future Tasks and Goals," in *Calvin Studies* V. ed. John H. Leith (Davidson: Davidson College, 1990), 21-27. Richard C. Gamble, "Current Trends in Calvin Research, 1982-1990," in *Calvinus Sacrae Scripturae Professor*, ed. Wilhelm H. Neuser (Grand Rapids: Eerdmans, 1994), 91-112.

그는 자신의 '초월주의 신학 방법'을 거부한 에밀 부르너의 '자연 신학'에 반대하는 격렬한 논쟁을 하면서, 자신의 논리적 근거로 칼빈을 인용하고 있다. 이것은 매우 잘못된 방법론이었다. 칼빈은 16세기의 사람이지, 바르트와 같은 20세기 학자가 아니라는 점을 너무나 쉽게 간과하고 있는 것이다. 칼빈의 신학은 16세기의 성경적인 휴머니즘에서 출발하여, 당시의 사회와 문화, 정치와 경제, 교회 제도와 성례 등에 밀접하게 관련을 맺고 균형을 이루고 있는 데 비해서, 바르트는 그리스도 중심적 신학을 구성하고자 역설했고, 칼빈 신학도 그리스도 중심적이라고 해석하였다. 20세기에 가장 영향력 있는 학자인 칼 바르트의 칼빈 해석은 곧바로 많은 학자들의 기준으로 자리를 잡게 되었다. 방대한 칼빈의 저술 중에서, 정확한 인용의 기준도 설정하지 않은 채, 여기저기 필요한 몇 구절만을 제한적으로 인용하면 얼마든지 20세기의 칼 바르트를 따르는 16세기의 한 바르트주의자로 만들 수가 있다.[20]

칼빈은 바르트 같은 신학자가 결코 아니었다. 칼빈은 바르트와는 근본적으로 다른 시대에 살았고, 다른 신학의 방법을 택하고 있음을 잊어서는 안 된다. 칼빈의 신학 방법은 '교훈적'인 충고를 주고자 성경의 주제들을 모두 다 균형있게 제시하고 있다. 특히 삼위일체의 주제를 큰 골격으로 정하여 하나님과 인간의 지식을 총괄적으로 제시하였다. 그러나 어떤 주제가 다른 주제보다 더 중요하다거나, 예정론이 성령론보다 더 우위에 있다거나, 교회에 대한 가르침이 그리스도에 대한 교훈보다

---

20) Basil Hall, "Calvin Against Calvinists," in *John Calvin: A Collection of Essays*, 22-23: "However, much of the interpretation of Calvin, based on Barthian theology, shows the putting together of a mosaic of quotations selected mainly from the commentaries and sermons of Calvin. By selected quotations Calvin can be made almost as good a Barthian as Barth."

덜 중요해서 맨 마지막에 다룬 것은 아니다. 그는 성경의 진리는 어느 하나라도 서로 뗄수 없이 긴밀하게 연결되어 있음을 역설하였다. 바르트의 방법론을 가장 비판하는 칼빈 연구가들은 16세기라는 상황 속에서 칼빈의 신학 방법이나 내용에 대해서 접근할 것을 주장하고 있다.[21]

일반 계시를 부정하는 칼 바르트와 그의 제자들은 마치 칼빈도 역시 그와 같은 조직 신학자였던 것처럼 규정하고, 그것을 입증하려는 시각에 너무나 오랫동안 젖어 있었다. 이제는 어떤 수준에서는 고정 관념으로 자리매김되어 버렸다. 바르트의 제자로 칼빈 연구에 큰 공헌을 하게 되는 영국 학자 가운데 파커(T.H.L. Parker)와 토렌스(T.F. Torrance)를 꼽을 수 있다. 칼 바르트의 입장을 철저히 고수하는 파커의 "칼빈의 하나님을 아는 지식에 관한 교리"는 에밀 부르너의 제자였던 다우이의 박사 학위 논문을 논박하고자 작성된 것이다. 하나님을 아는 지식과 인간을 아는 지식이 항상 상호 의존적으로 연결되어 있음을 밝히면서, 이중 지식을 '창조주를 아는 지식'과 '구속주를 아는 지식'으로 대별하여 보는 다우이 교수의 해석은 잘못된 것이라고 밝힌다. 토렌스의 박사 학위 논문 "칼빈의 인간론"에는 바르트의 영향이 많이 반영되어 있다.[22] 이들 바

---

21) David Steinmetz, *Calvin in Context* (Oxford: Oxford University Press, 1995), vii: "By reading what Calvin and his contemporaries read, by comparing one commentator with another, we are better able to distinguish Calvin's original insights from the ordinary traditions he repeates." Richard A. Muller, *The Unaccommodated Cavlin: Studies in the Foundation of a Theological Tradition* (N.Y.: Oxford: University Press, 2000). Idem, *Post-Reformation Reformed Dogmatics* (Grand Rapids: Baker, 1987), 185: "The Bartians readers of Calvin go to great lengths to deny the existence of natural theology, while all that Calvin does is declare such theology useless to salvation … Parker's interpretation of Calvin's exegesis of Psalm 19:1-9 manifests quite plainly the unwillingness of Barthians to accept the most basic implications of what Calvin says about natural revelation and natural theology-all of which appear to have been quite clear to the Protestant scholarstics."

22) T.H.L. Parker, *Calvin's Doctrine of the Knowledge of God* (Grand Rapids: Eerdmans, 1959). E.A. Dowey, *The Knowledge of God in Calvin's Theology* (New York: Columbia

르트의 제자들을 통해서 칼빈 연구는 새로운 봄날을 맞이하게 된다. 토렌스는 철저하게 바르트의 신학 방법론으로 기울었고, 파커가 쓴 "칼빈 전기"는 20세기 칼빈 연구의 부흥을 반영한 종합적인 발전의 산물이라고 볼 수 있는데, 역시 칼 바르트와 같은 신학자로서의 모습이 충실히 조명되어 있다.[23]

그럼에도 불구하고 파커는 칼빈의 설교에 대해 두 권의 탁월한 저술을 내었고, 출중한 라틴어 능력을 동원해서 제1차 자료에 철저하여 여러 분야의 칼빈 연구를 개척하였다.[24] 그는 『기독교강요』를 비롯한 칼빈의 신학을 분석한 저술들을 통해서 칼빈의 사상 체계가 삼위일체 신학에 있으며, 특히 사도신경에 근거하였음을 주장하고 있다. 그리고 신·구약 성경 주석에 관한 연구서를 펴냈고, 일평생을 바쳐 지대한 학문적 공헌을 남겨서 높은 평가를 받고 있다.

그러나 파커의 칼빈 전기가 지닌 약점들이 지난 25년간의 연구를 통해 드러나고 있다. 파커는 자기보다 앞선 세대에 널리 애독된 윌리스톤 워커와 헌트 등의 연구를 능가하고자 이미 인용된 글이나 중요시된 내용들은 거의 대부분 생략하였다. 앞의 두 사람의 연구는 칼빈과 당대의 논쟁을 중심으로 다루고 있기 때문이다.[25] 따라서 지금 우리가 워커

University Press, 1952). Thomas Forsyth Torrance, *Calvin's Doctrine of Man* (London: Lutterworth Press, 1949).

23) Parker, *John Calvin* (Batavia, Ill.: Lion Publishing Co., 1975).

24) T.H.L Parker, *The Oracles of God: An Introduction to the Preaching of John Calivn* (London: Lutterworth Press, 1962). Idem, Calvin's Preaching (Edinburgh, 1992).

25) Williston Walker, *John Calvin: The Organiser of Reformed Protestantism, 1509-1564* (N.Y.: Schocken Books, 1906). 세계 교회사의 기념비적인 교과서를 저술한 워커 교수는 칼빈 전기를 상세히 저술하여 한 세기 전에 명성이 매우 높았던 프랑스의 Doumergue를 크게 존중하여 미묘한 문제들이 나올 때마다 그의 입장을 따라서 해결했다. R.N. Carew Hunt, *Calvin* (London: The Century Press, 1933). 이 책은 12장 중에서 4장에 칼빈과 반대자들과의 논쟁에 치중하고 있다.

나 헌트의 칼빈 전기를 읽을 때에 느끼는 긴박감과 즐거움이 다 사라져 버렸다. 다시 말하면, 칼빈의 인간적인 면모가 많이 생략되었기 때문에 매우 딱딱한 전기가 되고 말았다. 더구나 제네바 당회록에 기록된 다양한 활동과 노력들을 생략하고 있다. 1990년대 10여 년 간의 칼빈 연구는 칼빈의 신학만이 아니라 광범위한 사회 봉사와 자선 활동 영역으로 확산되고 있고, 정치, 사회, 경제적인 역할에 대해 새로운 연구 성취가 있는 바, 파커의 칼빈 전기가 지닌 약점은 다시 보충되어야만 한다.

불안한 이민자?

69. 53세 때의 칼빈

심리학적인 연구 방법론이 칼빈에게 적용되면서 흥미로운 연구 결과가 많이 나왔고, 종래에 생각지 못했던 부분을 조명하는 면밀한 분석이 많이 나오게 되었다. 역사적인 인물 연구에 있어서 심리학적인 방법이 도입된 것은 프로이드의 영향 때문이었다. 취리히의 목사이자 심리학자였던 오스카 로버트 피스터는 칼빈의 심리적인 부분을 공격하면서 그의 신학마저 재평가해야만 한다고 주장하였다. 그는 칼빈의 인격 속에는 사랑이란 전혀 없고, 불순한 고뇌에서 빚어진 잔인성과 증오심으로 가득 찬 '학대자'(a sadist)라고 비난하였다.[26] 또한 칼빈이나 현대 칼빈주의자들이 의학적인 연구나 정신과 의사들의 도움을 기피하고 배척하였으며, '교회가 영혼의 치유를 독점한다'고 가르쳤다는 것이다.

피스터는 칼빈을 강박신경증(compulsive neurosis)의 가련한 희생자로 간주한다. 1545년 칼빈이 페니에서 마녀사냥에 관여했다는 것이 유일한 증거이다. 그러나 그많은 칼빈의 저술들 가운데서 사랑이 없어 보이는 구절만을 인용해서 한 사람의 인격이 형편없이 도전적이요 전 투적이었다고 한다면 실존하지 않은 인물은 얼마든지 쉽게 만들어질 수 있다. 칼빈이 스트레스를 많이 받아서 처음에는 겁 많은 학생이었지만 격렬한 비난을 퍼붓는 투사로 변모했다는 피스터의 심리학적인 분석은 인정하기 어려운 방법론이다. 심리학적인 인물 분석은 타당성이 있지만, 품위를 떨어뜨리는 문장과 신랄한 형용사를 동원해서 '독설가 칼빈', 사랑스럽지 않은 칼빈의 성격을 드러내고자 했다면 이런 분석은 자료조차 모호하여 전혀 타당성이 없는 것이다.[27] 이 책에 대해, 두 교수의 반론이 제기되었다.[28]

최근에 윌리엄 바우스마 교수가 쓴 칼빈 전기 『요한 칼빈: 한 16세기의 초상화』가 출간되었고 한국어로도 번역되었다.[29] 그동안 써 놓은 일련의 논문을 모아 놓은 이 책은 매우 불안정한 심리 추적을 하는 방법론

---

26) Oskar Robert Pfister, *Calvins Einreifen in die Hexer und Hexenprozesse von Peney 1545 nach senier Bedeutung für Geschichte und Gegenwart: Ein kritischer Beitrag zur Charakteristik Calvins und zur ge-genwärtigen Calvin-Renaissance* (Zürich, 1947).

27) John T. McNeill, *The History and Character of Calvinism* (Oxford: Oxford University Press, 1954), 229-231.

28) Fritz Büsser, *Theologische Zeitschrift* (Basel, 1948), 130-131. Ernst Pfisterer, *Calvins Wirken in Genf* (Neukerchen Kreis Moers, 1957), 143-150.

29) William J. Bouwsma, *John Calvin: A Sixteenth Century Portrait* (Oxford: Oxford University Press, 1988).

을 적용한 칼빈 전기로서 찬반양론이 격렬하게 일어났다. 어쩌면 칼빈 자신보다도 해석자나 역사가 혹은 전 작가가 더 칼빈을 깊이 잘 이해할 수 있다는 듯이 심리 파악을 시도한 책이다.[30] 바우스마 교수는 르네상스 휴머니즘의 전문가로서 칼빈의 이미지를 매우 색다른 모습으로 제시하고자 노력하였는데, 휴머니즘의 세계에 깊은 영향을 입어서 일생 동안 그 흔적이 어떻게 나타나 있는가, 동시에 두려움, 불안, 긴장된 심리가 항상 근본적으로 칼빈의 마음에 들어 있다고 주장하였다. 그러나 이런 심리 분석적인 역사적 인물 묘사는 그 방법에 있어서 타당성 여부에 대한 논쟁을 불러일으켰다.[31]

칼빈은 동료 목사들과 성도들이 수 없이 순교를 당하는 불안한 시대 속에서 살았던 사람이다. 따라서 그의 글에는 많은 두려움과 초조한 정서가 배어 나온다.[32] 그러나 동시에 우리는 칼빈의 생애에서 과연 그의

---

30) I. John Hesselink, "Reactions to Bouwsma's Portrait of 'John Calvin,'" in *Calvinus Sacrae Scripturae Professor*, ed. Wilhelm H. Neuser (Grand Rapids: Eerdmans, 1994), 209-213.

31) 칼빈에 대해 연구의 각도를 심리 상태 혹은 심리 묘사에 두는 시도는 이미 몇 사람의 학자들이 시행한 바 있었다. Suzanne Selinger, *Calvin against Himself: An Inquriry in Intellectual History* (Edinburgh: Scottish Academic Press, 1988). David E. Demson, "The Image of Calvin in Recent Research," in *In Honor of John Calvin, 1509-1564*, ed. E. J. Furcha, Faculty of Religious Studies, ARC Supplement no. 3 (Monteal: McGil University, 1987). 그러나 바우스마 교수의 연구 방법과 그 결과에 대해서 많은 이들의 의견이 분분하다. 과연 칼빈이 불안한 심정과 불안한 믿음을 일생 동안 근본적으로 가지고 살았던가? 과연 불안하지 않은 사람이 얼마나 되는가? Brian G. Armstrong은 역사학도의 입장에서 바우스마 교수에게 이의를 제기한다: "If Bousma has discovered two Calvins, the reader also finds many Bouwsmas: The psycho-historian who believes he can get inside Calvin's mind; the iconoclast who gleefully destroys all theological images erected of Calvin," in *Church History* 58,1 (March, 1989). Heiko A. Obermann 역시 이런 불안 심리는 아무도 그 깊이와 내용을 확실하게 알 수 없다는 객관성의 문제를 제기한다; "In assessing Bouwsma's complex argument, one must first of all grant that no Calvin scholar before him has uncovered so convincingly the personal fear and trembling in which Calvin wrote and lived. On the other hand, no effort is made to delineate the general anxiety of the times, both of the later Middle Ages and of the sixteenth century, so that we cannot know to what extent Calvin speaks from his own experience or to the condition of his times," in *Times Literary Supplement*, Religion (August 19-25, 1988).

32) 칼빈은 리용에서 감옥에 갇혀 있으면서 극도의 불안과 두려움에 사로잡혀 있던 순교 직

경건이나 기도에 대해서 충분한 관심을 기울이고 있는가? 우리가 칼빈의 사상이나 삶을 조명하면서 하나님의 인도하심에 대해 다윗의 시편에서처럼 철저히 신뢰하고 의존하는 그를 제쳐둘 때가 너무나 많다. 그리하여 학자들이 만들어 낸 전혀 서로 다른 인간상이 혼란을 초래하는 것이다. 칼빈이 아니더라도, 하나님의 말씀을 대언하는 설교자는 항상 거룩한 두려움에 사로잡혀 있다고 본다. 그런 보편적인 불안 심리는 하나님의 섭리와 궁극적 통치를 높이고자 하는 마음에서 나온 것이요, 칼빈만이 아니라 누구에게나 근원적으로 자리잡고 있었다고 말할 수 있지 않을까?

굳어진 고정 관념

위대한 인간을 평가한다는 것은 결코 쉬운 일이 아니다. 더구나 그에게 미치지 못하는 사람에게는 한계가 있다. 더구나 그의 명성이 계속되는 가운데 그의 진면목을 밝히는 것은 일부의 사람들에게서 공격을 받는 일이 되기도 하고 옹호를 받는 계기가 되기도 한다. 최근의 칼빈 연구를 종합적으로 검토해 볼 때에 칼빈의 세계와 그의 역할을 깊

전의 두 성도들에게 애절한 위로와 격려를 보내었다. 따라서 그의 편지에도 이런 안타까움과 불안이 배어 있을 수밖에 없었다. Letter to Macarius, May of 1558, Calvini Opera 17:91, "My dear and beloved brother, if, free from fear and anxiety, I should animate you and your brethren in office to endure the strife which awaits you, my language would rightly be considered cold, and even disagreeable. Distressed, however, as I am on account of your danger, and trembling as I do while exhorting you to perseverance and trust, this letter, which is a living image of my heart, and shows all its inward emotions, will speak to you no less clearly than I could myself were I present, and a partaker in your troubles. And certainly, if the worst should happen, it would be my wish to be united with you in death rather than to survive you."

이 성찰하려는 사람들은, 기존의 이미지와 개념에 의존하는 고정 관념 (stereotype)이 크게 자리잡고 있음을 절감하게 된다. 수천 명의 사람들이 그에 대해서 연구한 책들을 살펴보면 크게 두 가지로 집약될 수 있는 선입 관념이 드러난다.[33]

첫째로, 요한 칼빈이 탁월한 신학자요 최근의 연구 분야로 각광을 받고 있는 성경 해석자로서 위대한 업적을 남겼지만, 그를 단지 오늘날 우리가 일반적으로 사용하는 '신학자'라는 개념으로 생각하는 것이다. 우리는 칼빈을 종교 개혁의 체계를 세운 딱딱한 조직 신학자라고 생각하려는 고정 관념을 깨트려야 한다. 21세기 초엽의 '신학자'라는 호칭은 신학교에서 제자들을 육성하면서, 세상의 일에는 초연하고 그저 지적인 탐구와 교육에 전념하고 있는 사람들을 지칭한다. 일반적인 세계와는 다소 격리되고 제한적으로 교회 내에서만 영향을 남김으로써 사회의 주인공으로, 지도자로 살아가기보다는 책과 씨름하고 새로운 이론에 치우쳐 살아가는 처지이다. 칼빈을 16세기 신학자로만 생각하는 사람들은 그가 지금 우리 세대의 신학자와는 여러 가지 면에서 다른 삶을 살아 간 사람임을 놓치고 만다.

칼빈은 신학을 가슴으로 느끼고 감동해야 할 것이지, 머리로 해결해야 할 지식이라고는 전혀 생각하지 않았다. 그는 지식을 쌓아올리는 실험실의 연구자가 아니라, 행동과 실천의 현장에서 활동한 영혼의 목자였다. 그러한 사명을 바르게 완수하기 위해서 하나님 앞에서 몸부림을 치며 도움을 호소하고, 그리고 확신에 차서 실천에 옮겼다.

---

33) Alister E. McGrath, *A Life of John Calvin* (Oxford: Basil Blackwell, 1990), xi-xv.

> 신학은 입술로 하는 것이 아니라 생명에서 나오는 것이요, 다른 여타의 학문처럼 단지 암기력이나 지능으로 이해되는 것이 아니라 전체 영혼을 송두리째 집중할 때 이해되는 것이요, 가슴속 가장 깊은 곳에서 그 좌소와 거주하는 곳을 발견하는 것이다.[34]

칼빈의 사상, 신념, 능력, 그리고 영향력 등은 단지 그를 상아탑에 갇혀 원고 뭉치나 혹은 실험적인 연구에 몰두하는 이론가이자 신학자라는 뜻으로 보아서는 안 된다. 그는 종교적인, 사회적인, 문화적인 분야를 망라해서 유럽 역사에 한 새로운 실체를 남긴 능동적인 사회의 지도자였다. 언어에 남다른 학식을 갖추고, 사회의 조직과 기관에 통찰력을 제시하며, 도시에 광범위한 필요와 요구에 해결책을 제시한 유럽 역사의 주역으로서 그의 생애를 조망해야 하는 것이다. 칼빈을 단지 한 사람의 '신학자'로만 보려는 선입관이 고정 관념으로 형성돼 있어서, 그의 사상의 근원과 영향력의 광범위함을 놓치게 만들고 있는 것이다. 그는 도서관에 묻혀 지낸 성경 이론가나 사색가가 아니고, 오늘날 살아 있는 어떤 정치가나 사상가들보다도 더 설득력 있으며 행동력 있는 지성의 힘을 가지고 급변하는 전환기의 한 시대와 사회를 지도해 나간 역동적이며 실천적인 지도자였다.

독일 종교 사회학자인 트뢸취(Ernst Troeltsch)는 기독교가 인간의 문화와 문명을 결정적으로 변화시킨 두 시대가 있는데 하나는 토마스 아

---

34) Inst. III, vi, 4: "It is a doctrine not of the tongue but of the life and is not apprehended merely by the intellect and memory, like other sciences, but is received only when it possesses the whole soul, and finds its seat and habitation in the innermost recesses of the heart." 칼빈의 신학하는 태도와 방법은 르네상스와 휴머니즘을 완전히 배격하는 것이었다. 김재성, 『칼빈과 개혁 신학의 기초』(수원: 합동신학대학원 출판부, 1997), 141-151.

퀴나스의 스콜라 신학을 토대로 한 중세 시대요, 또 다른 하나는 칼빈주의를 통한 근세 초기의 시대라고 지적하였다. 바로 칼빈의 지적인 능력이 기독교가 사회와 조화를 이뤄서 적응하기보다는 새롭게 형성하도록 하는데 근대사에 보기 드문 영향을 끼친 것이다. 칼빈에게서 뚜렷하게 드러나는 점은 기독교가 추상적인 이론화에 몰두하여 신학 논쟁이나 일삼고, 자기들의 세계에서 조금도 벗어날 줄 모르는 폐쇄적인 아집이 아니라, 사회적인, 정치적인, 경제적인 실체 속에서 폭넓게 영향을 주고받으며 설복시켜야 한다는 것이다.

칼빈주의가 분명히 성경이라는 종교적인 신조에 근거하고 있지만, 순전히 종교 운동에만 국한되어져 있다고 생각해서는 안 된다. 본래 참된 종교인 기독교는 서구 유럽의 문화와 일상생활 속에 젖어 있는 원리이며, 오랜 세월 동안에 기독교가 서구 유럽에 미친 영향은 오늘날에도 무의식 속에서 광범위하게 그들의 세계관과 가치관을 형성해 준 원동력이 되고 있다. 특히, 요한 칼빈은 단지 한 사람의 신학자로서만 살다간 사람이 아니었고, 사회의 문제들 속에서 교회와 함께 생생하게 활동하며 살다가 갔기 때문에, 그의 영향력은 아직도 광범위하게 남아 있다. 특히 서구 자본주의의 형성과 발전에 그가 남긴 영향에 대해서 그 누구도 부정할 수 없다면, 우리는 그를 단지 한 사람의 신학자로만 치부해서는 안 되며, 16세기 유럽 역사를 주도적으로 창출해 낸 그의 폭넓은 활동을 바르게 이해해야만 된다.

칼빈의 신학은 미술적인 감각이 전혀 없는 검은 제복의 유령처럼 인식되어서는 안 된다. 그의 라틴어 문체는 화려했고 그의 프랑스어는 유려하였다. 고도로 훈련된 예술 감각과 시적인 리듬이 살아 있었다. 그 속에서 단순하게 성경의 진리가 제시되었다. 칼빈의 작품 속에는 자연의 아름다움과 집안의 풍경, 태양, 별, 꽃들과 새의 아름다움을 표현한 부분들도 너무나 많다.

둘째로, 칼빈이 지적인 탐구와 과학의 발전을 적대시한다는 고정 관념이다. 반지성주의와 신앙제일주의는 간혹 서로 공통점이 많다. 칼빈은 오직 성경이나 신학만을 우상으로 삼고 다른 과학과 학문의 발전을 저해하거나 배척하지 않았다. 칼빈은 신앙 좋은 사람은 세상에서 낙오되어야 한다거나, 세상의 모든 공부나 활동을 거부하는 사람이어야 한다는 부정적, 비관적 학자가 아니었다.

과거 수백 년 동안 코페르니쿠스의 태양 중심적인 태양계의 이론에 대한 칼빈의 태도가 의문시되어 왔었다. 앤드루 딕슨 화이트는 『신학과 과학의 전쟁사』(History of the Warfare of Science with Theology, 1896)에서 다음과 같이 쓰고 있다.

> 칼빈은 그의 창세기 주석에서, 지구가 우주의 중심이 아니라고 주장하는 모든 무리들을 저주한다고 했다. 그는 시편 구십삼 편의 첫 절을 항상 근거로 해서 이 문제에 대해 못을 박았다. 누가 감히 성령의 권위보다 코페르니쿠스의 권위를 높이 두려고 시도할 것인가?[35]

이 주장은 '종교와 과학'이라는 주제를 다루는 후대의 사람들에게 맹목적으로 반복되어졌다. 버틀란드 러셀(Bertrand Russell)마저도 그의 『서양 철학사』에서 그대로 인용하고 있다. 그러나 칼빈의 논문이나 주석이나 그의 글 어느 곳에서도 위와 같은 표현을 찾아볼 수 없다. 『창세기주석』에도 위와 같은 내용이 들어 있지 않다.

---

35) Andrew Dixon White, *A History of the Warfare of Science With Theology in Christendom* (Prometheus, 1993), xiv.

맥그라스 교수에 의하면, 19세기에 켄터베리 대학의 교무처장이던 파라(Frederik William Farrar, 1831-1903)가 전혀 신빙성이 없이 쓴 글에 보면, 위와 같은 오해의 근거가 근본 자료로 목격된다고 한다. 현대의 신학자나 기독교계에 이처럼 허구적인 글이 압도적으로 널리 받아들여지고 있는 것은 도저히 이해할 수 없다. 지식인들의 글이나 말이 사실인 것 같지만 다른 사람의 말을 그저 앵무새처럼 반복하는 데서 오는 무지와 수치도 숨길 수 없는 것이 아닐까. 칼빈 자신의 글을 찾아보지도 않은 채 다른 사람들에게서 들은 대로 믿어버리는 선입견에서 이런 어처구니없는 오류가 발생되는 것이다.

칼빈은 오늘날 소위 신학대학원 과정과 같은 정규 신학 수업을 받은 바 없으며, 목사 안수마저도 언제 받았는지 기록이 확실치 않다.[36] 그는 일반 철학과 교양 과목을 이수한 뒤, 법학을 전공함으로써 학업을 마쳤다. 그가 이룩한 찬란한 개혁 신학과 성경 주석은 일평생에 걸친 그의 연구의 소산이었다. 그는 당대 최고의 스승들 밑에서 가장 탁월한 교육을 받았다. 그리고 제네바 아카데미를 세워서 인재들을 양성하면서도 일반 학문을 무시하지 않았다. 오늘날 칼빈주의가 자연 과학의 '새 지식'을 거부하고 적대시하며, 칼빈의 글과 교리만을 강조하는 것으로 생각되는 것은 분명히 시정되어야 한다.

역사의 연구를 통해서 한 인물 칼빈에 대한 고정 관념들을 버리기가 왜 그렇게 어려운가를 이해하기란 어렵지 않다. 더구나 칼빈이 남긴

---

36) Walker, *John Calvin*, 123: "Calvin had never been ordained in the Roman Church; he was never be set apart for the ministry by the imposition of Protestant hands. He regarded his postoral labours as a task to which he was called of God, a call witnessed by his own clear consciousness of the divine guidance in appointing him his course in life."

방대한 자료들을 섭렵하기가 매우 어려운 일이기 때문이다. 또한 그의 저술들은 대단히 많은 주제를 다루고 있기에 당당히 주장되는 역설들(paradoxes)을 접하게 된다. 칼빈 연구에 시간을 바치지 않으면 뜬소문을 따라다니는 격이 되고 만다.

칼빈 연구는 그를 무조건 반대하거나 아니면, 무조건 찬양하거나 홍보하려는 편견으로 집착되지 말아야 할 것이다. 그를 바로 이해하기 위해서 그만큼 많은 시간과 노력을 투자한 후에야 어떤 결론에 도달해야만 한다. 칼빈이 남긴 유산의 본질과 내용을 바르게 소화하여, 이 위대한 거인의 생생한 모습을 통해서 서구 유럽에 듬뿍 담겨 있는 그의 영향과 그의 사상의 구조를 근원적으로 밝혀 봄으로써 한국의 교회와 사회의 내일을 위한 지침을 찾으려 해야만 할 것이다.

지나간 시대에 대해서 무조건적인 칭송만 한다거나, 자신의 입장에 대한 정통성 확보를 위해서 성급한 결론을 강요해서는 안 될 것이다. 앞선 시대는 훌륭한 성취와 업적도 이룩하였지만, 그만큼 정비례하는 오류와 오점도 남겨 놓고 갔다. 따라서 역사적 인물에 대한 바른 평가가 필요한 것이요, 거기서 얻은 결정들이 지혜를 갖도록 우리들의 안목을 변화시켜 준다. 이것이 각 개인에게 남겨진 과제 중 으뜸이자 최선의 과제일 것이다.

칼빈 연구에서만 아니라 역사 속에 숨어 있는 수많은 오해와 고정 관념의 틀을 간파하기란 쉽지 않다. 이렇게 질이 아주 나쁜 비난들과 균형 감각을 상실한 채 근거 없는 문서를 만들어 낸 사람들의 온당치 못한 학문과 종교 단체의 굴레에서 벗어나야만 한다. 우리가 갖고 있는 칼빈에 대한 개념들 가운데는, 마치 신화처럼 적당히 꾸며지고 조작되어 시간이 지남에 따라 기정사실로 받아들여지는 것들이 너무나 많다. 자기가 배운 학교나 학풍 또는 자기가 속한 교단이나 종교 단체의 동굴에 빠져서 혹은 자신의 우물 속에 파묻혀서 객관적인 증거들을 왜곡시키는 비극이 아직도 수없이 많다. 학문의 한계와 인류 역사의 모순이 바로 가까이에 숨어 있음을 아무리 강조해도 지나치지 않을 것이다.

| CHAPTER 18 |

위대한 경건

칼빈의 생애와 신학에 대한 연구와 평가를 마무리하면서 우리는 그가 직면했던 시대의 문제점들과 그가 제시한 대안에 대해서 오늘의 척도로 성급하게 결론을 지어서는 안 될 것이다. 칼빈도 시대의 한계를 넘어서지 못한 사람이요, 허물과 오류를 범하고 시행착오를 거듭한 사람이었다. 하지만 그의 사상과 실천과 인격에서 지속적으로 나타나는 핵심분모 한 가지를 발견하고 놀라지 않을 수 없다. 그의 신앙과 체험에서 나온 일관성이다. 그는 항상 하나님과 가까이 하면서 그분이 지도해 주시고 명령하시고 간섭해 주시는 가운데서 살아갔던 사람이다. 그에게는 하나님과의 깨어 있는 관계, 즉, 거룩한 경건이 숨쉬고 있었다.

경건이냐 영성이냐?

20세기 후반에, 일부 신학자들은 칼빈의 일관된 양심과 깨어 있는 경건을 오히려 애매모호한 용어로 흐려 놓는 연구를 발표하고 있다. 오늘의 기독교가 침체와 무기력의 늪을 벗어나기 위하여 대안을 모색하고 새로운 패러다임을 찾는 노력을 경주하는 것은 바람직하다. 그러나 그 혜안을 얻기 위해서 칼빈의 신학 사상을 인용하곤 하는데, 기독 신자의 생활이 항상 부족함을 느끼면서 항상 타협을 거부하고 하나님의 영광을 최우선으로 목표하던 사람에 대해 곡해하는 일이 자주 일어나고 있는 것이다.

칼빈은 거룩하게 살고자 노력하면서 언제나 인간 사회의 문제를 해결하는 대안을 찾을 때마다, 인간의 전적 부패와 무능력에 대해서 철저하게 탄식한 사람이다. 인간의 헛된 교만과 노력으로 어떤 것을 성취하려고 한다면, 바벨탑과 같이, 로마 교황들과 같이, 로마 가톨릭과 같이, 각종 이단들과 같이 철저히 무너지고 만다는 사실을 가장 잘 알고 있었다.

그런데 20세기 후반에, 우리 인간의 신앙적인 노력으로 신앙적인 발전이나 진보를 이루어 보겠다는 발상에서 "영성"(spirituality)이라는 것을 추구하는 경향이 나타났다. 특히 에큐메니칼 운동의 영향으로 개신교와 로마 가톨릭, 영국 성공회에서 상호 공통분모를 이루는 것이 기독교 영성이라고 규정하고, 이에 대한 연구가 활발하다. 일반 성도들 사이에서도 영성에 대한 관심이 고조되고 있고, 신선한 주제로 인식하는 사람들이 날로 확산되고 있다. 그리하여 1995년도에 이 주제를 연구 테마로 정하여 미국 칼빈 학회가 개최되었고 영성 신학의 이념을 칼빈에게 적용하고 분석해 보고자 시도한 바 있었다.

중세 수도원이나 여러 종단들, 로마 가톨릭이나 동방 정교회 신학에서 본 영성은 신앙 훈련과 깊은 관계를 맺고 있다. 물론 신앙 인격의 발전과 성장을 위해서 성도들은 강도 높은 훈련이 필요하다. 칼빈에게서도 '훈련' 혹은 '권징'이라는 말이 얼마나 강조되는지 모른다. 일반인들이 공공의 생활 속에서 비기독교 문화의 강한 도전에 맞서서 싸우려면 거룩한 훈련이 필요한 것이 사실이다. 단단히 훈련 받은 지도자 밑에서 강도 높은 연단을 거친 교회만이 우리 시대의 도전에 직면하여 생존할 수 있고 승리할 수 있다. 남다른 성취를 이룬 칼빈의 업적들도 모두 다 어릴 때부터 신앙 훈련을 받은 기초가 있었기에 가능했던 것이다. 그러나 이런 신앙 훈련을 강하게 요구했던 칼빈의 모든 것을 오늘날 우리가 필요로 하는 것이기에 '영성'이라는 신학 용어로 규정하는 것은 공정하지 못한다. 더구나 칼빈이 단 한 번도 강조하거나 문서로 남기지 않았던 개념을 이제 와서 우리의 개념상 필요하기 때문에 '칼빈의 영성'이라고 주장하는 것은 신학 방법론의 중대한 오류라고 본다.

리차드 갬블 박사도 "칼빈과 재세례파의 영성"이란 논문에서 16세기에 살았던 칼빈에게 20세기 신학자들의 개념을 가지고 대입한다는 것이 방법론적으로 옳지 않다고 말한다. 따라서 굳이 영성이란 말을 칼빈에게 적용한다면, 영성이란 무엇인가를 규정할 필요가 있다. 적어도 중세 말기에 로마 가톨릭 신학자들이 주장하던 영성과 칼빈과는 관련성이 거의 없다. 갬블 박사는 칼빈이 가진 영성의 개념이란 "첫째로 선택된 백성을 위해서 하시는 하나님의 행동과 하나님의 본성을 아는 지식이며, 둘째로 그 지식에 대한 인간의 반응이다"고 규정한다.[1] 이런 개념들은 1539년 판 『기독교강요』에 삽입되었고, 최종판 제3권에 나오는 기독 신자의 생활에 관한 교훈들 속에 들어 있다고 본다. 갬블 박사가 지적하는 칼빈의 영성이란 바로 기독교 신자로서 반응을 보이면서 살아가는 실천이요 태도이다. 칼빈은 두 가지로 기독 신자의 삶의 동기를 나누

---

1) Richard C. Gamble, "Calvin and Sixteenth-Century Spirituality: Comparison with the Anabaptists," *Calvin Theological Journal* 31(1996), 335-358.

었다. 첫째는 하나님께서 그리스도인들에게 거룩하게 살라고 명령하신 것이요, 둘째는 이를 위해서 그가 친히 그리스도의 사역을 통해서 그 거룩함을 위하여 구원을 예비하셨다는 것이다.[2] 다시 요약하면, 그리스도는 단지 죄값을 치르신 것뿐만 아니라 신자들이 거룩하게 살아가는 모범을 보여 주셨다는 점에 유의해야 한다. 거룩하게 살라고 명령하시고, 동시에 그리스도를 통해서 미리 모범을 보여주심으로 성도가 반드시 지켜야 할 생활 수칙의 기초가 제공된 것이다.

칼빈에게 있어서 그리스도가 제시한 모델은 이 땅 위에서 고난을 당하며 살아가는 것이다. 이것은 알리스터 맥그라스가 제시한 종교 개혁의 영성 이해와는 전혀 상반된 것이다.[3] 맥그라스는 칼빈이 이 세상에서 '하나님의 도성'이라는 이름으로 가치 있는 사회를 건설하는 비전을 가지고 있었다고 강조하고 있으나, 갬블 박사는 이를 정반대로 해석한다. 칼빈에게 있어서 이 세상은 헛된 것이요 지나가는 것들이다. 칼빈은 부활과 주님의 나라에 대한 소망으로 이 세상의 고난을 이겨내는 경건을 강조한다. 아무리 이 세상이 하나님의 창조물이요 훌륭하게 하나님을 보여 주는 극장이지만, 이 세상에다 하나님의 나라를 건설하려는 비전은 자칫하면 이 세상을 부정하는 칼빈의 생각보다도 넘어서서 세상을 긍정하는 영성을 만들어 내고 마는 것이다.

브라이언 게리쉬 교수는 "칼빈의 성만찬적인 경건"에서 "나는 경건이라는 말을 영성이라는 말보다 더 좋게 생각하는데, 경건(pietas)이라는

---

2) Ford Lewis Battles, *The Piety of Calvin* (Grand Rapids: Baker, 1978), 51-55.
3) Alister McGrath, "Reformation Spirituality: Historical Resources, Contemporary Possibilities," *The Drew Gateway* 60(1991), 3-100.

말이 칼빈 자신의 용어이기 때문이다"고 밝힌다. 경건이란 태도를 의미하는 단어로서 칼빈에게 있어서는 규범적인 것으로 하나님을 향한 인간의 마음을 바르게 유지하는 것이다. 영성이란 설명적인 단어로서 기도나 훈련이나 명상이나 인간의 종교적 행동에서 실제로 드러나는 것을 의미하는 포괄적인 단어이다. 칼빈이 의미하는 경건의 연습이란, 경건이 무엇이냐를 깊이 생각하면서 동시에 하나님을 향하여 가장 합당하면서도 특별한 태도의 실천으로서 이해하였다.

칼빈대학교의 윗브리엣(John D. Witvliet) 교수도 역시 칼빈에게서는 영성이란 다름 아닌 경건이라는 말로 설명해야지 그렇지 않으면 혼란에 빠진다고 보았다. 그리고 일상생활 속에서 어떻게 시편 찬송을 통해서 이런 경건을 성취했는지 밝히고 있다.

'칼빈과 영성'이라는 주제는 '경건의 의무'(officia pietatis)로서 헌신적인 생활의 핵심은 예배임을 밝히고 있다. 예배는 단지 하나의 예식에 불과한 것이 아니라, 전체 신학이 관련된 신앙 생활의 총체이자 하나님을 즐거워하는 사람들이 하나님에 대해서 은혜를 감사하는 반응이다. 이 예배는 십계명에 의해서 지배되고 하나님의 뜻에 따른 예배가 되도록 가르쳐지고 교육되어야만 한다.

필자는 이미 두 편의 영성에 관련한 글을 제시한 바 있고, 이를 다시 종합하여 "경건의 능력: 칼빈의 신학에서 본 영성 신학 비판"을 발표하

---

4) B.A. Gerrish, "Calvin's Eucharistic Piety," *Calvin Studies Society Papers*, 1995, 1997 (Grand Rapids: Calvin Studies Society, 1998), 53.

5) John D. Witvliet, "Sprituality of the Psalter; Metrical Psalms in Liturgy and Life in Calvin's Geneva," *Calvin Theological Journal* 32(1997), 273-297.

6) Elsie Anne McKee, "Context, Contours, Contents: Towrads a Description of Calvin's Understanding of Worship," 66-92.

였다.[7] 20세기 신학자들이 즐겨 쓰는 영성이란 매우 혼란을 가져오는 애매한 개념이기에, 적어도 칼빈의 신학에서 만큼은 그가 한 번도 사용하지 않은 영성이란 단어를 차용하기보다는 경건이란 개념으로 사용하여야 함을 주장하는 것이다.

경건, 신학과 생활의 유기적 통합

오늘의 그리스도인들이 칼빈에게서 배우게 되는 가장 핵심적인 부분이자 21세기에 더욱 필요한 과제는 경건의 실천이라고 본다. 칼빈은 사색적이고 추상적인 중세 신학과는 사뭇 다른 『기독교강요』를 저술하였는데, 교리와 생활, 신학과 경건이 서로 유기적으로 통합되어 있고, 그리스도인의 삶에서 하나님께서 주신 사회적 책임감을 감당하기 위해서 적극적으로 모든 선한 생활에 참여할 것을 강조한다. 그를 일컬어서 경건의 신학자 혹은 그의 신학은 '경건의 신학'(theologia pietatis)이라고 부르는 것이다.[8] 이때 경건은 금욕적이요 개인적이요 피안적인 것이 아니다. 개인주의적이요 고립적인 경건이 아니요, 현실을 외면하여 혼자서만 도달하려는 현세 도피적인 신앙 정진이 아니다. 여기서의 경건은 모

---

7) 김재성, "영성 신학의 혼돈과 문제점", 『개혁 신앙』 20호(1995), 57-74. "영성이란 무엇인가?" 『목회와 신학』 78호(1995년 12월호), 100-111. 이를 종합하여 『칼빈과 개혁 신학의 기초』, 제8장, 249-292쪽에 발표함.

8) F.L. Battles, *The Piety of John Calvin* (Grand Rapids: Baker, 1978). Philip C. Hotrop, G.C. Berkouwer, J.T. Bakker, H.W. Rossouw, W.D. Jonker 등의 학자들이 언약 신학을 강조하면서, 하나님 앞에서 개인적으로만이 아니라, 사회적으로 실천하는 삶을 강조하는 경건을 주목하여 칼빈의 신학을 해석하고 있다.

든 문화와 사회 생활에 투철하게 참여하는 것을 요구한다.[9]

나는 하나님께 대한 경외와 그분이 주시는 유익들을 앎으로써 생기는 하나님께 대한 사랑이 결합된 것을 가리켜 '경건'이라고 부른다. 왜냐하면 인간들은 자기들이 하나님께 모든 것을 빚지고 있다는 것과 하나님이 아버지로서 베푸시는 보호로 양육을 받는다는 것과 자기들이 누리는 모든 좋은 것을 하나님이 내셨다는 것과 하나님을 떠나서는 아무것도 찾을 수 없다는 것을 깨닫기 전에는 자발적으로 하나님을 섬기려 들지 않으려 할 것이기 때문이다.[10]

하나님을 멀리 계신 주권자나 통치자로 받아들이는 것은 그분이 아버지라는 것을 알고 난 후에 가능하다는것이다.

하나님이 아버지로서 베푸시는 사랑을 맛보아 알고, 그에 대한 보답으로 하나님께 사랑과 경배를 드리는 일이 있기 전에는 아무도 흔쾌히 자발적으로 하나님을 섬기지 않는다.[11]

지식을 바르게 가지는 것은 곧바로 윤리적인 열매로 나타나야 함을 강조하는 점이 그의 신학 전반에 널리스며 있고, 어느 곳을 찾아보아도 경건과 사랑과 건덕과 겸양에 대한 강조가 계속된다.

---

9) 김재성, 『인간의 좌표』 (서울: 도서출판 하나, 1999), 229-249.
10) Institutes, I. ii. 1.
11) Institutes, I. v. 3.

길게 말할 것 없이, 다음 사항을 기억하고 넘어가자. 즉, 모든 신앙 교훈에서와 마찬가지로, 우리는 겸양과 절제의 규율을 고수해야 한다. 하나님의 말씀이 전해준 것 이외에 모호한 문제들에 관해서는 말하거나 추측하는 것은 물론이고 알려고 해서도 안 된다. 더 나아가 성경을 읽을 때에는 덕을 세우는 것들을 찾아 묵상하는 데 노력을 게을리 해서는 안 된다. 호기심에 빠져 무익한 일들을 조사하는 데 마음을 빼앗기지 말자. 주께서 우리에게 가르치고자 하신 것은 무익한 질문들에 관한 것이 아니라, 건실한 경건과 그 이름을 두려워하는 것과 신뢰하는 것과 신성한 의무를 수행하는 것에 관한 것이므로 이 지식에 만족하자.[12]

경건의 원천: 하나님의 말씀[13]

미래에 대해 열린 마음으로 살아가는 사람은 하나님의 말씀이 주시는 전체 메시지에 대해 기다리며 찾으려 노력하는 마음이다. 이미 자신은 온전히 이루었다고 하는 것이 아니요, 동시에 하나의 주장이나 이념이나 원리에만 매달리는 것이 아니라, 참된 공통의 신학, 원리, 예배와 윤리 등을 말씀에서 찾아서 모든 부분들을 간직하려고 노력하는 것이다.

모든 사상과 모든 인물은 동시대의 제한성을 탈피하기 어렵다는 엄숙한 경고 앞에서, 그의 생애는 무엇을 남기고 있는가? 하나님의 섭리

---

12) Institutes, I. xiv. 3.
13) John Murray, *Calvin on Scripture and Divine Sorereignty* (Grand Rapids: Baker, 1978).

가운데 살아간 탁월한 시대의 지성인이자 헌신된 지도자의 역할을 보여 주고 있다고 본다. 그는 하나님의 도우심을 항상 인식하고 살아 있는 동안, 새로운 변화와 역사를 창출하는 데 역동적으로 몸을 던졌다. 물론 성경에서 역사를 초월하여 섭리하시는 하나님을 발견하고, 신학적인 가치를 깨닫고 받아들인 지성인이었다. 유럽 최고의 학문을 섭렵하고, 가장 앞선 지식을 스스로 조화시키고 융화시키는 능력을 유감 없이 발휘한 지식인이었다. 그러나 그의 지식의 원천은 성경이었다. 그는 언제나 성경의 가르침 안에서 인간의 모든 한계를 철저히 인식하였다.

오늘의 한국 신학을 바르게 정립하려는 사람이 있다면, 칼빈처럼 당대의 문제 해결을 위해 성경으로 돌아가야 한다. 우리가 직면한 한국 교회의 문제를 정리하고 풀어 헤쳐 나가는 지혜가 어디서 오는가? 미국이나 유럽의 어떤 방법이나 목회 기술을 답습하는 것이 아니라, 우리들의 고뇌와 그 해결책이 성경에서부터 나와야 한다는 점이다. 칼빈의 신학은 수많은 당대의 문제들에 대한 성경적인 해답을 추구하면서 형성된 것이다. 천재의 영감이라기보다는 목회자의 경건이요 시대의 요청이었다.

경건의 목표: 교회와 자아의 갱신

칼빈은 영혼의 목자로서, 제도적으로 개혁 교회를 정착시키려 노력했던 지도자로서, 그리고 설교자로서, 끊임없이 저술 작업과 수업을 통해 교리를 가르치던 신학자로서, 교육자로서, 그리고 한 가정의 아버지이자 형제들의 보호자로서, 구제에 앞장선 자선 사업가이자, 기독교 공동체 건설의 이상을 품었던 동정심과 인정 많은 한 인간으로 살아갔다.

그런데 이런 모든 일이 가능했던 것은 제네바 교회가 든든히 서 있었기 때문이다. 제네바 교회의 독립을 위한 시 의회와의 투쟁은 1536년부터 시작되어서 1555년이 되어서야 본궤도에 오르게 된다. 제네바 교회는 독립적으로 성찬 참여자 여부를 결정하고, 출교와 권징을 시행하는 권한을 확보하였고, 목사 선임의 자유권, 설교에 있어서 간섭을 받지 않을 권리를 확보하는 투쟁을 거듭하였다.

프랑수아 방델은 "칼빈이 자신의 시대에 그러한 흔적을 남길 수 있었고, 또 한 그때를 넘어서서까지도 좀처럼 약화되는 것처럼 보이지 않는 영향력을 미치고 있는 까닭은 그가 강력하게 조직된 교회의 창설자였고, 동시에 하나의 체계화 된 교리의 저자로서 지적인 엘리트와 많은 신자들까지도 그것의 주변에 집중시킬 수 있었기 때문이다. 말의 배타적인 의미에서 볼 때, 칼빈은 한 사람의 사상가를 훨씬 뛰어넘는 인류의 지도자였다(a leader of men)"고 결론지었다.[14] 그런데 이러한 지도자로서 칼빈에게 있어서 가장 근본적인 것은 확고히 자리 잡고 있는 그의 경건한 신앙이었다. 그가 자신의 인격적 성찰에 그토록 힘쓰고 노력했던 이유는 경건의 비밀을 간직한 그리스도의 사람이 되고자 했기 때문이다. 경건은 윤리적인 열매로 나타나는 그의 신앙 인격의 핵심이었다. 하나님과의 관계를 소홀히 하지 않고 깨어 있던 의식에서 나온 산물이다. 단점과 결점이 있었을지라도, 그가 성취한 업적을 가능하게 뒷받침해 준 그의 지도력의 근본인 경건을 배우고 본받는 일이 우리에게 남겨진 유산인 것이다.

---

14) 프랑수아 방델, 『칼빈: 그의 신학 사상의 근원과 발전』, 김재성 역 (서울: 크리스챤 다이제스트, 1999), 438-439.

경건의 연습: Semper Reformata!

개신교회는 가장 중요한 표어로 "개혁 교회는 항상 개혁되어야 한다"(ecclesia reformata semper reformanda est)는 가르침을 강조하고 있다. 지속적으로 비성경적인 요소들을 제거하기 위해서 부단히 갱신하고 노력하는 자세를 말한다. 신학이라고 해서 그 내용과 방법이 세속적인 흐름으로부터 오염되지 않았다는 보장이 없다.

모든 사람은 날마다 경건을 연습하지 않으면 안 된다(딤전 4:8). 칼빈은 하늘나라를 바라보면서 세상에서의 삶을 경건하게 유지하고 힘써 지속해 나갈 것을 여러 저술에서 권고한다.

> 우리가 이 세상을 포기하지 않는다면 하나님의 자녀들 가운데 우리를 위한 처소가 없으며, 우리가 이 세상에서 나그네가 되지 않는다면 하늘에서 유업도 없을 것이다…. 여기서 나그네가 되는 사람은 그들의 아버지의 땅에서 영원한 집을 가지게 된다. 만일 그들이 영적으로 눈을 열어서 어둠의 구름을 넘어서 하늘나라를 바라보았다면, 우리들도 오늘날 그리스도가 그의 팔을 하늘로부터 우리에게 펼치사 우리들을 그분에게로 분명하게 이끌어 주시도록 해야만 하는 것이다. (히 11:13 주석)

> 성도들은 거룩하고 바른 행동을 하도록 노력하기 위해서, 믿음의 눈으로 하늘나라의 생활을 묵상해야만 한다. … 이는 그리스도의 재림 때에 나타날 것이다. (마 25:31 주석)

> [곤경을 당하는 자들은 악한 자들이라는 소발의 잘못된 견해] 우리

가 편하게 살아가고 있는 사람을 볼 때에 그것으로 인해서 그분은 하나님의 은총을 받은 사람이라고 생각하는데 … 그것은 사두개인들의 오판이다[그들은 다가오는 생애를 믿지 않은 자들이다]. (욥 21:7 주석)

모든 일이 계속 잘되기만 한다면, 우리 중에서 가장 훌륭한 사람마저도 서서히 부패하게 된다. … 이스라엘 백성들은 모든 책망을 비웃었는데, 이는 하나님께서 물질적인 번영을 통해서 하나님의 호의를 보여 주신 것과 같이, 자기들에게 우호적이라고 생각했기 때문이다. … 이것은 보편적인 사악함이다. (신 8:12 주석)

가난한 것보다 부요하게 되는 것은 (영적으로) 훨씬 더 위험한 것이다. (욥 1:2-5 주석)

물질적인 번영은, 포도주처럼 사람을 취하게 만들며, 아니 심지어는 발광하게 만든다. (호 9:13 주석)

[경건한 자들에게 있어서]물질적인 번영은 곰팡이나 녹이 끼는 것과 같다…. 왜냐하면 우리의 가슴은 물질적 번영으로 인해서 연약해지므로 기도하려는 노력을 할 수 없게 만들기 때문이다. (슥 13:9 주석)

그러므로 사람이 가진 현재의 재산에 의해서 이는 하나님의 심판이라고 평가하려는 사람들은 그 누구든지 신앙에서 벗어나서 에피큐리안적인 하나님에 대한 경멸로 떨어지고 말 것이 분명하다. (행 23:8 주석)

이 세상에서의 축복이 약속되어 있지만, 경건한 자들에게도 고통이나 시련은 피할 수 없음을 분명히 인식해야 한다(딤후 1:2).[15] 불경한 자들은 이에 대한 하나님의 섭리를 아랑곳하지 않는다. 그러나 물질적 풍요를 누리는 사람들만이 행복하거나 즐거운 것이 아니다. 그들은 잠시 세상의 것으로 만족하지만, 경건한 성도들은 극한 가난 가운데 있을지라도 하나님이 그들과 함께 계심을 확신하고 있기에 소망으로 견디어 낸다. 경건한 성도들은 하나님께서 세상적인 방식으로 성공케 하지 않으시더라도 슬퍼하지 않는다. 하나님의 은총을 계속해서 맛보고 있기 때문이다.

오늘날 우리 시대는 엄청나게 변하고 있고, 경건의 신학도 역시 급속히 인기를 잃어 가고 있다. 가히 창조적 발상을 제안했다고 해서 현대 어떤 한 사람의 주장만을 가지고 절대시하려는 아집도 문제이고, 오래된 어떤 한 사람의 해석이나 가르침에 묶여서 역사적 정통성만을 반복하고 주장하는 좁은 안목에서도 벗어나야 하겠다. 칼빈의 신학은 오래된 것임을 내세워서 로마 교황권의 해석을 정통화하는 스콜라 신학에 대해 철저히 갱신을 시도했고, 당시의 유행처럼 번지던 휴머니즘이나 극단적인 재세례파에 대해서도 경계를 늦추지 않았다. 그는 변화의 바람 속에서 오류를 씻어 내려 할 때에 성경으로 돌아가고자 노력한 것이다.

---

15) Institutes, I. xvii. 8.

끝맺는 말

따뜻한 칼빈

| 끝맺는 말 |

따뜻한 칼빈

파란만장한 삶을 살면서 놀라운 업적을 성취한 칼빈의 생애를 통해서 가장 깊은 인상을 받게 되는 부분은 '거룩한 열정'이다. 일시적이 아니라 일관되게, 외부적으로 자랑하기 위해서 아니라 인격 속에 자리잡은 '거룩한 열정'은 그로 하여금 어려움을 이겨내게 한 동력이었다. 그는 종교 개혁 시대 최고의 신학자로, 목사로, 사회의 개혁가로, 교회 지도자로서 열심히 살았고, 이런 모든 활동의 근저에는 하나님의 말씀이 자리잡고 있었다. 한국에 처음 복음을 전하려 달려왔던 선교사들에게 이런 열정이 있었고, 자그마한 장소를 마련하고 열심히 복음을 전하여 교회를 가꾸어 갔던 헌신된 목회자들에게 있었으며, 또한 세계 여러 나라에 나가서 용감하게 사역하고 있는 한국 선교사들의 가슴에 남아 있고, 경건하게 살고자 노력하는 성도들에게 지금도 면면히 흐르고 있다고 확신한다. 그리고 이제 세속화의 거센 물결과 비기독교적 혼합주의 문화에 포로가 되어 버린 세계 여러 나라의 성도들에게 물려 주어야 할 가장 소중한 신앙 전통이기도 하다.

최후의 순간

    마지막 순간까지 '거룩한 열정'으로 산 칼빈은 제네바에서 살고 있는 시민들만이 아니라, 유럽 전역에 널리 알려져서 가장 존경받는 학자가 되었다. 그로부터 직접 혹은 간접으로 배우게 된 새로운 젊은 세대들은 칼빈이 제시하는 바에 따라서 자신들의 생각과 행동을 좌우하는 윤리의 기준을 정하게 되었다. 그는 당회에서 여러 가지 문제를 자문하고, 목사들과 당회원들에게 비판적인 발언을 서슴지 않았고, 도시가 당면한 일에 대해서나 외부와의 접촉하는 일에 있어서나 상당히 큰 영향력을 행사하게 되었다. 그의 명성이 널리 알려지고, 점점 권위있는 결정을 내릴 수 있는 위치에 이르렀지만, 그의 직책이나 호칭에는 아무런 변화가 없었다. 그는 여전히 '친구 칼빈'이었고, 공적으로는 쌩 삐에르 교회의 '한 사람의 목사이자 신학 교수'였다.

    항상 단순한 옷을 즐겨 입는 이 보통 키의 남자에게서 총명하고 날카롭게 빛나는 눈이 가장 강렬하게 자극을 주었다. 병으로 인해서 마른 체구였으나, 크고 넓은 이마와 밝은 눈, 그리고 수염이 조화를 이루어서 매우 인상 깊은 모습이었다. 누가 보아도 지성적인 학자로서의 풍모가 뚜렷이 드러났다. 활기차고 총명하며 신실하고 예리하게 꿰뚫어 보며, 적절하게 언어를 구사함으로 단연 돋보이는 성품이었다. 그를 만나는 사람들은 학문과 신앙의 원숙함을 느껴 볼 수 있었다.

    아파서 움직일 수 없을 때까지, 2주마다 한 주간 동안은 매일 설교하고 한 주간에 세 번 신학을 강의하였다. 몸이 불편하여 도저히 서 있을 수 없을 때에는 의자에 앉아서 설교하고 가르쳤다. 정해진 날 당회 모임에 참석하고, 충고할 일들에 대해서 주장을 펴고, 매주 금요일에 모이는 평신도 성경 강좌에서 강의했다. 병자를 방문하는 일을 소홀히 하지 않았고, 평상시의 목회 활동을 하면서 특별하게 요청받는 것과 이루다 셀 수 없는 일들을 감당하였다.

계속되는 지병의 악화로 인해서 고통을 당하자, 자신의 날이 멀지 않음을 알게 되었다. 그 후로는 담담히 떠날 준비를 하는 모습이었다. '얼마나 더 있어야 하나이까'라고 담담하게 기도하던 칼빈은 1564년 2월 2일에 제네바 아카데미에서 마지막 강의를 하고, 그로부터 나흘 후에 마지막 설교를 하였다. 3월 27일에는 시청에 나가서 소의회원들과 만났다. 그가 마지막으로 교회에 나간 것은 4월 20일 부활주일이었다. 베자로부터 성찬을 받고 즐거운 표정으로 찬송을 하였다. 그 후로 여러 계층의 사람들과 마지막 작별 인사를 나누었다. 이때 그는 많은 사람들에게 사과하고, 지난날의 오해를 풀고자 하였다. 4월 28일, 제네바의 목사들에게 작별을 고하면서 자신의 투쟁 목표와 과오들을 자세히 설명하였다.

> 나의 죄들이 항상 나를 불쾌하게 했다. 그리고 하나님에 대한 두려움이 항상 내 마음속에 있었다.

자신의 결점에 대해서 칼빈 스스로 밝힌 바에 따르면, 지나치게 예민하고 날카로운 자의식이 문제였다. 특별히 성급하고 격렬한 기질을 가지고 있어서 이것을 절제하지 못했을 때, 상대방에게 예리한 비난을 퍼부었다. 그는 항상 신경이 예민하고 건강이 쇠약했으므로 이런 감정의 토로는 자신에게도 심각한 손상을 입혔다고 말한다. 1539년, 그는 분노를 폭발하여 "제가 중한 죄를 범했습니다"라고 다음날 사과하였다. 그는 자주 이 연약함에 대해서 스스로 괴로워했다. 베자는 그것이 건강의 약화에서 나오는 것으로 이해하려 했다. 그러나 종종 칼빈의 비판은 신랄하고 격렬하여 사랑이 없다고 느끼게 만들었다. 가혹할 만큼 철저한 그의 논쟁은 상대방에게는 모욕적으로 들렸다. 칼빈은 독단에 빠져 있기도 했고, 이를 절제하지 못할 때도 많았다. 자기가 결정적이라고 확신하는 문제에 대해서는 잔인할 정도로 관용을 베풀지 않았다. 반대로, 그러한 칼빈의 성격을 긍정적으로 보면, 하나님께서는 그에게는 매우 위엄 있는 성품을 주셨고 임무를 수행하는데 중요했다고 해석할 수도 있을 것이다.

그러나 정작 자신은 『시편 주석』 서문에서 고백한 바와 같이, "수줍어하고 두려움이 많다"고 밝혔다. "나같이 가난하고 두려움이 많은 학자가 얼마나 놀랐겠느냐?"고 제네바에서 쫓겨나 스트라스부르그로 갈 때의 일을 회상하였다. 제네바에 온 이후로도 자신의 영혼에 간직되었던 쓰라린 체험들을 회상하였다.[1] 5월 2일, 칼빈은 가장 존경하고 가까웠던 믿음의 선배 파렐에게 편지를 보내도록 했다. 자신이 비판했던 파렐의 결혼 문제에 대해서 너무 마음 아파하지 말라고 간곡히 당부하는 인간적인 배려가 들어 있다.

> 안녕히 계십시오. 나의 가장 친애하고 신뢰하는 친구여, 하나님께서 귀하를 더 오랫동안 세상에 남겨 놓으시기로 하셨기 때문에 귀하는 나보다 더 오래 남아야만 할 것이며, 하나님의 교회에 유익하도록 사용하셨던 우리의 긴밀한 연합을 기억하시기 바라며 또한 우리를 위해 하늘에서 그 결실이 기다리고 있을 것입니다. 나 때문에 귀하께서 스스로 힘들어 하는 것을 나는 전혀 원치 않는 바입니다. 나

---

1) *Calvin's Selected Works*, vol. 7, 374.

는 호흡의 곤란을 겪고 있고 매순간 그것이 내게 최후의 순간이라고 예상하고 있습니다. 그리스도와 함께 살고 죽는 것으로 충분합니다. 그분은 삶과 죽음을 자기에게 속한 자들에게 주시는 분이십니다.

다시 한 번, 귀하와 형제들에게 안녕을 고합니다.[2]

비록 칼빈이 스무 살 가까이 어렸지만, 도리어 75세가 된 파렐을 친근하게 배려하고 있음을 보게 된다.

69. 테오도르 베자

5월 19일은 제네바 목사들이 함께 모여서 상호간에 문제점을 지적하고 목회적인 일을 나누는 모임이 있는 날이었다. 이런 규칙을 만든 장본인인 칼빈의 집에 모여서 간단하게 의견을 교환하고 함께 식사를 나누었다. 이것은 일종의 관례로 정해져 있던 일이다. 이것이 칼빈의 마지막 공적인 활동이었다.

1564년 5월 27일 저녁 8시와 9시 사이에, 그는 평화롭게 잠들었다. 칼빈이 점차 뇌쇠해 가면서 거의 아들처럼 의지했던 베자는 "그날 해질 무렵, 하나님의 교회를 지도하기 위해서 세상에 있었던 가장 밝은 빛이 하늘로 돌아갔다"고 기록했다. 그의 유언장에 언급된 전체 유산은 그의 귀중한 책을 다 포함해도, 2백 에꾸스(écus)가 채 안 되는 것이었다. 얼마 되지 않는 재산이지만, 오늘날의 미국 달러로 약 2천불 정도로 추정

---

2) *Calvin's Selected Works*, vol. 7, 364.

되는 바, 이 유산은 동생 앙뚜완과 그의 자녀들에게 물려주었다. 그러나 학교와 가난한 외부에서 온 사람들을 잊지 않았다.[3] 그의 요청에 따라서 다음날 오후 2시, 거창한 장례식도 없이, 비석을 세우거나 화려한 치장이란 전혀 찾아볼 수 없는 공동묘지에 안장되었다. 시민들 전부가 그의 죽음을 애도하였다.

일관된 목표

친구나 제자들이나 성도들은 말할 필요도 없고, 심지어 그의 대적자들까지도 칼빈의 탁월한 능력에 대해서 인정하지 않은 사람은 아무도 없다. 하나님의 뜻에 따라서 가르치고 실천하려는 것이야말로 그가 항상 최상의 목표로 간직했던 일관된 태도였다. 그는 하나님을 항상 첫 번째로 높이고자 했다. 하나님께서 주신 임무를 마치고자 하는 확신에서 선한 싸움을 싸우고 자신의 임무에 충실하였다.

칼빈에 관해서 다소 부정적으로 비쳐진 일들은 본질적으로 살펴보면 도리어 긍정적인 면모를 가지고 있다. 그가 관심을 갖고 추진했던 계획들은 무엇이 바람직한 것인지를 판단하는 기준이 되고 있다. 여러 가지 실수와 잘못에도 불구하고, 칼빈은 자신의 사역과 사상에서 기본적으로 흔들리지 않는 일관성을 가졌던 것을 알 수 있는데, 그것은 바로 그의 신앙적인 독특성이다. 그는 하나님께 가까이 다가서서, 자신과 관련된 모든 사건들을 그분의 인도하심 가운데 따르고자 하는 생각으로 일

---

3) *Calvin's Selected Works*, vol. 7, 365-369.

관된 사람이었다. 이것이 칼빈으로 하여금 경건의 생활화를 이룩하게 만들었다.

한 사람의 인생에 대한 평가는 긍정적인 측면과 부정적인 측면으로 나누어 다뤄질 때에 공정한 것이다. 칼빈의 신학 사상이나 교회사적 업적을 평가함에 있어서, 우리는 그가 대면하여 살았던 제네바의 위급한 상황과 그가 당대의 종교 개혁자들과 호흡을 함께하면서 체험으로 터득한 당대의 가치관이 지닌 한계를 부인할 수 없다.

칼빈의 신학도 종교 개혁 신학의 완성이 아니라 '전환기의 신학'이었다. 칼빈 스스로 자신이 하나님의 말씀 안에서 찾아 『기독교강요』에 응집시켜 놓은 것보다도 훨씬 더 많은 진리들을 후대의 성도들이 발견하고 설명해야 한다고 생각했다. 마치 구약의 말씀을 신약의 저자들이 훨씬 분명하게 밝혀 주듯이, 개혁자들은 자신들의 시대가 지난 후에 전체 성경을 더욱 잘 이해하게 되리라고 믿었다. 칼빈도 역시 이런 자기 비평의 선구자였다. 비록 그 자신이 신약과 구약의 해석에서 남다른 정확성과 유익한 업적을 성취한 학자였지만, 그것을 당대에 반영하고 적용하기에 많은 부분에서 자신도 역시 실패하였기 때문이다. 미래에 대해 열린 마음으로 살아가는 사람은 하나님의 말씀이 주시는 전체 메시지에 대해 기다리며 찾으려 노력하는 마음을 가지고 있기 마련이다. 이미 자신이 온전히 이루었다고 자만하는 것이 아니요, 단 하나의 주장이나 이념이나 원리에만 매달리는 것도 아니라, 참된 공통의 신학, 원리, 예배와 윤리 등을 말씀에서 찾아 모든 부분들을 간직하려고 노력하는 것이다.

칼빈은 하나님 앞에서 항상 공개된 삶을 살았고, 자신의 양심으로 진실하게 행동하였다. 그는 자신이 기도한 대로 살아갔다. 그리고 항상 다른 사람에게도 그렇게 살도록 가르쳤다. 따라서 그의 삶은 다른 사람을 향해서도 공개되어 있었다. 그는 자신을 대적하는 사람들에게 그동안 해 온 모든 사역과 걸어온 생애를 조사해 보라고 촉구하였다. 이것은 자신의 진실됨을 증명해 줄것임을 확신하였다.[4]

우리가 온전한 기독 신자의 삶을 추구한다면, 세속과 타협하지 않으려 한 칼빈의 완고함과 대립적인 투쟁 정신을 비난할 수 없을 것이다. 오늘도 세상은 복음과 대립적으로 다수의 흐름을 이끌어 가고 있다. 기독교와는 전혀 상관없는 생활 방식이 수적인 다수에 의해서 강요되고 있다. 얼마나 더 우리가 평안하게 이 세상 풍조와 상호 협력하기 위해서 기다려야 할지 모른다.

하나님의 영광을 위해 살다

오직 하나님의 영광을 최우선적으로 고려하여 항상 이런 목표가 달성되기를 소원했던 칼빈의 완고한 주장과 집념은 그 주변 사람들로 하여금 종종 인간에 대한 배려와 관심이 부족하였다는 도전을 받게 만들었다. 그러나 우리 시대는 분명히 그가 가졌던 거룩한 열정이 부족하다. 심지어 그가 가진 하나님께 대한 전폭적인 헌신의 삶을 닮지 못하고 있고, 인간 중심적이며 이성적으로 판단하여 쉽게 세상과 타협하고 있다. 경건의 모양은 있으나 경건의 능력이 없는 것이 우리들의 죄악이요 치명적인 허물이다.

칼빈에 대한 공적인 이미지는 매우 딱딱하고 무뚝뚝하다. 그것은 그

---

4) 1546년 4월, 아미 뻬렝에게 보낸 편지.

자신이 항상 스스로를 엄격히 다스리고 연단하기 위하여 자기를 쳐서 복종하려는 데서 나온 것이다. 거룩과 훈련이라는 두 가지 신앙의 요소는 오늘날 우리 시대에 절실히 요청되는 신자의 가장 중요한 인격 요소들이다. 이것은 복음의 핵심인 사랑의 다른 모습이다. 아주 잘 훈련된 지도자 밑에서 고도의 단련을 받은 교회만이 이 시대의 도전에 맞서서 싸울 수 있고 생존할 수 있다. 칼빈의 이미지는 내적으로 혹독한 자기 부인을 위해 애쓰는 동안 다소 거만하게 보이고, 무례하다고 생각되며, 냉혹하게 보이는 오해를 받게 되었던 것이다. 1555년 이후로, 제네바는 상당히 발전된 민주주의를 시행하게 되었다. 칼빈을 지원하는 사람들은 훨씬 더 효과적으로 도시 내의 문제들을 해결해 나갔다. 계속된 반대자들과의 대립에서 공개적으로 고통을 당해 온 칼빈의 친구들이 간절히 바라던 질서와 법규를 준수하는 도시 국가를 형성하게 된 것이다.

과연 칼빈이라는 한 개인의 인격과 인품이 제네바 민주주의의 정착과 전반적인 도시의 안정을 위해서 어떤 역할을 감당했는가에 대해서 바른 평가를 내리는 것은 쉽지 않다. 다양한 요인들이 서로 뒤섞여 있기 때문이다. 오랫동안 고통스러운 대가를 지불하면서 독립을 염원하던 도시가 약간의 승기를 잡았을 무렵에 칼빈은 이 도시에 낯선 외국인의 한 사람으로 들어왔다. 칼빈과 제네바 시의회와의 관계를 그리 멀지 않은 도시인 로잔과 비레와의 관계에 대비시켜 볼 수있다. 로잔에서는 큰 대립과 갈등이 많지 않았다. 그만큼 제네바 사람들은 '완고하고 유쾌하지 않은 사람들'이었고, 칼빈의 개혁 방안은 받아들이기에 힘든 철저한 신앙 규칙에 근거를 두고 있었다.

공정하게 말하자면, 제네바라는 도시는 칼빈 이전에 이미 상당히 독립된 공동체로 발전해 있었다. 이런 부분에 대한 제네바 시민들의 자부심과 충성심은 종교 개혁이라고 해도 전혀 깨뜨릴 수 없었다. 상당히 발전된 사회 체제는 칼빈 이전의 제네바 시민들이 이루어 놓았기 때문에, 심지어 칼빈의 반대파 지도자들마저도 그들로부터 지지를 받았다. 1387년 주교의 지배하에 있을 때부터 5%의 이자를 받고 돈을 빌려주는 공적인 금전 대출을 허용하고 있었다. 1538년부터는 16세기 유럽을 대표하는 무역업자들의 대대적인 거래소가 제네바시 최고 위원들에 의해서 설립되었다. 칼빈이 이 도시에 오지 않았더라도 이들의 행정과 역사는 상당히 발전해 나갔을 것이다.

그러나 칼빈은 당회와 목사회를 통해서 세계 어느 도시에서도 볼 수 없는 특별히 예외적인 영향을 미쳤다. 제네바 교회 내에 설치된 당회와 목사회는 칼빈을 별로 좋아하지 않던 이 스위스 사람들 사이에서 독특한 임무를 수행한 힘의 결집체이자, 신앙을 위해 세운 창조적인 제도의 걸작품이다. 당회는 정치적으로 독립권을 보장받을 뿐만 아니라 하나님께서 영감을 주시는 기관이요, 제네바를 움직이는 하나님의 통치가 시행되는 곳이었다. 제네바시의 역사를 거슬러 올라갈 때에, 주교의 관할에서 영주를 따로 떼어 생각하는 것은 상상조차 할 수 없었는데, 바로 이것이 이루어진 것이다. 정치와 종교가 각각 다른 기관으로 분리된 것이다. 칼빈이 담임 목사로 있는 교회가 힘을 가지고 성도들의 권징을 실시하여 열심히 충성하는 신앙생활을 도모해 나갔다. 낙스는 이 당회 체제가 유럽 전역에 미친 영향을 높이 극찬하면서, '사도 시대 이후로 이 지상에서 볼 수 있는 가장 완벽한 그리스도의 학교'라고 평하였다. 영적인 권위와 세속적인 권위를 분리하기 싫어하는 자들에 대해 완벽한 승리를 얻었고, 평신도 대표들이 참여하므로 일반 성도들이 반대할 명분마저 없었다.

유럽의 역사에서 칼빈보다도 더 많은 영향을 남긴 신학자나 목사는 없다. 마틴 루터보다도 더 오래 지속적인 영향력을 미치고 있고, 세계적으로 더 많은 감화력을 발휘하고 있다. 칼빈의 승리는 고통 속에서 그러나 서서히 무지하고 어리석은 대적자들과 싸우면서 얻어진 것이다. 그리하여 영구히 남을 제네바의 통치 구도를 남길 수 있었다. 칼빈 자신의 경건과 그가 세운 교육 제도를 통해서 훌륭한 인재들이 배출되어 나오자 이런 영향력은 유럽 전역으로 더욱 확산되었다. 하나님이 한 시대에 사용한 칼빈의 경건한 삶과 윤리는 유럽 역사에 매우 예외적으로 심대한 영향력을 미치게 되었다.[5]

무엇보다도 칼빈이 정치적, 신앙적, 윤리적인 방면에서 큰 영향을 끼치게 된 것은 그의 저술을 통해서이고, 그가 만났던 사람들과 특히 그를 찾아서 찾아오는 피난민들을 통해서였다. 『기독교강요』는 칼빈이 살아 있던 시대에 토마스 노톤(Thomas Norton)에 의해서 영어로 번역되었는데, 1632년까지 무려 11판이라는 경이적인 판매가 이루어졌다. 그 후에, 존 알렌, 헨리 베버리지, 포드 루이스 배틀즈 등이 거듭 새 번역을 내놓았고, 오늘날에도 모든 신학도들의 서가에 보물처럼 취급되고 있다.

또한 칼빈과 교제한 상당수가 당대 가장 지체 높은 귀족들이었고 잘 훈련된 법률가들, 각 도시에서 최고의 영향을 발휘하는 목사들, 일반 시민들과는 비교할 수 없는 학식을 갖춘 교수들, 정치적 영향력을 가진

---

5) 칼빈의 영향력에 대해서 다음 대표적인 연구를 참조할 것. Andrew Pettegree, Alastair Duke, and Gillian Lewis, eds., *Calvinism in Europe 1540-1620* (Cambridge: Cambridge University Press, 1994). W. Stanford Reid, ed., *John Calvin: His Influence in the Western World* (Grand Rapids: Zondervan, 1982). Mark A. Thompson, ed., *Engaging with Calvin* (Nottingham: Apollos, 2009). David H. Hall, ed., *Tributes to John Calvin: A Celebration of His Quincentenary* (Phillipsburg: P&R, 2010). Martin Ernst Hirzel & Martin Sallmann, eds., *John Calvin's Impact on Church and Society, 1509-2009* (Grand Rapids: Eerdmans, 2009). Irena Bakus & Phillip Benedict, eds., *Calvin and His Influence, 1509-2009* (Oxford: Oxford University Press, 2011). Herman J. Selderhuis, ed., *The Calvin Handbook* (Grand Rapids: Eerdmans, 2008).

군주들과 장군들, 각 도시의 행정 지도자들이었다. 그들은 세계 곳곳에 선택된 하나님의 사람이라는 확신을 갖고 개혁 신앙을 전파하는 중요한 파수꾼 역할을 했다. 그리하여 그의 영향력은 유럽 종교 세력의 지도를 바꾸어 놓는 엄청난 반향을 가져왔다. 칼빈주의자로 자처하는 사람들이 계속해서 전 세계에 칼빈의 신학과 이상을 퍼트렸다. 메리 여왕의 박해가 끝난 후에 칼빈의 영향력은 놀랍게 증대되어 영어를 사용하는 지역으로 확대되었다. 한 시대, 하나님의 종이 보여준 경건의 능력은 후대의 신앙인들이 어떻게 살아야 하는가에 대한 지침이 되었다. 참으로 칼빈의 생애는 디모데전서 4:8의 "경건은 범사에 유익하니 금생과 내생에 약속이 있느니라"는 말씀을 이루는 삶이었다. 겸손한 찬양과 회개하는 순종으로 하나님의 뜻에 따라 살아가야 할 것을 삶의 본을 통해 제시하였으며, 하나님의 뜻에 따라 살지 않는 것보다 더 큰 불행은 없다는 교훈을 일관되게 몸으로 실천한 것이다.

그러나 칼빈은 경건한 사람으로 개인의 수련만을 위해서 정진한 수도사가 아니었다. 교회를 위한 신학을 정립하기 위해 평생을 바친 사람이었다. 우리 한국의 신학자들과 목회자들, 신학도들과 성도들도 한국 문화와 사회, 정치와 교회와의 관련성을 집요하게 추구하고 생명력 있는 교회가 되도록 하기 위한 지혜를 칼빈과 같이 말씀 안에서 얻어야 할 것이다. 함께 기도하고, 함께 성경을 연구하는 모임을 통해서 아주 작은 문제에서부터 큰 문제에 이르기까지 오늘날 '우리의 문제들'을 개진해 나가야 한다. 교회와 세상이 따로따로 분리되어가고, 현장과 이론이 서로 큰 목소리를 내는 것은 결코 바람직하지 않다. 신학자들은 쌓은 학식과 지식에 근거하여 교회의 문제들을 해결하는 도움을 제공하고, 목회자들은 교회의 역량과 지도력을 동원하여 한국 사회의 제문제를 해결하는 방안을 터득해야 한다.

성경에 충실한 신앙을 가지고 인생을 사는 지혜, 용기와 겸손을 동시에 발휘하는 성숙된 인격, 깊은 학문에서 우러나오는 겸허함과 신실함, 진지함과 너그러움이 풍요롭게 어우러진 인품의 향기 등이 칼빈 연구에서 얻는 큰 소득이다. 그는 하나님의 영광이 드러나도록 온 몸을 던져 거룩한 열정을 불태운 생애를 살았다. 특히 유럽의 개혁 신학과 교회 개혁이라는 거대한 과제를 끌어안고 전심전력하여 성경의 빛을 드러냈다.

참고 문헌

| 참고 문헌 |

I. 작성 연대에 따라서 본 칼빈의 저술들

1531 Praefatio in Nic. Chmni Antapologiam

1532 L. Annei Senecae ... libri duo de clementia ... commentariis illustrati

1533 Concio academica

1535 Caesaribus, regibus, Principibus, gentibusque omnibus christi imperio sub-ditis

    A tous anmateurs de Iesus Christ, et de son S. Evangile Praefatio in Chrysostomi homilias

1536 Christianae religionis institutio.

1537 Epistolae duae de rebus hoc saeculo cognitu apprime necessariis.

    Deux discours ... au colloque de Lausanne

    Articles concernant l'organisation de l'eglise ... a Geneve

    Instruction et confession de foy

    Confessio de Trinitate propter calumnias P. Caloly

    Confessio fidei de eucharistia

1538 Catechisms, sive christianae religionis instutio

    Articuli ... ad pacem Genevae restituendam

1539 Institutio christianae religionis

Aulcuns pseaulmes et cantiques mys en chant

Jacobi Sadoleti Romani Cardinalis Epistola … Calvini Responsio Declaration faicte par Monsieur Guillaulme, conte de Fursternberg

1540 Epistre de laques Sadolet … Auec Ia Response de lehan Calvin

Commentarii in Epistolam Pauli ad Romaos

Seconde declaration faicte par Monsieur Guillaulme

1541 Institution de la religion chrestienne

Petit traicte de la saincte cene

Consilium … Pauli III … Et Eusebii Pamphili(=Calvini) … explicatio

Les Actes de ia ioumie imperiale … de Regeipourg

Epiipe au Pkichritien Rey de France, Franfoyipremiir

Les Ordonnances ecclisiastiquep

1542 Vivere apud Christum non domire

Le Catechisme de 1'eglise de Geneve

La Manyere de faire prieres

La Forme des prieres et chantz ecclesiastiques

Exposition sur l'Epistre de Sainct ludas

1543 Institutio chrisrianae religionis

Defensio … doctrinae de servitute … humani arbitrii adversus calumnias

Alberti Pighii

Advertissement … du grand proffit qui reviendroit a la chrestiente …(= Traites des reliques)

Supplex exhortatio ad … Carolum quintum et … principes

　　　Petit traicte, monstrant que c'est que doit faire un homme fidele

　　　… entre les Papistis

　　　comment … Iesus la Christ est la fin de loy

　　　Preface des letters de Farel et Caroli

　　　Exposition sur l'Epistre … aux Romains

1544 Epinicion Christo cantatum

　　　Supplication … sur le faict de la chrestienti

　　　Excuse … a Messieurs les Nicodemites

　　　Articuli a facultate … Parisiensi … Cum antidoto

　　　Les Articles de la faculte de Paris avec le remede

　　　Advertissement sur la censure … de Sorbonne

　　　Brieve instruction … contre les … anabaptistes

1545 Institutio riligionis christianae

　　　Institution de la religion christienne

　　　Le Catechisme de l'eglise de Geneve

　　　Catechismus ecclesiae Genevesis

　　　Psychopannychia

　　　Contre la secte phantastique … des libertins

　　　Admonitio patena Pauli III … ad … Carolum V. Cum scholiis

　　　Pro Farello et collegis eius adverseus Petri, Caroli calumnias

　　　Argument et sommaire de l'Epistre … aux Romains

　　　Exposition sur les deux Epistres de S. Pierres et l'Epistre de S. Iude

　　　Libellus de coena Domini

1546 Preface de La Somme de Melanchthon

　　　　Preface mise en tete des livres apocryphes de l'ancien testament

　　　　Commentarii in priorem Epistolam Pauli ad Corinthios

　　　　Ordre sur la visitation des ministre et paroisses dependantes de Geneve

1547 Epistre contre un cerntain cordelier

　　　　Acta Synodi Tridentinae cum antidoto

　　　　Commentaire ... sur la premiere Epistre aux Corinthiens

　　　　Commentaire ... sur la seconde Epistre aux Corinthiens

　　　　Ordonnances sur la police des eglises de le campagne

1548 Les Actes du Concile de Trente dvec le remede

　　　　Admonitio de reliquiis

　　　　Commentarii in secundam Pauli Epistolam ad Corinthios

　　　　Cemmentarii in quatuor Pauli Epistolas: Ad Galatas, ad Ephesios, ad Philippenises, ad Colossenses

　　　　Commentaire in ... sur quatre Epistres de Sainct Paul

　　　　Commentarii in utramque Pauli Epistolam ad Timotheum

　　　　Apologia Iacobi a Burgundia

　　　　Excuse de noble Seigneur Jaques de Bourgoigne

1549 De vitandis superstionibus

　　　　Admonitio contre l'astrologie qu'on appelle iudiciaire

　　　　Admonitio adversus astrologiam

　　　　Interim adultero-germanum

　　　　L' Interim avec la vraye facon de reformer i'eglise

　　　　Commentarii in Epistolam ad Hebraeos

　　　　Commentaire ... sur l'Epistre aux Ebrieux

1550 Institutio totius christianae religionis

    Appendix Libelli adversus Interim adultero-germanum

    De scadalis

    Des Scandales

    Praefatio in libellum des Francisco Spiera

    Commentaire … sur l'Epistre aux Romains

    Cemmentarii in Epistolam ad Titum

    Commentaire … sur 1'Epistre a Tite

    Commentaire … sur 1'Epistre de Sainct Jacques

1551 Institution de 1a religion chrestienne

    L'ABC francois

    Consensio mutua in re sacramentaria

    L'Accord passe et conclud touchant 1a matiere des sacramens

    Commentarii in lsaiam rophetam

    Commentarii in omnes Pauli epistolas atque etiam in Epistolam ad Hebraeos

    (Calvin's Latin commentary on Philemon appeared in yhhs edition; the French translation was also published in 1551)

    Commentarii in Epistolas Canonicas

    Commentaires … sur les Canoniques

    Commentaire sur les deux Epistres … aux Thessaloniciens

    Epistre aux fideles monstrant comment Christ est la fin de 1a ioy

    Preface aux lecteurs(in Louis Bude, Les Pseaumes)

1552 De aeterna Dei praedestindtione

    De la pridestination eternelle de Dieu

Quatre sermons … avec briefve exposition du Pseaume LXXXVIII

Commentaires sur le prophete Isaie

Commentariorum … in Acta Apostolorum, liber

Le Prmier Livre des Commentaires … sur les Actes des Apostres

1553 La Maniere d'interroguer les enfans.

In Euangelium secundum Iohannem, Commentarius

Commentaire sur l'Evangile selon Sainct Iean

1554 Defensio orthodoxae fidei de sacra Trinitate, contra prodigiosos errors Mi-chaelis Serveti

Declaration pour maintenir la vraye foy … de la Trinite

Traite des benefices

In primum Mosis librum … Commntarius

Commntaire … sr le premier livre de Moyse

Commmtarius … in Acta Apostolorum, liber posterior

Le Second Livre des Commmtaires … sur les Actes des Apostres

1555 Defensio sanae et orthodoxae doctrinae de sacramentis

La Breve Resolution

Responsio ad aliquot Laelii Socini senensis quaestiones

Harmonia ex tribus Evangelistis composita

Concordnnce qu'on appelle Harmonie … item, l'Evangile selon Sainct Iehan

1556 Secunda defensio … contra Ioachimi Westphali calumnias

1557 Responses a certaines calomnies et blaphemes

Brevis responio … ad diluendas nebulonis cuiusdam calumnias

Ultima admonitio … ad Ioachimum Westphalum

In librum Psalmorum ... Commentarius

In Hoseam prophetam ... Praelectiones

Lecons ... sur le prophete Hosee

1558 Calumniae nebulonis cuiusdam ... Calvini ad easdem responsio

Responsum ad quaestiones Georgii Blandratae

Le Livre des Pseaumes

Contra Mennonem

1559 Institutio christianae religionis

Commentarii in Isaiam prophetam

Praelectiones in duodecim prophetas ... minores

1560 Responsum ad fratres Polonos ... ad refutandum Stancaro errorem

Lecons ... sur les douze petits prophetes

Breve et clarum doctrinae de coma Domini compendium

Institution de La religion chrestienne.

1561 Ministorum ecclesiae Genevenis responsio ad nobiles Polonos et Francis-cum

Stancarum ... de controversia mediatoris

Impietas Valentini Gentilis detecta

Gratulatio ad ... Gabrielem de Saconay

Dilucida explicatio ... de vera patricipatione carnis et sanguinis Christi

Responsio ad versipellem quendam mediatorem

Les Ordonnances ecclesidetiques

Commentaires ... sur le livre des Pseaumes

Praelectiones in librum prophetiarum Danielis

1562 Congregation sur l'election eternelle de Dieu

　　　Responio ad Balduini convicia

　　　Respose a un certain Holandois

　　　Lecons ... sur le livre des propheties de Daniel

　　　Confession de foy pour presenter a l'empereur

1563 Brevis admonitio ... ad fratres Polonos

　　　Epistola .. qua fidem admonitionis ... apud Polonos confirmat

　　　Ad Francisci Balduini ... convicia, Theodori Bezae ... Responsio, et joannis Calvini brevis Epistla

　　　Praelectiones in librum prophetiarum Ieremiae et Lamentationes

　　　Mosis libri V. cum ... Commentariis

　　　Deux congregations ... de second chapitre de 1'Epistre ... aux Galatiens ... Item l'exposition du quarantetroisieme dimanche

1564 Commentaires ... sur les cinq livres de Moyse

　　　Commentaires ... sur le livre de Iosue

　　　In librum Iosue brevis commentarius

1565 Lecons ... tant sur les Revelation que sur les Lamentatiom du prophete leremie

　　　In viginti prima Ezechielis prophetae capita Praelectiones

　　　Lecons ... sur les vingt premiers chapitres ... du prophete Ezechiel

II. Calvin의 저작 전집

Joannis Calvini Opera omnia quae supersunt. 59 vols.(vols. 29-87 of *Corpus*

Reformatorum), ed. Guilielmus Baum, Eduardus Cunitz, and Eduardus Reuss.

Brunswick: C.A. Schwetschke & Sons, 1863-1900.

이 책에 있는 각주에서는 CO로 줄여서 표기하였음.

Joannis Calvini Opera Selecta. ed. Peter Barth and Wilhelm Niesel, vol. 1(1926), vol. 2(1952), vol. 3(2nd ed., 1957), vol. 4(1959), vol. 5(1962). Munich: C. Kaiser.

이 책에 있는 각주에서는 OS로 줄여서 표기하였음.

Supplementa Calviniana(Sermons inéits). ed. Hanns Rükert, 4 vols. Neukir-chen: 1936-1961.

III. 영어로 번역된 칼빈의 저술

A Selection of the Most Celebrated Sermons of John Calvin. Philadelphia: J.A. Bill, 1849.

Calvin: Commentaries. tr. and ed. J. Haroutunian. London: SCM Press, 1958.

Calvin Commentaries. 22 vols. Edinburgh: Calvin Translation Society, 1843-1855. reprint; Grand Rapids: Baker, 1989.

Calvin's Commentary on Seneca's "De Clementia". ed. and tr. F.L. Battles and A.M. Hugo. Leiden: E.J. Brill, 1969.

Calvin's New Testament Commentaries. ed. David W. Torrance and T.F. Torrance, 12 vols. Grand Rapids: Eerdmans, 1959-1972.

Calvin's Calvinism. tr. H. Cole, Edinburgh: Calvin Translation Society,

1856. re-print; Grand Rapids: Reformed Free Publishing Association.

Calvin's Ecclesiastical Advice. tr. Mary Beaty and Benjamin W. Farley. Louisville: Westminster/John Knox Press, 1991.

Calvin's Selected Work. ed. J. Bonnet, tr. M.R. Gilchrist, Grand Rapids: Baker, 1983.

Calvin's Theological Treatises. ed. J.K.S. Reid. The Library of Christian Classics, vol. 22. Philadelphia: Westminster Press, 1954.

Calvin's Wisdom. ed. Graham Miller. Edinburgh: The Banner of Truth Trust. 1992.

The Catechisme: Manner to Teach Children, Theatrum orbis Terrarum. New York: Da Capo Press, 1968.

Concerning Scandals. tr. J.W. Fraser, Grand Rapids: Eerdmans, 1978.

Concerning the Eternal Predestination of God. tr. J.K.S. Reid, London: James Clarke, 1961.

The Covenant Enforced: Calvin's Sermons on Deuteronomy 27 and 28. ed. James B. Jordan. Tyler, Texas: Institute for Christian Economics, 1990.

The Deity of Christ and Other Sermons. tr. Leroy Nixon, Grand Rapids: Eerd-mans, 1950.

Devotions and Prayers of John Calvin. ed. Charles E. Edwards. Grand Rapids: Baker, 1954.

Golden Booklet of the True Christian Life. tr. H.J. Van Andel, Grand Rapids: Baker, 1952.

The Gospel according to Isaiah, Seven Sermons on Isaiah 53. tr. Leroy

Nixon, Grand Rapids: Eerdmans, 1953.

Institutes of the Christian Religion(1559). ed. J.T. McNeill, tr. F.L. Battles, The Library of Christian Classics, vol. xx. xxi. Philadelphia: Westminster Press, 1960.

Institutes of the Christian Religion(1536). tr. F.L. Battles, Grand Rapids: Eerd-mans, 1986.

Instruction in Faith. tr. Paul T. Fuhrmann. Philadelphia: Westminster, 1949.

John Calvin, A Reformed Debate with Jacopo Sadoleto. ed. J.C. Olin, Grand Rapids: Baker, 1966.

John Calvin's Sermons on the Ten Commandments. tr. B.W. Farley, Grand Rapids: Baker, 1980.

John Calvin: Selections from His Writings. ed. John Dillenberger, Missoula: Scholars Press, 1975.

Letters of John Calvin. ed. Jules Bonnet, tr. David Constable and M.R. Gilchrist, 4 vols. Philadelphia: Presbyterian Board of Publication, 1858; reprint; Grand Rapids: Baker, 1983.

The Mystery of Godliness and Other Sermons. Facsimile of John Forbes' edition, 1830; Grand Rapids: Eerdmans, 1950.

On God and Political Duty. ed. J.T. McNeill. Indianapolis: Bobbs-Merrill Educational Publishing, 1950.

Sermon from Job. tr. Leon Nixon. Grand Rapids: Eerdmans, 1952.

Sermons of M. Iohn Calvine upon the Epistle of Saincte Paule to the Galathians. London: Lucas Harison and George Bishop, 1574.

Sermons on Deuteronomy. tr. Arthur Golding, London: Henry

1856. re-print; Grand Rapids: Reformed Free Publishing Association.

Calvin's Ecclesiastical Advice. tr. Mary Beaty and Benjamin W. Farley. Louisville: Westminster/John Knox Press, 1991.

Calvin's Selected Work. ed. J. Bonnet, tr. M.R. Gilchrist, Grand Rapids: Baker, 1983.

Calvin's Theological Treatises. ed. J.K.S. Reid. The Library of Christian Classics, vol. 22. Philadelphia: Westminster Press, 1954.

Calvin's Wisdom. ed. Graham Miller. Edinburgh: The Banner of Truth Trust. 1992.

The Catechisme: Manner to Teach Children, Theatrum orbis Terrarum. New York: Da Capo Press, 1968.

Concerning Scandals. tr. J.W. Fraser, Grand Rapids: Eerdmans, 1978.

Concerning the Eternal Predestination of God. tr. J.K.S. Reid, London: James Clarke, 1961.

The Covenant Enforced: Calvin's Sermons on Deuteronomy 27 and 28. ed. James B. Jordan. Tyler, Texas: Institute for Christian Economics, 1990.

The Deity of Christ and Other Sermons. tr. Leroy Nixon, Grand Rapids: Eerd-mans, 1950.

Devotions and Prayers of John Calvin. ed. Charles E. Edwards. Grand Rapids: Baker, 1954.

Golden Booklet of the True Christian Life. tr. H.J. Van Andel, Grand Rapids: Baker, 1952.

The Gospel according to Isaiah, Seven Sermons on Isaiah 53. tr. Leroy

Nixon, Grand Rapids: Eerdmans, 1953.

Institutes of the Christian Religion(1559). ed. J.T. McNeill, tr. F.L. Battles, The Library of Christian Classics, vol. xx. xxi. Philadelphia: Westminster Press, 1960.

Institutes of the Christian Religion(1536). tr. F.L. Battles, Grand Rapids: Eerd-mans, 1986.

Instruction in Faith. tr. Paul T. Fuhrmann. Philadelphia: Westminster, 1949.

John Calvin, A Reformed Debate with Jacopo Sadoleto. ed. J.C. Olin, Grand Rapids: Baker, 1966.

John Calvin's Sermons on the Ten Commandments. tr. B.W. Farley, Grand Rapids: Baker, 1980.

John Calvin: Selections from His Writings. ed. John Dillenberger, Missoula: Scholars Press, 1975.

Letters of John Calvin. ed. Jules Bonnet, tr. David Constable and M.R. Gilchrist, 4 vols. Philadelphia: Presbyterian Board of Publication, 1858; reprint; Grand Rapids: Baker, 1983.

The Mystery of Godliness and Other Sermons. Facsimile of John Forbes' edition, 1830; Grand Rapids: Eerdmans, 1950.

On God and Political Duty. ed. J.T. McNeill. Indianapolis: Bobbs-Merrill Educational Publishing, 1950.

Sermon from Job. tr. Leon Nixon. Grand Rapids: Eerdmans, 1952.

Sermons of M. Iohn Calvine upon the Epistle of Saincte Paule to the Galathians. London: Lucas Harison and George Bishop, 1574.

Sermons on Deuteronomy. tr. Arthur Golding, London: Henry

Middleton, 1583. Facsimile Reprint, Edinburgh: The Banner of Truth Trust, 1987.

Sermons on Isaiah's Prophesy on the Death and Passion of Christ. tr. T.H.L. Parker, London: James Clarke, 1956.

Sermons on Jeremiah. tr. Blair Reynolds. Lewiston: E. Mellen Press, 1990.

Sermons on Micah. tr. Blair Reynolds. Lewiston: E. Mellen Press, 1990.

Sermons on the Epistle to the Ephesians. tr. A. Golding, L. Rawlinson and S. M. Houghton, Edinburgh: Banner of Truth Trust, 1983.

Sermon on the Epistles to Timothy and Titus. Facsimile of 1579 ed. Edinburgh: Banner of Truth, 1983.

Thine is my Heart: Devotional Readings from the Writings of John Calvin. Grand Rapids: Zondervan, 1958.

Three French Treatises. ed. Francis M. Higman. London: Athlone, Press, 1970. Tracts and Treatises. tr. H. Beveridge. Historical Notes and Introduction by T.F. Torrance, 3 vols. Edinburgh: Calvin Translation Society, 1844-1851. re-print; Grand Rapids: Eerdmans, 1958.

Treatises Against the Anabaptists and Against the Libertines. ed. and tr. B.W. Farley. Grand Rapids: Baker, 1982.

IV. 칼빈과 종교 개혁에 대한 연구서

Anrich, Gustav. *Martin Bucer*. Strasbourg: 1914.

_____, *Strassburg und die Calvinische Kirchenverfassung*, Tübingen, 1928.

Armstrong, Brian G. "The Nature and Structure of Calvin's Thought according to the *Institutes*: Another Look." In *John Calvin's Institutes: His Opus Magnum*, 55-81. Potchefstroom: Potchefstroom Uni-versity for Christian Higher Education, 1986.

Armstrong, W.P. *Calvin and the Reformation: Four Studies by Emile Doumergue and Others*. New York: Fleming H. Revell Company, 1909.

Augustijn, C. "Calvin und der Reformation." In *Calvinus Servus Christi*, Congres International des Recherches Caliviniennes, 127-42. ed. W. Neuser. Budapest: Presseabteilung Des Ra?day-Kollegiums, 1988.

_____, *De godsdienstgesprekken hrnsn Room-Katholieken on Protestanten van 1155 tot 1141*. Haarlem, 1967.

Autin, Albert. *L'Echec de la Réforme en France*. Paris, 1918.

_____, *Un Episode de la vie de Calvin: La Crise du nicod misme, 1535-1545*. Toulon, 1917.

Babelotzky, Gerd. *Platonische Bilder unto Gedankengänge in Calvim Lehre von Menschen*. Wiesbaden, 1977

Bainton, Roland H. *Hunted Heretic*. Boston, 1953.

Bakhuizen van den Brink, J.N. *La Confession de foi des églises réformées de France de 1559, et la Confession des Pays-Bas de 1561*. Vol. 5. 6 of Bulletin des Eglises Wallones. Leiden, 1959.

_____, *Protestantse pleidooien*. vol. 2. Section 3, "Frankrijk en Calvijn." Kampen, 1962.

Backus, Irena & Philip Benedict. eds. *Calvin & His Influence, 1509-*

2009. Oxford University Press, 2011.

Backus, Irena. *Life Writing in Reformation Europe:* Lives of Reformers by Friends, Disciples and Foes. Aldershot: Ashgate, 2008.

Balke, Willem. *Calvin and the Anabaptist Radical*. Translated by william J. Heynen. Grand Rapids, 1981.

Bähler, Eduard. "Petrus Caroli und Johannes Calvin: Ein Beitrag zur Geschichte und Kultur der Reformationszeit." *Jahrbuch für schweizerische Geschichte* 29(1904): 39-168.

Barth, Karl. *Die Theologie Calvins*. Zürich: Theologischer Verlag, 1922. *The Theology of John Calvin*. tr. Geoffrey W. Bromiley. Grand Rapids: Eerdmans, 1995.

_____, "Nein. Answer to Emil Brunner." In *Natural Theology*. tr. Peter Frankel. London: The Centenary Press, 1946.

Battenhouse, R.W. "The Doctrine of Man in Calvin and in Renaissance Pla-tonism." *Journal of the History of Ideas* 9(1948): 447-71. In *Calvin's Commentary on Seneca's De Clementia*. Leiden: E.J. Brill, 1969.

Battles, Ford Lewis. *Analysis of the "Institutes of the Christian Religion" of John Calvin*. Grand Rapids: Baker, 1980.

_____, *Calculus Fidei: Some Ruminations on the Structure of the Theology of John Calvin*. Grand Rapids: Calvin Theological Seminary, 1978.

_____, "Calvin's Humanistic Education: Three Universities, Six Teachers." Paper presented at the Ph.D. Colloquium(1975/76). Pittsburgh Theological Seminary.

_____, "God Was Accommodating Himself to Human Capacity."

Interpretation 31(1977): 19-38.

_____, "The Future of Calviniana." *Renaissance, Reformation, Resurgence.* ed. Peter de Klerk. Grand Rapids: Calvin Theological Seminary, 1976.

_____, *The Piety of John Calvin.* Grand Rapids: Baker, 1978.

Bavinck, Hermann. "Calvin and Common Grace." In *Calvin and the Reformation*, 99-130. tr. G. Vos, ed. William P. Armstrong. Reprint, Grand Rapids: Baker, 1980.

_____, *Johannes Calvijn.* Kampen: J.H. Kok, 1909.

Beckmann, Joachim. *Vom Sakrament bei Calvin.* Tübingen: J.C.B. Mohr, 1926.

Beeke, Joel R. *Assurance of Faith: Calvin, English Puritanism, and the Dutch Second Reformation.* New York: Peter Lang, 1991.

Bell, M. Charles. *Calvin and Scottish Theology.* The Doctrine of Assurance. Edinburgh: The Handsel Press, 1985.

Benoit, Jean-Daniel. *Calvin, diricteur d'ames.* Strasbourg, 1947

_____, "Calvin the Letter-Writer." In *Courtenay Studies in Reformation Theology.* vol. 1, John Calvin, edited by Gervase E. Duffield, 67-101. Grand Rapids, 1966.

_____, "The History and Development of the Institrio: How Calvin Worked." In *Courtenay Studies in Reformation Theology*, 102-17.

_____, et al. *Calvin á Stasbourg*, 1538-1541. Strasbourg, 1938.

Beza, Theodore. *Correspondance.* Edited by Hippolyte Aubert et at. 12 vols. Geneva, 1960-86.

Bizer, Ernst. *Frühorthodoxie und Rationalismus.* Theologische Studien, no. 71. Zurich: EVZ-Verlag, 1963.

Blanke, Fritz. "Calvins Uneile uber Zwingli." *Zwingliana* II(1959): 66-92.

Bohatec, Josef. *Budé und Calvin. Studien zur Gedankenwelt des französichen Frühhumanismus*, Graz: Hermann Böhlaus Nachf, 1950.

Boisset, Jean. "Justification et Sanctification chez Calvin." In *Calvinus Theologus*, 131-48. ed. W.H. Neuser. Neukirchen Vluyn: Neukirchener Verlag, 1976.

Bouwsma, William J. "Calvin and the Renaissance Crisis of Knowing." *Calvin Theological Journal* 17(1982): 190-221.

_____, *John Calvin: A Sixteenth Century Portrait*. Oxford: Oxford University Press, 1988.

_____, "The Peculiarity of the Reformation in Geneva." In *Religion and Culture in the Renaissance and Reformation*, 65-78. ed. Steven Ozment. Kirksville: Sixteenth Century Journal, 1989.

_____, "The Quest for the Historical Calvin." *Archiv für Reformationsgeschichte* 77(1986): 47-57.

Bray, John S. *Theodore Beza's Doctrine of Predestination*. Nieuwkoup: B. DeGraff, 1975.

Breen, Quirinus. *John Calvin: A Study in French Humanism*. Grand Rapids: Ee-rdmans, 1931.

_____, "John Calvin and the Rhetorical Tradition." *Church History* 26 (1957): 3-21.

Brunner, Emil. "Nature and Grace." In *Natural Theology*: 15-64. tr. Peter Fraenkel. London: The Centenary Press, 1946.

_____, *The Christian Doctrine of the Church, Faith, and the Consummation*, tr. D. Cairns and T.H. L. Parker. London: Lutterworth, 1962.

Brunner, Peter. *Vom Glauben bei Calvin*. Tübingen: J.C.B. Mohr, 1925.

Büsser, Fritz. "Bullinger as Calvin's Model in Biblical Exposition: An Examination of Calvin's Preface to the Epistle to the Romans." In *In Honor of John Calvin 1509-64*, 64-95. ed. E.J. Furcha. Montreal: McGill University Press, 1987.

_____, "Elements of Zwingli's Thought in Calvin's Institutes." In *In Honor of John Calvin, 1509-64*. ed. E.J. Furcha. Montreal: McGill University Press, 1987.

_____, "Renaissance and Humanism in Zurich in the 16th Century." *Nederduitse Gereformeerde Theologiese Tydskrif* 26(1985): 2-13.

_____, "Zwingli the Exegete: A Contribution to the 450th Anniversary of the Death of Erasmus." In *Probing the Reformed Tradition: Historical Studies in Honor of Edward A. Dowey*, Jr., tr. Bruce McCormack, 175-96. ed. Elsie Anne McKee and Brian G. Armstrong. Louisville: Westminster, 1989.

Cadier, Jean. "Calvin's View of the Christian Life." *International Reformed Bulletin* 18(1964): 2-5.

Canons and Decrees of the Council of Trent. Original Text with English Translation by H.J. Schroeder. St. Louis, Mo.: B. Herder Book Co., 1950.

D'Aubigné, J.H. Merle. *History of the Reformation Europe in the Time of Calvin*. 9 vols. New York: Fredrick Ungar, 1969.

Dickens, A.G. and John Tonkin. *The Reformation in Historical Thought*. Cambridge: Harvard University Press, 1985.

Douglas, Richard M. *Jacopo Sddolete, 1477-1547: Humaniit and Refomer*. Cambridge, 1959.

Doumergue, Emile. *Jean Calvin: Les Hommes et lei choses do son temps*. 7 vols. Lausanne, 1899-1927.

Dowey, Edward A. *The Knowledge of God in Calvin's Theology*. New York: Columbia University Press, 1952.

Duffield, Gervase E. ed. *John Calvin*. Grand Rapids: Eerdmans, 1966.

Ecumenical Creeds and Reformed Confessions. Grand Rapids: C.R.C. Publication, 1988.

Eells, Hastings. *Martin Bucer*. New Haven: Yale University Press, 1931.

_____, "Martin Bucer and the Conversion of John Calvin," *Princeton Theological Review* 22(1924): 402-419.

Eire, Carlos M.N. "Calvin and Nicodemism: A Reappraisal." SCJIO(1979): 45-69

_____, *War against the Idol: The Reformation of worship from Erasmus to Calvin*. Cambridge, 1986.

Erichson, A. *Die Calvinische und die Altstrassburgische Gottesdienstordnung*. Strasbourg, 1894.

Friedman, Jerome. *Michael Servetus: A Case Study in Total Heresy*. Geneva, 1978.

Fitzer, Joseph. "The Augustinian Roots of Calvin's Eucharistic Thought." *Augustinian Studies* 7(1976): 69-98.

Friedman, J. *Michael Servetus, A Case Study in Total Heresy*. Geneva:

Libraire Droz S.A., 1978.

Gäbler, Ulich. *Huldrych Zwingli: His Life and Work*. Translated by Ruth C.L. Gritsch. Philadelphia, 1986.

Gamble, Richard C. "Brevitas et Facilitas: Toward an Understanding of Calvin's Hermeneutic." *Westminster Theological Journal* 47(1985): 1-17.

_____, "Calvin as Theologian and Exegete: Is There Anything New?" *Calvin Theological Journal* 23(1988): 178-194.

_____, "Exposition and Method in Calvin." *Westminster Theological Journal* 49(1987): 153-65.

_____, ed. *Articles on Calvin and Calvinism*. 14 vols. New York: Garland Publishing, 1992.

Ganoczy, Alexandre. *Le Jeune Calvin; genese et evolution de sa vocation reformatrice* mit einer Einleitung von Joseph Lortz Wiesbaden: Franz Steiner Verlag, 1966. tr. *The Young Calvin*, David Foxgrover and Wade Provo. Philadelphia: Westminster Press, 1987.

Garside, Chales, Jr. *The Origins of Calvin's Theology of Music*, 1536-1545. Philadelphia, 1979.

Geering, Arnold. "Calvin und die Musik." In *Calvin-Studien* 1959, edited by Jürgen Moltmann, 16-25. Neukirchen, 1960.

Gerrish, B.A. ed. *Reformatio Perennis: Essays on Calvin and the Reformation in Honor of Ford Lewis Battles*. Pittsburgh: Pickwick Press, 1981.

_____, *The Old Protestantism and the New. Essays on the Reformational Heritage*. Edinburgh: T. & T. Clark, 1982.

_____, *Grace and Gratitude: The Eucharistic Theology of John Calvin*. Minneapolis: Fortress Press, 1993.

Gilmont, Jean-Franfois. *Bibliographie des éditions de Jean Chrespin*. 2 vols. Verviers, Belgium, 1981.

Giran, Etienne. *Sébastien Castellion et la Réforme caiviniste*. Paris, 1914

Goeters, J.F.G. "Thomas von Kempen und Johannes Calvin." In *Thomas von Kempen: Beiträge zum 500. Todesjahr 1417-1917*, 87-92. Kampen, 1971.

Gohler, Alfred. *Calvins Lehre von der Heiligung: dargestellt aut Grund der Institution, exegetischer und homiletischer*. Munchen: C. Kaiser, 1934.

Gordon, Bruce. *Calvin*. New Haven: Yale University Press. 2009

Greengrass, Mark. *The French Reformation*. Oxford and New York, 1987.

Guggisberg, Kurt. "Calvin unto Bern." In *Festgabe Leonhard von Muralt*, 266-85. Zurich, 1970.

Hards, Walter G. *A Collation of the Latin Texts of the First Edition of Calvin's Institutes*. Baltimore, 1958.

Haury, David A. "English Anabaptism and Calvin's Brième Instruction." *Mennonite Quarterly Review* 57(1983): 145-151.

Herminjard, A.L. *Correspondance des réformateurs dans les pays de langue française recueillie et publiée avec d'autres lettres relatives* ála *Réforme et des notes historiques et bibliographiques*. Geneva, 1866-97; reprint, Nieuwkoop, 1965.

Helm, Paul. *Calvin and the Calvinists*. Edinburgh: The Banner of Truth Trust, 1982.

Hickman, J.T. "The Friendship of Melanchthon and Calvin." *Westminster Theological Journal* 38(1975): 152-65.

Higman, Francis M. "The Question of Nicodemism." In *Calvinus ecclesiae Genevensis cutos*, ed. Wilhelm H. Neuser, 165-70. Frankfurt am Main, 1984.

_____, ed. *Three French Treatises of John Calvin*. London: Athlone Press, 1970.

Hirzel, Martin Ernst & Martin Sallmann. eds. J*ohn Calvin's Impact on Church and Society*, 1509-2009. Grand Rapids: Eerdmans, 2009.

Holtrop, Philip. *The Bolsec Controversy on Predestination, from 1551 to 1555 in the Statements of Jerome Bolsec, and the Responses of John Calvin, Theodore Beza, and Other Reformed Theologians*. Lewiston: E. Mellon, 1993.

Hopf, Constantin. *Martin Bucer and the English Reformation*. Oxford: Basil Blackwell, 1946.

Höpfl, Harro. *The Christian Polity of John Calvin*. Cambridge: Cambridge University Press, 1982.

Hughes, Philip Edgcumbe. *Lefévre: Pioneer of Ecclesiastical Renewal in France*. Grand Rapids: Eerdmans, 1984.

_____, ed. & tr. *The Register of the Company of Pastors in the Time of Calvin*. Grand Rapids: Eerdmans, 1966.

Hugo, André Malan. *Calvijn en Seneca*. Groningen, 1957.

Hunt, R.N. Carew. *Calvin*, London, 1933.

Iwand, H.J. *Glaubensgerechtigkeit nach Luthers Lehre*. 3d. ed. Munich: Chr. Kaiser, 1959.

Jacobs, Paul. *Prädestination und Verantwortlichkeit bei Calvin.* Neukirchen: Buch-handlung des Erziehungsvereins, 1937.

John Calvin's Institute: His Opus Magnum. Proceedings of the Second South African Congress for Calvin Research, July 31-August 3, 1984. Potchefstroom, 1986.

Kantzer, Kenneth A. "John Calvin's Theory of the Knowledge of God and the Word of God." Ph.D. diss., Harvard University, 1950.

Keeney, William E. "An Analysis of Calvin's Treatment of the Anabaptists in the *Institutes*." In F.L. Battles, *An Analysis of the Institutes of the Christian Religion of John Calvin*, 74-84. Pittsburgh: Pittsburgh Theological Seminary, 1972.

_____, "The Puritan Modification of Calvin's Theology." In *John Calvin: His Influence in The Western World*, 199-214. ed. W. Stanford Reid. Grand Rapids: Zondervan, 1982.

Kelly, Douglas. "The Transmission and Translation of the Collected Letters of john Calvin." SJTh 30(1977): 429-37

Kendall, R.T. *Calvin and English Calvinism to 1649*. Oxford: Oxford Univer-sity Press, 1979.

Kim, Jae Sung. "Calvin's Doctrine of the Kingdom of God." Th.M. Thesis, Calvin Theological Seminary, 1990.

_____, *Unio cum Christo*: The Work of the Holy Spirit in Calvin's Theology. Ph.D. Dissertation, Westminster Theological Seminary, 1998.

Kingdon, Robert McCune. *Church and Society in Reformation Europe.* London: Valiorum Reprints, 1985.

_____, "Calvin and the Government of Geneva." In *Calvinus ecclesiae Genevensis custos*, edited by Wilhelm H. Neuser, 49-67. Frankfurt am Main, 1984.

_____, *Genva and the Coming of the War of Religion in France*, 1555-1563. Geneva, 1565.

_____, and Linder, Robert D., eds. *Calvin and Calvinism: Sources of Democracy?* Lexingron, Mass., 1970.

Kok, Joel Edward, "The Influence of Martin Bucer on John Calvin's Interpretation of Romans: A Comparative Case Study." Ph.D. diss., Duke University, 1993.

Kraus, Hans-Joachim. "Calvin's Exegetical Principles." Interpretation 31 (1977): 8-l8.

_____, "Vom Leben rind Tod in den Psalmen: Eine Studie zu Calvins Psalmen kommentar." In idem, *Biblisch-theologische Aufsätze*, 258-77. Neukirchen, 1972.

Kroon, Marijn de. *Martin Bucer und Johannes Calvin: reformatorische Perspektiven*. Göttingen: Vandenhoeck & Rudolph, 1991.

Lane, Anthony Nigel Sidney. "Calvin's Sources of Saint Bernard." *Archiv für Reformationsgeschichte* 67(1976): 253-83.

_____, "Calvin's Use of the Fathers and the Medievals." *Calvin Theological Journal* 16(1981): 149-205.

_____, "The Quest for the Historical Calvin." *The Evangelical Quarterly* (1983): 95-113.

_____, "Conversion: A Comparison of Calvin and Spener." *Themelios* 13 (1987): 19-21.

_____, "Did Calvin Believe in Freewill." *Vox Evangelica* 12(1981): 72-90.

Lang, August. *Die Bekehrung Johannes Calvins*. Leipzig, 1897; reprint, Aalen, 1972.

_____, "Melanchthon unto Calvin." In idem, *Refomation unto Gegenwart*, 88-l35. Detmold, 1918.

_____, "The Sources of Calvin's Institutes of 1536." *Evangelical Quarterly* 8 (1936): 130-41.

_____, *Zwei Calvin-Vortrage: Rechtfertigung und Heiligung nach Calvin; Calvin und der moderne Gemeindegedanke*. Gutersloh: Bertelsmann, 1911.

_____, *Der Evangelienkommentar Martin Butzers und die Grundzüge seiner Theologie*. Leipzig: 1900.

_____, *Reformation und Gegenwart*. Detmold: 1918.

Laver, Mary Sweetland. "Calvin, Jews and intra-Christian Polemics." Ph.D. diss., Temple University, 1987.

Lazzaro, Ralph, trs. and ed. "Four Letters from the Socinus-Calvin Corres-pon-dence 1549." In *Italian Reformation Studies in Honor of Laelius Socinus*, ed. J.A. Tedeschi, 215-30. Florence, 1965.

Lee, Francis Nigel. *Calvin on the Sciences*. London: Sovereign Grace Union, 1969.

Leith, John H. *John Calvin's Doctrine of the Christian Life*. Louisville: Westminster, 1989.

_____, "Calvin's Doctrine of the Proclamation of the Word and its Significance for Today." In *John Calvin and the Church*, 206-29.

ed. Timothy George. Louisville: Westminster, 1990.

Littell, Franklin H. "New Light on Butzer's Significance." In *Reformation Studies: Essays in Honor of Roland H. Bainton*, 145-67. ed. Franklin H. Littell. Richmond: John Knox Press, 1962.

_____, "What Calvin Learned at Strasburg." In *The Heritage of John Calvin*, 74-86. ed. John H. Bratt. Grand Rapids: Eerdmans, 1973.

Locher, Gottfried Wilhelm. "Testimonium internum; Calvins Lehre vom Heiligen Geist und das hermeneutische Problem." Zurich, EVZ-Verlag, 1964.

_____, *Zwingli's Thought: New Perspectives*. Leiden: E.J. Brill, 1981.

Lohse, Bernhard. "Wiedervereinigungsversuche zwischen Katholiken und Protestanten." In *Handbuch der Dolmenund Theoiogiegeschichte*, ed. Carl Andresen, 3 vols., 2:102-8. Göttingen, 1980-84.

Lupton, Lewis F. "Calvin's Commentary on Genesis." In idem, *A History of the Geneva Bible*. vol. 5, Vision of God 107-17. London, 1973.

Luther, Martin. *D.M. Luthers Werke*. Kritische Gesamtausgabe. Weimar, 1883- *Luther's Works*. ed. J. Pelikan. St. Louis: Concordia, 1955.

_____, *On Secular Authority: How Far Does the Obedience Owed to It Extend in Luther and Calvin on Secular Authority*, 1-46. ed. Harro Höpfl. Cambridge: Cambridge University Press, 1991.

_____, *Martin Luther's Basic Theological Writings*. ed. Timothy F. Lull. Minneapolis: Fortress, 1989.

McGrath, Alister. "John Calvin and Late Medieval Thought." *Archiv für Reformationsgeschichte* 77(1986): 79-125.

_____, *A Life of John Calvin: A Study in Shaping of Western Culture*.

Oxford: Basil Blackwell, 1990.

_____, *The Intellectual Origins of the European Reformation*. Oxford: Basil Blackwell, 1987.

_____, *Reformation Thought: An Introduction*. Oxford: Basil Blackwell, 1988.

Mckee, Elsie Anne. *Elders and the Plural Ministry: The Role of Exegetical History in Illuminating John Calvin's Theology*. Geneva, 1988.

_____, *John Calvin: On the Diaconate and Liersical Almsgiving*. Geneva, 1984.

McNeill, John T. *The History and Character of Calvinism*. London: Oxford University Press, 1954.

_____, "The Significance of the Word of God for Calvin." *Church History* 28 (1959): 140-45.

_____, "Thirty Years of Calvin Study." *Church History* 17(1948): 207-40.

_____, "Fifty Years of Calvin Study." In Williston Walker, *John Calvin : The Organizer of Reformed Protestantism, 1509-1564*, xvii-lxxvii. 1906; New York: Schocken Books, 1969.

_____, "John Calvin: Doctor Ecclesiae." In *The Heritage of John Calvin*, edited by John H. Bratt, 9-22. Grand Rapids, 1973.

Melanchthon, Philip. *Melanchthon on Christian Doctrine: Loci communes 1555*. Tr. & ed. by Clyde L. Manschreck. Introduction by Hans Engelland. New York: Oxford University Press, 1965.

Melanchthon and Bucer. ed. W. Pauck. Philadelphia: Westminster, 1969.

Mickelsen, John K. "The Relationship Between the Commentaries of John Calvin and His *Institutes of the Christian Religion*, and the

Bearing of That Relationship on the Study of Calvin's Doctrine of Scripture." *The Gordon Review* 5(1959): 155-68.

Milner, Benjamin Charles, Jr. *Calvin's Doctrine of the Church*. Leiden: E.J. Brill, 1970.

Monter, E. William. *Calvin's Geneva*. New York: John Wiley & Sons, 1967.

_____, "Historical Demography and Religious History in Sixteenth Century Geneva." *Journal of Interdisciplinary History* 9(1979): 399-427.

Müller, Karl. "Calvin und die 'Libertiner.'" *Zeitschrift für Kirchengeschichte* 40(1922): 83-129.

Muller, Richard A. *The Unaccommodated Cavlin: Studies in the Foundation of a Theological Tradition*(N.Y.: Oxford: University Press, 2000) *Christ and the Decree: Christology and Predestination in the Reformed Church from Calvin to Perkins*. Grand Rapids: Baker, 1986.

_____, "*Fides and Cognitio* in Relation to the Problem of Intellect and Will in the Theology of John Calvin." *Calvin Theological Journal* 25(1990): 207-24.

_____, "Christ in the Eschaton: Calvin and Moltmann on the Duration of the Munus Regium." *Harvard Theological Review* 74(1981): 31-59.

_____, "The Foundation of Calvin's Theology: Scripture as Revealing God's Word." *The Duke Divinity School Review* 44(1979): 14-23.

Murray, John. *Calvin on Scripture and Divine Sovereignty*. Philadelphia:

Presbyte-rian and Reformed Pub., 1960.

_____, "Calvin on the Extent of Atonement." *Banner of Truth* 234(1983): 20-22.

Neuser, William H. "Calvin Studies: A Review, The Work of the Calvin Congresses and Their Future Tasks and Goals." In *Calvin Studies V*, 21-7. ed. John H. Leith. Davidson: Davidson College, 1990.

_____, "Calvin's Conversion to Teachableness." In *Calvin and Christian Ethics*, 57-77. ed. Peter de Klerk. Grand Rapids: Calvin Studies Society, 1987.

_____, "The Development of the Institutes 1536 to 1559." In *John Calvin's Institutes: His Opus Magnum*, 33-54. Potchefstroom: Potchefstroom University, 1986.

Niesel, Wilhelm. *The Theology of Calvin*. tr. Harold Knight. Philadelphia: Westminster, Press, 1956.

_____, "Calvin und die Libertiner." *Zeitschrift für Kirchengeschichte* 40 (1922): 83-129.

_____, *Calvins Lehre vom Abendmahl*. München: Chr. Kaiser Verlag, 1935.

Nijenhuis, Willem. "Calvijns 'subita conversio': Notifies bij een hypothese." *Nederlands theologisch tijdschrift* 26(1972): 248-69.

_____, "Calvin's Attitude towards the Symbols of the Early Church during the Conflict with Caroli." In idem, *Ecclesia Refomata: Studies on the Reformation*, 73-96. Leiden, 1973.

_____, *Calvinus oecumenicus: Calvijn en de eenheid der kerk in het licht van zijn briefwisseling*. The Hague, 1959.

Noll, Mark A. *Confessions and Catechisms of the Reformation*. Grand Rapids: Baker, 1991.

Obendiek, Harmannus. "Die Institutio Calvins als 'Conffssio' und 'Apologie.'" In *Theologische Aufsätze: KarI Barth zum 50. Geburtstag*, edited by Ernst Wolf, 417-3l. Munich, 1936.

Oberman, H.A. "Calvin's critique of Calvinists." In *Christian Higher Edu-cation. The Contemporary Challenge*, 372-81. Potchefstroom: The Institute for the Advancement of Calvinism, 1976.

_____, "Europa afflicta: The Reformation of the Refugees." *Archiv für Reformationsgeschichte* 83(1992): 91-111.

_____, "Subita Conversio: The Conversion of John Calvin." In *Reformiertes Erbe: Festschrift für Gottfried W. Locher zu seinem 80. Geburtstag*. Band 2, 279-95. ed. Heiko A. Oberman, Ernst Saxer, Alfred Schindler und Heinzpeter Stucki. Zürich: Theologischer Verlag, 1993.

_____, *Initia Calvini: The Matrix of Calvin's Reformation*. Koninklijke Nederlande Akademie van Wetenschappen, Mededelingen van de Afdeling Letterkunde, Nieuwe Reeks, no. 4. Armsterdam: 1991.

_____, "John Calvin: The Mystery of his Impact." In *Calvin Studies* VI, 1-14. Papers presented at a Colloquium on Calvin Studies at Davidson College and Davidson College Presbyterian Church. 1992.

_____, "Preaching and the Word in the Reformation." *Theology Today* 18 (1961): 16-29.

_____, ed. *Luther and the Dawn of the Modern Era*. Papers for the

Fourth International Congress for Luther Research. Studies in the History of Christian Thought. vol. 8. Leiden: E.J. Brill, 1974.

Otten, Hans. *Calvins Theologische Anschauung von der Prädestination*. Munich: Kaiser, 1938.

Ozment, Steven E. ed. *Reformation Europe: A Guide to Research*. St. Louis: Center for Reformation Research, 1982.

Packer, James Innell. "Calvin, the Theologian." In *John Calvin*, 149-175. ed. Duffield. Grand Rapids: Eerdmans, 1966.

Parker, Thomas Henry Louis. *John Calvin*. London: J.M. Dent, 1975.

_____, *Calvin's Doctrine of the Knowledge of God*. Grand Rapids: Eerdmans, 1959.

_____, "Calvin the Exegete: Change and Development." In *Calvinus Ecclesiae Doctor*. 33-46. ed. W.H. Neuser. Kampen: Kok, 1980.

_____, "Calvin the Biblical Expositor." In *John Calvin: A Collection of Essays*, 176-86. ed. G.E. Duffield. Grand Rapids: Eerdmans, 1966.

_____, *Calvin's New Testament Commentaries*. Grand Rapids: Eerdmans, 1971.

_____, *Calvin's Old Testament Commentaries*. Edinburgh: T. & T. Clark, 1986.

_____, *The Oracles of God: An Introduction to the Preaching of John Calvin*. London: Lutterworth Press, 1962.

_____, "The Approach to Calvin." *The Evangelical Quarterly* 16(1944): 165-172.

_____, *Calvin's Preaching*. Edinburgh, 1992.

Partee, Charles Brooks. *Calvin and Classical Philosophy*. Leiden: E.J. Brill, 1977.

_____, "Farel's Influence on Calvin: A Profusion." In *Actes du Colloque Giullaume Farel*, 175-85. Neuchatel, 29 Septembre - 1 Octobre 1980, publies par Pierre Barthel, Rémy Scheurer, Richard Stauffer, Tome 1, Communications. Geneve: 1983.

_____, "Calvin and Experience." *Scottish Journal of Theology* 26(1973): 169-81.

Pauck, Wilhelm. "Calvin und Butzer." *Journal of Religion* 9(1929): 237-56.

_____, "Martin Bucer's Conception of a Christian State." *Princeton Theological Review* 26(1928): 80-88.

_____, *The Heritage of the Reformation*. Glencoe: The Free Press of Glencoe, 1961.

Pelikan, Jaroslav. *Reformation of Church and Dogma(1300-1700): The Christian Tradition*. vol. 4. Chicago: University of Chicago Press, 1984.

Peter, Rodolphe. "Calvin and Liturgy, according to the Institutes." In *John Calvin Institutes: His Opus Magnum*, 239-65. Potchefitroom, 1986.

_____, "Calvin and Louis Bude's Translation of the Psalms." In *Courtenay Studies in Reformation Theology*. vol. l, John Calvin, edited by Gervase E. Duffield, 190-209. Grand Rapids, 1966.

_____, "The Geneva Primer or Calvin's Elementary Catechism." In *Calvin Studies V: Papers Presented at a Colloquium on Calvin*

Studies at Davidson College. ed. by John H. Leith, 135-6l. Davidson, N.C., 1990.

Plath, Uwe. *Calvin und Basel in den Jahren 1552-1556.* Zürich: Theologischer Verlag, 1974.

_____, "Calvin und Castellio und die Frage der Religionsfreiheit." In *Caluinus ecclesiae Genevensis custos*, ed. Wilhelm H. Neuser, 191-95. Frankfurt am Main, 1984.

Potter, G.R. *Zwingli.* Cambridge: Cambridge University Press, 1976.

Raitt, Jill. "Calvin's Use of Bernard of Clairvaux." *Archive for Reformation History* 72(1981): 98-121.

_____, "Three Inter-related Principles in Calvin's Unique Doctrine of Infant Baptism." *Sixteenth Century Journal* 11(1980): 51-61.

Reid, W. Stanford. "Calvin and the Founding of the Academy of Geneva." *Westminster Theological Journal* 18(1955/56): 1-33.

_____, ed. *John Calvin: His Influence in the Western World.* Grand Rapids: Zondervan, 1982.

_____, "John Calvin, John Knox, and the Scottish Reformation." *Church, Word, & Spirit.* 141-51. ed. J.E. Bradley & R.A. Muller. Grand Rapids: Eerdmans, 1987.

_____, ed. *The Reformation: Revival or Revolution?* New York: Holt, Rinehart and Winston, 1968.

Reuter, Karl., *Das Grundverstandnis der Theologie Calvins; unter Einbezie-hung ihrer geschichtlichen Abhangigkeiten.* Neukirchen: Neukirchener Verlag, 1963.

Reynolds, Stephen M. "Calvin's View of the Athanasian and Nicene

Creeds." *Westminster Theological Journal* 23(1960): 33-37.

Richard, Lucien Joseph., *The Spirituality of John Calvin*. Atlanta: John Knox Press, 1974.

_____, "John Calvin and the Role of the Church in the Spiritual Life." *Journal of Ecumenical Studies* 11(1974):477-500.

Ritschl, Otto. *Dogmensgeschichte des Protestantismus*. 4 vols. Leipzig and Götingen, 1902-27.

Robinson, William Childs. *The Reformation: A Rediscovery of Grace*. Grand Rapids: Eerdmans, 1962.

Rogers, Jack Bartlett et al. "Calvin and the Italian Anti-Trinitarians (A.D.1558)." In *Case Studies in Christ and Salvation*, 73-82. eds. Jack Rogers, Ross Mackenzie and Louis Weeks. Philadelphia: Westminster Press, 1977.

Rogge, Joachim. "Themen Lurkers im Denken Calvins." In *Calvinus servus Chrilti*, edited by Wilhelm H. Neuser, 53-72. Budapest, 1988.

Rotondo, Antonio. *Calvin and the Italian Anti-Trinitarians*. tr. John and Anne Tedexchi. St. Louis: Foundation for Reformation Research, 1968.

Rott, Jean. "Documents strasbourgeois concernant Calvin. I. Un Manuscrit autographe: La Harangue du recteur Nicolas Cop." *Revue d'Histoire et de philosophie religieuses* 44(1964): 290-311.

Russell, S.H. "Calvin and the Messianic Interpretation of the Psalms." *Scottish Journal of Theology* 21(1968): 37-47.

Rupp, Gordon. "Patterns of Salvation in the First Age of the

Reformation." *Archiv für Reformationsgeschichte* 57(1966):52-66.

Rushdoony, Rousas John. "Calvin in Geneva: The Sociology of Justification by Faith." *Westminster Theological Journal* 15(1952): 11-39.

Saxer, Ernst., *Vorsehung und Verheissung Gottes: vier theologische Modelle (Calvin, Schleiermacher, Barth, Solle) und ein systematischer Versuch.* Zurich: Theolo-gischer Verlag, 1980.

Schaff, Philip. *The Creeds of Christendom.* vol. 3. New York: Harper and Brothers, 1931.

Scheld, Stefan. *Media Salutis: zur Heilsvermittlung bei Calvin.* Stuttgart: F. Steiner Wiesbaden, 1989.

Scholl, Hans. *Calvinus Catholicus.* Die Katholische Calvinforschung im 20. Jahr-hundert. Freiburg: Herder, 1974.

Schreiner, Susan Elizabeth. *The Theater of His Glory: Nature and Natural Order in the Thought of John Calvin.* Ph.D. diss., Duke University, 1983.

_____, "'Through a Mirror Dimly': Calvin's Sermons on Job." *Calvin Theological Journal* 21(1986): 175-93

_____, "Exegesis and Double Justice in Calvin's Sermons on Job." *Church History* 58(1989): 322-38.

Schulze, L.F. *Calvin's Reply to Pighius.* Potchefstoom, 1970.

_____, "Calvin's Reply to Pighius-A Micro and Macro View." In *Caivinus ecclesiae Genevesis custos*, ed. Wilhelm H. Neuser, 171-85. Frankfurt am Main, 1984.

Schweizer, Alexander. *Die Glaubenslehre der evangelish-reformierten*

Kirche. 2 vols. Zürich: Orell, Füssli und Comp. 1844-47.

Selderhuis, Herman. *Johannes Calvin-Mensch zwischen Zuversicht and Zweifel*. Gütersloh: Gütersloh, 2009

Selinger, Suzanne. *Calvin against Himself: An Inquiry in Intellectual History*. Hamden: Archon Books, 1984.

Simpson, Henry William. "Pietas in the Institutes of Calvin." In *Our Reformational Tradition: A Rich Heritage and Lasting Vocation*, 179-91. ed. Barend Johannes van der Walt. Potschefstroom: Potschefstroom University for Christian Higher Education, 1984.

Spijker, Willem van't. *De Ambten bij Martin Bucer*. Kampen: J.H. Kok, 1970.

_____, "The Influence of Bucer on Calvin as Becomes Evident from the Institutes." In *John Calvin's Institutes: His Opus Magnum*, 106-32. Potchefstroom: Potchefstroom University, 1986.

Spitz, Lewis W. *The Protestant Reformation 1517-1559*. New York: Harper & Row, 1985.

Sprenger, Paul. *Das Rätsel um die Bekehrung Calvins*. Beitrage zür Geschichte und Lehre der Reformieren Kirche. Neukirchen Kreis Moers: Neukirchener Verlag der Buchhandlung des Erziehungsvereins, 1960.

Stauffer, Richard A. *Calvins Menschlichkeit*. Zurich: EVZ-Verlag, 1964. English edition, tr. George H. Shriver. *The Humanness of John Calvin*. Nashville: Abingdon Press, 1971.

_____, "Calvin." *In International Calvinism 1541-1715*, 15-38. ed. Menna Prestwich. Oxford: Clarendon Press, 1985.

_____, "Autour du colloque de Poissy: Calvin et le De officio pii ac publicae tranquillitatis vere amantis viri." In *L'Amiral de Coligny et son temps*, 135-53. Paris, 1974.

_____, *Dieu, la création et la Providence dans la prédication de Calvin*. Bern, 1978.

_____, "Eine englische Sammlung von Calvinpredigten." In *Der Prediger Johannes Calvin: Beiträge und Nachrichten zur Ausgabe der Supplementa Calviniana*, edited by Karl Halaski, 47-80. Neukirchen, 1966.

_____, "Lefevre d'Etaples, artisan ou spectateur de la Réforme?" *Bulletin de la sociétéde l'histoire du protestantisme français* 113(1967): 405-23.

Steinmetz, David Curtis. "Reformation and Conversion." *Theology Today* 35 (1978/79): 25-32.

_____, *Reformers in the Wings*. Philadelphia: Fortress Press, 1971.

_____, "The Theology of Calvin and Calvinism." In *Reformation Europe: A Guide to Research*, 211-32. ed. Steven E. Ozment. St. Louis: Center for Reformation Research, 1982.

Stephens, W. Peter. *The Holy Spirit in the Theology of Martin Bucer*. Cambridge: Cambridge University Press, 1970.

_____, *The Theology of Huldrych Zwingli*. Oxford: Clarendon Press, 1986.

Summers, Kirk M. "Theodore Beza's Classical Library and Christian Humanism." *Archiv für Reformationsgeschichte* 82(1991): 193-207.

Swanepoel, J. "Calvin as Letter-Writer." In *Our Reformational Tradition:*

A Rich Heritage and Lasting Vocation, 279-99. Potchefstroom, 1984.

Torrance, Thomas Forsyth. *The Hermeneutics of John Calvin*. Edinburgh: Scottish Academic Press, 1988.

_____, *Calvin's Doctrine of Man*. London: Lutterworth Press, 1949.

_____, "My Interaction with Karl Barth." In *How Karl Barth Changed My Mind*, 52-64. ed. Donald K. McKim. Grand Rapids: Eerdmans, 1986.

_____, "Calvin's Lehre von der Taufe." In *Calvin Studien*, tr. Klaus Bockmühl, 95-129. ed. Jürgen Moltmann. Neukirchen: Neukirchener Verlag, 1960.

Tracy, James D. "Humanism and the Reformation." In *Reformation Europe: A Guide to Research*, 33-57. ed. Steven Ozment. St. Louis: Center for Reformation Research, 1982.

Trinkaus, Charles. "Renaissance Problems in Calvin's Theology." *Studies in the Renaissance*, vol. I.(1954): 59-80.

Tylenda, Joseph N. "Calvin and Christ's Presence in the Supper -True or Real." *Scottish Journal of Theology* 27(1974): 65-75.

_____, "A Eucharistic Sacrifice in Calvin's Theology?" *Theological Studies* 37 (1976): 456-66.

_____, "Calvin's First Reformed Sermon? Nicholas Cop's Discourse I November 1533." *Westminster Theological Journal* 38(1975-76): 300-318.

_____, "The Calvin-Westphal Exchange: The Genesis of calvin's Treatises against Westphal." *Calvin Theological Journal* 9(1974): 182-209

_____, "Christ the Mediator: Calvin versus Stancaro." *Calvin Theological Journal* 8(1973): 5-16.

_____, "The Controversy on Christ the Mediator: Calvin's Second Reply to Stancaro." *Calvin Theological Journal* 8(1973): 131-77

_____, "The Warning That Went Unheeded: John Calvin on Giorgio Biandranta." *Calvin Theological Journal* 12(1977): 24-62.

van der Merwe, N.T. "Calvin, Augustine and Platonism: A Few Aspects of Calvin's Philosophical Background." In *Calvinus Reformator: His Contribution to Theology, Church and Society*, 69-84. Potchefstroom, 1982.

_____, "The Influence of Luther on Calvin according to the Institutes." In *John Calvin's Institutes: His Opus Magnum*, 83-105. Potchefstroom, 1986.

Vassady, Belda. *The Main Traits of Calvin's Theology*. Grand Rapids: Eerdmans, 1951.

Walchenbach, John Robert. *The Influence of David and the Palms on the Life and Thought of John Calvin*. Pittsburgh, 1969.

_____, *John Calvin as Biblical Commentator: An Investigation into Calvin's Use of John Chriostom as an Exegeticai Tutor*. Pittsburgh, 1974

Walker, W. *John Calvin: The Organizer of Reformed Protestantism, 1509-1564*. New York: Schocken Books, 1906.

Wallace, Ronald S. *Calvin's Doctrine of the Christian Life*. Edinburgh: Oliver and Boyd, 1959.

_____, *Calvin, Geneva and the Reformation: A Study of Calvin as Social

Reformer, Churchman, Pastor and Theologian. Grand Rapids: Baker, 1988.

_____, *Calvin's Doctrine of the Word and Sacrament*. Edinburgh: Oliver and Boyd, 1953.

_____, "A Christian Theologian: Calvin's Approach to Theology." *The Scottish Bulletin of Evangelical Theology* 5(1987): 123-50.

Ware, Bruce A. "The Role of Prayer and the Word in the Christian Life according to John Calvin." *Studia Biblica et Theologica* 12(1982): 73-91.

Warfield, Benjamin B., *Calvin as Theologian and Calvinism Today*. London: Sovereign Grace Union, 1952.

_____, *Calvin and Augustine*. ed. Samuel G. Craig. Philadelphia: The Presbyterian and Reformed Company, 1956.

_____, "John Calvin the Theologian." In *Minutes and Proceedings of the Ninth General Council of the Alliance of Reformed Churches in New York*, 136-42. ed. G. Mathews. London: Office of the Alliance, 1909.

_____, "Present-Day Attitude to Calvinism." *Calvin Memorial Addresses*. Richmond, Va.: Presbyterian Committee of Publication, 1909. 223-39.

_____, "The Literary History of the Institutes of the Christian Religion by John Calvin." Introduction to John Calvin, *Institutes of the Christian Religion*. v-xlvi.

_____, "Calvin's Doctrine of the Knowledge of God." *Princeton Theological Review* 7(1909): 219-325.

_____, "Calvin and the Bible." *The Presbyterian* 79(1909): 7-8.

_____, "Calvin's Doctrine of God." *Princeton Theological Review* 7(1909): 381-436.

_____, "John Calvin, the Man and His Work." *Methodist Review* 58(1909): 642-63.

_____, "Calvin and the Reformation." *The Presbyterian* 87(1917): 8-9.

_____, "The Theology of Calvin." Appendix in *Calvin and Augustine*, 487-95.

Waskey, Andrew J.L., Jr. "John Calvin's Theory of Political Obligation: An Examination of the Doctrine of civil Obedience and Its Limits from the New Testament Commentaries." Ph.D. diss., University of Southern Mississippi, 1978.

Weber, Hans Emil. *Reformation, Orthodoxie und Rationnalismus*, 2 vols. Gütersloh: 1937-51.

Weber, Otto. "Calvins Lehre von der Kirche." In *Die Treue Gottes in der Geschichte der Kirch*, 19-104. Neukirchen: Neukirchener Verlag des Erziehungsvereins, 1968.

Weis, James. "Calvin versus Osiander on Justification." *Springfielder* 30(1965): 31-47.

Wendel, F. *Calvin: The Origins and Development of His Religious Thought*. tr. Philip Mairet. London: Collins, 1963. 김재성 역, 『칼빈, 그의 신학 사상의 근원과 발전』, 크리스챤 다이제스트, 1999.

_____, *Calvin et l'humanisme*. Paris, 1976.

_____, *L'Eglise de Strasbours, sa constitution et son organization*. Paris, 1942.

Wenger, John C. "The Schleitheim Confession of Faith." *Mennonite Quarterly Review* 19(1945): 244-53.

Wevers, Richard F. *A Concordance to Calvin's Institutio 1559. Based on the critical text of Petrus Barth and Guilelmus Niesel.* 6 vols. Grand Rapids: Digamma Publishers, 1992.

Wilkie, Robert G., and Verhey, Allen. "Calvin's Treatise 'Against the Libertines:" *Calvin Theological Journal* 15(1980): 190-219

Williams, George Huntston. *The Radical Reformation.* 1962; Philadelphia: Westminster, 1962.

Willis-Watkins, E. David. *Calvin's Catholic Christology.* Leiden: E.J. Brill, 1966.

Wolf, Ernst. "Die Christusverkündigung bei Luther." In *Peregrinatio*, 30-80. vol. 1: *Studien zur reformatorischen Theologie und zum Kirchenproblem.* Munich: Chr. Kaiser, 1947.

Wolf, Hans Heinrich. *Die Einheit des Bundes: Das Verhältnis von Alten und Neuen Testament bei Calvin.* Neukirchen: Buchhandlung des Erziehungsvereins, 1958.

Zachman, Randall C. *The Assurance of Faith: Conscience in the Theology of Martin Luther and John Calvin.* Minneapolis: Fortress Press, 1993.

Zimmerman, A.K. "The Christian Life in Luther and Calvin." *The Lutheran Quarterly* 16(1964): 222-30.

Zwingli, Ulrich. *Commentary on True and False Religion.* tr. Samuel Macauley Jackson. 1929; reprint, Durham: The Labyrinth Press, 1981.

_____, *On Providence and Other Essays.* ed. William John Hinke. 1922;

reprint, Durham: The Labyrinth Press, 1983.

Zwingli and Bullinger. tr. G.W. Bromiley. Philadelphia: The Westminster Press, 1953.